山东社会科学院出版资助项目
山东省社会科学规划研究一般项目：
儒家民本观体系建构研究（18CZXJ02）最终研究成果

儒学民本观概说

李明　高巧玲　著

山东人民出版社·济南
国家一级出版社 全国百佳图书出版单位

图书在版编目（CIP）数据

儒学民本观概说／李明，高巧玲著.－－济南：山东人民出版社，2019.11（2022.7重印）

ISBN 978-7-209-11354-0

Ⅰ．①儒… Ⅱ．①李… ②高… Ⅲ．①儒学－民本思想－研究 Ⅳ．①B222.05 ②D092

中国版本图书馆CIP数据核字(2019)第261660号

儒学民本观概说

RUXUE MINBENGUAN GAISHUO

李明　高巧玲　著

主管单位　山东出版传媒股份有限公司
出版发行　山东人民出版社
出 版 人　胡长青
社　　址　济南市英雄山路165号
邮　　编　250002
电　　话　总编室（0531）82098914
　　　　　市场部（0531）82098027
网　　址　http://www.sd-book.com.cn
印　　装　山东顺心文化发展有限公司
经　　销　新华书店

规　　格　16开（169mm×239mm）
印　　张　31
字　　数　490千字
版　　次　2019年11月第1版
印　　次　2022年7月第2次
ISBN　978-7-209-11354-0
定　　价　86.00元

如有印装质量问题，请与出版社总编室联系调换。

目　录

1

绪　论
儒学民本观*地位升格与框架体系概说

　　源流一体新旧互根，古今贯通温故知新。开新务须反本，反本孕育开新，此即至圣先师孔子所倡导的"述而不作"内在发展理路。当前，自觉阐明中华民族传统文化独特价值观及其当代对接，正日益成为中国学界的迫切历史使命。广义上讲，儒学民本观是义理、历史与现实三重维度内在贯通的立体体系，涵括了本位立场、经典依据、信念前提、担当主体、基本架构、核心内容、价值思维与脉动规律等内在关联的学理要素层面。作为与西学民主观并列对举的独立学理体系，儒学民本观实际构成了中华传统价值观的核心内容。近二百年来，西方自由民主观西学东渐并反客为主，导致了整个东亚社会处于亘古未有的精神分裂与思想混乱之中。伴随着中华民族痛定思痛的自我反思与日益觉醒，当前中华文化复兴进程开始内在加速，认同、回归并内在开拓独立自主的儒学民本观学理体系已正式提上日程。我们应时中担当，自觉借鉴外来文

---

　　* 儒家、儒学与儒教概念内涵密切关联而又各有侧重。儒家概念主要在诸子百家自由平等的一家之言意义上使用，往往导致儒学儒教作为传统文化基础与主体地位的忽视性解构。学行教化浑沦不分，儒学、儒教内在一体。学以致教而教可摄学，中华民族传统文化向有儒、道、释三教之说。受到近现代分科治学西方理念的外在影响，当前学界普遍存在较为严重的知行割裂、学教二元现象。为切实改变这一不良现状，在修教体系内在建构层面，重提与西方基督教民主观比照对举的人文儒教或纲常儒教民本观概念很有必要。鉴于本书主要精力在于阐发民本观学理体系，加之当前学界对儒教概念的理解还存在较大分歧的缘故，本书主要以"儒学民本观"概念加以表述，在涉及教化层面的章节部分则辅以"儒教民本观"概念表述。

化本土化历史规律，积极探索既立足中华民本本位又内化西方民主优长的当代儒学民本观学理体系，以内在支撑当前社会理想信念建设，有效对治世俗西化尤其是自由民主化思潮，并为当前各人文学科中国化建设提供行之有效的本原性理论依据与实践指导。宗圣曾子云，"士不可以不弘毅，任重而道远"，有志君子当时中尽心焉。

一、儒学民本观研究现状与地位升格

就已有研究成果而言，当前"儒家民本思想"尚为主流概念，"儒学（儒教）民本观"概念内涵则主要蕴含在丰富多彩的儒家民本思想梳理研究中。以研究时限与关注主题的内在结合为划分标准，儒家民本思想研究史可大致划分为古代儒家民本思想资料梳理研究、近现代以来儒家民本思想性质地位研究、近十年来儒家民本思想独立自主研究三个时段。

一是古代儒家民本思想资料梳理研究。传统儒家民本思想内涵丰富，具体体现在"五经四书"经典文本以及历代儒者的创新性注疏阐述中。就先秦至明清儒家民本思想资料而言，学界已进行了大量基础性梳理研究，其中包括"五经四书"、孔孟管荀民本思想学理渊源梳理，历代大儒民本思想内涵衍化梳理，明清时期黄宗羲、顾炎武、纪昀、魏源等儒者新民本思想内容梳理等。相关系统性与断代性研究成果主要包括知名学者编著的《中国儒学史》《中国经学史》、张分田《民本思想与中国古代统治思想》、韩喜凯主编《民惟邦本丛书》、陈如东《先秦儒家民本思想研究》、王云涛《两汉民本思想述论》、田勤耘《明清"封建论"研究》，以及冯天瑜与谢贵安《解构专治：明末清初新民本思想研究》、陈碧芬《明清民本思想研究》等。总体而言，上述研究对儒家民本思想内容进行了政治教化层面的爱民、富民、养民、教民等概括阐述，其研究特征是两端（先秦明清）重而中间（汉明之间）轻、具体梳理多而整合提升少，而在儒家民本思想性质问题上尚存在"传统民本""新民本"与"前民主"等重大学理分歧，传统儒学民本观基本要素亦尚有待整合提升为一个定性清楚、内容整全的综合性学理体系。

二是近现代以来儒家民本思想的性质地位研究。直面近现代西方民主思潮的流行，民本与民主关系问题相应成为清季民国儒家民本思想研究的当然主题，郑观应、康有为、梁启超、孙中山、新文化运动学者、新儒家学者等对此均有论述，萧公权《中国政治思想史》、邓志斌与李金和《传统民本思想的现代论说与限制——以孙中山、梁启超民本主义学说为例》、张海军《徐复观民本思想研究》等论著对此有所述评。总体而言，此类研究侧重民本与民主关系分析，大都具有注重民生民权的现代民主温和倾向。中华人民共和国成立至"文革"时期，由于受到社会进化与阶级革命的思维惯性影响，传统儒家民本思想往往被武断定性为封建统治思想武器，由此出现了精英与大众雅俗对立、民本与民主立场混淆的研究误区。改革开放以来，在与西方民主思想的交流碰撞中，儒家民本思想研究持续升温，主要包括对毛泽东思想、邓小平理论等当代中国新民本观的探索，以及诸如政法经济哲学领域相关学者对儒家民本观性质地位的分析研判等。相关研究成果有周洪军《论群众路线对三种官民关系理论的扬弃与超越》、李春明《传统民本思想的"间接民主"旨趣及其现代转换》、赵晓宇《民本与民主：比较视阈下的异与"通"——兼论中国民主政治主体性的建构》等。就儒家民本思想的性质定位而言，上述研究大致包括四类观点：民本民主温和调和的"继承超越说"、民本暗合民主的"有益因素说"、民本为民主过渡阶段的"现代转化说"，以及民本为封建专制的"民主替代说"。上述研究对儒家民本思想的内在衔接与时中创新具有一些参考启示价值，但由于此类研究大多奉行人云亦云的现代民主本位立场，因而往往借现代民主价值思维来理解与阐发儒家民本思想。这一欠缺独立自主性的先天不足，使其难以胜任儒学民本观内在体系学理建构这一历史使命。

三是近年来儒家民本思想独立自主研究。伴随文化主体意识的内在觉醒，近十年来中国学界已开始深入反思民本民主关系并尝试进行儒家民本思想的独立自主研究。立足儒家民本立场的学理探索开始出现，如楼宇烈《中国文化的根本精神》指出人文君子为儒家民本教化的担当主体，周桂钿《"内圣外王"疏》《中国传统民本观》指出儒家民本观乃内修外化、以善为主的价值体系，蒋庆《政治儒学：当代儒学的转向、特质与发展》指出儒家民本观独立于西方民主观而现代新儒家偏离了王道政治，张分田《民本思想与中国古代统治思想》指出民本不同于民主也不等于专制而是具有自身理念思路，张飞舟《论"民本"之真与"民主"之假》指出民主难以实现而民本易于为功，王波

《人性本善、天下为公、暴力战争——儒家民本思想发生发展之三维依托》指出性善论为儒家民本思想人性论基础，张维为《民本主义是个好东西》指出民本民主体制均有良政劣政之别。此外，刘海天《〈群书治要〉民本思想研究》更是直接尝试运用本土传统学术话语来建构民本思想学理体系，提出以天人合一、阴阳中庸之道作为儒家民本思想的哲学依据与实践原则，以德治（政治上德位相成、经济上德本财末、文教上德主刑辅）为儒家民本思想的具体应用。上述研究阐明了儒家民本思想与西方民主思想为不同类型的思想文化体系，并尝试立足中华本位立场对儒家民本思想某些义理要素进行初步建构，我们应自觉接续这一民本探索内在理路。

再就国外汉学界相关儒家民本思想研究而言，大都具有西方文化本位立场与中西比较评判视野，基本观点大致包括"民本有益论""民本民主调和论"与"民主缺失论"三种。其中，持"民本有益论"者有李约瑟、于连等，持"民本民主调和论"者有费正清、安乐哲等，持"民主缺失论"者有田中正俊、毕来德等。总体而言，尽管域外研究随机性强且大都不成体系，但此类西方文化本位的外来视角对我们研究儒学民本观还是具有特殊参照价值的。此外，参看诸如《基督教史》《西方民主史》《西方政治思想史》等西方宗教文化史与民主政治史相关资料，对比照考察儒学民本观与西学民主观而言也是有必要的。

上述研究成果无疑构成了儒学民本观研究的重要参考，但受到价值思维的时代局限与西化惯性影响，已有研究也还存在诸多需要弥补提升的不足之处。其一，学术视域、研究立场亟待全面反省。此前有关儒家民本观研究大多局限于政治学、法学与政法哲学等狭窄学术视域，且由于分科治学的缘故而把学教一体、经世致用的儒学作为一家之言，从而客观忽略了儒学儒教作为传统文化基础与主体的崇高地位。不少研究更是入主出奴，直接以现代民主与社会进化立场为"理所当然"的预设前提，而尚未自觉把儒学儒教民本观看作修养教化内外平成的独立自主学理体系。其二，体系要素、研究框架亟待整合。此前研究对儒学民本思想各学理要素的论述较为分散随意，尚未自觉升格为系统综合的儒学民本观义理体系建构研究，而现有的极少数儒家民本思想义理建构框架也有待继续深化为义理内涵、历史流变、借鉴创新等多维层面内在贯通的立体研究态势。其三，概念表述、体系创新亟待突破。一些研究虽已意识到民本与民主系两种不同思想文化体系，但大多还以儒家民本思想、民本主义、新民本以及民本价值观等概念来表述，自觉采用儒学儒教民本观概念表述的很少且只是简略随意的稍加论证。此外，在立足儒学儒教民本观立场回应西化学者的理论质疑，以及究竟如何内化西方民主优长以时中创新儒学民本观方面，亦亟须予以学理性阐释说明。

总之，伴随着中华民族复兴进程的内在加速，自觉摆脱西方民主话语霸权束缚、开拓创建独立自主的中华民本观体系已成事关全局的战略研究方向。为适应新时期文化自信的理论需求，当前中国学界亟须升格中华民本观研究的基础性地位，并在定位清晰、立场自信、内容完整、对接创新的儒学民本观体系研究方面取得学理突破。鉴此，本书旨在反省此前儒家民本思想研究的政治学、法学与政法哲学等现代性学术视野与研究立场，整合儒家民本思想体系要素与研究框架，并解决此前研究中存在的概念表述与体系创新问题。通过分疏民本与民主这两大不同类型价值思维的基本差异，本书尝试初步建构儒学民本观学理体系，以填补儒学民本观体系研究领域至今尚无系统性论著的学术空白，积极回应当前社会普遍存在的"中国式民主与西方民主究竟有何本原性文化差异"这一学理困惑，实际消解西方基督教文明"普世主义"价值思维对当代中国政治文化、经济社会全方位的渗透影响，并切实解决当前哲学、政治学、法学等人文学科本土化尚缺本原性理论支撑的现实困境。

二、儒学民本观框架体系与研究思路

华夏文明绵延一贯，传统当下脉络全息，以今诠古难免扞格不通，外在割裂必致麻木不仁。近现代以来，由于救亡图存压倒一切的缘故，西化价值思维逐渐模糊消解了传统价值思维的基础与主导地位，甚至堂而皇之地反客为主并逐步形成尾大不掉的不良态势，庸俗社会进化论与片面利欲化的自由民主观大行其道。鉴此，回归中华文化精神家园遂成当代中国最为深沉厚重的时代精神。纵观近现代以来的中国文化史，民本与民主关系问题实际构成了中西体用百年聚讼的核心内容。伴随着传统文化复兴进程的内在加速，近年来越来越多的中国学者开始意识到，民本与民主并不是一对现代性立场上具有古今之别

（即传统与现代之别）的"不证自明"的狭隘政治概念，而民本观与民主观更是实际构成了以东西方不同价值思维为精神内核的两大并列对举的思想文化体系的学理基石。这也就是说，儒学民本观与西学民主观并非古今之别，而是中西类型之别，亦即中西方两类思想文化体系与价值思维立场之别。当前，自觉立足中华文化本位，切实摆脱西方话语体系的外在束缚，对中华民本观进行实事求是的学理考察，进而内在回归并时中重建中华民本观独立自主学理体系，已成为中国学界迫切必要的战略研究方向。翊实而言，中华民本观系人文儒教文化传统，西方民主观则系基督宗教文化传统，我们可把儒学民本观与西学民主观的构成要素归纳为由儒、耶二教文化传统所内在规定的本位立场、经典依据、信念前提、担当主体、基本架构、核心内容，以及价值思维、脉动规律这八个内在关联的学理要素比照层面。

就当前学界而言，由于"西体中用"温和西化价值思维、"西体西用"全盘西化价值思维还较为普遍并将长期存在，自觉摆脱西方学术话语体系束缚可谓任重道远。鉴此，本书力求突破此前政治学、法学与政法哲学等现代性学术视域局限，尝试初步建构与西方民主观并列对举、修养教化内外平成的中华民本观独立自主分析框架，进而整合升格为系统综合的儒学民本观学理体系。本书亦尝试论证指出，中华儒学民本观的历史展开具有时中担当精神，贯彻大、小文化传统整合融通这一历史发展脉动，因而不能带有情感好恶等学术偏见来片面拣择与外在诠释历代儒学儒教民本观资料。本书进而尝试指出，儒学民本观发展史自有其内在的展开阶段与发展规律，我们尤其要自觉总结儒学民本观历次时中创新与外来文化信仰中国化这一一体两面、双美共成的基本发展规律，认真汲取当前以大陆新儒家等民间实践型儒者对儒学民本观与西方民主观比照研究探索的经验教训，立足中华民本观基本价值思维而又内在消化西方民主观积极因素，从而切实把传统儒学民本观反本开新地推进到新的发展阶段。

本书以儒学民本观为研究主题，以儒学民本观与西学民主观中西比照为研究视域，以本位立场与经典依据、信念前提与担当主体、基本架构与核心内容、价值取向与思维模式、历史脉动与创新规律为研究要素，以"民本修教，儒学正统"本位立场、"五经四书，时中阐发"经典依据、"人性本善，觉有先后"信念前提、"圣贤师长，人文君子"担当主体、"天君民合，三位一体"基本架构、"三纲五常，礼教实修"核心内容、"明德亲民，伦常当位；天人合一，道则中庸"（简称"明德亲民，道则中庸"）价值思维、"教化下移，夏以化夷；反本开新，内化外学"（简称"下化外推，反本开新"）脉动规律为研究框架，以民本民主并列对举视野下的儒学民本观诸学理要素的经书论证、历史剖析以及当代衔接为研究思路，以横向义理、纵向历史、中西比较与反本开新四重维度的中道整合为研究方法，以建构独立自主的儒学民本观义理体系为研究目标，以自觉升格儒家民本思想分散研究为儒学儒教民本观内在整合研究为创新担当。

本书内容包括绪论、儒学民本观基本要素的经史论证与义理概括（具体又可分为经书依据、性善信念、君子主体、天人架构与礼教内容、价值思维与脉动规律五个部分）以及结语总计三大部分（七小部分）。其中，本书主体内容为第二大部分，亦即儒学民本观基本义理要素的经史论证与义理概括部分。具体而言，绪论部分概说"儒学民本观的地位升格与框架体系"，包括儒学民本观研究现状与地位升格、框架体系与研究思路两方面内容。第一章概说"经书：儒学民本观经典依据"，包括儒学民本观"五经四书"（即《诗经》《尚书》《周礼》《仪礼》《礼记》《周易》《春秋左传》《春秋公羊传》《春秋穀梁传》《孝经》《大学》《中庸》《论语》《孟子》）经典依据述要、先秦以及秦汉以来诸子类辅助经典依据述要两方面内容。第二章概说"性善：儒学民本观信念前提"，包括"五经四书"性善思想述略、儒学性善论史略（分为先秦汉唐奠定探索期、两宋元明内化成熟期、明末清初反本完善期、明清以来转型裂变期四个阶段）、儒学民本观性善论义理述要（分为性本善合天道、性可善待修教、性至善当下止三个层面）三方面内容。第三章概说"君子：儒学民本观担当主体"，包括"五经四书"君子思想述略、儒学君子观史略（分为先秦汉唐奠定探索期、唐宋元明内化成熟期、明清以来转型裂变期三个阶段）、儒学民本君子观义理述要三方面内容。第四章概说"儒学民本观基本架构与核心内容"，其中"天君民合：儒学民本观基本架构述要"包括五经四书"天君民合"基本架构思想述略、儒学民本观"天君民合"架构发展史略与义理述要两方面内容，而"纲常礼教：儒学民本观核心内容述要"则包括五经四书"纲常礼教"思想述略、儒学民本观"纲常礼教"核心内容及其发展史述略两方面内容。第五章概说"儒学民本观价值思维与脉动规律",其中"明德亲民,道则中庸:五经四书价值思维概说"包括《大学》《中庸》价值思维述要、其他经书基本价值思维述要、儒学民本观价值思维述略(具体又分儒学民本观价值思维发展史述要、《大学衍义》《大学衍义补》述要、儒学民本观与西学民主观价值思维之学理比照三个层面)三方面内容,而"下化外推,反本开新:儒学民本观脉动规律概说"则包括五经四书雅俗华夷关系述略、儒学民本观历史脉动与发展规律述略、近现代以来雅俗华夷关系的学理歧出与反本开新三方面内容。结语部分明确指出,借鉴、内化西学民主观优长的前提在于内在继承儒学民本观修教正统,儒学民本观体系建构与儒教民本教化建设内在一体,构成了中华民族当代复兴的主题与纲要,对此我们应洞若观火并勇于担当。

旧邦有新命,温故方知新。回归经典传承义理,总结历史把握规律,自觉立足儒学民本观,方能内化西学民主观。每个文化中国人都应坚信,作为中华民族修养教化的永恒主题,儒学民本观继往开来而历久弥新,一定会向世人展昭其鲜活时中的蓬勃生机与恒久价值。

第一章
经书：儒学民本观经典依据概说

"民本修教，儒学正统"本位立场、"五经四书，时中阐发"经典依据、"人性本善，觉有先后"信念前提、"圣贤师长，人文君子"担当主体、"天君民合，三位一体"基本架构、"三纲五常，礼教实修"核心内容、"明德亲民，道则中庸"价值思维，以及"下化外推，反本开新"脉动规律这八个层面，构成了儒学民本观一体融通而又内在互成的基本框架要素。本书主要概说儒学民本观经典依据、信念前提、担当主体、基本架构、核心内容、价值思维、脉动规律这七大义理要素，而"民本修教，儒学正统"本位立场则因内在贯彻于其他义理要素之中不再单独解读。儒学民本观义理框架与构成要素的提出以"五经四书"及其时中阐发为经典依据，具有宽厚美善的经典文本支撑。"经"者彝伦常道，专指《诗》《书》《礼》（"三礼"）、《易》《春秋》（"三传"）之道。"书"者通经门户，专指《论》《孟》《学》《庸》之方。"时中阐发"则是指历代儒者随时变易以从道，时中发明儒教经书义理内涵。儒学民本观"五经四书"经典依据具有"述而不作"时中阐发传统，历代儒者时中阐发集中体现于"五经四书"经典注疏中。此外，可资参考的辅助性典籍还应包括对解经有所裨益的《国语》《谥法解》《晏子春秋》《孔子家语》《韩诗外传》《大戴礼记》《荀子》《春秋繁露》《白虎通义》等先秦两汉相关资料，汉唐以来儒学代表性典籍（如《近思录》《通鉴纲目》《大学衍义》《日知录》《四库总目提要》《学统》等总结性典籍），以及《潜夫论》《政论》《昌言》《新书》《申鉴》《中论》

等相关政论著述，等等。本章拟对儒学民本观"五经四书，时中阐发"经典依据以及相关政论资料予以义理层面的简要述评。

第一节　儒学民本观"五经四书"经典依据述要（上）

西学民主观正统以"旧约新约，历代阐发"以及相关著述、政论资料为经典依据，儒学民本观正统则以"五经四书，历代注疏"以及相关著述、政论资料为经典依据。儒教经书阐释大致经历了先秦奠定期、汉唐成型期、宋明内化期、明清转型期、近代以来融会期这五大时期的历史衍化进程。自汉武以来，正统儒者自觉顺应儒教内在发展脉动，先是将《诗》《书》《礼》《易》《春秋》确立为"五经"，进而将注解阐释"五经"的其他记、传体儒典时中升格为"经"，最后合称"儒教十三经"，亦即《诗经》《尚书》《周礼》《仪礼》《礼记》《周易》《春秋左传》《春秋公羊传》《春秋穀梁传》《孝经》《尔雅》《论语》《孟子》，再加上从《礼记》中独立出来并成为"四书"内容的《大学》《中庸》，此即广义的"五经四书"。儒教"五经四书"经典学理体系的内在确立有一个漫长历程，最初由汉代"五经"而次第延展，最终确立于南宋而巩固普及于明清。具体言之，春秋时期即以《诗》《书》《礼》《乐》《春秋》教学，战国时期则有《诗》《书》《礼》《乐》《易》《春秋》六经之说。周衰而《乐》亡，汉武时期"罢黜百家，独尊儒术"，《诗》《书》《礼》《易》《春秋》五经立于学官，东汉又增《论语》《孝经》而为七经。汉代《孟子》虽为子学而实具解经功用，赵岐著《孟子章句》即为明证。唐代设三礼（《周礼》《仪礼》《礼记》）、三传（《春秋左传》《春秋公羊传》《春秋穀梁传》），连同《诗》《书》《易》，遂有"九传"之称，亦立于学官并用以取士。唐文宗"开成石经"又补加汉代已列为经的《论语》《孝经》，并增加《尔雅》，遂成十二经。五代十国时期后蜀国主孟昶还以此为基础而刻十一经，移出《孝经》《尔雅》而增收《孟子》。唐宋以来，为对治佛道二教心性义理并形成道统自觉，儒教正统不断褒扬并提升《大学》《中庸》《孟子》地位，韩愈、李翱等发其端绪，至南宋二程、朱子确立"四书"并为官方认可，《大学》《中庸》《孟子》始正式升格为经，至此"儒教十三经"亦即广义上的"五经四书"正式确立。至清代乾隆时期石刻十三经之后，阮元又合刻《十三经注疏》，"儒教十三经"之称正式形成，其尊崇地位深入人心。综上，广义上的"五经四书"亦即"儒教十三经"的地位确立与独立升格是历史形成的，不仅是中华儒教发展史内在脉动的必然结果，更是中华民族自我反省、不断前行的郑重抉择。"五经四书"对传统中国社会的主导作用可谓无处不在而无时不有，实际构成了塑造中华民族基本性格的最高精神宪法。儒教"五经四书"均为经史一体的修教经典，只是每一经书各具个性特色而已。就儒学民本观信念前提与担当主体、基本架构与核心内容、价值思维与脉动规律框架要素基本义理而言，在"五经四书"中有着互为涵摄而又各有侧重的诠释体现，分类梳理各经的侧重特色是必要的。

一、《诗经》民本观义理要素概述

《诗经》是孔子删定的西周初期至春秋中期四百年间诗歌总集，其内容由《风》《雅》《颂》三部分构成，即十五《国风》《小雅》《大雅》与《周颂》《鲁颂》《商颂》。《诗经》六义即风雅颂、赋比兴。风者风教，雅者正教（政有小大故雅分大小），颂者成教（诵周政教盛德广以美之，以其成功告于神明），风雅颂三者同为政名而积渐有序，风动之初名之曰风，齐正之后名之曰雅，风俗既齐德能容物，教化功成名之曰颂。赋者铺陈今之政教善恶，比者不斥今失比类婉讽，兴者见今之美取善喻劝。赋比兴是诗之所用，风雅颂是诗之成形，用彼三事而成此三事。就《诗经》源流沿革而言，大致为孔子删定以传子夏，子夏作序以授曾申，曾申再传李克、荀子，至鲁国毛亨训诂作传以授赵国毛苌，两晋南北朝刘焯、刘炫等义疏之，唐孔颖达等正义之。作为经学重镇，历代《诗》学时中发明《诗经》大义，因不同因缘际遇而应时兴起。其中，唐代《毛诗正义》（即汉毛亨传、郑玄笺、唐孔颖达疏的内在整合）代表了《诗》学教化义理正统。就儒学民本观义理要素而言，《诗经》侧重表述了圣贤君子担当主体与明德亲民价值关怀、礼教纲常核心内容与上下感通民本观念、天人物象类比思维与由近及远感化次第等内容的内在统一，其他义理要素内涵则涵摄其中。

先就"圣贤师长，人文君子"担当主体而言，《诗经》中的君子概念主要是指君王公卿大夫以上有爵位者，仁礼当位时则褒美之，德不称位时则讥刺之，以期名实相副而时中担当。就君子礼义修养而言，《诗经》君子品格的正面表述主要有《麟之趾》信厚仁爱，《羔羊》委蛇正礼，《湛露》恺悌令仪，《车攻》允信展诚，《雄雉》不忮不求，《鱼丽》礼备时中，《维天之命》於穆不已，《大东》上天之载无声无臭，《大明》昭事上帝厥德不回，《假乐》不愆不忘率由旧章，《小明》靖恭尔位正直是与，《既醉》孝子不匮永锡尔类，《昊天有成命》基命宥密缉熙殚心，《振鹭》无恶无斁以永终誉，《那》温恭朝夕执事有恪，《敬之》日就月将学于光明，《皇矣》予怀明德不大声色、不识不知顺帝之则，《文王》缉熙敬止聿修厥德、永言配命自求多福，《长发》圣敬日跻上帝是祗、不竞不絿不刚不柔，《淇奥》切磋琢磨文章盛美、瑟僴赫咺威仪宣著、宽绰张弛仁礼中道，《烝民》柔嘉维则令仪令色、小心翼翼夙夜匪懈、柔刚有节不欺不畏，等等。再就君子礼俗感化而言，君子诗教温柔敦厚，修己化民一体无间，诚如《周南》《召南》所示，夫妇正则五伦当位，家国天下内外平成。《诗经》君子教化表述主要有《鹿鸣》德音孔昭视民不恌，《谷风》黾勉勤力匍匐救民，《桑柔》维此良人作为式榖，《鸤鸠》其仪不忒正是四国，《江汉》矢其文德洽此四国，《瞻卬》人之云亡邦国殄瘁，《简兮》执辔如组御众有章，《长发》敷政优优百禄是遒，《关雎》王妃友乐寤寐求贤，《思齐》惠于宗公神罔怨恫、刑于寡妻以御家邦，《常棣》妻子好合兄弟既翕、和乐且湛宜尔室家，《大东》君子所履小人所视、仪刑文王万邦作孚，《南山有台》乐只君子民之父母、德音是茂邦家之基，《泂酌》恺悌君子民之父母、恺悌君子民之攸塈，《抑》有觉德行四国顺之、敬慎威仪维民之则，《旱麓》恺悌君子神所劳矣、恺悌君子遐不作人，等等。总之，圣贤君子德位群体实际构成了《诗》教担当主体。

诗言志，思无邪，乐而不淫哀而不伤，敦厚讽谏仁和性善，君子风教鼓动万物，化之所被无往不沾，"人性本善，觉有先后"正是君子修教的内在信念前提。《诗经》有关性善信念的代表性表述有《烝民》天生烝民有物有则、民之秉彝好是懿德，《大东》君子所履小人所视、仪刑文王万邦作孚，《桑柔》维此良人作为式榖，《旱麓》恺悌君子遐不作人，《小宛》螟蛉有子蜾蠃负之、教诲尔子式榖似之，《角弓》尔之教矣民胥效矣、毋教猱升木如涂涂附、君子有徽猷小人与属,《板》天之牖民如埙如篪如取如携、携无曰益牖民孔易,以及《凯风》孝子自责感动母心,等等。《诗经》"圣贤师长,人文君子"担当主体的展昭落实亦即对"三纲五常,礼教实修"核心内容的具体贯彻,因此《诗经》之人文君子亦即纲常君子、礼乐君子。《诗经》有关纲常礼教的表述比比皆是,如《周南》《召南》正夫妇而五伦当位,家国天下次第感化,亲亲仁民爱物一体和谐等。此外,《诗经》对遵守或违背夫妇、父子、君臣、兄弟、朋友五伦礼制(包括祭祀、婚姻、宴报等)的褒扬讴歌与悔吝讥讽随处可见,实际构成了十五《国风》风俗之教、《小雅》《大雅》仁礼正教、三《颂》和乐成教的主体内容。故《毛诗》明示,《鹿鸣》废则和乐缺,《四牡》废则君臣缺,《皇皇者华》废则忠信缺,《常棣》废则兄弟缺,《伐木》废则朋友缺,《天保》废则福禄缺,《南陔》废则孝友缺,《南有嘉鱼》废则贤者不安、下不得其所,《南山有台》废则为国之基坠,《由仪》废则万物失其道理,《蓼萧》废则恩泽乖,《湛露》废则万国离,《彤弓》废则诸夏衰,《菁菁者莪》废则无礼仪,《小雅》尽废则四夷交侵而中国微,等等。上述《诗经》人文君子纲常礼教核心内容相应构成了《诗》教民本观"明德亲民,伦常当位"价值关怀、"天君民合,三位一体"基本架构的具体内容,诗人因不同境遇而褒扬贬抑,箴规讽谏班班可陈,上下感通不一而足,忠厚之意溢于言表,后面章节将分类详述,此不展开。

再就"天人合一,道则中庸"思维模式而言,《诗经》乃天人物象类比思维与君子感化中道思维的内在统一,亦是"教化下移,夏以化夷"历史脉动的思维体现。就《诗经》天人物象类比思维而言,主要体现为赋、比、兴三种思维表述形式(赋者铺陈今之政教善恶,比者不斥今失比类婉讽,兴者见今之美取善喻劝)。《诗经》比兴往往不可剥离,其内在理致亦须反复吟咏体察。如《诗经》以日月告凶比拟四国无政,以相鼠有皮比拟君子须备礼仪,以菁菁者莪、裳裳者华比拟礼仪君子,以樛木、麟趾、羔羊、驺虞、羔裘等比拟君子敦正礼教、乐易仁厚,以淇奥绿竹比拟君子仁礼中道,以鸤鸠均爱比拟君子正礼坚固,以兼葭苍苍白露为霜比拟君子待礼化民,以凯风比拟孝子慈母,以关关雎鸠比拟夫妇正礼友乐,以日月、谷风比拟夫妇阴阳当位谐和,以菽麻、析薪、伐柯比拟娶须正礼,以舟在河中比拟妇归常处,以常棣之花、角弓比拟君子兄弟和乐友爱，以枤杜疏叶比拟君子亲族恩疏，以斯干南山比拟君子亲睦，以湛露比拟君子恩德，以六辔在手比拟君臣和合，以呦呦鹿鸣比拟君友贤臣，以伐木鸟鸣比拟君子友朋和爱，以山隰高下比拟君子小人之位，以山石岩岩比拟君子在位，以南山有台比拟君子乃邦家之基、民之父母，以鱼丽、鱼在在藻比拟君子和乐时中，以鹤鸣九皋、皎皎白驹比拟退隐君子，以风雨鸡鸣比拟君子乱世气节，以鸿雁于飞比拟君子劳苦，以子衿、温玉比拟君子学者，以振鹭于飞比拟周客戾止，以正月繁霜、雨无正比拟乱世治者漫无德礼，以雄雉、墙茨比拟淫君无礼，以北风、硕鼠、青蝇比拟小人贪乱谗佞，等等。至于《诗经》中道感通思维，孔子云"不学《诗》，无以言"，《春秋》朝聘主客每以诗言己志，正是温厚仁善中道思维的具体体现。君子感化推己及人，由近及远，正身以正夫妇、君臣、父子、兄弟，以至化成家邦天下，观摩《周南》《召南》则清晰可见。《关雎》初感虽微，至《蓼萧》则泽及四海，正如《江汉》所谓"匪疚匪棘，王国来极"。关于《诗经》天人感应思维，如《毛诗正义》所指出，《麟之趾》者《关雎》之应，行《关雎》之化至极，能尽人之情，能尽物之性，太平化洽故以致麟。《驺虞》者《鹊巢》之应，《鹊巢》化行，人伦既正朝廷既治，天下纯被文王之化，则庶类蕃殖蒐田以时，仁如驺虞则王道成。又如《诗经》风、雅、颂之风教、正教、成教这一循序渐进教化次第，风以动之而教以化之，君子先依违讽谕以动之，民渐开悟，乃后明教命以化之成之，此亦可见《诗经》天君民一体感通之天人合德中道思维。此外，如《东山》悲悯民人上下情通、《灵台》"经始勿亟，庶民子来"、《大田》"有渰萋萋，兴雨祈祈，雨我公田，遂及我私"，以及《十月之交》"彼月而微，此日而微，今此下民，亦孔之哀"等思维表述亦是如此。礼、乐、诗内在一体亦是中道感化思维的具体落实，《毛诗正义》指出，《由庚》者万物得由其道，《崇丘》者万物得极其高大，《由仪》者万物之生各得其宜，三篇《乡饮酒》《燕礼》用焉，间歌《鱼丽》笙《由庚》，歌《南有嘉鱼》笙《崇丘》，歌《南山有台》笙《由仪》，诗、礼、乐一体浑然，感通教化自然易入。就《诗经》大量篇章而言，诗人一贯秉承中庸之道，对过犹不及的违背礼度现象予以讥讽，如《卫风》褒扬君子仁礼中道、《魏风》讥刺君子俭啬褊狭亦不当礼等。其他刺贪刺虐、刺淫刺偏不一而足，此不具述。

二、《尚书》民本观义理要素概述

关于《尚书》本末，孔颖达《尚书正义》序云"勋华揖让而典谟起，汤武革命而誓诰兴。先君宣父……修圣道以显圣人，芟烦乱而翦浮辞，举宏纲而撮机要，上断唐虞，下终秦鲁，时经五代，书总百篇……巍巍荡荡，无得而称。郁郁纷纷，于斯为盛。斯乃前言往行，足以垂法将来者也"。至于《尚书》具体内容，则由《虞书》五篇、《夏书》四篇、《商书》十七篇、《周书》三十二篇构成。《尚书》所涉及的儒学民本观义理要素极为丰富，其中圣王师贤感化主体与敬德保民价值关怀、天君（臣）民三位一体教化架构、天人内在礼法教化核心内容、天人感应建立民极中道教化思维等论述尤为侧重，其他义理要素则涵摄其中。就儒学民本观义理而言，古文《尚书》与今文《尚书》内在一致，故此不再特意区分。

在《尚书》中，圣王师贤君子感化主体内涵与敬德保民这一内修外化价值关怀息息相关。《尚书》中代表性表述如《尧典》"曰若稽古，钦明文思安安，允恭克让，光被四表，格于上下。克明俊德，以亲九族。九族既睦，平章百姓。百姓昭明，协和万邦。黎民於变时雍""父顽，母嚚，象傲，克谐以孝，烝烝乂，不格奸"、《舜典》"浚哲文明，温恭允塞，玄德升闻，乃命以位……柔远能迩，惇德允元，而难任人，蛮夷率服"、《皋陶谟》"允迪厥德，谟明弼协。慎厥身，修思永……在知人，在安民"。君子修教信念依据是性善论，《尚书》"人性本善，觉有先后"信念前提本原于天道自然，如《汤诰》"惟皇上帝，降衷于下民。若有恒性，克绥厥猷惟后"、《高宗肜日》"王司敬民，罔非天胤"、《大禹谟》"敬修其可愿"、《西伯戡黎》批评商纣"不虞天性，不迪率典"、《胤征》"咸与惟新"，以及《伊训》"惟上帝不常，作善降之百祥，作不善降之百殃"、《大禹谟》"惠迪吉，从逆凶，惟影响……惟德动天，无远弗届。至诚感神"，等等。可见，儒学民本观性善论系天人内在架构。

"惟天惠民，惟辟奉天"（《泰誓中》），儒学民本观具有"天—君—民"一体和合的基本架构。其一，天生民必从其愿，树之君以保爱之。一者"惟天阴骘下民，相协厥居"（《洪范》）、"天视自我民视，天听自我民听"（《泰誓中》）、"天聪明，自我民聪明。天明畏，自我民明威"（《皋陶谟》）、"天

15

矜于民，民之所欲，天必从之"（《泰誓上》），二者"天生民有欲，无主乃乱，惟天生聪明时乂……兹率厥典，奉若天命"（《仲虺之诰》）、"天佑下民，作之君，作之师，惟其克相上帝，宠绥四方""亶聪明，作元后，元后作民父母"（《泰誓上》）。其二，君顺天道以应民心，疾敬德而化其民。一者"皇天无亲，惟德是辅"（《蔡仲之命》）、"民罔常怀，怀于有仁"（《太甲下》）、"钦崇天道，永保天命"（《仲虺之诰》）、"懋敬厥德，克配上帝"（《太甲下》），二者"尔身克正，罔敢弗正。民心罔中，惟尔之中"（《君牙》）、"一人元良，万邦以贞"（《太甲下》）、"若保赤子，惟民其康乂"（《康诰》）、"德日新，万邦惟怀；志自满，九族乃离"（《仲虺之诰》）、"抚我则后，虐我则仇"（《泰誓下》）。其三，君为民主而民为君本，君民相须而共成治道。一者"宅天命，作新民"（《康诰》）、"天子作民父母，以为天下王"（《洪范》）、"民非后，罔克胥匡以生"（《太甲中》）、"罔违道以干百姓之誉，罔咈百姓以从己之欲"（《大禹谟》），二者"后非民，罔以辟四方"（《太甲中》）、"民可近，不可下。民惟邦本，本固邦宁"（《五子之歌》）、"匹夫匹妇不获自尽，民主罔与成厥功"（《咸有一德》）。总之，王司敬民而作民明辟，恭承民命而式敷民德，咸有一德逊志务学，道积厥躬则克享天心、祈天永命。

"天—君—民"内在结构中的"君"实指天工人代、恭天成命、以德配位、君臣一体的君子群体，故《尚书》有君以臣为邻为友、为股肱耳目之说，明示"惟天聪明，惟圣时宪，惟臣钦若，惟民从乂"（《说命中》）、"臣为上为德，为下为民"（《咸有一德》）、"君罔以辩言乱旧政，臣罔以宠利居成功"（《太甲下》）。《尚书》指出，建官惟贤、位事惟能、敷纳以言、明试以功、车服以庸，畔官离次者俶扰天纪，天吏逸德则烈于猛火。这种"天—君—民"修教体系以天人内在的"三纲五常，礼教实修"为核心内容，《尚书》指出"若作梓材，既勤朴斫，惟其涂丹雘"（《梓材》）、"若网在纲，有条而不紊"（《盘庚上》）、"若虞机张，往省括于度，则释"（《太甲上》），明示"天叙有典，敕我五典五惇哉。天秩有礼，自我五礼有庸哉。同寅办恭和衷哉。天命有德，五服五章哉。天讨有罪，五刑五用哉。政事懋哉，懋哉"（《皋陶谟》）、"初一曰五行，次二曰敬用五事，次三曰农用八政，次四曰协用五纪，次五曰建用皇极，次六曰乂用三德，次七曰明用稽疑，次八曰念用庶征，次九曰向用五福，威用六极"（《洪范》），并明确指出"元恶大憝，矧惟不孝不友"（《康诰》）。

《尚书》思维乃法天立人建立民极教化中道。天道自然人性本善，觉有先后故须中道化民，《尚书》相关表述有"敕天之命，惟时惟几"（《益稷》），"在璇玑玉衡，以齐七政"（《舜典》），"钦若昊天，历象日月星辰，敬授民时"（《尧典》），"皇建其有极。敛时五福，用敷锡厥庶民。惟时厥庶民于汝极"（《洪范》），"道心惟微，人心惟危；惟精惟一，允执厥中""刑期于无刑，民协于中"（《大禹谟》），以及"八音克谐，无相夺伦，神人以和……击石拊石，百兽率舞"（《舜典》）等。《尚书》明示，君子修教一体，设中于心、惟和惟一，以作民极咸和万民，"率自中，无作聪明乱旧章"（《蔡仲之命》），"宽而栗，柔而立，愿而恭，乱而敬，扰而毅，直而温，简而廉，刚而塞，强而义"（《皋陶谟》），"无偏无陂，遵王之义；无有作好，遵王之道；无有作恶，遵王之路。无偏无党，王道荡荡；无党无偏，王道平平；无反无侧，王道正直。会其有极，归其有极"（《洪范》），以及"三德：一曰正直，二曰刚克，三曰柔克。平康，正直；强弗友，刚克；燮友，柔克。沈潜，刚克；高明，柔克"（《洪范》），等等。

三、"三礼"民本观义理要素概述

"三礼"即《周礼》《仪礼》《礼记》。关于"三礼"主旨，孔颖达《礼记正义》序指出，"夫礼者，经天纬地，本之则大一之初；原始要终，体之乃人情之欲……礼者，体也，履也，郁郁乎文哉，三百三千，于斯为盛。纲纪万事，雕琢六情……顺之则宗祐固，社稷宁，君臣序，朝廷正；逆之则纪纲废，政教烦，阴阳错于上，人神怨于下。故曰，人之所生，礼为大也。非礼无以事天地之神，辩君臣长幼之位，是礼之时义大矣哉"。儒学义理基本要素在"三礼"中均有具体体现且各有表述侧重。

（一）《周礼》民本观义理要素概述

《周礼》本于《周官》而详述六卿礼制，官贤为本礼法为用，包罗六礼建立民极。关于《周礼》要旨，贾公彦《周礼正义》序指出，"夫天育蒸民，无主则乱；立君治乱，事资贤辅……天地成位，君臣道生。君有五期，辅有三

17

名……少皞以前，天下之号象其德，百官之号象其征；颛顼以来，天下之号因其地，百官之号因其事……周监二代，郁郁乎文，所以象天立官，而官益备"。就儒学民本观义理要素而言，《周礼》侧重表述了法天立官教化主体、纲常礼刑教化内容、建立民极教化思维等要素的内在统一。

先就法天立官教化主体而言，《周礼》本天道而立人道，法天文而开人文，法象天地四时而立官教民，分设天官冢宰、地官司徒、春官宗伯、夏官司马、秋官司寇、冬官司空（佚而代之以"考工记"），亦即治官、教官、礼官、政官、刑官、事官六官，每官各有卿大夫士副贰司职，以及自辟府史胥徒若干，而天官则总摄众官以成岁功。《周礼》六篇篇首均开宗明义，指出"惟王建国，辨方正位，体国经野，设官分职，以为民极。乃立天官冢宰，使帅其属而掌邦治，以佐王均邦国……乃立地官司徒，使帅其属而掌邦教，以佐王安扰邦国……乃立春官宗伯，使帅其属而掌邦礼，以佐王和邦国……乃立夏官司马，使帅其属而掌邦政，以佐王平邦国……乃立秋官司寇，使帅其徒而掌邦禁，以佐王刑邦国……（比照前五官所述补足冬官部分：乃立冬官司空，使帅其徒而掌邦事，以佐王正邦国）"，而后再分述治官之属及其具体分掌职责。

再就纲常礼刑教化内容而言，《周礼》设官分职以为民极，以官成待万民之治，如《天官冢宰》大宰职掌建邦六典，其中治典经邦国治官府纪万民、教典安邦国教官府扰万民、礼典和邦国统百官谐万民、政典平邦国正百官均万民、刑典诘邦国刑百官纠万民、事典富邦国任百官生万民，以八统诏王驭万民（亲亲，敬故，进贤，使能，保庸，尊贵，达吏，礼宾），以九两系邦国之民（牧以地得民，长以贵得民，师以贤得民，儒以道得民，宗以族得民，主以利得民，吏以治得民，友以任得民，薮以富得民）。《地官司徒》以荒政十二聚万民，以保息六养万民（慈幼，养老，振穷，恤贫，宽疾，安富），以本俗六安万民（媺宫室，族坟墓，联兄弟，联师儒，联朋友，同衣服），以乡三物教万民而宾兴之（六德、六行、六艺），以乡八刑纠万民（不孝之刑、不睦之刑、不姻之刑、不弟之刑、不任之刑、不恤之刑、造言之刑、乱民之刑），以五礼防万民之伪，以六乐防万民之情。《春官宗伯》大宗伯职掌建邦之天神、人鬼、地祇之礼，以礼乐合天地之化、百物之产，以事鬼神，以谐万民，以致百物。大师之礼以用众，大均之礼以恤众，大田之礼以简众，大役之礼以任众，大封之礼以合众；以嘉礼亲万民，以饮食之礼亲宗族兄弟，以昏冠之礼亲成男女，以宾射之礼亲故旧朋友，以飨燕之礼亲四方宾客，以脤膰之礼亲兄弟之国，以贺庆之礼亲异姓之国，以九仪之命正邦国之位，以玉作六瑞以等邦国，以禽作六贽以等诸臣，以玉作六器以礼天地四方，以天产作阴德以中礼防之，以地产作阳德以和乐防之。《夏官司马》大司马职掌邦政，建邦九法以平邦国，制畿封国设仪辨位，进贤兴功建牧立监，制军诘禁施贡分职，简稽乡民均守平则，比小事大以和邦国，九伐之法以正邦国。中春振旅教民，中夏茇舍教民，中秋治兵教民，中冬大阅教民。《秋官司寇》大司寇则以五刑纠万民，以圜土聚教罢民，以两造禁民讼，以两剂禁民狱，以嘉石平罢民，以肺石达穷民。又如《考工记》审饬五材以辨民器、利物厚生生养万民、辅成伦常以安民极，等等。

最后就建立民极中道教化思维而言，如《天官冢宰》干宝以济其清浊、和其刚柔而纳之中和释"宰"义，《地官司徒》以五礼防民伪而教之中、六乐防民情而教之和。《地官司徒》施十二教：祀礼教敬则民不苟、阳礼教让则民不争、阴礼教亲则民不怨、乐礼教和则民不乖、以仪辨等则民不越、以俗教安则民不偷、以刑教中则民不虣、以誓教恤则民不怠、以度教节则民知足、世事教能民不失职、以贤制爵则民慎德、以庸制禄则民兴功；以土圭之法以求地中：天地之所合，四时之所交，风雨之所会，阴阳之所和。《春官宗伯》大司乐掌成均之法以乐德教国子：中和祗庸孝友；以六律六同五声八音六舞大合乐致鬼神祇，以和邦国谐万民安宾客悦远人作动物；凡建国，禁其淫声过声凶声慢声；凡射，王以《驺虞》为节，诸侯以《狸首》为节，大夫以《采蘋》为节，士以《采蘩》为节。《夏官司马》令赋因地制宜因民制宜，《天官冢宰》医师法阴阳五行调济和养其病。《秋官司寇》刑新国用轻典、刑平国用中典、刑乱国用重典；五刑五声八辟三刺，断民狱讼求民中情。《考工记》制物有常中规中矩、尽伦尽制中和为美，等等。

（二）《仪礼》民本观义理要素概述

关于《仪礼》要旨，贾公彦《仪礼疏》序云"《周礼》《仪礼》，发源是一，理有终始，分为二部，并是周公摄政太平之书。《周礼》为末，《仪礼》为本"。孔颖达"礼记正义"亦云"礼虽合训体、履，则《周官》为体，《仪礼》为履……所以《周礼》为体者,《周礼》是立治之本,统之心体,以齐正于物……《仪礼》但明体之所行践履之事,物虽万体,皆同一履,履无两义也……《周礼》为本,则圣人体之;《仪礼》为末,贤人履之"。《仪礼》以士礼为主体,主要涵摄士大夫礼仪规范、仪式程序以及部分阐释补记等仪行内容,其义理阐发则主要体现在《礼记》中。儒教重先觉觉后觉,行礼明德亲民教化,故而君子贤达阶层礼乐修养极为重要。君子礼仪加以降低要求的简化变通,亦可风化为庶民礼俗。

《仪礼》以士礼为主体,基本框架次序为士冠礼、士昏礼、士相见礼、乡饮酒礼、乡射礼、燕礼、大射仪、聘礼、公食大夫礼、觐礼,以及丧服、士丧礼、既夕礼、士虞礼、特牲馈食礼、少牢馈食礼、有司彻共计十七部分。其中,冠礼、昏礼、乡饮酒礼、燕礼、大射礼、公食大夫礼系嘉礼,士相见礼、聘礼、觐礼系宾礼,丧服、士丧礼、既夕礼、士虞礼系凶礼,特牲馈食礼、少牢馈食礼、有司彻系吉礼。就儒学民本观义理要素而言,《仪礼》侧重体现公卿大夫士差等交接、和合感通君子修教主体与冠昏祭丧、饮射燕聘礼乐成德教化内容的内在统一。以下略述君子感通礼乐成德内容。

士冠礼:冠者成人加服命字,敬告三界担当彝伦,筮日戒宾醴醮答拜,主人诚敬摈赞肃穆,适子冠阼以著代也,醮于客位加有成也,三加弥尊谕其志也,冠而字之敬其名也,弃其幼志敬其威仪,淑慎其德以介景福。士昏礼:昏礼至重六礼之本,夫妇同体方成人伦,听命于庙惟敬惟慎,纳采问名纳吉纳征,请期告期必诚必敬,父母诚女夫迎合卺,拜见舅姑家道礼成,妇入三月告祭祖祢。士相见礼:职位相亲始见承贽,士士相见对等有仪,相见礼贽冬雉夏脯,礼尚往来主人回拜,奉送礼贽仪式成全;下大夫相见贽以雁,上大夫相见贽以羔,见于大夫士终辞贽,士见于君执贽容礼;凡言非对妥而后传,君言使臣臣言事君,与老者言使弟子事,与幼者言孝悌父兄,与居官者言忠信事,与大众言忠信慈祥,与大人言瞻视有仪,侍坐君子察言观色。乡饮酒礼:乡大夫掌三年大比,将献其君贤者能者,以礼宾之与之饮酒,主人先生相谋宾介,戒宾辞许答拜众宾;设席堂廉有工有相,乐正先升工相陈位,歌乐奏笙《小雅》之篇,合乐《周》《召》正歌告备,宾有遵者礼仪有加,各有差等和乐感通;司正受命安宾坐宾,彻俎取俎众宾皆降,揖坐进羞爵乐无算,宾出乐节主人送拜，宾服乡服明日拜赐，宾服改见主人拜辱。乡射礼：州长春秋以礼会民，射于州序敬德亲民，主人戒宾答拜爵宾，乐正先升工相陈位，鼓瑟笙歌《周》《召》合乐，正歌告备司射请射，三耦比德奏乐以射，三耦卒射宾主继射，胜者张弓不胜弛弓，胜饮不胜升饮如初。燕礼：卿大夫若勤劳有功，国君宴饮嘉乐报之，觯觚爵宾旅酬感通，鼓瑟歌诗有乐有射。大射仪、聘礼、公食大夫礼、觐礼系国之嘉礼宾礼，仪式程序与士相见礼、乡饮酒礼、乡射礼类似。丧服、士丧礼、既夕礼、士虞礼系凶礼：斩衰齐衰大小功缌，丧服五类由重而轻，君臣尊卑各就位次，主宾男女远近有分；男子不绝女子之手，女子不绝男子之手，死于適室幠用敛衾，升屋招衣曰皋某复，楔齿缀足奠于尸东，赴君拜送有宾则拜，君使吊禭吊者致命，主人哭拜宾出拜送；既夕哭后启期告宾，启殡助祭葬成反哭，丧仪安形虞礼安神，虞荐祔祥禫后礼吉。特牲馈食礼、少牢馈食礼、有司彻系吉礼：特牲馈礼筮日筮尸，宿尸宿宾再拜稽首，少牢馈礼庙门筮日，筮尸宿尸主拜尸揖，宗人庙外敬请祭期，主人顺之旦明行事；主人主妇宰祝宗人，司马司士司宫雍人，馈成祝祝迎尸入庙，升筵受祭祝词穆穆，主人朝服庙外立阶，祝告利成祝入尸谡，祝反室中主人复位，祝命佐食司宫辩举，馂者奠爵上馂亲嘏，主人受福保建家室；有司彻堂司宫摄酒，议侑于宾宗人戒侑，主人迎尸宗人为摈，拜尸拜侑主人揖入，献尸答拜卒馂彻馈，馔于室中司宫扫祭，主人立阼祝执俎出，祝告利成有司受归，众宾出庙主人送反，妇人乃彻室中之馔。

（三）《礼记》民本观义理要素概述

作为"三礼"之一的《礼记》通行本，有别于《大戴礼记》八十五篇（现存三十九篇），乃《小戴礼记》四十九篇之简称。《礼记》内容由四十九篇视角各异的礼义述记构成，分类言之可概括为礼义安民总述、礼制定民总述、礼仪教民分记与五礼义化民分记四大类。其中，礼义安民总述类包括《礼运》《礼器》《学记》《乐记》《经解》《哀公问》《仲尼燕居》《孔子闲居》《坊记》《中庸》《表记》《缁衣》《儒行》《大学》十四篇，礼制定民总述类包括《王制》《明堂位》《月令》《文王世子》《玉藻》《祭法》《大传》七篇，礼仪教民分记类包括《曲礼上下》《内则》《少仪》《檀弓上下》《曾子问》七篇，五礼义化民分记类包括《祭义》《祭统》《郊特牲》《冠义》《昏义》《乡饮酒》《射义》《燕义》《投

壶》《聘义》《丧服小记》《杂记上下》《丧大记》《奔丧》《问丧》《服问》《间传》
《三年问》《深衣》《丧服四制》二十一篇。就儒学民本观义理要素而言,《礼
记》四类内容侧重体现了君子礼教主体、礼仪核心内容、五伦价值取向、天人
基本架构与中道思维模式的内在统一。

先就君子礼教主体、礼仪核心内容以及五伦价值取向内在统一的典范
表述而言,如《大学》明德亲民止于至善,格致诚正修齐治平;《曲礼》毋
不敬,俨若思,安定辞,安民哉;《经解》《诗》教温柔敦厚、《书》教疏通
知远、《乐》教广博易良、《易》教洁静精微、《礼》教恭俭庄敬、《春秋》
属辞比事,五礼坊乱教化隐微、止邪未形徙善远罪;《哀公问》君子美称成
就亲名,敬身成亲俱为君子,民所由生五礼为大,君子尊礼成教百姓;《缁
衣》君为民心民为君体,心庄体舒心肃容敬,齐民以礼民有格心,好恶必
慎为民之表;《内则》王命冢宰降德兆民,男女居室事亲有则,孝子养亲乐
心顺志,父母虽没终身无息;《少仪》相见荐羞威仪必慎,卑己尊人情实感
通,君子事长量而后入,君子为下谏而无讪;《文王世子》乐以修内礼以修
外,交错于中发形于外,君子曰德德成教尊,教尊官正官正国治;《坊记》
君子坊民如坊控水,礼为民坊彰疑别微,分位等别民让不惑,上酌民言民敬
如天;《大传》自仁率亲等而上之,自义率祖顺而下之,上治祖祢以为尊尊,
下治子孙以为亲亲,旁治昆弟合族以食,序以昭穆别以礼义,人道大义于
是竭尽;《祭统》追养继孝祭礼十义,事鬼神道上下之际,君臣之义父子之
伦,贵贱之等亲疏之杀,爵赏之施夫妇之别,政事之均长幼之序;《冠义》
礼始于冠而本于昏,重于丧祭尊于朝聘,和于乡射礼之大体,冠礼成人礼义
之始;《昏义》天地合而后万物兴,男女有别夫妇有义,父子有亲君臣有正,
昏礼为本万世之始;《乡饮酒》尊贤养老乃入孝悌,合诸乡射教之饮礼,入
孝出敬而后成教,成教而后家国可安;《射义》燕礼以明君臣之义,饮礼以
明长幼之序;《投壶》主客燕饮讲论才艺,胜饮不胜能养不能;《聘义》诸侯
之国交相聘问,重礼轻财共佐王室,聘礼敬让贵贱有等,君子至敬弗敢当
尊;《郊特牲》王无客礼莫敢为主,群臣不敢自有室家,臣无外交不敢贰君,
大夫强梁君诛为义;《杂记上下》丧礼敬上哀次瘠下,颜色称情戚容称服,
君子不夺他人之丧,人亦不可夺君子丧;《丧服四制》至丧衰冠绳缨菅屦,

三日食粥三月而沐，期而练冠三年而祥，孝子贞妇可得而察；《王制》王制禄爵五等两重，凡居民材时地异制；《明堂位》明堂显明诸侯尊卑，上下方位正仪辨等，等等均是。

再就天人架构与中道思维内在统一的典范表述而言，如《中庸》天道性命中和位育、道不远人至诚无息；《礼运》礼本天地以治人情，不丰不杀持情合危；《儒行》礼乐教化纲举目张，奉天法古和安万民；《月令》四时合序天人合德，礼教自然化民成俗；《乡饮酒》古之制礼经之天地，纪之日月参之三光，天人合德政教之本；《祭统》祭有四时顺阴阳义，禘尝之义治国之本；《郊特牲》乐由阳来礼由阴作，阴阳和而万物得所，取财于地取法于天，尊天亲地教民美报，百日之蜡一日之泽，一张一弛文武之道，交神明者不同安亵，祭天扫地祭于其质；《祭义》祭不欲数数烦不敬，祭不欲疏疏怠则忘，成庙衅礼道交神明，君子合天春禘秋尝；《丧服四制》礼体天地法象四时，则其阴阳顺乎人情，丧服四制仁义礼智，有恩有理有节有权，权中礼象取之人情；《丧服小记》期丧二年再期三年，九月七月之丧三时，五月二时三月一时，丧节应时期祭为礼，感应天道期除变通；《孔子闲居》天无私覆地无私载，日月无私普照天下，恺悌君子民之父母，礼乐之原君子必达；《仲尼燕居》礼以制中过犹不及，君子明礼言履行乐；《乐记》乐者和同礼者等异，礼乐中和以为民节；《表记》君子中庸无过不及，礼仪可式足为民表，圣人制行不制以己，制以中人民有劝耻；《檀弓》《曾子问》礼仪精微情理两安，丧事尤谨辨明礼尊，先王制礼中道有度，过者俯就不及者跂及；《礼器》忠信礼本义理礼文，贵贱丰杀合宜有称；《曲礼》欲不可纵傲不可长，志不可满乐不可极；《玉藻》君子无故玉不去身，比德于玉邪辟无入；《学记》化民易俗君子必学，先源后委学不躐等；《射义》射者绎志周还中礼，内志端平外体正直，弓矢审固方可言中，观射可以观其德行；《服问》罪多刑五丧多服五，上附下附其类等比；《间传》丧服之间轻重有宜，等比容体声音哀情；《三年问》三年之丧其道无易，称情立文因以饰群，先王为之立中制节，足成文理而后丧除；《深衣》古者深衣盖有制度，以应规矩而绳权衡；《丧服四制》门内之治恩以掩义，门外之治义以断恩，三日而食三月而沐，期而练者毁不灭性，等等均是。

第二节　儒学民本观"五经四书"经典依据述要（中）

　　《春秋》编年经史合一，孔子以之为礼教纲常褒贬判例。关于《春秋》主旨，《春秋穀梁传集解》范宁序云："该二仪之化育，赞人道之幽变，举得失以彰黜陟，明成败以著劝诫，拯颓纲以继三五，鼓芳风以扇游尘。一字之褒，宠逾华衮之赠。片言之贬，辱过市朝之挞。德之所助，虽贱必申。义之所抑，虽贵必屈。故附势匿非者无所逃其罪，潜德独运者无所隐其名，信不易之宏轨，百王之通典也……成天下之事业，定天下之邪正，莫善于《春秋》。"《春秋》"三传"即《春秋左传》《春秋公羊传》与《春秋穀梁传》，三者所述各有侧重，郑玄《六艺论》云："《左氏》善于礼，《公羊》善于谶，《穀梁》善于经。"儒学民本观义理要素如本位立场、信念前提、基本架构、核心内容、价值取向、思维模式、担当主体、脉动规律等，在《春秋》"三传"中均有具体体现且各有表述侧重。

一、《春秋左传》民本观义理要素概述

　　关于《春秋左传》主旨体例，杜预《春秋左氏传》序云："周德既衰，官失其守。上之人不能使《春秋》昭明，赴告策书，诸所记注，多违旧章。仲尼因鲁史策书成文，考其真伪，而志其典礼，上以遵周公之遗制，下以明将来之法。其教之所存，文之所害，则刊而正之，以示劝戒……左丘明受经于仲尼，以为经者不刊之书也，故传或先经以始事，或后经以终义，或依经以辩理，或错经以合异，随义而发……发传之体有三，而为例之情有五。一曰微而显，文见于此，而起义在彼……二曰志而晦，约言示制，推以知例……三曰婉而成章，曲从义训，以示大顺……四曰尽而不污，直书其事，具文见意……五曰惩恶而劝善，求名而亡，欲盖而彰……推此五体以寻经传，触类而长之，附于二百四十二年行事，王道之正、人伦之纪备矣。"就儒学民本观义理要素而言，《左传》侧重表述了奉天法古礼教内容、敬德亲民礼乐中道价值思维与君子修礼成就善性等要素。

先就奉天法古礼教内容而言，《春秋左传》明示，礼者顺天法古而贞定天命圣心，经纬天地而纲纪上下，礼之实际内容即三纲五常八德与吉凶嘉宾戎五礼。故而敬让乃礼之舆、忠信乃礼之器，礼者修己而不责人、无毁人以自成，与人为善而中道感通。名以制义义以出礼，礼以体政政以正民，礼能经国家、定社稷、序民人、利后嗣。《春秋左传》祭丧冠昏、朝聘会盟、征伐修平等礼制记载，旨在名实当位君子时中、孝者成人继志述事、慎终追远民德归厚、结好息民以卫社稷。"元年春王正月"者，王者礼教奉天法古，顺应天道四时成岁，审别阴阳叙事训民。作为天经、地义、民行，礼淫昏乱民失其性，违天有咎天地变异，天反时为灾、地反物为妖、民反德为乱，天地恒以阴阳象类警示谕告世人，《春秋左传》对合礼恤民、非礼害民之言行，可谓褒贬森严而周至中道，惩戒劝导之寓意班班可见。

再就敬德亲民、礼乐中道价值思维而言，《春秋左传》指出，天者君民之本，君民者神之主，君子者民之望，天生民而树之君，使司牧民勿失天性，故而君之命在养民。臣者进思尽忠退思补过、治烦去惑以成君善，君臣皆为恤民而设，敬慎威仪、视民如子，务德以安民。德之不建则民之无援，仁德礼敬、有恤民之心者宜为君臣，无德尸位、无道于民则国殃民残。君臣勤德正位、爵贤官能则国安民息，赏罚不均、苟且偷生则神怒民叛、社稷不安。神唯德是与、依人而行，民和则神福，故圣王无不先成民而后致力于神。《春秋左传》以礼乐中道思维方式落实礼教敬德亲民价值观，明示四时得所则事无悖乱、举正于中则民不惑；君子度德量力相时而动，制礼以奉天性而扈民无淫，性曲者以礼直之，性直者以礼曲之；礼乐以节百事，济五味、和五声、章五采、养五德以平心成政，沈潜刚克高明柔克，刚而无礼者不可以治民，以及《春秋》微而显志而晦、婉而成章尽而不污以惩恶劝善等表述，均是如此。

最后就君子修礼成就善性而言，《春秋左传》指出，勤施无私曰类，教诲不倦曰长，择善而从曰比，经纬天地曰文，弃同即异是谓离德，非圣无礼国之蠹虫；善人在上国无幸民，人之云亡邦国殄瘁，善能举善天地之纪，善代不善此乃天命，孝子不匮永锡尔类，善人无后无以劝善，采葑采菲无以下体，罪无相及无怨于人，善不可失恶不可长，过而能改善莫大焉；匹夫为善民犹则之，君子为善是则是效，君子当位度礼临民，德行可象作事可法，周详远虑罪己补过，与人为善为尊亲讳，惟其有之是以似之，歌诗必类婉而成章，赏僭惧淫刑惧及善，与其失善宁其利淫，好善能择无竞维人，好不废过恶不去善，等等均是。

二、《春秋公羊传》民本观义理要素概述

公羊学分析框架涵摄二类（人事与灾异），三科（张三世、存三统、异内外），五始（元年、春、王、正月、公即位），六辅（公辅天子、卿辅公、大夫辅卿，士辅大夫，京师辅君，诸夏辅京师），七等（州、国、氏、人、名、字、子），七缺（夫道之缺、妇道之缺、君道之缺、臣道之缺、父道之缺、子道之缺、郊祀不修周礼之缺），九旨（时、月、日、王、天王、天子、讥、贬、绝）。就儒学民本观义理要素而言，《春秋公羊传》侧重表述阴阳感报天人架构、伦常褒贬礼制内容、性善亲民价值信念、华夷大义权实中道教化思维的内在统一。

先就阴阳感报天人架构而言，《春秋公羊传注疏》认为，《春秋》编年四时成岁，王者受命继天奉元、布政施教养成万物，昭明天人相与之际实可敬畏，礼义人事之失正必感应天地阴阳灾异，而天地阴阳灾异亦必象应礼义人事之失正。《春秋》阴阳灾异人事感应不一而足，如日食象应阴盛阳衰纲纪反常、地震冬无冰象应阴为阳行、陨霜不杀草李梅实象应阴假阳威、久而不雨象应福由下作、大雨雹象应夫人专爱，大雨雪震电象应阴阳失节邪而胜正、蜮生象应初税亩变古易常、有蜮多麋象应小人惑害邪乱家国、雨螽象应群臣残贼争强、有蜚象应夫人臭恶之行，以及大旱而雩象应上不恤民政教不施、螟灾螽灾象应苛烦扰民、大水溃泉象应民生哀怨蓄积气逆、御廪火灾象应逆天危祖鬼神不飨、恒星不见象应法度废绝王室日卑、山崩于河象应阴盛阳衰王道衰绝，有星孛入于北斗象应王不统政弑君而立、成周宣谢灾象应周不复兴、宋卫陈郑四国灾象应王室微天下乱、蒲社灾象应诸侯背王王教灭绝、鹳鹆来巢象应权臣异志国将危亡、五石六鹢象应宋襄耿介自用善始终败、鼠食郊牛伤象应君上不能谨敬洁清，等等均是。《公羊传注疏》进而指出，阴阳灾变旨在使人感惧受过、精诚应变以复归纲常正礼。

再就伦常褒贬礼制内容而言，《春秋公羊传》着重强调了先王礼制之刚性内涵，明示《春秋》礼教重本尊统，尤重纲常名分大义褒贬，如重夫妇婚姻之

礼以正人道之始、王教之端，正父子则明父子天伦、子虽见逐而无去父之义，重父子继嗣之礼故强调立嫡以长而不以贤、立子以贵而不以长，重孝悌亲亲之礼故讳与雠狩齐侯称人、杀世子母弟恶而称名、晋侯诡诸卒不书葬、卫侯燬灭邢书名刺灭同姓等，重祭祀尊祖之礼故讥跻僖公者逆祀先祢而后祖、丧娶失三年之恩，别尊卑重分位之礼故讥天子诸侯大夫士礼仪等差僭越、君子匹夫行则匹夫书之，重任贤官能之礼故讥世卿，重君道大礼故赞宋襄公不计利害而临大事不忘大礼、不鼓不成列，等等。通过具体的伦常礼制示例褒贬，《春秋公羊传》强调了先王礼制截断众流的神圣性与维护礼制的必要性。

再就性善亲民价值信念而言，《春秋公羊传》强调君子乐道人之善，礼有九锡皆所以劝善扶不能，君子成人之美而不以一过责人，善善也长恶恶也短，恶恶也疾始善善也乐终，恶恶止其身而善善及子孙，故讳书桓公小恶而勉存其继绝存亡之功德。君敬臣则臣自重、君爱臣则臣自尽，君子为尊者讳、为亲者讳、为贤者讳，本原即在性善信念，故父母之于子虽有罪犹为讳隐，探心臣子恩情书葬者皆称公，原心褒扬季子亲亲友悌之情，蔡世子般弑其君故隐痛不忍言其日，定、哀多微辞讳尊隆恩避害容身。君子原心天性而褒贬定罪，知人心皆实有三年之恩故讥丧娶，君有事太庙闻大夫丧去乐恩痛不忍举，恶齐桓公迫杀山戎不仁而贬称齐人，楚子怀恶以讨不义君子不予而责其诱诈，疾兵暴不仁而恶书火攻。君子性善重在亲民恤民，故齐楚会盟称扬齐桓重爱民命，褒美晋士匄闻齐侯卒引师而去恩动孝子善心、服诸侯之君故兵寝数年，并讥刺梁亡君绝、师出逾时、楚人围陈、城中丘、筑鹿囿、初税亩、作丘甲等违反天性人心之不仁行径。

最后就华夷大义权实中道教化思维而言，《春秋公羊传》明示华夷之辨礼义之别，褒贬进退一依于尊尊贤贤亲亲之纲常礼义而又有等差次第。近者悦则远者来，诸夏正则夷狄正，《春秋》主张立爱自亲近者始，故先自正然后正人、先详内而后治外，先治其国以及诸夏、治诸夏以及夷狄，其教化次第即内其国而外诸夏、内诸夏而外夷狄、夷狄进至于爵则天下远近小大若一。夷狄亟病中国，有王者而后服，无王者则先叛，故而王者不治夷狄，来者勿拒去者勿追，因夷狄之可褒而进之以渐，许夷狄者不一而足，勿暴责之以避其为害深重，不使无礼义之夷狄主治有礼义之中国，故褒扬齐桓救中国而攘夷狄为王者之事。

《春秋》华夷之位是动态变易的，夷而进华者如狄人伐卫狄进称人，善其有忧中国之心；蔡侯以吴子及楚人战吴称子者，夷狄而忧中国，而吴入楚吴不称子者则恶其反乎夷狄；书邾娄子克卒者，善其有尊天子之心，始与未纯故不书日；介葛卢来进称名者，善其能慕中国朝贤君，明当扶勉以礼义；书荆人来聘者，善其能慕王化而修聘礼，故当进之；楚子使椒来聘不足其氏者，不可卒备故且以渐，不纯以中国礼责之；楚子、陈侯、郑伯盟不书日月者，楚庄王行霸，约诸侯明王法而讨夏徵舒，善其忧中国故为信辞；潞子婴儿称子者，善其离于夷狄而未能合同于中国礼义，故悯伤进之。华而退夷者则如书城邾娄葭，深恶鲁有夷狄之行故讳之；郑伐许谓之郑者，恶郑襄公与楚同心比周为党，数侵伐诸夏故夷狄之；晋伐鲜虞谓之晋者，恶其先伐同姓而欲立威行霸，故夷狄之；王室乱而诸侯莫肯救，君臣上下纲常坏败，则中国亦为新夷狄，如此等等不一而足。除上述华夷之辨教化次第外，《春秋公羊传》中道教化思维还包括权实中正、文实两观、大功补过等方面内容。权实中正者如君子贤乎祭仲以为知权，权者反于经然后有善，行权有道自贬损以行权、不害人以行权。文实两观者如对齐桓公封卫态度即实与而文不与，以为诸侯之义固不得专封，但若上无天子下无方伯，天下诸侯有相灭亡者，力能救之则救之可也。大功补过者则如宋襄公卒讳不书葬者，襄公背殡出会有不子之恶，后有征齐忧中国尊周室之心，功足以除恶故讳书而使若非背殡；而书齐人迁阳不为齐桓公讳者，齐桓此时之功尚未足以覆灭人之恶故。

三、《春秋榖梁传》民本观义理要素概述

《春秋榖梁传》旨趣与《左传》《公羊传》有别，范宁《春秋榖梁传》序明示："《春秋》之传有三，而为经之旨一，臧否不同，褒贬殊致。盖九流分而微言隐，异端作而大义乖。《左氏》以鬻拳兵谏为爱君，文公纳币为用礼。《榖梁》以卫辄拒父为尊祖，不纳子纠为内恶。《公羊》以祭仲废君为行权，妾母称夫人为合正。以兵谏为爱君，是人主可得而胁也。以纳币为用礼，是居丧可得而婚也。以拒父为尊祖，是为子可得而叛也。以不纳子纠为内恶，是仇雠可得而容也。以废君为行权，是神器可得而窥也。以妾母为夫人，是嫡庶可得而齐也。若此之类，伤教害义，不可强通者也。凡传以通经为主，经以必当为

理……《左氏》艳而富，其失也巫。《穀梁》清而婉，其失也短。《公羊》辩而裁，其失也俗。若能富而不巫，清而不短，裁而不俗，则深于其道者也。"就《春秋穀梁传》源流沿革而言，大概为鲁人穀梁俶受经于子夏并为经作传，次第传至孙卿、鲁人申公、博士江翁、鲁人荣广大、蔡千秋，因汉宣帝好《穀梁》而擢蔡千秋为郎，《穀梁传》由此大行于世，晋人范宁精审综括为之集解，唐杨士勋又分肌擘理为之疏，遂成经学重镇。历代穀梁学者时中发明《春秋》大义，亦因历代因缘际遇而乘时兴起。就儒学民本观义理要素而言，《春秋穀梁传》侧重表述了君子性善亲民价值信念、克己复礼礼义内容、礼义中道人文关怀、褒贬进退华夷之辨等内容。

先就君子性善亲民价值信念而言，《春秋穀梁传注疏》指出，《春秋》书法恩情温厚以扶成善性。譬如，隐公不书即位以成让桓之志，虽不纯正但《春秋》成人之美而不成人之恶；葬后举谥谥以成德，大行受大名小行受小名，所以劝善而惩恶也；纪侯贤而齐侯灭之，不言灭而曰大去其国者，不使小人加乎君子；君之卿佐是谓股肱，股肱或亏何痛如之，大夫卒书日以纪恩为正礼；冬葬许悼公者，许世子止不知尝药累及许君，日卒时葬不使其为弒父；《春秋》善恶必著而与人为善、许人悔过维新，故为尊者讳耻、为贤者讳过、为亲者讳疾；澶渊之会诸侯善心感动，闵伯姬贞节而恤宋、中国不侵伐夷狄、夷狄不入中国者八年；古者征战恤病敬老，不重创不擒二毛，否则讳言获，仁者造次颠沛必于是；《春秋》善与人同，故伯尊攘善而孔子断其无绩。《春秋》德政践礼而志在勤民，如民者君本、伐不逾时、战不逐奔、诛不殄服、慎重民命，故使民以其死非正；"自十有二月不雨，至于秋七月"者，僖公忧民故历一时辄书不雨，今文公历四时乃书，讥其不闵雨而无志乎民；城中城者讥公不务德政不能卫其民，筑鹿囿者与民争利非为正礼，初税亩、丘赋者弃中平之法重赋剥民不仁非礼；雩书月者雩之正，时穷力尽然后雩祭，君主亲祷诚愿以己身代生民；《春秋》有三盗，微杀大夫、非所取而取之、避中国之正道以袭利，称盗者不在人伦之序。如此等等，无非君子性善亲民价值信念之具体展昭。

再就君子克己复礼礼教内容而言，《穀梁传注疏》指出，《春秋》大义克己复礼权智而正，以义入道以正胜邪。如《春秋》之义书尊及卑，尊不亲小事、卑不尸大功，诸侯与正不与贤以定名分；君子贵义而不贵惠，信道而不信邪，孝子扬父美而隐父恶，故隐公虽轻千乘之国而未能蹈履中正大道；父有诤子则身不陷不义，故曹世子射姑如止曹伯使朝之命，则曹伯不陷非礼之愆，世子无苟从之咎，鲁亦无失正之讥；恶逆祀先亲而后祖，无昭穆则是无祖、无天而行，故《春秋》之义君子不以亲亲害尊尊；君子克己复礼，于录赵盾弑君见忠臣之至，于录许世子止弑君见孝子之至，于录立恶黜正故恶祭仲之行权；宣公弑逆故其弟终身不受禄，兄弟无绝道故兄虽非而弟不去，则论情可以明亲亲、言义足以厉不轨；晋士匄侵齐而不伐丧，君不尸小事而臣不专大名，善则称君过则称己，宜堚帷而归命乎介；《春秋》之义，用贵治贱、用贤治不肖，而不以乱治乱，怀恶而讨虽死不服；田得禽者，射不中礼则为不得禽，故君子贵仁义而贱勇力。

再就礼义中道人文关怀而言，《穀梁传注疏》以礼言天、以象言天，反对神秘、放纵两个极端。如《桓公八年传》论"冬十月雨雪"，则征引《礼记·月令》"孟冬行秋令，则霜雪不时"；《庄公十八年传》论"秋有蜮"，则征引《京房易传》"忠臣进善，君不识，厥咎国生蜮"；《僖公二十九年传》论"秋大雨雹"，则云阴胁阳、臣侵君之象，并阐明阴阳二气不相入转而成雹之理；《僖公三十三年传》论"陨霜不杀草"，则征引《京房易传》"君假与臣权，陨霜不杀草"；《文公九年传》论地震则征引《穀梁说》"大臣盛，将动有所变"；《文公十四年传》论"有星孛入于北斗"则征引刘向"北斗贵星，人君之象也。孛星，乱臣之类，言邪乱之臣，将并弑其君"；《宣公三年传》论"郊牛之口伤改卜牛"，则明示人君不恭必致天变，国无贤君则天灾以警之；《成公五年传》论"梁山崩"，则征引许慎"山者阳位，君之象也"（象君权坏）；《哀公十年传》论"六月辛丑亳社灾"，则征引刘向"灾亳社，戒人君纵恣，不能警戒之象"；《哀公十四年传》论"西狩获麟"，则征引杜预"孔子曰'文王既没，文不在兹乎'，此制作之本旨"；《桓公十四年传》论祭祀感通，则曰祭由中出，身致诚信，可交于神明，祭之道也。如此等等，无非君子以纲常礼教言天、以物象比类言天这一礼义中道人文关怀之具体展昭。

最后就褒贬进退华夷之辨而言，《穀梁传注疏》指出，褒贬进退君子小人、中国夷狄须中道合礼。如录"晋赵盾帅师救陈"者，善其卫中国而攘夷狄；录"丁亥楚子入陈"者，纳淫乱人制其君臣，颠倒上下错乱邪正，故不使夷狄而为中国；录楚婴齐伐莒而莒溃书日者，以为莒虽夷狄而犹中国；诸侯微弱政由大夫，大夫能同恤灾危，故书变之正；录郑伯将会中国，其臣欲从楚，弑而死，不言弑者不使夷狄之民加乎中国之君；会夷狄不庙至者耻与夷同，此其致者以存中国；中国君卒例日，蔡世子般弑其君固不书日者，子夺父政是谓夷之；晋伐鲜虞书晋者狄之，不正其与夷狄交伐中国；失德不葬以无君道，弑君不葬以不讨贼如无臣子，灭国不葬以无臣子，蔡灵公书葬者，不令夷狄加乎中国，且成诸侯兴灭继绝之善；录荆人来聘者善累而后进之，吴信中国而攘夷狄故进之，夷狄渐进未同于中国，反其狄道故复退之。如此等等，均为中国夷狄褒贬进退情理交参、中道合礼之具体展昭。

第三节　儒学民本观"五经四书"经典依据述要（下）

《周易》《孝经》与"四书"均为义理类儒经，其中对儒学民本观义理要素的具体表述内容极为丰富。

一、《周易》民本观义理要素概述

《周易》基本内容包括卦爻辞与"十翼"阐发，具体而言即六十四卦卦辞、爻辞，阐发卦辞的彖辞、大象辞，阐发爻辞的小象辞，专门阐发《乾》《坤》两卦卦爻辞的文言辞，以及《系辞上下》《说卦》《序卦》《杂卦》。关于《周易》主旨，孔颖达《周易正义》序指出："夫易者，象也。爻者，效也。圣人有以仰观俯察，象天地而育群品；云行雨施，效四时以生万物。若用之以顺，则两仪序而百物和；若行之以逆，则六位倾而五行乱。故王者动必则天地之道，不使一物失其性；行必协阴阳之宜，不使一物受其害。故能弥纶宇宙，酬酢神明，宗社所以无穷，风声所以不朽。非夫道极玄妙，孰能与于此乎。斯乃乾坤之大造，生灵之所益也。"就《周易》历史沿革而言，据说伏羲始画八卦、文王重之为六十四卦并作卦辞、周公作爻辞、孔子整理之并作"十翼"以发明卦爻辞之人文内涵，传至两汉形成今、古文易学传统，郑玄等学者对象数义理予以初步整合，魏晋王弼等兴起义理，唐代孔颖达等整合之。作为经学重镇，后世易学无不时中发明《周易》大义，因历代因缘际遇而应时兴起，唐宋明清大家辈出，居常达变发明儒教义理，如《周易程氏传》即为义理学典范。《易》为君子谋，善《易》者不占。就儒学民本观义理要素而言，《周易》侧重表述了人文君子天人感通主体担当、阴阳时空礼位中正以及自然易象类比思维的内在统一。

先就人文君子天人感通主体担当而言，《周易》本天道以立人道，法天文而开人文，诚如《系辞下》"古者包牺氏之王天下也，仰则观象于天，俯则观法于地，观鸟兽之文与地之宜，近取诸身，远取诸物，于是始作八卦，以通神明之德，以类万物之情"，《系辞上》"天生神物，圣人则之；天地变化，圣人效之；天垂象，见吉凶，圣人象之；河出图，洛出书，圣人则之"，《说卦》"立天之道曰阴与阳，立地之道曰柔与刚，立人之道曰仁与义"、《系辞上》"一阴一阳之谓道，继之者善也，成之者性也"；又如《系辞上》《易》，无思也，无为也，寂然不动，感而遂通天下之故"，《系辞下》"通其变，使民不倦，神而化之，使民宜之。《易》，穷则变，变则通，通则久""《履》，德之基也；《谦》，德之柄也；《复》，德之本也；《恒》，德之固也；《损》，德之修也；《益》，德之裕也；《困》，德之辨也；《井》，德之地也；《巽》，德之制也"，均是如此。

综观《周易》各卦大象辞，亦旨在展昭不同具体境遇下人文君子天象人事感通担当精神。顺序言之：天行健，君子以自强不息；地势坤，君子以厚德载物；云雷，屯，君子以经纶；山下出泉，蒙，君子以果行育德；云上于天，需，君子以饮食宴乐；天与水违行，讼，君子以作事谋始；地中有水，师，君子以容民畜众；地上有水，比，先王以建万国，亲诸侯；风行天上，小畜，君子以懿文德；上天下泽，履，君子以辨上下，定民志；天地交，泰，后以财成天地之道，辅相天地之宜，以左右民；天地不交，否，君子以俭德辟难，不可荣以禄；天与火，同人，君子以类族辨物；火在天上，大有，君子以遏恶扬善，顺天休命；地中有山，谦，君子以裒多益寡，称物平施；雷出地奋，豫，先王以作乐崇德，殷荐之上帝，以配祖考；泽中有雷，随，君子以向晦入宴息；山下有风，蛊，君子以振民育德；泽上有地，临，君子以教思无穷，容保民无疆；风行地上，观，先王以省方，观民设教；雷电，噬嗑，先王以明罚救法；山下有火，贲，君子以明庶政，无敢折狱；山附于地，剥，上以厚下安宅；雷在地中，复，先王以至日闭关，商旅不行，后不省方；天下雷行，物与无妄，先王以茂对时育万物；天在山中，大畜，君子以多识前言往行，以畜其德；山下有雷，颐，君子以慎言语，节饮食；泽灭木，大过，君子以独立不惧，遁世无闷；水洊至，习坎，君子以常德行，习教事；明两作，离，大人以继明照于四方；山上有泽，咸，君子以虚受人；雷风，恒，君子以立不易方；天下有山，遯，君子以远小人，不恶而严；雷在天上，大壮，君子以非礼弗履；明出地上，晋，君子以自昭明德；明入地中，明夷，君子以莅众，用晦而明；风自火出，家人，君子以言有物而行有恒；上火下泽，睽，君子以同而异；山上有水，蹇，君子以反身修德；雷雨作，解，君子以赦过宥罪；山下有泽，损，君子以惩忿窒欲；风雷，益，君子以见善则迁，有过则改；泽上于天，夬，君子以施禄及下，居德则忌；天下有风，姤，后以施命诰四方；泽上于地，萃，君子以除戎器，戒不虞；地中生木，升，君子以顺德，积小以高大；泽无水，困，君子以致命遂志；木上有水，井，君子以劳民劝相；泽中有火，革，君子以治历明时；木上有火，鼎，君子以正位凝命；洊雷，震，君子以恐惧修省；兼山，艮，君子以思不出其位；山上有木，渐，君子以居贤德善俗；泽上有雷，归妹，君子以永终知敝；雷电皆至，丰，君子以折狱致刑；山上有火，旅，君子以明慎用刑而不留狱；随风，巽，君子以申命行事；丽泽，兑，君子以朋友讲习；风行水上，涣，先王以享于帝，立庙；泽上有水，节，君子以制数度，议德行；泽上有风，中孚，君子以议狱缓死；山上有雷，小过，君子以行过乎恭，丧过乎哀，用过乎俭；水在火上，既济，君子以思患而豫防之；火在水上，未济，君子以慎辨物居方。综上，君子担当法天立人，六十四卦大象辞不外乎此。

此外，体现《周易》人文君子天人感通主体担当精神的表述还有：《乾卦》合德天地合序四时、学问宽仁成德为行，《坤卦》承天时行余庆余殃、敬以直内义以方外、黄中通理正位居体，《泰卦》君子道长小人道消，《同人卦》君子能通天下之志，《谦卦》君子之终谦尊而光、卑而不可逾，《豫卦》天地顺动四时不忒、圣人顺动刑清民服，《观卦》观天神道四时不忒、圣人神道设教而天下服，《贲卦》刚柔交错文明以止、观乎人文化成天下，《剥卦》顺而止之、君子天行尚消息盈虚,《颐卦》天地养万物、圣人养贤以及万民,《咸卦》天地感而万物化生、圣人感人心而天下和平,《恒卦》日月得天而能久照、四时变化而能久成、圣人久于其道而天下化成,《明夷卦》内文明而外柔顺文王以之、内难而能正其志箕子以之,《睽卦》天地睽而其事同、男女睽而其志通、万物睽而其事类,《革卦》天地革而四时成、汤武革命顺天应人,《鼎卦》以木巽火亨饪也、圣人亨以享上帝、大亨以养圣贤,《节卦》天地节而四时成、节以制度不伤财不害民,等等均是。至于《周易》依据具体三百八十六爻小象而发挥的君子人文关怀,亦无一不是人文君子天人感通主体担当精神的具体展昭运用,这里不再一一列举。

再就人文君子时空一体礼位中正而言,如《系辞上》所云"天尊地卑,乾坤定矣。卑高以陈,贵贱位矣。动静有常,刚柔断矣。方以类聚,物以群分,吉凶生矣。在天成象,在地成形,变化见矣……圣人设卦观象,系辞焉而明吉凶,刚柔相推而生变化……象者,言乎象者也;爻者,言乎变者也。吉凶者,言乎其失得也;悔吝者,言乎其小疵也。无咎者,善补过者也。是故列贵贱者存乎位,齐小大者存乎卦,辩吉凶者存乎辞,忧悔吝者存乎介,震无咎者存乎悔",《说卦》"天地定位,山泽通气,雷风相薄,水火不相射,八卦相错……帝出乎震,齐乎巽,相见乎离,致役乎坤,说言乎兑,战乎乾,劳乎坎,成言乎艮……水火相逮,雷风不相悖,山泽通气,然后能变化,既成万物也""兼三才而两之,故《易》六画而成卦。分阴分阳,迭用柔刚,故《易》六位而成章",《序卦》亦云"有天地然后有万物,有万物然后有男女,有男女然后有夫妇,有夫妇然后有父子,有父子然后有君臣,有君臣然后有上下,有上下然后礼义有所错",《家人卦》云"女正位乎内,男正位乎外。男女正,天地之大义也。家人有严君焉,父母之谓也。父父,子子,兄兄,弟弟,夫夫,妇妇,而家道正。正家而天下定矣",等等。概言之,《周易》以阴(――)阳(―)耦合比拟物象,以八经卦象(乾☰坤☷震☳巽☴坎☵离☲艮☶兑☱)的错综反对,重序为六十四卦三百八十四爻,模象万物静动态势,内外卦体本末交感,上下六爻时位流行,随时变易当位中正,吉凶悔吝补过无咎,洁静精微各适性分,阴阳和谐顺治天下。就六十四卦卦体时位结构而言,《周易》卦体六爻时位内在关联,下三爻位构成内卦,上三爻位构成外卦。初、三、五爻位为阳爻之正位，二、四、上爻位为阴爻之正位，二爻、五爻为阴阳中位，阴阳爻位是否得中得正关乎人事之吉凶悔吝。在内外卦中，初四爻、二五爻、三上爻分别为对应关系，其中阴阳对应为正应，阴阴、阳阳同类若合则为同德相合。相邻两爻为相比关系，其中阴在阳上为阴乘阳，阴在阳下则为阴承阳，这些时位联系构成了分析《周易》爻变义理的基本框架。此外，《周易》尤重时用，如《大有卦》应乎天而时行、《豫卦》豫之时义大矣哉、《随卦》天下随时随时之义大矣哉、《剥卦》君子尚消息盈虚、《颐卦》颐之时大矣哉、《大过卦》大过之时大矣哉、《坎卦》险之时用大矣哉、《遁卦》遁之时义大矣哉、《睽卦》睽之时用大矣哉、《蹇卦》蹇之时用大矣哉、《解卦》解之时大矣哉、《益卦》损益盈虚与时偕行、《姤卦》姤之时义大矣哉、《革卦》革之时大矣哉、《丰卦》天地盈虚与时消息、《旅卦》旅之时义大矣哉，均是如此。

最后就人文君子自然易象类比思维而言，如《系辞上》"圣人立象以尽意，设卦以尽情伪，系辞焉以尽其言。变而通之以尽利，鼓之舞之以尽神"，《系辞下》"八卦成列，象在其中矣；因而重之，爻在其中矣；刚柔相推，变在其中矣；系辞焉而命之，动在其中矣"，《说卦》"乾，健也。坤，顺也。震，动也。巽，入也。坎，陷也。离，丽也。艮，止也。兑，说也"，《说卦》进而还触类旁通地使八卦意象在自然人事领域得以丰富多彩的具体拓展运用。总体而言，《周易》卦辞、爻辞无非是用自然物象来比类人文德教。《周易》每卦由上下卦共计六爻构成，六十四卦三百八十四爻（另加乾坤二用爻）共计六十四大类三百八十六小类大小易象。《周易》上下卦大象与六爻小象乃分析卦德爻时之母体，卦象、爻象不一而足、意象鲜活，明晓其象则卦爻辞义理即可迎刃而解。如《乾卦》元亨利贞君子四德、初九潜龙勿用、九二见龙在田、九三终日乾乾、九四或跃在渊、九五飞龙在天、九六亢龙有悔、用九群龙无首，《坤卦》元亨利牝马之贞、初六履霜坚冰、六二直方大、六三含章可贞、六四括囊、六五黄裳元吉、上六龙战于野、用六利永贞，等等。总之，《周易》六十四卦三百八十六爻之具体大象、小象，共同把人文君子自然易象类比思维阐发得淋漓尽致，此不具述。

此外，《周易》各卦象辞亦是人文君子象数类比思维时中运用的义理典范。顺次而言，如《乾卦》六位时成保合太和、《坤卦》柔顺利贞先迷后得、《屯卦》

刚柔始交动乎险中、《蒙卦》山下有险险而止、《需卦》刚健不陷义不困穷、《讼卦》上刚下险险而健、《师卦》刚中而应行险而顺、《比卦》比辅下顺刚中而应、《小畜卦》健而柔巽刚中志行、《履卦》柔履刚说应乾刚中正、《泰卦》内健外顺小往大来、《否卦》内柔外刚大往小来、《同人卦》文明以健中正而应、《大有卦》刚健文明应天时行、《谦卦》天道下济地道上行、《豫卦》刚应志行顺以动豫、《随卦》刚来下柔动而说随、《蛊卦》刚上柔下巽而止蛊、《临卦》刚长说顺刚中而应、《观卦》顺巽中正下观而化、《噬嗑卦》刚柔分动而明、《贲卦》柔来文刚刚上文柔、《剥卦》柔变刚顺而止、《复卦》刚反动而以顺行、《无妄卦》动而健刚中而应、《大畜卦》刚上尚贤止健大正、《颐卦》动而能止养正则吉、《大过卦》刚过而中巽而说行、《坎卦》行险而信乃以刚中、《离卦》柔丽中正化成天下、《咸卦》止而说男下女、《恒卦》恒巽而动刚柔皆应、《遁卦》刚当位阴浸长、《大壮卦》刚以动大者正、《晋卦》顺而丽明柔进上行、《明夷卦》内文明外柔顺、《家人卦》女正位内男正位外、《睽卦》火泽异动说而丽明、《蹇卦》险在前见险能止、《解卦》险以动动而免险、《损卦》损下益上其道上行、《益卦》损上益下动而巽、《夬卦》健而说决而和、《姤卦》柔遇刚不可与长、《萃卦》顺以说刚中而应、《升卦》巽而顺刚中而应、《困卦》险以说不失其所、《井卦》巽乎水而上水、《革卦》水火相息文明以说、《鼎卦》以木巽火耳目聪明、《震卦》震来虩虩笑言哑哑、《艮卦》时止则止时行则行、《渐卦》止而巽刚得中、《归妹卦》说以动柔乘刚、《丰卦》明以动宜日中、《旅卦》止而丽明柔顺乎刚、《巽卦》刚巽中正柔皆顺刚、《兑卦》刚中柔外说以利贞、《涣卦》刚来不穷柔得位外、《节卦》说以行险刚柔分刚得中、《中孚卦》柔在内刚得中说而巽、《小过卦》柔得中而刚失中正、《既济卦》刚柔正而位当、《未济卦》柔得中不当位刚柔应，均是如此。

二、《孝经》、"四书"民本观义理要素概述

《孝经》为五经大道之亲切入手处，《四书》则为五经大道之心目门户。就儒学民本观义理要素而言，《孝经》敦人伦之行并以孝移忠、发明五经礼教纲常本原，《大学》三纲八目发明五经修己化人主题及其修教次第，《中庸》发明五经天人贯通诚明中道，《论语》发明五经克己复礼君子担当，《孟子》发明五经性善仁政道统一贯。

（一）《孝经》民本观义理要素概述

《论语·学而》云"君子务本，本立而道生。孝弟也者，其为仁之本与"，时代移革孝行不灭，孝悌之道为五教之要、百行之宗，在己乃修身之本，推而广之足成万代圣治宏规。《孝经》之行情理自然，实乃五经大道之亲切入手处。关于《孝经》旨归，《孝经注疏》序指出："圣人蕴大圣德，生不偶时，适值周室衰微，王纲失坠，君臣僭乱，礼乐崩颓。居上位者赏罚不行，居下位者褒贬无作。孔子遂乃定礼乐，删《诗》《书》，赞《易》道，以明道德仁义之源；修《春秋》，以正君臣父子之法。又虑虽知其法，未知其行，遂说《孝经》一十八章，以明君臣父子之行所寄。知其法者修其行，知其行者谨其法……孔子云：'欲观我褒贬诸侯之志，在《春秋》；崇人伦之行，在《孝经》。'是知《孝经》虽居六籍之外，乃与《春秋》为表矣。"就儒学民本观义理要素而言，《孝经》侧重体现了君子担当与性善信念、礼仪内容与五伦取向、天人架构与中道思维的内在统一。

就君子担当与性善信念而言，《孝经》指出，天子、诸侯、大夫、士构成君子群体，君子者进思尽忠退思补过，将顺其美匡救其恶，其孝之职责范围各有等差。君子虽分位差等但孝无终始，亲爱之心生自孩提，及长知义尊严父母，自天子以至庶人，患不能孝断无此理。父子天性生君臣义，父母生之续莫大焉，君亲临之厚莫重焉，不爱敬其亲而即爱敬他人，不合人之自然常情，悖德悖礼民无可则效，故不在于善而为凶德，即便偶或得之君子亦不以为贵。故而圣人顺人亲严之心，因严教敬因亲教爱，圣人政教不严而治、不肃而成，其所因者即本于孝道。君子顺孝以临其民者，实本天理性善信念以顺化天下。

再就礼仪内容与五伦取向而言，《孝经》指出，凡人必行孝悌，因为有父则必有尊、有兄则必有先。孝事亲者居上不骄，为下不乱在丑不争，五刑之属条目三千，三千之罪不孝最大，胁君者不敬无上，非圣人者蔑无礼法，非孝无亲大乱之道。故君子教民亲爱莫善于孝，教民礼顺莫善于悌，移风易俗莫善于乐，安上治民莫善于礼。孝子事亲居致其敬、养致其乐、病致其忧、丧致其哀、祭致其严，宗庙致敬不忘其亲，修身慎行恐辱其先。礼以敬为本，生事爱敬死事哀戚，宗本之情得尽、死生义理得备、事亲恩孝得终，故慎终追远民德归厚。

最后就天人架构与中道思维而言，《孝经》指出孝乃天经地义民行，天地之经而民则法之。乾元者万物资始，人伦资父以为初始，故孝莫大于尊严其父、配天而祭。圣王君子敬事宗庙，事父尽孝则事天明、事母尽孝则事地察、长幼尽顺则上下治，天地明察神明彰显，故宗庙致敬则鬼神著，孝悌之至通于神明、光于四海而无所不通。君子孝悌之教自内而外、易简可行，教孝以敬为人父者，教悌以敬为人兄者，教臣以敬为人君者，资孝为忠可移事君，事兄悌顺可移事长，居家理治可移于官。尊敬其父则其子悦，尊敬其兄则其弟悦，尊敬其君则其臣悦，尊敬一人千万人悦，所敬者寡而所悦者众，故为至德要道。君子之孝通达而不愚，君父不义则谏净之，毁不灭性、丧止三年以示民有终，既葬之后袷祭祔祖，为之宗庙以鬼享之，寒暑变移益用增感，春秋祭祀时展孝思，中道而行孝教无息。

（二）《大学》民本观义理要素概述

《大学》原为《礼记》第四十二篇，相传为孔子所作曾子所述。关于《大学》主旨，孔颖达《礼记正义》疏云：“《大学》之篇，论学成之事，能治其国，彰明其德于天下，却本明德所由，先从诚意为始。”朱子《大学章句》篇首亦云：“于今可见古人为学次第者，独赖此篇之存，而《论》《孟》次之。学者必由是而学焉，则庶乎其不差矣。”朱子提倡《大学》，实冀望修己治人之方、化民成俗之义大明于天下。就儒学民本观义理要素而言，《大学》“三纲领八条目”侧重体现了人文君子明德亲民价值取向、修教次第中道思维的内在统一。

先就人文君子明德亲民、止于至善价值取向而言，《大学》明示，《太甲》顾諟天之明命、克明峻德皆自明明德；汤之《盘铭》云日新又新，《康诰》亦云作新民，周虽旧邦其命维新，君子无所不用其极；缗蛮黄鸟止于丘隅，穆穆文王缉熙敬止，为人君止于仁，为人臣止于敬，为人子止于孝，为人父止于慈，与国人交止于信。君子亲民，民之所好君子好之，民之所恶君子恶之，故谓君子者民之父母，而好人所恶恶人所好，则拂人之性灾必逮身；赫赫师尹民具尔瞻，偏僻为戮不可不慎，得众得国失众失国，仪监于殷峻命不易；听讼犹人必使无讼，无情者不得尽其辞，大畏民志此谓知本。上若好仁下必好义，君子慎德惟善为宝，有德则得人土财用，德本财末以义为利，外本内末争民施夺，财聚民散财散民聚，货悖而入亦悖而出。仁者散财得民发身，不仁役身殖货发财，长国家而务财用者，必自国君任用小人，小人为国灾害并至，虽有善者无可奈何。

再就修教次第中道思维而言，《大学》明示知止则定，定则静安虑得，物有本末事有终始，知所先后则近于道，物格知至意诚心正，心正身修家齐国治，天下太平次第内在，故天子庶人皆以修身为本，本乱末治者实未之有；君子切磋琢磨道学自修，盛德至善民不能忘；物格知至者，因已知理而益穷之，以求渐次至乎其极，用力之久豁然贯通，众物表里精粗俱到，吾心全体大用通明；意诚者君子慎独、诚中形外，心正者无忿懥、恐惧、好乐、忧患之过，身修者于所亲爱、贱恶、畏敬、哀矜、傲惰无偏蔽之过；家齐者君子在家成教于国，孝移事君、悌移事长、慈移使众，推己及人上行下效；国治者上老老则民兴孝、上长长则民兴悌、上恤孤则民不倍，故君子有中道自反絜矩之道，所恶于上毋以使下、所恶于下毋以事上、所恶于前毋以先后、所恶于后毋以从前、所恶于右毋以交左、所恶于左毋以交右，等等均是。

（三）《中庸》民本观义理要素概述

《中庸》原为《礼记》第三十一篇，相传为孔子所作子思所述，郑玄以为"记中和之为用"，程子以为"不偏之谓中，不易之谓庸。中者，天下之正道；庸者，天下之定理"；朱子以为《中庸》乃孔门道统传授心法："中庸何为而作也，子思子忧道学之失其传而作也。盖自上古圣神继天立极，而道统之传有自来矣。其见于经，则'允执厥中'者，尧之所以授舜也；'人心惟危，道心惟微，惟精惟一，允执厥中'者，舜之所以授禹也……其曰'天命率性'，则道心之谓也；其曰'择善固执'，则精一之谓也；其曰'君子时中'，则执中之谓也。世之相后，千有余年，而其言之不异，如合符节。历选前圣之书，所以提挈纲维、开示蕴奥，未有若是之明且尽者也。"（《中庸章句》序）就儒学民本观义理要素而言，《中庸》侧重体现了君子诚明天人贯通基本架构与礼义中道思维境界的内在统一。

先就君子诚明天人贯通基本架构而言，《中庸》明示天人内在，天命之谓性、率性之谓道、修道之谓教，道犹道路开通性命，人所共由可离非道。诚者天道诚之者人道，诚者合天不勉而中，不思而得从容中道，诚之者择善固执之谓，由诚明德谓之天性，自明至诚谓之学教，诚则必明而明则必诚。天下至诚能尽其性，尽其性则能尽人性，能尽人性则能尽物性，能尽物性则赞天地化育，能赞化育则与天地参。自明诚者小事曲成，曲能有诚诚则能形，形则能著著则能明，明则能动乃至变化，唯天下至诚为能化；至诚之道可以前知，国家将兴必有祯祥，国家将亡必有妖孽，见乎筮龟动乎四体，祸福将至善恶先知。诚无终始不诚无物，是故君子诚之为贵，至诚无息不息则久，久则征验征则悠远，悠远则能博厚高明；博厚所以载物、高明所以覆物、悠久所以成物，博厚配地高明配天，悠久无疆配乎天地，至诚如此不见而彰，不动而变无为而成；惟天之命於穆不已，文王之德纯亦不已，嘉乐君子宪宪令德，宜民宜人受禄于天，保佑命之自天申之，有大德者必受天命，等等。

再就君子礼义中道思维境界而言，《中庸》明示君子慎独而遏欲之将萌，喜怒哀乐之未发谓之中，发而皆中节谓之和，中者天下之大本，和者天下之达道，致中和则天地位而万物育。君子中庸无过不及，和而不流中立不倚，宽柔以教不报无道，素隐行怪君子不为。中道不行者，智者过而愚者不及之故；中道不明者，贤者过而不肖者不及之故。大舜则善与人同，好察迩言隐恶扬善，执其两端用中于民；颜回则择乎中庸，得一善拳拳服膺而弗失之。行远自迩登高自卑，室家和顺而后和外，君子中道造端乎夫妇，及其至也察乎天地；伐柯伐柯其则不远，以人治人自改而止，责之其所能知能行；忠恕之德违道不远，己所不愿勿施于人，言不过行行副于言，言行相应君子慥慥；君子素其分位而行，上不陵下下不援上，上不怨天下不尤人，君子居易以俟天命。治国以礼中道感通：宗庙之礼以序昭穆，序爵以辨贵贱，序事以辨贤德，旅酬下先以逮贱，燕尊高龄以序齿，郊社之礼事上帝，宗庙之礼祀祖先。为政在人取人以身，修身以道修道以仁，仁者人也亲亲为大，义者宜也尊贤为大，亲亲之杀尊贤之等，辨明分位礼之所生。礼仪三百威仪三千，苟不至德至道不凝，君子尊德性而道问学，致广大而尽精微，极高明而道中庸，温故知新敦厚崇礼，居上不骄为下不倍，国有道其言足以兴，国无道其默足以容，愚好自用贱好自专，生今之世反古之道，如此灾必及于其身。君子博学审问慎思明辨笃行，择善固执变化气质，虽愚必明虽柔必强，生知学知困知及知一如，安行利行勉行成功则一，好学近知力行近仁，知耻近勇人人能行，知斯三者则知修身，能知修身则知治人，知治人则知治天下。圣人之德，如天之无不持载，如地之无不覆帱，如四时之错行、日月之代明，万物并育而不相害，道并行而不相悖，小德川流大德敦化；聪明睿知足以有临，宽裕温柔足以有容，发强刚毅足以有执，齐庄中正足以有敬，文理密察足以有别，溥博如天渊泉如渊，溥博渊泉而时出之。君子之道闇然日彰，淡而不厌、简而文温而理，知远之近、知微之显可与入德，德辒如毛毛犹有伦，上天之载无声无嗅，圣人清明万民自化，中庸之道尽善尽美。

（四）《论语》民本观义理要素概述

《论语》记载孔子及其弟子之言行，以仁礼中道、纲常日用为本分旨归，以君子小人为对待、以述而不作为担当。就儒学民本观义理要素而言，《论语》中均有涉及且以君子敦伦仁礼中道为红线展开。

先就君子小人关系比照而言，《论语》指出，君子上达小人下达，君子喻于义小人喻于利，君子怀德小人怀土，君子怀刑小人怀惠，君子不器小人拘器；君子之学为己小人之学为人，君子求诸己小人求诸人，君子迁善小人文过，君子成人之美小人成人之恶；君子泰而不骄小人骄而不泰，君子周而不比小人比而不周，君子和而不同小人同而不和；君子德风小人德草，草上之风风必偃草，小人进德患得患失，与其进也不与其退，小人若能洁己以进，与其洁也不保其往。

再就君子敦伦价值关怀而言，《论语》明示：其一，孝悌为本。本立道生故君子务于孝悌，承色养志孝之本务，能养不敬无别犬马，事亲几谏见志不从，又敬不违劳而不怨，父为子隐子为父隐，慈孝仁善直在其中；父母之年不可不知，一则以喜一则以惧，父在观志父没观行，三年无改于父之道；孝者父母唯忧其疾，孝者无违生事以礼，死葬以礼祭之以礼，慎终追远民德归厚。其二，移孝悌为忠信。君子孝悌谨信爱众亲仁，行有余力则以学文，事父母能竭其力，事君能致其身，与朋友交言而有信；君子笃亲民兴于仁，故旧不遗则民不偷，孝乎惟孝至大无外，友于兄弟施于有政，君子大孝老者安之，朋友信之少者怀之；君君臣臣父父子子，政者正也上正下从，长幼之节不可废，君臣之义亦不可废，欲洁其身则乱大伦，君子之仕行其礼义，等等。

再就君子仁礼一体核心内容而言，《论语》如是论仁：出必由户行必由仁，民之于仁甚于水火，君子去仁无以成名，故终食之间无以违仁，造次颠沛必安于仁；仁者己欲立而立人，己欲达而达人，为仁由己不由乎人，能近取譬行仁之方；苟志于仁则无恶，唯仁者能好人恶人，巧言令色鲜能有仁，乡愿不仁亦德之贼；恭宽信敏惠，行五者于天下者为仁，恭则不侮宽则得众，信则人任敏则有功，君子慈惠足以使人。《论语》如是论礼：夷狄有君而无礼乐，不如诸夏暂无王者，恭而无礼则劳、慎而无礼则葸、勇而无礼则乱、直而无礼则绞，礼乐不兴刑罚不中，刑罚不中民无则法，道之以德齐之以礼，德礼教民有耻且格；信近于义言可复也，恭近于礼远耻辱也，因不失亲亦可宗也；古之麻冕礼之奢贵，今也纯俭则可从众，古之拜下礼之诚敬，今拜上骄违众从下；礼与其奢宁俭，丧与其易宁戚，君子居丧食旨不甘、闻乐不乐、居处不安。《论语》如是论仁礼合一：仁者美质须礼成之，礼之于仁犹素之于绘，子贡欲去告朔之饩羊，赐爱其羊圣爱其礼，礼之用和为贵，和无礼节亦不可行；礼云礼云岂止玉帛，乐云乐云岂止钟鼓，居上不宽为礼不敬，临丧不哀何以观仁，人而不仁则礼乐徒具形式；克己复礼天下归仁，其目有四：非礼勿视，非礼勿听，非礼勿言，非礼勿动。等等皆是。

最后就君子中道思维而言，《论语》明示：其一，修养中道。君子之道忠恕一贯，君子之学下学上达，故曰未能事人焉能事鬼、攻乎异端斯害也已，兴诗立礼成之于乐，志学而立不惑知命，以至耳顺心不逾矩。君子之思不出其位，毋意毋必毋固毋我，己立立人己达达人，以直报怨以德报德，己所不欲勿施于人；君子之行文质彬彬，可逝而不可陷、可欺而不可罔，知之好之不如乐之，仁者先难而后能获，狂者进取狷者不为，刚毅木讷无欲则刚；三人行则必有我师，择其善者而敬从之，其不善者而自改之。其二，教化中道。君子之教自觉觉人，君子信而后劳其民，未信民则以为厉己，君子信而后进谏，未信人则以为谤己；天何言哉四时行而百物生，唯天为大唯尧则之，大舜恭己正位而治。君子之教和而不同，性相近也习相远也，人性本善觉有先后，有教无类各适其性，不愤不启不悱不发，举一反三方可进益；可与共学难与适道，可与适道未可与立，可与立亦未必与权；中人以上可以语上，中人以下不可语上，言未及而言谓之躁，言及之不言谓之隐，未见颜色而言谓之瞽。等等均是。

（五）《孟子》民本观义理要素概述

《孟子》七篇记载孟子性善仁政、辟驳异端的丰富论述。关于《孟子》主旨，孙奭《孟子正义》序指出："总群圣之道者，莫大乎六经。绍六经之教者，莫尚乎《孟子》……孟子挺名世之才，秉先觉之志，拔邪树正，高行厉辞，导王化之源，以救时弊；开圣人之道，以断群疑。其言精而赡，其旨渊而通，致仲尼之教，独尊于千古。"就儒学民本观义理要素而言，《孟子》以性善仁政为主线展开。

先就性善论而言，《孟子》明示：其一，人有四端。恻隐之心人皆有之，羞恶之心人皆有之，恭敬之心人皆有之，是非之心人皆有之；恻隐之心仁之端也，羞恶之心义之端也，辞让之心礼之端也，是非之心智之端也，人有四端犹有四体，自谓不能自贼者也，谓君不能贼其君也，谓民不能贼其民也；四端扩充天性呈现，若火始燃若泉始达，苟能充之天下可王，苟不充之不足事亲；推己四端谓之善人，推己四德谓之信人，四德充实谓之美人，充实光辉谓之大人，大而化之谓之圣人，圣不可测谓之神人。其二，人之性善。水无不下人无不善，人性之善犹水就下，禹之行水行其无事，性勿穿凿顺之则善，顺杞柳性以为桮棬，顺人本性以为仁义；人为不善非才之罪，乃若其情则可为善，非天性罪乃所谓善，言人不善如后患何，人欲恣肆天下大乱；理义悦心犹味悦口，圣凡同类心同理同，尧舜性之汤武反之，圣人先得我心所同，人性本善圣贤可致；学者志彀中乎规矩，仁义不熟不敌邪曲，杯水车薪善难胜恶，勿放其心时刻砍伐，勿任其情一曝十寒，专心致志必得进益，苟得其养天性得长，西子不洁人皆掩鼻，恶人斋沐可祀上帝，中养不中才养不才，求其放心尧舜可期。其三，人有良知良能与浩然之气。不虑而知人之良知，不学而能人之良能，孩提之童知爱其亲，及其长也知敬其兄，亲亲仁也敬长义也，仁义礼智四德天性；尧舜之道孝悌而已，服尧之服诵尧之言，行尧之行是尧而已，服桀之服诵桀之言，行桀之行是桀而已；君子性德根之于心，大行不加穷居不损，优柔涵养辉光笃实，生色睟然见面盎背，施于四体不言而喻，浩然之气至大至刚，直养无害塞于天地，配义与道无则气馁，集义所生非义袭取，行有不慊于心则馁，必有事焉而勿妄正，心但勿忘勿助长之，等等。

再就仁政观而言，《孟子》明示：其一，仁心推致仁政。人皆有不忍人之心，而后有不忍人之政，以不忍心行不忍政，治天下如运之掌上；老吾老以及人之老，幼吾幼以及人之幼，推恩保王四海，不推恩难保妻子，古人大过人者善推其所为而已；仁乃安宅义乃正路，仁之实事亲，义之实从兄，智之实知此天性，礼之实节文仁义，乐之实乐斯仁义；爱人不亲反其仁，治人不治反其智，礼人不答反其敬，行有不得反求诸己，身正则天下归之。其二，先觉觉悟后觉。天生斯民而为树君，君子先知觉民后知，君子先觉觉民后觉，天民不被尧舜之泽，若己推而纳之沟中，惟有仁者宜在高位，尊贤使能民被仁泽；规矩者方圆之至，圣人者人伦之至，君尽君道臣尽臣道，君道臣道皆法尧舜，敬其君者如舜事尧，治其民者如尧治民，君子亲亲仁民爱物，仲尼之徒无道桓文；仁政而王莫之能御，乐民之乐民亦乐之、忧民忧者民亦忧之，乐以天下忧以天下，民之归仁犹水就下，为民父母保民而王，以德服人心悦诚服，君子仁政岂曰小补，所过者化所存者神，上下与天地同流。其三，应明辨义利而复井田封建。治民为政何必曰利，亦有仁义推致而已，未有仁而遗其亲者，未有义而后其君者，为人臣者怀利事君，为人子者怀利事父，为人弟者怀利事兄，君臣父子终去仁义，后义先利不夺不餍，上下交征利则国危；民无恒产则无恒心，制民之产王道之始，使民养生丧死无憾，仁政必自经界始，经界不正井地不均，经界既正谷禄则平，分田制禄可坐而定，井田之制先公后私，乡田同井出入相友，守望相助疾病相扶，义利和合百姓亲睦，谨庠序教申孝悌义，人伦明于上则百姓亲于下。

最后就批驳异端中道思维而言，《孟子》明示：其一，必驳杨子、墨子。告子论性未尝知义，人性本善而其外之；杨氏为我终致无君之患，墨氏兼爱终致无父之患，无父无君终将沦为禽兽之行，故杨墨之道不息则孔子之道不明，邪说诬民充塞仁义，仁义充塞人将相食；杨子为我一毛不拔，墨子兼爱摩顶放踵，子莫执中虽为近之，执中无权执一废百，以同为和非是中道；逃墨学者必归于杨，逃杨学者必归于儒，与杨墨辩如追放豚，既入其苙从而招之。其二，必驳许子、夷子。物之不齐自然之情，比而同之必乱天下，大小同价人岂为之，从许子道相率而伪；生物一本夷子二本，今居中国而去人伦，爱无差等何治天下。其三，应对治乡愿等似是而非言行。同乎流俗合乎污世，居似忠信行似廉洁，众皆悦之自以为是，不可与入尧舜之道，故乡愿者德之贼，君子恶似是而非者，恶佞者恐其乱义、恶利口恐其乱信、恶乡愿恐其乱德，君子对治反经而已，经正常归则庶民兴而邪慝无踪，等等。

第四节　儒学民本观其他辅助经典依据述要

就儒学民本观信念前提与担当主体、基本架构与核心内容、价值思维与脉动规律三大层面义理要素而言，《国语》《谥法解》《晏子春秋》《管子》《墨子》《老子》《庄子》等先秦资料、《荀子》《春秋繁露》《孔子家语》《韩诗外传》《大戴礼记》《白虎通义》《潜夫论》《政论》《昌言》《新书》《申鉴》《中论》等秦汉资料，以及唐宋以来相关儒典资料等均有所贡献发明，以下试简述之。

一、先秦民本观义理要素述略

经书之外的先秦民本观典籍大致可分为儒学典籍（如《国语》《谥法解》等）、类儒典籍（如《晏子春秋》《管子》等）、批儒典籍（如《墨子》《老子》《庄子》等），这些典籍在天人感应、明德亲民、礼义教化、性善中道等方面内在促进了儒学民本观的形成发展与内在成熟。

一是《国语》。《国语》与《春秋左传》相为经纬，其中儒学民本观义理资料较为丰富。先就以奉天法古为底色的君子明德亲民价值取向而言，《国语》指出：君者民主而民者君本，惠本而后民归之志，民和而后神降之福；民者天生，知天则知民，经之以天纬之以地，精意以享、慈保庶民则民神无怨；德义者生民之本，民神不杂敬而不渎，君子媚于神而和于民、使神人百物俱得其极，被除其心以和惠民，懋正民德而厚民性，祥以事神、仁以保民、义以生利，施民所善去民所恶、牧民而正其邪。再就君子奉天法古纲常礼制核心内容而言，《国语》指出，地有高下天有晦明，故民有君臣国有都鄙，礼制体忠信仁义以纪正民，以三纲五常为本体，而以吉、凶、军、嘉、宾五礼为分用，尊贵明贤庸勋，长老爱亲礼新亲旧，服物昭庸、采饰显明、文章比象、周旋序顺、容貌有崇、威仪有则、五味实气、五色精心、五声昭德、五义纪宜、饮食可飨、和同可观、财用可嘉，差等和顺纲纪上下。最后就君子奉天法古阴阳中和思维方式而言，《国语》指出，天道盈而不溢、盛而不骄、劳而不矜其功，故君子参天而赢缩以为常、四时以为纪，阴阳序次德音不愆，礼乐和平以合神人，神是以宁民是以听，和实生物同则不继，五行生克以成万物。

二是《谥法解》。《春秋》有德位之君子卒而定谥，以表象其行迹功德，行出于己而名生于人，所谓盖棺定论者也。据传《谥法解》源自周公、太公《谥法》，体现了儒学民本观义理要素中的君子天人合德、明德亲民、礼制节度等内容。《谥法解》天人合德类表述者，如德象天地曰帝、执应八方曰侯、经纬天地曰文、照临四方曰明、德正应和曰莫、施勤无私曰类等。明德类表述者，如扬善赋简曰圣、温柔好乐曰康、温柔贤善曰懿、夙夜警戒曰敬、贞心大度曰匡、好廉自克曰节、恭己鲜言曰靖、执义扬善曰怀、一德不懈曰简、纯行不爽曰定、心能制义曰度、执心克庄曰齐、思虑深远曰翼、慈和遍服曰顺、教诲不倦曰长、彰义掩过曰坚、择善而从曰比、既过能改曰恭、愎很遂过曰刺、怙威肆行曰丑等。亲民类表述者，如靖民则法曰皇、仁义所往曰王、立志及众曰公、慈惠爱民曰文、绥柔士民曰德、刑民克服曰武、安民立政曰成、合民安乐曰康、克敬动民曰桓、行义说民曰元、柔质慈民曰惠、爱民好治曰戴、爱民在刑曰克、除残去虐曰汤、爱民长弟曰恭、安民大虑曰定、柔德安众曰靖、保民耆艾曰胡、大省兆民曰思、昭功宁民曰商、有功安民曰烈、好变动民曰躁、逆天虐民曰抗、杀戮无辜曰厉、壅遏不通曰幽等，礼制节度类表述者，则如敬宾厚礼曰圣、愍民惠礼曰文、合善典法曰敬、典礼不愆曰戴、治典不杀曰祁、克威惠礼曰魏、威仪悉备曰钦、布纲治纪曰平、官人应实曰知、尊贤敬让曰恭、五宗安之曰孝、动祭乱常曰幽、去礼远众曰炀等。

三是《晏子春秋》。晏子与孔子同时，其思想倾向类儒法古，《晏子春秋》民本观义理要素侧重天君民合、明德亲民、礼义中道等内容。先就君子天君民合基本架构而言，《晏子春秋》指出，德厚行广、配天象时方可为帝王之君、明神之主，政必合民行必顺神，寒温节而政平人和，神人无怨而年谷熟，天现妖祥则戒不敬。再就君子明德亲民价值关怀而言，《晏子春秋》指出民为君本，意莫高于爱民、行莫厚于乐民，天下治平百姓和集、离散百姓危覆社稷；顺爱不懈可以使百姓，强暴不忠不可以使一人，君子诚于爱民、举贤官能则民拥顺，君臣同欲百姓无怨，事因于民所作必成，积邪在上蓄怨于民，君得罪民民终诛之；君民者岂以陵民而社稷是主，臣君者岂为其口实而社稷是养，君甘则臣酸、君淡则臣咸，贤臣立位以安万民之心；所求于下者不务于上、所禁于民者不行于身，明其教令先之以行义、养民不苛防之以刑辟。最后就君子礼义中道思维内容而言，《晏子春秋》指出，辔以御马而礼以御民，礼者民纪不可暂无，上若无礼无以使下，下若无礼无以事上，君子无礼则是庶人，庶人无礼则是禽兽，故君子不犯非礼、小人不犯不祥；以水济水谁能食之，琴瑟专壹谁能听之，礼义中道有如和羹，济其不及而泄其过，君子食之心平德和而民无争心，故应以人之长续其短、以人之厚补其薄，等等。

四是《墨子》。墨子兼爱非儒，故孟子批驳之，但墨子亦有类儒、补儒之处。就民本观义理要素而言，《墨子》侧重于法天之善、尚贤亲民内容。《墨子》指出，天之行广而无私、天之施厚而不德、天之明久而不衰，天下无小大国皆天之邑、人无幼长贵贱皆天之臣，天爱百姓必欲其相爱相利，故爱人利人者天必福之、恶人贼人者天必祸之；天意不可不顺，人当法天而兼相爱、交相利，视人之国若视其国，视人之家若视其家，视人之身若视其身。人之于兼相爱、交相利，譬如火之就上、水之就下，故爱人者人必从而爱之、利人者人必从而利之。顺天意者为义政，反天意者为力政，天子为善天能赏之，天子为暴天能罚之；尚贤者政之本，百姓上同于天子，而天子上同于天，故赏必于祖、戮必于社，执无鬼而学祭礼者正如无客而学客礼。《墨子》尤重民生实际，故上本之于古者圣王之事，下原察百姓耳目之实而发以为刑政，以观能否中国家百姓人民之利。

五是《管子》。《管子》思想杂乎儒、道，对战国秦汉儒学民本观的形成发展具有重大影响。管子民本观义理要素侧重于君子奉天法古架构、明德亲民价值观念、礼纪中道思维内容等。一者，君子奉天。《管子》指出，天之道满而不溢、盛而不衰，阴阳者天地之大理，四时者阴阳之大经，德刑者法四时之合，明君法天地之位、象四时之行以治天下，失天之道则民离叛。二者，君子明德。《管子》指出，心者君位九窍分职，心处其道九窍循理，虚其欲者神将入舍、扫除不洁神乃留处，敬除其舍精将自来，严容畏敬精将至定，正心在中万物得度，心安国安心治国治；静因之道无为制窍，恬愉无为去智与故，执一不失能君万物，感而后应缘理而动，过在自用罪在变化，道满天下普在民所，既智且仁是谓成人。三者，君子亲民。《管子》指出，君者安民而民为君本，得民威立失民威废，政之所兴在顺民心、政之所废在逆民心；国有四维礼义廉耻，牧民者务敬顺四时，仓廪实则知礼节、衣食足则知荣辱；御民之辔在上之所贵，道民之门在上之所先，召民之路在上之所好恶；治天下不用圣人，则天下乖乱而民不亲，终身之计莫如树人，士无邪行女无淫事，教训成俗则刑罚省，厉民之道修小礼、行小义、饰小廉而禁微邪。四者，君子礼义中道。《管子》指出，国有常经则人知终始，君子行礼则上尊民顺，礼出乎义、义出乎理、理因乎宜，礼者因人之情、缘义之理而为之节文，乐以节怒、礼以节乐、敬以守礼；君君臣臣父父子子，爵位正则民不怨而知先后之序、贵贱之义，上失其位下逾其节、上下不和令乃不行；国之大礼在远举贤人、慈爱百姓、外存亡国，继绝世起诸孤，薄税敛轻刑罚；先生施教弟子是则，温恭自虚所受是极，见善从之闻义则服，温柔孝悌行必正直，颜色整齐衣带必饰，朝益暮习小心翼翼，相切相磋各长其仪，凡言与行中以为纪；素者五色之质、淡者五味之中，水者万物之准，玉者九德中和，中正为礼治之本，民别而听之则愚，合而听之则圣，明君善与民为一体，以国守国以民守民，等等。

六是《老子》。《老子》侧重天道自然、性善中道、无为而治，对儒学民本观义理而言有对待性启示价值。先就圣人奉法天道自然而言，《老子》指出天之道生而不有、为而不恃、长而不宰、利而不害、损有余而补不足，圣人之道挫锐解纷、和光同尘、为而不争、不损不足以奉有余；万物芸芸各复归根，归根曰静是谓复命，圣人致虚极守静笃，万物并作而以观复，复命曰常知常曰明。再就圣人顺天性善中道而言，《老子》指出天道无亲常与善人，善人者不善人之师，不善人者善人之资，圣人方而不割、廉而不刿、直而不肆、光而不耀，执左契而不责于人，善行无辙迹、善言无瑕谪，常善救人故无弃人、常善救物故无弃物，是谓袭明；圣人无常心，以百姓心为心，善者吾善之、不善者吾亦善之则得善，信者吾信之、不信者吾亦信之则得信，圣人在天下歙歙焉、为天下浑其心圣人皆孩之。最后就圣人法天无为而治而言，《老子》指出，治大国若烹小鲜，其政闷闷其民淳淳，其政察察其民缺缺，圣人之治常使民无知无欲，使夫智者不敢为，我无为而民自化，我好静而民自正，我无事而民自富，我无欲而民自朴；以智治国者国之贼，不以智治国者国之福，圣人欲不欲而不贵难得之货，学不学而复众人之所过，以辅万物之自然而不敢为，小国寡民，甘其食、美其服、安其居、乐其俗，民至老死不相往来，等等。

七是《庄子》。《庄子》侧重天道自然、内圣外王，于儒学民本观义理亦有对待性启示价值。先就天道自然而言，《庄子》指出，圣有所生、王有所成皆原于一，不离于宗谓之天人，不离于精谓之神人，不离于真谓之至人，以天为宗、以德为本、以道为门、兆于变化谓之圣人，以仁为恩、以义为理、以礼为行、以乐为和熏然慈仁谓之君子，《诗》以道志、《书》以道事、《礼》以道行、《乐》以道和、《易》以道阴阳、《春秋》以道名分。再就周全不偏内圣外王而言，《庄子》指出，天下大乱故贤圣不明而道德不一，天下多得一察以自好，各为其所欲而以自为方，一曲之士不该不遍、皆有所明而不能相通，故鲜能备天地之美、称神明之容而明古人之大体，内圣外王之道暗而不明、郁而不发，道术将为天下裂，等等。此外，法家、名家、阴阳家著作对儒学民本观义理亦有贡献，此不具述。

二、秦汉以来诸子民本观义理要素述略

秦汉以来儒学民本观义理侧重亲民教化，主张阴阳五行、性教可善、礼义中道等方面内容。在内圣明德层面，初期尚少有主张天人一贯彻底性善论者，而自《韩诗外传》《大戴礼记》《新语》《中论》等著作开始则慢慢倾向于性善待教论，且在性情关系探讨、天君民合礼义中道政教关系方面也有突破性进展。

《荀子》。《荀子》承前启后，就思想影响而言实为秦汉儒学之序幕，其民本观主要体现于君子中道隆礼伪性方面。先就人文君子中和主体而言，《荀子》指出，人分庸人、士、君子、贤人、圣人五等，君子守诚而学以美身，君子之学始乎诵经而终乎读礼，始乎为士而终乎为圣；天地者生之始，礼义者治之始，君子者礼义之始，为之、贯之、积重之、致好之者君子之始，君子明天人之分而修道不贰，敬其在己者而不慕其在天者；君子乃天地之参、万物之摠、民之父母，君子治礼义，治生乎君子而乱生乎小人，无君子则天地不理礼义无统，上无君师下无父子；君子礼义中道当之为贵，察言观色对治偏失，兼陈万物而中悬衡，仁知不蔽虚壹而静，心大清明比德于玉。再就人文君子隆

礼尊师核心内容而言，《荀子》指出，人命在天国命在礼，礼者群居和一之道，天为民立君，君子法先王而隆礼义，尚贤能而等贵贱，分亲疏而序长幼，养人之欲给人之求，使众人各当分位、义利各得其宜；礼者正身师者正礼，圣者尽伦王者尽制，礼之三本上事天下事地、尊先祖而隆君师；乐者中和之纪，能使人善心感动而君臣和敬、父兄和亲、乡族和顺，进而移风易俗天下皆宁。最后就人文君子化性起伪修教信念而言，《荀子》指出，不事而自然谓之性，性之好恶喜怒哀乐谓之情，情然而心为之择谓之虑，心虑而能为之动谓之伪，性者本始材朴而伪者文理隆盛，无性则伪之无所加，无伪则性不能自美，性伪合而天下治；材性知能者君子小人之所同，注错习俗所以化性、并一不二所以成积、习俗移志安久移质，化师法、积礼义而为君子，积善全尽谓之圣人，通于神明参于天地，纵性情、安恣睢而违礼义者则为小人；礼义生于圣人之伪，圣人化性起伪，生礼义而制法度，人之性恶，必将待师法然后正、得礼义然后治；涂之人皆可为禹者，皆有可以知仁义法正之质、能仁义法正之具，小人君子未尝不可以相为，然而不相为者可以为而不可使必为。

《新语》。就儒学民本观义理要素表述而言，《新语》侧重天人感通、性善明德、礼义亲民等内容。先就天人感通而言，《新语》指出天道调四时，人道治五常，万世不易法，古今同纪纲，性藏于人气达于天，事以类从声以音应，道唱德和仁立义兴；尧舜不易日月而兴，桀纣不易星辰而亡，天道不改而人道自易，恶政生恶气而恶气生灾异，治道失于下则天文变于上，恶政流于民则螟虫生于野。再就性善明德而言，《新语》指出，凡人莫不知善之为善、恶之为恶，莫不知学问之有益于己、怠戏之无益于事，然而尚为之者，情欲放溢不能胜其志之故，故善恶不空作而祸福不滥生，唯心之所向、志之所行而已；法尧舜之道而行之于世，虽非尧舜之至圣，亦当为尧舜之贤善，自人君以至于庶人，未有不法圣道而能为贤者。最后就礼义亲民而言，《新语》指出，圣人顺法天地以定人道，礼制父子之亲、君臣之义、夫妇之别、长幼之序，强不凌弱众不暴寡，弃贪鄙之心兴清洁之行；治外者必调内，平远者必正近，君子尚宽舒以修其身，行身中和以致疏远，民不罚而畏、不赏而劝而渐渍于道德者，被服于政教中和之所致。

《新书》。《新书》丰富了明德亲民儒学民本观义理，指出政教无不以民为本、以民为命、以民为功，国以为本故以民为安危、君以为本故以民为威侮、吏以为本故以民为贵贱，国以为命故以民为存亡、君以为命故以民为盲明、吏以为命故以民为贤不肖，国以为功故以民为兴坏、君以为功故以民为强弱、吏以为功故以民为能不能；民者万世之本故不可欺，凡居上位而简士苦民者是谓愚、敬士爱民者是谓智，与民为敌者民必胜之；牧民之道务在安之，安民可与为义而危民则易与为非，长民者衣服不贰、从容有常以齐其民则民德壹；君能为善则吏必能为善，吏能为善则民必能为善，民之不善者吏之罪，吏之不善者君之过，故执事临民者以道先民而日戒慎一日，则士民亦日戒慎一日。

此外，《吕氏春秋》侧重性情教化而指出，天生人而有贪欲，欲有情而情有节，圣人修节以止欲，而不过行其情；耳之欲五声、目之欲五色、口之欲五味者谓之情，此三者贵贱、愚智、贤不肖欲之若一，虽神农、黄帝其与桀、纣同，圣人之所以异者，由贵生动则得其情，等等。

《春秋繁露》。就民本观义理要素而言，《春秋繁露》主要体现在君子奉天法古礼教中道、明德亲民价值关怀、禾米性善教化信念等方面。先就君子奉天法古礼教中道而言，《春秋繁露》指出，《春秋》之道推天施以顺人理，以元之深正天之端，以天之端正王之政，以王之政正诸侯之即位，以诸侯之即位正境内之治，五者正则教化行；《春秋》书阴阳灾异者，贵微重始慎终推效，欲人省天谴畏天威，内动于心志而外见于事情，修身审己发明善心以反天道；天人相副人本于天，物莫无合各相阴阳，天有四时王有四政，天之数、人之形、官之制相参相得，王道三纲可求于天，王者取天地与人之中而贯通之，务德而不任刑以顺天意；性非教化不成，情非制度不节，王者因天地性情以立尊卑之制、以等贵贱之差，以礼制民使欲不过节以安其情；天有两和以成二中，岁立其中用之无穷，圣人以中和理天下，以自渐于天地之道。再就君子明德亲民价值关怀而言，《春秋繁露》指出，王者上奉天施而下以正人，有改制之名而无易道之实，貌、言、视、听、思五事受命于天，王者修以治民；仁人正其道而不谋其利、明其理而不计其功，以仁安人以义正我，贵孝悌而好礼义，修饬仁义礼智信五常之道，强勉行道则德日起而大有功；君者民心而民者君体，君之所好民必从之，为人君者正心以正朝廷，正朝廷以正百官，正百官以正万民，正万民以正四方。最后就禾米性善教化信念而言，《春秋繁露》指出，所谓性之名称乃指教化层面上的中民之性，茧有丝而茧非丝，卵有雏而卵非雏，米出禾中而禾未可全为米，故而善出性中而性未可全为善，天生民性有善质而未能觉，待渐于教训然后乃善；性有善端者乃孟子之善，循三纲五纪通八端之理、忠信博爱敦厚好礼方可谓善者乃圣人之善，善出于性而性不可谓善，性者天质之朴而善者王教之化，等等。

《孔子家语》。《孔子家语》侧重君子中道明德、礼义亲民等儒学民本观义理。先就君子中道明德而言，《孔子家语》指出，人有五仪即庸人、士人、君子、贤人、圣人，君子者人之成名，百姓与名谓之君子，则是成其亲为君而为其子；天道不已，不闭而能久、无为而物成、已成而明之，君子事亲如事天、事天如事亲；君子行己有六本，立身有义而孝为本，丧纪有礼而哀为本，战阵有列而勇为本，治政有理而农为本，居国有道而嗣为本，生财有时而力为本，反本修迩君子之道；君子比德于玉，言不过辞动不过则，过者断之以礼、不及者引之及礼，狎足以交欢、庄足以成礼，执辔如组、动近行远以御民；一张一弛文武之道，君子行礼不急断、不急制，使饮食有量、衣服有节、宫室有度、畜积有数、车器有限，物得其时而乐得其节，所以防乱之原。再就君子礼义亲民而言，《家语》指出，礼者政教之本，节事天地之神，辩君臣上下长幼之位，别男女父子兄弟之亲、婚姻亲族疏数之交；礼之七教者，上敬老则下益孝，上尊齿则下益悌，上乐施则下益宽，上亲贤则下择友，上好德则下不隐，上恶贪则下耻争，上廉让则下耻节；上者民之表，人君先立仁于己、等之以礼、立之以义、行之以顺，然后大夫忠而士信，民敦俗璞、男悫女贞；人存政举、人亡政息，政犹蒲卢待化以成，好学近乎智、力行近乎仁、知耻近乎勇，君子亲亲尊贤以修身治人；礼必本于天地阴阳四时五行之道，固人肌肤之会、筋骸之束而顺人情之大窦，有恩有义有节有权；礼以制中，凡众之动而得其宜，敬而不中礼谓之野、恭而不中礼谓之给、勇而不中礼谓之逆，等等。

《韩诗外传》。《韩诗外传》侧重君子性善中道信念、天君民合思维架构以及礼义政教内容等儒学民本观义理要素。先就君子性善中道信念而言，《韩诗外传》指出，天之所生皆保有仁义礼智顺善之心，仁者人心义者人路，学问之道无他惟求其放心而已；人性虽善，非得圣贤扶携学问以道，则不成为君子，君子对治偏失当之为贵，防邪禁佚调和心志；民之秉彝好是懿德，中心藏之何日忘之，昨日何生今日何成，必念归厚必念治生，日慎一日完如金城，我日斯迈而月斯征，学而不已阖棺乃止，夙兴夜寐无忝所生。再就君子天君民合思维架构而言，《韩诗外传》指出，善为政者循情性之宜、顺阴阳之序、通本末之理、合天人之际，人事备乎下则天道应乎上，百礼洽则百意遂，百意遂则阴阳调、寒暑均、三光清、风雨时、群生宁，如是则天道得；君者民之源，源清则流清、源浊则流浊，王者以百姓为天，百姓与之则安、辅之则强、非之则危、倍之则亡；君主之疾根在于民，省事轻刑则痿不作，无使小民饥寒则蹶不作，无令财货上流则逆不作，无令仓廪积腐则胀不作，无使府库充实则满不作，无使群臣纵恣则支不作，无使下情不上通则隔不作，上材恤下则肓不作，法令奉行则烦不作，无使下怨则喘不作，无使贤伏匿则痹不作，无使百姓歌吟诽谤则风不作。最后就君子礼义政教内容而言，《韩诗外传》指出，在天者莫明乎日月，在地者莫明于水火，在人者莫明乎礼义，政无礼不行，国无礼不宁；礼者则天地之体，因人情而为之节文，圣王教民必因其六情而节之以礼，必从其欲而制之以义，义简而备礼易而法，去情不远牖民孔易；君人者以礼分施则均遍而不偏，臣以礼事君忠顺而不懈，父宽惠而有礼、子敬爱而致恭，兄慈爱而见友、弟敬诎而不慢，夫照临而有别、妻柔顺而听从，行不中道即恐惧自竦，审之礼则老者安之、少者怀之、朋友信之；望人者不至而恃人者不久，圣人以己度人以心度心，以情度情以类度类，使民以礼譬如御者必慎鞭策，不戒责成则害、慢令致期则暴、不教而诛则贼，等等。

《大戴礼记》。《大戴礼记》侧重君子法天性善中道、礼教亲民等儒学民本观义理要素。先就君子法天性善中道而言，《大戴礼记》指出，人分庸人、士、君子、贤人、圣人，孝者天经地义民行，君子者百姓称名君子之子，是使其亲为君子而成其亲名，君子事亲如事天、事天如事亲，言不过辞、动不过则，敬其身而成其亲；君子莅民而知民性情，有善勿专而教不能勿揩，已过勿发而失言勿踦，不善辞勿遂而行事勿留，不临以高不道以远，不责民之所不能，宽裕以容、慈爱优柔则民自得；人情莫不有过，过而改之是为不过，枉而直之使自得之，优而柔之使自求之，揆而度之使自索之，习与智长故切而不攘，化与心成故中道若性，民有小罪必以其善以赦其过，是以上下亲而不离。再就君子礼教亲民而言，《大戴礼记》指出，民所由生礼教为大，礼者政本而政者正也，夫妇别、父子亲、君臣严则庶民从之,圣人立五礼以为民望,制五衰以别亲疏,和五声以导民气,合五味之调以察民情;礼有三本,天地者性之本、先祖者类之本、君师者治之本,三者偏亡则无安人,故礼上事天下事地,宗事先祖而宠君师;法者禁于已然之后,礼者禁于将然之前,礼贵绝恶于未萌而起信于微眇,其象五行其义四时,有恩有义有节有权,使民日从善远罪而不自知;御四马者执六辔,御天地人事亦有六政,天子学乐、辨风、制礼以行政,冢宰之官以成道,司徒之官以成德,宗伯之官以成仁,司马之官以成圣,司寇之官以成义,司空之官以成礼,等等。

《申鉴》。《申鉴》民本观义理要素表述侧重君子法天仁义淑性、中道亲民内容。先就君子法天仁义淑性而言,《申鉴》指出,立天之道阴阳、立地之道柔刚、立人之道仁义,人道之本仁义而已,五典以经之、群籍以纬之,咏之歌之弦之舞之,古之圣王其于仁义申重而已,仁义礼智信五德不离、好恶喜怒哀乐六节不悖则三才允序;君子养性秉于中和,内不伤性外不伤物,上不违天下不违人,处正居中形神以和,食和羹以平其气,听和声以平其志,纳和言以平其政,履和行以平其德,贞以为质、达以行之而志以成之;就修养而论,人非下愚则皆可以为尧舜,服尧之制行尧之道,行之于前则古之尧舜,行之于后则今之尧舜;就教化而论,性虽善待教而成、性虽恶待法而消,唯上智下愚不移,其次善恶交争,于是教扶其善法抑其恶。再就君子法天中道亲民而言,《申鉴》指出,天作道、皇作极、臣作辅、民作基,天下国家一体,君为元首、臣为股肱而民为手足,人主承天命以养民,民存则社稷存而民亡则社稷亡,故重民者所以重社稷而承天命;政体者承天惟允、正身惟常、任贤惟固、恤民惟勤、明制惟典、立业惟敦,以天道作中、以地道作和、以仁德作正、以事物作公、以身极作诚、以变量作通;自天子以至于庶人,好恶哀乐其修一也,丰约劳佚各有其制,上足以备礼而下足以备乐;君子以情用而小人以刑用,礼教荣辱加于君子以化其情,桎梏鞭朴加于小人以治其刑,中人之伦则刑礼兼用,教化之废推中人而坠于小人之域,教化之行引中人而纳于君子之途;善治民者治其性,大冶之炉可使无刚、踊水之机可使无降,善立教者凡器可使与颜、冉同趋,而跖可使与伯夷同功,善禁者先禁其身而后人,不善禁者先禁人而后身;治民犹渡水,以智能治民者如泅渡,以道德治民者如舟渡,纵民之情谓之乱,绝民之情谓之荒；设必违之教而不量民力之未能，是虚教伤化而招民于恶，设必犯之法而不度民情之不堪，是峻刑害民而陷民于罪，礼刑不中者君子不为，等等。

《中论》。《中论》侧重君子性善、中道修教而指出，民之初生蒙昧未知，譬如宝在玄室，日照则群物斯辨，先王教以智仁圣义中和六德、孝友睦姻任恤六行、礼乐射御书数六艺，三教备而人道毕；君子学以疏神达思、怡情理性，不患才之不赡而患志之不立，迁善惧不及、改恶恐有余，恶废善兴自然之道，故非唯兴善亦以攻恶；法象立所以为君子，莫先乎正容貌、慎威仪，容貌正故情性治、仁义存、盛德著，可为法象谓之君子；礼者敬之经、敬者礼之情，无敬无以行礼、无礼无以节敬，道不偏废相须而行，尽敬以从礼者谓之成人，过则生乱而灾及其身；君子之与人言，必先度其心志、本其器量、视其锐气、察其堕衰，辞足以达其知虑之所至，事足以合其性情之所安，弗过其任而强牵制，疾而勿迫、徐而勿失、杂而勿结、放而勿逸而欲其自得之，故大禹治水必善因其势，而君子导人必善因其性，等等。

《说苑》。《说苑》侧重天人感通、明德亲民等儒学民本观义理要素，指出天地之气不失其序，若过其序则民乱之故，天之应人如影之随形、响之效声；凡人之性莫不欲善其德，利欲败之则不能为善德，故学者反情治性尽才，行躬以仁义、饰身以礼乐，仁义礼乐者成人之行，穷神知化者道德之盛；天生民树之君以利之，非纵一人之欲以虐万夫之性，圣人待天下百姓若赤子，存心天下而加志于民，民饥若我饥之、人寒若我寒之、民罪若我陷之，善推其所有故先恕而后教；贤人君子通乎盛衰之时，明乎成败之端，察乎治乱之纪而审乎人情之实。

《盐铁论》。《盐铁论》民本观义理要素侧重君子明德亲民与礼义教化内容，指出尧舜之道不远人，君子夙夜孳孳进德，思贤慕能从善不休，为民父母怀骨肉情，当时而动为民仰观，则成、康之俗可致而唐、虞之道可及；礼义者国之基，权利者政之残，导民以德则民归厚，示民以利则民俗薄，故王者崇本退末，以礼义防民欲；礼以防淫乐以移风，绝恶于未萌使之不为，礼兴乐正则刑罚中，礼义立而民无乱患；四时代序而人则其功，星列于天而人象其行，天灾之征祯祥之应，施之与报各以类及，故政有德则阴阳调、星辰理、风雨时，行修于内则声闻于外，为善于下则福应于天，等等。

《论衡》。《论衡》民本观内容主要体现为性有善恶、恶可化善教化信念。《论衡》指出，命有贵贱而性有善恶，人性有善有恶，犹人才有高有下，孟轲言人性善者指中人以上，孙卿言人性恶者指中人以下，扬雄言人性善恶混者则指中人；人性有善有恶，善可变为恶而恶可变为善，在所渐染而已；性恶之人亦含五常之性，不患其性之不善，而患贤圣未能熟锻炼之，亦患其不服圣教而自遇以生祸，若教导以学而渐渍以德，亦将率勉为善而日有仁义之操；人之善恶共一元气，禀气有厚薄故人性有善恶，西门豹性急故佩韦以自缓，董安於性缓故带弦以自促，急之与缓俱失中和，韦弦对治则可成完具之人。

《潜夫论》。《潜夫论》民本观义理要素侧重天人感通思维与天君民合架构内容。《潜夫论》指出，天本诸阳、地本诸阴、人本中和，三才异务相待而成，各循其道和气乃臻、机衡乃平；天命圣牧民使不失性，人君之治莫大于调和阴阳，调和阴阳必先顺天心，顺天心者必先安民，安民必先审择贤能，国家存亡之本、治乱之机在于明选；天心阴阳、君臣、民氓、善恶相辅至而代相征，天者国之基、君者民之统、臣者治之材、民者天之心而君臣之本；天以民为心，故民安乐则天心顺、民愁苦则天心逆，民以君为统，故君政善则民和治、君政恶则民冤乱，君以恤民为本，故臣忠良则君政善、臣奸枉则君政恶，政以选为本，故选举实则忠贤进、选虚伪则邪党贡，选以法令为本故法令正则选举实、法令诈则选虚伪，法以君为主故君信法则法顺行、君欺法则法委弃；法令者奉天法古礼制之谓，先圣籍田有制、供神有度、奉己有节、礼贤有数，上下大小、贵贱亲疏皆有等威，阶级衰杀各足禄其爵位。

此外，《政论》指出人情莫不乐富贵荣华、美服丽饰、铿锵眩耀、芬芳嘉味，不厚为之制度则僭天制而民散乱，是故圣王御世咸建诸侯以临其民，国有常君而君有定臣，上下相安则政如一家，明法度以济民欲而为之节度，因民有乐生之性，分禄以颐其士、制庐井以养其萌，上下交足厌心乃静，衣食足然后教以礼义而威以刑罚。《昌言》则主张恢复圣贤礼制，指出井田废置则豪人货殖，馆舍布于州郡、田亩连于方国，荣乐过于封君、势力侔于守令，欲张太平之纪纲、立至化之基趾、齐民财之丰寡、正风俗之奢俭，非复井田则莫由致。

《白虎通义》。《白虎通义》民本观义理要素侧重天人合一纲常礼义、亲民教化内容，指出天虽至神必因日月之光、地虽至灵必有山川之化、圣人虽有大德亦须贤俊公、卿、大夫、士以顺成天道，复又封建诸侯以象贤重民；爵有五等或三等，质家据天故法三光、文家据地故法五行，天子者父天母地为天之子、作民父母以为天下王，公者公正无私、卿者彰善明理、大夫者大扶进人、士者任事，帝者天号德合天地、王者德合仁义五行之称、皇者不扰匹夫匹妇，圣人者与天地合德、日月合明、四时合序、鬼神合吉凶，君子者道德之称而上至天子下至于民；五行者为天行气，水位北方任养万物、木位东方阳气动跃、火位南方阳气用事而万物变化、金位西方阴气始起而万物禁止、土位中央吐含万物；性者阳之施、情者阴之化，人禀阴阳之气而生故内怀五性六情，五性者仁义礼智信，六情者喜怒哀乐爱恶所以扶成五性；人含天地之气而有五常之性，乐象天而礼法地，乐以荡涤反其邪恶，礼以防淫佚节其侈靡，礼者阴阳之际、百事之会，所以尊天地、傧鬼神、序上下、正人道；三纲者君臣、父子、夫妇，六纪者诸父、兄弟、族人、诸舅、师长、朋友，人皆怀五常之性故有亲爱之心，纲纪为化整齐人道，如罗网之有纪纲而万目张，三纲法天地人而六纪法六合，君臣法天取象日月屈信而归功天，父子法地取象五行转相生，夫妇法人取象人合阴阳而有施化端；立灵台者考天人之心、察阴阳之会、揆星辰之证验以为万物获福无方，立明堂者通神灵、感天地、正四时、出教化、宗有德、重有道、显有能、褒有行，天灾异者遣告人君、觉悟其行而欲令悔过修德，设三教者法天地人（忠法人、敬法地、文法天）而上为下效，立《五经》者（《乐》仁、《书》义、《礼》礼、《易》智、《诗》信）圣人象天五常之道以教成明德，等等。

《人物志》。《人物志》民本观义理要素侧重君子中和、明德任贤内容而指出，圣人著爻象则立君子小人之辞，叙《诗》志则别风俗雅正之业，制《礼》《乐》则考六艺祇庸之德，躬南面则授俊逸辅相之材，皆所以达众善而成天功；凡有血气者莫不含元一以为质、禀阴阳以立性、体五行而著形，人物之本出乎情性，凡人之质量中和最贵，中和之质必平淡无味，故能调成五材、变化应节；稽诸五物以量人材质，骨植而柔者仁之质谓之弘毅，气清而朗者礼之本谓之文理，体端而实者信之基谓之贞固，筋劲而精者义之决谓之勇敢，色平而畅者智之原谓之通微，五质恒性谓之五常，五常之别列为五德；物生有形形有神精，能知精神则穷理尽性，性之所尽九质之征，平陂之质在于神、明暗之实在于精、勇怯之势在于筋、强弱之植在于骨、躁静之决在于气、惨怿之情在于色、衰正之形在于仪、态度之动在于容、缓急之状在于言，质素平澹、中叡外朗、筋劲植固、声清色怿、仪正容直，九征皆至则为纯粹之德，九征有违则为偏杂之材；偏至之材以材自名，兼材之人以德为目，兼德之人更为美号，兼德而至谓之中庸者圣人之目，具体而微谓之德行者大雅之称，一至谓之偏材者小雅之质，一征谓之依似者乱德之类，一至一违谓之间杂者无恒之人；主德者聪明平淡，达众材而不以事自任，主道立则众材各得其任，主道得而臣道序，官不易方则太平用成，若道不平淡与一材同好，则一材处权而众材失任；一官之任以一味协五味，一国之政以无味和五味，人材不同政有得失，兼材之人与国体同，动获人心而道无不通，等等。

此后，处于阳消阴息、天步屯蹇、否剥成象之魏晋时期，《世说新语》侧重圣人君子内圣明德，如襃扬陈仲举言为士则、行为世范而有澄清天下之志，李元礼风格秀整、高自标持而欲以天下名教是非为己任，刘惔临终闻祠神鼓舞而正色言莫得淫祀，王弼言圣人体无而言必及有、老庄未免于有故恒训其所不足，刘惔称王长史性至通而自然有节，慧远言《易》以感为体，等等。《颜氏家训》则指出，君子处世贵能克己复礼、济时益物，上智不教而成、下愚虽教无益，而中庸之人则不教不知，风化者自上而行于下、自先而施于后，教妇初来教儿婴孩，少成若天性而习惯如自然。但由于修教立场被佛教所转化，《颜氏家训》儒学民本观义理表述难免驳杂不纯。唐代《五经正义》《九经正义》《开元礼》《唐律疏议》等内在整合了此前儒学民本观义理成果，如《唐律疏议》一准乎礼故出入得古今之平，明示五刑之中十恶尤切，谋反、谋大逆、谋叛、恶逆、不道、大不敬、不孝、不睦、不义、内乱者紊乱礼经，亏损名教而毁裂冠冕。刑不上大夫，大夫犯法则在八议而轻重不在刑书，八议者议亲、议故、议贤、议能、议功、议贵、议勤、议宾，以重亲贤、敦故旧、尊宾贵、尚功能，指出律出于礼、礼刑内在，根极于天理民彝而称量于人情事故，等等。《贞观政要》则侧重君子性善中道、明德亲民义理要素内容。先就君子性善中道而言，《贞观政要》指出，五帝三王不易民而化，行帝道则帝、行王道则王，故而无代无贤但患不知，无代无民唯在理化；嗜欲喜怒之情贤愚皆同有，贤者能节之不使过度，愚者纵之多至失所；人虽禀定性却待学成而为美，人性虽相近而情则迁移，必须以学饬情方成其性。再就君子明德亲民而言，《贞观政要》指出，为君之道须先存百姓，安天下须先正其身，近取诸身故能远体诸物，治国之要在修身之术，有道则民推而为主，无道则民弃而不用；君为元首臣作股肱，君臣同气义均一体，兼听则明偏信则暗，兼听纳下下情上通，怨不在大可畏惟人，载舟覆舟所宜深慎；以善相成谓之同德、以恶相济谓之朋党，故为政在于近君子而远小人，爱而知其恶、憎而知其善，善善而能择而进之、恶恶而能远而去之；礼本人情以决嫌疑、定犹豫、别同异、明是非，礼教所先在于由乎亲亲而以近及远，凡听讼理狱必原父子之亲、立君臣之义而权轻重之序、测浅深之量，等等。

随着唐宋儒典注疏之学的深入推进，《十三经注疏》正始形成于南宋，其他儒者相关著述也对儒学民本观义理的丰富发展有着时中补益。除了历代儒者经典著述外，诸如《近思录》《周易程氏传》《通鉴纲目》《大学衍义》《大学衍义补》《日知录》《四库全书总目提要》《学统》等历代总结性儒典，亦对儒学民本观义理的反本开新作出了重大贡献，因此尤其值得关注。儒学民本观的时中衍化具体体现在历代儒者注疏著作之中，于中各大义理要素一般均有综合性论述，但这些注疏著作也往往因顺不同时代精神而凸显特定类别儒经（主要是儒教十三经，也包括一些历代子学著作），以及特定类别儒学民本观义理要素（如君子观、礼义观、内圣观、外王观、天人观、人性观、中道观、夏夷观等）。以下章节将予以分类概说，此不具述。

第二章
性善：儒学民本观信念前提概说

儒学民本观诸义理要素之间系互为涵摄的内在一体关系。其中，性善信念修教前提是儒学民本观得以立论的学理根源，人文君子担当主体、天君民合基本架构、纲常礼教核心内容、明德亲民价值取向、天人中道思维模式、夏以化夷历史脉动与反本内化时中创新等义理要素，俱以性善信念为内在前提，诸要素离此信念前提则不复成立。鉴此，我们首先概说儒学民本观性善信念这一义理要素。

第一节　五经四书性善思想述略

五经四书经典注疏为儒学性善论基本文本，历代儒者大都是以述而不作、反本开新方式来时中阐发儒典性善信念内涵的。五经四书论性，五常（仁义礼智信）俱全而又各有侧重。《诗》重性之仁，《书》重性之信，《礼》重性之理，《易》重性之智，《春秋》重性之义，《孝经》重性之行；"四书"则综合阐明仁义礼智、诚信中道性善修教，其中《大学》重性善修教纲目次第，《中庸》重性善修教本源则式，《论语》重性善修教仁礼中道，《孟子》重性善修教四端扩充。

一、五经类性善思想述略

《诗经》重性之仁。诗言志而思无邪，乐而不淫哀而不伤，风雅颂赋比兴六体，无非表述仁和性善礼以正情、各当分位敦厚感通。《诗经》述性善本源者如《维天之命》"维天之命，於穆不已"、《烝民》"天生烝民，有物有则。民之秉彝，好是懿德"、《板》"天之牖民，如埙如篪"、《鱼藻》"鱼在在藻，有颁其首"等，述性善修养者如《卷阿》"俾尔弥尔性，纯嘏尔常"、《敬之》"日就月将，学有缉熙于光明"、《淇奥》"如切如磋，如琢如磨"、《关雎》"悠哉悠哉，辗转反侧"、《振鹭》"在彼无恶，在此无斁。庶几夙夜，以永终誉"、《雄雉》"不忮不求，何用不臧"、《衡门》"衡门之下，可以栖迟"、《鹤鸣》"他山之石，可以攻玉"等，述性善教化者如《角弓》"毋教猱升木，如涂涂附"、《小宛》"螟蛉有子，蜾蠃负之。教诲尔子，式穀似之"、《谷风》"采葑采菲，无以下体"、《角弓》"雨雪瀌瀌，见晛曰消"等。其他篇章，亦无非是从正反两面阐明克己复礼、性善感通。

《尚书》重性之信。圣贤先王之典谟训诰誓令，无非奉天法古而一本于性善流露，对夏商二代违反天命性善者则自觉反思总结之，尧之克明俊德、舜之克谐以孝、禹之治水、汤武革命、皋陶傅说之申训、周公夙兴夜寐制礼作乐等无非是发明天道性善，而朱丹嚚讼、共工静言庸违象恭滔天、鲧之方命圮族等亦无非违逆天道性善。《尚书》述性善本源者如《康诰》"天惟与我民彝"、《汤诰》"惟皇上帝，降衷于下民，若有恒性"、《伊训》"惟上帝不常，作善降之百祥，作不善降之百殃"、《高宗肜日》"王司敬民，罔非天胤"、《五子之歌》"天下愚夫愚妇一能胜予"、《西伯戡黎》"不虞天性，不迪率典"、《武成》"暴殄天物，害虐烝民"等，述性善修养者如《召诰》"疾敬德"、《大禹谟》"敬修其可愿"、《太甲下》"懋敬厥德，克配上帝"、《咸有一德》"咸有一德，克享天心"、《无逸》"严恭寅畏，天命自度"、《盘庚中》"各设中于乃心"、《大禹谟》"惠迪吉，从逆凶……至诚感神"、《多方》"惟圣罔念作狂，惟狂克念作圣"、《说命中》"非知之艰，行之惟艰"、《说命下》"逊志务时敏……允怀于兹，道积于厥躬"、《太甲上》"习与性成"、《蔡仲之命》"慎厥初，惟厥终"、《秦誓》"人之有技，若己有之。人之彦圣，其心好之"、《仲虺之诰》"改过不吝"、《冏命》"绳愆纠谬，格其非心"、《太甲中》"自作孽，不可逭"、《说命中》"有其善，丧厥善"、《旅獒》"玩人丧德，玩物丧志。志以道宁，言以道接"、《酒诰》"诞惟厥纵，淫泆于非彝"等，述性善教化者则如《洪范》"彝伦攸叙"、《梓材》"引养引恬"、《立政》"燮理阴阳……寅亮天地"、《康诰》"恫瘝乃身……宅天命，作新民"、《微子之命》"稽古崇德象贤"、《说命下》"一夫不获，则曰时予之辜"、《咸有一德》"匹夫匹妇不获自尽，民主罔与成厥功"、《君陈》"无忿疾于顽，无求备于一夫……进厥良，以率其或不良"、《吕刑》"明于刑之中，率乂于民棐彝"、《大禹谟》"好生之德，洽于民心"、《胤征》"旧染污俗，咸与惟新"等。其他篇章无篇无之，亦无非是奉天常道而立人彝伦而已。

《礼》重性之理。"三礼"所述本天道而立人道，法天文而开人文，礼义中道养成性善。《周官》为体而《仪礼》为履，《周礼》"惟王建国，辨方正位，体国经野，设官分职，以为民极"，法象天地四时而立官教民，分设天官冢宰、地官司徒、春官宗伯、夏官司马、秋官司寇、冬官司空以成天道岁功；《仪礼》以五礼防闲万民之侈伪，以六乐荡正万民之情思，以礼乐教化合天地之道，养成万民中和天性。《礼记》阐明礼乐教化之彝伦义理，述性善本源者如《孔子闲居》"天无私覆，地无私载，日月无私照"、《中庸》"天命之谓性"、《乐记》"人生而静，天之性也""大乐与天地同和，大礼与天地同节"、《丧服四制》"礼之大体，体天地，法四时，则阴阳，顺人情"等；述性善修养者如《学记》"玉不琢不成器，人不学不知道"、《大学》"大学之道，在明明德，在亲民，在止于至善"、《曲礼》"毋不敬，俨若思，安定辞""君子恭敬撙节退让以明理"、《月令》"节嗜欲，定心气"、《礼器》"忠信之人，可以学礼"、《乐记》"礼乐不可斯须去身，致乐以治心，则易直子谅之心油然生矣"、《冠义》"礼义之始，在于正容体，齐颜色，顺辞令"、《玉藻》"君子无故玉不去身，君子于玉比德焉"、《祭义》"君子生则敬养，死则敬享，思终身弗辱焉"等；述性善教化者如《中庸》"率性之谓道，修道之谓教"、《礼运》"承天之道，以治人之情"、《王制》"修六礼以节民性"、《学记》"化民成俗其必由学，建国君民教学为先""道而弗牵，强而弗抑，开而弗达"、《曲礼上》"爱而知其恶，憎而知其善"、《坊记》"善则称人过则称己，则民不争而怨益亡"，以及《经解》五礼坊乱教化隐微、止邪未形徙善远罪与《月令》四时合序天人合德、礼教自然化民成俗教化旨归，等等。其他篇章无篇无之，亦无非是经天地而理人伦，涵养节度以成中和天性而已。

　　《易》重性之智。《周易》法天文而开人文，洁静精微意象明察，随时变易当位中正，吉凶悔吝补过无咎，则法天地之道以顺成人之天性，协阴阳之宜以避免外欲戕害。《周易》述性善本源者如《乾卦卦辞》"乾：元，亨，利，贞"、《乾卦彖辞》"乾道变化，各正性命，保合大和，乃利贞。首出庶物，万国咸宁"、《睽卦彖辞》"天地睽而其事同也"、《豫卦彖辞》"天地以顺动，故日月不过而四时不忒"、《说卦》"圣人之作《易》也，将以顺性命之理，是以立天之道曰阴与阳，立地之道曰柔与刚，立人之道曰仁与义"、《系辞上》"一阴一阳之谓道，继之者善也，成之者性也"等；述性善修养者如《说卦》"穷理尽性以至于命"、《乾卦文言》"与天地合其德，与日月合其明，与四时合其序，与鬼神合其吉凶，先天而天弗违，后天而奉天时"、《坤卦彖辞》"先迷失道，后顺得常"、《大有卦彖辞》"刚健而文明，应乎天而时行"、《谦卦彖辞》"谦尊而光，卑而不可逾，君子之终也"、《复卦彖辞》"复，其见天地之心乎"、《系辞下》"善不积不足以成名，恶不积不足以灭身"，以及《系辞下》"《履》，德之基也；《谦》，德之柄也；《复》，德之本也；《恒》，德之固也；《损》，德之修也；《益》，德之裕也；《困》，德之辨也；《井》，德之地也；《巽》，德之制也""苟非其人，道不虚行"等；述性善教化者则如《贲卦彖辞》"刚柔交错，天文也；文明以止，人文也。观乎天文，以察时变；观乎人文，以化成天下"、《颐卦彖辞》"天地养万物，圣人养贤以及万民"、《蒙卦彖辞》"蒙以养正"、《咸卦彖辞》"天地感而万物化生，圣人感人心而天下和平"、《恒卦彖辞》"日月得天而能久照，四时变化而能久成，圣人久于其道而天下化成"、《革卦彖辞》"天地革而四时成，汤武革命，顺乎天而应乎人"、《节卦彖辞》"天地节而四时成，节以制度，不伤财，不害民"等。至于《周易》六十四卦大、小象辞，更是集中阐发了《周易》法天性善修养教化精神，这里仅以《周易》大象辞为例略述之。其中，述性善修养者如《乾卦大象》"天行健，君子以自强不息"、《坤卦大象》"地势坤，君子以厚德载物"，其他卦大象辞诸如果行育德、懿文德、俭德辟难、遏恶扬善顺天休命、作乐崇德、多识前言往行以畜其德、慎言语节饮食、独立不惧遁世无闷、以虚受人、立不易方、远小人不恶而严、非礼弗履、自昭明德、言有物行有恒、反身修德、惩忿窒欲、见善则迁有过则改、顺德积小以高大、致命遂志、正位凝命、恐惧修省、思不出其位、永终知敝、朋友讲习、行过乎恭丧过乎哀等表述亦均是如此；述性善教化者则如《屯卦大象》"云雷屯，君子以经纶"、《泰卦大象》"天地交泰，后以财成天地之道，辅相天地之宜，以左右民"，其他卦大象辞诸如建万国亲诸侯、作事谋始、容民畜众、辨上下定民志、类族辨物、裒多益寡称物平施、教思无穷容保民无疆、省方观民设教、明罚敕法、明庶政无敢折狱、厚下安宅、茂对时育万物、继明照于四方、莅众用晦而明、同而异、赦过宥罪、施命诰四方、除戎器戒不虞、劳民劝相、治历明时、明慎用刑议狱缓死、申命行事、制数度议德行、思患豫防、慎辨物居方等表述均是如此；此外，诸如振民育德、常德行习教事、施禄及下居德则忌、居贤德善俗等其他卦大象辞之表述则可谓修教兼备。

《春秋》重性之义。《春秋》顺应天道体例森严，四时成岁春王正月，经纬天地纲纪上下，审别阴阳叙事训民，天人感应示戒悔吝，以为天道彝伦褒贬判例。《春秋》书法有五，微而显、志而晦、婉而成章、尽而不污、惩恶劝善，无非彰显天道性善。就性善本源与性善修教表述而言，《春秋左传》无篇无之，代表性表述有如《昭公二十五年传》"淫则昏乱，民失其性"、《襄公二十九年传》"弃同即异，是谓离德"、《昭公二十八年传》"照临四方曰明，勤施无私曰类，教诲不倦曰长，赏庆刑威曰君，慈和遍服曰顺，择善而从之曰比、经纬天地曰文"，以及《成公十五年传》"善人，天地之纪"、《襄公二十九年传》"善之代不善，天命也"、《隐公六年传》"善不可失，恶不可长"、《宣公二年传》"过而能改，善莫大焉"、《哀公五年传》"好不废过，恶不去善"、《宣公十六年传》"善人在上，则国无幸民"、《宣公四年传》"（善人）无后，何以劝善"等。《春秋公羊传》分析框架包括二类、三科、五始、六辅、七等、七缺、九旨，实际涉及到法天立人性善中道之方方面面。就性善本源而言，主要体现于《春秋公羊传注疏》对礼义人事之失正与天地阴阳灾异内在感应关系的具体阐明。而就性善修教表述而言，《春秋公羊传》典范表述有《僖公十七年传》"《春秋》为贤者讳……君子之恶恶也疾始，善善也乐终"、《昭公二十年传》"君子之善善也长，恶恶也短，恶恶止其身，善善及子孙"、《庄公元年传何休注》"礼有九锡……皆所以劝善扶不能"、《隐公元年传何休注》"君敬臣则臣自重，君爱臣则臣自尽"、《闵公元年传》"君子为尊者讳，为亲者讳，为贤者讳"等。此外，《公羊传》知人心皆实有三年之恩故讥丧娶、讥齐桓迫杀山戎不仁故贬称齐人、刺楚子怀恶以讨不义君子责其诱诈、恶桓公七年兵暴不仁故书火攻、褒扬齐楚会盟齐桓重爱民命、褒扬士匄闻齐侯卒遂退师恩动孝子善心、褒扬伯姬守贞而死诸侯善心感动而兵寝数年、讥刺师出逾时、城中丘、初税亩等违反天性仁心之行为，亦皆如此。《春秋穀梁传》则指出《春秋》书法正在于恩情仁厚扶成善性，如隐公让桓之志虽不纯正而亦书者，君子成人之美而不成人之恶；书纪侯大去其国而不言灭者，不使小人加乎君子；书冬葬许悼公者，不使许世子因误而为弑父；葬后举谥、谥以成德，以劝善惩恶；大夫卒，录日以纪恩为正礼；君子为尊者讳耻，为贤者讳过，为亲者讳疾；不重创，不擒二毛，否则讳书获；君子善与人同，故恶伯尊攘善，等等皆是。此处挂一漏万以为例证，具体则不再枚举。

《谥法解》与《国语》可补益《春秋》三传，故可附于《春秋》而简述之。就性善本源与性善修教表述而言，《谥法解》明示，经纬天地曰文（成其道）、一德不懈曰简（一不委曲）、好廉自克曰节（自胜其情欲）、温柔贤善曰懿（性纯淑）、宽乐令终曰靖（性宽乐义，以善自终）、执义扬善曰怀（称人之善）、外内思索曰思（言求善）、追悔前过曰思（思而能改）、追补前过曰刚（勤善以补过）、既过能改曰恭（言自知）、彰义掩过曰坚（明义以盖前过）、择善而从曰比、爱民长弟曰恭（顺长接弟）、芘亲之阙曰恭（修德以盖之）、尊贤贵义曰恭（尊事贤人，宠贵义士）、尊贤让善曰恭（不专己善，推于人）、纯行不爽曰定（行一不伤）、不勤成名曰灵（任本性，不见贤思齐）、不悔前过曰戾（知而不改）、名与实爽曰缪（言名美而实伤）、圣善周闻曰宣（闻谓所闻善事）、扬善赋简曰圣（所称得人，所善得实，所赋得简）、柔质慈民曰惠（知其性）、合善典法曰敬（非敬何以善之）、施勤无私曰类（无私，唯义所在）、教诲不倦曰长（以道教之）、逆天虐民曰抗（背尊大而逆之）[1]等。《国语》相关表述亦很多，如《周语上》"先王之于民也，懋正其德而厚其性""被除其心以和惠民"、《周语中》"君子不自称也，非以让也，恶其盖人也"、《周语上》"为川者决之使导，为民者宣之使言"，《鲁语上》"过而能

---

① 参见《帝王世系　世本　逸周书　古本竹书纪年》，齐鲁书社2010年版，第68—73页。

改者，民之上也"、《鲁语下》"民劳则思，思则善心生；逸则淫，淫则忘善，忘善则恶心生"，《晋语二》"君子失心，鲜不夭昏"、《晋语四》"善，德之建也……德无建不可以立""德义，生民之本。能惇笃者，不忘百姓也"、《晋语六》"成人在始与善。始与善，善进善，不善蔑由至矣；始与不善，不善进不善，善亦蔑由至矣"，以及《郑语》"和实生物，同则不继。以它平它谓之和，故能丰长而物归之；若以同裨同，尽乃弃矣"、《楚语上》"教之《春秋》，而为之耸善而抑恶焉，以戒劝其心"、《吴语》"施民所善，去民所恶"①，等等皆是。

二、《孝经》、"四书"性善思想述略

《孝经》重性之行。《孝经》指出分位差等孝无终始，孝道实本天理性善信念顺化天下。《孝经》性善本源表述有如《三才》"夫孝，天之经也，地之义也，民之行也。天地之经，而民是则之"、《开宗明义》"夫孝，德之本也，教之所由生也"、《庶人》"自天子至于庶人，孝无终始，而患不及者，未之有也"，《孝经》性善修教表述有如《天子》"爱亲者不敢恶于人，敬亲者不敢慢于人"、《卿大夫》"非先王之法服不敢服，非先王之法言不敢道，非先王之德行不敢行"、《圣治》"父子之道，天性也，君臣之义也……不爱其亲而爱他人者，谓之悖德；不敬其亲而敬他人者，谓之悖礼。以顺则逆，民无则焉。不在于善，而皆在于凶德，虽得之，君子不贵也""天地之性人为贵，人之行莫大于孝，孝莫大于严父，严父莫大于配天……圣人因严以教敬，因亲以教爱"、《纪孝行》"孝子之事亲也，居则致其敬，养则致其乐，病则致其忧，丧则致其哀，祭则致其严"、《广扬名》"君子之事亲孝，故忠可移于君。事兄悌，故顺可移于长。居家理，故治可移于官"、《感应》"昔者明王事父孝，故事天明；事母孝，故事地察；长幼顺，故上下治。天地明察，神明彰矣……孝悌之至，通于神明，光于四海，无所不通"等。

《大学》重性善修教纲目次第。《大学》以明明德、亲民、止于至善为"三

---

① ［春秋］左丘明：《国语》，李德山注评，凤凰出版社2009年版，分见第1、16、32、4，63、74，109、124—125、140、153，200、204、230页。

纲领"，以格物致知、诚意正心、修身齐家、治国平天下为"八条目"，明示"知止而后有定，定而后能静，静而后能安，安而后能虑，虑而后能得。物有本末，事有终始。知所先后，则近道矣""自天子以至于庶人，壹是皆以修身为本"。就性善本源而言，《大学》引用《尚书》之语而明示，正是由于人人均有"明德"或"峻德"这一"天之明命"，君子才有可能且有必要无所不用其极，日新又新顾諟发明天命明德，并先觉觉后觉以"作新民"。就性善修教内在一体而言，《大学》则明示，"为人君止于仁，为人臣止于敬，为人子止于孝，为人父止于慈，与国人交止于信""如切如磋者，道学也。如琢如磨者，自修也。瑟兮僩兮者，恂慄也。赫兮喧兮者，威仪也""诚其意者，毋自欺也……诚于中，形于外，故君子必慎其独也""修身在正其心者，身有所忿懥，则不得其正；有所恐惧，则不得其正；有所好乐，则不得其正；有所忧患，则不得其正。心不在焉，视而不见，听而不闻，食而不知其味""齐其家在修其身者，人之其所亲爱而辟焉，之其所贱恶而辟焉，之其所畏敬而辟焉，之其所哀矜而辟焉，之其所敖惰而辟焉。故好而知其恶，恶而知其美者，天下鲜矣""君子不出家而成教于国。孝者，所以事君也；弟者，所以事长也；慈者，所以使众也……心诚求之，虽不中不远矣"，以及"君子有诸己而后求诸人，无诸己而后非诸人。所藏乎身不恕，而能喻诸人者，未之有也""上老老而民兴孝，上长长而民兴弟，上恤孤而民不倍，是以君子有絜矩之道也""唯仁人为能爱人，能恶人……好人之所恶，恶人之所好，是谓拂人之性，菑必逮夫身""君子先慎乎德。有德此有人，有人此有土，有土此有财，有财此有用。德者本也，财者末也"等，均是如此。

《中庸》重性善修教本源则式。《中庸》论性善修教本源者，有如"天命之谓性，率性之谓道，修道之谓教。道也者，不可须臾离也，可离非道也""诚者，天之道也；诚之者，人之道也""自诚明，谓之性；自明诚，谓之教。诚则明矣，明则诚矣""《诗》曰：德輶如毛。毛犹有伦，上天之载，无声无臭，至矣""天地之道，可一言而尽也，其为物不贰，则其生物不测。苟不至德，至道不凝焉""辟如天地之无不持载，无不覆帱；辟如四时之错行，如日月之代明。万物并育而不相害，道并行而不相悖，小德川流，大德敦化，此天地之所以为大也"，以及"君子之道，造端乎夫妇，及其至也，察乎天地""道不远人，人之为道而远人，不可以为道……故君子以人治人，改而止""忠恕违道不远，施诸己而不愿，亦勿施于人"等。《中庸》论性善修教则式（亦即中庸之道）者，有如"君臣也，父子也，夫妇也，昆弟也，朋友之交也，五者天下之达道也。知，仁，勇，三者天下之达德也。所以行之者一也，或生而知之，或学而知之，或困而知之，及其知之，一也。或安而行之，或利而行之，或勉强而行之，及其成功，一也。子曰：好学近乎知，力行近乎仁，知耻近乎勇。知斯三者，则知所以修身；知所以修身，则知所以治人；知所以治人，则知所以治天下国家矣""喜怒哀乐之未发，谓之中；发而皆中节，谓之和。中也者，天下之大本也；和也者，天下之达道也。致中和，天地位焉，万物育焉""道之不行也，我知之矣：知者过之，愚者不及也。道之不明也，我知之矣：贤者过之，不肖者不及也""君子尊德性而道问学，致广大而尽精微，极高明而道中庸，温故而知新，敦厚以崇礼"，以及"唯天下至诚，为能尽其性……其次致曲""博学之，审问之，慎思之，明辨之，笃行之""择乎中庸，得一善，则拳拳服膺而弗失之""隐恶而扬善，执其两端，用其中于民""在上位不陵下，在下位不援上，正己而不求于人……上不怨天，下不尤人""君子内省不疚，无恶于志……笃恭而天下平"等。

《论语》重性善修教仁礼中道。《论语》君子小人对举，所言君子忠恕一贯、喻于仁义、和而不同、成人之美、周而不比、泰而不骄、学者为己、下学上达、无过不及、过而自讼等，均为性善修教仁礼中道之发明。《论语》论性善本源者，有如《阳货》"天何言哉，四时行焉，百物生焉"、《泰伯》"唯天为大，唯尧则之"、《阳货》"性相近也，习相远也"、《公冶长》"十室之邑，必有忠信如丘者焉"、《为政》"思无邪"、《述而》"述而不作，信而好古""仁远乎哉，我欲仁，斯仁至矣"、《里仁》"人之过也，各于其党。观过，斯知仁矣"、《卫灵公》"有教无类"、《述而》"人洁己以进，与其洁也，不保其往也"，等等。《论语》论性善修养仁礼中道者，有如《尧曰》"不知命，无以为君子也；不知礼，无以立也；不知言，无以知人也"、《述而》"志于道，据于德，依于仁，游于艺"、《子罕》"知者不惑，仁者不忧，勇者不惧"、《雍也》"夫仁者，己欲立而立人，己欲达而达人"、《颜渊》"克己复礼为仁……非礼勿视，非礼勿听，非礼勿言，非礼勿动"、《学而》"孝弟也者，其为仁之

本与"、《里仁》"君子无终食之间违仁，造次必于是，颠沛必于是"、《雍也》
"见贤思齐焉，见不贤而内自省也"、《季氏》"见善如不及，见不善如探汤"、
《卫灵公》"躬自厚而薄责于人"、《宪问》"修己以敬"、《学而》"学而时习
之……人不知而不愠"、《子罕》"毋意，毋必，毋固，毋我"、《季氏》"视思
明，听思聪，色思温，貌思恭，言思忠，事思敬，疑思问，忿思难，见得思
义"、《阳货》"乡原，德之贼也。道听而涂说，德之弃也"，等等。《论语》
论性善教化仁礼中道者，则有如《泰伯》"兴于诗，立于礼，成于乐"、《宪
问》"修己以安人""修己以安百姓"、《公冶长》"老者安之，朋友信之，少者
怀之"、《颜渊》"君子之德风，小人之德草。草上之风，必偃"、《为政》"为
政以德，譬如北辰，居其所而众星共之""道之以德，齐之以礼，有耻且格"、
《子张》"君子尊贤而容众，嘉善而矜不能"、《卫灵公》"君子不以言举人，不
以人废言"、《颜渊》"举直错诸枉，能使枉者直"、《子路》"先有司，赦小过，
举贤才……举尔所知，尔所不知，人其舍诸"、《颜渊》"出门如见大宾，使民
如承大祭。己所不欲，勿施于人"，以及《尧曰》"惠而不费，劳而不怨，欲
而不贪，泰而不骄，威而不猛……不教而杀谓之虐，不戒视成谓之暴，慢令致
期谓之贼。犹之与人也，出纳之吝，谓之有司"、《述而》"不愤不启，不悱不
发"、《雍也》"中人以上，可以语上也；中人以下，不可以语上也"，等等。

　　《孟子》重性善四端扩充。《孟子》道性善而言必称尧舜，明示四端扩充、
四德彰明则仁政可致。《孟子》论性善本源，发明四端之理者如《告子上》"恻
隐之心，人皆有之；羞恶之心，人皆有之；恭敬之心，人皆有之；是非之心，
人皆有之。恻隐之心，仁也；羞恶之心，义也；恭敬之心，礼也；是非之心，
智也。仁义礼智，非由外铄我也，我固有之也，弗思耳矣。故曰：求则得之，
舍则失之。或相倍蓰而无算者，不能尽其才者也"、《公孙丑上》"恻隐之心，
仁之端也；羞恶之心，义之端也；辞让之心，礼之端也；是非之心，智之端
也。人之有是四端也，犹其有四体也。有是四端而自谓不能者，自贼者也；谓
其君不能者，贼其君者也。凡有四端于我者，知皆扩而充之矣，若火之始然，
泉之始达"；发明性善者如《离娄下》"天下之言性也，则故而已矣。故者以
利为本。所恶于智者，为其凿也。如智者若禹之行水也，则无恶于智矣。禹之
行水也，行其所无事也"、《告子上》"顺杞柳之性而以为桮棬""人性之善也，

犹水之就下也。人无有不善，水无有不下。今夫水，搏而跃之，可使过颡；激而行之，可使在山。是岂水之性哉？其势则然也。人之可使为不善，其性亦犹是也。乃若其情，则可以为善矣，乃所谓善也。若夫为不善，非才之罪也"；发明良知良能者则如《告子上》"心之所同然者何也？谓理也，义也，圣人先得我心之所同然耳"、《尽心上》"人之所不学而能者，其良能也；所不虑而知者，其良知也。孩提之童，无不知爱其亲者，及其长也，无不知敬其兄也。亲亲，仁也；敬长，义也。无他，达之天下也"。此外，剖判性命情理者如《尽心下》"口之于味也，目之于色也，耳之于声也，鼻之于臭也，四肢之于安佚也，性也；有命焉，君子不谓性也。仁之于父子也，义之于君臣也，礼之于宾主也，知之于贤者也，圣人之于天道也，命也；有性焉，君子不谓命也"、《尽心上》"形色，天性也。惟圣人然后可以践形"；剖判天爵人爵、诚与思诚者则如《告子上》"仁义忠信，乐善不倦，此天爵也"、《离娄下》"由仁义行，非行仁义也"、《离娄上》"诚者，天之道也；思诚者，人之道也。至诚而不动，未之有也；不诚，未有能动者也"、《尽心上》"行之而不著焉，习矣而不察焉，终身由之而不知其道者，众也"等。

《孟子》论性善扩充仁义修养，发明顺性而修之义者如《尽心下》"尧舜，性者也；汤武，反之也"、《离娄下》"大人者，不失其赤子之心者也"、《尽心上》"君子所性，仁义礼智根于心。其生色也，睟然见于面，盎于背，施于四体。四体不言而喻"、《尽心下》"可欲之谓善，有诸己之谓信，充实之谓美，充实而有光辉之谓大，大而化之之谓圣，圣而不可知之之谓神"，以及《尽心上》"尽其心者，知其性也。知其性，则知天矣。存其心，养其性，所以事天也。夭寿不贰，修身以俟之，所以立命也……莫非命也，顺受其正。是故知命者不立乎岩墙之下。尽其道而死者，正命也；桎梏死者，非正命也"等；发明仁义修性之义者如《离娄下》"君子所以异于人者，以其存心也。君子以仁存心，以礼存心。仁者爱人，有礼者敬人"、《尽心下》"仁也者，人也。合而言之，道也"、《离娄上》"仁，人之安宅也；义，人之正路也"、《告子上》"仁，人心也；义，人路也……学问之道无他，求其放心而已矣"、《尽心上》"万物皆备于我矣。反身而诚，乐莫大焉。强恕而行，求仁莫近焉"、《离娄上》"仁之实，事亲是也；义之实，从兄是也；智之实，知斯二者弗去是也；礼之实，节文斯二者是也；乐之实，乐斯二者，乐则生矣"、《离娄下》"西子蒙不洁，则人皆掩鼻而过之；虽有恶人，齐戒沐浴，则可以祀上帝"，以及《梁惠王下》"贼仁者谓之贼，贼义者谓之残"、《离娄上》"言非礼义，谓之自暴也；吾身不能居仁由义，谓之自弃也"、《尽心上》"人不可以无耻。无耻之耻，无耻矣"等；发明修性中道之义者如《尽心上》"流水之为物也，不盈科不行；君子之志于道也，不成章不达"、《离娄下》"君子深造之以道，欲其自得之也。自得之，则居之安；居之安，则资之深；资之深，则取之左右逢其原"、《告子上》"五谷者，种之美者也；苟为不熟，不如荑稗。夫仁，亦在乎熟之而已矣"、《尽心下》"养心莫善于寡欲。其为人也寡欲，虽有不存焉者，寡矣；其为人也多欲，虽有存焉者，寡矣"、《公孙丑上》"善养吾浩然之气……其为气也，至大至刚，以直养而无害，则塞于天地之间。其为气也，配义与道；无是，馁也。是集义所生者，非义袭而取之也。行有不慊于心，则馁矣……必有事焉而勿正，心勿忘，勿助长也"、《告子上》"苟得其养，无物不长；苟失其养，无物不消""一日暴之，十日寒之，未有能生者也"；发明强勉修性之义者则如《告子上》"耳目之官，不思而蔽于物，物交物，则引之而已矣。心之官则思，思则得之，不思则不得也。此天之所与我者，先立乎其大者，则其小者不能夺也"、《告子下》"尧、舜之道，孝弟而已矣。子服尧之服，诵尧之言，行尧之行，是尧而已矣。子服桀之服，诵桀之言，行桀之行，是桀而已矣"、《尽心上》"鸡鸣而起，孳孳为善者，舜之徒也；鸡鸣而起，孳孳为利者，跖之徒也"、《告子下》"天将降大任于是人也，必先苦其心志，劳其筋骨，饿其体肤，空乏其身，行拂乱其所为，所以动心忍性，曾益其所不能。人恒过，然后能改。困于心，衡于虑，而后作；征于色，发于声，而后喻……生于忧患，而死于安乐也"等。

《孟子》论性善推致仁政教化，发明顺性推教之义者如《尽心下》"人皆有所不忍，达之于其所忍，仁也；人皆有所不为，达之于其所为，义也。人能充无欲害人之心，而仁不可胜用也；人能充无穿逾之心，而义不可胜用也"、《公孙丑上》"人皆有不忍人之心。先王有不忍人之心，斯有不忍人之政矣。以不忍人之心，行不忍人之政，治天下可运之掌上"、《梁惠王上》"老吾老，以及人之老；幼吾幼，以及人之幼……古之人所以大过人者无他焉，善推其所为而已矣"、《离娄上》"道在迩而求诸远，事在易而求诸难。人人亲其亲，长其长，而天下平""爱人不亲，反其仁；治人不治，反其智；礼人不答，反其敬。行有不得者，皆反求诸己，其身正而天下归之"，以及《尽心上》"知者无不知也，当务之为急；仁者无不爱也，急亲贤之为务"、《离娄上》"民之归仁也，犹水之就下、兽之走圹也""惟仁者宜在高位。不仁而在高位，是播其恶于众也"等；发明君子先觉、顺性教化之义者如《离娄下》"言人之不善，当如后患何"、《离娄上》"人之患，在好为人师"、《离娄下》"以善服人者，未有能服人者也；以善养人，然后能服天下"、《公孙丑上》"大舜有大焉，善与人同，舍己从人，乐取于人以为善……君子莫大乎与人为善"、《离娄上》"欲为君，尽君道；欲为臣，尽臣道。二者皆法尧舜而已矣。不以舜之所以事尧事君，不敬其君者也；不以尧之所以治民治民，贼其民者也"，以及《万章上》"天之生此民也，使先知觉后知，使先觉觉后觉也"、《离娄下》"中也养不中，才也养不才，故人乐有贤父兄也。如中也弃不中，才也弃不才，则贤不肖之相去，其间不能以寸"、《告子下》"不教民而用之，谓之殃民。殃民者，不容于尧舜之世"、《尽心上》"王者之民，皞皞如也。杀之而不怨，利之而不庸，民日迁善而不知为之者"等；发明性善教化中正之道者则如《尽心上》"君子之于物也，爱之而弗仁；于民也，仁之而弗亲。亲亲而仁民，仁民而爱物"、《滕文公上》"吾闻用夏变夷者，未闻变于夷者也"、《告子下》"欲轻之于尧舜之道者，大貉小貉也；欲重之于尧舜之道者，大桀小桀也"、《滕文公上》"夫物之不齐，物之情也……比而同之，是乱天下也。天之生物也，使之一本，而夷子二本"、《尽心上》"杨子取为我，拔一毛而利天下，不为也。墨子兼爱，摩顶放踵利天下，为之。子莫执中，执中为近之。执中无权，犹执一也。所恶执一者，为其贼道也，举一而废百也"，以及《滕文公下》"杨氏为我，是无君也；墨氏兼爱，是无父也。无父无君，是禽兽也……杨墨之道不息，孔子之道不著，是邪说诬民，充塞仁义也"、《尽心下》"逃墨必归于杨，逃杨必归于儒。归，斯受之而已矣""'恶似而非者……恶乡原，恐其乱德也。'君子反经而已矣。经正，则庶民兴；庶民兴，斯无邪慝矣"，等等。

第二节　儒学性善论史略

性与道、命、情、欲、心、气等概念内在关联，因缘不同时代际遇以及个性气质，历史上不同儒者对性字内涵作出过不同的界定，有些儒者以道、命涵摄情、欲，有些儒者则以情、欲涵摄道、命，而心、气等概念内涵也相应有所变化。总体而言，性善论是儒学儒教信念正统与主流，性恶论、性兼善恶论与性无善恶论则主要是在大乱时期恢复礼乐教化的过渡意义上，以及在对治性善修教正统之后起流弊意义上使用的，而随着儒教秩序的内在恢复也就逐步复归为性善论正统信念，至宋明之后性善信念已基本成为儒教乃至三教共识，所谓道统、学统与政统亦无非是根植于性善信念而已。总体而言，儒学性善信念具有"述而不作"时中阐发传统，其内在确立有一个逐渐清晰而接近共识的漫长历程，大致经历了先秦汉唐奠定探索期、两宋元明内化成熟期、明末清初反本完善期以及明清以来转型裂变期这四大时期的历史衍化进程。儒学民本观性善信念是历史形成的，是中华民族自我反省、不断前行的郑重抉择，也是中华儒教发展史内在脉动的必然结果。儒学性善信念以"五经四书"为基本文本而全方位辐射中国文化，对传统中国社会的主导作用可谓无处不在而无时不有，实际构成了塑造中华民族基本性格的最终信念支撑与最大文化底色。

一、先秦汉唐：儒学性善论奠定探索期

先秦汉唐乃儒学性善论全方位奠定探索时期。就基本文本而言，以下试以"五经四书"经典注疏的渐次形成为核心（这一时期关注重心以五经为主）、以历代儒者相关著作为辅助展开概述。儒教"五经四书"之整理阐发自孔子删定五经始，此后孔门弟子代代敷衍发挥，汉儒今、古文经学家对思孟学派、稷下学派等不同义理倾向加以内在整合而初成儒教教化体系，再经由三国两晋南北朝玄学、经学对道学佛学的初步内化这一过渡进程之后，以隋唐《五经正义》《九经正义》等儒典出现为标志，儒学性善论正统信念初步奠定。

直面西周末期礼崩乐坏大乱时世，孔子（前551—前479）述而不作删订五

经，兴诗立礼而成于乐，贯通天人而贵当下践行，以仁礼中道、君子小人对待言性善修教。儒教五经注疏是历代儒者智慧结晶，主要是对孔子修教思想的内在发明，故总体上代表了孔子思想倾向。孔子于"性"字内涵虽未明确阐释，于"善恶"内涵亦主要在后天修教对治义上言说，但从五经注疏以及《论语》等文本资料具体语境来看，性近习远者，人人先天之性本善、后天之性向善，如《论语·里仁》"德不孤，必有邻"、《子路》"尔所不知，人其舍诸"、《述而》"三人行，必有我师焉"，以及天何言哉、欲仁仁至、有教无类、观过知仁等论述，无不如此。只是由于后天所习不同，遂有善不善、君子小人之别，故须如《季氏》"见善如不及，见不善如探汤"、《子张》"嘉善而矜不能"、《颜渊》"举直错诸枉，能使枉者直"所述以对治之。孔子之学仁礼中道，仁者忠恕继善成性，学而时习下学上达，四勿四毋克己复礼，己立立人己达达人，己所不欲勿施于人，孝悌之道为仁之本，修己以敬老安少怀，洁己以进不保其往，德风德草有耻且格。如此一来，儒教性善信念与修教中道基本框架也就内在确立起来。

孔子门人传习五经各有侧重，为学次第各有所宗，性情概念内涵有所变化。从郭店楚简、上博楚简等出土文献如《五行》以仁、义、礼、智、圣为五行、《性自命出》论性、命、情等表述，可初步体察思孟学派形成之前性、命、情等相关概念内涵的过渡性演变，以及五经形成过程中孔门弟子的义理开拓努力。《性自命出》论性情者，有如"凡人虽有性，心无定志，待物而后作，待悦而后行，待习而后定。喜怒哀悲之气，性也。及其见于外，则物取之也。性自命出，命自天降。道始于情，情生于性。始者近情，终者近义。知情者能出之，知义者能入之""好恶，性也；所好所恶，物也。善不善，性也。所善所不善，势也。凡性为主，物取之也。金石之有声也，弗扣不鸣；人虽有性也，弗取不出。凡心有志也，无与不可。志之不可独行，犹口之不可独言也""恕，义之方也。义，敬之方也。敬，物之节也。笃，仁之方也。仁，性之方也，性或生之。忠，信之方也。信，情之方也，情出于性""爱类七，唯性爱为近仁。智类五，唯义道为近忠。恶类三，唯恶不仁为近义"，以及"四海之内，其性一也。其用心各异，教使然也""教，所以生德于中者也""凡性，或动之，或逆之，或节之，或厉之，或出之，或养之，或长之。凡动性者，物也；逆性者，悦也；节性者，故也；厉性者，义也；出性者，势也；养性者，习也；长性者，道也""未言而信，有美情者也。未教而民恒，性善者也……贱而民贵之，有德者也。贫而民聚焉，有道者也"①，等等。上述这些过渡性探索虽还不成熟且显得杂乱无统，但确实构成了思孟学派正统人性论的必要前提性环节。

《老子》法天道自然而主中道无为，对儒学性善论的发展完善有启示激发价值。如25章"人法地，地法天，天法道，道法自然"、40章"反者道之动，弱者道之用"、81章"天之道，利而不害；圣人之道，为而不争"、16章"致虚极，守静笃，万物并作，吾以观其复。夫物芸芸，各复归其根。归根曰静，是谓复命，复命曰常，知常曰明。不知常，妄作，凶"、51章"道生之，德畜之，长之育之，亭之毒之，养之覆之。生而不有，为而不恃，长而不宰，是谓玄德"、56章"塞其兑，闭其门，挫其锐，解其分，和其光，同其尘，是谓玄同"、79章"和大怨，必有余怨，安可以为善？是以圣人执左契，而不责于人。故有德司契，无德司彻。天道无亲，常与善人"、27章"善行无辙迹，善言无瑕谪，善数不用筹策，善闭无关楗而不可开，善结无绳约而不可解。是以圣人常善救人，故无弃人，常善救物，故无弃物，是谓袭明。故善人者，不善人之师；不善人者，善人之资"，以及49章"圣人无常心，以百姓心为心，善者吾善之，不善者吾亦善之，德善；信者吾信之，不信者吾亦信之，德信。圣人在天下，歙歙焉为天下浑其心，圣人皆孩之"、60章"治大国若烹小鲜。以道莅天下，其鬼不神。非其鬼不神，其神不伤人。非其神不伤人，圣人亦不伤人。夫两不相伤，故德交归焉"、64章"圣人欲不欲，不贵难得之货；学不学，复众人之所过；以辅万物之自然，而不敢为"、65章"以智治国，国之贼；不以智治国，国之福。知此两者，亦稽式。常知稽式，是谓玄德。玄德深矣，远矣，与物反矣，然后乃至大顺"②等。

《墨子》主张性染兼爱而其本原在于天志之善，虽不本伦常中道而有外在利害之教化流弊，但亦有其大众教化层面的独到价值。《墨子》论性者，如《所

---

① 文本参照郭沂：《〈性自命出〉校释》《校释（续）》，《管子学刊》2014年第4期、2015年第1期。

② 文本参照王弼：《老子注》，《诸子集成》第三册，中华书局1954年版（下同）。

染》"染于苍则苍，染于黄则黄……染不可不慎也。非独染丝然也，国亦有染。舜染于许由、伯阳，禹染于皋陶、伯益，汤染于伊尹、仲虺，武王染于太公、周公。此四王者所染当，故王天下"、《法仪》"莫若法天。天之行广而无私，其施厚而不德，其明久而不衰……天必欲人之相爱相利，而不欲人之相恶相贼……天下无大小国，皆天之邑也。人无幼长贵贱，皆天之臣也"《天志上》"当天意而不可不顺。顺天意者，兼相爱，交相利，必得赏。反天意者，别相恶，交相贼，必得罚"，以及《兼爱下》"人之于就兼相爱、交相利也，譬之犹火之就上、水之就下也，不可防止于天下。故兼者，圣王之道也，王公大人之所以安也，万民衣食之所以足也"、《兼爱中》"视人之国若视其国，视人之家若视其家，视人之身若视其身……爱人者，人必从而爱之；利人者，人必从而利之。恶人者，人必从而恶之；害人者，人必从而害之"①等。墨子学说以外统内，杨朱学说以内统外，修教不能中道而易陷异端流弊，故孟子毅然辟之。

孟子（约前372—前289）性善仁政观发明五经本意而直嗣孔子心源，自觉挺立性善修教信念，内在接续明德亲民道统，时中担当批驳异端邪说，泽被后世深远绵长，后儒认为功不下禹而尊奉之为"亚圣"。此外，曾子因发明儒教孝道与大学纲目而被后人尊奉为"宗圣"，颜子因克己复礼具体而微而被后人尊奉为"复圣"，子思因发明儒教天人贯通诚明中道而被后人尊奉为"述圣"。

孟子性善论乃谨严完备之学理体系，涉及天道人道之性、命、情、才、心、欲、端、气等诸多概念，并破立结合地时中辟驳了杨、墨异端学说。孟子性善论要义有六：其一，性源天德。孟子明示性、命二者同而有异，仁义礼智亦性亦命而君子谓之性（此即宋儒所说天命之性），食色本能亦命亦性而君子谓之命（此即宋儒所说气质之性），形色天性圣人践形，修其天爵人爵从之（此即后儒所说性其情）；万物备我反身而诚，强恕而行求仁莫近，由仁义行非行仁义，利智穿凿则失其性。其二，人性本善。人无不善水无不下，人性本善犹水就下，人人有仁义礼智四德之性，有恻隐羞恶辞让是非之心，民之秉彝好是懿德，非由外铄人固有之，诚者天道思诚人道，良知良能心同理同。其

---

① ［清］毕沅校注：《墨子》，吴旭民校点，上海古籍出版社2014年版，分见第8、13、106、72、60—61页。

三，人性可善。人之情实可以为善，其为不善非才之罪，外势激荡使人不善，贼仁谓贼贼义谓残，礼义不行自暴自弃，无耻之耻是为无耻；不蔽于物思则得之，立乎其大小不能夺，存心养性修身立命，恶人斋戒可祀上帝；尽心知性则知天命，根心生色施于四体，可欲谓善充实谓美，可善向善乃谓性善。其四，性善养成。仁者人心义者正路，学问之道求其放心，以仁存心以礼存心，居仁由义善养浩气，配义与道不慊则馁，必有事焉勿忘勿长，深造以道而自得之，居安资深左右逢源，无忘无揠如禹行水，盈科成章熟之为美；劳苦心志动心忍性，过而能改增益不能，生于忧患死于安乐，寡欲养心知性知天，性之反之至诚必动，四端扩充尧舜可期；性德之实亲亲敬长，尧舜之道孝悌而已，鸡鸣而起孳孳为善，奉尧言行是尧而已。其五，性善教化。人皆性善有不忍心，故有不忍人之仁政，亲亲长长孝慈及人，善推所为而天下平，行有不得反求诸己，其身正而天下归之；中养不中才养不才，先知先觉觉后知觉，善与人同与人为善，以善养人民归犹水，亲亲仁民民日迁善，治天下可运之掌上。其六，性善中道。过犹不及尧舜中道，夏以化夷毋夷变夏，万物一本夷子二本，乡原乱德似是而非，子莫执中执中无权，举一废百亦非中道，杨子为我墨子兼爱，无父无君近乎禽兽；邪说诬民充塞仁义，性善中道不破不立，逃墨归杨逃杨归儒，归斯受之反经无邪。

尽管有些学者对孟子明示性善方式颇有微辞，但这却是儒教发展的必然抉择与果毅担当。此后每逢乱世，性善论都会在中外文化新融突中彰显出来，而中华民族反本开新的内在信念亦无不藉此而得以重铸，如《大学》"止于至善"、《中庸》"天命之谓性，率性之谓道"、董仲舒"禾米说"、李翱"复性说"、宋儒"天理说"、王阳明"良知说"、《三字经》"人之初，性本善"蒙学思想以及明清通俗教化等，即都是对性善论这一儒教正统信念的彰显发明；即便是大谈情欲中道的乾嘉朴学，绝大多数学者也至少遵循了形式上的性善论立场。此外，道教"三清"道性说以及人可造命、积善成仙思想，中国佛教"三身"佛性说以及"一阐提人皆可成佛"思想等，均内在契合儒学性善修教传统。宋明以来，性善论已成为三教修教共通性信念基石。仅此而言，孟子亚圣地位即为实至名归。

《管子》成书于稷下学派，其思想有儒、道结合倾向，对荀子等秦汉儒学有较大影响。《管子》奉法自然天性，主张无为静因而反对私欲自用，提出心、道、神、欲、动、静、因、性等范畴。其代表性表述有《心术上》"无为之道，因也。因也者，无益无损也……舍己而以物为法者也。感而后应，非所设也。缘理而动，非所取也。过在自用，罪在变化……物至则应，过则舍矣。舍矣者，言复所于虚也""心处其道，九窍循理。嗜欲充益，目不见色，耳不闻声……虚其欲，神将入舍。扫除不洁，神乃留处"、《心术下》"外敬而内静者，必反其性"，以及"圣人若天然，无私覆也；若地然，无私载也。私者，乱天下者也"、《牧民》"如地如天，何私何亲。如月如日，唯君之节"、《内业》"不以物乱官，不以官乱心，是谓中得，有神自在身……正心在中，万物得度。道满天下，普在民所，民不能知也"、《君臣上》"先王善与民为一体。与民为一体，则是以国守国，以民守民也……君善用其臣，臣善纳其忠也。信以继信，善以传善。是以四海之内，可得而治"①等。

荀子（约前313—前238）重礼法教化，提出性恶质善化性起伪说，下启两汉儒教礼法教化。《荀子》主张分别性、伪，如《性恶》"凡性者，天之就也，不可学，不可事；礼义者，圣人之所生也，人之所学而能，所事而成者也。不可学、不可事而在人者谓之性，可学而能、可事而成之在人者谓之伪，是性、伪之分"、《礼论》"性者，本始材朴也；伪者，文理隆盛也。无性则伪之无所加，无伪则性不能自美……性伪合而天下治"，以及《正名》"性之好、恶、喜、怒、哀、乐谓之情，情然而心为之择谓之虑，心虑而能为之动谓之伪……性者，天之就也；情者，性之质也；欲者，情之应也……虽为天子，欲不可尽。欲虽不可尽，可以近尽也；欲虽不可去，求可节也……道者，进则近尽，退则节求"、《大略》"不富无以养民情，不教无以理民性……义与利者，人之所两有也。虽尧、舜不能去民之欲利，然而能使其欲利不克其好义也；虽桀、纣亦不能去民之好义，然而能使其好义不胜其欲利也"，等等；《荀子》主张师法教化而化性起伪，如《荣辱》"材性知能，君子、小人一也。好荣恶辱，好利恶害，是君子、小人之所同也……人之生固小人，无师无法则唯利之见耳"、《性恶》"凡人之性者，尧、舜之与桀、跖，其性一也；君子之与小人，其性一

① 《诸子集成》第五册《管子校正》，第221—222、219、223，222、3、270、167页。

也……凡所贵尧、禹、君子者，能化性，能起伪，伪起而生礼义""圣人之所以同于众，其不异于众者，性也；所以异而过众者，伪也。夫好利而欲得者，此人之情性也……凡人之欲为善者，为性恶也""凡礼义者，是生于圣人之伪，非故生于人之性也……圣人积思虑，习伪故，以生礼义而起法度""性善则去圣王、息礼义矣，性恶则与圣王、贵礼义矣……今人之性恶，必将待圣王之治、礼义之化，然后皆出于治、合于善也"，以及《性恶》"人之性恶，其善者伪也。今人之性，生而有好利焉，顺是，故争夺生而辞让亡焉；生而有疾恶焉，顺是，故残贼生而忠信亡焉；生而有耳目之欲，有好声色焉，顺是，故淫乱生而礼义文理亡焉……人之性恶，必将待师法然后正，得礼义然后治……起礼义、制法度，以矫饰人之情性而正之，以扰化人之情性而导之"、《儒效》"人无师法则隆性矣，有师法则隆积矣。而师法者，所得乎情，非所受乎性，不足以独立而治。性也者，吾所不能为也，然而可化也；情也者，非吾所有也，然而可为也。注错习俗，所以化性也；并一而不二，所以成积也。习俗移志，安久移质。并一而不二则通于神明，参于天地矣"，等等；《荀子》进而主张人文君子强勉致圣，如《性恶》"涂之人可以为禹……涂之人也，皆有可以知仁义法正之质，皆有可以能仁义法正之具，然则其可以为禹明矣……今使涂之人伏术为学，专心一志，思索孰察，加日县久，积善而不息，则通于神明，参于天地矣。故圣人者，人之所积而致矣……小人、君子者，未尝不可以相为也，然而不相为者，可以而不可使也。故涂之人可以为禹则然，涂之人能为禹，未必然也。虽不能为禹，无害可以为禹"、《解蔽》"凡人之患，蔽于一曲而暗于大理……兼陈万物而中县衡焉，是故众异不得相蔽以乱其伦也……虚壹而静，谓之大清明"，以及《天论》"君子敬其在己者，而不慕其在天者；小人错其在己者，而慕其在天者"、《不苟》"君子养心莫善于诚，致诚则无它事矣。惟仁之为守，惟义之为行"、《修身》"见善，修然必以自存也；见不善，愀然必以自省也"、《劝学》"学不可以已……积善成德而神明自得，圣心备焉"[1]，等等。

———————————

① ［战国］荀况：《荀子》，［唐］杨倞注，耿芸标校，上海古籍出版社2014年版，分见第285—286、238，269—280、332—335；33—35、290—291、288、287、290、285、82；292、253—256，202—203、24、9、1—2页。

荀子身处战国末期极乱之世，勇于担当人文儒教礼法教化使命，深刻影响了两汉儒教发展格局，可谓一代大儒。但荀子以人之生理本性界定人之性情，而把人之仁义天性界定为圣人师法之伪，因而天人外在立论曲折，论述虽多有精到之处但于根本处却又乡愿武断，不能自觉挺立儒教修教之内在心源，正如程颐所云"荀子极偏驳，只一句'性恶'，大本已失"①。荀子虽于礼教复兴赓续大有功勋，其质善积修性恶论也有过渡到性善论的回旋余地，但却不是对儒教正统的内在承续而是"别子为宗"，从其学生实践来看性恶论外在流弊也是触目惊心，事实上董仲舒等两汉儒者已结合思孟学说对其缺失进行了初步调整。纵观儒学发展史，性恶论与性具善恶论虽在中国历史之乱世有过渡性外在权用，但随着社会趋于稳定而儒教教化步入正统，性善信念即会内在复归并成为儒学修教主旋律。

董仲舒（前179—前104）人性论以"禾米说"为代表性表述，内在继承荀子教化思路而又初采思孟学派优长，并吸收稷下道家阴阳思想而敷衍为天人感应说，奠定起两汉儒教基本教化格局。董仲舒人性思想集中于《春秋繁露》，亦散见于《举贤良策》等篇章。《春秋繁露》论天性质善待教而成之义者，如《深察名号》"性比于禾，善比于米。米出禾中，而禾未可全为米也；善出性中，而性未可全为善也。善与米，人之所继天而成于外，非在天所为之内也""性如茧、如卵，卵待覆而成雏，茧待缫而为丝，性待教而为善，此之谓真天。天生民性有善质而未能善，于是为之立王以善之，此天意也。民受未能善之性于天，而退受成性之教于王，王承天意以成民之性为任者也……万民之性，待外教然后能善，善当与教，不当与性，与性则多累而不精，自成功而无贤圣"，以及《实性》"圣人之性，不可以名性；斗筲之性，又不可以名性；名性者，中民之性……性者，天质之朴也；善者，王教之化也。无其质，则王教不能化；无其王教，则质朴不能善"等；《春秋繁露》论法天仁善以义正利之义者，如《身之养重于义》"天之生人也，使人生义与利。利以养其体，义以养其心……体莫贵于心，故养莫重于义，义之养生人大于利"、《深察名号》

①　［宋]程颢、程颐撰:《二程遗书》卷第十九"伊川先生语五"，上海古籍出版社2000年版，第316页。

"人之诚有贪有仁，仁贪之气两在于身，身之名取诸天，天两有阴阳之施，身亦两有贪仁之性……安得不损其欲而辍其情以应天"、《玉杯》"人受命于天，有善善恶恶之性，可养而不可改，可豫而不可去"，以及《玉英》"凡人之性，莫不善义，然而不能义者，利败之也"、《对胶西王越大夫不得为仁》"仁人者正其道不谋其利，修其理不急其功"、《仁义法》"所以治人与我者，仁与义也。以仁安人，以义正我"、《竹林》"正也者，正于天之为人性命也。天之为人性命，使行仁义而羞可耻，非若鸟兽然，苟为生、苟为利而已。是故《春秋》推天施而顺人理"等；《春秋繁露》论人性可强勉为善者，则如《盟会要》"天下者无患，然后性可善；性可善，然后清廉之化流；清廉之化流，然后王道举……善无小而不举，恶无小而不去，以纯其美；别贤不肖，以明其尊"《考功名》"天道积聚众精以为光，圣人积聚众善以为功"，以及《举贤良策》"天心之仁爱人君而欲止其乱也。自非大亡道之世者，天尽欲扶持而全安之，事在强勉而已矣""夫仁、谊、礼、知、信五常之道，王者所当修饬也；五者修饬，故受天之祐，而享鬼神之灵，德施于方外，延及群生也"[1]等。

　　王充（27—约97）《论衡》持性有善恶说。《论衡》界定性、命概念者，如《命义》"操行善恶者，性也；祸福吉凶者，命也。或行善而得祸，是性善而命凶；或行恶而得福，是性恶而命吉也。性自有善恶，命自有吉凶……亦有三性，有正，有随，有遭。正者，禀五常之性也；随者，随父母之性；遭者，遭得恶物象之故也"、《本性》"人性有善有恶，犹人才有高有下也……禀性受命，同一实也。命有贵贱，性有善恶"，以及"情性者，人治之本，礼乐所由生也。故原情性之极，礼为之防，乐为之节"等；《论衡》论君子率勉向善修教者，则如《率性》"论人之性，定有善有恶。其善者，固自善矣；其恶者，故可教告率勉，使之为善。凡人君父审观臣子之性，善则养育劝率，无令近恶；近恶则辅保禁防，令渐于善。善渐于恶，恶化于善，成为性行""杨子哭歧道，墨子哭练丝……人之性犹蓬纱也，在所渐染而善恶变矣""人含五常之性，贤

---

　　① 　分见《春秋繁露义证》，中华书局1992年版，第297、300—303，311—313；263、294—296、34、73、268、249、61；141—142、177页，《汉书·董仲舒传》，浙江古籍出版社2000年版，卷五十六第793、795页。

圣未之熟锻炼耳，奚患性之不善哉……人有不善，则乃性命之疾也……教导以学，渐渍以德，亦将日有仁义之操……何以验之？三军之士，非能制也，勇将率勉，视死如归"，以及"不患性恶，患其不服圣教，自遇而以生祸也……酒之泊厚，同一曲蘖；人之善恶，共一元气，气有少多，故性有贤愚。西门豹急，佩韦以自缓；董安於缓，带弦以自促。急之与缓，俱失中和，然而韦弦附身，咸为完具之人……由此言之，亦在于教，不独在性也"等；《论衡》对先儒人性论有一个简要分疏，认为周人世硕、宓子贱、漆雕开、公孙尼子性有善恶说颇得论性之正，而孟子性善、告子性无善恶、孙卿性恶善伪、陆贾礼义天性、董仲舒调和荀孟、刘子政性阴情阳诸说未得性之实际，如《本性》指出"中人之性，在所习焉。习善而为善，习恶而为恶也。至于极善极恶，非复在习""孟轲言人性善者，中人以上者也；孙卿言人性恶者，中人以下者也；扬雄言人性善恶混者，中人也。若反经合道，则可以为教；尽性之理，则未也"[1]等。

《盐铁论》观点类似孟子性善论。《盐铁论》述天道好善强勉行善者，如《论菑》"天菑之证，祯祥之应，犹施与之望报，各以其类及。故好行善者，天助以福，符瑞是也……好行恶者，天报以祸，妖菑是也"，《执务》"孟子曰：尧、舜之道，非远人也，而人不思之耳。《诗》云：求之不得，寤寐思服。有求如《关雎》，好德如《河广》，何不济不得之有？故高山仰止，景行行止，虽不能及，离道不远也。颜渊曰：舜独何人也，回何人也？夫思贤慕能，从善不休，则成、康之俗可致，而唐、虞之道可及"；《盐铁论》述性善中道伦常教化者，则如《申韩》"所贵良医者，贵其审消息而退邪气也……所贵良吏者，贵其绝恶于未萌，使之不为非"，《本议》"治人之道，防淫佚之原，广道德之端，抑末利而开仁义，毋示以利，然后教化可兴，而风俗可移也……与民争利，散敦厚之朴，成贪鄙之化"、《错币》"古之仕者不穡，田者不渔，抱关击柝，皆有常秩，不得兼利尽物。如此则愚智同功，不相倾也"，《刑德》"《春秋》之治狱，论心定罪。志善而违于法者免，志恶而合于法者诛……瞽瞍者，

---

① 张宗祥：《论衡校注》，上海古籍出版社2010年版，第26—27、69，65；35、35—36、37—39，39—41；67、69页。

御之具也，得良工而调。法势者，治之具也，得贤人而化"，以及《周秦》"为民父母，以养疾子，长恩厚而已……父母之于子，虽有罪犹匿之，其不欲服罪尔。子为父隐，父为子隐，未闻父子之相坐也。闻兄弟缓追以免贼，未闻兄弟之相坐也。闻恶恶止其人，疾始而诛首恶，未闻什伍之相坐"①等。

《韩诗外传》观点亦类似孟子性善论，且尝试对精英修养与大众教化加以中道区分对待。《韩诗外传》性善修养类表述，述天道性善者如卷六"子曰：不知命，无以为君子。言天之所生，皆有仁义礼智顺善之心。不知天之所以命生，则无仁义礼智顺善之心……谓之小人……《小雅》曰：天保定尔，亦孔之固。言天之所以仁义礼智，保定人之甚固也。《大雅》曰：天生蒸民，有物有则；民之秉彝，好是懿德。言民之秉德以则天也。不知所以则天，又焉得为君子乎"，述修养善性者则如卷二"夫人者，说人者也，形而为仁义，动而为法则"、卷四"习之于人，微而著，深而固，是畅于筋骨，贞于胶漆。是以君子务为学也……学问之道无他焉，求其放心而已。《诗》曰：中心藏之，何日忘之"、卷三"学然后知不足，教然后知不究。不足，故自愧而勉；不究，故尽师而熟"等；《韩诗外传》性善教化类表述，述圣王作用者如卷五"人性善，非得明王圣主扶携，内之以道，则不成为君子。《诗》曰：天生蒸民，其命匪谌。靡不有初，鲜克有终。言惟明王圣主然后使之然也""如岁之旱，草不溃茂。然天悖然兴云，沛然下雨，则万物无不兴起之者。民非无仁义根于心者也，王政怵迫而不得见，忧郁而不得出"、卷四"诚恶恶，知刑之本。诚善善，知敬之本。惟诚感神，达乎民心"，述教化中道者则如卷三"圣人以己度人者也。以心度心，以情度情，以类度类，古今一也。类不悖，虽久同理，故性缘理而不迷也"、卷五"人有六情……圣王之教其民也，必因其情而节之以礼，必从其欲而制之以义"、卷二"适情性则欲不过节，欲不过节则养性知足""口欲味，心欲佚，教之以仁。心欲安，身欲劳，教之以恭。好辩论而畏惧，教之以勇。目好色，耳好声，教之以义……防邪禁佚，调和心志"，以及卷七"善为政者，循情性之宜，顺阴阳之序，通本末之理，合天人之际。如是则天气奉养，而生物丰美矣。不知为政者，使情厌性，使阴乘阳，使末逆

---

① 桓宽：《盐铁论》，《诸子集成》第七册，分见第55，42；58，1，5，57，59页。

本……如是则灾害生，怪异起，群生皆伤，而年谷不熟"①，等等。此外，《说苑》论性善类似《韩诗外传》所述，此不具述。

《孔子家语》论性重修己化民中道践履，如《哀公问政》"或生而知之，或学而知之，或困而知之，及其知之一也。或安而行之，或利而行之，或勉强而行之，及其成功一也……好学近乎智，力行近乎仁，知耻近乎勇。知斯三者，则知所以修身。知所以修身，则知所以治人。知所以治人，则能成天下国家者矣"，《王言解》"凡上者，民之表也，表正则何物不正？是故人君先立仁于己，然后大夫忠而士信，民敦俗朴，男悫而女贞……等之以礼，立之以义，行之以顺，则民之弃恶，如汤之灌雪焉"、《五仪解》"君子之恶恶道不甚，则好善道亦不甚。好善道不甚，则百姓之亲上亦不甚"，以及《哀公问政》"其人存，则其政举；其人亡，则其政息……夫政者，犹蒲卢也，待化以成，故为政在于得人。取人以身，修道以仁"、《六本》"疾之难忍，急之难行……君子不急断，不急制，使饮食有量，衣服有节，宫室有度，畜积有数，车器有限，所以防乱之原也。夫度量不可明，是中人所由之令"②等。《大戴礼记》论性多同《孔子家语》。其中，述性善自修者如《曾子立事》"君子攻其恶，求其过，强其所不能，去私欲，从事于义，可谓学矣"、《曾子制言中》"君子思仁义，昼则忘食，夜则忘寐，日旦就业，夕而自省，以役其身，亦可谓守业矣"、《盛德》"过，失也。人情莫不有过，过而改之，是不过也"、《四代》"心未之度，习未之狎，此以数逾而弃法也"、《哀公问五义》"所谓庸人者，口不能道善言，而志不邑邑。不能选贤人善士而托其身焉，以为己忧。动行不知所务，止立不知所定。日选于物，不知所贵。从物而流，不知所归，五凿为政，心从而坏"，述性善教化者则如《子张问入官》"君子莅民，不可以不知民之性，达诸民之情。既知其以生有习，然后民特从命也……君子莅民，不临以高，不道以远，不责民之所不能……枉而直之，使自得之。优而柔之，使自求之。揆而度之，使自索之。民有小罪，必

---

① 韩婴撰：《韩诗外传集释》，许维遹校释，中华书局1980年版，分见第219，78、158、98；185、197、160、113、184、77、39—40、262页。

② 廖名春、邹新明点校：《孔子家语》，辽宁教育出版社1997年版，分见第48，5—6、15—16，48、44页。

以其善以赦其过，如死使之生，其善也，是以上下亲而不离。故惠者政之始也，政不正则不可教也，不习则民不可使也"①，等等。

陆贾《新语》论性主张善志善行说。如《思务》"善恶不空出，祸福不妄作，唯心之所向，志之所行而已"、《明诫》"安危之效，吉凶之符，一出于身。存亡之道，成败之验，一起于行。尧舜不易日月而兴，桀纣不易星辰而亡，天道不改而人道易也"、《思务》"（尧舜之）道而行之于世，虽非尧舜之君，则亦尧舜也。今之为君者则不然，治不法乎尧舜，而曰今之世不可以道德治也。为臣者不师稷、契、周公之政，则曰今之民不可以礼义化也。为子者不执曾、闵之贤，朝夕不休，尽节不倦，则曰家人不敦也。学者不操回、赐之精，昼夜不懈，循礼而动，则曰世所不行也。自人君至于庶人，未有不法圣道而为贤者也……《易》曰：丰其屋，蔀其家，窥其户，阒其无人。无人者，非无人也，言无圣贤以治之耳"，以及《资质》"凡人莫不知善之为善，恶之为恶；莫不知学问之有益于己，怠戏之无益于事也。然而为之者，情欲放溢，而人不能胜其志也。人君莫不知求贤以自助，近贤以自辅。然贤圣或隐于田里，而不预国家之事者，乃观听之臣不明于下，则闭塞之讥归于君。闭塞之讥归于君，则忠贤之士弃于野。忠贤之士弃于野，则佞臣之党存于朝。佞臣之党存于朝，则下不忠于君。下不忠于君，则上不明于下。上不明于下，是故天下所以倾覆也"②等。贾谊《新书》论性亦主善学善行说，如卷五《傅职》"或称《春秋》，而为之耸善而抑恶，以革劝其心。教之《礼》，使知上下之则。或为之称《诗》，而广道显德，以驯明其志。教之《乐》，以疏其秽，而填其浮气。教之语，使明于上世而知先王之务明德于民也。教之故志，使知废兴者，而戒惧焉"，以及卷九《大政上》"知善而弗行谓之狂，知恶而不改谓之惑。故夫狂与惑者，圣王之戒也，而君子之愧也……明君而君子乎，闻善而行之如争，闻恶而改之如雠""君能为善，则吏必能为善矣。吏能为善，则民必能为善矣。故民之不善也，吏之罪也。吏之不善也，君之过也……圣王而君子乎，执事而

① 戴德辑：《大戴礼记》，《孔子文化大全》，山东友谊书社1991年版，分见第83、111—112、543—544、567、25、158—159页。

② 陆贾：《新语》，《诸子集成》第七册，分见第21、18、20—21、13页。

临民者，日戒慎一日，则士民亦日戒慎一日矣，以道先民也"①等。

徐干《中论》论性亦主性善待教、善行中道说。其中，述性善待教之义者如《治学》"学也者，所以疏神达思、怡情理性，圣人之上务也。民之初载，其蒙未知。譬如宝在于玄室，有所求而不见。白日照焉，则群物斯辩矣。学者，心之白日也。故先王立教官，掌教国子，教以六德，曰智仁圣义忠和；教以六行，曰孝友睦姻任恤；教以六艺，曰礼乐射御书数；三教备而人道毕矣""志者，学之师也；才者，学之徒也。学者不患才之不赡，而患志之不立"；述善行中道之义者则如《虚道》"人之为德，其犹虚器欤？器虚则物注，满则止焉。故君子常虚其心志，恭其容貌，不以逸群之才加乎众人之上，视彼犹贤，自视犹不足也，故人愿告之而不厌，诲之而不倦……君子之于善道也，大则大识之，小则小识之，善无大小，咸载于心，然后举而行之……君子之所贵者，迁善惧其不及，改恶恐其有余……恶犹疾也，攻之则益悛，不攻则日甚。故君子之相求也，非特兴善也，将以攻恶也。恶不废则善不兴，自然之道也"，以及《贵言》"君子之与人言也，使辞足以达其知虑之所至，事足以合其性情之所安，弗过其任而强牵制也""是以君子将与人语大本之源，而谈性义之极者，必先度其心志，本其器量，视其锐气，察其堕衰，然后唱焉以观其和，导焉以观其随"②等。

荀悦《申鉴》论性则主张善恶中道说。其中，述法天立人、仁义中道之义者，如《政体》"立天之道，曰阴与阳。立地之道，曰柔与刚。立人之道，曰仁与义。阴阳以统其精气，刚柔以品其群形，仁义以经其事业，是为道也……天作道，皇作极，臣作辅，民作基""夫道之本，仁义而已矣。五典以经之，群籍以纬之，咏之歌之，弦之舞之……古之圣王，其于仁义也，申重而已""修六则以立道经……以天道作中，以地道作和，以仁德作正，以事物作公，以身极作诚，以变数作通"等；述性情相应、扶成善性之义者，如《杂言下》"有三品焉，上下不移，其中则人事存焉尔。命相近也，事相远也，则

---

① 贾谊：《新书》，《二十二子》，上海古籍出版社1986年版，分见页第745中，756下—757上、757中。

② ［三国魏］徐干：《中论解诂》，孙启治解诂，中华书局2014年版，分见第1、9；63、93、98页。

吉凶殊也，故曰穷理尽性以至于命……刘向曰：性情相应，性不独善，情不独恶""善恶皆性……性虽善，待教而成。性虽恶，待法而消。唯上智下愚不移，其次善恶交争。于是教扶其善，法抑其恶，得施之九品，从教者半"、《杂言上》"人非下愚，则皆可以为尧舜矣……服尧之制，行尧之道则可矣。行之于前，则古之尧舜也。行之于后，则今之尧舜也"等；述中和养性、中道教民之义者，则如《俗嫌》"养性秉中和，守之以生而已……喜怒哀乐思虑必得其中，所以养神也。寒暄盈虚消息必得其中，所以养神也……仁者内不伤性，外不伤物，上不违天，下不违人，处正居中，形神以和"、《政体》"君子以情用，小人以刑用……若夫中人之伦，则刑礼兼焉。教化之废，推中人而坠于小人之域。教化之行，引中人而纳于君子之途""善治民者，治其性也……大冶之炉，可使无刚。则踊水之机，可使无降。善立教者若兹，则终身治矣。故凡器可使与颜冉同趋……以知能治民者，泗也。以道德治民者，舟也。纵民之情谓之乱，绝民之情谓之荒"，以及《时事》"虚教伤化，峻刑害民，君子弗由也。设必违之教，不量民力之未能，是招民于恶也，故谓之伤化。设必犯之法，不度民情之不堪，是陷民于罪也，故谓之害民"[①]等。此外，《潜夫论·德化》亦云"上智与下愚之民少，而中庸之民多。中民之生世也，犹铄金之在炉也。从笃变化，惟冶所为。方圆薄厚，随镕制尔"[②]等。

《白虎通义》论证性善论之天道依据，对两汉经学之天道阴阳四时五行说与人道礼义修教说予以系统性内在整合。其中，阐发性、情内涵者如《卷八·性情》"性者阳之施，情者阴之化也。人禀阴阳气而生，故内怀五性六情。情者，静也。性者，生也。此人所禀六气以生者也……情生于阴，欲以时念也。性生于阳，以就理也。阳气者仁，阴气者贪，故情有利欲，性有仁也"，以及"五性者何谓？仁义礼智信也。仁者，不忍也，施生爱人也。义者，宜也，断决得中也。礼者，履也，履道成文也。智者，知也，独见前闻，不惑于事，见微知著也。信者，诚也，专一不移也。故人生而应八卦之体，得五气以

---

① ［汉］荀悦：《申鉴》，《诸子集成》第八册，分见第1、1、3；25、27、20；17—18、2—3、6，10—11页。

② ［汉］王符：《潜夫论》，《诸子集成》第八册，第159页。

为常，仁义礼智信也。六情者何谓也？喜怒哀乐爱恶谓六情，所以扶成五性。性所以五，情所以六何？人本含六律五行之气而生，故内有五藏六府，此情性之所由出入也"等；阐发五常教化之义者如《卷八·三教》"教者，效也。上为之，下效之。民有质朴，不教而成"、《卷九·五经》"经所以有五何？经，常也。有五常之道，故曰《五经》。《乐》仁、《书》义、《礼》礼、《易》智、《诗》信也。人情有五性，怀五常不能自成，是以圣人象天五常之道而明之，以教人成其德也"等；阐发法天修教、礼义成性之义者则如《卷六·封禅》"天下太平，符瑞所以来至者，以为王者承天统理，调和阴阳，阴阳和，万物序，休气充塞，故符瑞并臻，皆应德而至"、《灾变》"天所以有灾变何？所以谴告人君，觉悟其行，欲令悔过修德，深思虑也……行有玷缺，气逆干天，情感变出，以戒人也"，以及《卷五·乡射》"夫射者，执弓坚固，心平体正，然后中也。二人争胜，乐以德养也。胜负俱降，以宗礼让……必因射助阳选士者，所以扶助微阳而抑其强，和调阴阳，戒不虞也"、《卷三·社稷》"王者诸侯必有诚社者何？示有存亡也。明为善者得之，为恶者失之"、《卷二·谥》"谥之为言引也，引列行之迹也。所以进劝成德，使上务节也……明别善恶，所以劝人为善，戒人为恶也"[①]等。

综上可见，两汉儒教内承荀学礼法教化理路，侧重于亲民教化孝悌践履，在明德修养义理建构层面则相对薄弱，思孟学派《大学》《中庸》天人贯通理路尚未成为这一时期的人性论义理主流，儒学性善思想在此阶段主要体现为以礼义教化发明人性之善质的"禾米说"。而在魏晋南北朝这一过渡性乱世，儒教学者则汲纳道、释义理而对儒学明德内圣修养做出了新的开拓努力，主要体现在魏晋玄学对性无善恶而情有邪正等性情概念的义理分疏上，对隋唐宋明儒学性善论具有重大过渡性启示价值，从而构成了儒学人性论史上不可或缺的必要环节。

简略言之，如三国魏王弼（226—249）《周易注》得意忘象以无统有；南朝宋刘义庆（403—444）《世说新语》多载魏晋士人体贴内圣修养之真性情，如

---

① ［清］陈立撰：《白虎通疏证》，吴则虞点校，中华书局1994年版，分见第381，381—382；371、447；283、267—268，246、86、67—71页。

《赏誉下》"刘尹每称王长史云：性至通而自然有节"[①]等；魏刘劭（约168—约249）《人物志·九征第一》亦云，"人物之本，出乎情性……凡有血气者，莫不含元一以为质，禀阴阳以立性，体五行而著形。苟有形质，犹可即而求之。凡人之质量，中和最贵矣。中和之质，必平淡无味，故能调成五材，变化应节"[②]；再如王弼《老子道德经注》25章"道不违自然，乃得其性，法自然也"，29章"圣人达自然之性，畅万物之情，故因而不为，顺而不施，除其所以迷，去其所以惑，故心不乱而物性自得之也"[③]；西晋虞溥亦云，"学所以定情理性而积众善者也。情定于内而行成于外，积善于心而名显于教，故中人之性随教而移，善积则习与性成……化以成俗，教移人心"[④]；又如南朝梁皇侃（488—545）《论语义疏》释"性相近也，习相远也"，引述魏王弼义"性者，生也。情者，成也。性是生而有之，故曰生也。情是起欲动彰事，故曰成也。然性无善恶，而有浓薄；情是有欲之心，而有邪正……善恶之名，恒就事而显……情既是事，若逐欲流迁，其事则邪，若欲当于理，其事则正……故《易》曰：利贞者，性情也""'不性其情，焉能久行其正'，此是情之正也。若心好流荡失真，此是情之邪也。若以情近性，故云性其情。情近性者，何妨是有欲，若逐欲迁，故云远也"，释"夫子之道，忠恕而已"，亦引魏王弼语"忠者，情之尽也；恕者，反情以同物者也。未有反诸其身而不得物之情，未有能全其恕而不尽理之极也"[⑤]等。

直面魏晋玄学空疏、释教虚无之流弊，西晋裴頠（267—300）《崇有论》反对纵欲与禁欲两个性情论极端；南朝梁范缜（450—515）《神灭论》则以刀刃之喻阐明形神相即、情性相即之理，认为"陶甄禀于自然，森罗均于独化，忽焉自有，悦尔而无，来也不御，去也不追，乘夫天理，各安其性"[⑥]。何承天

---

① ［宋］刘义庆：《世说新语》卷四，《诸子集成》第八册，第123页。

② 李崇智：《人物志》校笺，巴蜀书社2001年版，第15—17页。

③ 楼宇烈：《王弼集校释》上册，中华书局1980年版，第65、77页。

④ 《晋书》卷八十二《虞溥传》，第2139页。

⑤ ［梁］皇侃：《论语义疏》，《儒藏》精华编第104册，北京大学出版社2012年版，分见第303、515、65页。

⑥ 《梁书》卷四十八《范缜传》，第670页。

（370—447）论儒学性善修教异于释教利害之权教，如《答宗居士书（释《均善难》）》"华戎自有不同，何者？中国之人禀气清和，含仁抱义，故周孔明性习之教。外国之徒，受性刚强，贪欲忿戾，故释氏严五戒之科，来论所谓圣无常心，就物之性者也。惩暴之戒，莫若乎地狱，诱善之劝，莫美乎天堂，将尽残害之根，非中庸之谓。周孔则不然，顺其天性，去其甚泰，淫盗著于五刑，酒辜明于《周诰》，春田不围泽，见生不忍死，五犯三驱，钓而不网。是以仁爱普洽，泽及豚鱼，嘉礼有常俎，老者得食肉。春耕秋收，蚕织以时，三灵格思，百神咸秩"，以及《达性论》"夫两仪既位，帝王参之，宇中莫尊焉。天以阴阳分，地以刚柔用，人以仁义立。人非天地不生，天地非人不灵，三才同体，相须而成者也。故能禀气清和，神明特达，情综古今，智周万物，妙思穷幽赜，制作侔造化，归仁与能，是为君长，抚养黎元，助天宣德……若乃内怀嗜欲，外惮权教，虑深方生，施而望报，在昔先师，未之或言"[1]等。

西晋傅玄（217—278）《傅子》既继承两汉善恶性论而主张习以性成，又提倡《大学》之道而主张正心修己。如《贵教》"人含五常之性，有善可因，有恶可改……因善教义，故义成而教行；因义立礼，故礼设而义通。若夫商、韩、孙、吴，知人性之贪得乐进，而不知兼济其善……人怀好利之心，则善端没矣"、《正心》"立德之本，莫尚乎正心。心正而后身正，身正而后左右正。左右正而后朝廷正，朝廷正而后国家正，国家正而后天下正。故天下不正，修之国家；国家不正，修之朝廷；朝廷不正，修之左右；左右不正，修之身；身不正，修之心。所修弥近，而所济弥远……心为万事主，动而无节则乱，故先正其心。其心正于内，而后动静不妄。以率先天下，而后天下履正，而咸保其性也。斯远乎哉，求之心而已矣"[2]。北朝西魏苏绰（498—546）亦主张性情中道而治心为本，如《六条诏书》"人受阴阳之气以生，有情有性。性则为善，情则为恶。善恶既分，而赏罚随焉。赏罚得中，则恶止而善劝；赏罚不中，则民无所措手足""天地之性，唯人为贵。明其有中和之心，仁恕之行，异于木

---

① ［清］严可均辑：《全宋文》，商务印书馆1999年版，分见卷二十三第220—221页、卷二十四第232页。

② ［清］严可均辑：《全晋文》，分见卷四十八第490—491、491—492页。

石，不同禽兽，故贵之耳。然性无常守，随化而迁……治乱兴亡，无不皆由所化也……夫化者，贵能扇之以淳风，浸之以太和，被之以道德，示之以朴素。使百姓矗矗，中迁于善，邪伪之心，嗜欲之性，潜以消化，而不知其所以然，此之谓化也。然后教之以孝悌，使民慈爱；教之以仁顺，使民和睦；教之以礼义，使民敬让""凡治民之体，先当治心。心者，一身之主，百行之本……治民之要，在清心而已……使心气清和，志意端静。心和志静，则邪僻之虑，无因而作。邪僻不作，则凡所思念，无不皆得至公之理……其次又在治身"①等。

北齐刘昼（514—565）《刘子》主张性情中道。其中，述性情本天、五常中道之义者，如《防欲》"人之禀气，必有性情。性之所感者，情也；情之所安者，欲也。情出于性而情违性，欲由于情而欲害情……烟微而火盛，冰泮而水通；性贞则情销，情炽则性灭……五关者（色、声、嗅、味、触），情欲之路，嗜好之府也……所以养生，亦所以伤生……明者刳情以遣累，约欲以守贞"，《诫盈》"四时之序，节满即谢；五行之性，功成必退。故阳极而阴降，阴极而阳升，日中则昃，月盈则亏，此天之常道也"，《殊好》"人之与人，共禀二仪之气，俱抱五常之性……声色芳味，各有正性，善恶之分，皎然自露……执其所好而与众相反，则倒白为黑……美丑无定形，爱憎无正分也"，《思顺》"七纬顺度，以光天象；五性顺理，以成人行"，以及《和性》"人之含性……刚者伤于严猛，柔者失于软懦，缓者悔于后机，急者败于懁促……刚而济其柔，柔而抑其强，强弱相参，缓急相弼。以斯善性，未闻迕物而有悔吝者也"、《伤谗》"扬善生于性美，宣恶出于情妒。性美以成德为恒，情妒以伤人为务"等；述慎独修善、师礼习教之义者，则如《慎独》"善者，行之总，不可斯须离也。若可离，则非善也……身恒居善，则内无忧虑，外无畏惧，独立不惭于影，独寝不愧于衾，上可以接神明，下可以固人伦，德被幽明，庆祥臻矣"、《贵言》"人性虽敏，必藉善言，以成德行……善言者，正不善也"、《适才》"物有美恶，施用有宜；美不常珍，恶不终弃……适才所施，随时成务，各有宜也"，以及《崇学》"人性譤惠，非积学而不成。沿浅以及深，披暗而睹明，不可以传闻称，非得以泛滥善也……人不涉学，犹心之聋盲，不知

---

① 《周书》卷二十三，分见第388、383—384、382—383页。

远祈明师，以攻心术，性之蔽也"、《风俗》"风者，气也；俗者，习也……先王伤风俗之不善，故立礼教以革其弊，制雅乐以和其性，风移俗易，而天下正矣"①等。北齐颜之推（531—591）《颜氏家训》亦论性情节度，如《止足》"宇宙可臻其极，情性不知其穷，唯在少欲知足，为立涯限尔"、《序致》"有仁无威，导示不切……为凡人之所陶染，肆欲轻言……习若自然，卒难洗荡……每常心共口敌，性与情竞，夜觉晓非，今悔昨失"，以及《慕贤》"人在少年，神情未定，所与款狎，熏渍陶染，言笑举对，无心于学，潜移暗化，自然似之，何况操履艺能，较明易习者也。是以与善人居，如入芝兰之室，久而自芳也；与恶人居，如入鲍鱼之肆，久而自臭也。墨翟悲于染丝，是之谓矣"②等。

在三国两晋南北朝儒学性情论基础上，隋唐儒教继续对佛道义理加以内在消化并予以新的开拓探索，从而下启宋明理学性善论正统的成熟完善。中国佛教佛性说藉本土性善论而内在生发，继而反哺回馈儒教性善论的自我完善。以东晋竺道生明示"一切众生皆有佛性"为发轫，南北朝经师继而大论佛性，至隋唐时期佛性信念义理发展为三因佛性说与自性三身佛说，以不同修证宗用为各自特色的隋唐宗派佛教遂大放异彩，其中天台宗智颛性具善恶论有些类似荀子、董仲舒，禅宗慧能自性自度论性则有些类似子思、孟子，而禅宗人性论对隋唐儒学性善修教内在探索尤具启发刺激价值。

略言之，隋王通（503—574）《中说》论性承前启后，如《述史篇》"仁……五常之始……性……五常之本"、《关朗篇》"诗者，民之情性也。情性能亡乎"、《立命篇》"以性制情者鲜矣，我未见处歧路而不迟回者。《易》曰：直方大，不习，无不利。则不疑其所行也"，以及《问易篇》"乐天知命，吾何忧？穷理尽性，吾何疑""'人心惟危，道心惟微'，言道之难进也，故君子思过而预防之""'惟精惟一，允执厥中'，其道之谓乎"③等。此外，在隋刘焯（544—610）、刘炫（546—613）宗经明道基础上，唐太宗时孔颖达

---

① 刘昼：《刘子校释》，傅亚庶校释，中华书局1998年版，分见第10，346，376—377，99，370—371、327—328；105—106、315、278、37、443页。

② 颜之推：《颜氏家训》，《诸子集成》第八册，分见第27、1、12页。

③ 张沛撰：《中说校注》，中华书局2013年版，分见第186、248、240、127、132、135—136页。

（574—648）等修《五经正义》、高宗时续成《九经正义》，文宗开成年间则石刻"十二经"，此外中唐时期啖助（724—770）等《春秋》学、李鼎祚《周易集解》、玄宗注《孝经》、吴兢（670—749）《贞观政要》、刘知几（661—721）《史通》、杜佑（735—812）《通典》等对人性问题也有综合性阐释，《大唐开元礼》《唐律疏议》《大唐六典》等更是标志着唐代儒教的礼法制度化开拓。这里以《贞观政要》性善修教理路简述之，述性善而修之义者如《崇儒学》"人虽禀定性，必须博学以成其道，亦犹厴性含水，待月光而水垂；木性怀火，待燧动而焰发；人性含灵，待学成而为美……人性相近，情则迁移，必须以学饬情，以成其性"、《慎终》"嗜欲喜怒之情，贤愚皆同。贤者能节之，不使过度，愚者纵之，多至失所"等，述性善而教之义者则如《公平》"善善而恶恶，近君子而远小人。善善明，则君子进矣；恶恶著，则小人退矣"《政体》"五帝、三王，不易人而理。行帝道则帝，行王道则王，在于当时所理，化之而已……若言人渐浇讹，不及纯朴，至今应悉为鬼魅，宁可复得而教化耶"，以及《公平》"凡听讼理狱，必原父子之亲，立君臣之义，权轻重之序，测浅深之量，悉其聪明，致其忠爱，疑则与众共之"[①]等。此外，《陆贽集》亦述法天顺民诚信教化，如卷十二《奉天论奏当今所切务状》"总天下之智以助聪明，顺天下之心以施教令，则君臣同志，何有不从"、卷十三《奉天请数对群臣兼许令论事状》"天子之道，与天同方，天不以地有恶木而废发生，天子不以时有小人而废听纳……唯信与诚，有补无失。一不诚则心莫之保，一不信则言莫之行……驭之以智则人诈，示之以疑则人偷……上行之则下从之，上施之则下报之"[②]等。

在中晚唐儒学复兴古文运动中，韩愈（768—824）儒教道统说重《大学》而崇孟子，《原性》提出性情三品说，"性也者，与生俱生也；情也者，接于物而生也……性之品有上中下三：上焉者，善焉而已矣；中焉者，可导而上下也；下焉者，恶焉而已矣。其所以为性者五：曰仁、曰礼、曰信、曰义、曰智。上焉者之于五也，主于一而行于四；中焉者之于五也，一不少有焉，则少

---

① ［唐］吴兢：《贞观政要》，岳麓书社2000年版，分见第234、323页，180、21页，183页。
② 王素点校：《陆贽集》，中华书局2006年版，分见第370、389—391页。

反焉，其于四也混；下焉者之于五也，反于一而悖于四。性之于情视其品。情之品有上中下三，其所以为情者七：曰喜、曰怒、曰哀、曰惧、曰爱、曰恶、曰欲。上焉者之于七也，动而处其中；中焉者之于七也，有所甚，有所亡，然而求合其中者也；下焉者之于七也，亡与甚，直情而行者也。情之于性视其品。孟子之言性，曰人之性善；荀子之言性，曰人之性恶；扬子之言性，曰人之性善恶混……三子之言性也，举其中而遗其上下者也，得其一而失其二者也……上之性，就学而愈明；下之性，畏威而寡罪。是故上者可教，而下者可制也。其品则孔子谓不移也"①等。

李翱（772—841）则重《中庸》而提出复性说。其中，述天性本善、性以正情之义者如《复性书》"水之性清澈，其浑之者沙泥也。方其浑也，性岂遂无有邪？久而不动，沙泥自沉。清明之性，鉴于天地，非自外来也。故其浑也，性本弗失，及其复也，性亦不生""情有善有不善，而性无不善焉……情者妄也，邪也。邪与妄则无所因矣。妄情灭息，本性清明，周流六虚，所以谓之能复其性也""桀纣之性，犹尧舜之性也。其所以不睹其性者，嗜欲好恶之所昏也，非性之罪也""性者，天之命也，圣人得之而不惑者也；情者，性之动也，百姓溺之而不能知其本者也""无性则情无所生矣。是情由性而生，情不自情，因性而情，性不自性，由情以明"，以及"人之所以为圣人者，性也；人之所以惑其性者，情也。喜怒哀惧爱恶欲，七者皆情之所为也。情既昏，性斯匿矣。非性之过也，七者循环而交来，故性不能充也"等；述顺性修教者则如"圣人……虽有情也，未尝有情也……百姓之性与圣人之性弗差也，虽然，情之所昏，交相攻伐，未始有穷，故虽终身而不自睹其性焉……情之动静弗息，则不能复其性而烛天地，为不极之明。故圣人者，人之先觉者也""天之道，以先知觉后知，先觉觉后觉者也……如将复为嗜欲所浑，是尚不自觉者也，而况能觉后人乎……吾之终日志于道德，犹惧未及也。彼肆其心之所为者，独何人耶"，以及"情者性之邪也，知其为邪，邪本无有。心寂不动，邪思自息。惟性明照，邪何所生……止而不息必诚，诚而不息必明，明与诚终岁不违，则能终身矣。造次必于是，颠沛必于是，则可以希于至矣""诚

---

① 马其昶校注：《韩昌黎文集校注》卷一，上海古籍出版社2014年版，第22—24页。

者，圣人性之也……复其性者，贤人循之而不已者也，不已则能归其源矣……圣人知人之性皆善，可以循之不息而至于圣也，故制礼以节之，作乐以和之……视听言行，循礼而动，所以教人忘嗜欲而归性命之道也"①等。

晚唐林慎思（844—880）《伸蒙子》以刚柔中道论性亦有特色，如《迁善》"太甲不肖犹良马也，伊尹则可维絷以迁于善也。桀纣不肖犹猛虎也，龙逢比干岂可囚拘以迁于善乎"、《明化》"性有刚柔……善不在柔，恶不在刚也。火能炮燔，亦能为灾。水能润泽，亦能为沴。及其迁也，化灾为炮燔，化沴为润泽，岂在化火为水乎。人之善恶，随化而迁也，必能反善为恶，反恶为善矣。孟母正己以化于孟轲，及其迁也非反恶为善邪。齐桓大功而化于竖刁，及其迁也非反善为恶邪"②等，此类表述即与周敦颐论性前后相接。皮日休论性接近韩愈而言穷理原情，如《皮子文薮·相解》"上善出于性，大恶亦出于性，中庸之人善恶在其化者也"③，等等。此外，张弧履道说、陆龟蒙奉古求道说等亦均是对儒教性善道统义理的探索开拓，下启宋代道学之生发。

痛省唐末五代之乱，北宋初期儒者论性承前启后。宋初三先生师道初创而为道学先声，胡瑗（993—1059）《周易口义》汲汲于君子修教担当、孙复（992—1057）《春秋尊王发微》恪守纲常礼教大义、石介（1005—1045）《中国论》严明儒释华夷之辨。范仲淹（989—1052）激扬名教褒贬善恶，如《近名论》云"有性本忠孝者，上也；行忠孝者，次也；假忠孝而求名者，又次也。至若简贤附势，反道败德，弑父叛君，惟欲是从，不复爱其名者，下也。人不爱名，则虽有刑法干戈，不可止其恶也……圣人敦奖名教，以激劝天下"④。欧阳修重君子小人之辨，主修礼义之本以胜夷狄异端之乱；司马光论性则归本扬雄而主实修，其中述性兼善恶、长善去恶之义者如《善恶混辨》"夫性者，人之所受于天以生者也，善与恶必兼有之。是故虽圣人不能无恶，虽愚人不能无善，其所受多少之间则殊矣。善至多而恶至少，则为圣人；恶至多而善至

---

① ［唐］李翱：《李文公集》卷二，影印文渊阁《四库全书》1078册，台湾商务印书馆1986年版（以下简称影印《四库》某册），第106—111页。

② ［唐］林慎思：《伸蒙子》，影印《四库》696册，分见页第633下、633下。

③ ［唐］皮日休：《皮子文薮》卷七，上海古籍出版社1981年版，第64页。

④ ［清］范能濬编集，薛正兴校点：《范仲淹全集》，凤凰出版社2004年版，第132页。

少，则为愚人；善恶相半，则为中人……如孟子之言，所谓长善者也；如荀子之言，所谓去恶者也；扬子则兼之矣"，以及《致知在格物论》"人之情莫不好善而恶恶，慕是而羞非。然善且是者盖寡，恶且非者实多，何哉？皆物诱之也，物迫之也。桀、纣亦知禹、汤之为圣也，而所为与之反者，不能胜其欲心故也。盗跖亦知颜、闵之为贤也，而所为与之反者，不能胜其利心故也……不惟不思与不顾也，抑亦莫之知也……物蔽之也……《大学》曰：致知在格物。格，犹扞也，御也。能扞御外物，然后能知至道矣。郑氏以'格'为'来'，或者犹未尽古人之意乎"等；述心止中庸、礼乐中和之义者则如《答韩秉国书》"夫心，动物也，一息之间，升天沈渊，周流四海，固不肯兀然如木石也。惟贤者治之，能止于一。择其所止，莫如中庸。故《虞书》曰'惟精惟一，允执厥中'也"、《中和论》"中、和一物也，养之为中，发之为和"、《答景仁论养生及乐书》"夫乐之用，不过于和；礼之用，不过于顺……内和则疾疹不生，外顺则灾患不至。疾疹不生则乐，灾患不至则安。既安且乐，志气平泰，精神清明，畅乎四支，浃乎百体"①等。

王安石（1021—1086）《临川集》论性情关系有异有同，如《原性》"性者，五常之太极也，而五常不可以谓之性……性生乎情，有情然后善恶形焉，而性不可以善恶言也……诸子之所言，皆吾所谓情也，习也，非性也"、《性情》"性情一也……性者，情之本；情者，性之用……（七情）动而当于理则圣也贤也，不当于理则小人也"②，并分疏上智下愚为习善习恶、正命兼命各有所当。苏轼（1037—1101）论性类似王安石理路而游走更远，如《扬雄论》"饥而食，渴而饮，男女之欲……出于人之性……圣人以其喜怒哀惧爱恶欲七者御之，而之乎善；小人以是七者御之，而之乎恶……则夫善恶者，性之所能之，而非性之所能有"、《论语说》"性如阴阳，善如万物，万物无非阴阳者，而以万物为阴阳则不可……为善而善非性也，使性而可以谓之善，则孔子言之矣"，以及《东坡易传》"阴阳交而生物，道与物接而生善，物生而阴阳隐，

---

① 《司马光集》，四川大学出版社2010年版，分见第1460—1461、1449—1450；1307，1453，1291页。

② 《临川文集》，影印《四库》1105册，分见卷六十八页第565上—下、卷六十七页第555上。

善立而道不见矣""夫善，性之效也。孟子不及见性，而见夫性之效，因以所见者为性。性之于善，犹火之能熟物"、《子思论》"子思论圣人之道出于天下之所能行，而孟子论天下之人皆可以行圣人之道……后世之异议皆出于孟子，而子思之论，天下同是而莫或非焉"①等。苏轼如是论性虽有独到处，但似是而非，根本上偏离了孔孟性善修教正道。

二、两宋元明：儒学性善论内化成熟期

刘敞（1019—1068）《公是先生弟子记》性善说别有新意，对时贤多所规正，虽亦不够精粹纯正，然已近乎孔孟正道，且能矫正欧阳修、王安石等论性之偏蔽，可谓宋明理学之先声。其中，述性情之正者如卷三"有命必有性，性者命之分也。有形必有情，情者形之动也""人之性善而自以为恶，人之情正而自以为邪。非情无性，非性无善，性之与情，犹神之与形乎……人之所以去善而为不善者……岂性不善哉，情不使也……物有蔽焉耳""荀子不知性……荀子言圣人之性以恶，言圣人之道以伪，恶乱性，伪害道，荀子之言不可为治"，以及卷四"圣人之言人性也，固以有之为言，岂无之为言乎，是乱名者也……言性而明其无性者不足以明性，而固惑于有性者也……善生于性，性虽未有善之动，岂可谓性无善哉，彼卵而无雌雄，性乃可以无善矣"等；述性情与仁义礼乐关系者如卷四"仁义，性也。礼乐，情也。以人性为仁义，犹以人情为礼乐也。非人情无所作礼乐，非人性无所明仁义。性者仁义之本，情者礼乐之本也。圣人惟欲道之达于天下，是以贵本。今本在性而勿言，是欲导其流而塞其源，食其实而伐其根也。夫不以道之不明为言，而以言之不及为说，此不可以明道而惑于言道，不可以无言而迷于有言者也"等；述改过复性者如卷四"君子小人之耻过也同，欲善也同。君子耻过而改之，小人耻过而遂之。君子欲善而自反也，小人欲善而自欺也""复者静，静者天地之性也……复静者，言得一也。得一者，纯粹积于胸中，与物变化，而不以外伤内者也""万物之性未尝同，而圣人尽之，刚柔也，迟速也，浅深也，明晦

---

① 分见《苏轼文集》第111页、邵博：《邵氏闻见后录》第91页；《东坡易传》，上海古籍出版社1989年版，第124、125页；《苏轼文集》第95页。

也，燥湿也，应而不穷者也。物固未尝无性，而性未必善也；人之性善矣，而未必能自知也；学者能自知矣，而未必能尽己也；君子能尽己矣，而未必能尽人也；人之与人，其类同，仁人能尽人矣，而未必能尽物也"；述性善三品之义者如卷一"人之性善，且有上、有中、有下，于上也又有上焉，于中也又有中焉，于下也又有下焉，九品也。故上者圣，中者君子，下者有常。不及乎圣而为仁，不及乎君子而为善，不及乎有常而为齐民。故性不同也而善均，善不同也而性均……此性之不可过也，人何可为尧舜哉，故开难到之期者，人不能信也；人不能信者，学不能益也"；述学修中道者则如卷二"莫善乎性，人之学求尽其性也。学而不能尽其性有之矣，未有不学而能尽其性者也。性犹弓也，学犹力也，虽有千钧之弓，引之弗满，弗能贯也。岂弓力为有不足哉，所以用之者不足也"、卷四"愚智非善恶也，虽有下愚之人，不害于为善。善者，亲亲尊尊而已矣"、卷二"禁过于微则人乐迁善，防患于小则患远"[①]等，可见其学理脉络大致清明。

王开祖（1035—1068）《儒志编》亦是如此。其述复性之理者如"知夫《诗》者则知人之情，知人之情则知人之性，知人之性则知物之性，知物之性则知天地之情矣"，"雷莫不复于地，恶莫不复于善，乱莫不复于治。复者本也，善探其本者，善言人之性也。善言人之性者，知天下之治乱也。知天下之治乱者，得复之本也"，以及"学者之言曰：性善也，情恶也；莫善于性，莫恶于情。此贼夫情者之言，不知圣人之统也。夫情本于性则正，离于性则邪，学者不求其本，离性而言之，奚情之不恶？今有人入于放辟邪侈之途，指之曰情恶也，不原乎放辟邪侈在我，则本无有焉，执心不正而后入也。贤者之于情，非不动也，能动而不乱耳"等；述复性之行者则如"毋纵毋狗，毋从物，毋追往……人之心，良心也，纵则不存，拘则不息"，以及"《复》者，性之宅也。《无妄》者，诚之原也。《大畜》者，道之归也。《颐》者，德之施也。故君子复足以知性，无妄足以立诚，大畜足以有容，颐足以育物。知其复则能知性，知性则能立诚，立其诚则能畜德，畜其德则能发育万物，而与天地配

---

① ［宋］刘敞，崔敦礼：《公是先生弟子记　刍言》，黄曙辉点校，华东师范大学出版社2010年版，分见第54、52、40、60—61；65；66、67、65；14—15；36、62、32页。

矣。《中庸》之言，推乎人性，赞天地而育万物，其原于此乎"①等。

在前贤努力基础上，北宋中后期自周敦颐（1017—1073）、邵雍（1012—1077）、张载（1020—1077）、程颢（1032—1085）、程颐（1033—1107）以来理学性善论日臻成熟完善。北宋五子论性善修教集中体现在朱子（1130—1200）、吕祖谦（1137—1181）编修的《近思录》中，包括性本善、性可善、止至善三方面。

《近思录》论性本善者，天人、性命、理气、心情、未发已发等诸对范畴一体贯通。如卷二"天地之塞，吾其体；天地之帅，吾其性。民吾同胞，物吾与也"、卷一"在天为命，在义为理，在人为性，主于身为心，其实一也。心本善，发于思虑则有善有不善。若既发，则可谓之情，不可谓之心"、卷二"论性不论气，不备；论气不论性，不明；二之则不是"、卷一"性出于天，才出于气。气清则才清，气浊则才浊。才则有善有不善，性则无不善。性者自然完具，信只是有此者也。故四端不言信""性即理也。天下之理，原其所自，未有不善。喜怒哀乐未发，何尝不善？发而中节，则无往而不善。凡言善恶，皆先善而后恶；言吉凶，皆先吉而后凶；言是非，皆先是而后非"，以及卷一"凡人说性，只是说'继之者善也'，孟子言性善是也……水之清，则性善之谓也。故不是善与恶在性中为两物相对，各自出来。此理，天命也。顺而循之，则道也。循此而修之，各得其分，则教也。自天命以至于教，我无加损焉，此舜有天下而不与焉者也""人性本善，有不可革者……语其性则皆善也，语其才则有下愚之不移。所谓下愚有二焉：自暴也，自弃也。人苟以善自治，则无不可移者，虽昏愚之至，皆可渐磨而进。惟自暴者拒之以不信，自弃者绝之以不为，虽圣人与居，不能化而入也……心虽绝于善道，其畏威而寡罪则与人同也。惟其有与人同，所以知其非性之罪也"等，卷十四进而明示"圣人之学，若非子思、孟子，则几乎息矣。道何尝息，只是人不由之……荀子极偏驳，只一句'性恶'，大本已失；扬子虽少过，然已自不识性，更说甚道"②，

---

① ［宋］王开祖：《儒志编》，影印《四库》696册，分见页第796上，785下，785下；784上，783下。

② ［宋］朱熹、吕祖谦撰：《朱子近思录》，上海古籍出版社2000年版，分见第47、34、41、34、33—34，31—32，30，127—128页。

这是对孔孟性善正统的持守与对儒学杂统的剥离。

《近思录》论性可善者，涵摄了明善、志善、对治私欲、中道养善、改过迁善、教民化善等丰富内容。其中，述性可善之理者，如卷一"凡物莫不有是性。由通、蔽、开、塞，所以有人物之别；由蔽有厚薄，故有知愚之别。塞者牢不可开；厚者可以开，而开之也难，薄者开之也易，开则达于天道，与圣人一"、卷二"形而后有气质之性，善反之则天地之性存焉。故气质之性，君子有弗性者焉。德不胜气，性命于气；德胜其气，性命于德。穷理尽性，则性天德，命天理""天地储精，得五行之秀者为人。其本也真而静；其未发也，五性具焉，曰仁义礼智信。形既生矣，外物触其形而动其中矣。其中动而七情出焉，曰喜、怒、哀、惧、爱、恶、欲。情既炽而益荡，其性凿矣。是故觉者约其情使合于中，正其心，养其性；愚者则不知制之，纵其情而至于邪僻，梏其性而亡之""明善为本，固执之乃立，扩充之则大，易视之则小，在人能弘之而已""圣人尽性，不以见闻梏其心；其视天下，无一物非我。孟子谓尽心则知性知天以此。天大无外，故有外之心，不足以合天心"，以及卷一"医书言手足痿痹为不仁，此言最善名状。仁者，以天地万物为一体，莫非己也。认得为己，何所不至？若不有诸己，自不与己相干"、卷二"莫说道将第一等让与别人，且做第二等。才如此说，便是自弃。虽与不能居仁由义者差等不同，其自小一也。言学便以道为志，言人便以圣为志""人之情各有所蔽，故不能适道，大率患在于自私而用智"，等等；述性可善之方者，如卷十二"小人、小丈夫，不合小了，他本不是恶。虽公天下事，若用私意为之，便是私"、卷四"圣可学……无欲则静虚动直。静虚则明，明则通；动直则公，公则溥……阳始生甚微，安静而后能长……动息节宣，以养生也；饮食衣服，以养形也；威仪行义，以养德也；推己及物，以养人也……人之所以不能安其止者，动于欲也"、卷二"古之学者惟务养情性，其他则不学……涵养须用敬，进学则在致知"、卷四"闲邪则诚自存。故孟子言性善皆由内出，只为诚便存。闲邪更著甚工夫？但惟是动容貌，整思虑，则自然生敬，敬只是主一也"、卷五"君子乾乾不息于诚，然必惩忿窒欲、迁善改过而后至……损者，损过而就中，损浮末而就本实也……凡人欲之过者，皆本于奉养，其流之远，则为害矣。先王制其本者，天理也；后人流于末者，人欲也。损之义，损人欲以复天理而已"等；述性可善之修教中道者，则如卷十一"刚善，为义，为直，为断，为严毅，为干固；恶，为猛，为隘，为强梁。柔善，为慈，为顺，为巽；恶，为懦弱，为无断，为邪佞。惟中也者，和也，中节也，天下之达道也，圣人之事也。故圣人立教，俾人自易其恶，自至其中而止矣"、卷十"圣人之责人也常缓，便见只欲事正，无显人过恶之意"，以及卷八"教人者，养其善心而恶自消；治民者，导之敬让而争自息"、卷十"古之圣王，所以能化奸凶为善良，革仇敌为臣民者，由弗绝也"①等。

《近思录》论性止至善者，涵摄了纲常礼义诚敬学修、中道精进傲于异端等丰富内容。其中，述纲常礼义诚敬学修者，如卷八"有物必有则，父止于慈，子止于孝，君止于仁，臣止于敬，万物庶事，莫不各有其所。得其所则安，失其所则悖。圣人所以能使天下顺治，非能为物作则也，惟止之各于其所而已"、卷二"礼乐只在进反之间，便得性情之正。父子君臣，天下之定理，无所逃于天地之间""知性善，以忠信为本，此先立其大者""为天地立心，为生民立道，为去圣继绝学，为万世开太平"，以及卷二"质美者明得尽，查滓便浑化，却与天地同体。其次惟庄敬持养；及其至，则一也""敬义夹持直上，达天德自此。懈意一生，便是自弃自暴。不学便老而衰。人之学不进，只是不勇。学者为气所胜，习所夺，只可责志。内重则可以胜外之轻，得深则可以见诱之小""学之道，必先明诸心，知所往，然后力行以求至，所谓自明而诚也。诚之道，在乎信道笃，信道笃则行之果，行之果则守之固。仁义忠信不离乎心，造次必于是，颠沛必于是，出处语默必于是。久而弗失，则居之安，动容周旋中礼，而邪僻之心无自生……后人不达，以谓圣本生知，非学可至，而为学之道遂失"等；述中道精进傲于异端者，则如卷四"学者全体此心。学虽未尽，若事物之来，不可不应。但随分限应之，虽不中不远矣。'居处恭，执事敬，与人忠'，此是彻上彻下语……学者须敬守此心，不可急迫，当栽培深厚，涵泳于其间，然后可以自得。但急迫求之，只是私己，终不足以达道"、卷三"性本善，循理而行……须是今日格一件，明日又格一件，积习既

---

① ［宋］朱熹、吕祖谦撰：《朱子近思录》，上海古籍出版社2000年版，分见第35、46、36、48、46、31、44、37；121、64、44、68、74—75；115、113，97、109页。

多，然后脱然自有贯通处"、卷二"志道恳切，固是诚意。若迫切不中理，则反为不诚……所见所期不可不远且大，然行之亦须量力有渐"、卷五"义理与客气常相胜，只看消长分数多少，为君子、小人之别。义理所得渐多，则自然知得，客气消散得渐少，消尽者是大贤"，以及卷十三"儒者潜心正道，不容有差，其始甚微，其终则不可救……于圣人中道，师只是过于厚些，商只是不及些；然而厚则渐至于兼爱，不及则便至于为我，其过不及同出于儒者，其末遂至杨、墨。至如杨、墨，亦未至于无父无君，孟子推之便至于此，盖其差必至于是也"、卷七"圣人以义为利，义安处便为利。如释氏之学，皆本于利，故便不是"、卷十三"或曰：释氏地狱之类，皆是为下根之人，设此怖，令为善。先生曰：至诚贯天地，人尚有不化，岂有立伪教而人可化乎"[①]等。

两宋过渡之世，胡宏（1102—1161）《知言》论性有新意但驳杂未纯，如《修身》"性外无物，物外无性"、《事物》"气之流行，性为之主。性之流行，心为之主"、《义理》"性定，则心宰。心宰，则物随"、《汉文》"诚，天命。中，天性。仁，天心。理性以立命，惟仁者能之"、《中原》"圣人者，以一人理亿兆人之德性，息其争夺，遂其生养者也"等，但亦有《知言疑义》"孟子道性善云者，叹美之辞也，不与恶对"[②]等外在割裂之语。张栻（1133—1180）《南轩集》论性遵循孔孟、二程性善正统而重实际践履，如《仁说》"人之性，仁义礼智四德具焉……发见于情，则为恻隐、羞恶、是非、辞让之端"、《孟子讲义序》"学者潜心孔孟，必得其门而入……莫先于义利之辩，盖圣学无所为而然也……命之所以不已，性之所以不偏，而教之所以无穷也。凡有所为而然者，皆人欲之私，而非天理之所存，此义利之分也……学者当立志以为先，持敬以为本，而精察于动静之间，毫厘之差，审其为霄壤之判，则有以用吾力矣"[③]等。

朱子（1130—1200）综括前儒义理精华而集理学大成，褒彰提升四书地位

---

① ［宋］朱熹、吕祖谦撰：《朱子近思录》，上海古籍出版社2000年版，分见第95、41、45、48，42、41—42、36—37；65—66、52、40—41、76、123、89、124页。

② ［宋］胡宏：《胡宏集》，中华书局1987年版，分见第6、22、30、41、44，333页。

③ ［宋］张栻：《南轩集》，影印《四库》1167册，分见卷十八页第570下、卷十四页第539下。

而作《四书集注》，对理学性善论进行了性本善、性可善、性至善全方位总结概括。诚如黄士毅所云"孔、孟之道，至周、程而复明，至朱子而大明"①。《四书集注》论性善者，如《大学章句》序云"自天降生民，则既莫不与之以仁义礼智之性矣。然其气质之禀或不能齐，是以不能皆有以知其性之所有而全之也。一有聪明睿智能尽其性者出于其间，则天必命之以为亿兆之君师，使之治而教之，以复其性……其所以为教，则又皆本之人君躬行心得之余，不待求之民生日用彝伦之外……其学焉者，无不有以知其性分之所固有，职分之所当为，而各俛焉以尽其力"，释"三纲领"云"明德者，人之所得乎天，而虚灵不昧，以具众理而应万事者也。但为气禀所拘，人欲所蔽，则有时而昏；然其本体之明，则有未尝息者。故学者当因其所发而遂明之，以复其初也……既自明其明德，又当推以及人，使之亦有以去其旧染之污也……明明德、新民，皆当至于至善之地而不迁。盖必其有以尽夫天理之极，而无一毫人欲之私也"等；又如《中庸章句》序云"心之虚灵知觉，一而已矣，而以为有人心、道心之异者，则以其或生于形气之私，或原于性命之正，而所以为知觉者不同，是以或危殆而不安，或微妙而难见耳。然人莫不有是形，故虽上智不能无人心，亦莫不有是性，故虽下愚不能无道心。二者杂于方寸之间，而不知所以治之，则危者愈危，微者愈微，而天理之公卒无以胜夫人欲之私矣。精则察夫二者之间而不杂也，一则守其本心之正而不离也。从事于斯，无少间断，必使道心常为一身之主，而人心每听命焉，则危者安、微者著，而动静云为自无过不及之差矣……其曰'天命率性'，则道心之谓也；其曰'择善固执'，则精一之谓也；其曰'君子时中'，则执中之谓也"，释"天命之谓性"云"天以阴阳五行化生万物，气以成形，而理亦赋焉，犹命令也。于是人物之生，因各得其所赋之理，以为健顺五常之德，所谓性也……人物各循其性之自然，则其日用事物之间，莫不各有当行之路，是则所谓道也……性道虽同，而气禀或异，故不能无过不及之差，圣人因人物之所当行者而品节之，以为法于天下，则谓之教……人之所以为人，道之所以为道，圣人之所以为教，原其所自，无一不本于天而备于我。学者知之，则其于学知所用力而自不能已矣"，以及释"未发

————————

① 《宋元学案》卷六九，第2301页。

已发"云"喜、怒、哀、乐,情也。其未发,则性也,无所偏倚,故谓之中。发皆中节,情之正也,无所乖戾,故谓之和。大本者,天命之性,天下之理皆由此出,道之体也。达道者,循性之谓,天下古今之所共由,道之用也"[①]等。

再如《论语集注》,释"性与天道不可得而闻"云"性者,人所受之天理;天道者,天理自然之本体,其实一理也",释"性近习远"云"此所谓性,兼气质而言者也。气质之性,固有美恶之不同矣。然以其初而言,则皆不甚相远也。但习于善则善,习于恶则恶,于是始相远耳。程子曰:此言气质之性,非言性之本也。若言其本,则性即是理,理无不善,孟子之言性善是也,何相近之有哉",释"克己复礼为仁"云"仁者,本心之全德……己,谓身之私欲也……礼者,天理之节文也。为仁者,所以全其心之德也。盖心之全德,莫非天理,而亦不能不坏于人欲。故为仁者必有以胜私欲而复于礼,则事皆天理,而本心之德复全于我矣……日日克之,不以为难,则私欲净尽,天理流行,而仁不可胜用矣",释"学而时习"云"人性皆善,而觉有先后,后觉者必效先觉之所为,乃可以明善而复其初也……既学而又时时习之,则所学者熟,而中心喜说,其进自不能已矣……德之所以成,亦曰学之正、习之熟、说之深,而不已焉耳",以及释"有教无类"云"人性皆善,而其类有善恶之殊者,气习之染也。故君子有教,则人皆可以复于善,而不当复论其类之恶矣"等;又如《孟子集注》,释"道性善"云"性者,人所禀于天以生之理也,浑然至善,未尝有恶。人与尧舜初无少异,但众人汩于私欲而失之,尧舜则无私欲之蔽,而能充其性尔。故孟子与世子言,每道性善,而必称尧舜以实之。欲其知仁义不假外求,圣人可学而至,而不懈于用力也",释"人之所以异于禽兽者几希"云"人物之生,同得天地之理以为性,同得天地之气以为形;其不同者,独人于其间得形气之正,而能有以全其性,为少异耳……众人不知此而去之,则名虽为人,而实无以异于禽兽。君子知此而存之,是以战兢惕厉,而卒能有以全其所受之理也",释"人性之善犹水就下"云"性本善,故顺之而无不善;本无恶,故反之而后为恶,非本无定体,而可以无所不为也",释"乃若其情"云"情者,性之动也。人之情,本但可以为善而不可以为恶,则性之

---

① 〔宋〕朱熹:《四书章句集注》,中华书局1983年版,分见第1,3;14—15,17,18页。

本善可知矣……人有是性，则有是才，性既善则才亦善。人之为不善，乃物欲陷溺而然，非其才之罪也"，释"四端"云"恻隐、羞恶、辞让、是非，情也。仁、义、礼、智，性也。心，统性情者也。端，绪也。因其情之发，而性之本然可得而见，犹有物在中而绪见于外也……人之性情，心之体用，本然全具，而各有条理如此。学者于此，反求默识而扩充之，则天之所以与我者，可以无不尽矣"，以及释"尽心知性"云"心者，人之神明，所以具众理而应万事者也。性则心之所具之理，而天又理之所从以出者也。人有是心，莫非全体，然不穷理，则有所蔽而无以尽乎此心之量。故能极其心之全体而无不尽者，必其能穷夫理而无不知者也……知性则物格之谓，尽心则知至之谓也"①等。

　　朱子门人嗣统卫道功不可没，其中黄榦（1152—1221）、陈淳（1159—1223）概念辨析稍嫌生硬，程端蒙（1143—1191）概念概括则较为通畅自然。如黄榦《圣贤道统传授总叙说》"居敬以立其本，穷理以致其知，克己以灭其私，存诚以致其实，以是四者而存诸心，则千圣万贤所以传道而教人者，不越乎此矣"，《中庸总论》"此书皆言道之体用，下学而上达，理一而分殊……知道有体用，则一动一静皆天理自然之妙，而无一毫人为之私"，《复叶味道书》"道之在天下，一体一用而已。体则一本，用则万殊。一本者，天命之性；万殊者，率性之道……万物通体一太极，此天下无性外之物也。一物各具一太极，此性无不在也"②等。又如陈淳《北溪字义》卷下《太极》"毕竟未有天地万物之先，必是先有此理……才有理，便有气，理便全在这气里面……如何分得孰为先、孰为后，所谓动静无端，阴阳无始"，卷上《心》"心含理与气。理固全是善，气便含两头在，未便全是善底物，才动便易从不善上去……心之动，是乘气动……其灵处，是因理与气合便会灵"，《用功节目》"圣门用工节目，其大要不过曰致知力行而已……其所以为致知力行之地者，必以敬为主。敬者，主一无适之谓，圣贤所以贯动静、彻终始之功也。能敬，则中有涵养，而大本清明。由是而致知，则心与理相涵，而无顽冥之患矣。由是而力

---

① ［宋］朱熹：《四书章句集注》，中华书局1983年版，分见第79，175—176，131—132，47，168；251，293—294，326，328，238，349页。
　　② 《宋元学案》卷六十三，分见第2023、2024、2029页。

行，则身与事相安，而不复有扞格之病矣"①等。再如程端蒙《性理字训》所云，"天理流行，赋予万物，是之谓命。人所禀受，莫非至善，是之谓性。主于吾身，统乎性情，是之谓心。感物而动，斯性之欲，是之谓情。为性之质，刚柔、强弱、善恶分焉，是之谓才。心之所之，趋向期必，皆由是焉，是之谓志。为木之神，在人则爱之理，其发则恻隐之情，是之谓仁。为金之神，在人则宜之理，其发则羞恶之情，是之谓义。为火之神，在人则恭之理，其发则辞逊之情，是之谓礼。为水之神，在人则别之理，其发则是非之情，是之谓智。人伦事物，当然之理，是之谓道。行此之道，有得于心，是之谓德。真实无妄，是之谓诚。循物无违，是之谓信。发己自尽，是之谓忠。推己及物，是之谓恕。无所偏倚，是之谓中。发必中节，是之谓和。主一无适，是之谓敬。始终不二，是之谓一。善事父母，是之谓孝。善事兄长，是之谓悌。天命流行，自然之理，人所禀受，五性具焉，是曰天理。人性感物，不能无欲，耳目鼻口，斯欲之动，是曰人欲。无为而为，天理所宜，是之谓谊。有为而为，人欲之私，是之谓利。纯粹无妄，天理之名，是之谓善。凶暴无道，不善之名，是之谓恶。物我兼照，扩然无私，是之谓公。蔽于有我，不能大公，是之谓私。凡此字训，搜辑旧闻。嗟尔小子，敬之戒之。克循其名，深惟其义，以达于长，以会于学，审问明辨，精思笃行，孜孜勉焉，圣可贤致"②。此后，程若庸训蒙读物《性理字训》则进而补充敷衍之，如《情性第二》"元亨利贞，自然之理，是曰天道。人伦日用，当然之则，是曰人道。天理流行，赋予万物，是之谓命。人所禀受，贤愚厚薄，是之谓分。古今人物，本本原原，初无或一，是曰理一。亲疏贵贱，贤愚厚薄，万有不齐，是曰分殊"，以及《善恶第四》"天命流行，於穆不已，其赋于人，为性之善，是曰天理。喜怒哀乐，声色臭味，感物而动，易流于私，是曰人欲。知觉之发，原于性命，是曰道心。知觉之发，生于形气，是曰人心。无为而为，天理之宜，是之谓义。有为而为，人欲之私，是之谓利。物我兼照，坦然一致，是之谓公。物我角立，纷然万殊，

---

① 分见［宋］陈淳：《北溪字义》，中华书局1983年版，第45、12页，《宋元学案》卷六十八，第2224页。

② 《宋元学案》卷六十九，第2279—2280页。

是之谓私。反乎天理，日进高明，是曰上达。徇乎人欲，日究污下，是曰下达。纯粹无妄，天理之名，是之谓善。凶暴无道，有心悖理，是之谓恶。谬误非终，无心失理，是之谓过。正固严毅，是曰刚善。猛隘强梁，是曰刚恶。慈顺卑逊，是曰柔善。懦弱邪佞，是曰柔恶。以道为非，拒而不信，堕于刚恶，是曰自暴。以道为高，惮而不为，堕于柔恶，是曰自弃。矜夸气盈，吝之枝叶，是之谓骄。鄙啬气歉，骄之本根，是之谓吝。罪自外至，是之谓尤。理自内出，是之谓悔。智者过之，行有不揜，是之谓狂。贤者过之，见有未明，是之谓狷。德性之刚，持守不变，志气之勇，力行不息，是之谓强。气禀不刚，阴柔怯懦，志操不立，委靡颓堕，是之谓弱。百家众技，不能相通，是曰小道。邪说诐行，戾乎正道，是曰异端。理之和顺，气之嘉祥，是之谓吉。理之悖违，气之乖沴，是之谓凶。事虽未著，理则已明，是之谓几。阴反而阳，恶反而善，是之谓复。人非圣贤，孰能无过，过而不改，斯恶之大。迁善风俗，改过雷决，百倍其功，气习变化"[①]等表述，可谓有功于儒教训蒙。

南宋儒学于朱子闽学理学正宗外，尚有吕祖谦婺学、张栻湖南学派、陆九渊心学、陈亮永康之学、叶适永嘉之学等各具特色的儒学流派。陆九渊、陈亮、叶适之学虽有其优长而不能仁礼中正，本为补偏救弊而又自陷一端，朱子论其修教流弊云"江西之学只是禅，浙学却专是功利"[②]。程朱理学主"性即理"，陆王心学则主"心即理"。陆九渊（1139—1193）主心理合而践履实，于性善修教有开发功，但也有重大修教流弊，如《陆九渊集》卷十一《与李宰·二》"四端者，即此心也；天之所以与我者，即此心也。人皆有是心，心皆具是理，心即理也"、卷一《与赵监》"仁义者，人之本心也……愚不肖者不及焉，则蔽于物欲而失其本心；贤者智者过之，则蔽于意见而失其本心"，以及卷三十五《语录下》"收拾精神，自作主宰。万物皆备于我，有何欠缺""只与理会实处，就心上理会……须是血脉骨髓理会实处始得""一实了，万虚皆碎"[③]等。陈亮（1143—1194）论性理事合、性情正而理欲并、事

---

① 文本参见［宋］程若庸：《性理字训》，汕头大学出版社2017年版。

② ［宋］黎靖德辑：《朱子语类》卷123，中华书局1986年版，第2967页。

③ ［宋］陆九渊：《陆九渊集》，中华书局1980年版，分见第149、9，455—456、444—445、448页。

功会，重时用有生气但偏颇不纯，如《陈亮集》卷十九《汉论·高帝朝》"夫子之道即尧舜之道，尧舜之道即天地之道"，卷九《勉强行道大有功》"夫道，非出于形气之表，而常行于事物之间者也……夫道岂有他物哉，喜怒哀乐爱恶得其正而已；行道岂有他事哉，审喜怒哀乐爱恶之端而已。不敢以一息而不用吾力，不尽吾心"，以及卷十五《册问》"儒者专言王道，而趋事功者必曰霸王之杂……王霸之杂，事功之会，有可以裨王道之阙而出乎富强之外者"，但卷二十八《丙午复朱元晦秘书书》亦云"王霸可以杂用，则天理人欲可以并行矣"①等。叶适（1150—1223）《习学记言》论性，合天人、一道物而兼治教、实功利，如卷四十九"道始于帝尧……尧敬天至矣。历而象之，使人事与天行不差。若夫以术下神，而欲穷天道之所难知，则不许也。次舜……'人心惟危，道心惟微。惟精惟一，允执厥中。'人心至可见，执中至易知，至易行，不言性命……次禹……《洪范》者，武王问以天，箕子亦对以天，故曰'……乃锡禹《洪范》九畴'……次皋陶，训人德以补天德，观天道以开人治，能教天下之多材……以人代天，典礼赏罚，本诸天意……次汤，'惟皇上帝，降衷于下民，若有恒性，克绥厥猷惟后'，其言性盖如此。次伊尹……'咸有一德，克享天心，受天明命'……尧、舜、禹、皋陶、汤、伊尹于道德性命，天人之交，君臣民庶均有之矣。次文王……'不识不知，顺帝之则。'……文王备道尽理如此……固所以成天下之才，而使皆有以充乎性、全于天也……次周公，治教并行，礼刑兼举，百官众有司虽名物卑琐，而道德义理皆具……措于事物，其该括演畅……次孔子……唐、虞、三代之道赖以有传……后世以孟子能传孔子，殆或庶几，然开德广，语治骤，处己过，涉世疏。学者趋新逐奇，忽亡本统，使道不完而有迹。自是而往，争言千载绝学矣"，以及卷四十七"古诗作者无不以一物立义，物之所在，道则在焉……道虽广大，礼备事足，而终归之于物，不使散流，此圣贤经世之业，非习为文词者所能知也"、卷二三"仁人正谊不谋利，明道不计功，此语初看极好，细看全疏阔。古人以利与人而不自居其功，故道义光明。后世儒者行仲舒之论，既无功利，则道义者乃无

---

① ［宋］陈亮：《陈亮集》，邓广铭点校，中华书局1987年版，分见第212，100—101，172—173、354页。

用之虚语尔"①等。

因夏夷交会之时势差异，南宋北方之金代儒学具有独特个性，既包容异教、驳杂不纯，又纠道学流弊、重近思笃行。其中，赵秉文（1159—1232）《滏水集》以中正实行论性，如卷一《大学·原教》"道德性命之说，固圣人罕言之也。求其说而不得，失之缓而不切，则督责之术行矣，此老庄之后所以为申韩也与？过于仁，佛老之教也；过于义，申韩之术也；仁义合而为孔子"，《性道教说》"性之说，难言也，何以明之？上焉者，杂佛老而言；下焉者，兼情与才而言之也。佛则灭情以归性，老氏则归根以复命，非吾所谓性之中也""中庸之道何道也？天道也，大中至正之道也。典礼德刑非人为之私也……外是别有所谓性与天道乎"，以及卷二十《书东坡寄无尽公书后》"自王氏之学兴，士大夫非道德性命不谈，往往高自贤圣而无近思笃行之实……学贵深博，行己自浅近始，庶几脚践实地，无躐等虚浮之咎矣"②等。而李纯甫（1177—1223）则主性善而失立场，附会佛学义理而批判宋代理学，企图三教会通而归宗佛学。

元代儒学斯文未丧，内续慧命而时中担当，用夏化夷功不可没。许衡（1209—1281）师承赵复、姚枢，奉持程朱理学性理说，于性善修教有所发明。如《鲁斋遗书》卷三《论明明德》"上帝降衷，人得之以为心，心形虽小，中间蕴藏天地万物之理，所谓性也，所谓明德也。虚灵明觉，神妙不测，与天地一般。故圣人说天地人为三才"、卷二《语录下》"'合虚与气，有性之名'。虚是本然之性，气是气禀之性……仁义礼智信是明德，人皆有之，是本然之性，求之在我者也，理一是也。贫富、贵贱、死生、修短、祸福禀于气，是气禀之命，一定而不可易者也，分殊是也"，以及卷三《论明明德》"天下之人，皆有自己一般的明德。只为生来的气禀拘之，又为生以后耳目口鼻身体的爱欲蔽之，故明德暗塞，与禽兽不远""天下古今之善，皆从敬字上起；天下古今之恶，皆从不敬上生"、卷二《语录下》"不睹不闻之时，戒慎恐惧以存之，

①　［宋］叶适：《习学记言》，影印《四库》849册，分见页第796上—798下，774上、528下。

②　［金］赵秉文：《滏水集》，影印《四库》1190册，分见页第79下，79下、81上、264上。

所以存天理之本然，而不使之须臾离道。此所谓致中也，存养之事也……一念方动，非善即恶，恶是气禀人欲，即遏之不使滋长。善是性中本然之理，即执之不使变迁，如此则应物无少差谬。此所谓致和也，省察之事也"①等。姚燧《牧庵集》论性继鲁斋而主天人道气阴阳中和，如卷三十一《经义》"有道斯有气。道降而气，其在天地则为阴阳之运，其在圣人则为中节之和。气统于道，其在天地则为阴阳之粹，其在圣人则为未发之中。天地以气运，则有上下交通之妙，气即道之流行焉耳；圣人以道运，则有财成辅相之功，道即气之主宰焉耳"②等。此外，刘因（1249—1293）论性善修教亦有新意，如《静修集》卷二二《希圣解》"子受天地之中，禀健顺五常之气。子之性，圣之质；子之学，圣之功。子犹圣也，圣犹子也""人之所钟，乃全而通；物之所得，乃偏而塞。偏而塞者，固不可移；全而通者，苟能通之，何所不至矣"，以及《静修续集》卷三《叙学》"性无不统，心无不宰，气无不充。人以是而生，故材无不全矣。其或不全，非材之罪也，学术之差、品节之紊、异端之害惑之也。今之去古远矣，众人之去圣人也下矣，幸而不亡者，大圣大贤惠世之书也。学之者以是性与是心与是气，即书以求之，俾邪正之术明，诚伪之辨分，先后之品节不差，笃行而固守，谓其材之不能全，吾不信也"③等。

吴澄（1249—1333）论性近程朱理学而又兼陆氏心学，综合道问学与尊德性而主张全体大用，对明代理学心学俱有直接影响。如《吴文正公外集·杂识一》"性者，天所付于我之理，纯粹至善者也。是性也，张子所谓天地之性也，孟子所以言性善者谓此也""荀、扬、韩子不知此理，皆指气质以为言，而各立一说以与孟子竞……欧阳公、司马公、苏氏、胡氏皆一代大儒，而于此犹不察焉，他何足责……孟子而后，向微周、程、张、朱数夫子，性学其泯矣"、卷一《理一箴》"性为最贵，最贵之中，又有不同，气有清浊，质有美恶，曰圣曰贤，其品殊途"，《吴文正集》卷二《答人问性理》"盖天地之

---

① ［元］许衡：《鲁斋遗书》，影印《四库》1198册，分见页第315下、291上，316上—下、291上一下。

② ［元］姚燧：《牧庵集》，影印《四库》1201册，页第725下—726上。

③ ［元］刘因：《静修集》《静修续集》，影印《四库》1198册，分见页第650上、650上，683上。

性，气质之性，两性字只是一般，非有两等性也，故曰'二之则不是'。言人之性本是得天地之理，因有人之形，则所得天地之性，局在本人气质中，所谓'形而后有气质之性'也。气质虽有不同，而本性之善则一，但气质不清不美者，其本性不免有所污坏，故学者当用反之之功……以至变化其不清不美之气质，则天地之性，浑然全备，具存于气质之中，故曰'善反之，则天地之性存焉'""此理在天地，则元亨利贞是也；其在人而为性，则仁义礼智是也""世俗言人性宽性褊、性缓性急，皆是指气质之不同者为性，而不知气质中之理谓之性"，以及《外集·答程教讲义》"天之生是人，其生也，皆有仁义礼智之性。人之有是性，其发也，皆有恻隐、羞恶、辞让、是非之情"、《吴文正集》卷十《邬昀兄弟字说》"约爱恶哀乐喜怒忧惧悲欲十者之情，而归之于礼义智仁四端之性，所以性其情，而不使情其性也"等；吴澄论性毕竟偏于心学，如《吴文正集》卷四八《仙城本心楼记》"夫孟子言心而谓之本心者，以心为万理之所根，犹草木之有本，而苗茎枝叶皆由是以生也""迎接酬酢，千变万化，无一而非本心之发见，于此而见天理之当然，是之谓不失其本心，非专离去事物寂然不动以固守其心而已也"，以及卷四五《静虚精舍记》"心学之妙，自周子、程子发其秘，学者始有所悟，以致其存存之功。周子云'无欲故静'，程子云'有主则虚'，此二言者，万世心学之纲要也"①等。

在黄榦、何基、王柏、金履祥基础上，许谦（1270—1337）发明金华朱学"性即理"性善学统，如《读四书丛说·论语下·性相近章》"天地之性，天以此理赋于人者；气质之性，人禀天地之气以成人，则有淳有驳有清有浊。禀得清纯者而生为圣贤，禀得浊驳者而生为愚不肖。若言天地之性，即是理，理皆是善而无恶"，《大学》"气禀所拘，就有生之初言之；物欲所蔽，就有知之后言之……气禀是内根，物欲是外染"，《论语下·颜渊章》"天地生物，理为之主；人之一身，心为之主。人心本全其天理者也。天下事物万变，不能皆善，心为事物所感，则欲生私胜，天理渐昏。理与欲二者在人心常相消长，理明

---

① 分见［元］吴澄：《吴文正公外集》卷二，《元人文集珍本丛刊》本，台北新文丰出版公司1985年版，《吴文正集》，影印《四库》1197册，页第33上、32上、32下，《吴文正公外集》卷三，《吴文正集》页第122上；500上、500上一下，477下。

一分，则人欲消一分，欲长一分，则天理消一分。学者但要究明天理，屏去私欲。若欲尽理明，应事接物，件件适中，即是全体之仁"，以及《白云集》卷四《八华讲义》"天之生人也，其伦有五……天之赋人以形，即命之以性，其类亦有五……人伦之外无余事也，五常之外无余理也"、《读四书丛说·大学》"事虽万殊，理只是一，晓理之在此事如此，便可晓理之在彼事亦如此。到此须有融会贯通，脱然无碍"①等。此外，刘埙、陈苑、危素、赵偕、郑玉等陆学学者和会朱陆、消解朱学流弊，对宋明理学发展亦有所贡献。

元明易代之际，士庶风俗华夷交参，功利浮夸、暴戾贪鄙现象较为普遍，方孝孺（1357—1402）严明华夷之辨、倡复礼义制度而判儒教正统，如《逊志斋集·后正统论》"辨君臣之等，严华夷之分，扶天理，遏人欲"②等。明代前期儒者多宗奉程朱理学，曹端（1376—1434）论性注重诚敬实修，如《曹端集·太极图说述解序》"天道之立，实理所为。理学之源，实天所出……圣心，一天理而已。圣作，一天为而已"，敷衍朱子理气论性说云"性只是理，然无那天气、地质，则此理没安顿处。但得气之清明，则不蔽固。此理顺发出来，蔽固少者，发出来天理盛；蔽固多者，则私欲盛。便见得本源之性无有不善，只被气质昏浊，则隔了。学以反之，则天地之性存矣。故说性须兼气质方备"，进而指出"'一'字为圣贤之要。一即太极，是纯一不杂之谓也……只是纯然是个天理，无一点私欲。且无欲便觉自在……常人如何便得无欲，故伊川只说一个'敬'字，教人只就敬上捱去，庶几执捉得定，有个下手处"③，等等。吴与弼（1391—1469）为学主痛省对治、变化气质，如《康斋集》卷十一"胸次鄙吝，甚可愧耻……吾之所以不能如圣贤，而未免动摇于区区利害之间者，察理不精，躬行不熟故也。吾之所为者，惠迪而已，吉凶祸福，吾安得与于其间哉"④等。胡居仁（1434—1484）为学主敬以养性，批驳释老作用为性

---

① 分见［元］许谦：《读四书丛说》，《丛书集成初编》，商务印书馆1936年初版，中华书局新版56册，第257，21—23，232页，《白云集》，影印《四库》1199册，页第603上，《丛书集成初编》56册第31页。

② ［明］方孝孺：《逊志斋集》，宁波出版社2000年版，第57页。

③ ［明］曹端：《曹端集》，中华书局2003年版，分见第1，43，73页。

④ ［明］吴与弼：《康斋文集》，影印《四库》1251册，页第569上。

说，如《居业录》卷二"主敬是有意，以心言也；行其所无事，以理言也。心有所存主，故有意；循其理之所当然，故无事。此有中未尝有，无中未尝无，心与理一也""端庄整肃，严威俨恪，是敬之入头处；提撕唤醒，是敬之接续处；主一无适，湛然纯一，是敬之无间断处；惺惺不昧，精明不乱，是敬之效验处"，以及卷七"老氏不识道，妄指气之虚者为道。释氏不识性，妄指气之灵者为性""释氏误认神识为理，故以作用是性……性是吾身之理，作用是吾身之气。认气为理，以形而下者作形而上者"[①]，等等。

薛瑄（1389—1464）综论道统，勘定两宋理学在儒教史上的反本正学崇高地位。《读书录》论性善甚明，如卷二"万理之名虽多，不过一性。性之一言，足以该众理。朱子谓《孟子》七篇，皆不能外性善之一言。窃意岂独《孟子》七篇哉，学者默识而旁通之，则虽诸经之所言，皆不外于是理矣"，卷七"知人物古今之性无不同，则心之全体大用无不该贯，初无限量之可言矣"，卷一"尽心功夫，全在知性知天上。盖性即理，而天即理之所从出。人能知性知天，则天下之理无不明，而此心之体无不贯。苟不知性知天，则一理不通，而心即有碍，又何以极其广大无穷之量乎""理一乃所以包乎分殊，分殊即所以行夫理一。分殊固在乎理一之中，而理一又岂离分殊之外哉"、卷六"所以为学者，只为人固有之善，或蔽于气质物欲，有时而失，故须学以复之。及其既复，则本分之外不加毫末"，以及卷九"为学，只要分理欲二字。程子言'恶亦不可不谓之性也'，此指理在气中，荀子言性恶，则专指气言"、卷六"仁义礼智即是性，非四者之外别有一理为性也。道只是循此性而行，非性之外别有一理为道也。德即是行此道而有得于心，非性之外别有一理为德也。诚即是性之真实无妄，非性之外别有一理为诚也。命即是性之所从出，非性之外别有一理为命也。忠即尽性于心，非性之外别有一理为忠也。恕即推是性于人，非性之外别有一理为恕也。然则性者，万理之统宗欤"等；薛瑄进而褒扬了两宋理学性善说正统地位，如卷三"宋道学诸君子，有功于天下万世不可胜言。如性之一字，自孟子以后，荀、扬以来或以为恶，或以为善恶混，议论纷然不决，天下学者莫知所从。至于程子'性即理也'之言出，然后知性本善而无

---

① ［明］胡居仁：《居业录》，影印《四库》714册，分见页第11下、12下、64下、65下。

恶。张子气质之论明，然后知性有不善者乃气质之性，非本然之性也。由是性之一字大明于世，而无复异议者，其功大矣"①等。

陈献章（1428—1500）践性工夫由朱学转向心学，为明代心学之发轫者，如《陈献章集·与贺克恭黄门》"为学须从静中坐养出个端倪来，方有商量处"、《与罗一峰》"伊川先生每见人静坐，便叹其善学……晦庵恐人差入禅去，故少说静，只说敬，如伊川晚年之训。此是防微虑远之道。然在学者，须自量度何如。若不至为禅所诱，仍多静方有入处。若平生忙者，此尤为对症药也"，以及《与林郡博》"终日乾乾，只是收拾此理而已……此理包罗上下，贯彻终始，滚作一片，都无分别，无尽藏故也。自兹以往，更有分殊处，合要理会，毫分缕析，义理尽无穷，工夫尽无穷"②，等等。湛若水（1466—1560）以随处体认、勿忘勿助论天理性善，如《湛甘泉先生文集》卷二一《心性图说》"性者，天地万物一体者也。浑然宇宙，其气同也。心也者，体天地万物而不遗者也。性也者，心之生理也，心性非二也。譬之谷焉，具生意而未发，未发故浑然而不可见。及其发也，恻隐、羞恶、辞让、是非萌焉，仁义礼智自此焉始分矣，故谓之四端。端也者，始也，良心发见之始也……心也者，包乎天地万物之外，而贯夫天地万物之中者也。中外非二也。天地无内外，心亦无内外"，卷七《复郑启范进士》"心具生理，故谓之性。性触物而发，故谓之情。发而中正，故谓之真情，否则伪矣。道也者，中正之理也，其情发于人伦日用，不失其中正焉，则道矣。勿忘勿助，其间则中正处也。此正情复性之道也"，以及《答余督学》"古之论学，未有以静为言者。以静为言者，皆禅也。故孔门之教，皆欲事上求仁，动时着力……故善学者必令动静一于敬，敬立而动静浑矣。此合内外之道也"③，等等。此外，湛门弟子吕怀、何迁、洪垣、唐枢、唐枢弟子许孚远，以及许孚远再传弟子冯从吾、刘宗周等对湛学性善义理均有发挥，对阳明心学无善无恶说流弊亦有批判，其中当以许孚远与王门弟子

---

① ［明］薛瑄：《读书录》，《孔子文化大全》，山东友谊书社1991年版，分见第109—110、351、63、76、335、491、306—307；163—164页。

② ［明］陈献章：《陈献章集》，中华书局1987年版，分见第133、157、217页。

③ ［明］湛若水：《湛甘泉先生文集》，《四库全书存目丛书》本，齐鲁书社1997年版，分见卷二一第1—2页，卷七第19、6页。

周汝登辩论性善与性无善恶说最为典型，此不展开。

　　王阳明（1472—1528）以致良知为性善修教宗要。阳明论性善，如《传习录上》"性元无一毫之恶，故曰至善""人性皆善，中和是人人原有的，岂可谓无？但常人之心既有所昏蔽，则其本体虽亦时时发见，终是暂明暂灭，非其全体大用矣"，以及《传习录下》"夫子说'性相近'，即孟子说'性善'，不可专在气质上说。若说气质，如刚与柔对，如何相近得？惟性善则同耳""至善者，心之本体……谓之恶者本非恶，但于本性上过与不及之间耳……既去恶念，便是善念，便复心之本体矣"等；阳明论良知，如《传习录上》"身之主宰便是心，心之所发便是意，意之本体便是知，意之所在便是物……无心外之理，无心外之物""心一也，未杂于人谓之道心，杂以人伪谓之人心。人心之得其正者即道心，道心之失其正者即人心""知是理之灵处。就其主宰处说，便谓之心；就其禀赋处说，便谓之性……充拓得尽，便完完是他本体，便与天地合德"，以及《传习录中》"良知是天理之昭明灵觉处，故良知即是天理。思是良知之发用"、《传习录上》"知是心之本体，心自然会知。见父自然知孝，见兄自然知弟，见孺子入井自然知恻隐，此便是良知，不假外求……然在常人不能无私意障碍，所以须用致知格物之功胜私复理，即心之良知更无障碍，得以充塞流行"等；阳明论致良知，则如《传习录下》"无善无恶是心之体，有善有恶是意之动，知善知恶的是良知，为善去恶是格物"、《传习录中》"知之真切笃实处，即是行；行之明觉精察处，即是知"、《传习录下》"一念发动处，便即是行了。发动处有不善，就将这不善的念克倒了。须要彻根彻底，不使那一念不善潜伏在胸中"，以及《传习录下》"我辈致知，只是各随分限所及。今日良知见在如此，只随今日所知扩充到底；明日良知又有开悟，便从明日所知扩充到底。如此方是精一功夫"①等。阳明"良知说"借鉴禅道而又反求诸儒，成为明清以来儒学性善修教的学理转折，于孟子性善论确有深化拓展之功，但阳明良知说立而礼义衰、意见丛生流弊无穷，故非大中至正之修教善道。

----

　　① 《象山语录　阳明传习录》，上海古籍出版社2000年版，分见第193、191，296、268—271；171、173—174、202，241、173；290、210、268，267—268页。

阳明"四句教"蕴涵着良知修证宗要的内在分歧，预示着王门后学的学理补救，阳明后学由此出现了良知修证个性化趋向。先就浙中王门论性善修教而言，王畿（1498—1583）重先天正心而以"四无"感应为宗，有脱落纲常过于随顺乃至虚脱近禅之害，如《三山丽泽录》"心本至善，动于意始有不善。若能在先天心体上立根，则意所动自无不善，一切世情嗜欲自无所容，致知功夫自然易简省力"，以及《三教堂记》"人受天地之中以生，均有恒性，初未尝以某为儒、某为老、某为佛而分授之也。良知者，性之灵，以天地万物为一体，范围三教之枢……学老佛者，苟能以复性为宗，不沦于幻妄，是即道释之儒也；为吾儒者，自私用智，不能普物而明宗，则亦儒之异端而已"①等；钱德洪（1496—1574）重后天诚意而以"四有"感应为宗，如"盖心无体，心之上不可以言功也。应感起物而好恶形焉，于是乎有精察克治之功。诚意之功极，则体自寂而应自顺，初学以至成德，彻始彻终，无二功也"，以及"未发寂然之体，未尝离家国天下之感而别有一物在其中也。即家国天下之感之中，而未发寂然者在焉耳。此格物为致知之实功，通寂感、体用而无间，尽性之学也"②等；黄绾（1480—1554）感念道衰俗弊，纠阳明良知说之类禅流弊而以"艮止执中"为宗，如《明道编》"以艮止存心，以执中为志，以思为学，时止时行，无终食之间违仁，兢兢业业，无一言敢妄，一行敢苟。欲寡其过，恒惧不能。贤犹未及，焉敢云圣"③等；季本（1485—1563）亦纠良知说流弊而以"龙惕慎独"为宗，如《说理会编》"性命一也，本无彼此之分，但几不由我制者，命之运，则属于气，而自外来者也。由我制者，性之存，则属于理，而自内出者也。性命盖随理气分焉……此明理欲相胜之几，欲人尽性以制命耳……性不可见，因生而可见，仁义礼智本无名，因见而有名……性之本体无声无臭，不可以言语形容也……感物而动，生意滋萌，有恻隐之心可见而其名为仁矣，有羞恶之心可见而其名为义矣。仁义者，由性而生，相继不绝，善端之不能自已者也，故曰：继之者善也。自其成善之本而言，则性矣，故曰：成之者

① 《王畿集》，凤凰出版社2007年版，分见第10，486页。
② 分见《明儒学案·浙中王门学案一》，中华书局2008年第2版（下同），第231页，《徐爱 钱德洪 董澐集·复周罗山》，凤凰出版社2007年版，第154页。
③ ［明］黄绾：《明道编》，中华书局1959年版，第20页。

性也……圣人以龙言心而不言镜。盖心如明镜之说，本于释氏，照自外来，无所裁制者也。而龙则乾乾不息之诚，理自内出，变化在心者也……此理发于孔子'居敬而行简'……舍慎独而言自然，则自然者气化也，必有忽于细微而愆于理义之正者。其入于佛老无疑矣"①等。此外，董穀近龙溪而尤偏虚，以无善无恶说天理真性而歧出儒学性善修教范畴；顾应祥近绪山而重对治，以性之所发良知省察意念并时时以善念对治恶念，张元忭亦以戒慎恐惧慎独之功夫致良知；徐用检（1528—1611）进而主张反本孔子，以求仁积修实证复性之学，如《兰游录语》"专求性，或涉于虚圆而生机不流；专求心，或涉于情欲而本体易淆。惟仁者，性之灵而心之真，先天后天合为一致，形上形下会为一原，凝于冲默无朕，而生意益然，洋溢宇宙。以此言性，非枯寂断灭之性也，达于人伦庶物，而真体湛然，迥出尘累。以此言心，非知觉运动之心也。故孔子专言仁，传之无弊"②；胡瀚主性善良知，中道评判阳明后学论性偏蔽而亦归宗孔子之道，等等。

再就江右王门论性善修教而言，邹守益（1491—1562）以"戒惧敬养"为宗，如《龙华会语》"德性是天命之性。性字从心从生，这心之生理精明真纯，是发育万物、峻极于天的根本。戒慎恐惧，养此生理，从君臣父子交接处周贯充出，无须臾亏损，便是礼仪三百，威仪三千"③等；欧阳德（1496—1554）以"明觉妙用"为宗，如《答罗整庵先生寄〈困知记〉》"天性之真，明觉自然，随感而通，自有条理者也，是以谓之良知，亦谓之天理。天理者，良知之条理；良知者，天理之灵明，知觉不足以言之也"、《答罗整庵先生寄〈困知记〉二》"性非知则无以为体，知非良则无以见性。性本善，非由外铄，故知本良，不待安排"，以及《答冯州守》"格物是就视听喜怒诸事慎其独知而格之，循其本然之则以自慊于其知"④等；聂豹（1487—1563）以"归寂通感"为宗，如《困辩录·辩易》"君子以寂然不动立人极焉，遏恶于未萌，养善于未发"、《与欧阳南野三》"学问之道，自其主乎内之寂

① 《明儒学案·说理会编》，第274—276页。

② 《明儒学案·兰游录语》，第308页。

③ 《邹守益集》，凤凰出版社2007年版，第731页。

④ 《欧阳德集》，凤凰出版社2007年版，分见第12、16、153页。

然者求之，使之寂而常定也，则感无不通，外无不该，动无不制，而天下之能事毕矣"①等；罗洪先（1504—1564）以"主静体仁"为宗，如《甲寅夏游记》"人生而静未有不善，不善者，动之妄也。主静以复之，道斯凝而不流矣。神发为知，良知者静而明也，妄动以杂之，几始失而难复矣。故必有收摄保聚之功，以为充达长养之地，而后定静安虑由此以出，必于家国天下感无不正，而未尝为物所动，乃可谓之格物"，以及《答张浮峰》"己私不入，方为识得仁体，如此却只是诚敬守之。中庸者，是此仁体现在平实，不容加损，非调停其间而谓之中也。急迫求之，总成私意；调停其间，亦难依据。惟有己私不入，始于天命之性，方能觌体，言行皆庸，无有起作迁改之几。盖不入己私，处处皆属天然之则故也"②等；王时槐（1522—1605）以"透性研几"为宗，如《念庵罗先生文要序》"昔孔门示未发之中，盖言性也，而以戒慎恐惧为复性之功，此万世言性学者之彀率也……性体物不遗，物可睹闻而性不可以睹闻言，故曰未发也"，《唐曙台索书》"'寂然不动者诚，感而遂通者神，动而未形、有无之间者几。'此是描写本心最亲切处。夫心一也，寂其体，感其用，几者体用不二之端倪也。当知几前无别体，几后无别用，只几之一字尽之。希圣者终日乾乾，唯研几为要矣"，以及《石经大学略义》《中庸》……既言戒慎恐惧……而归极于无声臭之至。正潜藏收敛、研几入微之旨也"③等。此外，刘文敏以"性常体虚"为宗、陈九川以"慎独知几"为宗、刘师泉以"悟性修命"为宗、魏良弼以"无我复性"为宗。如此等等，不一而足。

泰州学派开启了儒学性善修教大众化尝试。其中，王艮（1483—1541）性善修教以"自然和乐"为宗，如《乐学歌》"人心本自乐，自将私欲缚。私欲一萌时，良知还自觉。一觉便消除，人心依旧乐。乐是乐此学，学是学此乐"，《语录》"圣人之道无异于百姓日用，凡有异者，皆谓之异端……百姓日用条理处，即是圣人之条理处。圣人知，便不失；百姓不知，便会失"，以及

---

① 《聂豹集》，凤凰出版社2007年版，分见第554、241页。

② 《罗洪先集》，凤凰出版社2007年版，分见第81—82、247页。

③ 分见［明］王时槐：《友庆堂合稿》卷三，《四库存目丛书》重刻本，第19页；《明儒学案·江右王门学案五》，第488—489页；《友庆堂合稿》卷五，第43页。

《语录》"身与天下国家一物也，唯一物也而有本末之谓。格，絜度也，絜度于本末之间，而知本乱而末治者否也……格如'格式'之格，即后'絜矩'之谓。吾身是个矩，天下国家是个方，絜矩则知方之不正由矩之不正也，是以只去正矩，却不在方上求。矩正则方正矣，方正则成格矣"①等；其平民弟子如樵夫朱恕、陶匠韩贞等俱能守本分而化民俗，而心斋明哲保身说利义模糊处也直接导致了泰州后学世俗化流弊。颜钧（1504—1596）情义豪侠，重体悟功夫而以"率性体仁"为宗，其学理已不受儒学正统所范围，黄宗羲述其学云"平时只是率性所行，纯任自然，便谓之道。及时有放逸，然后戒慎恐惧以修之。凡儒先见闻，道理格式，皆足以障道"②，如《论大学中庸》述其"大中学庸"之旨云"夫是中也，主乎大之生。夫是大也，家乎中之仁。是故为学以翕丽乎万善之妙，晰庸而适达乎中正之道。是道是妙，根乎氤氲，化工天成，知格明哲，以律修齐治平"③等。何心隐（1517—1579）则淡漠礼敬尊卑而肯定合理欲望，突破天命之性正统范围而以"性乘于欲"为宗，如《寡欲》"性而味，性而色，性而声，性而安佚，性也。乘乎其欲者也，而命则为之御焉。是故君子性而性乎命者，乘乎其欲之御于命也，性乃大而不旷也。凡欲所欲而若有所发，发以中也，自不偏乎欲，于欲之多也，非寡欲乎？寡欲，以尽性也，尽天之性以天乎人之性……命以父子，命以君臣，命以贤者，命以天道，命也，御乎其欲者也，而性则为之乘焉"④等。何心隐讲寡欲、育欲，李贽（1527—1602）则直接肯定私心而消解性善说，如《德业儒臣后论》"夫私者，人之心也。人必有私，而后其心乃见；若无私，则无心矣……此自然之理，必至之符，非可以架空而臆说也"⑤等。此外，罗汝芳（1515—1588）以"格物求仁"为宗，归复孔子《大学》《中庸》之道，主天命生生而浑沦顺适以希圣希天，耿定向亦以仁根自然"不容已"为宗；焦竑交好李贽，主和会三教而以"正情复性"为宗，当时礼教正统曾劾其乡愿浮躁。

---

① ［明］王艮：《王心斋全集》，江苏教育出版社2001年版，分见第54，10，34页。
② 《明儒学案·泰州学案一》，第703页。
③ 《颜钧集》，中国社会科学出版社1996年版，第17页。
④ 《何心隐集》，中华书局1960年版，第40页。
⑤ ［明］李贽：《藏书》卷三二，中华书局1959年版，第544页。

三、明末清初：儒学性善论反本完善期

明代后期东林学派中，顾宪成（1550—1612）立足理学性善论正统，纠正王学良知说以及泰州学派流弊而倡性善甚力。如《证性编·罪言上》"性，太极也；太极，天地之枢纽，万物之根柢也。为天地之枢纽，则天地不得而偶之矣；为万物之根柢，则万物不得而偶之矣。是故太极无对，性无对"，《小心斋札记》卷三"自昔圣贤论性，曰'帝衷'，曰'民彝'，曰'物则'，曰'诚'，曰'中和'，总总只是一个善"、卷十八"语本体，只是性善二字；语工夫，只是小心二字"，《证性编·罪言上》"无善无恶四字，就上面做将去，便是耽虚守寂的学问，弄成一个空局，释氏以之。从下面做将去，便是同流合污的学问，弄成一个顽局，乡愿以之""人亦有言，凡说之不正而久流于世者，必其投小人之私心，而又可以附于君子之大道者也，愚窃谓惟无善无恶四字当之。何者？见以为心之本体原是无善无恶也，合下便成一个空；见以为无善无恶只是心之不着于有也，究竟且成一个混"，以及"释氏得无善无恶之髓，老子得无善无恶之骨，乡愿得无善无恶之肉，胡氏之《中庸》、苏氏之模棱、冯氏之痴顽，得无善无恶之皮，外此拾无善无恶之唾而已"、《小心斋札记》卷十五"孔子之所谓工夫恰是本体，而世人之所谓本体，高者只一段光景，次者只一副意见，下者只一场议论而已矣"[1]等。此外，其弟顾允成《小辨斋偶存》卷三亦云"孟子一生，费尽心力，只破得无善无恶四字；今日讲学家，只成就无善无恶四字"[2]，等等。

高攀龙（1562—1626）主张和合理学心学而居敬穷理、率性宗善，亦辟驳阳明无善无恶说之乱教流弊。如《高子遗书》卷三《心性说》"圣人之学所以异于释氏者，只一性字。圣人言性所以异于释氏言性者，只一理字。理者，天理也。天理者，天然自有之条理也。故曰天序、天秩、天命、天讨，此处差不得针芒。先圣后圣，其揆一也"，卷九上《许敬庵先生语要序》"善者性也，

---

① ［明］顾宪成：《顾端文公遗书》（清光绪三年刻本影印本），分见《证性编》卷三第8页，《小心斋札记》卷三第1页、卷十八第8页，《证性编》卷三第7、9，8页、《小心斋札记》卷十五第1页。

② ［明］顾允成：《小辨斋偶存》，影印《四库》1292册，页第273上。

无善是无性也。吾以善为性，彼以善为外也。吾以性为即人伦即庶物，彼以人伦庶物是善而非性也，是歧体用、歧本末、歧内外、歧精粗、歧心迹而二之也"、《方本庵先生性善绎序》"窃以阳明先生所谓善，非性善之善也……第曰善念云而已……无善之说，不足以乱性，而足以乱教。善一而已矣，一之而一元，万之而万行，为物不二者也。天下无无念之心，患其不一于善耳，一于善即性也……至夷善于恶而无之，人遂将视善如恶而去之，大乱之道也……人欲横流，如河水建瓴而下。语之为善，千夫堤之而不足；语之无善，一夫决之而有余"，以及卷九上《尊闻录序》"自致良知之宗揭，学者遂认知为性，一切随知流转，张皇恍惚，甚以恣情任欲，亦附于作用变化之妙，而迷复久矣"、《崇文会语序》"姚江天挺豪杰，妙悟良知，一破泥文之蔽，其功甚伟，岂可不谓孔子之学？然而非孔子之教也。今其弊略见矣，始也扫闻见以明心耳，究且任心而废学，于是乎诗书礼乐轻而士鲜实悟；始也扫善恶以空念耳，究且任空而废行，于是乎名节忠义轻而士鲜实修"[1]等。此外，冯从吾亦云"吾儒论学，只有一个善字"、刘宗周云"四句教法，考之阳明集中，并不经见，其说乃出于龙溪"、黄宗羲则云"性无善恶"论"与阳明绝无干"[2]等。

刘宗周（1578—1645）则以诚意慎独、正性正人论性善修教，尝试内在整合宋明理学与心学。如《圣学宗要》"天地之间，一气而已，非有理而后有气，乃气立而理因之寓也……使实有是太极之理，为此气从出之母，则亦一物而已，又何以生生不息，妙万物而无穷乎"、《证学杂解》"形而下者谓之气，形而上者谓之性，故曰'性即气，气即性'。人性上不可添一物，学者姑就形下处讨个主宰，则形上之理即此而在"、《说·中庸章首说》"须知性只是气质之性，而义理者气质之本然，乃所以为性也。心只是人心，而道者人之所当然，乃所以为心也。人心、道心只是一心，气质、义理只是一性。识得心一性一，则工夫亦一"，《学言下》"天一也，自其主宰而言谓之帝。心一也，自其主宰而言谓之意……心浑然无体，而心体所谓四端万善，参天地而赞化育，尽在

---

①　［明］高攀龙：《高子遗书》，影印《四库》1292册，分见页第365上，546上、547上一下，551下、550下一551上。

②　参见周炽成：《复性收摄——高攀龙思想研究》，人民出版社2007年版，第147页。

意中见。离帝无所谓天者，离意无所谓心者""意根最微，诚体本天。本天者，至善者也。以其至善，还之至微，乃见真止……端倪在好恶之地，性光呈露，善必好，恶必恶，彼此两关，乃呈至善。故谓之'如好好色，如恶恶臭'。此时浑然天体用事，不着人力丝毫"，以及《证学杂解》"学以诚意为极则，而不虑之良于此起照"、《学言下》"诚正之辨，所关学术甚大。辨意不清，则以起灭为情缘；辨心不清，则以虚无落幻相。两者相为表里，言有言无，不可方物。即区区一点良知，亦终日受其颠倒播弄而不自知，适以为济恶之具而已"①，等等。

明代中后期，朱子学者郑重反思王学论性以良知代天理之虚浮流弊。其中，罗钦顺（1465—1547）在学理上全面批判陆王心学、禅学之偏弊而复归程朱理学正道，可谓居功厥伟。《困知记》论心性理气关系者，如卷上章一"孔子教人，莫非存心养性之事，然未尝明言之也。孟子则明言之矣。夫心者，人之神明；性者，人之生理。理之所在谓之心，心之所有谓之性，不可混而为一焉……二者初不相离，而实不容相混。精之又精，乃见其真。其或认心以为性，真所谓'差毫厘而谬千里'者矣"，附录《答允恕弟》"此理在人则谓之性，在天则谓之命。心也者，人之神明，而理之存主处也。岂可谓心即理，而以穷理为穷此心哉"、卷上章二"至精者性也，至变者情也，至神者心也。所贵乎存心者，固将极其深，研其几，以无失乎性情之正也"、章四"道心，性也；人心，情也。心一也，而两言之者，动静之分，体用之别也。凡静以制动则吉，动而迷复则凶。'惟精'，所以审其几也；'惟一'，所以存其诚也。'允执厥中'，'从心所欲不逾矩'也，圣神之能事也"、章十四"性命之妙，无出'理一分殊'四字……盖人物之生，受气之初，其理惟一；成形之后，其分则殊。其分之殊，莫非自然之理；其理之一，常在分殊之中。此所以为性命之妙也。语其一，故人皆可以为尧舜；语其殊，故上智与下愚不移"，以及卷下章三五"理须就气上认取，然认气为理便不是。此处间不容发，最为难言，要在人善观而默识之。'只就气认理'与'认气为理'，两言明有分别，若于

① 吴光主编：《刘宗周全集》第二册，浙江古籍出版社2007年版，分见第230、269、301、442—443、453，278、452页。

此看不透，多说亦无用也"，等等；《困知记》论儒释心性义理差别者，则如
卷下章三八"佛氏之所谓性者，觉；吾儒之所谓性者，理"、附录《答欧阳少
司成崇一》"误认良知为天理，于天地万物上，良知二字自是安着不得，不容
不置之度外尔。圣人本天，释氏本心。天地万物之理既皆置之度外，其所本从
可知矣。若非'随其位分，修其日履'，则自顶至踵，宁复少有分别乎"、卷
下章四一"苟学而不思，此理终无由而得。凡其当如此自如此者，虽或有出
于灵觉之妙，而轻重长短，类皆无所取中，非过焉，斯不及矣。遂乃执灵觉以
为至道，谓非禅学而何！盖心性至为难明，象山之误，正在于此"、续卷上章
三二"老子外仁义礼而言道德，徒言道德而不及性，与圣门绝不相似，自不
足以乱真。所谓弥近理而大乱真，惟佛氏尔"，以及续卷下章二"人心道心之
辨，只在毫厘之间。道心，此心也；人心，亦此心也。一心而二名，非圣人强
分别也，体之静正有常，而用之变化不测也，须两下见得分明方是。尽心之
学，佛氏之于吾儒，所以似是而实非者，有见于人心，无见于道心耳"、卷下
章五九"所谓理一者，须就分殊上见得来，方是真切。佛家所见，亦成一片，
缘始终不知有分殊，此其所以似是而非也"[1]，等等。

　　王廷相（1474—1544）则以实证论性，尝试反思程朱理学之不彻底性而以
稽圣复正为旨归，但却有偏离性善论而滑向性具善恶说之虞。如《慎言·道
体篇》"物虚实皆气，通极上下造化之实体也。是故虚受乎气，非能生气也；
理载于气，非能始气也。世儒谓'理能生气'，即老氏'道生天地'矣。谓理
可离气而论，是形性不相待而立，即佛氏以山河大地为病，而别有所谓真性
矣"，《王氏家藏集》卷二十八《答薛君采论性书》"人有二性，此宋儒之大惑
也。夫性，生之理也……人物之性无非气质所为者，离气言性，则性无处所，
与虚同归；离性言气，则气非生动，与死同途……强出本然之性之论，超乎
形气之外而不杂，以傅会于性善之旨，使孔子之论反为下乘，可乎哉"；《慎
言·问成性篇》"人之生也，性禀不齐，圣人取其性之善者以立教，而后善恶
准焉。故循其教而行者，皆天性之至善也。极精一执中之功则成矣，成则无适

---

　　① ［明］罗钦顺：《困知记》，阎韬点校，中华书局1990年版，分见第1，149、2、2、9、
42；43、155—156、45、86、103、53页。

而非善也……未形之前，不可得而言矣，谓之至善，何所据而论？既形之后，方有所谓性矣，谓恶非性具，何所从而来……为恶之才能，善者亦具之；为善之才能，恶者亦具之。然而不为者，一习于名教，一循乎情欲也"，"无生则性不见，无名教则善恶无准。识灵于内，性之质；情交于物，性之象。仁义中正，所由成之道也。性之本然，吾从大舜焉，'人心惟危，道心惟微'而已；并其才而言之，吾从仲尼焉，'性相近也，习相远也'而已。恻隐之心，怵惕于情之可怛；羞恶之心，泚颡于事之可愧，孟子良心之端也，即舜之道心也。口之于味，耳之于声，目之于色，鼻之于臭，四肢之于安逸，孟子天性之欲也，即舜之人心也。由是观之，二者圣愚之所同赋也，不谓相近乎？由人心而辟焉，愚不肖同归也；由道心而精焉，圣贤同涂也，不为相远乎"，以及"诸儒以静而验性善者，类以圣贤成性体之也。以己而不以众，非通议矣……性不可为人之中，善可为人之中，气有偏驳，而善则性之中和者也。是故目之于色，耳之于声，鼻之于臭，口之于味，四肢之于安逸，孟子不谓之性，以其气故也；刚善柔善，周子必欲中焉而止，以其过故也。天地之化，人生之性，中焉而已。过阴过阳则不和而成育；过柔过刚则不和而成道。故化之太和者，天地之中也；性之至善者，人道之中也。故曰'惟精惟一，允执厥中'，求止于至善而已矣"①等。

吕坤（1536—1618）亦立足现实，以复古开新方式反思宋明理学心学流弊，主张笃实践履而学术事功并重，但却明确反对性善说而主性气合说。如《呻吟语·性命》"性者，理气之总名，无不善之理，无皆善之气。论性善者，纯以理言也；论性恶与善恶混者，兼气而言也。故经传言性各各不同，惟孔子无病""虞廷不专言性善，曰'人心惟危，道心惟微'……六经不专言性善，曰'惟皇上帝，降衷下民，厥有恒性'，又曰'天生蒸民有欲，无主乃乱'。孔子不专言性善，曰'继之者善也，成之者性也'，又曰'性相近也'，'惟上智与下愚不移'……子思不专言性善，曰'修道之谓教'……孟子不专言性善，曰'声色、臭味、安佚，性也'……又曰'动心忍性'……

① 王孝鱼点校：《王廷相集》，中华书局1989年版，分见第753，518；765，765—766，767—768页。

周茂叔不专言性善，曰'五性相感而善恶分，万事出矣'，又曰'几善恶'。程伯淳不专言性善，曰'恶亦不可不谓之性'。大抵言性善者，主义理而不言气质，盖自孟子之折诸家始。后来诸儒遂主此说而不敢异同，是未观于天地万物之情也。义理固是天赋，气质亦岂人为？无论众人，即尧舜禹汤、文武周孔，岂是一样气质哉？愚僭为之说曰：义理之性，有善无恶；气质之性，有善有恶。气质亦天命于人而与生俱生者，不谓之性可乎？程子云：'论性不论气不备，论气不论性不明。'将性、气分作两项，便不透彻。张子以善为天地之性，清浊纯驳为气质之性，似觉支离。其实天地只是一个气，理在气之中，赋于万物，方以性言，故性字从生从心，言有生之心也。设使没有气质，只是一个德性，人人都是生知圣人，千古圣贤千言万语、教化刑名，都是多了底，何所苦而如此乎。这都是降伏气质，扶持德性"，以及《问学》"'尧、舜事功，孔、孟学术'，此八字是君子终身急务……以天地万物为一体，此是孔、孟学术；使天下万物各得其所，此是尧、舜事功，总来是一个念头"①等。

　　明末儒者忧虚祸而趋笃实，全面反思总结宋明理学心学不彻底处与流弊处，反本孔子五经以言性善修教，代表性儒者有顾炎武、王夫之、颜元等。顾炎武（1613—1682）论儒学性善修教承前启后，具有反本开新典范意义。《日知录》论性善之义者，如卷七"'性'之一字，始见于《商书》，曰'惟皇上帝，降衷于下民，若有恒性'。'恒'即'相近'之义。相近，近于善也；相远，远于善也。故夫子曰：'人之生也直，罔之生也幸而免。'"，卷一"'维天之命，於穆不已'，继之者善也。'天下雷行，物与无妄'，成之者性也……'天地氤氲，万物化醇。'善之为言，犹醇也……'诚者，天之道也'，岂非善乎"，以及卷七"孟子论性，专以其发见乎情者言之……曲沃卫嵩曰'孔子所谓相近，即以性善而言。若性有善有不善，其可谓之相近乎？如尧、舜，性者也；汤、武，反之也。若汤、武之性不善，安能反之以至于尧、舜邪？汤、武可以反之，即性善之说。汤、武之不即为尧、舜，而必待于反之，即性相近之说也。孔、孟之言一也'"等；《日知录》

---

　　① 《吕坤全集》，中华书局2008年版，分见第610、611，707页。

论天道性命一致者，如卷六"子之孝，臣之忠，夫之贞，妇之信，此天之所命，而人受之为性者也，故曰'天命之谓性'。求命于冥冥之表，则离而二之矣"，以及卷七"《春秋》之义，尊天王，攘夷狄，诛乱臣贼子，皆性也，皆天道也"等；论改过适见性善之义者，如卷一"圣人虑人之有过不能改之于初，且将遂其非而不反也，教之以'成有渝无咎'，虽其渐染之深，放肆之久，而惕然自省，犹可以不至于败亡……故曰'惟狂克念作圣'"；论性善乃公私中道之义者，如卷三"'雨我公田，遂及我私'，先公而后私也。'言私其豵，献豜于公'，先私而后公也……人之有私，固情之所不能免矣，故先王弗为之禁。非惟弗禁，且从而恤之。建国亲侯，胙土命氏，画井分田，合天下之私以成天下之公，此所以为王政也。至于当官之训，则曰以公灭私，然而禄足以代其耕，田足以供其祭……所以恤其私也……世之君子必曰'有公而无私'，此后代之美言，非先王之至训矣"等；《日知录》进而明示，心学流弊本质在于心性虚化而丧失性善修教之礼义践履，如卷十八"近世喜言心学，舍全章本旨而独论人心、道心，甚者单摭'道心'二字，而直谓'即心是道'，盖陷于禅学而不自知，其去尧、舜、禹授受天下之本旨远矣""孳孳为善者，心，孳孳为利者，亦未必非心。危哉，心乎！判吉凶，别人禽，虽大圣犹必防乎其防，而敢言心学乎？心学者，以心为学也。以心为学，是以心为性也。心能具性，而不能使心即性也。是故求放心则是，求心则非；求心则非，求于心则是。我所病乎心学者，为其求心也。心果待求，必非与我同类。心果可学，则'以礼制心，以仁存心'之言，毋乃为心障与"①等。

王夫之（1619—1692）学本张载而激烈抨击陆王心学与道释偏虚之弊，船山论性善者重体悟践履，反本孔子而又有所发明，其论儒学性善修教，亦可谓君子时中而反本开新者也。《船山思问录·内篇》论性善之明证者，正面论证如"天曰无极，人曰至善，通天人曰诚，合体用曰中""'继之者善也'，善则随多寡损益以皆适矣。'成之者性也'，性则浑然一体，而无形埒

---

① ［明］顾炎武：《日知录集释》，黄汝成集释，上海古籍出版社2006年版，分见第415，41—42，416；378，400；18—19；148；1048、1052页。

之分矣”"‘尽性以至于命。’至于命，而后知性之善也……‘维天之命，於穆不已。’命不已，性不息矣"（《张子正蒙注》亦云"知性之合于天德，乃知人性之善"①），以及"‘学而时习之，不亦说乎。有朋自远方来，不亦乐乎。人不知而不愠，不亦君子乎’，人性之善征矣。故以言征性善者，必及乎此而后得之。诚及乎此，则若火之始然，泉之始达，道义之门启而常存。若乍见孺子入井而怵惕恻隐，乃梏亡之余仅见于情耳。其存不常，其门不启，或用不逮乎体，或体随用而流，乃孟子之权辞，非所以征性善也"“‘好学近乎知，力行近乎仁，知耻近乎勇’……‘近’者，天、人之词也，《易》之所谓‘继’也。修身、治人、治天下国家以此，虽圣人恶得而不用此哉"等，反面论证则如"习气熹然充满于人间，皆吾思齐自省之大用，勿以厌恶之心当之，则心洗而藏密矣。‘三人行，必有我师’，非圣人灼知天地充塞无间之理，不云尔也"“有公理，无公欲。私欲净尽，天理流行，则公矣。天下之理得，则可以给天下之欲矣。以其欲而公诸人，未有能公者也。即或能之，所谓‘违道以干百姓之誉’也，无所往而不称愿人也"，以及"公欲者，习气之妄也。不择于此，则胡广、谯周、冯道，亦顺一时之人情，将有谓其因时顺民如李贽者矣，酷矣哉"等；论性善体悟修教者，如"言性之善，言其无恶也。既无有恶，则粹然一善而已矣。有善者，性之体也；无恶者，性之用也。从善而视之，见性之无恶，则充实而不杂者显矣。从无恶而视之，则将见性之无善，而充实之体堕矣。故必志于仁，而后无恶；诚无恶也，皆善也。苟志于仁，则无恶；苟志于不仁，则无善。此言性者之疑也。乃志于仁者，反诸己而从其源也；志于不仁者，逐于物而从其流也。夫性之己而非物、源而非流也明矣，奚得谓性之无善哉。气质之偏，则善隐而不易发、微而不克昌者有之矣，未有杂恶于其中者也。何也？天下固无恶也，志于仁则知之"，"‘苟志于仁矣，无恶也。’物之感，己之欲，各归其所，则皆见其顺而不逾矩，奚恶之有？灼然见其无恶，则推之好勇、好货、好色而皆可善，无有所谓恶也。疑恶之所自生以疑性者，从恶而测之尔。志于仁而无恶，安有恶之所从生而别为一本哉"，"天性之善，皆能培栽而覆倾。如

---

① ［宋］张载：《张子正蒙》（王夫之注），上海古籍出版社2000年版，第133页。

物之始蒙，勿但忧其稚弱，正恐欲速成而依非其类，则和风甘雨亦能为之伤，故曰'蒙以养正'。养之正者，学以聚之，问以辨之，宽以居之，仁以行之，则能不依流俗之毁誉，异端之神变，以期速获而丧其先难，故曰'利御寇'"（《读四书大全说·〈论语·宪问〉》》亦云"人苟无情，则不能为恶，亦且不能为善""行天理于人欲之内，而欲皆从理，然后仁德归焉……天理充周，原不与人欲相为对垒。理至处，则欲无非理"①）等；论心学异端外教流弊者，则如"有性之理，有性之德。性之理者，吾性之理即天地万物之理；论其所自受，因天因物，而仁义礼知，浑然大公，不容以我私之也。性之德者，吾既得之于天而人道立，斯以统天而首出万物；论其所既受，既在我矣，惟当体之知能为不妄，而知仁勇之性情功效效乎志以为撰。必实有我以受天地万物之归；无我，则无所凝矣。言'无我'者，酌于此而后不徇辞以贼道"，"知者，知礼者也。礼者，履其知也。履其知而礼皆中节，知礼则精义入神，日进于高明而不穷。故天地交而泰，天地不交而否。是以为良知之说者，物我相拒，初终相反，心行相戾，否道也"，以及"'五性感而善恶分'，故天下之恶无不可善也，天下之恶无不因乎善也。静而不睹若睹其善，不闻若闻其善；动而审其善之或流，则恒善矣。静而不见有善，动而不审善流于恶之微芒，举而委之无善无恶，善恶皆外而外无所与，介然返静而遽信为不染，身心为二而判然无主，末流之荡为无忌惮之小人而不辞，悲夫。善恶，人之所知也。自善而恶，几微之介，人之所不知也。斯须移易而已"②，等等。

颜元（1635—1704）反本孔孟而注重经礼实践，反思理学不彻底处而驳气质性恶说，以为宋儒未得孟子性善宗旨，儒者应当确信性善而当下实修礼义。其说虽有时代价值，但抨击前贤稍过且并不能内在理顺宋明理学脉络，其所言"正其谊以谋其利、明其道而计其功"理念对后世也有双刃剑性质的复杂影响。《四存编·存性编》论性善修教，述孟子性善说者如"识得孔、孟言

---

① ［明］王夫之：《船山全书》第六册，岳麓书社1993年版，第1070、799页。

② ［明］王夫之：《船山思问录》，上海古籍出版社2000年版，分见第32、56、43、31、32、53—54、36、57；55、55、54；47、55、36—37页。

性原不异，方可与言性""孟子曰性善，即鲁《论》之'性相近'也，言本善也。晏子曰'汩俗移质，习染移性'，即鲁《论》之'习相远'也，言恶所由起也。后儒不解，忽曰气质有恶，而性乱矣"，以及"孟子一生苦心，见人即言性善，言性善必取才情故迹一一指示，而直指曰：形色，天性也，惟圣人然后可以践形。明乎人不能作圣，皆负此形也，人至圣人乃充满此形也。此形非他，气质之谓也。以作圣之具而谓其有恶，人必将贱恶吾气质，程、朱敬身之训，又谁肯信而行之乎"等；反思宋明理学性情气质说者，如"程子云：论性论气，二之则不是。又曰：有自幼而善，有自幼而恶，是气禀有然也。朱子曰：才有天命，便有气质，不能相离。而又曰：既是此理，如何恶？所谓恶者，气也。可惜二先生之高明，隐为佛氏六贼之说浸乱，一口两舌而不自觉！若谓气恶，则理亦恶，若谓理善，则气亦善。盖气即理之气，理即气之理，乌得谓理纯一善而气质偏有恶哉"，"人之性，即天之道也。以性为有恶，则必以天道为有恶矣；以情为有恶，则必以元、亨、利、贞为有恶矣；以才为有恶，则必以天道流行乾乾不息者亦有恶矣。其势不尽取三才而毁灭之不已也"，以及"气质即二气四德所结聚者，乌得谓之恶！其恶者，引蔽习染也。惟如孔门求仁，孟子存心养性，则明吾性之善，而耳目口鼻皆奉令而尽职"等；述复古礼乐教化者，则如"六行乃吾性设施，六艺乃吾性材具，九容乃吾性发现，九德乃吾性成就；制礼作乐，燮理阴阳，裁成天地，乃吾性舒张；万物咸若，地平天成，太和宇宙，乃吾性结果。故谓变化气质为养性之效则可……谓变化气质之恶以复性则不可，以其问罪于兵而责染于丝也。知此，则宋儒之言性气皆不亲切"，"性命之理不可讲也……所可得而共讲之，共醒之，共行之者，性命之作用，如《诗》《书》、六艺而已……要惟一讲即教习，习至难处来问，方再与讲。讲之功有限，习之功无已"，以及"气质偏驳者，欲使私欲不能引染，如之何？惟在明明德而已。存养省察，磨励乎《诗》《书》之中，涵濡乎礼乐之场，周、孔教人之成法固在也。自治以此，治人即以此，使天下相习于善，而预远其引蔽习染，所谓'以人治人'也"①等。

---

① 《颜元集》，中华书局1987年版，分见第6、35、3；1、22、2；2、41、30—31页。

明中叶以来商品经济的繁荣亦极大腐蚀分化了传统"农本商末"社会秩序，"工商皆本"理念逐渐兴盛。人各有心则思想纷乱、异端蜂起，以宋明理学心学流弊尤其是阳明心学流弊对治为发轫，明中叶以后儒学性善修教出现了实修实证补救努力，并出现了精英化与大众化、宗教化与世俗化的复杂分化结合。诸如罗钦顺、刘宗周等理学、心学精英祛虚务实的道统学统开拓努力，邱浚（1421—1495）、张居正（1525—1582）等外王治统务实实践，黄宗羲等东林党人限制君权的政治化诉求，游离于儒教学统政统之外的诸如袁宗道性灵派、汤显祖尊情派等文人精英分化倾向，等等不一而足。此外，亦儒亦道或亦儒亦释的儒门居士也重功过格、净土实修等慎独工夫，在南宋真德秀为《太上感应篇》作序而理宗颁行之后，明代大量儒者奉持《玉历宝钞》《太微仙君功过格》，王龙溪、罗近溪等与净明道人胡清虚有交往，高攀龙认可净明道并亦为《太上感应篇》作序；而以王龙舒、袁了凡、管志道和周梦颜等为代表的居士则尝试儒释融通、实修救世，吸纳道释因果感应思想以补儒教礼义精英教化之不足，乡绅阶层也开始自觉把儒教礼义和因果劝善结合以资民俗风化。有些探索则走得更远，如以"三一教主"林兆恩（1517—1598）为代表的心学流派结合道释修证方法，试图把儒教改造成为宗教信仰性质的心性实修；以徐光启、杨廷筠为代表的精英学者则试图以天主教务实理性思维与绝对化情感信仰，来补救提升当时儒教性善修教实践中存在的空洞化、功利化流弊，等等。可见，商品经济的繁荣腐化现状与阳明心学的风起云涌内在呼应，从而导致了明中叶以来的儒教出现了亘古未有的躁动混乱。

与此相呼应，以天命心性为主题、以"四书"发挥为平台，明清以来道、释、回、耶诸教也出现了以道补儒、以佛补儒、以伊补儒、以耶补儒等教义会通努力，但在通俗教化中也出现了诸教界限模糊、相互渗透的复杂态势。先就道教而言，出于对宋明理学心学虚浮流弊的反弹，元明净明忠孝道大兴，刘玉述其宗旨云"何谓净？不染物。何谓明？不触物。不染不触，忠孝自得""忠者，忠于君也。心君为万神之主宰，一念欺心即不忠也……人子事其亲，自谓能竭其力者，未也。须是一念之孝，能致父母心中印可，则天心亦印可也。如此，方可谓之孝道格天""净明只是正心诚意，忠孝只是扶植纲常。但世儒习闻此语烂熟了，多是忽略过去，此间却务真践实履"，以及"大概三家之学，皆是化人归善，世间皆缺不得。但二氏之教若过盛，则于纲常之教未免有所伤……又二氏真人、真僧则皆是人欲净尽，纯然天性，奈何如此者少，末流之弊每多。真儒于是乎出，以实理正学而振伤之……要知真儒都是戒慎恐惧中做将来，亲见道体后说出话来，真是俯仰无愧……（周、程、朱、张）诸先儒语言文字中，止塞抑遏之辞，隐然是世道之福、二教之福，时人不觉尔，静思方见得这道理出"①；元明之际赵宜真（？—1382）《还丹金液歌》云"摄情还性归一元，元一并忘忘亦去。囊括三界入虚空，粉碎虚空绝伦伍"，《日记题辞》亦云"每日但有举意发言，接人应事，皆书于帙中。其不可书者即不可为；既为之，不问得失，必当书之。合于理则为合天心，背于理则为欺天心"②。明太祖重教化故崇正一而抑全真，明初全真派王道渊与正一派张宇初曾内在结合宋代理学以阐发道教性命思想，万历年间出现的道书《性命圭旨》明确提出三教合一、性命双修，如《大道说》"三教圣人以性命学开方便门，教人熏修，以脱生死。儒家之教，教人顺性命以还造化，其道公。禅宗之教，教人幻性命以超大觉，其义高。老氏之教，教人修性命而得长生，其旨切。教虽分三，其道一也……儒曰存心养性，道曰修心炼性，释曰明心见性。心性者，本体也。儒之执中者，执此本体之中也。道之守中也，守此本体之中也。释之空中者，本体之中本洞然而空也。道之得一者，得此本体之一也。释之归一者，归此本体之一也。儒之一贯者，以此本体之一而贯之也"③等。陆西星（1520—1601）丹理之说亦是如此。明代道教在民间影响很大，奉持《太上感应篇》《玉历宝钞》《太微仙君功过格》等实证实修行为在儒教、道教中很常见。再就佛教而言，北宋契嵩（1007—1072）等即主张儒释二教互补双成，宋明以来亦出现了大量亦儒亦释的儒者居士。明太祖出身佛教，其《三教论》《释道论》实为明代三教会通奠定了基调，明成祖依道衍成事故尊佛教，其皇后亦崇扬佛教，此后除嘉靖帝崇信道教外历代明帝大都崇佛，因此明代三教

---

① 许蔚校注：《净明忠孝全书》，中华书局2018年版，分见《西山隐士玉真刘先生语录内集》第81、81—82、81页，《语录外集》第104—105页。

② 赵宜真：《原阳子法语》，《道藏》第二十四册，上海书店出版社1996年版，分见第83、87页。

③ 《性命圭旨》，《藏外道书》第九册，巴蜀书社1994年版，页第510上—下。

合一氛围浓郁。明代中后期以来佛教与心学相呼应，以禅净义理与四书伦常相融通，初步形成了以"摄禅归净"内在理路落实性善修教的发展态势，如真可（1543—1603）、袾宏（1535—1615）、德清（1546—1623）、智旭（1599—1655）等在儒佛会通方面即曾作出过开拓努力。

再就回教而言，在元代民族大融合基础上，明代中叶之后回民族形成，回教学者大都受过良好的儒经教育，大致认同理学价值思维，但又主张以回补儒。经堂教育发起人胡登州（1522—1597）等即儒伊兼通；王岱舆（1592—1658）《清真大学》亦云，"按性理诸书，儒者之学，唯以理为宗始。故所言上帝上天、无极太极，皆指理而言。但理乃事物之所以然，应该如是，不过虚义，非实然有一自立之体。必托诸气，故又以气兼言之。然气亦有形无形之间，恐人求之不得，堕入虚无寂灭，故又以苍天实之。夫以理、气、天三者，混而为一，则无次第，且既知理不能自立，而又不求理之根源，盖未见吾教认主真经，无征不信"，以及"原夫成人至要，万善根由，必须首知单另之一乃真主，本与万物无干，而又三品作证，曰本然，曰本分，曰本为""《大学》正宗，作证之言，特明主仆至大之理，真一、数一之殊……是故主仆分明，真数一定，然后始知明德之源。知明德之源，而后明明德，明德而后真知，真知而后知己，知己而后心正，心正而后意诚，意诚而后舌定，舌定而后身修，身修而后家齐，家齐而后国治"①；马注（1640—1711）区分真性、禀性而主以回补儒、变化气质，指出"黜异扶儒……使天下万世歧途僻道、革面顽民，咸知有造化天地万物、人神性命之真主，归真复命之正道，格物致知，正心诚意。人知生客死归，贤愚不免，天国地禁，非乐即苦。夙兴夜寐，履薄临深，进思累功，退思补过。臣焉不忠，子焉不孝，修齐治平，垂拱而化"②；刘智（约1660—1730）重实修，如《天方典礼·五功释义》云"时念真宰，静存动察，心不妄弛也。日礼五时，谨之又谨，涤之又涤也。岁斋一月，以制嗜欲之私。岁捐课材，以普利物之仁。终身一觐天阙，以实志诚向往之念。五功修完，而

---

① 王岱舆：《正教真诠 清真大学 希真正答》，余振贵点校，宁夏人民出版社1988年版，分见第177，233、229—230页。

② 马注：《清真指南》，第17页。

天道尽矣"①等。

最后就天主教而言，明代中国修士大多是试图解决儒教教化逃虚涉伪流弊而接受天主教，并尝试把天主教义作出儒学化和实学化阐释努力的。如徐光启（1562—1633）《辨学章疏》"其说以昭示上帝为宗本，以保救身灵为切要，以忠孝慈爱为工夫，以迁善改过为入门，以忏悔涤除为进修，以升天真福为作善之荣赏，以地狱永殃为作恶之苦报。一切戒训规条，悉皆天理人情之至。其法能令人为善必真，去恶必尽，盖所言上主生育拯救之恩，赏善罚恶之理，明白真切，足以耸动人心，使人爱信畏惧，发于由衷故也"，以及"古来帝王之赏罚，圣贤之是非，皆范人于善，禁人于恶，至详极备。然赏罚是非，能及人之外行，不能及人之中情。又如司马迁所云颜回之夭、盗跖之寿，使人疑于善恶之无报。是以防范愈严，欺诈愈甚。一法立，百弊生。空有愿治之心，恨无必治之术……必欲使人尽为善，则诸陪臣所传事天之学，真可以补益王化，左右儒术，救正佛法者也"②等；又如韩霖（1596—1649）《铎书》"须知死候当备。死者，人之所不免也，而又无定候……死候何以当备？以审判故。凡生前所思、所言、所行，皆于死后当鞫焉。天监在上，锱铢不爽，可不惧哉！而审判何以当惧？以有地狱、天堂故"，以及"奉劝世人除冤仇之必不可不报者，明告官司，凭公处断，其余只是忘怨的好。况怨无大小，天未有不报之者。我有罪，望天赦；人有罪，我不赦乎"③等；李之藻（1565—1630）认为"事天事亲同一事，而天其事之大原"，而"天堂地狱说"乃儒教"训善坊恶""遏欲全仁"等有关"忠孝大旨"的神圣基础；王徵《仁会约》云"仁之用爱有二：一爱一天主在万物之上，一爱人如己"，"真能爱天主者，自然能爱人……盖天主原吾人大父母，爱人之仁，乃其吃紧第一义""人身后福报，视在世功行"等，并尝试改革乡约乡治。杨廷筠（1557—1627）是最具学理系统性的天主教修士，如《代疑续编·崇一》云"天地实有主也，天地主实唯一也。今夫行生法象灿然而盈目前，此皆天地功用。谓自然乎，谓偶然乎，是

---

① 刘智：《天方典礼》，张嘉宾、都永浩点校，天津古籍出版社1988年版，第32页。
② 《徐光启集》卷九《辨学章疏》，中华书局2014年版，第432页。
③ 孙尚扬、肖清和等：《铎书校注》，华夏出版社2008年版，分见第164、93页。

皆浅儒臆说，不足置辩。乃格物穷理之士，又举而归诸气，谓气中自有理，是以理气为造物主也。气无知，理亦非有知，安能自任造物之功……凡以理气称物原者，皆求之不得其故，强为之说者也。万物之生，本乎天地，天地有一大主"，《七克·序》云"钦崇天主即吾儒'昭事上帝'也，爱人如己即吾儒'民我同胞'也。而又曰一、曰上，见主宰之权至尊无对，一切非鬼而祭皆属不经，即夫子所谓'获罪于天，无所祷也'。其持论可谓至大、至正而至实矣"，《天释明辨·度世誓愿》亦云，"天主以灵性付人，原是极光明之物。光明中万理皆有，故云：仁义礼智，性也。天主所与我者，我固有之也。圣经谓之明德，儒者谓之良知，何尝有一不善赋在人身？后来之不善，皆人所自作。重形骸，不重真性；重世间习尚，不重至尊赋予。昏昏逐逐，日陷于非，于天主何与焉"，以及"天主立法至善至严，与世间教法由人所立，自不同也""世间教法多不合情，必天主予夺，方无纰漏""二氏悠谬其说，原无确理。其法之弊，途径分歧……说之屡易，非道之至当者也"①，等等。以上修士大都对儒教自力精英修养传统绝望而试图以耶教他力来弥补之，虽有以耶补儒内在价值，但由于尚不清晰西方天主教乃建立在原罪基础上的他力信仰，而中国文化则为以性善论为信念前提、立足自力伦常而又以他力信仰为补充的人文教化传统，故难免作出一厢情愿的主观性片面阐释。其实当时就有传统三教学人一针见血地内在批判之，如《辟邪集》批判耶教反伦裂性以夷变夏、非心性流溢大本正道而弃本外求，释行元更是大骂杨廷筠叛乎正教而自作阐提之逆种，而康熙一朝礼仪之争也表明中华民族文化主体对天主教企图背离儒教性善修教根本精神的严正回应。

四、明清以来：儒学性善论转型裂变期

明末清初儒教总体发展趋于祛虚务实，开始探索"为中下人立教"的大众教化方式，正视情感私欲地位，多藉性理情欲内在关系且反本孔子五经以言性善修教，其中君子时中、反本开新与矫枉过正、引偏风俗者往往一体混杂。

---

① 分见郑安德编：《明末清初耶稣会思想文献汇编》第三卷，第219—220页；徐宗泽：《明清间耶稣会士译著提要》，第40页；《明末清初耶稣会思想文献汇编》第三卷，第126页。

在刘宗周讲天地一气、理寓于气、性乃气质之性基础上，黄宗羲（1610—1695）立足阳明心学而论性善修教。与顾炎武、王夫之等反本孔孟不同，黄宗羲乃托古立新、消解传统者，其学说内蕴的个性解放思想在民国时期有很大影响，至今尚被西化学者奉为先驱而津津乐道。黄宗羲论性善修教，如"形而上者谓之道，形而下者谓之器。器在斯道在，离器而道不可见""自其浮沉升降而言，则谓之气；自其浮沉升降不失其则而言，则谓之理"，"为恻隐、羞恶、恭敬、是非之心，同此一气之流行也。圣人亦即从此秩然而不变者，名之为性。故理是有形（见之于事）之性，性是无形之理""性之为善，合下如是，到底如是，扩充尽才，而非有所增也，即不加扩充尽才，而非有所减也""气之流行，不能无过不及，故人之所禀，不能无偏。气质虽偏，而中正者未尝不在也。犹天之寒暑，虽过不及，而盈虚消息，卒归于太和。以此证气质之善，无待于变化"，以及"自来儒者以未发为性，已发为情。其实性情二字，无处可容分析。性之于情，犹理之于气，非情亦何从见性""情贯于动静，性亦贯于动静，故喜怒哀乐，不论已发未发，皆情也，其中和则性也"等；其学理结论则消解礼教正统，其中述修养者如"心无本体，工夫所至，即其本体……学问之道，以各人自用得着者为真。凡倚门傍户，依样葫芦者，非流俗之士，则经生之业也""道无定体，学贵适用。奈何今之人执一以为道，使学道与事功判为两途"等，述教化者则如"古今无无事功之仁义，亦无不本仁义之事功。四民之业，各事其事，出于公者，即谓之义；出于私者，即谓之利""世儒不察，以工商为末，妄议抑之。夫工固圣王之所欲来，商又是其愿出于途者，盖皆本也""有生之初，人各自私也，人各自利也……以千万倍之勤劳而己又不享其利，必非天下之人情所欲居也……古者以天下为主，君为客"①等。总之，性情善恶、理欲公私、君民主客在黄氏学术体系中是分裂的。

此外，当时其他心学学者亦大都尝试调和程朱陆王理学心学，尤其是大程理学与阳明心学。其中，孙奇逢（1584—1675）论性即尝试立足心学实修而

---

① 《黄宗羲全集》，浙江古籍出版社1994年版，分见10册51页、8册356页、10册146、152—153页、8册182页、7册519页、8册409页；7册第4—6页、10册607页、10册485页、1册41、2—3页。

融合理学心学之学理，如《日谱》"近刘念台云：理即是气之理，断然不在气先，不在气外。知此，则知道心即人心之本心，义理之性亦即气质之本性，一切纷纭之说，可以扫尽矣"[①]等；陈确（1604—1677）则云"践形即是复性，养气即是养性，尽心尽才即是尽性""人心本无天理，天理正从人欲中见，人欲恰好处，即天理也。向无人欲，则亦并无天理之可言矣"，以及"君子小人别辨太严，使小人无站脚处，而国家之祸始烈矣，自东汉诸君子始也。天理人欲分别太严，使人欲无躲闪处，而身心之害百出矣，自有宋诸儒始也"[②]等；方以智（1611—1671）《性故》论性善主张折中调和理学心学、探源孔孟而尝试三教融会；李颙（1627—1705）亦立足心学而主张调停程朱理学与陆王心学，李绂（1673—1750）更是立足心学而企图融摄消解理学，彭绍升（1740—1796）、汪缙（1725—1792）、罗有高（1734—1779）则立足心学而主张儒释融通、净土实修，等等。

清初程朱理学论性善修教者，张履祥（1611—1674）批陆王而尊程朱，乃清代程朱理学开山者之一。如《杨园先生全集》卷二十七《愿学记二》"学术坏而心术因之，心术坏而世道因之，古今不易之理也"、卷四《答沈德孚二》"姚江以异端害正道，正有朱紫、苗莠之别，其弊至于荡灭礼教。今日之祸，盖其烈也"，卷二十八《愿学记三》"儒者不为儒者之学，反去旁求二氏之说，挽入正道。二氏亦不专守二氏之说，辄欲袭取儒先之言，牵合彼教。此百余年以来积重之习。想此风自宋时渐有，而决裂大闲，则始于'三教一门'，遂令滥觞，不可界限。学术之祸中于世运，夷夏之闲亦至尽决。率兽食人，人将相食，未知何时而已也"、卷二《答陈乾初一》"至于性解，古之圣贤发明已无余蕴，学者但汇经书之言性者，参以先儒论说，而验之身心，以及天地万物，则有以默识其所以然者，又何必更为之解？解而同乎古之人，则可以不作；若将求异乎古之人，则已自蹈不知妄作之病，陷于惑世诬民之罪……君子反经而已矣，权亦只是经也，而世之学者，好为达权通变、经不足守之说，以是人心坏，学术害，横流所极，至于天地易位，生民涂炭，而未知其所止息"，卷七

---

① 《孙奇逢集》，中州古籍出版社2003年版，第1334—1335页。

② 《陈确集》，中华书局1979年版，第454、461、425页。

《答沈尹同三》"《大学》之要，在于致知、诚意，《中庸》之要，在于明善、诚身。而其求端用力之处，一则曰格物，二则曰择善而固执之。要之非有二也。择善即格物之谓，知至则明乎善矣，意诚则诚乎身矣，知至意诚而德明矣，明善诚身而性尽矣。始于择善，终于止至善，而所以齐家、治国、平天下，与夫位天地、育万物者，举不越乎此矣"、卷二十八《愿学记三》"人知放其心于声色嗜欲之为放心，而不知学问之际，其为放心更深也。不到'惟精惟一，允执厥中'，总为放心""世人做功夫，多只走释氏一路，所以不得长进……舜明于庶物，察于人伦；孔子好古敏求，择善固执。可谓'先圣后圣，其揆一也'。敬义夹持，居敬穷理，洛、闽所以为吾儒之正统。今只守此家法，一意致知力行，有忿必惩，有欲必窒，见善则迁，有过则改，以是勉焉，日有孳孳，毙而后已，庶其无失矣"，以及卷四十一《备忘三》"'理一无工夫，工夫全在分殊上'。吾人日用致力，只要穷致物理，随事精察而力行之，即不必言未发之中，而未发之中无乎不在。世儒好说本体，岂知本体不假修为，人人具有，虽使说得精微广大，何益于日用"、卷三十六《初学备忘上》"为学最喜是实，最忌是浮……忠信只一实字，故敬曰笃敬，信曰笃信，行曰笃行，好曰笃好，无所往而不用是实也"[①]等。

陆世仪（1611—1672）阐发程朱义理而重实修用世。其论性善修教者，如《思辨录辑要》卷二十四《天道类》"天地间只是阴阳五行。《易》明阴阳之理，《洪范》发五行之蕴，周子《太极图说》则合而阐之，以明五行一阴阳，阴阳一太极。故至今自周子而后言阴阳者必言五行，言五行者必言阴阳"、卷二十六《人道类》"只看'《易》有太极，是生两仪'句，则理气之说明，而性之为性昭然矣。盖太极者理也，两仪者气也，理无不善，一入乎气，遂分阴阳，分阴阳遂分刚柔，分刚柔遂有清浊，有清浊遂有善恶。故孔子曰'性相近也'，又曰'上知下愚不移'，是兼义理气质而言性，所谓合太极两仪而统言者也。孟子则指其最初者而言，以为阴阳之气，虽杂揉偏驳之极，而太极则未尝杂人之气质，虽下愚浊恶之极，而性则未尝不善，故专以善为言，是独

---

① 张履祥：《杨园先生全集》，中华书局2002年版，分见第759、85，777—778、30、185、771、780、1147、998页。

指太极以发明此理。要之立言虽殊，旨意则一，太极两仪未尝二，性如何有二"，《陆桴亭先生遗书·论学酬答》卷二《答王周臣天命心性志气情才问》"夫穷理之学，格致是也。理在吾心而乃求之天下之物，何也？曰：此儒者之道，所谓体用合一，而孟子之所称'万物皆备于我'也。一物不备不足以践我之形，一理未穷不足以尽性之量，故君子之学能立命者，以其能尽性也。夫性未可遽尽，而理可以渐穷，学者有志于穷理，则必事事而察之，日日而精之，时时而习之，渐造渐进，以至于极，为神为圣，莫非是也……居敬之学，则诚意是也。诚意之始由于不欺，一善不敢饰，一恶不敢隐，至功夫再进，则真心发矣。将欲饰善而自知耻，将欲隐恶而自知愧，至功夫又进，则谨慎至矣。几微之善亦无不存，几微之恶亦无不绝，至功夫更进，则戒惧生矣。无善可凭而常惺惺，无恶可绝而常业业，诚之至也，敬之至也……故居敬穷理在圣人为一贯之学，在学者为入德之门，即此下学，即此上达，初无有二"，以及《思辨录辑要》卷三《格致类》"朱《注》说格物，只是穷理二字，阳明说格物便多端……至于致知，则增一良字，以为一贯之道尽在是。缘阳明把致知二字，竟作明明德三字看，不知明明德工夫，合格致诚正修俱在里面，致知只是明德一端，如何可混。且说个致良知，虽是直截，终不该括，不如穷理稳当……穷理二字，该得致良知；致良知三字，该不得穷理"①等。

李光地（1642—1718）参与主持编纂《朱子全书》《性理精义》《周易折中》，以存实心、明实理、行实事为"为学三纲领"。李光地结合理气、心性、气质等概念论性，如《榕村全集》卷八《尊朱要旨·理气》"程子之论道器也，曰道上器下，然器亦道也，道亦器也。朱子之论理气也，曰理先气后，然理即气也，气即理也"、《榕村语录》卷二十六《理气》"理气固不可分作两截，然岂得谓无先后？如有仁之理，一感于事，便有温和之气。有义之理，一感于事，便有果决之气""程子言'性即理也'，今当言理即性也。不知性之即理，则以习为性，而混于善恶；以空为性，而入于虚无。不知理之即性，则

---

① 分见陆世仪：《思辨录辑要》，影印《四库》724册，页第210下、235下—236上，《陆桴亭先生遗书》，光绪二十五年刻本，第11册第5—6页，《思辨录辑要》，影印《四库》724册，页第31下。

求高深之理，而差于日用；溺泛滥之理，而昧于本源。性即理也，是天命之无妄也；理即性也，是万物之皆备也。理即性也，实实有个本体在，即《乾》之元，而人之性也。有此，便不得不动，不得不静。故朱子解'太极'曰：'即阴阳，而指其本体不杂乎阴阳而为言。'极精"，《榕村全集》卷八《尊朱要旨·心性》"孔子所谓仁者人也，心性之合也。孟子所谓仁人心也，心性之合也。然且有不仁之人，有不仁之心，是心不与性合也。心不与性合，而曰即心即性，可与？不可与？是知孔子所谓人者，立人之道曰仁与义，非谓人为仁也。孟子所谓心者，恻忍之心，仁之端也；羞恶之心，义之端也；非谓心为性也"、《尊朱要旨·气质一》"知心性之说，则知天命气质之说。何以故？曰：知人则知天。夫性无不善，而及夫心焉，则过也，不及也，杂糅不齐，于是乎善恶生焉……理通其全，气据其偏，全乎理者，中气也。过乎中、不及乎中，则谓之偏气，杂糅不齐之气，而理不受焉"、《尊朱要旨·气质三》"人受天地之中以生，虽其偏之极矣，而理未始不全赋焉，而性未始不全具焉。特其掩于气之偏，故微而不能自达，或感而动，或学而明，或困而觉，然后微渺之端绪，可得而见焉。要皆本其所本有，而非其所本无也……其根在焉，加以雨露粪壤，可以繁阴矣；其火宿焉，动之以薪草，可以燎原矣"，《榕村全集》卷二《读书笔录》"人欲者，耳目口鼻四肢之欲，是皆不能无者，非恶也，徇而流焉则恶矣"、《榕村语录》卷二十五《性命》"虞廷说'道心'，是从天理而发者；说'人心'，是从形体而发者。饥渴之于饮食，是人心也；呼蹴不受，则仍道心也。人心道心、大体小体都从此分别。能中节，则人心与道心一矣"，以及卷二十二《历代》"伊尹云：'匹夫匹妇，不获自尽，民主罔与成厥功。'天地间道理是公共的，人说不妥，到底有些毛病。所以武侯只要人攻其短，不是故意如此。他高明，直见得事理无尽，非一人之见，便能至当不易。裁断虽是一人，众议必要周尽，竟是'以能问不能，以多问寡；有若无，实若虚'的本领。此却是圣贤穷理治事根本。王荆公只为少却这段意思，便万事瓦裂……凡做事，与人商量有好处。推与众人，即是与人为善之意"[1]等。

---

① ［清］李光地：《榕村全书》，陈祖武点校，福建人民出版社2013年版，分见第八册第204页、第六册第287、288页，第八册第206、207、209、55页，第六册第278，203—204页。

　　乾嘉汉学是以反思批判宋明理学心学、复古回归汉代经学礼学之"复古经世"实学努力。乾嘉汉学在儒教典籍音韵训诂、文字校雠以及典章礼制的考据编纂方面大有工夫而嘉惠后学，但在义理层面却不能内在继承宋明儒学内在学脉，并因其矫枉过正极端化倾向而歧出了性善修教儒学正统。就性善修教而言，通过汉学家对"理"字的概念分梳即可见其旨趣所在。在清初儒者以气言理、即事言理基础上，乾嘉学者无不藉儒教原典而以具体实践之本义言"理"。譬如，惠栋考证指出理乃万物之文理、礼义之节分，好恶得正、德致中和谓之天理；戴震认为理者自然分理，即日用事物之分理、文理、条理，是情不爽失、心之所同的分之常则；程瑶田不空谈理而主张缘情通理、以礼权理，章学诚则即事言理、即文言理，张惠言亦主张即象言理，阮元释理为节文条理并强调理出于礼、附礼以行，凌廷堪更是提出"以礼代理"说，等等。以下试就戴震、凌廷堪、焦循、阮元等较有代表性的汉学学者观点稍加展开。

　　戴震（1723—1777）以气论性，如《孟子字义疏证》卷上《理》"古人言性，但以气禀言，未尝明言理义为性，盖不待言而可知也……孟子明人心之通于理义，与耳目鼻口之通于声色臭味，咸根诸性，非由后起。后儒见孟子言性，则曰理义，则曰仁义理智，不得其说，遂于气禀之外增一理义之性，归之孟子矣"，《原善》卷中"惟据才质为言，始确然可以断人之性善"、《绪言》卷上"喜怒哀乐之情，声色臭味之欲，是非美恶之知，皆根于性而原于天"，以及《孟子字义疏证》卷中《性》"阴阳五行之运而不已，天地之气化也，人物之生生本乎是，由其分而有之不齐，是以成性各殊"、《原善》卷上"天道，五行阴阳而已矣，分而有之以成性。由其所分，限于一曲，惟人得之也全。曲与全之数，判之于生初。人虽得乎全，其间则有明暗厚薄，亦往往限于一曲，而其曲可全。此人性之与物性异也"等；戴震进而以血气心知之中道论性善，如《孟子字义疏证》卷上"理也者，情之不爽失也；未有情不得而理得者也……'天理'云者，言乎自然之分理也；自然之分理，以我之情絜人之情，而无不得其平是也"、卷中《天道》"阴阳五行，道之实体也；血气心知，性之实体也"、卷上"口能辨味，耳能辨声，目能辨色，心能辨夫礼义。味与声色，在物不在我，接于我之血气，能辨之而悦之；其悦者，必其尤美者也。理义在事情之条分缕析，接于我之心知，能辨之而悦之；其悦者，必其至是者也"，卷中《性》"人之心知，于人伦日用，随在而知恻隐，知羞恶，知恭敬辞让，知是非，端绪可举，此之谓性善""人以有礼义，异于禽兽，实人之知觉大远乎物则然，此孟子所谓性善"、卷下《仁义礼智》"仁者，生生之德也。'民之质矣，日用饮食'，无非人道所以生生者。一人遂其生，推之而与天下共遂其生，仁也"，以及卷上"天下古今之人，其大患，私与蔽二端而已。私生于欲之失，蔽生于知之失；欲生于血气，知生于心。因私而咎欲，因欲而咎血气；因蔽而咎知，因知而咎心，老氏所以言'常使民无知无欲'；彼自外其形骸，贵其真宰；后之释氏，其论说似异而实同。宋儒出入于老、释，故杂乎老、释之言以为言"等；戴震的结论即卷上"性，譬则水也；欲，譬则水之流也。节而不过，则为依乎天理，为相生养之道，譬则水由地中行也；穷人欲而至于有悖逆诈伪之心，有淫泆作乱之事，譬则洪水横流，泛滥于中国也。圣人教之反躬，以己之加于人，设人如是加于己，而思躬受之之情，譬则禹之行水，行其所无事，非恶泛滥而塞其流也。恶泛滥而塞其流，其立说之工者且直绝其源，是遏欲无欲之喻也……性之欲之不可无节也。节而不过，则依乎天理；非以天理为正，人欲为邪也。天理者，节其欲而不穷人欲也。是故欲不可穷，非不可有；有而节之，使无过情，无不及情，可谓之非天理乎"①。

戴震进而以血气心知思想评判先儒性善论，如《孟子字义疏证》卷上"欲者，血气之自然，其好是懿德也，心知之自然，此孟子所以言性善。心知之自然，未有不悦理义者，未能尽得理合义耳。由血气之自然，而审察之以知其必然，是之谓理义；自然之与必然，非二事也。就其自然，明之尽而无几微之失焉，是其必然也。如是而后无憾，如是而后安，是乃自然之极则。若任其自然而流于失，转丧其自然，而非自然也；故归于必然，适完其自然。夫人之生也，血气心知而已矣。老庄、释氏见常人任其血气之自然之不可，而静以养其心知之自然；于心知之自然谓之性，血气之自然谓之欲，说虽巧变，要不过分血气心知为二本。荀子见常人之心知，而以礼义为圣心；见常人任其血气心知之自然之不可，而进以礼义之必然；于血气心知之自然谓之性，于礼义之必然

---

① ［清］戴震：《孟子字义疏证》，中华书局1982年版，分见第6，69、97、28、65；1—2、21、5、29、35、48，9；10—11页。

谓之教；合血气心知为一本矣，而不得礼义之本。程子、朱子见常人任其血气心知之自然之不可，而进以理之必然；于血气心知之自然谓之气质，于理之必然谓之性，亦合血气心知为一本矣，而更增一本……人之为人，性之为性，判若彼此，自程子、朱子始……盖程子、朱子之学，借阶于老庄、释氏，故仅以理之一字易其所谓真宰真空者而余无所易……天下惟一本，无所外。有血气，则有心知；有心知，则学以进于神明，一本然也；有血气心知，则发乎血气心知之自然者，明之尽，使无几微之失，斯无往非仁义，一本然也。苟歧而二之，未有不外其一者。六经、孔孟而下，有荀子矣，有老庄、释氏矣，然六经、孔孟之道犹在也。自宋儒杂荀子及老庄、释氏以入六经、孔孟之书，学者莫知其非，而六经、孔孟之道亡矣"，以及《与某书》"古人之学在行事，在通民之欲，体民之情，故学成而民赖以生；后儒冥心求理，其绳以理严于商、韩之法，故学成而民情不知，天下自此多迂儒"①，等等。

综上，戴震虽亦主张性善，但已托古改"性"（以情欲中正论性，直接而片面地把孟子论性之次要义提升为根本义）而别子为宗，虽立足大众教化一端而自有其启示价值，但民欲之度把握过松，岂能有益于嗜欲益开、智巧益出之乱世民风？又其人修养不过中等之资力且说多行少，岂能比得宋明理学诸贤之深厚愿行？失明德亲民内圣外王之道这一君子修养师范感化之本义，甘愿以先知先觉之君子分位下降于普通百姓，并一厢情愿地把民众知觉提升到类似先知先觉层面加以全力论证，无疑为儒学性善修教之歧出者与宋明理学之反动者。可见，以戴震为代表的乾嘉学者批宋儒而复汉学，尽管在形式上还是坚持性善论，但客观上却有撇清、消解性善论之无穷流弊。方东树（1772—1851）《汉学商兑》卷中之上辟驳指出，"程朱所严辨理、欲，指人主及学人心术邪正言之，乃最吃紧本务，与民情同然好恶之欲迥别。今移此混彼，妄援立说，谓当通遂其欲，不当绳之以理，言理则为以意见杀人，此亘古未有之异端邪说"②，可谓深明其失。

凌廷堪（1755—1809）论性善修教，认定理学即禅学，主张调和荀孟而以

---

① ［清］戴震：《孟子字义疏证》，中华书局1982年版，分见第18—20、174页。

② ［清］方东树：《汉学商兑》，虞思徵校点，上海古籍出版社2018年版，第49页。

礼节性、复性于礼。如《校礼堂文集》卷四《复礼上》"夫人之所受于天者，性也。性之所固有者，善也。所以复其善者，学也。所以贯其学者，礼也。是故圣人之道，一礼而已矣"，卷十六《好恶说上》"好恶者，先王制礼之大原也。人之性受于天，目能视则为色，耳能听则为声，口能食则为味，而好恶实基于此……先王制礼以节之，惧民之失其性也。然则性者，好恶二端而已"、卷十《荀卿颂》"夫人有性必有情，有情必有欲，故曰'饮食男女，人之大欲存焉'。圣人知其然也，制礼以节之，自少壮以至耋耄，无一日不囿于礼，而莫之敢越也；制礼以防之，自冠昏以逮饮射，无一事不依乎礼，而莫之敢溃也。然后优柔厌饫，徐以复性，而至乎道。周公作之，孔子述之，别无所谓性道也……舍礼而言道，则空无所附；舍礼而复性，则茫无所从"，以及卷四《复礼上》"父子当亲也，君臣当义也，夫妇当别也，长幼当序也，朋友当信也，五者根于性者也，所谓人伦也。而其所以亲之、义之、别之、序之、信之，则必由乎情以达焉者也。非礼以节之，则过者或溢于情，而不及者则漠焉遇之"、《复礼中》"即一器数之微，一仪节之细，莫不各有精义弥纶于其间……必先习其器数仪节，然后知礼之原于性，所谓致知也。知其原于性，然后行之出于诚，所谓诚意也"[①]等。

焦循（1763—1820）以情欲中道、知礼变通论证性善修教。如《孟子正义》卷二十二《孟子·告子》"饮食男女，人之大欲存焉。欲在是，性即在是。人之性如是，物之性亦如是""以己之心，通乎人之心，则仁也。知其不宜，变而之乎宜，则义也。仁义，由于能变通。人能变通，故性善。物不能变通，故性不善"，《雕菰集》卷九《性善解三》"论性善，徒持高妙之说，则不可定，第于男女饮食验之，性善乃无疑耳"、《性善解一》"性无他，食色而已。饮食男女，人与物同之……有圣人出，示之以嫁娶之礼，而民知有人伦矣；示之以耕耨之法，而民知自食其力矣……禽兽不知，则禽兽之性不能善。人知之，则人之性善矣"、《性善解五》"惟人心最灵，乃知嗜味好色。知嗜味好色，即能知孝悌忠信、礼义廉耻，故'礼义之悦心，犹刍豢之悦口'。悦心

---

① 《凌廷堪全集》，黄山书社2009年版，分见第一册第13页，第三册第139、74页，第一册第13、17页。

悦口，皆性之善"，《格物解三》"感于物而动，性之欲也……惟本乎欲以为感通之具，而欲乃可窒。人有玉而吾爱之，欲也；若推乎人之爱玉亦如己之爱玉，则攘夺之心息矣……不知格物之学，不能相推，而徒曰过其欲，且以教人曰遏其欲，天下之欲可遏乎哉，孔子七十而从心所欲不逾矩"、卷十三《寄朱休承学士书》"《易》道但教人旁通，彼此相与以情，己所不欲，则勿施于人；己欲立达，则立人达人。此以情求，彼亦以情与"、卷九《使无讼解》"格物者，旁通情也。情与情相通，则自不争……原其情则明恕也；恕则克己，克己则复礼。克己复礼，则天下归仁。民志畏则有耻，有耻且格。格即格物也。上格物以化其下，天下之人亦皆格焉。格则各以情通而无讼，而天下平"，以及《君子喻于义小人喻于利解》"儒者知义利之辨而舍利不言，可以守己而不可以治天下。天下不能皆为君子，则舍利不可以治天下小人。小人利而后可义，君子以利天下为义。是故利在己，虽义亦利也；利在天下，即利即义也。孔子言此，正欲君子之治小人者，知小人喻于利"[①]等。

阮元（1764—1849）则立足汉学（即原典本义践履之学）而兼采宋学，以修礼节性言性善修教。如《揅经室一集》卷十《性命古训》"授于天为命，受于人为性，君子祈命而节性，尽性而知命。故《孟子·尽心》亦谓口目耳鼻四肢为性也。性中有味、色、声、臭、安佚之欲，是以必当节之。古人但言节性，不言复性""性字从心，即血气心知也。有血气，无心知，非性也。有心知，无血气，非性也。血气心知皆天所命，人所受也""味色声臭，喜怒哀乐，皆本于性，发于情者也。情括于性，非别有一事与性相分而为对""欲生于情，在性之内，不能言性内无欲。欲不是善恶之恶，天既生人以血气心知，则不能无欲，惟佛教始言绝欲……此孟子所以说味、色、声、臭、安佚为性也"，"人即有血气心知之性，即有九德、五典、五礼、七情、十义，故圣人作礼乐以节之，修道以教之，因其动作以礼义为威仪""发而中节，即节性之说也。有礼有乐，所以既节且和也""晋、唐人嫌味、色、声、臭、安佚为欲，必欲别之于性之外，此释氏所谓佛性，非圣经所言天性……商、周人言性命多

---

① 分见焦循：《孟子正义》，中华书局1987年版，第743、734页，《雕菰集》，商务印书馆1936年版，第128、127、128—129，132、203、138—139，137页。

在事，在事故实，而易于率循。晋、唐人言性命多在心，在心故虚，而易于傅会"，以及卷八《论语论仁论》"凡仁，必于身所行者验之而始见，亦必有二人而仁乃见。若一人闭户斋居，瞑目静坐，虽有德理在心，终不得指为圣门所谓之仁矣""所谓仁者，己之身欲立则亦立人，己之身欲达则亦达人，所以必两人相人偶而仁始见""春秋时，孔门所谓仁也者，以此一人与彼一人相人偶，而尽其敬礼忠恕等事之谓也"、卷九《孟子论仁论》"一介之士，仁具于心。然具心者，仁之端也，必扩而从之，著于行事，始可称仁。孟子虽以恻隐为仁，然所谓恻隐之心，乃人之端，非谓仁之实事也。孟子又曰：仁之实，事亲是也。是充此心，始足以事亲，保四海也"①等。

纪昀（1724—1805）总纂《四库》，是一位较为辩证看待汉学宋学优劣的乾嘉学者，也是在儒教正统前提下"为中人以下设教"，自觉探索神道设教大众教化的汉学学者之一，其性善修教思想特色在于精英纯粹修证与大众神道教化分类并行与内在整合。如《阅微草堂笔记》卷二"'圣贤之为善，皆无所为而为者也。有所为而为，其事虽合天理，其心已纯乎人欲矣'……粹然儒者之言也。然用以律己则可，用以律人则不可；用以律君子犹可，用以律天下之人则断不可。圣人之立教，欲人为善而已。其不能为者，则诱掖以成之；不肯为者，则驱策以迫之。于是乎刑赏生焉。能因慕赏而为善，圣人但与其善，必不责其为求赏而然也。能因畏刑而为善，圣人亦与其善，必不责其为避刑而然也……天下上智少而凡民多，故圣人之刑赏，为中人以下设教"，卷十二"必执《春秋》大义，责不读书之儿女，岂与人为善之道"、卷十九"持论务严，遂使一时失足者，无路自赎，仅甘心于自弃，非教人补过之道"，以及卷十一"戒意恶，是铲除根本工夫，非上流人不能也。常人胶胶扰扰，何念不生？但有所畏而不敢为，抑亦贤矣"、卷十八"物各有所制，药各有所畏。神道设教，以驯天下之强梗，圣人之意深矣"②，等等。《阅微草堂笔记》即纪昀以反本开新为特色的神道设教大众教化探索尝试，郑开僖序云"公所署笔记，词

———————
① ［清］阮元：《揅经室集》，中华书局1993年版，分见第211、217、220—221、228、217、226、233—235、176、178、176、195—196页。
② ［清］纪昀：《阅微草堂笔记》，上海古籍出版社2010年版。

意忠厚、体例谨严，而大旨悉归劝惩，殆所谓是非不谬于圣人者与。虽小说，犹正史也"，《清儒学案·献县学案》亦云"先生于书无所不通，一生精力，备注于《四库提要》及目录……其所欲言，悉于《四库书》发之，而惟以觉世之心，自托于小说稗官之列，其感人为易入。所著《阅微草堂笔记》中，多见道之言"①。此外，还有少数汉学学者兼宗汉宋，程瑶田（1725—1814）即遵崇程朱理学而以"天生烝民，有物有则"言性善修教，如《论学小记》六十一明示"圣人因其性中天秩之所有者制为礼，以待其人而行，能行其礼，斯之谓为仁"，并讥讽戴震以意见论理而不知性善之精义。

在清初程朱理学学者努力下，康熙后期程朱理学已成为清朝学教之正统。这一时期代表性学者有张烈（1622—1685）、魏裔介（1616—1686）、张伯行（1651—1725）、汤斌（1627—1687）、熊赐履（1635—1709）等。乾嘉时期代表性学者则有尹会一（1691—1748）、汪绂（1692—1759）、陈宏谋（1696—1771）、雷鋐（1697—1760）、朱珪（1731—1806）等。此外，桐城派程朱学者则有方苞（1668—1749）、刘大魁（1698—1779）、姚鼐（1732—1815）等。清代后期，理学代表性学者则有方东树（1772—1851）等。方东树在礼、理争议中反汉学而卫程朱，如《汉学商兑》卷中之上"程朱以己之意见不出于私乃为合乎天理，其义至精至正至明，何谓'以意见杀人'？如戴氏所申，当体民之情、遂民之欲，亦必民之情欲不出于私、合乎天理者而后可。若不问理，而于民之情欲一切体之遂之是为得理，此大乱之道也"②等。所论不为无理，但因势单力薄而其效甚微。乾嘉汉学学者把儒学性善修教信念消解了，虽于神道设教大众教化有所探索开拓，但却并未能把儒教大众信念建立起来，民间信仰复杂含混且迷信邪信潜滋暗长，清朝中叶之后儒学修教理路多分已是似是而非、不伦不类了。综上，清代汉学学者自戴震以降多以"血气心知"实用经验论性，主张学礼复性而养情节欲，重新审视荀学和诸子学而尊荀抑孟，他们所谓的复归性善本原之义亦不过是片面立足当代大众修教而"别子为宗"而已。他们大都辟佛老且批宋明理学即禅学，虽有修正宋儒表述不彻底之处，但却不

① 徐世昌等编纂：《清儒学案》（第四册）卷八十，中华书局2008年版，第3101页。
② 方东树：《汉学商兑》（虞思徵校点），卷中之上，第47页。

知宋明理学藉佛老刺激而反求诸己，引申发明出了儒教经典本有的精妙修证义理。以戴震为代表的乾嘉朴学打着全盘复古旗号客观上进一步消解了理欲、性情的界限，不仅没有自觉接续宋明理学的彻底修证精神，还降格儒教性善教化为情欲合理、养情适情教化，更有甚者还以诸子杂学消解礼教正统而倡言个性解放。总之，清代朴学本以批宋复古为期许，但却以儒教性善信念的弱化消解为结果，儒教瓦解之势于是乎暗成。

乾、嘉之后，清朝乡绅阶层更是因功利化加剧而土豪劣绅剧增，遂致洪杨洋教之乱、西教西学入侵而收拾不住，直至出现入主出奴、以夷变夏的可悲局面，清季民初儒教在内忧外患中遂告彻底崩溃。乾、嘉之后西汉今文经学的兴起，实际上是反宋复古乾嘉汉学（东汉古文经学）合乎逻辑的内在发展，是对亲民外王教化层面而不是对明德内圣修证层面的现实关照，故其对儒学性善修教的开拓可略仿西汉儒者之修教努力。近代以来，儒学性善修教努力及其异化变质是以中西体用关系争论为学理主线展开的。近现代精英学者或自我西化或应对西化，知行学教日益分裂；民间儒教教化者（多出现于传统三教以及相对纯正的民间信仰团体中）则往往自觉担当了证明、护持纲常礼教性善信念的榜样职责，如段正元、印光、武训、王凤仪等，其苦心孤诣而毕生担当的性善修教言行影响深远。

第三节　儒学民本观性善论义理述要

综括上述五经四书性善思想，以及儒学性善论奠定探索期、内化成熟期、反本完善期、转型裂变期的发展衍化概说可见，性善修教是儒学民本观的基本信念前提。儒学性善论的发展成熟有一个漫长的历史进程，在三教对待互补以及反思异端流弊而又反求诸己的历史发展进程中，儒学性善论具备了性本善、性可善与性至善的坚定修养信念和丰富教化内涵，奠定起中国传统教化的共通性信念基石。具体而言，五经四书中本就蕴含着丰富的性善修教思想，藉历代儒教学者而得以时中发明出来。孔子思想以君子仁义论性善修教而行重于言；孟子直面乱世异端而勇道性善，明示四端扩充则人皆可以为尧舜；荀子虽讲性恶化伪，但至少也讲性之质善；此后汉儒"禾米说"、唐儒"复性说"、宋儒"天理说"、明儒"良知说"，以及《三字经》"人之初，性本善"蒙学思想与明清通俗小说教化等，都是对儒学性善论这一正统信念的时中发明。即便是乾嘉汉学，绝大多数学者也至少在形式上持守了性善论立场（但在实质内容上已转化成情欲中道论证）。儒学民本观性善信念这一义理要素的基本内涵，涵括性本善合天道、性可善待修教、性至善当下止三个方面内容。

一、性本善，合天道

概言之，综观五经四书全部内容，无非是述而不作奉天法古，宗本天道以立人道、法象天文而开人文而已。五经四书之价值思维，在于天人合一内在贯通，而天人贯通之学理衔接点即是性善信念。五经四书无论是侧重明理之知，还是侧重笃实之行，总是弥漫着天道性善的底色氛围，历代儒者儒典又予以反本开新的时中发明。因此，五经四书天道性善思想乃经典文本横向义理与历代儒者纵向发明的内在统一，知此则儒学性善修教信念研究方能一以贯之且纲举目张。

（一）天道性善之经书论证

天道性善之经书论证，上述经书论性善本源部分已有展述，这里仅择其要者以内在贯通之。诸如《诗经》维天之命於穆不已、天之牖民如埙如篪、天生烝民有物有则、毋教猱升木如涂涂附，以及恒性、秉彝等表述；《尚书》天与民彝、惟皇上帝降衷下民，以及天之明命、天胤、天性、天物等表述；《周礼》本天道而立人道，法象天地四时而立六官以成天道岁功；《礼记》天无私覆地无私载、天命之谓性、人生而静天之性也、万物本天月令时行等表述；《周易》法天文而开人文，乾之四德元亨利贞、乾道变化各正性命、阴阳刚柔天地之道等表述；《春秋左传》淫则昏乱民失其性、弃同即异是谓离德等表述；《孝经》天地之经民是则之、孝无终始无患不及等表述；《大学》天之明命、明德、峻德等表述；《中庸》天命之谓性、诚者天道、自诚明谓之性、天地之道为物不贰、无不持载无不覆帱等表述；《论语》天何言哉四时行焉、唯天为大唯尧则之、性相近也有教无类、仁远乎哉欲仁仁至、洁己以进不保其往等表述；《孟子》人有四端犹有四体、仁义礼智我固有之、人性之善犹水就下、若为不善非才之罪、心之同然理也义也、良能良知亲亲敬长，以及仁义忠信此天爵也、由仁义行非行仁义、性有命焉不谓之性、命有性焉不谓之命、形色天性圣人践形、终身由之众不知道等表述，均是很好的天道性善之经书论证。

（二）天道性善之儒学史论证

性善论是儒教在外学异端刺激下反求诸己之义理发明，有一个君子时中的发展成熟内在进程，大致包括天道性善之信念前提义、修教复善之向善消恶义，以及止于至善之当下精进义三个层面。

天道性善之信念前提义，奠基于先秦孔、孟、曾、思诸圣而发展于秦汉隋唐诸贤，上述儒学史性善修教部分已有所展述，这里谨择其要者以内在贯通之。如孔子言天何言哉、性相近、有教无类、德不孤、观过知仁，孟子言性德固有、由仁义行、良知良能、善与人同，以及《孝经》《大学》《中庸》等性善修教义理等。秦汉时期儒者重礼法教化，儒者持性具善恶论与性善论者均有且均能自圆其说，性具善恶论也能接得上孔孟性善论。荀子言性恶实为情欲之恶，天人二分而以圣人代替天道，涂之人皆有可以知仁义法正之质、皆有可以能仁义法正之具，性有善质故圣贤可期。汉代儒学性具论当以董仲舒中民之性"禾米说"（米出禾中、善出性中）为代表性表述，汉儒认为天生民性性有善质，虽尚未云性善，但已在立论教化前提下初步整合了孟荀性论，从而构成了儒学性善论发展史重要一环。王充言禀五常之性乃正性、人含五常之性故若熟锻炼之矣患性之不善、人有不善则乃性命之疾。《盐铁论》主性善，认同尧舜之道非远人、子为父隐父为子隐、恶恶止其人疾始诛首恶。《韩诗外传》主性善，言天之所生皆有仁义礼智顺善之心、天之所以仁义礼智保定人之甚固。《孔子家语》言等之以礼、立之以义、行之以顺，民之弃恶如汤之灌雪。《新语》言行尧舜之道于世则亦尧舜而已，《中论》言民之初载其蒙未知如宝在玄室，《申鉴》言道之本仁义而已、人非下愚则皆可以为尧舜，《白虎通义》言得五气以为五常之性、民有质朴不教而成。魏晋以降儒学性善修教顺应内在发展脉动，在道释二教刺激下开始关注明德修养内圣层面，涉及性、情、欲、心等范畴，拓展丰富了儒学性善论，但有分割对立等不完善之处，如王弼言性无善恶而有浓薄、以无统有，刘劭言质贵中和，裴頠言崇有以辟性情极端论，范缜言神灭以明情性相即，傅玄言人含五常之性、有善可因有恶可改，苏绰言性则为善情则为恶、天地之性唯人为贵、有中和之心仁恕之行，刘昼言情出于性而情违性、欲由于情而欲害情等。隋唐儒学性善修教探索上承汉晋而下启两宋，但亦有释、道义理痕迹。如王通言性为五常之本、仁为五常之始，《贞观政要》言人禀定性、人性含灵、人性相近。韩愈反本《大学》而尊孟子，其性情三品说明示所以为性者仁礼信义智。李翱反本《中庸》，其复性说明示性无不善、性鉴天地非自外来、性本勿失复亦不生。宋代前期儒者论性犹多承汉晋，如司马光犹言性兼善恶，王安石言性者五常之太极、性不可以善恶言，苏轼言性能之善恶而非能有善恶、为善而善非性、男女之欲出于人性，等等。

　　天道性善之信念前提义，内化成熟于两宋元明程朱理学借鉴释、道义理而反本内求之开拓努力。如刘敞言性者命之分、性岂不善物蔽则否、人之性善勿自以为恶、人之情正勿自以为邪、恶乱性伪害道、言性而明其无性者不足以明性。《近思录》言天地之帅吾其性、性即天理未有不善、人性本善有不可革者、在天为命在义为理、在人为性主于身为心。张栻亦言性具四德，情有四端。朱子提升四书地位而集理学大成，《四书集注》言天降生民莫不与之以仁义礼智之性、性者人所受之天理故浑然至善未尝有恶、性本善故顺之而无不善、本无恶故反之而后为恶、心统五德之性四端之情。程朱言性即理，陆九渊言心即理、仁义者人之本心、人皆有四端之心、心皆具四德之理，陈亮、叶适指出道不离事情得其正、奉天法古不言性命。金元夷夏感通之际，赵秉文亦言圣人罕言道德性命、佛灭情归性与老氏归根复命皆非性之中正，许衡言上帝降衷人得之以为心、天下之人皆有明德，刘因言性无不统心无不宰、气无不充材无不全，吴澄言性者天付之理纯粹至善、气质虽有不同本性之善则一，许谦言天地之性即是理皆善而无恶、事虽万殊理只是一。明代方孝孺言扶天理遏人欲，曹端言天道之立实理所为、理学之源实天所出，胡居仁言释氏误认神识为理故以作用为性，薛瑄言分殊在于理一之中、理一岂离分殊之外，湛若水言心性非二、性者心之生理、天地无内外心亦无内外，王阳明言人性皆善而中和者人心原有、性相近即性善、性元无一毫之恶、至善者心之本体、良知即是天理，泰州学派王艮言人心本自乐、自将私欲缚，等等。

天道性善之信念前提义，反本成熟于明清之际儒者反思心学虚幻流弊，而反求经典笃实修教之开拓努力。如顾宪成言太极无对性亦无对、自昔圣贤论性总总只是一个善、无善无恶耽虚乡愿，高攀龙言善者性也无善无性、性一于善而即人伦即庶物、无善之说足以乱教，刘宗周言天地之间一气而已、性即气气即性、气立而理因之寓之、人心道心只是一心、气质义理只是一性、性只是气质之性而义理者气质之本然。罗钦顺言心性不相离而不容混、认心为性毫厘千里、圣人本天释氏本心、佛氏所谓性者觉、吾儒所谓性者理，王廷相言虚实皆气理载于气、形性相待而立，吕坤言性者理气之总名、无不善之理而无皆善之气、义理固是天赋气质亦岂人为、义理之性有善无恶、气质之性有善有恶，顾炎武言气盈天地道必寓器、善犹醇也故诚者天道岂为不善、性善故近而必待反之故谓性相近，王夫之言天曰无极人曰至善、知性合天德乃知人性之善、太虚即气于气见理、理寓于欲性由情见，颜元言孟子性善即孔子性相近、气质者二气四德结聚而其恶者引蔽习染、言气质有恶则性乱，等等。明代中后期，道、释、回、耶诸教补儒以及三教合流民间宗教的兴起，是精英礼教逐渐不能满足物欲渐开态势下大众教化需求的过渡性产物，也是儒教回归神道设教原典精神的过渡性探索，但亦流弊非浅，客观削弱了儒学性善修教坚定信念，至清代朴学时期儒学性善论遂至面目全非。

天道性善之信念前提义转型裂变于明清以来心学与实学探索。如黄宗羲言离器而道不可见、性之为善合下如此、气质虽偏中正者未尝不在、情之中和谓之性、有生之初人各自私人各自利，孙奇逢言理即气之理、不在气先不在气外、道心即人心之本心、义理之性即气质之本性，陆世仪言天地间只是阴阳五行、太极未尝杂人之气质故性未尝不善、太极两仪未尝二故性亦无有二，李光地言道气相即而道上器下、理气相即而理先气后、性即理也理即性也、性无不善心则杂揉不齐。乾嘉汉学对保存整理儒教典籍有功，也初步探索了大众教化问题，但其流弊在于我凿六经、玩学丧志，从根本上偏离了性善修教正道而后患无穷（本末、义利、理欲、善恶、华夷等界限逐渐混乱模糊），如戴震言古人言性但以气禀言而未尝明言以理义为性、情欲知皆根于性本于天、天理言乎自然之分理、情之不爽失谓理、血气心知性之实体，凌廷堪言性者好恶二端而已、有性必有情有欲而制礼节之防之则复性至道、舍礼言道空无所附、舍礼言性茫无所从，焦循言悦心悦口皆性之善、性无他食色而已、饮食男女人之大欲存焉而欲在是性即在是、人知变通故性善、物不知变通故性不善。阮元言性字从心即血气心知、皆天所命而人所受、欲生于情在性之内。反思汉学之程朱理学学者有程瑶田、姚鼐、方东树等，如方东树言求名物而不论道粗浅者，最易祸乱粗学而识未真者。儒学性善修教信念始乱于阳明心学而再乱于戴震朴学，此后龚自珍尊情贵私重我、洪杨洋教致乱等每况愈下，西学入侵而体用俱失、自由民主理念大兴，用夷变夏遂至不可收拾。

二、性可善，待修教

概要言之，综观五经四书全部内容，所谓修教复性者，无非反求诸己而诚敬于纲常礼义之践履工夫，同时破立结合，防邪正情而改过迁善、中道对治情欲习气，以致善性充实而能体察合德于天地之道而已。经天地而理人伦，涵养节度以成中和天性，此即《大学》所概括的明德亲民、止于至善之大学之道，以及《中庸》所概括的率性修道、明诚致中和之中庸之道。历代儒者时中发明而反本开新，使得五经四书天道性善修教思想不断成熟完善而丰富多彩。

（一）修教复善之经书论证

修教复善之经书论证，上述经书论性善修教部分已有详述，这里仅择其要者以内在贯通之。诸如《诗经》俾弥尔性纯嘏尔常、日就月将学有缉熙、如切如磋如琢如磨、悠哉悠哉辗转反侧、庶几夙夜以永终誉、不忮不求何用不臧等，《尚书》疾敬德、克明俊德、懋敬厥德克配上帝、咸有一德克享天心、严恭寅畏天命自度、燮理阴阳寅亮天地、克念作圣至诚感神、稽古崇德象贤、逊志时敏道积厥躬、惠迪则吉习与性成、非知之艰行之惟艰、绳愆纠谬格其非心、慎初厥终改过不吝、志以道宁言以道接、玩人丧德玩物丧志、勿有其善勿自作孽、引养引恬、率义于民棐彝、宅天命作新民等，《仪礼》礼义中道养成性善，以五礼防闲佻伪、以六乐荡正情思、以礼乐教化合天道而养天性等，《礼记》四时合序礼教自然、礼体天地法四时则阴阳、承天之道以治人情、修六礼以节民性、五礼坊乱止邪未形徙善远罪、玉琢成器人学知道、大学之道明德亲民、节嗜欲定心气比玉德、恭敬撙节退让明理等，《周易》阴阳为道继善成性、穷理尽性以至于命、合德天地合序四时、先天弗违后天奉时、蒙以养正振民育德、财成辅相以左右民、遏恶扬善顺天休命、自强不息厚德载物、苟非其人道不虚行、自昭明德言行有恒、非礼弗履永终知敝、见善则迁有过则改、惩忿窒欲恐惧修省等,《春秋左传》经纬天地照临四方、勤施无私教诲不倦、褒贬礼否择善而从、善人天纪在上劝善等,《春秋公羊传》恶恶疾始善善乐终、善善也长恶恶也短、为尊亲讳为贤者讳、礼有九锡劝善扶不能等,《孝经》爱亲不敢恶于人、敬亲不敢慢于人、爱其亲而爱他人、敬其亲而敬他人、大孝严父严父配天、因严教敬因亲教爱等,《大学》明德亲民止于至善、格致诚正修齐治平、絜矩之道忠恕一贯、德本财末先慎乎德等,《中庸》率性之谓道、修道之谓教、自明诚谓之教、至诚尽性其次致曲、温故知新敦厚崇礼、内省不疚无恶于志、隐恶扬善执其两端、上不怨天下不尤人、五伦天下之达道、知仁勇天下之达德、凡为天下国家有九经等,《论语》君子知命知礼知言、述而不作信而好古、志道据德依仁游艺、克己复礼非礼勿作、孝悌也者为仁之本、己立立人己达达人、修己以敬学而时习、毋意毋必毋固毋我、躬自厚而薄责于人、见贤思齐不贤自省、视明听聪色温貌恭、言忠事敬疑则思问、忿则思难见得思义等,《孟子》仁义礼智根心发外、乃若其情可以为善、可欲谓善充实谓美、法尧言行是尧而已、尽心知性知性知天、存心养性事天立命、仁礼存心反身而诚、仁之实际尊兄事亲、养心寡欲求其放心、强恕而行求仁莫近、先立其大小不能夺、深造以道成章而达、生于忧患恒过能改、动心忍性增益不能,等等。

（二）修教复善之儒学史论证

修教复善之向善消恶义,奠基于先秦孔孟曾思诸圣。如孔子言仁礼中道继善成性、己立立人己达达人、己所不欲勿施于人、君子喻于义小人喻于利、欲仁仁至、举直错诸枉,孟子言亲亲敬长、四端扩充、修其天爵、强恕求仁、求其放心、寡欲改过,以及《孝经》《大学》《中庸》等性善修教义理等。荀子言人皆欲为善、出于治合于善、师法隆礼学不可以已、欲不可尽可以近尽、欲不可去而可节、兼陈万物而中县衡,董仲舒言凡人之性莫不善义、不能义者乃利败之、天下者无患然后性可善、民性待王教而为善、损欲辍情以应天、以仁安人以义正我。王充言人性犹蓬纱在渐染、中人之性在所习、善则养育劝率无令近恶、近恶则辅保禁防令渐于善、恶化于善成为性行。《盐铁论》言防淫佚之原而广道德之端、抑末利而开仁义、毋示以利教化可兴。《韩诗外传》言防邪禁佚调和心志、因其情而节之以礼、从其欲而制之以义、适情性不过欲则养性知足。《孔子家语》言政犹蒲卢待化以成、君子不急断不急制以防乱之原,《大戴礼记》言过而改之是为不过、枉而直之使自得之、优而柔之使自求之、揆而度之使自索之。《新语》言人莫不知善之为善恶之为恶、为恶者情欲放溢不胜其志,《新书》言知善而弗行谓之狂、知恶而不改谓之惑。《中论》言学者不患才之不赡而患志之不立、恶不废则善不兴、非特兴善将以攻恶,《申鉴》言性虽善待教而成、性虽恶待法而消、教化之废推中人而坠于小人之域、教化之行引中人而纳于君子之途,《潜夫论》亦言中民之性犹铄金在炉从笃变化。《白虎通义》言教者效也上为之下效之、明别善恶六情扶成五性、劝人为善戒人为恶。王弼言道不违自然乃得其性、情是有欲之心而有邪正、不性其情焉能久行其正,傅玄言因善教义因义立礼、人怀好利之心则善端没、立德之本莫尚乎正心、心正率先天下履正而咸保其性、苏绰言心和志静则邪僻之虑无因而作、凡所思念无不皆得至公之理,刘昼言性贞则情销、情炽则性灭、刿情以遣累、约欲以守贞,王通言以性制情、思过而预防之,《贞观政要》言须博学以成其道、待学成而为美、以学饬情以成其性,韩愈言上之性就学而易明、下之性畏威而寡罪、中焉者可导而上下,李翱言情因性起性由情明、妄情灭息本性清明谓之复性、循礼法忘嗜欲而归性命之道。司马光言长善去恶各尽才性、仁礼中和格物胜欲,王安石言性者情之本、情者性之用,苏轼言善乃性之效、道与物接而生善。

刘敞言人之耻过欲善也同、耻过改之欲善自反、善者亲亲尊尊而已、下愚之人不害于为善,王开祖亦言情本于性则正、离于性则邪,《近思录》言善反之天地之性存焉、涵养须用敬进学在致知、约情合中正心养性而明善固执扩充乃大、言学便以道为志而言人便以圣为志、损人欲以复天理其患在自私用智、敬义夹持上达天德而行之亦须量力有渐。张栻言有所为而然乃人欲之私而非天理之所存、立志为先持敬为本、莫先于义利之辨,《四书集注》言人性皆善气习有染、道心为主人心听命、觉有先后教以复性,黄榦言天命之性体则一本、率性之道用则万殊、居敬立本穷理致知、克己灭私存诚致实,陆九渊言收拾精神自作主宰、人心有病须是剥落、蔽于物欲意见则失其本心。赵秉文言典礼德刑非人为之私、外此无所谓性与天道,许衡言善从敬起、不睹不闻戒惧存

性、欲念方动遏之不滋、气禀拘之爱欲蔽之则明德暗塞，刘因言学术之差、品
节之紊、异端之害惑学，吴澄言本性有污坏当用反之之功、变化气质则天地之
性具存于气质、性其情而不使情其性、迎接酬酢俱天理当然本心发现，许谦言
人伦之外无余事、五常之外无余理、气禀内根物欲外染、欲生私胜天理渐昏、
理欲在心常相消长、究明天理摒去私欲。曹端言本源之性无有不善而气质昏浊
则隔、以敬为下手处学以返之则天地性存，薛瑄言性即理而天即理之所自出、
尽心功夫全在知性知天上、敬乃聚德之本践形之要。陈献章言终日乾乾只是收
拾此理、义理尽无穷故工夫尽无穷，湛若水言情发于人伦日用不失其中正即正
情复性之道、事上求仁动时著力、动静一于敬而敬立动静浑，王阳明言性善是
真种子、既去恶念便是善念便复心之本体、人心之得其正者即道心、道心之失
其正者即人心，王艮言道异于百姓日用者皆谓之异端、格如格式即絜矩之谓、
一觉便消除而人心依旧乐。阳明后学各就性情之所近与笃实修证需要而自立性
善修教宗要，如王畿以四无感应为宗要、钱德洪以四有感应为宗要、黄绾以艮
止执中为宗要、季本以龙惕慎独为宗要、徐用检求仁积修、邹守益戒惧敬养、
欧阳德明觉妙用、聂豹归寂通感、罗洪先主静体仁、王时槐透性研几、刘文敏
性常体虚、陈九川慎独知几、刘师泉悟性修命、魏良弼无我复性、王艮自然和
乐、罗汝芳格物求仁、颜钧率性体仁、耿定向仁不容已、焦竑正情复性、何心
隐性乘于欲，等等。

顾宪成言功夫恰是本体、语本体只是性善二字而语功夫只是小心二字，
高攀龙言孔子之教四而传之万世无弊，冯从吾言论学只有一个善字，刘宗周言
识得心一性一则工夫亦一、静存之外更无动察、主敬之外更无穷理、学以诚意
为极则而慎独之说工夫与本体一。罗钦顺言性命之妙理一分殊、心与理一之谓
仁、事与理一之谓义，王廷相言无生则性不见、无名教则善恶无准、仁义中正
所由成道，吕坤言尧舜事功、孔孟学问乃君子终身急务。顾炎武言理学即经
学、子孝臣忠夫贞妇信乃天命人性、求命于冥冥之表则离而二之、有体用之分
而无用心于内之说、以礼制心以仁存心、求于心求放心者非求心、以心为学者
混心为性，王夫之言通天人曰诚合体用曰中、习气充满皆思齐自省之大用、有
善者性之体而无恶者性之用、必志于仁而后无恶者体验乃实知之、天性之善皆
能培栽而覆倾、蒙以养正不依流俗异端、理至处欲无非理、无善无恶者凿也、

良知之说乃否道，颜元言变化气质为养性之效、孔门求仁孟子存心养性皆明性善而耳目口鼻皆奉令尽职、性命之理不可讲而性命之作用则可讲而行之。

黄宗羲言学问之道以各人自用得着者为真、工夫所至即其本体、无无事功之仁义、无不本仁义之事功，陈确言人欲恰好处即天理、天理人欲分别太严使人欲无躲闪处。张履祥言权只是经反经而已、理一无工夫而工夫全在分殊上、始于择善终于止至善、随事精察而力行之即不必言未发之中、姚江异端害道荡灭礼教、三教一门滥觞不可界限、率兽食人人将相食、夷夏之闲亦至尽决，陆世仪言穷理二字赅得致良知、致良知三字赅不得穷理、穷理之学格致是也、理在吾心而求之天下之物则体用合一、一物不备不足以践我之形、一理未穷不足以尽性之量，李光地言耳目口鼻四肢之欲非恶而徇其流焉则恶、能中节则人心与道心一、事理无尽非一人之见、做事与人商量便是与人为善。戴震言天理者节欲而不穷欲、欲不可穷非不可有、有而节之使无过不及谓之天理、有血气心知则学以进于神明、学在行事通民欲体民情则民赖以生，凌廷堪言必先习器数仪节然后知礼之原于性者谓之致知、知其原于性然后行之出于诚者谓之诚意，焦循言天下之欲不可遏、舍利不可以治天下小人，阮元言古人但言节性不言复性、发而中节即节性之说、有礼有乐所以既节且和、凡仁必于身所行者验之始见，纪昀言圣人立教欲人为善而已、圣人之刑赏为中人以下设教、无所为而为者律己则可律人不可、律君子犹可律天下之人断不可、神道设教可驯天下之强梗，方东树则反思而言文字训诂只是小学事而入圣之阶端由知行、汉学破宋儒穷理之学而变大学之教为考证之学、以礼经为教邪说假正虽正亦邪、体民之情遂民之欲乃大乱之道，等等。

三、性至善，当下止

概要言之，儒学性善信念须善性熏习、对治欲望之当下礼义动态落实，是自觉觉人无有止极之时中精进而非终极目标之理想预设，止于至善正是儒学性善修教的动态践履进程。历代儒者反本开新而时中发明，使五经四书立足礼义纲常而止于至善之基本义理得以成熟完善且丰富多彩。

（一）止于至善之经书论证

止于至善之经书论证，诸如《诗经》彝伦攸叙、恫瘝乃身、教诲尔子式穀似之、雨雪瀌瀌见晛曰消等,《尚书》好生之德洽于民心、旧染污俗咸与维新、一夫不获时予之辜、百姓不获自尽民主罔成厥功等,《礼记》大礼与天地同节、大乐与天地同和、毋不敬俨若思安定辞、敬养敬享终身弗辱、道而弗牵、强而弗抑、开而弗达、五礼坊乱止邪未形徙善远罪等,《周易》懋对时育万物、辨上下定民志、莅众用晦而明、常德行习教事、大人继明照于四方、久于其道天下化成、申命行事劳民劝相、教思无穷容保民无疆等,《左传》经纬天地曰文、照临四方曰明、勤施无私曰类、教诲不倦曰长、慈和遍服曰顺、择善而从之曰比、善不可失恶不可长、过而能改善莫大焉等,《孝经》孝子事亲居致其敬、养致其乐病致其忧、丧致其哀祭致其严、事父孝故事天明、事母孝故事地察、长幼顺故上下治、孝悌之至通于神明等,《大学》顾諟天之明命、为人君止于仁、为人臣止于敬、为人子止于孝、为人父止于慈、与国人交止于信、切磋琢磨恂慄威仪、日新又新而作新民、旧邦新命无所不用其极、诚中形外君子慎独、心诚求之不中不远等,《中庸》君子之道造端夫妇、及其至也察乎天地、致中和则天地位育、苟不至德至道不凝、尊德性而道问学、致广大而尽精微、极高明而道中庸、博学审问慎思明辨笃行、择乎中庸拳拳服膺、好学近乎知、力行近乎仁、知耻近乎勇、忠恕违道不远、生知学知困知及其知之一也、安行利行勉行及其成功一也、上天之载无声无臭、以人治人改而止、君子笃恭而天下平等,《论语》仁远乎哉吾欲仁斯仁至矣、颠沛必于是造次必于是、兴于诗立于礼成于乐、修己以敬以安人安百姓、老者安之朋友信之少者怀之、尊贤容众嘉善矜不能、出门如见大宾使民如承大祭、惠而不费劳而不怨欲而不贪、不愤不启不悱不发等,《孟子》充无欲害人之心则仁不可胜用、充无穿逾之心则义不可胜用、老吾老以及人之老、幼吾幼以及人之幼、古人所以大过人者善推其所为、行有不得反求诸己、以善养人能服天下、与人为善善与人同、欲为君尽君道、欲为臣尽臣道、天下之民不被尧舜之泽若己推而内之沟中、王民皞皞日迁善而不知为之者、亲亲而仁民仁民而爱物、轻之于尧舜之道大貉小貉、重之于尧舜之道大桀小桀、执中无权执一贼道、恶似而非者恶乡原恐其乱德,等等皆是。

（二）止于至善之儒学史论证

止于至善之当下精进义,奠基于孔、孟、曾、思诸圣。如孔子言见善如不及、见不善如探汤、嘉善而矜不能、学而时习下学上达、四勿四毋克己复礼、修己以敬老安少怀等，孟子言尽心知性、勿忘勿长、孳孳为善、充实谓美、深造自得、执中有权，以及《孝经》《大学》《中庸》等性善修教义理等。荀子言积善成德神明自得圣心备焉、虚壹而静谓之大清明，董仲舒言善无小不举恶无小不去以纯其美、天道积聚众精以为光而圣人积聚众善以为功、强勉行道则德日起而大有功，王充言急之与缓俱失中和、韦弦附身成完具人、教导以学渐渍以德则亦将日有仁义之操。《盐铁论》言有求如《关雎》好德如《河广》、思贤慕能从善不休、绝恶未萌使之不为，《韩诗外传》言学知不足教知不究、不足故自愧而勉而不究故尽师而熟、习之于人微而著深而固，《孔子家语》言恶恶道不甚则好善道亦不甚、好学近乎智、力行近乎仁、知耻近乎勇，《大戴礼记》言日旦就业夕而自省以役其身、政不正则不可教、不习则民不可使，《新语》言法圣道为贤者为君治思五帝、为臣思稷契、为子执曾闵之质、为学操回赐之精，《新书》言日戒慎一日、闻善而行之如争、闻恶而改之如雠，《中论》言迁善惧其不及、改恶恐其有余，《申鉴》言养性秉中和守之以生、纵民之情谓之乱、绝民之情谓之荒，《白虎通义》言仁者施生爱人、义者断决得中、礼者履道成文、智者不惑于事、信者专一不移。王弼言达自然之性畅万物之情、因而不为顺而不施、心不乱而物性自得之，苏绰言性无常守随化而迁、中迁于善而邪伪嗜欲潜以消化，王通言乐天知命何忧、穷理尽性何疑，《贞观政要》言行帝道则帝、行王道则王，在化之而已，李翱言人性皆善循之不息而至于圣、止而不息必诚、诚而不息则明、明诚终岁不违则能终身，王安石言情动而当于理则为圣贤、上智下愚者习善习恶之谓。

刘敞言人之学求尽其性、人之性善且有九品、开难到之期则人不能信而学不能益，《近思录》言穷理尽性则性天德而命天理、乾乾不息于诚必惩忿窒欲迁善改过而后至、积习既多则脱然自有贯通处、圣人非能为物作则惟止之各于其所、俾人自易其恶自至其中而止，张栻言精察于动静之间、毫厘之差能审其霄壤之判，《四书集注》言明明德新民当至于至善之地而不迁、尽夫天理之极而无一毫人欲之私、日日克之不以为难则私欲净尽天理流行、学之正习之熟说之深而不已，陆九渊言一实则万虚皆碎、学于血脉骨髓理会实处始得、剥落一番即一番清明、须是剥落得净尽方是。赵秉文言不空谈道德性命而有近思笃行之实，刘因言邪正术明诚伪辨分、品节不差笃行固守，吴澄言无欲故静、有主则虚乃心学纲要。薛瑄言性者万理统宗、性即仁义礼智、道即循性而行、德即行道有得、诚即性之无妄、命即性所从出、忠即尽性于心、恕即推性于人，王阳明言充拓得尽便与天地合德、知之真切笃实处即是行、行之明觉精察处即是知、致知只是各随分限所及扩充方是精一功夫，王艮言乐是乐此学、学是学此乐。高攀龙言无善无恶妙悟良知非孔子之教、以善为性则合体用本末内外精粗心迹为一，刘宗周言体独知几、定命凝道、考旋作圣，罗钦顺言随其分位修其实履、执灵觉以为至道非禅学而何，王廷相言极精一执中之成功则无道而非善、其功未形之前不可得言至善，王夫之言有公理无公欲、私欲净尽天理流行、自善而恶几微之介斯须移易、姚江氏阳儒阴释诬圣邪说者充其无善无恶圆融理事之狂妄、其流害相激相成则中道不立矫枉过正，颜元言存养省察涵濡礼乐、以人治人相习于善而预远引蔽习染。至清代乾嘉朴学，如戴震言发乎血气心知之自然者明之尽、使无几微之失则无往而非仁义等表述，实际已是以欲代理消解性善的重大学理裂变了。

综上，性善论作为儒学修教正统信念与主流信念，是历代儒者契机儒教发展脉动与外部刺激（如外教外族融突、商品经济膨胀与大众教化需求等），不断反本开新而逐渐成熟完善的。由于阳明心学与乾嘉朴学对个体情欲的开禁与论证，儒学性善论信念渐被蚕食解构而面目模糊，在明中叶以来精英修养引导与大众教化实践未能内在整合好的不良态势下，理欲善恶、义利华夷等理念逐步变得本末模糊而界限混乱、知行割裂，清季民国以来遂至民主西化思想入主出奴，以夷变夏局面形成且尾大不掉，整个东亚儒教文化圈陷入亘古未有的思想混乱。譬如，一些现代性学者对荀子、王阳明、黄宗羲、戴震等某些人物流派的选择性推崇，即大多自觉不自觉地闪烁着西化基督宗教价值思维的影子。

性善信念与儒学民本观其他义理要素之间的关系是内在全息的，具有性善信念者必定是人文君子，必定遵循天君民合纲常礼义，必定持守明德亲民价值取向与天人中道思维模式，亦必定担当夏以化夷与反本内化之历史责任，性善修教于儒学民本观可谓纲举则目张、牵一发而动全身。鉴此，理顺中国儒学史性善论之学理流变，进而对近现代以来人性论乱象予以拨乱反正，时中重铸当代儒学性善修教信念，也就相应地成为当代儒者的本分担当。

第三章
君子：儒学民本观担当主体概说

性善修教信念是儒学民本观成始成终之学理根源，君子担当主体则是儒学民本观得以践履落实的灵魂引领。与性善信念全息于其他民本观义理要素一样，一个儒教君子亦必定具备坚定的性善信念，必定遵循天君民合纲常礼义，必定持守明德亲民价值取向与天人中道思维模式，亦必定担当夏以化夷与反本内化历史责任。孔子云：人能弘道，非道弘人。性善信念修教前提、天君民合基本架构、纲常礼义核心内容、明德亲民价值取向、天人中道思维方式、夏以化夷历史脉动与反本内生时中创新诸要素俱因君子担当而得以鲜活践履，离此君子担当则其他要素无由实现。鉴此，在此前性善信念概说的基础上，本章再来概说君子担当主体这一儒学民本观之主导性义理要素。

第一节 五经四书君子思想述略

五经四书为儒学君子观基本义理之文本载体，历代儒者大都是以对五经四书述而不作、反本开新方式来时中阐发儒典君子思想的。儒学修教以五经四书为义理本源，其中"十三经注疏"为历史公认的儒教经典义理正统，是塑造中华民族基本性格的文本典范，因而本节即以"十三经注疏"为基本文本，对有关君子修教内容加以内在整合。

一、五经君子思想述要

《诗经》中君子概念主要是指王、公、卿、大夫以上有爵位者，如《毛诗正义·鸳鸯》"'君子万年，福禄宜之'。笺云：君子，谓明王也"，《既醉》"'君子万年，介尔景福'。笺云：君子，斥成王也"，《頍弁》"'未见君子，忧心弈弈。既见君子，庶几说怿'……笺云：君子，斥幽王也"，《庭燎》"'君子至止，鸾声将将'……君子，谓诸侯也"，《采菽》"'君子来朝，何锡予之？虽无予之，路车乘马'。君子，谓诸侯也"，《云汉》"'大夫君子，昭假无赢'……大夫君子，公卿大夫也"，《采薇》"'君子之车'……君子，谓将率"，《裳裳者华》"'左之左之，君子宜之。右之右之，君子有之'。左，阳道，朝祀之事。右，阴道，丧戎之事。笺云：君子，斥其先人也"，《南有嘉鱼》"'君子有酒，嘉宾式燕以乐'。笺云：君子，斥时在位者"，《节南山》"'君子如届，俾民心阕'……君子，斥在位者"，《巧言》"'乱之又生，君子信谗'。笺云：君子，斥在位者"，《雨无正》"'凡百君子，各敬尔身'……笺云：凡百君子，谓众在位者"，《抑》"'视尔友君子，辑柔尔颜，不遐有愆'……视女诸侯及卿大夫，皆胁肩谄笑以和安女颜色，是于正道不远有罪过乎"，等等。

《诗经》中君子概念亦广指虽无爵位而有礼义德行者，如《毛诗正义·考槃》"贤者退而穷处……美君子执德弘，信道笃也"，《遵大路》"思君子也。庄公失道，君子去之，国人思望焉"，《既醉》"君子者，言其德可以君上位，子下民，虽天子亦称之。《易·乾卦》'九三，君子终日乾乾'。谓天子是也。公卿以下有德者亦称之……作者因事见义，以祭有饱德之事，而臣有士君子之行，以为政由于神，化从神感，是故因祭祀而美其人有德行，以示世之太平耳"，《女曰鸡鸣》"庄公之时，朝廷之士不悦有德之君子，故作此诗……士大夫，君子之总辞，未必爵为大夫士也"，《载驰》"'大夫君子，无我有尤'。笺云：君子，国中贤者"，《小明》"'嗟尔君子，无恒安处'。笺云……嗟女君子，谓其友未仕者"，《瓠叶》"'君子有酒，酌言尝之'……此君子谓庶人之有贤行者也。其农功毕，乃为酒浆，以合朋友，习礼讲道艺也"，《何草不黄》"上言下国，后云君子，则作者下国君子也。君子无尊卑之限，国君以下，有德者皆是也",等等。

此外,与上述二义兼容不悖而视角有别,《诗经》中妇人也尊称其夫为君子,如《毛诗正义·关雎》"妇人谓夫为君子,上下之通名",《葛覃》"君子是夫之之大名,故《诗》于妇人称夫多言君子"等。

《诗经》中君子小人俱指在位者,有德之优劣觉之先后、尊人谦己悔过自新之内涵,如《毛诗正义·十月之交》"'高岸为谷,深谷为陵'。言易位也。笺云:易位者,君子居下,小人处上之谓也",《出车》"《礼记》曰:赐君子、小人不同日",《大东》"'君子所履,小人所视'……正义曰:此言君子小人在位,与民庶相对。君子则行其道,小人则供其役……明君子履其恩厚而法效之,小人视其平直而供承之",《角弓》"'毋教猱升木,如涂涂附'……以喻人之心皆有仁义,教之则进……'君子有徽猷,小人与属'……君子有美道以得声誉,则小人亦乐与之而自连属焉",《绵》"'虞芮质厥成,文王蹶厥生'……二国之君,感而相谓曰:我等小人,不可以履君子之庭。乃相让,以其所争田为间田而退。天下闻之,而归者四十余国",《思齐》"'肆成人有德,小子有造'。造,为也。笺云:成人,谓大夫、士也。小子,其子弟也",等等。

综上,《诗经》君子概念乃丈夫有德位礼义之美称,理应名实相称、德位相配,君子群体实际构成了《诗》教主导力量,但也有名不副实、德位相离之状况,德位礼义是否匹配成为诗人褒贬美刺的基本依据。《诗经》君子明德修养类表述有恺悌令仪礼备时中、不愆不忘不忮不求、乐易仁厚允信展诚、柔嘉维则切磋琢磨、靖恭正直夙夜匪懈、缉熙敬止於穆不已、聿修厥德永言配命、宽绰张弛柔刚有节,等等。《诗经》君子亲民教化类表述则有恺悌君子民之父母、仪刑文王万邦作孚、德音孔昭视民不恌、黾勉匍匐民之攸墍、执辔如组御众有章、敬慎威仪维民之则、刑于寡妻御于家邦、有觉德行四国顺之、作为式谷遹不作人、人之云亡邦国殄瘁,等等。

《尚书》中君子概念与《诗经》类似但其义更古,主要是指职责政教的有爵位者,如《尚书正义·皋陶谟》"'敬哉有土'……有土之君,不可不敬惧……《丧服》郑玄注云:天子诸侯及卿大夫有地者皆曰君。即此'有土'可兼大夫以上",《周官》"'凡我有官君子'……有官君子,大夫以上",《召诰》"'敢以王之雠民百君子'……治民者非一人,言民在下,自上匹之",

《无逸》"郑云：君子止谓在官长者……君子处位为政，其无自逸豫也"，《泰誓下》"王曰：呜呼，我西土君子，天有显道，厥类惟彰"，《酒诰》"'庶士有正越庶伯君子，其尔典听朕教'。众伯君子、长官大夫统庶士有正者，其汝常听我教，勿违犯……汝大能进老成人之道，则为君矣"，《多方》"'惟圣罔念作狂，惟狂克念作圣'。惟圣人无念于善，则为狂人。惟狂人能念于善，则为圣人。言桀纣非实狂愚，以不念善，故灭亡"，等等。《尚书》小人指非在位之民，如《旅獒》"'狎侮君子，罔以尽人心'。以虚受人，则人尽其心矣。'狎侮小人，罔以尽其力'。以悦使民，民忘其劳，则力尽矣……此君子谓臣，小人谓民。《太甲》曰'接下思恭'，不可狎侮臣也。《论语》云'使民如承大祭'，不可狎侮民也。襄九年《左传》云'君子劳心，小人劳力'，故别言之"，《微子》"'卿士师师非度，凡有辜罪，乃罔恒获。小民方兴，相为敌雠'。卿士既乱，而小人各起一方，共为敌雠。言不和同"，等等。

《尚书》君、君子概念与敬德保民内修外化价值取向内在关联，实即指天工人代、恭天成命、以德配位、君臣一体的圣王师贤君子政教群体。关于君子修教论述，《尚书》无篇无之，如《尧典》"钦明文思安安，允恭克让，光被四表，格于上下。克明俊德，以亲九族。九族既睦，平章百姓。百姓昭明，协和万邦。黎民於变时雍""克谐以孝，烝烝乂，不格奸"，《舜典》"柔远能迩，惇德允元，而难任人，蛮夷率服""直而温，宽而栗，刚而无虐，简而无傲"，《大禹谟》"后克艰厥后，臣克艰厥臣，政乃乂，黎民敏德""罔违道以干百姓之誉，罔咈百姓以从己之欲。无怠无荒，四夷来王""人心惟危，道心惟微，惟精惟一，允执厥中……慎乃有位，敬修其可愿，四海困穷，天禄永终"，《皋陶谟》"允迪厥德，谟明弼谐……慎厥身，修思永……在知人，在安民"、《益稷》"敕天之命，惟时惟几"，《仲虺之诰》"用人惟己，改过不吝。克宽克仁，彰信兆民"、《伊训》"居上克明，为下克忠，与人不求备，检身若不及，以至于有万邦""惟德罔小，万邦惟庆"，《太甲》"顾諟天之明命，以承上下神祇""懋乃德，视乃厥祖，无时豫怠。奉先思孝，接下思恭，视远惟明，听德惟聪""懋敬厥德，克配上帝"，《咸有一德》"为上为德，为下为民，其难其慎，惟和惟一。德无常师，主善为师，善无常主，协于克一"、《盘庚下》"生生自庸。式敷民德，永肩一心"，《说命中》"明王奉若天道，建邦设都，树后王君公，承以大夫师长，不惟逸豫，惟以乱民。惟天聪明，惟圣时宪，惟臣钦若，惟民从义"、《说命下》"惟学逊志务时敏，厥修乃来。允怀于兹，道积于厥躬。惟教学半，念终始典于学，厥德修罔觉。监于先王成宪，其永无愆"，《洪范》"初一曰五行，次二曰敬用五事，次三曰农用八政，次四曰协用五纪，次五曰建用皇极，次六曰乂用三德，次七曰明用稽疑，次八曰念用庶征，次九曰向用五福，威用六极"，《旅獒》"志以道宁，言以道接"、《微子之命》"恪慎克孝，肃恭神人"、《康诰》"宅天命，作新民"、《梓材》"惟德用，和怿先后迷民，用怿先王受命"、《召诰》"王其疾敬德，王其德之用，祈天永命"、《洛诰》"公称丕显德，以予小子扬文武烈，奉答天命，和恒四方民"、《无逸》"严恭寅畏，天命自度，治民祗惧，不敢荒宁""徽柔懿恭，怀保小民，惠鲜鳏寡。自朝至于日中昃，不遑暇食，用咸和万民"、《多方》"惟圣罔念作狂，惟狂克念作圣"、《蔡仲之命》"率自中，无作聪明乱旧章。详乃视听，罔以侧言改厥度"、《君牙》"缵乃旧服。无忝祖考，弘敷五典，式和民则。尔身克正，罔敢弗正，民心罔中，惟尔之中。夏暑雨，小民惟曰怨咨；冬祁寒，小民亦惟曰怨咨。厥惟艰哉，思其艰以图其易，民乃宁"，以及《秦誓》"其心休休焉，其如有容。人之有技，若己有之。人之彦圣，其心好之，不啻若自其口出。是能容之，以保我子孙黎民……邦之杌陧，曰由一人；邦之荣怀，亦尚一人之庆"。如此等等，不难看出《尚书》君子明德亲民之丰富义理内涵。

再看"三礼"君子概念。《周礼》法象天地四时而立官教民，分设天官冢宰（治官）、地官司徒（教官）、春官宗伯（礼官）、夏官司马（政官）、秋官司寇（刑官）、冬官司空（事官），而天官总摄众官以成化功。《周礼》君子即指君臣称位名实相符这一法天立官修教主体，其中六官各有正副从属分掌职责，俱为广义法天立极君子群体。如《周礼注疏·天官冢宰第一》"'惟王建国，辨方正位，体国经野，设官分职，以为民极'……君不独治也，又当立臣为辅。极，中也。言设官分职者以治民，令民得其中正，使不失其所故也……谓皇建其有中之道，庶民于之取中于下。人各得其中，不失所也""'世妇'。不言数者，君子不苟于色，有妇德者充之，无则阙……不言王而云君子者，谓君子为王，乃能不苟色也"，等等。

《仪礼》君子指有德位者或有德在野者。如《仪礼注疏·士相见礼》"'凡侍坐于君子'……君子，谓卿大夫及国中贤者也……释曰：此陈侍坐于君子之法。郑云君子卿大夫者，礼之通例，大夫得称君子，亦得称贵人，而士贱，不得也。知'及国中贤者'者，《乡射礼》云：征唯所欲，以告于乡先生君子，可也。郑云：乡先生，乡大夫致仕者。君子，有大德行不仕者。则《曲礼》云'博闻强识而让，敦善行而不怠，谓之君子'是也"，《乡饮酒礼》"'主人就先生而谋宾、介'。主人，谓诸侯之乡大夫也。先生，乡中致仕者。宾、介，处士贤者……释曰：云'宾、介，处士贤者'者，案《玉藻》云'大夫素带，士练带，居士锦带，弟子缟带'。郑玄以居士在士之下、弟子之上，解为道艺处士，非朝廷之士。此处士亦名君子，即《乡射礼》云'征唯所欲，以告于先生君子可也'，郑亦云'君子有大德行不仕者，以其未仕，有德自处，故名处士君子也'"，等等。

《礼记》君子亦指有德位者或有德无位之贤者处士，且分疏更为细致详尽。如《礼记正义·曲礼上》"'是以君子恭敬撙节退让以明礼'者，君子是有德有爵之通称，王肃云：君上位，子下民。又康成注《少仪》云：君子，卿大夫若有异德者。凡礼有深疑，则举君子以正之"'从于先生'……先生，师也。谓师为先生者，言彼先己而生，其德多厚也……崔灵恩云：凡言先生，谓年德俱高，又教道于物者。凡云长者，直以年为称也。凡言君子者，皆为有德尊之，不据年之长幼。故所称不同也"'君子式黄发'，敬老也。'下卿位'，尊贤也。'入国不驰'，爱人也。'入里必式'，不诬十室……正义曰：此以下明杂敬礼也。君子谓人君也"，《檀弓下》"'古之君子，进人以礼，退人以礼，故有旧君反服之礼也。今之君子进人若将加诸膝，退人若将队诸渊，毋为戎首，不亦善乎？又何反服之礼之有'。言放逐之臣，不服旧君也"，《月令》"'君子齐戒，处必掩身，毋躁'……正义曰：蔡氏云：君子，谓人君以下至在位士也"、《乡饮酒义》"君子，谓卿、大夫、士也"、《玉藻》"'君子狐青裘豹褒'……君子，谓大夫、士也"'古之君子必佩玉'，比德焉。君子，士已上""'君子谓之善颂、善祷'者，'君子'者，知礼之人也"，《学记》"'君子知至学之难易，而知其美恶，然后能博喻；能博喻然后能为师；能为师然后能为长；能为长然后能为君'……正义曰……君子，谓师也"、《中庸》"'君子胡不慥慥尔'。君子，谓众贤也"、《王制》"'养耆老以致孝'……耆老，致仕及乡中老贤者……正义曰……乡中老贤，谓乡人不仕，年老有德行者，故《乡饮酒》云：以告于先生君子可也。注云：先生，乡中致仕者。君子，国中有盛德者"，《哀公问》"'君子也者，人之成名也。百姓归之名，谓之君子之子，是使其亲为君子也。是为成其亲之名也已'……正义曰……凡谓之君子者，人之成就美名……己若能敬身，则百姓归己善名，谓己为君子所生之子，是己之修身，使其亲有君子之名，是修身成其亲也"，等等。

《礼记正义》认为，君子小人之别在于能否礼义终身，如《礼器》"君子行礼，必须使仰合天时，俯会地理，中趣人事，则其礼乃行也……'礼也者，犹体也。'若人身体。'体不备，君子谓之不成人'"，《礼运》"'礼之于人也，犹酒之有糵也，君子以厚，小人以薄'。皆得以为美味，性善者醇耳……君子，譬精米嘉器也。小人，譬粗米弊器……亦犹如礼，自是一耳，行之自有厚薄，若君子性识纯深，得礼而弥深厚，小人智虑浅薄，得礼自虚薄者也"，以及《檀弓上》"'君子曰终，小人曰死'……正义曰……若君子之死谓之为终。言但身终，功名尚在。若小人之死但谓之为死，无功名可录，但形骸渐尽也。子张言此，欲令子执治其丧，每事从礼，使我得成君子。'吾今日其庶几乎'者……言吾若平生为恶，不可幸冀为君子之人，吾既平生以善自修，今日将死，其幸冀为君子乎。汝但执丧成礼，以助我意，则功名得存，但身终而已"，等等。《礼记》君子作为法天立人礼义修教之担当主体，其典范表述有如《大学》明德亲民止于至善，格致诚正修齐治平；《中庸》天命之谓性，率性之谓道，修道之谓教；《曲礼》毋不敬，俨若思，安定辞，安民哉；《哀公问》民所由生五礼为大，君子尊礼成教百姓；《缁衣》好恶必慎为民之表，齐民以礼民有格心；《内则》男女居室事亲有则，孝子养亲乐心顺志；《少仪》君子事长量而后入，君子为下谏而无讪；《文王世子》乐以修内礼以修外，德成教尊官正国治；《坊记》君子坊民如坊控水，分位等别民让不惑；《大传》上治祖祢以为尊尊，下治子孙以为亲亲，旁治昆弟合族以食，序以昭穆别以礼义；《冠义》礼始于冠而本于昏，重于丧祭尊于朝聘，和于乡射礼之大体；《曲礼下》比德于玉、恒佩明德，等等皆是。

《周易》君子指法天立人、礼义中道之德位修教主体，如《周易正义·乾卦》"'九三：君子终日乾乾'……正义曰：以阳居三位，故称'九三'；以居不得中，故不称'大人'；阳而得位，故称'君子'""'《象》曰：天行健，君子以自强不息'……言'君子'者，谓君临上位，子爱下民，通天子诸侯，兼公卿大夫有地者。凡言'君子'，义皆然也。但位尊者象卦之义多也，位卑者象卦之义少也。但须量力而行，各法其卦也，所以诸卦并称'君子'。若卦体之义，唯施于天子，不兼包在下者，则言'先王'也……称'后'兼诸侯也，自外卦并称'君子'""'君子行此四德者，故曰：乾，元亨利贞'……以君子之人，当行此四种之德。是以文王作《易》，称'元亨利贞'之德，欲使君子法之。但行此'四德'，则与天同功，非圣人不可。唯云'君子'者，但《易》之为道，广为垂法，若限局圣人，恐不逮余下。故总云'君子'，使诸侯公卿之等，悉皆行之。但圣人行此'四德'，能尽其极也。君子行此'四德'，各量力而为，多少各有其分"，以及《坤卦》"'地势坤，君子以厚德载物'……言'君子'者，亦包公卿诸侯之等，但'厚德载物'，随分多少，非如至圣载物之极也"，等等。

　　《周易》君子概念具有法天立人意象感通、明德亲民礼义本位、改过迁善变易时中等丰富内涵，如《易传·系辞下》"仰则观象于天，俯则观法于地，观鸟兽之文与地之宜，近取诸身，远取诸物，于是始作八卦，以通神明之德，以类万物之情……通其变，使民不倦，神而化之，使民宜之。《易》穷则变，变则通，通则久。是以自天祐之，吉无不利"，《系辞上》"彖者，言乎象者也。爻者，言乎变者也……悔吝者，言乎其小疵也。无咎者，善补过也"，《说卦》"立天之道曰阴与阳，立地之道曰柔与刚，立人之道曰仁与义"，以及《系辞下》"《履》，德之基也；《谦》，德之柄也；《复》，德之本也；《恒》，德之固也；《损》，德之修也；《益》，德之裕也；《困》，德之辨也；《井》，德之地也；《巽》，德之制也"，等等。而就《周易》六十四卦各卦大象辞而言，亦随处可见法天立极、随圆就方之君子时中担当，如天行健君子以自强不息、地势坤君子以厚德载物；此后顺序而言，则如君子经纶、果行育德、饮食宴乐、作事谋始、容民畜众、建万国亲诸侯、懿文德、辨上下定民志、裁成辅相以左右民、俭德辟难、类族辨物、遏恶扬善顺天休命、裒多益寡称物平施、作乐崇德荐帝配祖、向晦入宴息、振民育德、教思无穷容保民无疆、省方观民设教、明罚敕法、明庶政无敢折狱、厚下安宅、至日闭关后不省方、茂对时育万物、多识前言往行以畜其德、慎言语节饮食、独立不惧遁世无闷、常德行习教事、继明照于四方、以虚受人、立不易方、远小人不恶而严、非礼弗履、自昭明德、莅众用晦而明、言有物而行有恒、同而异、反身修德、赦过宥罪、惩忿窒欲、见善则迁有过则改、施禄及下居德则忌、施命诰四方、除戎器戒不虞、顺德积小以高大、致命遂志、劳民劝相、治历明时、正位凝命、恐惧修省、思不出其位、居贤德善俗、永终知敝、折狱致刑、明慎用刑而不留狱、申命行事、朋友讲习、享帝立庙、制数度议德行、议狱缓死、行恭丧哀用俭、思患豫防、慎辨物居方，等等。《文言》《象辞》中也有不少此类表述，如《乾卦》合德天地合序四时、学问宽仁成德为行，《坤卦》承天时行敬内义外、黄中通理正位居体，《同人卦》通天下之志、《谦卦》尊而光卑而不可逾、《豫卦》圣人顺动刑清民服、《观卦》神道设教而天下服、《贲卦》文明以止化成天下、《剥卦》尚消息盈虚、《颐卦》圣人养贤以及万民、《咸卦》圣人感人心而天下和平、《恒卦》圣人久于其道而天下化成、《明夷卦》内文明而外柔顺、内难而能正其志，《睽卦》万物睽而其事类、《革卦》汤武革命顺天应人、《鼎卦》圣人亨以享上帝、大亨以养圣贤，以及《节卦》节以制度、不伤财不害民，等等。此外，《周易》众多爻象，亦无非是君子感通之具体运用，此不具述。

再看《春秋》三传。《春秋左传》中君子指大夫以上有爵位者、士有复除者以及有德才之礼义评判者，如《春秋左传正义·哀公七年传》"曹人或梦众君子立于社宫……服虔云：众君子，诸国君"、《襄公十一年传》"《诗》曰：乐只君子，殿天子之邦……谓诸侯有乐美之德，可以镇抚天子之邦"、《襄公二十二年传》"《礼器》云：君子大牢而祭，谓之礼。匹士大牢而祭，谓之攘。郑玄云：君子谓大夫以上。是大夫之祭有用大牢时也"、《襄公二十九年传》"君子务在择人"、《昭公十六年传》"宣子曰：二三君子请皆赋，起亦以知郑志"，《昭公二十七年传》"都君子，在都邑之士有复除者……正义曰：都谓国都，在都君子，明是在都邑之士也。都邑之士，以君子为号，故知是有'复除'者，谓优复其身，除其徭役"。此外，《左传》中时有"君子曰"之礼义评断，《桓公二年传》释之云"正义曰：诸传言君子者，或当时贤者，或指斥仲尼，或语出丘明之意而托诸贤者，期于明理而已，不复曲为义例。唯河阳之狩，赵盾之弑，泄冶之罪，危疑之理，须取圣证，故特称仲尼以明之，其余皆托诸君子。君子者，言其可以居上位，子下民，有德之美称也。此言先书弑君，则是仲尼新意。不言仲尼而言君子者，欲见君子之人意皆然，非独仲尼也"，等等。

《春秋左传》君子思想最大特色在于君子小人之比照，一般而言君子为有爵位者而小人为有才力辅成政事者，但亦指未出仕之民，如《宣公十二年传》"君子小人，物有服章。贵有常尊，贱有等威，礼不逆矣"、《襄公九年传》"君子劳心，小人劳力，先王之制也"、《昭公三年传》"君子不犯非礼，小人不犯不祥，古之制也"、《成公十三年传》"君子勤礼，小人尽力。勤礼莫如致敬，尽力莫如敦笃。敬在养神，笃在守业。国之大事，在祀与戎。祀有执膰，戎有受脤，神之大节也。今成子惰，弃其命矣"、《昭公六年传》"有犯命者，君子废，小人降。注：君子则废黜不得居位，小人则退给下剧也"、《襄公十三年传》"世之治也，君子尚能而让其下，小人农力以事其上。是以上下有礼，而谗慝黜远，由不争也，谓之懿德。及其乱也，君子称其功以加小人，小人伐其技以冯君子。是以上下无礼，乱虐并生，由争善也，谓之昏德。国家之敝，恒必由之"、《哀公十一年传》"君子有远虑，小人何知……小人虑材而言，量力而共者也"，以及《襄公二十六年传》"小人之事君子也，恶之不敢远，好之不敢近。敬以待命，敢有贰心乎"、《襄公三十年传》"吾侪小人，食而听事，犹惧不给命而不免于戾，焉与知政"、《昭公二十八年传》"及馈之毕，愿以小人之腹为君子之心，属厌而已。注：言小人之腹饱，犹知厌足。君子之心亦宜然"、《襄公三十年传》"臣小人也，不知纪年"，等等。小人有时也指有爵位者之谦称，以及君子名不副实时之自悔或他评，如《昭公三年传》"张趯使谓大叔曰：自子之归也，小人粪除先人之敝庐，曰：子其将来。今子皮实来，小人失望"、《襄公三十一年传》"子皮曰：善哉，虎不敏。吾闻君子务知大者远者，小人务知小者近者。我，小人也"，以及《昭公三年传》"'子大叔告人曰：张趯有知，其犹在君子之后乎'。讥其无隐讳"，等等。

《春秋左传》中君子礼义修教内涵的正面论述很丰富，如经纬天地称位度礼、勤施无私教诲不倦、好善能择过而能改、周详远虑罪己补过、善能举善天地之纪、善代不善此乃天命、善人在上国无幸民、人之云亡邦国殄瘁、与人为善为尊亲讳、好不废过恶不去善、在位可畏施舍可爱、进退可度周旋可则、容止可观作事可法、德行可象声气可乐、动作有文言语有章，等等。此外，《公羊传》侧重君子微言大义灾异感应、权反于经礼义是从、善恶褒贬尊王攘夷、疾末正本而大居正、拨乱反正经世致用等，《穀梁传》侧重君子原情探志智权而正、克己复礼成人之美、以义入道以正胜邪、不以亲亲害尊尊、不使小人加乎君子等，此不展开。

二、《孝经》、"四书"君子思想述要

《孝经》君子实指天子诸侯、大夫士这一贤人君子群体，其孝之职责范围各有差等。如《孝经注疏·天子》"天子者，帝王之爵，犹公、侯、伯、子、男五等之称"，《庶人》"孔圣垂文，包于上下，尽力随分，宁限高卑，则因心而行，无不及也"，《事君》"正义曰……经称'君子'有七焉：一曰'君子不贵'，二曰'君子则不然'，三曰'淑人君子'，四曰'君子之教以孝'，五曰'恺悌君子'。已上皆断章指于圣人君子，谓居君位而子下人也。六曰'君子之事亲孝'，故此章'君子之事上'，则皆指于贤人君子也"，以及《开宗明义》"'夫孝，德之本也，教之所由生也……身体发肤，受之父母，不敢毁伤，孝之始也。立身行道，扬名于后世，以显父母，孝之终也'……正义曰……又引《哀公问》称孔子对曰：君子也者，人之成名也。百姓归之名，谓之君子之子。是使其亲为君子也。此则扬名荣亲也"，等等。《孝经》君子品格在于法天道而立人道、推己及人顺化天下，其正面表述有天经地义孝无终始、德教本孝推孝顺化、严父配天教民敬爱、生事爱敬死事哀戚、移孝忠君移悌事长、不骄不乱在丑不争、进思尽忠退思补过、将顺其美匡救其恶、孝事父母天地明察、慎修致敬神明感通，等等。

《大学》侧重君子明德亲民止于至善"三纲领"、格致诚正修齐治平"八条目"这一儒学基本价值取向。《大学》君子品格正面表述者，如知止而定静安虑得、修身为本推内化外、去四不正离于五僻，切磋琢磨日新又新、善以为宝仁亲为宝、人之彦圣其心好之、知本慎独絜矩中道、德本财末义以为利，等等。《中庸》则侧重君子天人贯通、中庸之道思维方式而分疏君子小人，如君子中庸而时中，小人反中庸无所忌惮，道之不行者智者过愚者不及、道之不明者贤者过不肖者不及，君子依乎中庸不见知而无悔、偏颇者素隐行怪半途而

废，等等。《中庸》君子品格正面表述有道不远人素位而行、自费而隐无过不及、博学审问思辨笃行、尽性致曲诚明中道、智仁勇三好学近知、力行近仁知耻近勇、言行相顾至诚无息、择善固执絜矩内省、不陵不援不怨不尤、反求诸身无不自得、内省不疚无恶于志、笃恭化民无声无嗅、中和位育成己成物、当位时中和而不同、隐恶扬善执两用中、以人治人并育不害，等等。

《论语》论君子，首先顺延五经之礼义德位贤善本义，如《论语注疏·述而》"'子曰：圣人，吾不得而见之矣。得见君子者，斯可矣'。疾世无明君。'子曰：善人，吾不得而见之矣。得见有恒者，斯可矣'……圣人谓上圣之人，若尧、舜、禹、汤也。君子谓行善无怠之君也。言当时非但无圣人，亦无君子也……善人即君子也"，《阳货》"'君子义以为上，君子有勇而无义为乱，小人有勇而无义为盗'……君子指在位者，合宜为义"，《先进》"先进于礼乐，野人也；后进于礼乐，君子也。若用之，则吾从先进"，以及《子路》"'善人教民七年，亦可以即戎矣'……善人，谓君子也"、《阳货》"君子学道则爱人，小人学道则易使"，等等。

《论语》进而以仁礼合一而自修化人、安时处顺论君子学行。如《论语注疏·里仁》"'君子去仁，恶乎成名'……言人欲为君子，唯行仁道乃得君子之名……言仁不可斯须去身，故君子无食顷违去仁道也"，《学而》"'学而时习之，不亦说乎？有朋自远方来，不亦乐乎？人不知而不愠，不亦君子乎'……正义曰：此章劝人学为君子也……《白虎通》云：学者，觉也，觉悟所未知也……既有成德，凡人不知而不怒之，不亦君子乎？言诚君子也……君子之于学也，藏焉，修焉，息焉，游焉"，《季氏》"'君子有九思：视思明，听思聪，色思温，貌思恭，言思忠，事思敬，疑思问，忿思难，见得思义'……正义曰：此章言君子有九种之事当用心思虑，使合礼义也"，《卫灵公》"君子义以为质，礼以行之，孙以出之，信以成之"、《宪问》"君子道者三，我无能焉；仁者不忧，知者不惑，勇者不惧""子路问君子。子曰：修己以敬……修己以安人……修己以安百姓"，《公冶长》"子谓子产：有君子之道四焉，其行己也恭，其事上也敬，其养民也惠，其使民也义"，以及《尧曰》"'不知命，无以为君子也。不知礼，无以立也。不知言，无以知人也'……正义曰：此章言君子立身知人也。命，谓穷达之分。言天之赋命，穷达有时，当待时而动。若不知天命而妄动，则非君子也。礼者，恭俭庄敬，立身之本。若其不知，则无以立也。听人之言，当别其是非。若不能别其是非，则无以知人之善恶也"，等等。此外，《论语》论君子仁礼合一、自修化人品格者，又如父为子隐子为父隐、慎终追远民德归厚、务本孝悌施于有政、为政以德民耻且格、忠恕一贯为仁由己、克己复礼天下归仁、己立立人己达达人、己所不欲勿施于人、文质彬彬先难后获、兴诗立礼成之于乐、以直报怨以德报德、毋意毋必毋固毋我、唯天为大唯尧则之、有教无类愤启悱发，等等皆是。

此外值得注意的是，《论语》论君子学行每以君子小人比照对举，《论语》中君子小人均指士人学者以上，孔子劝勉告诫学者修身要学行君子而不学行小人，就教化而言则主张君子引领感化小人，如为君子儒而无为小人儒、君子有不仁者而小人未有能仁者、君子喻于义而小人喻于利、君子怀德而小人怀土、君子怀刑而小人怀惠、君子之学为己而小人之学为人、君子迁善而小人文过、君子求诸己而小人求诸人、君子上达而小人下达、君子不器而小人拘器、君子三畏而小人狎侮、君子成人之美而小人成人之恶、君子坦荡荡而小人长戚戚、君子泰而不骄而小人骄而不泰、君子和而不同而小人同而不和、君子周而不比而小人比而不周、君子德风而小人德草、小人洁己以进则君子不保其往，等等皆是。

在《孟子》语境中，君子概念是指内充天性、外行仁政而又仁礼孝悌之修德学圣者，如《孟子注疏·离娄上》"规矩，方员之至也。圣人，人伦之至也。欲为君，尽君道；欲为臣，尽臣道。二者皆法尧、舜而已矣。不以舜之所以事尧事君，不敬其君者也。不以尧之所以治民治民，贼其民者也。孔子曰：道二，仁与不仁而已矣"，《公孙丑上》"子路，人告之以有过则喜，禹闻善言则拜。大舜有大焉，善与人同，舍己从人，乐取于人以为善，自耕稼陶渔以至为帝，无非取于人者。取诸人以为善，是与人为善者也。故君子莫大乎与人为善""'伯夷隘，柳下惠不恭。隘与不恭，君子不由也'……古之大贤，犹有所阙。介者必偏，中和为贵，纯圣能然，君子所由，尧舜是尊也"，《滕文公上》"夫滕，壤地褊小，将为君子焉，将为野人焉；无君子莫治野人，无野人莫养君子"、《告子下》"今居中国，去人伦，无君子，如之何其可也"，以及

《尽心上》"'君子所过者化，所存者神，上下与天地同流，岂曰小补之哉'。君子通于圣人，圣人如天"（《孟子集注》亦云"君子，圣人之通称"），等等皆是。

《孟子》进而指出，君子修为有高下次第，君子教化有纲常实际与先后伦次。如《尽心下》"可欲之谓善，有诸己之谓信，充实之谓美，充实而有光辉之谓大，大而化之之谓圣，圣而不可知之之谓神"，《离娄上》"仁之实，事亲是也。义之实，从兄是也。智之实，知斯二者弗去是也。礼之实，节文斯二者是也。乐之实，乐斯二者"，以及《尽心上》"'君子之于物也，爱之而弗仁。于民也，仁之而弗亲。亲亲而仁民，仁民而爱物'……正义曰：此章指言君子布德，各有所施，事得其宜，故谓之义也……又见君子用恩有其伦序也"，等等。此外，《孟子》君子学行之性善仁政品格，其正面表述又如四端扩充四德呈现、若火始燃若泉始达、尧舜性之汤武反之、性勿穿凿顺为仁义，尧舜之道孝悌而已、行尧之行是尧而已，道二仁与不仁而已、求其放心尧舜可期，仁乃安宅义乃正路、行有不得反求诸己，浩然之气配义与道、必有事焉而勿妄正，学者志殼中乎规矩、仁义在乎熟之而已，先知先觉觉后知后觉、天民无不被尧舜泽，中养不中才养不才、惟有仁者宜在高位，以不忍心行不忍政、善推所为天下平治，等等。

与《论语》类似，《孟子》论君子学行亦每以君子小人对举比照，但与其他经不同，这里的君子指圣贤人君、小人指民人。如《孟子注疏·滕文公上》"'有大人之事，有小人之事。且一人之身而百工之所为备，如必自为而后用之，是率天下而路也'。孟子言人道自有大人之事，谓人君行教化也。小人之事，谓农工商也……'故曰或劳心，或劳力。劳心者治人，劳力者治于人。治于人者食人，治人者食于人，天下之通义也'。劳心，君也。劳力，民也。君施教以治理之，民竭力治公田以奉养其上，天下通义，所常行者也"，《离娄上》"惟仁者宜在高位。不仁而在高位，是播其恶于众也。上无道揆也，下无法守也，朝不信道，工不信度，君子犯义，小人犯刑，国之所存者幸也"，《滕文公下》"'其君子实玄黄于匪，以迎其君子；其小人箪食壶浆，以迎其小人。救民于水火之中，取其残而已矣'……君子小人，各有所执，以迎其类也……'君子之所养，可知已矣'……谓君子养正气，不以入邪也"，《离娄下》"人之所以异于禽兽者几希，庶民去之，君子存之。舜明于庶物，察于人伦；由仁义行，非行仁义也"，以及《告子上》"'从其大体为大人，从其小体为小人'。大体，心思礼义。小体，纵恣情欲"、《离娄上》"天下有道，小德役大德，小贤役大贤。天下无道，小役大，弱役强。斯二者，天也。顺天者存，逆天者亡"，等等。

此外，《国语》《晏子春秋》《管子》等先秦典籍亦可辅证五经君子修教思想。《国语》论君子礼义修教，如《楚语下》"君子临政思义，饮食思礼，同宴思乐，在乐思善"、《楚语上》"君子之行，欲其道也，故进退周旋，唯道是从"，《晋语二》"释其闭修，而轻于行道，失其心矣。君子失心，鲜不夭昏"、《晋语九》"国家之将兴也，君子自以为不足；其亡也，若有余"，《周语下》"君子目以定体，足以从之，是以观其容而知其心矣"，《鲁语上》"君子务治而小人务力"、《鲁语下》"君子劳心，小人劳力，先王之训也。自上以下，谁敢淫心舍力"[1]等。《晏子春秋》论君子修教礼义中道，如《问上》"衣冠无不中，故朝无奇僻之服。所言无不义，故下无伪上之报。身行顺，治事公，故国无阿党之义。三者，君子之常行也"、《杂下》"君子不犯非礼，小人不犯不祥，古之制也"，《谏下》"君子无礼，是庶人也。庶人无礼，是禽兽也。夫臣勇多则弑其君，子力多则弑其长，然而不敢者，维礼之谓也。礼者，所以御民也"、《杂上》"君子有力于民，则进爵禄，不辞富贵；无力于民而旅食，不恶贫贱"，以及《外篇》"和如羹焉……宰夫和之，齐之以味，济其不及，以泄其过，君子食之，以平其心。君臣亦然。君所谓可，而有否焉，臣献其否，以成其可。君所谓否，而有可焉，臣献其可，以去其否。是以政平而不干，民无争心……先王之济五味，和五声也，以平其心，成其政也。声亦如味：一气，二体，三类，四物，五声，六律，七音，八风，九歌，以相成也；清浊，大小，短长，疾徐，哀乐，刚柔，迟速，高下，出入，周疏，以相济也。君子听之，以平其心，心平德和""灵公污，晏子事之以整齐。庄公壮，晏子事之以宣武。景公奢，晏子事之以恭俭。晏子，君子也""君子独立

---

① ［春秋］左丘明：《国语》，李德山注评，凤凰出版社2009年版，分见第223、215，109、193，51、74页。

不惭于影，独寝不惭于魂"①等。《管子》论君子因顺自然礼义修教，则如《立政》"君之所审者三，一曰德不当其位，二曰功不当其禄，三曰能不当其官。此三本者，治乱之原也"，《心术上》"不怵乎好，不迫乎恶，恶不失其理，欲不过其情，故曰君子……君子之处也若无知，言至虚也。其应物也若偶之，言时适也。若影之象形，响之应声也。故物至则应，过则舍矣。舍矣者，言复所于虚也"，《内业》"执一不失，能君万物。君子使物，不为物使。得一之理，治心在于中，治言出于口，治事加于人，然则天下治矣"，以及《君臣下》"君子食于道，小人食于力……君子食于道，则义审而礼明。义审而礼明，则伦等不逾，虽有偏卒之大夫，不敢有幸心，则上无危矣。齐民食于力，则作本。作本者众，农以听命……君子行于礼，则上尊而民顺。小民笃于农，则财厚而备足"②等。

第二节　儒学君子观史略

儒学君子观的形成与成熟亦有一个动态时中的发展历程，其中道家等诸子百家也做出了贡献。儒学君子观发展史分段与性善论发展史分段内在一致，即亦大致经历了先秦汉唐奠定探索期、两宋元明内化成熟期，以及明清以来转型裂变期这三大历史发展时期。儒学君子观发展史主流即孔孟之道，此外也有支流与异端，三者对待互动而共同促进了儒学君子观的成熟完善。

一、先秦汉唐：儒学君子观奠定探索期

在五经君子德位观基础上，孔孟之道注重内修外化君子学行，亦即仁礼中道、性善仁政这一明德亲民、道则中庸价值思维的扩充落实，内圣外王自然推致且有一个合理内在张力，从而奠定起儒学君子观的框架基石，此后历代儒

---

① 《晏子春秋校注》，《诸子集成》第四册，分见第87—88、170、66、123、181—182、203、209页。

② 戴望：《管子校正》，《诸子集成》第五册，分见第9，221—222，270，177—178页。

者无不结合自己时代发展脉动而侧重内圣外王某一方面，从而动态实现了孔孟之道的深入发明与反本开新。由于上节已简述《论语》《孟子》君子思想，此处从略。

《荀子》礼义君子观内容丰富，将君子分为不同层次（如《哀公》五仪：庸人、士、君子、贤人、大圣）且分疏君子小人内涵。但由于建立在性恶信念前提下且偏重礼法外王教化的缘故，荀子礼义君子观于天道人性内圣层面未曾打通。《荀子》论君子之责者，如《王制》"天地者，生之始也；礼义者，治之始也；君子者，礼义之始也；为之，贯之，积重之，致好之者，君子之始也。故天地生君子，君子理天地。君子者，天地之参也，万物之揔也，民之父母也。无君子则天地不理，礼义无统，上无君师，下无父子，夫是之谓至乱。君臣、父子、兄弟、夫妇，始则终，终则始，与天地同理，与万世同久，夫是之谓大本"；论君子之学者，如《解蔽》"圣也者，尽伦者也；王也者，尽制者也。两尽者，足以为天下极矣。故学者以圣王为师，案以圣王之制为法，法其法以求其统类，以务象效其人。向是而务，士也；类是而几，君子也；知之，圣人也"、《劝学》"君子博学而日参省乎己，则知明而行无过矣……其数则始乎诵经，终乎读礼；其义则始乎为士，终乎为圣人。真积力久则入，学至乎没而后止也"；论君子之贵与君子之守者，则如《不苟》"君子不贵者，非礼义之中也。故曰：君子行不贵苟难，说不贵苟察，名不贵苟传，唯其当之为贵"、《不苟》"君子养心莫善于诚，致诚则无它事矣。惟仁之为守，惟义之为行。诚心守仁则形，形则神，神则能化矣；诚心行义则理，理则明，明则能变矣。变化代兴，谓之天德……君子至德，嘿然而喻，未施而亲，不怒而威。夫此顺命，以慎其独者也……天地为大矣，不诚则不能化万物；圣人为知矣，不诚则不能化万民；父子为亲矣，不诚则疏；君上为尊矣，不诚则卑。夫诚者，君子之所守也，而政事之本也"[1]，等等。

《荀子》礼义君子观分疏了君子小人之异同，如《荣辱》"材性知能，君子、小人一也。好荣恶辱，好利恶害，是君子、小人之所同也，若其所以求之之道则异矣。小人也者，疾为诞而欲人之信己也，疾为诈而欲人之亲己也，禽

---

① 《荀子》，上海古籍出版社2014年版，分见第97；265、1—4；19、24—25页。

兽之行而欲人之善己也……故君子者，信矣，而亦欲人之信己也；忠矣，而亦欲人之亲己也；修正治辨矣，而亦欲人之善己也"，《性恶》"凡人之性者，尧、舜之与桀、跖，其性一也；君子之与小人，其性一也。今将以礼义积伪为人之性邪？然则有曷贵尧、禹，曷贵君子矣哉？凡所贵尧、禹、君子者，能化性，能起伪，伪起而生礼义""圣人者，人之所积而致矣……可以而不可使也。故小人可以为君子而不肯为君子，君子可以为小人而不肯为小人""化师法，积文学，道礼义者为君子；纵性情，安恣睢，而违礼义者为小人"，《劝学》"君子之学也，入乎耳，箸乎心，布乎四体，形乎动静。端而言，蝡而动，一可以为法则。小人之学也，入乎耳，出乎口。口耳之间则四寸耳，曷足以美七尺之躯哉。古之学者为己，今之学者为人。君子之学也以美其身，小人之学也以为禽犊"、《乐论》"乐者，乐也。君子乐得其道，小人乐得其欲。以道制欲，则乐而不乱。以欲忘道，则惑而不乐"，《天论》"君子不为小人匈匈也辍行。天有常道矣，地有常数矣，君子有常体矣。君子道其常而小人计其功……君子敬其在己者，而不慕其在天者；小人错其在己者，而慕其在天者。君子敬其在己者而不慕其在天者，是以日进也；小人错其在己者而慕其在天者，是以日退也。故君子之所以日进与小人之所以日退，一也。君子、小人之所以相县者在此耳"，以及《富国》"君子以德，小人以力。力者，德之役也"《君道》"有乱君，无乱国；有治人，无治法……故法不能独立，类不能自行，得其人则存，失其人则亡。法者，治之端也；君子者，法之原也。故有君子，则法虽省，足以遍矣；无君子，则法虽具，失先后之施，不能应事之变，足以乱矣"等，其结论即《不苟》"君子能则人荣学焉，不能则人乐告之。小人能则人贱学焉，不能则人羞告之。是君子小人之分也"①。

陆贾《新语》论君子仁义修教中道，如《道基》"君子握道而治，据德而行，席仁而坐，杖义而强，虚无寂寞，通动无量"，《本行》"君子笃于义而薄于利，敏于事而慎于言"，《慎微》"君子居乱世则合道德，采微善，绝纤恶，修父子之礼，以及君臣之序。乃天地之通道，圣人之所不失也"，《辅政》"君

---

① 《荀子》，上海古籍出版社2014年版，分见第33，290—291、292、285、5、251、202—203、111、147、21页。

子远荧荧之色，放铮铮之声，绝恬美之味，疏嗌呕之情。天道以大制小，以重颠轻。以小治大，乱度干贞。谗夫似贤，美言似信，听之者惑，观之者冥。故苏秦尊于诸侯，商鞅显于西秦。世无贤智之君，孰能别其形。故尧放驩兜，仲尼诛少正卯。甘言之所嘉，靡不为之倾，惟尧知其实，仲尼见其情。故干圣王者诛，遏贤君者刑"，以及《无为》"君之御下民，奢侈者则应之以俭，骄淫者则统之以理。未有上仁而下残，上义而下争者也。孔子曰：移风易俗，岂家至之哉，先之于身而已矣""君子尚宽舒以苞身，行中和以统远。民畏其威而从其化，怀其德而归其境，美其治而不敢违其政。民不罚而畏罪，不赏而欢悦，渐渍于道德，被服于中和之所致也"①，等等。

贾谊《新书》君子概念亦指德位修教者，如卷一《过秦下》"君子为国，观之上古，验之当世，参之人事，察盛衰之理，审权势之宜，去就有序，变化应时，故旷日长久而社稷安矣"，卷九《大政下》"诸侯不得士，则不能兴矣。故君子不得民，则不能称矣。故士能言道而弗能行者谓之器，能行道而弗能言者谓之用，能言之能行之者谓之实。故君子讯其器，任其用，乘其实，而治安兴矣"、《修政语上》"明君慎其举，而君子慎其与"，卷二《阶级》"廉丑礼节以治君子，故有赐死而无戮辱。是以系、缚、榜、笞、髡、刖、黥、劓之罪不及士大夫，以其离主上不远也……故古者，礼不及庶人，刑不至君子，所以厉宠臣之节也……遇之有礼，故群臣自喜。厉以廉耻，故人务节行"，以及卷九《修政语下》"君子既入其职，则其于民也，暯暯然如日之正中……君子既去其职，则其于民也，暗暗然如日之已入也。故君子将入而旭旭者，义先闻也；既入而暯暯者，民保其福也；既去而暗暗者，民失其教也……君子行修于身而信于舆人矣"等；《新书》亦分疏士、君子、贤、圣人概念，如卷八《道术》"守道者谓之士，乐道者谓之君子，知道者谓之明，行道者谓之贤，且明且贤，此谓圣人"，卷九《大政上》"狂与惑者，圣王之戒也，而君子之愧也"；《新书》论君子修养立志者，如卷十《礼容语下》"君子目以正体，足以从之，是以观容而知其心"、《胎教》"《易》曰：正其本，而万物理。失之毫厘，差以千里。故君子慎始。《春秋》之元，《诗》之《关雎》，《礼》之《冠》

---

① 陆贾：《新语》，《诸子集成》第七册，分见第3，17，11，6，7、7页。

《昏》，《易》之《乾》《坤》，皆慎始敬终云尔"，以及《劝学》"舜何人也？我何人也？夫启耳目，载心意，从立移徙，与我同性。而舜独有贤圣之名，明君子之实，而我曾无邻里之闻，宽狥之智者，独何与？然则舜僶俛而加志，我僓僈而弗省耳"①，等等。

汉初黄老道家君子思想影响了两汉儒学。《吕氏春秋》论君子奉天行义，如《孟春纪》"圣人之制万物也，以全其天也。天全，则神和矣，目明矣，耳聪矣，鼻臭矣，口敏矣，三百六十节皆通利矣"，《审应览》"君子之德，长且大者，则为民父母"，《开春论》"小人得位，不争不祥；君子在忧，不救不祥……善为国者，赏不过而刑不慢。赏过则惧及淫人，刑慢则惧及君子。与其不幸而过，宁过而赏淫人，毋过而刑君子"，以及《慎行论》"君子计行虑义，小人计行其利，乃不利""世之所以贤君子者，为其能行义而不能行邪辟也"②等。《文子》则重君子小人修教之别，如第十一卷《上义》"凡学者，能明于天人之分，通于治乱之本，澄心清意以存之，见其终始，反于虚无，可谓达矣。治之本，仁义也；其末，法度也。人之所生者，本也；其所不生者，末也。本末一体也，其两爱之，性也。先本后末，谓之君子；先末后本，谓之小人。法之生也，以辅义。重法弃义，是贵其冠履而忘其首足也""智能并行，圣人一以仁义为准绳，中绳者谓之君子，不中绳者谓之小人。君子虽死亡，其名不灭；小人虽得势，其罪不除"，以及卷七《微明》"义载乎宜谓之君子，遗义之宜谓之小人……君子非义无以生，失义则失其所以生。小人非利无以活，失利则失其所以活。故君子惧失义，小人惧失利。观其所惧，祸福异矣""教本乎君子，小人被其泽。利本乎小人，君子享其功。使君子小人各得其宜，则通功易事而道达矣。人多欲即伤义，多忧即害智"③，等等。

董仲舒《春秋繁露》之狭义君子概念指三卿贤者之德位，如《官制象天》"人生于天而体天之节，故亦有大小厚薄之变，人之气也。先王因人之气，而

①　贾谊：《新书》，《二十二子》本，分见页第733上，758下、759中，737中下—738上，759下—760上；754下，756下—757上；761中、761下、753下—754上。

②　《吕氏春秋·淮南子》，岳麓书社1989年版，第3、163、198、205、210页。

③　[宋]杜道坚撰：《文子缵义》，《二十二子》本，分见页第868中、870上、852下—853中、853下。

分其变以为四选。是故三公之位，圣人之选也。三卿之位，君子之选也。三大夫之位，善人之选也。三士之位，正直之选也。分人之变以为四选，选立三臣，如天之分岁之变以为四时，时有三节也。天以四时之选十二节相和而成岁，王以四位之选与十二臣相砥砺而致极，道必极于其所至，然后能得天地之美也"，以及《立元神》"欲为尊者在于任贤，欲为神者在于同心。贤者备股肱则君尊严而国安；同心相承则变化若神，莫见其所为而功德成，是谓尊神也。天积众精以自刚，圣人积众贤以自强。天序日月星辰以自光，圣人序爵禄以自明。天所以刚者，非一精之力；圣人所以强者，非一贤之德也。故天道务盛其精，圣人务众其贤。盛其精而壹其阳，众其贤而同其心。壹其阳然后可以致其神，同其心然后可以致其功。是以建治之术，贵得贤而同心"等；《春秋繁露》更多则是以修教中道内涵论广义君子修教德位群体，其中述君子顺天中道教化者，如《深察名号》"天生民性有善质，而未能善，于是为之立王以善之，此天意也。民受未能善之性于天，而退受成性之教于王。王承天意，以成民之性为任者也"、《基义》"圣人多其爱而少其严，厚其德而简其刑，以此配天"，《为人者天》"君者，民之心也；民者，君之体也。心之所好，体必安之；君之所好，民必从之。故君民者，贵孝弟而好礼义，重仁廉而轻财利，躬亲职此于上，而万民听"，以及《循天之道》"和者，天之正也，阴阳之平也，其气最良，物之所生也。诚择其和者，以为大得天地之奉也。天地之道，虽有不和者，必归之于和，而所为有功；虽有不中者，必止之于中，而所为不失……故君子怒则反中而自说以和，喜则反中而收之以正，忧则反中而舒之以意，惧则反中而实之以精"等；述夏以化夷义利中道者则如《王道》"内其国而外诸夏，内诸夏而外夷狄，言自近者始也……君子笃于礼，薄于利，要其人不要其土，告从不赦，不祥。强不陵弱"、《竹林》"《春秋》无通辞，从变而移。今晋变而为夷狄，楚变而为君子，故移其辞以从其事"，《玉英》"君子终日言不及利，欲以勿言愧之而已，愧之以塞其源也"、《保位权》"圣人之制民，使之有欲，不得过节；使之敦朴，不得无欲。无欲有欲，各得以足，而君道得矣"，《仁义法》"《春秋》之所治，人与我也。所以治人与我者，仁与义也。以仁安人，以义正我，故仁之为言人也，义之为言我也，言名以别矣……君子求仁义之别，以纪人我之间，然后辨乎内外之分，而著于顺逆之处也。是故内治反理以正身，据礼以劝福。外治推恩以广施，宽制以容众"，以及《对胶西王越大夫不得为仁》"仁人者正其道不谋其利，修其理不急其功，致无为而习俗大化，可谓仁圣矣。三王是也。《春秋》之义，贵信而贱诈。诈人而胜之，虽有功，君子弗为也。是以仲尼之门，五尺童子言羞称五伯。为其诈以成功，苟为而已也"①，等等。

《孔子家语》君子概念内涵亦为礼义德位修教义，但已有德位下移趋势。如《五仪解》"人有五仪：有庸人，有士人，有君子，有贤人，有圣人。审此五者，则治道毕矣"，《大昏解》"君子者，人之成名也。百姓与名，谓之君子，则是成其亲为君而为其子也"、《曲礼子贡问》"君子上不僭下，下不偪上"、《王言解》"今之君子，惟士与大夫言闻也，至于君子之言者希也"，《六本》"行己有六本焉，然后为君子也。立身有义矣，而孝为本；丧纪有礼矣，而哀为本；战阵有列矣，而勇为本；治政有理矣，而农为本；居国有道矣，而嗣为本；生财有时矣，而力为本……是故反本修迹，君子之道也"，以及《五刑解》"凡治君子，以礼御其心，所以属之以廉耻之节也。故古之大夫，其有坐不廉污秽而退放之者，不谓之不廉污秽而退放，则曰'簠簋不饬'。有坐淫乱男女无别者，不谓之淫乱男女无别，则曰'帷幕不修'也。有坐罔上不忠者，不谓之罔上不忠，则曰'臣节未著'。有坐罢软不胜任者，不谓之罢软不胜任，则曰'下官不职'。有坐干国之纪者，不谓之干国之纪，则曰'行事不请'。此五者，大夫既自定有罪名矣，而犹不忍斥然正以呼之也，既而为之讳，所以愧耻之"②，等等。

《孔子家语》君子遵循礼义修养中道，如《颜回》"爱近仁，度近智，为己不重，为人不轻，君子也夫"、《六本》"闵子哀未忘，能断之以礼；子夏哀已尽，能引之及礼。虽均之君子，不亦可乎"，《论礼》"君子无物而不在于礼焉。入门而金作，示情也。升歌清庙，示德也。下管象舞，示事也。古之君子，不必亲相与言也，以礼乐相示而已"，以及《问玉》"昔者君子比德于玉。

---

① 苏舆撰：《春秋繁露义证》，中华书局1992年版，分见第218—219，170—171；302、352，320，446—448；116—123、46，73，174，249—254，268页。

② 廖名春、邹新明点校：《孔子家语》，辽宁教育出版社1997年版，分见第14，9、116、5，40，80页。

温润而泽，仁也；缜密以栗，智也；廉而不刿，义也；垂之如坠，礼也；叩之其声清越而长，其终则诎然，乐也；瑕不掩瑜，瑜不掩瑕，忠也；孚尹旁达，信也；气如白虹，天也；精神见于山川，地也；珪璋特达，德也；天下莫不贵者，道也。《诗》云：言念君子，温其如玉。故君子贵之也"等；《家语》君子亦遵循礼义教化中道，如《论礼》"'恺悌君子，民之父母'……必达于礼乐之源，以致五至而行三无，以横于天下，四方有败，必先知之，此之谓民之父母"，《六本》"中人之情也，有余则侈，不足则俭，无禁则淫，无度则逸，从欲则败……故君子不急断，不急制，使饮食有量，衣服有节，宫室有度，畜积有数，车器有限，所以防乱之原也。夫度量不可明，是中人所由之令"、《正论解》"君子之行，必度于礼，施取其厚，事举其中，敛从其薄"，以及《入官》"君子莅民，不可以不知民之性而达诸民之情。既知其性，又习其情，然后民乃从命矣。故世举则民亲之，政均则民无怨。故君子莅民，不临以高，不导以远，不责民之所不为，不强民之所不能"[①]等。

《孔子家语》亦以君子小人对待比照而言君子修教，如《好生》"君子以心导耳目，立义以为勇。小人以耳目导心，不逊以为勇"、《颜回》"君子以行言，小人以舌言。故君子于为义之上相疾也，退而相爱；小人于为乱之上相爱也，退而相恶""毁人之善以为辩，狡讦怀诈以为智，幸人之有过，耻学而羞不能，小人也……君子攻其恶，无攻人之恶"，《好生》"君子以其所能敬人，小人反是"、《子路初见》"君子以其所不能畏人，小人以其所不能不信人。故君子长人之才，小人抑人而取胜焉"，《在厄》"君子之修行也，其未得之，则乐其意；既得之，又乐其治。是以有终身之乐，无一日之忧。小人则不然，其未得也，患弗得之；既得之，又恐失之。是以有终身之忧，无一日之乐也"、《礼运》"礼之于人，犹酒之有糵也，君子以厚，小人以薄"，以及《六本》"君非民不治，民犯上则倾。是故君子不可不严也，小人不可不整一也"、《辩乐解》"君子之音温柔居中，以养生育之气。忧愁之感，不加于心也；暴厉之动，不在于体也。夫然者，乃所谓治安之风也。小人之音则不然，亢丽微末，以象杀

---

① 廖名春、邹新明点校：《孔子家语》，辽宁教育出版社1997年版，分见第52、41，74，92；74，44、113，60页。

伐之气。中和之感，不载于心；温和之动，不存于体。夫然者，乃所以为乱之风"①，等等。此外，又如《孔子集语》卷十二"君子不仁则不成，不义则不生"、卷五"仁义动君子，财色动小人，是以圣人务其本"②，等等。

《大戴礼记》君子概念内涵亦为礼义德位修教义，且辟驳名实不符、德礼不称之乱象，如卷一《哀公问于孔子》"君子也者，人之成名也。百姓归之名，谓之'君子之子'，是使其亲为君子也，是为成其亲名也已""今之君子，莫为礼也……君子言不过辞，动不过则，百姓不命而敬恭"、《主言》"今之君子，惟士与大夫之言之间也，其至于君子之言者甚希矣"，以及卷五《曾子制言中》"君子以仁为尊……君子思仁义，昼则忘食，夜则忘寐，日旦就业，夕而自省，以役其身，亦可谓守业矣"等；《大戴礼记》还分疏了圣贤君子等概念内涵，如卷一《哀公问五义》"所谓士者，虽不能尽道术，必有所由焉；虽不能尽善尽美，必有所处焉。是故知不务多，而务审其所知；行不务多，而务审其所由；言不务多，而务审其所谓。知既知之，行既由之，言既顺之，若夫性命肌肤之不可易也。富贵不足以益，贫贱不足以损……所谓君子者，躬行忠信，其心不买；仁义在己，而不害不志；闻志广博，而色不伐；思虑明达，而辞不争；君子犹然如将可及也，而不可及也……所谓贤人者，好恶与民同情，取舍与民同统。行中矩绳，而不伤于本；言足法于天下，而不害于其身。躬为匹夫而愿富贵，为诸侯而无财……所谓圣人者，知通乎大道，应变而不穷，能测万物之情性者也。大道者，所以变化而凝成万物者也。情性也者，所以理然不然、取舍者也。故其事大，配乎天地，参乎日月，杂于云蜺，总要万物，穆穆纯纯，其莫之能循；若天之司，莫之能职；百姓淡然，不知其善"③，等等。

《韩诗外传》论君子亦分疏民、士、君子、圣人概念，如卷三"以从俗为善，以货财为宝，以养性为已至道，是民德也，未及于士也。行法而志坚，不

①　廖名春、邹新明点校：《孔子家语》，辽宁教育出版社1997年版，分见第27、52，52—53，27、56、58、85、44、90页。

②　[清]孙星衍撰：《孔子集语》，《孔子文化大全》，山东友谊出版社1989年版，分见第507、269页。

③　《大戴礼记》，《孔子文化大全》，山东友谊出版社1991年版，分见第30、28—30、17，111—112；25—27页。

以私欲害其所闻，是劲士也，未及于君子也。行法而志坚，好修其所闻以矫其情，言行多当未安谕也，知虑多当未周密也，上则能大其所隆也，下则开道不若己者，是笃厚君子，未及圣人也。若夫修百王之法若别白黑，应当世之变若数一二，行礼要节若性四支，因化立功若推四时，天下得序群物安居，是圣人也。《诗》曰：明昭有周，式序在位"等；《韩诗外传》论君子重仁礼精进，如卷六"子曰：不知命，无以为君子。言天之所生，皆有仁义礼智顺善之心。不知天之所以命生，则无仁义礼智顺善之心。无仁义礼智顺善之心，谓之小人"，卷十"君子温俭以求于仁，恭让以求于礼，得之自是，不得自是。故君子之于道也，犹农夫之耕，虽不获年，优之无以易也"，以及卷八"'阖棺兮乃止播兮，不知其时之易迁兮。'此之谓君子所休也。故学而不已，阖棺乃止。《诗》曰：日就月将"[①]等。

扬雄《法言》论君子奉天法古礼义修教，如《君子》"通天地人曰儒，通天地而不通人曰伎"，《孝至》"君子动则拟诸事，事则拟诸礼""君子在上，则明而光其下。在下，则顺而安其上"，《学行》"君子贵迁善。迁善者，圣人之徒与。百川学海而至于海，丘陵学山不至于山，是故恶夫画也"、《吾子》"不合乎先王之法者，君子不法也"、《寡见》"好尽其心于圣人之道者，君子也。人亦有好尽其心矣，未必圣人之道也"，以及《君子》"君子不言，言必有中也；不行，行必有称也……君子于仁也柔，于义也刚"、《先知》"君子为国，张其纲纪，谨其教化，导之以仁，则下不相贼；莅之以廉，则下不相盗；临之以正，则下不相诈；修之以礼义，则下多德让。此君子所当学"[②]等。

刘向《说苑》论君子德礼修教与小人比照对举，如《修文》"三王术如循环。故夏后氏教以忠，而君子忠矣，小人之失野。救野莫如敬，故殷人教以敬，而君子敬矣，小人之失鬼。救鬼莫如文，故周人教以文，而君子文矣，小人之失薄，救薄莫如忠。故圣人之与圣也，如矩之三杂，规之三杂，周则又始，穷则反本也。《诗》曰：雕琢其章，金玉其相。言文质美也""君子无礼，

---

① 许维遹校释：《韩诗外传集释》，中华书局1980年版，分见第84—86；219，340，294—295页。

② 《扬子法言》，《诸子集成》第七册，分见第39，42、41、3、5、19，37，26页。

是庶人也。庶人无礼，是禽兽也""圣人在上，君子在位，能者在职，大德之
发者也""君子以礼正外，以乐正内。内须臾离乐则邪气生矣，外须臾离礼则
慢行起矣。故古者天子诸侯听钟声未尝离于庭，卿大夫听琴瑟未尝离于前，所
以养正心而灭淫气也。乐之动于内，使人易道而好良；乐之动于外，使人温
恭而文雅……是以君子慎其所以动人也"，以及《谈丛》"君子行德以全其身，
小人行贪以亡其身"、《敬慎》"君子敬以成其名，小人敬以除其刑，奈何无戒
而不慎五本哉"、《杂言》"仁者好合人，不仁者好离人，故君子居人间则治，
小人居人间则乱；君子欲和人，譬犹水火不相能然也，而鼎在其间，水火不
乱，乃和百味。是以君子不可不慎择人在其间"[①]等。

　　《盐铁论》论君子德位修教在于奉天法古仁礼中道，如《相刺》"天设三光
以照记，天子立公卿以明治。故曰：公卿者，四海之表仪，神化之丹青也。上
有辅明主之任，下有遂圣化之事，和阴阳，调四时，安众庶，育群生，使百
姓辑睦，无怨思之色，四夷顺德，无叛逆之忧。此公卿之职，而贤者之所务
也"，《本议》"孔子曰：有国有家者，不患寡而患不均，不患贫而患不安。故
天子不言多少，诸侯不言利害，大夫不言得丧"、《刺复》"君子劳于求贤，逸
于用之"，《非鞅》"君子进必以道，退不失义，高而勿矜，劳而不伐，位尊而
行恭，功大而理顺。故俗不疾其能，而世不妒其业"、《论儒》"君子执德秉义
而行，故造次必于是，颠沛必于是"，《刑德》"仁者，爱之效也。义者，事之
宜也。故君子爱仁以及物，治近以及远"、《遵道》"师旷之调五音，不失宫商。
圣王之治世，不离仁义。故有改制之名，无变道之实。上自黄帝，下及三王，
莫不明德教，谨庠序，崇仁义，立教化。此百世不易之道也"、《备胡》"古者
君子立仁修义以绥其民，故迩者习善，远者顺之"、《执务》"土积而成山阜，
水积而成江海，行积而成君子"、《盐铁取下》"君子仁以恕，义以度，所好恶
与天下共之"，《轻重》"礼义者，国之基也。而权利者，政之残也。孔子曰：
能以礼让为国乎？何有"、《授时》"礼义立则耕者让于野，礼义坏则君子争于
朝。人争则乱，乱则天下不均，故或贫或富"，以及《大论》"残材木以成室

---

　　① 《宋本说苑》，国家图书馆出版社2017年版，分见第五册90—91、93、111、139—140页，
第四册147页，第三册120页，第五册41页。

屋者，非良匠也。残贼民人而欲治者，非良吏也。故公输子因木之宜，圣人不费民之性。是以斧斤简用，刑罚不任，政立而化成。扁鹊攻于凑理，绝邪气，故痈疽不得成形。圣人从事于未然，故乱原无由生。是以砭石藏而不施，法令设而不用。断已然，凿已发者，凡人也。治未形，睹未萌者，君子也"等；此外，《盐铁论》论君子修教亦与小人比照言之，如《相刺》"《传》曰：君子当时不动，而民无观也。故非君子莫治小人，非小人无以养君子，不当耕织为匹夫匹妇也。君子耕而不学，则乱之道也"，《散不足》"夫贤人君子，以天下为任者也。任大者思远，思远者忘近""古者，君子夙夜孳孳思其德，小人晨昏孜孜思其力。故君子不素餐，小人不空食"，《孝养》"君子重其礼，小人贪其养"、《地广》"古之君子，守道以立名，修身以俟时，不为穷变节，不为贱易志，惟仁之处，惟义之行。临财苟得，见利反义，不义而富，无名而贵，仁者不为也……惟仁者能处约乐贫，小人富斯暴，贫斯滥矣"，以及《遵道》"君子多闻阙疑，述而不作，圣达而谋大，叡智而事寡。是以功成而不隳，名立而不顿。小人智浅而谋大，羸弱而任重，故中道而废，苏秦、商鞅是也。无先王之法，非圣人之道，而因于己，故亡。《易》曰：小人处盛位，虽高必崩。不盈其道，不恒其德，而能以善终身，未之有也。是以'初登于天，后入于地'"[①]等。

马融《忠经》论君子尽忠之道，如《天地神明》"昔在至理，上下一德，以征天休，忠之道也……忠者中也，至公无私。天无私，四时行；地无私，万物生；人无私，大亨贞。忠也者，一其心之谓矣。为国之本，何莫由忠。忠能固君臣，安社稷，感天地，动神明"，《冢臣》"为臣事君，忠之本也，本立而化成。冢臣于君，可谓一体，下行而上信，故能成其忠"、《尽忠》"天下尽忠，淳化而行也。君子尽忠，则尽其心，小人尽忠，则尽其力。尽力者，则止其身，尽心者，则洪于远。故明王之理也，务在任贤，贤臣尽忠，则君德广矣。政教以之而美，礼乐以之而兴，刑罚以之而清，仁惠以之而布"，《辨忠》"君子之言，忠而不佞；小人之言，佞而似忠而非，闻之者鲜不惑矣"、《证应》

---

① 《盐铁论》，《诸子集成》第七册，第24，1、12，9、13，56、26、41、43、44，15、38，61；23，32、34，29、19，27页。

"惟天鉴人，善恶必应。善莫大于作忠，恶莫大于不忠。忠则福禄至焉，不忠则刑罚加焉。君子守道，所以长守其休；小人不常，所以自陷其咎"，以及《观风》"君子去其私，正其色，不害理以伤物，不惮势以举任，惟善是与，惟恶是除，以之而陟则有成，以之而克则无怨。夫如是，则天下敬职，万邦以宁"①等。

王符《潜夫论》君子亦为德位修教义，但王符认为君子有德而不必有位。如《考绩》"圣王之建百官也，皆以承天治地，牧养万民者也。是故有号者必称于典，名理者必效于实，则官无废职，位无非人。夫守相令长，效在治民；州牧刺史，在宪聪明；九卿分职，以佐三公；三公总统，典和阴阳。皆当考治以效实，为王休者也。侍中、大夫、博士、议郎，以言语为职，谏诤为官，及选茂才、孝廉、贤良方正、惇朴、有道、明经、宽博、武猛、治剧，此皆名自命而号自定，群臣所当尽情竭虑称君诏也"、《释难》"夫君子也者，其贤宜君国，而德宜子民也。宜处此位者，惟仁义人，故有仁义者谓之君子"，以及《论荣》"所谓贤人君子者，非必高位厚禄、富贵荣华之谓也。此则君子之所宜有，而非其所以为君子者也。所谓小人者，非必贫贱冻馁辱阨穷之谓也，此则小人之所宜处，而非其所以为小人者也……夫桀纣者，夏殷之君王也；崇侯、恶来，天子之三公也，而犹不免于小人者，以其心行恶也。伯夷、叔齐，饿夫也，傅说胥靡，而井伯虞虏也，然世犹以为君子者，以为志节美也……故君子未必富贵，小人未必贫贱，或潜龙未用，或亢龙在天，从古以然。今观俗士之论也，以族举德，以位命贤，兹可谓得论之一体矣，而未获至论之淑真也"②等。

荀悦《申鉴》论君子德位修教中常之道，如《政体》"天作道，皇作极，臣作辅，民作基。惟先哲王之政，一曰承天，二曰正身，三曰任贤，四曰恤民，五曰明制，六曰立业。承天惟允，正身惟常，任贤惟固，恤民惟勤，明制惟典，立业惟敦，是谓政体也……惟修六则以立道经，一曰中，二曰和，三曰正，四曰公，五曰诚，六曰通。以天道作中，以地道作和，以仁德作正，以事物作公，以身极作诚，以变数作通，是谓道实"，《俗嫌》"养性秉中和，守之

---

①　文本参见《忠经全集》，刘兆祥注译，海潮出版社2011年版。
②　《潜夫论》，《诸子集成》第八册，分见第27—28、138—139，13—15页。

以生而已。爱亲爱德爱力爱神之谓啬，否则不宜，过则不澹。故君子节宣其气，勿使有所壅闭滞底，昏乱百度则生疾。故喜怒哀乐思虑必得其中，所以养神也。寒暄盈虚消息必得其中，所以养神也。善治气者，犹禹之治水也……仁者内不伤性，外不伤物，上不违天，下不违人，处正居中，形神以和，故咎征不至而休嘉集之"，《杂言上》"为世忧乐者，君子之志也。不为世忧乐者，小人之志也……君子食和羹以平其气，听和声以平其志，纳和言以平其政，履和行以平其德"，《杂言下》"君子乐天知命故不忧，审物明辨故不惑，定心致公故不惧。若乃所忧惧则有之，忧己不能成天性也，惧己惑之，忧不能免，天命无惑焉……君子嘉仁而不责惠，尊礼而不责意，贵德而不责怨。其责也先己，而行也先人""君子所恶乎异者三，好生事也，好生奇也，好变常也。好生事则多端而动众，好生奇则离道而惑俗，好变常则轻法而乱度"[①]等。

徐幹《中论》论君子学行修教者，如《智行》"大人，圣人也。其余象皆称君子，盖君子通于贤者也。聪明惟圣人能尽之，大才通人有而不能尽也"、《艺纪》"先王之欲人之为君子也，故立保氏掌教六艺……教六仪……故君子非仁不立，非义不行，非艺不治，非容不庄，四者无怨，而圣贤之器就矣……君子者，表里称而本末度者也。故言貌称乎心志，艺能度乎德行，美在其中，而畅于四支，纯粹内实，光辉外著"，《考伪》"君子者，能成其心，心成则内定，内定则物不能乱，物不能乱则独乐其道，独乐其道则不闻为闻、不显为显……君子之不可及者，其惟人之所不见乎"、《智行》"君子仁以博爱，义以除恶，信以立情，礼以自节，聪以自察，明以观色，谋以行权，智以辨物，岂可无一哉，谓夫多少之间耳"，《治学》"昔之君子成德立行，身没而名不朽，其故何哉？学也。学也者，所以疏神达思，怡情理性，圣人之上务也……故先王立教官，掌教国子，教以六德，曰智仁圣义忠和；教以六行，曰孝友睦姻任恤；教以六艺，曰礼乐射御书数。三教备而人道毕矣""马虽有逸足，而不闲舆则不为良骏；人虽有美质，而不习道则不为君子。故学者，求习道也"，以及《法象》"夫法象立，所以为君子。法象者，莫先乎正容貌，慎威仪。是故先王之制礼也，为冕服采章以旌之，为珮玉鸣璜以声之，欲其尊也，欲其庄

___
① 《申鉴》，《诸子集成》第八册，分见第1—3，17—18，22—23，25—27、24页。

也，焉可懈慢也？夫容貌者，人之符表也，符表正故情性治，情性治故仁义存，仁义存故盛德著，盛德著故可以为法象，斯谓之君子矣。君子者，无尺土之封而万民尊之，无刑罚之威而万民畏之，无羽籥之乐而万民乐之，无爵禄之赏而万民怀之。其所以致之者，一也"等；《中论》论君子修教亦比照小人而言之，如《修本》"君子之理也，先务其本，故德建而怨寡；小人之理也，先近其末，故功废而雠多"，《亡国》"不务明其义，而徒设其禄，可以获小人，难以得君子。君子者，行不媮合，立不易方，不以天下枉道，不以乐生害仁，安可以禄诱哉"，以及《贵言》"大禹善治水，而君子善导人。导人必因其性，治水必因其势，是以功无败而言无弃也。荀卿曰：礼恭，然后可与言道之方；辞顺，然后可与言道之理；色从，然后可与言道之致。有争气者，勿与辨也。孔子曰：惟君子然后能贵其言、贵其色，小人能乎哉"[1]等。

东汉以降，道教佛教信仰兴起，这反映了汉代儒教在修教方面的不足，但反过来也激发了儒教明德亲民君子修教开拓努力。《弘明集》卷二载南朝宋宗炳《明佛论》云"悲夫，中国君子明于礼义，而暗于知人心，宁知佛心乎？今世业近事，谋之不臧，犹兴丧及之，况精神作哉？得焉则清升无穷，失矣则永坠无极，可不临深而求，履薄而虑乎"[2]，此语可探当时道释二教精英之超越性心迹。就道教而言，如东汉末年《太平经》论君子法天合道者，如《道无价却夷狄法》"天地之运，各自有历，今且案其时运而出之，使可常行，而家国大吉，不危亡。所以不付小人，而付帝王者，帝王其历，常与天地同心，乃能行此；小人不能行，故属君子，令付其人也"、《服人以道不以威诀》"君子胜服人者，但当以道与德，不可以寇害胜人冤人也"、《三合相通诀》"圣人制法，皆象天之心意也"、《力行博学诀》"圣人力思，君子力学，昼夜不息也，犹乐欲象天，转运而不止，百川流聚，乃成江海"，《急学真法》"夫无道之人，本天不欲覆盖，地不欲载也，神灵精鬼所不欲祐，天下所共苦也。圣人贤者君子乃大疾无道之人"，以及《分别贫富法》"上君子乃与天地相似，故天乃好生

---

① 孙启治解诂：《中论解诂》，中华书局2014年版，分见第144、114—115、206、151、1、9、21；42，350，98—99页。

② ［南朝梁］僧祐撰：《弘明集校笺》，李小荣校笺，上海古籍出版社2013年版，第84页。

不伤也，故称君称父也。地以好养万物，故称良臣称母也。人者当用心仁，而爱育似于天地，故称仁也。此三者善也，故得共治万物，为其师长也"、《案书明刑德法》"古者圣人君子威人以道与德，不以筋力刑罚也"①等。

三国时期蜀国诸葛亮论君子学行，如《诫子书》云"夫君子之行，静以修身，俭以养德。非澹泊无以明志，非宁静无以致远。夫学须静也，才须学也，非学无以广才，非志无以成学。淫慢则不能励精，险躁则不能治性。年与时驰，意与日去，遂成枯落，多不接世，悲守穷庐，将复何及"②，吴国韦昭《博奕论》亦云"盖闻君子耻当年而功不立，疾没世而名不称，故曰'学如不及，犹恐失之'。是以古之志士，悼年齿之流迈而惧名称之不立也，故勉精厉操，晨兴夜寐，不遑宁息，经之以岁月，累之以日力，若宁越之勤，董生之笃，渐渍德义之渊，栖迟道艺之域……且君子之居室也，勤身以致养；其在朝也，竭命以纳忠。临事且犹旰食，而何博奕之足耽？夫然，故孝友之行立，贞纯之名彰也"③；魏蒋济（188—249）论君子奉天教化，如"昔大舜佐治，戒在比周；周公辅政，慎于其朋；齐侯问灾，晏婴对以布惠；鲁君问异，臧孙答以缓役。应天塞变，乃实人事……宜使文武之臣各守其职，率以清平，则和气祥瑞可感而致也"，又如《万机论·政略》"夫君正之治，必须贤佐，然后为泰。故君称元首，臣为股肱，譬之一体，相须而行也。是以陶唐钦明，羲氏平秩，有虞明目，元恺敷教，皆此君唱臣和，同亮天功。故能天成地平，咸熙于和穆，盛德之治。夫随俗树化，因世建业，慎在三而已：一曰择人，二曰因民，三曰从时。时移而不移，违天之祥也；民望而不因，违人之咎也；好善而不能择人，败官之患也。三者失，则天人之事悖矣。夫人乖则时逆，时逆则天违，天违而望国安，未有也"④等。

在注重阐发义理的王肃经学基础上，魏晋玄学拣择阐发《论语》《周易》

---

① 王明编：《太平经合校》，中华书局1960年版，分见第130、144、147、208，159、32、107—108页。

② ［汉］诸葛亮：《诸葛亮集》，中华书局1960年版，第28页。

③ 《全三国文》卷七十一，第718—719页。

④ 分见《三国志》，浙江古籍出版社2000年版（下同），卷十四《魏书·蒋济传》第291页，《全三国文》卷三十三第340页。

《老子》《庄子》等儒、道典籍义理，主张援道入儒而尝试开拓建构以无统有、玄冥独化、名教即自然之内圣外王义理体系，其代表性著作有何晏（约195—249）《论语集解》、王弼（226—249）《周易注》、西晋郭象（252—312）《庄子注》等。于《世说新语》可略见玄学君子之心迹，其中述儒道关系者如《文学》"王辅嗣弱冠诣裴徽，徽问曰：夫无者，诚万物之所资，圣人莫肯致言，而老子申之无已，何邪？弼曰：圣人体无，无又不可以训，故言必及有；老、庄未免于有，恒训其所不足""阮宣子有令闻，太尉王夷甫见而问曰：老庄与圣教同、异？对曰：将无同"，述君子修教者则如《方正》"古之君子，进人以礼，退人以礼。今之君子，进人若将加诸膝，退人若将坠诸渊"，《德行》"陈仲举言为士则，行为世范，登车揽辔，有澄清天下之志""李元礼风格秀整，高自标持，欲以天下名教是非为己任"，以及《赏誉下》"夫学之所益者浅，体之所安者深。闲习礼度，不如式瞻仪形；讽味遗言，不如亲承音旨。王参军人伦之表，汝其师之"、《德行》"周子居常云：吾时月不见黄叔度，则鄙吝之心已复生矣"①等。由于魏晋玄学儒道混而知行裂，扫落礼法矫枉过正而陷于空虚学理，故后起儒者以礼教实学纠之。

魏桓范（？—249）《世要论》亦论君子奉天教化，如《为君难》"天，万物之覆；君，万物之焘也。怀生之类，有不浸润于泽者，天以为负；员首之民，有不沾濡于惠者，君以为耻。是以在上者，体人君之大德，怀恤下之小心，阐化立教，必以其道。发言则通四海，行政则动万物，虑之于心，思之于内，布之于天下，正身于庙堂之上，而化应于千里之外……故民仰之如天地，爱之如父母，敬之如神明，畏之如雷霆"、《臣不易》"且夫事君者，竭忠义之道，尽忠义之节……以安上治民，宣化成德"，《治本》"天以阴、阳成岁，人以刑、德成治，故虽圣人为政，不能偏用也……夫人君欲治者，既达专持刑德之柄矣，位必使当其德，禄必使当其功，官必使当其能……善治国者，不尤斯民，而罪诸己；不责诸下，而求诸身"、《政务》"君子为政，以正己为先，教禁为次。若君正于上，则吏不敢邪于下；吏正于下，则民不敢僻于野"，以及《节欲》"修身治国之要，莫大于节欲……俭者节欲，奢者放情。放情者危，节

---

① 《世说新语》，《诸子集成》第八册，分见第49、51，78，1、2，115—116、1页。

欲者安"①等。

魏杜恕（198—252）论君子德礼修教，如《体论·自叙》"夫礼也者，万物之体也，万物皆得其体，无有不善"、《君》"夫圣人之修其身，所以御群臣也，所以化万民也。其法轻而易守，其礼简而易持，其求诸己也诚，其化诸人也深。苟非其人，道不虚行；苟非其道，治不虚应。是以古之圣君之于其臣也，疾则视之无数，死则临其大敛小敛，为撤膳不举乐，岂徒色取仁而实违之者哉？乃惨怛之心，出于自然，形于颜色，世未有不自然而能得人自然者也……期其一体，相须而成也"，《臣》"君子务修诸内而让之于外，务积于身而处之以不足。夫为人臣，其犹土乎，万物载焉而不辞其重，水渎污焉而不辞其下，草木殖焉而不有其功。此成功而不处，为臣之体也"、《行》"君子直道以耦世，小人枉行以取容；君子揄人之过以长善，小人毁人之善以为功；君子宽贤容众以为道，小人徼讦怀诈以为智；君子下学而无常师，小人耻学而羞不能。此又君子小人之分界也。君子心有所定，计有所守，智不务多，务行其所知；行不务多，务审其所由。安之若性，行之如不及。小人则不然，心不在乎道义之经，口不吐乎训诰之言，不择贤以托身，不力行以自定，随转如流，不知所执。此又君子小人之分界也"，以及《政》"夫德礼也者，其导民之具欤……夫善御民者，其犹御马乎，正其衔勒，齐其辔策，均马力，和马心，故能不劳而极千里。善御民者，壹其德礼，正其百官，齐民力，和民心，是故令不再而民从，刑不用而天下化治。所贵圣人者，非贵其随罪而作刑也，贵其防乱之所生也。是以至人之为治也，处国于不倾之地，积政于万全之乡，载德于不止之舆，行令于无竭之仓，使民于不争之涂，开法于必得之方。民有小罪，必求其善，以赦其过；民有大罪，必原其故，以仁辅化。是故上下亲而不离，道化流而不蕴。夫君子欲政之速行，莫如以道御之也"②等。

袁準论君子修教礼刑中道，如《袁子正书·礼政》"夫仁义礼制者，治之本也。法令刑罚者，治之末也。无本者不立，无末者不成……仁者使人有德，

---

① ［魏］桓范：《世要论》，《全三国文》卷三十七，分见第381、382，383—384、384，384—385页。

② ［魏］杜恕：《体论》，分见《三国志》卷十六《魏书·杜恕传》第323页、《全三国文》卷四十二第435，439、439，440页。

不能使人知禁；礼者使人知禁，不能使人必仁。故本之者仁，明之者礼也，必行之者刑罚也。先王为礼以达人之性理，刑以承礼之所不足。故以仁义为不足以治者，不知人性者也，是故失教，失教者无本也。以刑法为不可用者，是不知情伪者也，是故失威，失威者不禁也。故有刑法而无仁义，久则民怨，民怨则怒也。有仁义而无刑法，则民慢，民慢则奸起也"，《厚德》"以贤制爵，则民德厚矣。故圣人贵恒，恒者德之固也。'圣人久于其道，而天下化成'，未有不恒而可以成德，无德而可以持久者也"、《悦近》"圣人者，以仁义为本，以大信持之，根深而基厚，故风雨不惩伏也"，《损益》"服物不称，则贵贱无等。于是富者逾侈，贫者不及，小人乘君子之器"、《刑法》"礼法明则民无私虑，事业专则民无邪伪，百官具则民不要功。故有国者，为法欲其正也，事业欲其久也，百官欲其常也。天下之事以次为，爵禄以次进，士君子以精德显。夫德有次则行修，官有次则人静，事有次则民安。农夫思其疆畔，百工思其规矩，士君子思其德行，群臣百官思其分职。上之人思其一道，侵官无所由，离业无所至。夫然，故天下之道正而民壹"，以及《治乱》"民困衣食将死亡，而望其奉法从教，不可得也。夫唯君子而后能固穷。故有国而不务食，是责天下之人而为君子之行也……故有民而国贫者，则君子伤道，小人伤行矣。君子伤道则教亏，小人伤行则奸起。夫民者，君之所求用也。民富则所求尽得，民贫则所求尽失"[①]，等等。

魏刘劭（约168—约249）《人物志》论君子修教中道，如《自序》"夫圣贤之所美，莫美乎聪明。聪明之所贵，莫贵乎知人。知人诚智，则众材得其序，而庶绩之业兴矣。是以圣人著爻象，则立君子小人之辞；叙《诗》志，则别风俗雅正之业；制礼乐，则考六艺祇庸之德；躬南面，则援俊逸辅相之材。皆所以达众善而成天功也"，《九征》"兼德而至，谓之中庸。中庸也者，圣人之目也。具体而微，谓之德行。德行也者，大雅之称也。一至谓之偏材。偏材，小雅之质也。一征谓之依似。依似，乱德之类也。一至一违，谓之间杂。间杂，无恒之人也"，《流业》"主德者，聪明平淡，总达众材，而不以事自任者也。

---

① 袁準：《袁子正书》，《全晋文》卷五十五，分见第570，574—575、576、578、578、576—577页。

是故主道立，则十二材各得其任也……主道得而臣道序，官不易方，而太平用成。若道不平淡，与一材同用好，则一材处权，而众材失任矣"，以及《释争》"君子举不敢越仪准，志不敢凌轨等，内勤己以自济，外谦让以敬惧。是以怨难不在于身，而荣福通于长久也。彼小人则不然，矜功伐能，好以陵人，是以在前者人害之，有功者人毁之，毁败者人幸之""君子知自损之为益，故功一而美二。小人不知自益之为损，故一伐而并失"①等。

西晋傅玄（217—278）论君子正心尚贤修教，如《傅子·正心》"古之君子修身治人，先正其心，自得而已矣。能自得，则无不得矣。苟自失，则无不失矣。无不得者，治天下有余……古之达治者，知心为万事主，动而无节则乱，故先正其心。其心正于内，而后动静不妄，以率先天下，而后天下履正而咸保其性也。斯远乎哉？求之心而已矣"，《仁论》"古之仁人，推所好以训天下，而民莫不尚德；推所恶以诫天下，而民莫不知耻……君子慎乎所不察，不闻大论则志不宏，不听至言则心不固，思唐虞于上世，瞻仲尼于中古，而知夫小道者之足羞也；相伯夷于首阳，省四皓于商山，而知夫秽志者之足耻也；存张骞于西极，念苏武于朔垂，而知怀闾室者之足鄙也。推斯类也，无所不至矣。德比于上，欲比于下。德比于上故知耻，欲比于下故知足。耻而知之，则圣贤其可几；知足而已，则固陋其可安也"，《举贤》"贤者，圣人所与共治天下者也，故先王以举贤为急。举贤之本，莫大正身而壹其听。身不正，听不壹，则贤者不至，虽至不为之用矣。古之明君，简天下之良材，举天下之贤人，岂家至而户阅之乎，开至公之路，秉至平之心，执大象而致之，亦云诚而已矣。夫任诚，天地可感，而况于人乎"，以及《义信》"夫象天则地，履信思顺以壹天下，此王者之信也。据法持正，行以不贰，此诸侯之信也。言出乎口，结乎心，守以不移，以立其身，此君子之信也。讲信修义，而人道定矣"、《补遗上》"圣人之道如天地，诸子之异如四时。四时相反，天地合而通焉……君子审其宗而后学，明其道而后行"、《假言》"天地至神，不能同道而生万物；圣人至明，不能一检而治百姓。故以异致同者，天地之道也；因物制宜者，圣人之治也。既得其道，虽有诡常之变，相害之物，不伤乎治体矣。水

---

① 刘劭：《人物志》，李崇智校笺，巴蜀书社2001年版，分见第1，34—35，73，252、274页。

火之性相灭也，善用之者，陈釜鼎乎其间，爨之煮之，而能两尽其用，不相害也"①等。

西晋裴頠（267—300）论君子礼义修教，如《崇有论》"夫至无者，无以能生。故始生者，自生也。自生而必体有……济有者皆有也，虚无奚益于已有之群生哉""夫盈欲可损，而未可绝有也；过用可节，而未可谓无贵也"，"贤人君子，知欲不可绝，而交物有会。观乎往复，稽中定务。惟夫用天之道，分地之利，躬其力任，劳而后飨。居以仁顺，守以恭俭，率以忠信，行以敬让，志无盈求，事无过用，乃可济乎。故大建厥极，绥理群生，训物垂范，于是乎在，斯则圣人为政之由也。若乃淫抗陵肆，则危害萌矣。故欲衍则速患，情佚则怨博，擅恣则兴攻，专利则延寇，可谓以厚生而失生者也。悠悠之徒，骇乎若兹之衅，而寻艰争所缘。察夫偏质有弊，而睹简损之善，遂阐贵无之议，而建贱有之论。贱有则必外形，外形则必遗制，遗制则必忽防，忽防则必忘礼。礼制弗存，则无以为政矣"②等。

西晋既亡，东晋偏安，如郭瑀所云"九服分为狄场，二都尽为戎穴，天子僻陋江东，名教沦于左衽，创毒之甚，开辟未闻"③。儒者痛定思痛，反思清谈之祸、异端之害。

东晋葛洪（283—343）论君子礼义修教，如《抱朴子外篇·良规》"夫君，天也，父也。君而可废，则天亦可改，父亦可易也"、《君道》"君人者，必修诸己以先四海，去偏党以平王道，遣私情以标至公，氤宇宙以笼万殊。真伪既明于物外矣，而兼之以自见。听受既聪于接来矣，而加之以自闻。仪决水以进善，钧绝弦以黜恶，昭德塞违，庸亲昵贤，使规尽其圆，矩竭其方，绳肆其直，斤效其斫，器无量表之任，才无失授之用"、《臣节》"臣喻股肱，则手足也，履冰执热，不得辞焉。是以古人方之于地，掘之则出水泉，树之则秀百谷，生者立焉，死者入焉，功多而不望赏，劳瘁而不敢怨"，《循本》"玄寂虚静者，神明之本也；阴阳柔刚者，二仪之本也。巍峨岩岫者，山岳之本也；德

---

① 　傅玄：《傅子》，《全晋文》卷四十八，分见第492，485，481，486、506—507、498页。
② 　裴頠：《崇有论》，《晋书》卷三十五《裴秀传》，第1046—1047、1045、1044页。
③ 　《晋书》卷九十四《隐逸·郭瑀传》，第2455页。

行文学者，君子之本也。莫或无本而能立焉。是以欲致其高，必丰其基；欲茂其末，必深其根"、《重言》"儒者敬其辞令，故终无枢机之辱。浅近之徒，则不然焉，辩虚无之不急，争细事以费言，论广修坚白无用之说，诵诸子非圣过正之书。损教益惑，谓之深远；委弃正经，竞治邪学。或与暗见者较唇吻之胜负，为不识者吐清商之谈对"，以及《刺骄》"世人闻戴叔鸾、阮嗣宗傲俗自放，见谓大度，而不量其材力非傲生之匹而慕学之。或乱项科头，或裸袒蹲夷，或濯脚于稠众，或溲便于人前，或停客而独食，或行酒而止所亲。此盖左衽之所为，非诸夏之快事也。夫以戴、阮之才学，犹以躭踔自病，得失财不相补……今世人无戴、阮之自然，而效其倨慢，亦是丑女暗于自量之类也。帝者犹执子弟之礼于三老五更者，率人以敬也。'人而无礼'，其刺深矣。夫慢人必不敬其亲也，盖欲人之敬之，必见自敬焉。不修善事，则为恶人。无事于大，则为小人……闻之汉末诸无行，自相品藻次第，群骄慢傲，不入道检者，为都魁雄伯、四通八达。皆背叛礼教而从肆邪僻，讪毁真正，中伤非党，口习丑言，身行弊事，凡所云为，使人不忍论也。夫古人所谓通达者，谓通于道德，达于仁义耳，岂谓通乎褒黩而达于淫邪哉"[1]等。

东晋孙盛（约303—375）论儒教圣贤君子修教中道有别于道教修教之偏执，如《老子疑问反讯》"夫有仁圣，必有仁圣之德迹，此而不崇，则陶训焉融？仁义不尚，则孝慈道丧。老氏既云绝圣，而每章辄称圣人。既称圣人，则迹焉能得绝？若所欲绝者，绝尧、舜、周、孔之迹，则所称圣者，为是何圣之迹乎"，"老聃足知圣人礼乐非玄胜之具，不获已而制作耳，而故毁之何哉？是故屏拨礼学，以全其任自然之论，岂不知叔末不复得返自然之道，直欲伸己好之怀，然则不免情干所悦，非浪心救物者也，非唯不救，乃奖其弊矣"，以及"夫圣人之道，广大悉备，犹日月悬天，有何不照者哉。老氏之言，皆驳于六经矣，宁复有所愆之，俟佐助于聃、周乎？即庄周所谓'日月出矣，而爝火不息'者也。至于虚诳谲怪矫诡之言，尚拘滞于一方，而横称不经之奇词也"[2]等。

---

① 葛洪：《抱朴子》，《诸子集成》第八册，分见第119、114、118，183、198，152—153页。
② 《全晋文》卷六十四，分见第669，670，671页。

　　东晋戴逵（约336—395）亦论君子中道异于异端异教，如《放达为非道论》"达其旨，故不惑其迹。若元康之人，可谓好遁迹而不求其本，故有捐本徇末之弊，舍实逐声之行。是犹美西施而学其颦眉，慕有道而折其巾角，所以为慕者，非其所以为美，徒贵貌似而已矣。夫紫之乱朱，以其似朱也。故乡原似中和，所以乱德；放者似达，所以乱道。然竹林之为放，有疾而为颦者也，元康之为放，无德而折巾者也，可无察乎。且儒家尚誉者，本以兴贤也，既失其本，则有色取之行。怀情丧真，以容貌相欺，其弊必至于末伪。道家去名者，欲以笃实也，苟失其本，又有越检之行。情礼俱亏，则仰咏兼忘，其弊必至于本薄。夫伪薄者，非二本之失，而为弊者，必托二本以自通。夫道有常经，而弊无常情，是以六经有失，王政有弊，苟乖其本，固圣贤所无奈何也。嗟夫，行道之人自非性足体备，暗蹈而当者，亦曷能不栖情古烈，拟规前修？苟迷'拟之然后动，议之然后言'，固当先辨其趣舍之极，求其用心之本，识其枉尺直寻之旨，采其被褐怀玉之由。若斯途虽殊，而其归可观也；迹虽乱，而其契不乖也。不然，则流遁忘反，为风波之行，自驱以物，自逛以伪，外眩嚣华，内丧道实，以矜尚夺其真主，以尘垢翳其天正，贻笑千载，可不慎欤"，《释疑论》"贤愚善恶，修短穷达，各有分命，非积行之所致也……积善积恶之谈，盖施于劝教耳。何以言之？夫人生而静，天之性也。感物而动，性之欲也。性欲既开，流宕莫检，圣人之救其弊，因神道以设教，故理妙而化敷，顺推迁而抑引，故功元而事适。是以六合之内，论而不议，钻之而不知所由，日用而不见所极，设礼乐以开其大朦，名法以束其形迹，贤者倚之以成其志，不肖企及以免其过，使孝友之恩深，君臣之义笃，长幼之礼序，朋执之好著，背之则为失道之人，讥议以之起，向之则为名教之士，声誉以之彰，此则君子行己处心，岂可须臾而忘善哉！何必循教责实，以期报应乎？苟能体圣教之幽旨，审分命之所钟，庶可豁滞于心府，不祈验于冥中矣"，以及《答周居士难释疑论》"善恶生于天理，是非由乎人心，因天理以施教，顺人心以成务。故幽怀体仁者，挹元风而载悦；肆情出辙者，顾名教而内揪。功元物表，日用而忘其惠；理蕴冥寂，涛之不见其宗。非违虚教以眩于世也……夫天理冥昧，变状难明，且当推已兆于终古，考应报之成迹耳。至于善恶祸福，或有一见，斯自遇与事会，非冥司之真验也……人之生也，性分夙定，善者自善，非先有其生，而后行善，以致于善也。恶者自恶，非本分无恶，长而行恶，以得于恶也。故知穷达善恶，愚智寿夭，无非分命。分命元定于冥初，行迹岂能易其自然哉？天网不失，隐见微显，故是劝教之言耳，非元明所谓本定之极致也"[①]等。

南朝包括宋（420—479）、齐（480—502）、梁（503—557）、陈（558—589）四朝。南朝佛教大兴，故儒者关注其义理，或批判辟驳，或融会兼修。

南朝宋何承天（370—447）论君子人文礼教异于释教来生感报之利害劝惩。其反思辟驳释教感报修教者，如《答宗居士书（释〈均善难〉）》"形神相资，古人譬以薪火，薪弊火微，薪尽火灭，虽有其妙，岂能独得"，"即物常空，空物为一矣。今空有未殊，而贤愚异称，何哉？昔之所谓道者，于形为无形，于事为无事，恬漠冲粹，养志怡神，岂独爱欲未除，宿缘是畏，唯见其有，岂复是过？以此嗤齐侯，犹五十步笑百步耳"，"谓粗近为启导，比报应于影响，不亦善乎？但影响所因，必称形声，寻常之形，安得八万由旬之影乎？所滞若有欲于无欲，犹是常滞于所欲……而欲以有欲成无欲，希望就日损，虽云西行，去郢兹远，如之何""繁巧以兴事，未若除贪欲而息竞；遵戒以洗悔，未若翦荣冀以全朴。况乃诱所尚以祈利，忘天属以要誉，谓之无邀，吾不信也""有骇形而无损心，有旦宅而无愤死。贾生亦云，化为异物，又何足患？此达乎死生之变者也。而区区去就，在生虑死，心系无量，志生天堂，吾党之常虚，异于是焉"，以及《报应论》"西方说报应，其枝末虽明，而即本常昧。其言奢而寡要，其譬迂而无征。乖背五经，故见弃于先圣；诱掖近情，故得信于季俗……无故以科法入中国，乃所以为民陷阱也。彼仁人者，岂其然哉？故余谓佛经但是假设权教，劝人为善耳，无关实叙。是以圣人作制，推德翳物，我将我享，实膺天祐，田获三品，宾庖豫焉。若乃见生不忍死，闻声不食肉，固君子之所务也"等；其内在遵循儒教君子人文修教者，则如《答宗居士书（释《〈均善难〉》）》"明有礼乐，幽有鬼神，圣王所以为教，初不昧其有也。若果有来生报应，周孔宁当缄默而无片言邪"，《达性论》"若夫众生者，取之有时，用之有道，行火俟风暴，畋渔候豺獭，所以顺天时也。大夫不

---

① 《全晋文》卷一百三十七，分见第1485—1486，1487，1488—1489页。

麛卵，庶人不数罟，《行苇》作歌，宵鱼垂化，所以爱人用也。庖厨不迩，五犯是翼；殷后改祝，孔钓不纲，所以明仁道也。至于生必有死，形毙神散，犹春荣秋落，四时代换，奚有于更受形哉。《诗》云：恺悌君子，求福不回。言弘道之在己也"等；其结论即是《答宗居士书》"夫明天地之性者，不致惑于迂怪；识盛衰之径者，不役心于理表。傥令雅论不因善权，笃诲皆由情发，岂非通人之蔽哉"，《答宗居士书（释《均善难》）》"士所以立身扬名，著信行道者，实赖周孔之教，子路称'闻之而未之能行，唯恐有闻'。吾所行者多矣，何据舍此而务彼。又寻称情立文之制，知来生之为奢，究终身不已之哀，悟受形之难再，称圣人我师，周公岂欺我哉"，以及《重答颜光禄》亦云"何必陋积善之延祚，希无验于来世，生背当年之真欢，徒疲役而靡归。系风捕影，非中庸之美；慕夷眩妖，违通人之致。蹲膜揖让，终不并立，窃愿吾子舍兼而遵一也"①。

南朝梁范缜（450—515）则论君子修教形神一体，如《神灭论》"神即形也，形即神也，是以形存则神存，形谢则神灭也""形者神之质，神者形之用，是则形称其质，神言其用，形之与神，不得相异也""神之于质，犹利之于刃。形之于用，犹刃之于利。利之名非刃也，刃之名非利也，然而舍利无刃，舍刃无利，未闻刃没而利存，岂容形亡而神在"，以及"《经》云：为之宗庙，以鬼飨之。何谓也？答曰：圣人之教然也，所以弭孝子之心，而厉偷薄之意，神而明之，此之谓矣""有禽焉，有兽焉，飞走之别也；有人焉，有鬼焉，幽明之别也。人灭而为鬼，鬼灭而为人，则未之知也""妖怪茫茫，或存或亡，强死者众，不皆为鬼，彭生、伯有，何独能然，乍为人豕，未必齐、郑之公子也"等；《神灭论》辟释教利害流弊而立儒教人伦本位，明示"浮屠害政，桑门蠹俗，风惊雾起，驰荡不休，吾哀其弊，思拯其溺。夫竭财以赴僧，破产以趋佛，而不恤亲戚，不怜穷匮者何？良由厚我之情深，济物之意浅。是以圭撮涉于贫友，吝情动于颜色；千钟委于富僧，欢意畅于容发。岂不以僧有多稌之期，友无遗秉之报，务施阙于周急，归德必于有己。又惑以

_____

① 《全宋文》卷二十三，分见第219，219，220、220、219—220，226；219，232；221，221，224页。

茫昧之言，惧以阿鼻之苦，诱以虚诞之辞，欣以兜率之乐。故舍逢掖，袭横衣，废俎豆，列瓶钵，家家弃其亲爱，人人绝其嗣续。致使兵挫于行间，吏空于官府，粟罄于惰游，货殚于泥木。所以奸宄弗胜，颂声尚拥，惟此之故，其流莫已，其病无限"，其结论即"乘夫天理，各安其性。小人甘其垄亩，君子保其恬素……下有余以奉其上，上无为以待其下，可以全生，可以匡国，可以霸君，用此道也"①。

南朝齐梁之间刘勰（约465—521）论天道人文君子学行，如《文心雕龙·原道》"玄圣创典，素王述训，莫不原道心以敷章，研神理而设教，取象乎《河》《洛》，问数乎蓍龟，观天文以极变，察人文以成化，然后能经纬区宇，弥纶彝宪，发挥事业，彪炳辞义。故知道沿圣以垂文，圣因文而明道，旁通而无滞，日用而不匮。《易》曰：鼓天下之动者存乎辞。辞之所以能鼓天下者，乃道之文也"，《征圣》"夫作者曰圣，述者曰明。陶铸性情，功在上哲。夫子文章，可得而闻，则圣人之情，见乎文辞矣。先王圣化，布在方册，夫子风采，溢于格言。是以远称唐世，则焕乎为盛；近褒周代，则郁哉可从。此政化贵文之征也。郑伯入陈，以文辞为功；宋置折俎，以多文举礼。此事迹贵文之征也。褒美子产，则云'言以足志，文以足言'；泛论君子，则云'情欲信，辞欲巧'。此修身贵文之征也……子政论文必征于圣，稚圭劝学必宗于经。《易》称'辨物正言，断辞则备'，《书》云'辞尚体要，弗惟好异'。故知正言所以立辩，体要所以成辞。辞成无好异之尤，辩立有断辞之义。虽精义曲隐，无伤其正言；微辞婉晦，不害其体要。体要与微辞偕通，正言共精义并用。圣人之文章，亦可见也"，以及《宗经》"三极彝训，其书言经。经也者，恒久之至道，不刊之鸿教也。故象天地，效鬼神，参物序，制人纪，洞性灵之奥区，极文章之骨髓者也。皇世《三坟》，帝代《五典》，重以《八索》，申以《九丘》。岁历绵暧，条流纷糅，自夫子删述，而大宝咸耀。于是《易》张《十翼》，《书》标七观，《诗》列四始，《礼》正五经，《春秋》五例。义既极乎性情，辞亦匠于文理，故能开学养正，昭明有融。然而道心惟微，圣谟卓绝，墙宇重峻，而吐纳自深。譬万钧之洪钟，无铮铮之细响矣"等，其结论即

---

① 《梁书》卷四十八《儒林·范缜传》，第665—670页。

《程器》"君子藏器，待时而动。发挥事业，固宜蓄素以弸中，散采以彪外，梗枏其质，豫章其干；摛文必在纬军国，负重必在任栋梁，穷则独善以垂文，达则奉时以骋绩。若此文人，应《梓材》之士矣"①。

北朝包括北魏（386—534）、东魏（534—550）、西魏（535—557）、北齐（550—577）、北周（557—581），均为少数民族政权，夏以化夷，尚质敦素，如《世说新语·文学》所云，"褚季野语孙安国云：北人学问，渊综广博。孙答曰：南人学问，清通简要"②。与南朝儒者偏重义理不同，北朝儒者尤为关注君子笃实修教。

北魏苏绰（497—546）论君子修教，如《六条诏书》"其一，先治心……治民之本，先在治心。其次又在治身……为人君者，必心如清水，形如白玉，躬行仁义，躬行孝悌，躬行忠信，躬行礼让，躬行廉平，躬行俭约，然后继之以无倦，加之以明察。行此八者，以训其民，是以其人畏而爱之，则而象之，不待家教日见而自兴行矣。其二，敦教化……治乱兴亡，无不皆由所化也……慈爱则不遗其亲，和睦则无怨于人，敬让则不竞于物。三者既备，则王道成矣……其三，尽地利……其四，擢贤良……天生蒸民，不能自治，故必立君以治之。人君不能独治，故必置臣以佐之。上至帝王，下及郡国，置臣得贤则治，失贤则乱，此乃自然之理，百王不能易也……将求材艺，必先择志行……引一世之人，治一世之务……其五，恤狱讼……夫戒慎者，欲使治狱之官，精心悉意，推究事源。先之以五听，参之以证验，妙睹情状，穷鉴隐伏，使奸无所容，罪人必得。然后随事加刑，轻重皆当，赦过矜愚，得情勿喜。又能消息情理，斟酌礼律，无不曲尽人心，远明大教，使获罪者如归……其六，均赋役……圣人之大宝曰位，何以守位曰仁，何以聚人曰财……租税之时，虽有大式，至于斟酌贫富，差次先后，皆事起于正长，而系之于守令。若斟酌得所，则政和而民悦；若检理无方，则吏奸而民怨"③等。

北齐刘昼（514—565）儒道兼修而论君子修教。即修而言，如《刘子·清

① 刘勰：《文心雕龙》，国家图书馆出版社2017年版，分见一册第24—25，27—29，32—33页，二册第198—199页。
② 《世说新语》，《诸子集成》第八册，第53—54页。
③ 《周书》卷二十三《苏绰传》，第382—390页。

神》"神静而心和，心和而形全；神躁则心荡，心荡则形伤。将全其形，先在理神。故恬和养神，则自安于内；清虚栖心，则不诱于外……神照则垢灭，形静则神清。垢灭则内欲永尽，神清则外累不入"，《防欲》"嗜欲之萌，耳目可关而心意可钥。至于炽也，虽襞情卷欲而不能收，其性败也。如不能塞情于未形，禁欲于脆微，虽求悔吝，其可得乎"、《去情》"情者，是非之主，而利害之根。有是必有非，能利亦能害。是非利害存于衷，而彼此还相碍。故无情以接物，在遇而恒通；有情以接人，触应而成碍"，《崇学》"人性謏惠，非积学而不成。沿浅以及深，披暗而睹明"、《言苑》"忠孝者，百行之宝钦。忠孝不修，虽有他善，其犹玉屑盈匣，不可琢为珪璋"、《思顺》"君子如能忠孝仁义，履信思顺，自天祐之，吉无不利也"、《慎独》"身恒居善，则内无忧虑，外无畏惧，独立不惭于影，独寝不愧于衾，上可以接神明，下可以固人伦"，《贵言》"臣子之于君父，则有献可替否讽谏之文。如交之于朋友，亦有切磋琢磨相成之义。君子若能听言如响，从善如流，则身安南山，德茂松柏"、《诫盈》"君子高而能卑，富而能俭，贵而能贱，智而能愚，勇而能怯，辩而能讷，博而能浅，明而能暗，是谓损而不穷也"，以及《和性》"西门豹性急，佩韦皮以自缓；董安於性缓，带丝弦以自急。彼各能以一物所长，攻其所短也……故阴阳调，天地和也；刚柔均，人之和也"、《观量》"智者知小道之妨大务，小察之伤大明，捐弃细识，舒散情性"等；即教而言，则如《爱民》"天生蒸民而树之君。君者，民之天也……君者，壤地也；人者，卉木也。未闻壤地肥而卉木不茂，君仁而万民不盛矣"、《均任》"君子量才而授任，量任而授爵，则君无虚授，臣无虚任"，《正赏》"圣人知是非难明，轻重难定，制为法则，揆量物情……摹法以测物，则真伪易辨矣；信心而度理，则是非难明矣"、《随时》"时有淳浇，俗有华戎，不可以一道治，不得以一体齐也。故无为以化，三皇之时；法术以御，七雄之世。德义以柔中国之心，政刑以威四夷之性。故《易》贵随时，《礼》尚从俗，适时而行也"、《风俗》"风有厚薄，俗有淳浇，明王之化，当移风使之雅，易俗使之正。是以上之化下，亦为之风焉；民习而行，亦为之俗焉"，以及《九流》"道者，玄化为本；儒者，德化为宗。九流之中，二化为最。夫道以无为化世，儒以六艺济俗。无为以清虚为心，六艺以礼教为训。若以礼教行于大同，则邪伪萌生；使无为化于成、康，则氛乱竞起。何者？浇淳时异则风化应殊，古今乖舛则政教宜隔。以此观之，儒教虽非得真之说，然兹教可以导物；道家虽为达情之论，而违礼复不可以救弊。今治世之贤，宜以礼教为先；嘉遁之士，应以无为是务。则操业俱遂，而身名两全也”①等。

北齐颜之推（531—591）儒释兼修而论君子修教，如《颜氏家训·教子》"上智不教而成，下愚虽教无益；中庸之人，不教不知也。古者圣王，有胎教之法，怀子三月，出居别宫，目不邪视，耳不妄听，音声滋味，以礼节之，书之玉版，藏诸金匮，子生孩提，师保固明，仁孝礼义，导习之矣。凡庶纵不能尔，当及婴稚，识人颜色，知人喜怒，便加教诲，使为则为，使止则止，比及数岁，可省笞罚。父母威严而有慈，则子女畏慎而生孝矣""世间无教而有爱……饮食运为，恣其所欲，宜诫翻奖，应呵反笑，至有识知，谓法当尔，骄慢已习，方复制之，捶挞至死而无威，忿怒日隆而增怨，逮于成长，终为败德。孔子云'少成若天性，习惯如自然'是也。俗谚曰'教妇初来，教儿婴孩'，诚哉斯语"、《治家》"夫风化者，自上而行于下者也，自先而施于后者也。是以父不慈则子不孝，兄不友则弟不恭，夫不义则妇不顺矣"，以及《慕贤》"君子必慎交游焉。孔子曰：无友不如己者。颜、闵之徒，何可世得，但优于我，便足贵之"、《勉学》"虽百世小人，知读《论语》《孝经》者，尚为人师……若能常保数百卷书，千载终不为小人也""夫所以读书学问，本欲开心明目，利于行耳。未知养亲者，欲其观古人之先意承颜，怡声下气，不惮劬劳，以致甘腴，惕然惭惧，起而行之也。未知事君者，欲其观古人之守职无侵，见危授命，不忘箴谏，以利社稷，恻然自念，思欲效之也。素骄奢者，欲其观古人之恭俭节用，卑以自牧，礼为教本，敬者身基，瞿然自失，敛容抑志也。素鄙吝者，欲其观古人之贵义轻财，少私寡欲，忌盈恶满，赒穷恤匮，赧然悔耻，积而能散也。素暴悍者，欲其观古人之小心黜己，齿弊舌存，含垢藏疾，尊贤容众，苶然沮丧，若不胜衣也。素怯懦者，欲其观古人之达生委命，强毅正直，立言必信，求福不回，勃然奋厉，不可恐慑也。历兹以往，百行皆

---

① 傅亚庶：《刘子校释》，中华书局1998年版，分见第1，11、20，37，509、100、106、316、347，370—371、425；122—123、301，486、433、443，521—522页。

然，纵不能淳，去泰去甚"等；但其结论却本体不立而偏昵佛教，如《归心》"内外两教，本为一体，渐极为异，深浅不同。内典初门，设五种禁，外典仁义礼智信，皆与之符。仁者，不杀之禁也；义者，不盗之禁也；礼者，不邪之禁也；智者，不淫之禁也；信者，不妄之禁也。至如畋狩军旅，燕享刑罚，固民之性，不可卒除，就为之节，使不淫滥尔。归周孔而背释宗，何其迷也……形体虽死，精神犹存……凡夫蒙蔽，不见未来，故言彼生与今非一体尔"①等。

隋代王通立足儒教、统观三教而论君子学行修教中道，为反本开新、承前启后之过渡性大儒。《中说》阮逸《序》云"周公，圣人之治者也，后王不能举，则仲尼述之，而周公之道明。仲尼，圣人之备者也，后儒不能达，则孟轲尊之，而仲尼之道明。文中子，圣人之修者也，孟轲之徒欤？非诸子流矣"，对其可谓推崇有加。就君子修教而言，如《中说·天地》"君子之道……必先恕乎……为人子者，以其父之心为心；为人弟者，以其兄之心为心。推而达于天下，斯可矣"，《礼乐》"或问君子。子曰：知微知章，知柔知刚""同不害正，异不伤物……内不失真，而外不殊俗，夫如此故全也""君子不受虚誉，不祈妄福，不避死义"，《问易》"'人心惟危，道心惟微'，言道之难进也。故君子思过而预防之，所以有诫也。切而不指，勤而不怨，曲而不诎，直而有礼，其惟诫乎""改过不怯。无咎者，善补过也。古之明王，讵能无过？从谏而已矣。故忠臣之事君也，尽忠补过。君失于上，则臣补于下；臣谏于下，则君从于上。此王道所以不跌也"，《魏相》"君子之于道也，死而后已。天不为人怨咨而辍其寒暑，君子不为人之丑恶而辍其正直"，《礼乐》"礼其皇极之门乎，圣人所以向明而节天下也。其得中道乎，故能辩上下，定民志""冠礼废，天下无成人矣；昏礼废，天下无家道矣；丧礼废，天下遗其亲矣；祭礼废，天下忘其祖矣。呜呼，吾末如之何也已矣"，以及《问易》"王泽竭，而诸侯仗义矣。帝制衰，而天下言利矣"、《述史》"乱离斯瘼，吾谁适归，天地有奉，生民有庇，即吾君也。且居先王之国，受先王之道，予先王之民矣，谓之何哉"等；就君子小人对举而言，如《天地》"君子之学进于道，小人之学进于利""仁以为己任。小人任智而背仁为贼，君子任智而背

---

① 颜之推：《颜氏家训》，《诸子集成》第八册，分见第1、1—2、4、12、13、14；29—31页。

仁为乱"，《礼乐》"君子可招而不可诱，可弃而不可慢。轻誉苟毁，好憎尚
怒，小人哉""薛收善接小人，远而不疏，近而不狎，颓如也"，《立命》"君
子服人之心，不服人之言；服人之言，不服人之身。服人之身，力加之也。君
子以义，小人以力"，《魏相》"君子先择而后交，小人先交而后择。故君子寡
尤，小人多怨……君子不责人所不及，不强人所不能，不苦人所不好"，以及
《周公》"贱物贵我，君子不为也。好奇尚怪，荡而不止，必有不肖之心应之"
等；至于立足儒教君子修教而评判释老者，则如《周公》"或问佛，子曰：圣
人也……西方之教也，中国则泥。轩车不可以适越，冠冕不可以之胡，古之道
也"，以及《问易》"程元曰：三教何如？子曰：政恶多门久矣。曰：废之何
如？子曰：非尔所及也。真君、建德之事，适足推波助澜，纵风止燎尔。子读
《洪范说议》曰：三教于是乎可一矣……使民不倦"①等。

　　在汉唐魏晋以来诸儒尤其隋刘焯、刘炫经学注解义疏基础上，唐太宗时
颜师古撰《五经定本》，陆德明撰《经典释文》，孔颖达（574—648）等修
《五经正义》（高宗时贾公彦撰《周礼注疏》《仪礼注疏》、杨士勋撰《穀梁传
注疏》、徐彦撰《公羊传疏》而续成《九经正义》，玄宗御注《孝经》，文宗
开成石经再加《论语》《尔雅》而刻十二经），乃唐代儒者对儒经义理的折中
整合与系统总结。《十三经注疏》君子修教思想奠定了儒学君子观义理基础，
故而意义重大。由于本章第一节已简述之，此不再论。此外，《贞观政要》《史
通》《通典》《大唐开元礼》《唐律疏议》《大唐六典》等典籍的出现，则标志着
君子礼法制度化开拓努力。

　　《贞观政要》论君子君臣修教一体，如《慎所好》"朕今所好者，惟在尧、
舜之道，周、孔之教，以为如鸟有翼，如鱼依水，失之必死，不可暂无耳"，
《君道》"若安天下，必须先正其身，未有身正而影曲，上治而下乱者……古
者圣哲之主，皆亦近取诸身，故能远体诸物。昔楚聘詹何，问其治国之要，詹
何对以修身之术""君人者，诚能见可欲则思知足以自戒，将有作则思知止以
安人，念高危则思谦冲而自牧，惧满溢则思江海下百川，乐盘游则思三驱以为

---

①　张沛撰：《中说校注》，中华书局2013年版，分见第1。48—49，165、155、170、132、
133，225，164、161，146、181；49、47，167、167，244、222，124；114，134—135页。

度，忧懈怠则思慎始而敬终，虑壅蔽则思虚心以纳下，想谗邪则思正身以黜恶，恩所加则思无因喜以谬赏，罚所及则思无因怒而滥刑。总此十思，弘兹九德，简能而任之，择善而从之，则智者尽其谋，勇者竭其力，仁者播其惠，信者效其忠"，《君臣鉴戒》"君为元首，臣作股肱，齐契同心，合而成体，体或不备，未有成人。然则首虽尊高，必资手足以成体；君虽明哲，必藉股肱以致治"、《择官》"致安之本，惟在得人……前代明王使人如器，皆取士于当时，不借才于异代。岂得待梦傅说，逢吕尚，然后为政乎？且何代无贤，但患遗而不知耳"等；《贞观政要》又论君子小人对待之道，如《公平》"为人君者，在乎善善而恶恶，近君子而远小人。善善明，则君子进矣；恶恶著，则小人退矣。近君子，则朝无秕政；远小人，则听不私邪。小人非无小善，君子非无小过……善善而不能进，恶恶而不能去，此郭氏所以为墟，史鱼所以遗恨也"，"君子扬人之善，小人讦人之恶。闻恶必信，则小人之道长矣；闻善或疑，则君子之道消矣。为国家者，急于进君子而退小人，乃使君子道消、小人道长，则君臣失序，上下否隔，乱亡不恤，将何以治乎？且世俗常人，心无远虑，情在告讦，好言朋党。夫以善相成谓之同德，以恶相济谓之朋党。今则清浊共流，善恶无别，以告讦为诚直，以同德为朋党。以之为朋党，则谓事无可信；以之为诚直，则谓言皆可取。此君恩所以不结于下，臣忠所以不达于上。大臣不能辩正，小臣莫之敢论，远近承风，混然成俗，非国家之福，非为治之道。适足以长奸邪，乱视听，使人君不知所信，臣下不得相安。若不远虑，深绝其源，则后患未之息也"，以及《诚信》"若欲令君子小人是非不杂，必怀之以德，待之以信，厉之以义，节之以礼，然后善善而恶恶，审罚而明赏。则小人绝其私佞，君子自强不息，无为之治，何远之有？善善而不能进，恶恶而不能去，罚不及于有罪，赏不加于有功，则危亡之期，或未可保，永锡祚胤，将何望哉"[①]等。

刘知几（661—721）论史官君子须循儒教纲常，如《史通外篇·杂说下》"子曰：汝为君子儒，无为小人儒。儒诚有之，史亦宜然"、《史通内篇·人物》

---

① 《贞观政要》，岳麓书社2000年第2版，分见第205，2、8、92、101—102；180，180—181，190—191页。

"夫人之生也，有贤不肖焉。若乃其恶可以诫世，其善可以示后，而死之日名无得而闻焉，是谁之过欤？盖史官之责也"，《直书》"夫人禀五常，士兼百行，邪正有别，曲直不同。若邪曲者，人之所贱，而小人之道也；正直者，人之所贵，而君子之德也……史之为务，申以劝诫，树之风声。其有贼臣逆子，淫君乱主，苟直书其事，不掩其瑕，则秽迹彰于一朝，恶名被于千载。言之若是，吁可畏乎"，《曲笔》"肇有人伦，是称家国。父父子子，君君臣臣，亲疏既辨，等差有别。盖'子为父隐，直在其中'，《论语》之顺也；略外别内，掩恶扬善，《春秋》之义也。自兹已降，率由旧章。史氏有事涉君亲，必言多隐讳，虽直道不足，而名教存焉……史之为用也，记功司过，彰善瘅恶，得失一朝，荣辱千载。苟违斯法，岂曰能官"，以及《书事》"昔荀悦有云：立典有五志焉，一曰达道义，二曰彰法式，三曰通古今，四曰著功勋，五曰表贤能。干宝之释五志也，体国经野之言则书之，用兵征伐之权则书之，忠臣、烈士、孝子、贞妇之节则书之，文诰专对之辞则书之，才力技艺殊异则书之……今更广以三科，用增前目，一曰叙沿革，二曰明罪恶，三曰旌怪异。何者？礼仪用舍，节文升降则书之；君臣邪僻，国家丧乱则书之；幽明感应，祸福萌兆则书之。于是以此三科，参诸五志，则史氏所载，庶几无阙。求诸笔削，何莫由斯"[1]等。

陆贽（754—805）论君子絜矩修教一体，如《奉天论奏当今所切务状》"总天下之智以助聪明，顺天下之心以施教令，则君臣同志，何有不从，远迩归心，孰与为乱"、《奉天论前所答奏未施行状》"舟即君道，水即人情。舟顺水之道乃浮，违则没；君得人之情乃固，失则危。是以古先圣王之居人上也，必以其心从天下之心，而不敢以天下之人从其欲"，《奉天请数对群臣兼许令论事状》"天子之道，与天同方，天不以地有恶木而废发生，天子不以时有小人而废听纳"，"唯信与诚，有补无失。一不诚则心莫之保，一不信则言莫之行……驭之以智则人诈，示之以疑则人偷。接不以礼，则徇义之意轻，抚不以恩，则效忠之情薄。上行之则下从之，上施之则下报之。若响应声，若影从

---

① 浦起龙：《史通通释》，上海古籍出版社2009年版，分见第493、220—221，179，182—185，212—213页。

表。表枉则影曲，声淫则响邪。怀鄙诈而求颜色之不形，颜色形而求观者之不辨，观者辨而求众庶之不惑，众庶惑而求叛乱之不生，自古及今，未之得也。故'唯天下至诚，为能尽其性；能尽其性，则能尽人之性'。若诚不尽于己而望尽于人，众必怠而不从矣。不诚于前而曰诚于后，众必疑而不信矣……是知诚信之道，不可斯须而去身"，以及"夫《礼》《易》《春秋》，百代不刊之典也，皆不以无过为美，而谓大善盛德，在于改过日新。成汤圣君也，仲虺圣辅也，以圣辅而赞扬圣君，不称其无过，而称其改过；周宣中兴之贤主也，吉甫文武之贤臣也，以贤臣而歌诵贤主，不美其无阙，而美其补阙。是则圣贤之意，较然著明，唯以改过为能，不以无过为贵。盖为人之行己，必有过差，上智下愚，俱所不免。智者改过而迁善，愚者耻过而遂非。迁善则其德日新，是为君子；遂非则其恶弥积，斯谓小人。故闻义能徙者，常情之所难；从谏勿咈者，圣人之所尚。至于赞扬君德，歌述主功，或以改过不吝为言，或以有阙能补为美。中古已降，淳风浸微，臣既尚谀，君亦自圣，掩盛德而行小道，于是有入则造膝，出则诡辞之态兴矣。奸由此滋，善由此沮，帝王之意由此惑，谏臣之罪由此生"①等。

中唐代宗一朝儒者反思科举弊端而思复君子修教正道，如贾至（718—772）《议杨绾条奏贡举疏》"夏之政尚忠，殷之政尚敬，周之政尚文，然则文与忠、敬，皆统人之行也。且谥号述行，美极于文，文兴则忠、敬存焉。是故前代以文取士，本文行也。由词以观行，则及词也。宣父称颜子不迁怒，不贰过，谓之好学……《春秋》，则游夏之徒不能措一词，不亦明乎？间者礼部取人，有乖斯义。《易》曰：观乎人文，以化成天下。《关雎》之义曰：先王以是经夫妇，成孝敬，厚人伦，美教化，移风俗。盖王政之所由废兴也，故延陵听诗，知诸侯之存亡。今试学者以帖字为精通，而不穷旨义，岂能知迁怒、贰过之道乎？考文者以声病为是非，而惟择浮艳，岂能知移风易俗化天下之事乎？是以上失其源，而下袭其流，乘流波荡，不知所止，先王之道，莫能行也。夫先王之道消，则小人之道长；小人之道长，则乱臣贼子由是生焉。臣杀其君，

---

① 王素点校：《陆贽集》，中华书局2006年版，分见第370、373，389，390—391，392—393页。

子杀其父，非一朝一夕之故，其所由来者渐矣。渐者何？谓忠信之陵颓，耻尚之失所，末学之驰骋，儒道之不举，四者皆由取士之失也。夫一国之士，系一人之本，谓之风。赞扬其风，系卿大夫也。卿大夫何尝不出于士乎？今取士试之小道，而不以远者大者，使干禄之徒，趋于末术，是诱道之差也……四人之业，士最关于风化。近代趋仕，靡然同风，致使禄山一呼而四海震荡，思明再乱而十年不复。向使礼让之道宏，仁义之风著，则忠臣孝子，比屋可封，逆节不得而萌也，人心不得而摇也"；卷三五五赵匡《举选议》"进士者，时共贵之。主司褒贬，实在诗赋，务求巧丽，以此为贤。不惟无益于用，实亦妨其正习；不惟挠其淳和，实又长其佻薄。自非识度超然，时或孤秀，其余溺于所习，悉昧本源。欲以启导性灵，奖成后进，斯亦难矣。故士林鲜体国之论，其弊一也。又人之心智，盖有涯分。而九流七略，书籍无穷，主司问目，不立程限。故修习之时，但务钞略，比及就试，偶中是期。业无所成，固由于此。故当代寡人师之学，其弊二也"，《举人条例》"立身入仕，莫先于礼。《尚书》明王道，《论语》诠百行，《孝经》德之本，学者所宜先习。其明经通此，谓之两经举，《论语》《孝经》为之翼助。诸试帖一切请停，惟令策试义及口问……变实为虚，无益于政。今请令其精习，试策问经义及时务各五节，并以通四以上为第。但令直书事义，解释分明，不用空写疏文，及务华饰"[①]，以及李绛（764—830）论君子小人朋党情状等，均为中唐儒者君子祛虚就实之时中担当。

中唐以降，受释、道二教义理之学激发，儒者君子复古王道经学兴起，反思章句注疏经学流弊而祛虚就实、复古革新，上承王通、张说等宗经明道说，下启韩愈等"文起八代之衰，道济天下之溺"的唐中后期古文运动。如啖助（724—770）及其弟子赵匡、陆淳（约745—805）等，陆淳撰《春秋集传纂例》卷一《春秋宗指议第一》"啖子曰……《春秋》者，救时之弊，革礼之薄……夫文者，忠之末也。设教于本，其弊犹末。设教于末，弊将若何……唐虞淳化难行于季末，夏之忠道当变而致焉，是故《春秋》以权辅正，以诚断礼，正以忠道，原情为本，不拘浮名，不尚狷介，从宜救乱，因时黜陟，或贵非礼勿动，或贵贞而不谅，进退抑扬，去华居实……夫子之志，冀行道以拯生

---

① 分见《全唐文》卷三六八；卷三五五。

灵也……虽有其德，而无其位，不作礼乐，乃修《春秋》，为后王法。始于隐
公者，以为幽厉虽衰，雅未为风，平王之初，人习余化，苟有过恶，当以王
法正之。及代变风移，陵迟久矣，若格以太平之政，则比屋可诛，无复善恶。
故断自平王之末，而以隐公为始，所以拯薄俗，勉善行，救周之弊，革礼之
失也"，《啖氏集传注义第三》"啖子曰：惜乎，微言久绝，通儒不作，遗文所
存，三传而已。传已互失经指，注又不尽传意。《春秋》之义，几乎泯灭。唯
圣作则，譬如泉源，苟涉其流，无不善利。在人贤者，得其深者，其次得其
浅者。若文义隐密，是虚设大训，谁能通之。故《春秋》之文，简易如天地
焉，其理著明如日月焉。但先儒各守一传，不肯相通……令后人不识宗本，因
注迷经，因疏迷注，党于所习……故知三传分流，其源则同。择善而从，且
过半矣。归乎允当，亦何常师"，《赵氏损益义第五》"赵子曰……啖氏依公
羊家旧说云：《春秋》变周之文，从夏之质。予谓《春秋》因史制经，以明王
道。其指大要，二端而已，兴常典也，著权制也。故凡郊庙、丧纪、朝聘、蒐
狩、昏取皆违礼则讥之，是兴常典也。非常之事，典礼所不及，则裁之圣心，
以定褒贬，所以穷精理也。精理者，非权无以及之，故曰：可与适道，未可与
立；可与立，未可与权。是以游夏之徒，不能赞一辞。然则圣人当机发断，以
定厥中，辨惑质疑，为后王法，何必从夏乎……问者曰：然则《春秋》救世之
宗指安在？答曰：在尊王室，正陵僭，举三纲，提五常，彰善瘅恶，不失纤
芥，如斯而已"，以及陆淳《春秋集传微旨》卷上"'唯天为大，唯尧则之'，
'《韶》，尽美矣，又尽善也'……'禹，吾无间然矣'，推此而言，宣尼之心，
尧舜之心也。宣尼之道，三王之道也。故《春秋》之文，通于礼经者，斯皆宪
章周典可得而知矣。其有事或反经而志协乎道，迹虽近义而意实蕴奸，或本正
而末邪，或始非而终是，贤智莫能辩，彝训莫能及，则表之圣心，酌乎皇极，
是生人以来未有臻斯理也，岂但拨乱反正使乱臣贼子知惧而已乎"①等。

中唐李鼎祚注重象数易学之天道人事内在贯通精神，重阐法天立人君子
修教之道，如《周易集解》原序"（《易》道）权舆三教，钤键九流，实开国

① ［唐］陆淳：《春秋集传纂例》《春秋集传微旨》，影印《四库》146 册，分见页第 379
上—380 下，381 下—382 上，382 下—383 下，538 下。

承家修身之正术也。自卜商入室，亲授微言，传注百家，绵历千古，虽竞有穿凿，犹未测渊深。唯王郑相沿，颇行于代，郑则多参天象，王乃全释人事。且《易》之为道，岂偏滞于天人者哉，致使后学之徒，纷然淆乱，各修局见，莫辨源流。天象远而难寻，人事近而易习，则折杨黄华，嗑然而笑，方以类聚，其在兹乎……采群贤之遗言，议三圣之幽赜，集虞翻、荀爽三十余家，刊辅嗣之野文，补康成之逸象，各列名义，共契玄宗……冀将来君子无所疑焉"①，这其实也是中唐儒者受道、释二教义理激发而复归天道人道内在贯通儒学传统的开拓努力。

柳宗元（773—819）论人文君子明仁义大中之道，而不为章句之学、神异之术。如《柳宗元集·时令论上》"圣人之道，不穷异以为神，不引天以为高，利于人，备于事，如斯而已矣"、《天爵论》"道德之于人，犹阴阳之于天也；仁义忠信，犹春秋冬夏也。举明离之用，运恒久之道，所以成四时而行阴阳也。宣无隐之明，著不息之志，所以备四美而富道德也。故人有好学不倦，而迷其道挠其志者，明之不至耳；有照物无遗，而荡其性脱其守者，志之不至耳。明以鉴之，志以取之，役用其道德之本，舒布其五常之质，充之而弥六合，播之而奋百代，圣贤之事也"，《时令论下》"圣人之为教，立中道以示于后。曰仁、曰义、曰礼、曰智、曰信，谓之五常，言可以常行者也。防昏乱之术，为之勤勤然书于方册，兴亡治乱之致，永守是而不去也。未闻其威之以怪，而使之时而为善，所以滋其怠傲而忘理也。语怪而威之，所以炽其昏邪淫惑，而为祷禳、厌胜、鬼怪之事，以大乱于人也……是故圣人为大经以存其直道，将以遗后世之君臣，必言其中正而去其奇邪……立大中，去大惑，舍是而曰圣人之道，吾未信也"、《断刑论下》"经也者，常也；权也者，达经者也。皆仁智之事也。离之，滋惑矣。经非权则泥，权非经则悖。是二者，强名也；曰当，斯尽之矣。当也者，大中之道也"、《与杨诲之第二书》"刚柔无恒位，皆宜存乎中。有召焉者在外，则出应之，应之咸宜，谓之时中，然后得名为君子"，以及《与吕道州温论非国语书》"近世之言理道者众矣，率由大中而出者咸无焉。其言本儒术，则迂回茫洋而不知其适；其或切于事，则苟峭刻

---

① ［清］李道平：《周易集解纂疏》，潘雨廷点校，中华书局1994年版，第5—9页。

覈，不能从容，卒泥乎大道。甚者好怪而妄言，推天引神，以为灵奇，恍惚若化，而终不可逐。故道不明于天下，而学者之至少也。吾自得友君子，而后知中庸之门户阶室。渐染砥砺，几乎道真"①等。刘禹锡（772—842）亦论人文君子礼法之道，如《天论上》"天之所能者，生万物也；人之所能者，治万物也……天恒执其所能以临乎下，非有预乎治乱云尔；人恒执其所能以仰乎天，非有预乎寒暑云尔。生乎治者人道明，咸知其所自，故德与怨不归乎天；生乎乱者人道昧，不可知，故由人者举归乎天，非天预乎人尔"②等。总之，就柳宗元天人不相预、刘禹锡天人交相胜君子修教思想来源而言，当系荀子天人相分人文礼教思想的延续发展，与董仲舒、韩愈等天人感应义理之天不同，荀、柳、刘主要是把天定义为自然之天，与人仅为类比关系而非源流关系，故而着眼于人文君子主体自觉之高扬。而亦正因为其说天道不明而天人外在，故柳、刘论内圣心性不明而持性善中道与佛性中观和同这一以释补儒游离立场。

二、唐宋元明：儒学君子观内化成熟期

在唐中后期"文以载道"儒学复兴古文运动中，韩愈（768—824）表彰《大学》《孟子》君子之道，如《读荀》即明示"孟氏醇乎醇者也，荀与扬，大醇而小疵"③，首倡儒教君子道统说而下启宋代理学。

韩愈破立结合而论辟佛反本君子修教，如《原道》"博爱之谓仁，行而宜之之谓义，由是而之焉之谓道，足乎己无待于外之谓德。仁与义为定名，道与德为虚位。故道有君子小人，而德有凶有吉。老子之小仁义，非毁之也，其见者小也……其所谓道，道其所道，非吾所谓道也；其所谓德，德其所德，非吾所谓德也。凡吾所谓道德云者，合仁与义言之也，天下之公言也；老子之所谓道德云者，去仁与义言之也，一人之私言也"，"周道衰，孔子没，火于秦，黄老于汉，佛于晋、魏、梁、隋之间，其言道德仁义者，不入于杨，则入于墨；不入于老，则入于佛。入于彼，必出于此。入者主之，出者奴之；入者

---

① 《柳宗元集》，中华书局1979年版，分见第85、80，88—89、91、850，822页。
② 《刘禹锡集》，中华书局1990年版，第68页。
③ 《韩昌黎文集校注》第一卷，上海古籍出版社2014年版，第41页。

附之，出者污之。噫，后之人其欲闻仁义道德之说，孰从而听之？老者曰：孔子，吾师之弟子也。佛者曰：孔子，吾师之弟子也。为孔子者，习闻其说，乐其诞而自小也，亦曰'吾师亦尝师之'云尔。不惟举之于其口，而又笔之于其书。噫，后之人虽欲闻仁义道德之说，其孰从而求之"，以及"甚矣，人之好怪也，不求其端，不讯其末，惟怪之欲闻。古之为民者四，今之为民者六；古之教者处其一，今之教者处其三。农之家一，而食粟之家六；工之家一，而用器之家六；贾之家一，而资焉之家六。奈之何民不穷且盗也""传曰：古之欲明明德于天下者，先治其国……欲正其心者，先诚其意。然则古之所谓正心而诚意者，将以有为也。今也欲治其心而外天下国家，灭其天常，子焉而不父其父，臣焉而不君其君，民焉而不事其事。孔子之作《春秋》也，诸侯用夷礼则夷之，进于中国则中国之……今也举夷狄之法，而加之先王之教之上，几何其不胥而为夷也"①等。

韩愈进而立足儒教道统而立志担当君子之道，如《原道》"斯吾所谓道也，非向所谓老与佛之道也。尧以是传之舜，舜以是传之禹，禹以是传之汤，汤以是传之文、武、周公，文、武、周公传之孔子，孔子传之孟轲。轲之死，不得其传焉。荀与扬也，择焉而不精，语焉而不详。由周公而上，上而为君，故其事行；由周公而下，下而为臣，故其说长。然则如之何而可也？曰：不塞不流，不止不行。人其人，火其书，庐其居，明先王之道以道之，鳏寡孤独废疾者有养也。其亦庶乎其可也"，卷三《与孟尚书书》"凡君子行己立身，自有法度，圣贤事业，具在方策，可效可师。仰不愧天，俯不愧人，内不愧心，积善积恶，殃庆自各以其类至。何有去圣人之道，舍先王之法，而从夷狄之教，以求福利也……夫杨墨行，正道废，且将数百年，以至于秦，卒灭先王之法，烧除其经，坑杀学士，天下遂大乱。及秦灭，汉兴且百年，尚未知修明先王之道；其后始除挟书之律，稍求亡书，招学士，经虽少得，尚皆残缺，十亡二三。故学士多老死，新者不见全经，不能尽知先王之事，各以所见为守，分离乖隔，不合不公，二帝三王群圣人之道于是大坏。后之学者无所寻逐，以至

---

① 《韩昌黎文集校注》第一卷，上海古籍出版社2014年版，分见第15，15，15—17、18—19页。

于今泯泯也，其祸出于杨墨肆行而莫之禁故也。孟子虽贤圣，不得位，空言无施，虽切何补？然赖其言，而今学者尚知宗孔氏，崇仁义，贵王贱霸而已……向无孟氏，则皆服左衽而言侏离矣。故愈尝推尊孟氏，以为功不在禹下者，为此也。汉氏以来，群儒区区修补，百孔千疮，随乱随失，其危如一发引千钧，绵绵延延，浸以微灭。于是时也，而唱释老于其间，鼓天下之众而从之。呜呼，其亦不仁甚矣！释老之害过于杨墨，韩愈之贤不及孟子，孟子不能救之于未亡之前，而韩愈乃欲全之于已坏之后。呜呼，其亦不量其力，且见其身之危，莫之救以死也。虽然，使其道由愈而粗传，虽灭死万万无恨"，以及《原毁》"古之君子，其责己也重以周，其待人也轻以约。重以周，故不怠；轻以约，故人乐为善……今之君子则不然，其责人也详，其待己也廉。详，故人难于为善；廉，故自取也少"、《通解》"古之言通者，通于道义；今之言通者，通于私曲。其亦异矣。将欲齐之者，其不犹矜粪丸而拟质随珠者乎？且令今父兄教其子弟者曰'尔当通于行如仲尼'，虽愚者亦知其不能也。曰'尔尚力一行如古之一贤'，虽中人亦希其能矣。岂不由圣可慕而不可齐邪？贤可及而可齐也？今之人行未能及乎贤而欲齐乎圣者，亦见其病矣。夫古人之进修，或几乎圣人。今之人行不出乎中人，而耻乎力一行为独行，且曰'我通同如圣人'。彼其欺心邪？吾不知矣。彼其欺人而贼名邪？吾不知矣"[1]等。于唐代佛教大兴之时，韩愈延续儒教文脉而大有功于卫道，但其论说亦粗糙驳杂，如性情三品说以及褒扬墨子、管仲、商鞅之王霸事功之论等。

李翱（772—841）则论君子复性修教中道，褒彰《中庸》而提出仁礼复性说，如《复性书》"天之道，以先知觉后知，先觉觉后觉者也""圣人知人之性皆善，可以循之不息而至于圣也，故制礼以节之，作乐以和之……视听言行，循礼而动，所以教人忘嗜欲而归性命之道也。道者至诚也，至诚而不息则虚，虚而不息则明，明而不息则照天地而无遗，非他也，此尽性命之道也……性命之书虽存，学者莫能明，是故皆入于庄、列、老、释，不知者谓夫子之徒不足

---

[1] 《韩昌黎文集校注》第一卷，上海古籍出版社2014年版，分见第20—21，238—241，25—26、756页。

以穷性命之道"①等。中唐以来，反本内求儒典心性道统、对治释老义理冲击逐渐成为儒教内在脉动与儒者时中担当。继韩愈、李翱褒彰《大学》《中庸》《孟子》之后，晚唐皮日休、林慎思等尤为褒扬《论语》《孟子》《周易》人文修教与君子卫道精神。

皮日休（约833—889）自觉褒扬尧舜、孔孟、王通、韩愈，内在挺立儒教君子道统，法古补今而倡圣贤君子学行担当与礼义修教。如《襄州孔子庙学论》"伟哉夫子，后天地而生，知天地之始；先天地而没，知天地之终。非日非月，光之所及者远；不江不海，浸之所及者溥。三代礼乐，吾知其损益；百王宪章，吾知其消息。君臣以位，父子以亲，家国以肥，鬼神以享。道未可诠其有物，释未可证其无生。一以贯之，我先师夫子，圣人也。帝之圣者曰尧，王之圣者曰禹，师之圣者曰夫子。尧之德有时而息，禹之功有时而穷，夫子之道久而弥芳，远而弥光，用之则昌，舍之则亡。昔否于周，今泰于唐。不然，何被衮而垂裳，冕旒而王者哉"，《皮子文薮·请孟子为学科书》"圣人之道，不过乎经。经之降者，不过乎史。史之降者，不过乎子。子不异乎道者，孟子也。舍是子者，必戾乎经史。又率于子者，则圣人之盗也。夫孟子之文，粲若经传。天惜其道，不烬于秦。自汉氏得之，常置博士以专其学。故其文继乎六艺，光乎百氏，真圣人之微旨也……仲尼爱文王嗜昌歜以取味，后之人将爱仲尼者，其嗜在孟子矣。呜呼，古之士以汤武为逆取者，其不读《孟子》乎？以杨墨为达智者，其不读《孟子》乎？由是观之，孟子之功利于人，亦不轻矣。今有司除茂才明经外，其次有熟庄周列子书者，亦登于科，其诱善也虽深，而悬科也未正。夫庄列之文，荒唐之文也，读之可以为方外之士，习之可以为鸿荒之民，有能汲汲以救时补教为志哉？伏请命有司去庄列之书，以《孟子》为主。有能精通其义者，其科选视明经"，《文中子碑》"天不能言，阴骘乎民。民不可纵，是生圣人。圣人之道德与命符是为尧舜，性与命乖是为孔颜。噫，仲尼之化，不及于一国而被于天下，不治于一时而需于万世，非删《诗》《书》、定《礼》《乐》、赞《易》道、修《春秋》乎。故孟子叠踵孔圣，而赞其道……先生则有《礼论》二十五篇、《续诗》三百六十篇、《元经》三十一篇、

---

① 李翱：《李文公集》卷二，影印《四库》1078册，第106页。

《易赞》七十篇。孟子之门人有高弟者公孙丑、万章焉，先生则有薛收、李靖、魏徵、李勣、杜如晦，房玄龄……较其道与孔、孟，岂徒然哉……铭曰：大道不明，天地沦精，俟物圣教，乃出先生，百氏黜迹，六艺腾英。道符真宰，用失阿衡，先生门人，为唐之祯，差肩明哲，接武名卿，未逾一纪，致我太平，先生之功，莫之与京"，以及《原化》"或曰：圣人之化，出于三皇，成于五帝，定于周、孔。其质也道德仁义，其文也诗书礼乐。此万代王者未有易是而能理者也。至于东汉，西域之教始流中夏。其民也，举族生敬，尽财施济，子去其父，夫亡其妻，蚩蚩嚚嚚。慕其风蹈其梱者，若百川荡溾不可止者，何哉？所谓圣人之化者不曰化民乎，今知化者唯西域氏而已矣，有言圣人之化者，则比户以为嗤，岂圣人之化不及于西域氏邪，何其戾也如是？曰：天未厌乱，不世世生圣人，其道则存乎言，其教则在乎文，有违其言悖其教者即戾矣。古者杨墨塞路，孟子辞而辟之，廓如也。故有周孔必有杨墨，要在有孟子而已矣。今西域之教，岳其基而溟其源，乱于杨墨也甚矣。如是为士，则孰有孟子哉？千世之后，独有一昌黎先生，露臂瞋视，诟于千百人内。其言虽行，其道不胜。苟轩裳之士，世世有昌黎先生，则吾以为孟子矣。譬天下之民皆桀民也，苟有一尧民处之，一尧民之善，岂能化天下桀民之恶哉，则有心于道者乃尧民矣。呜呼，今之士率邪以御众，握乱以治天下，其贤尚尔，则不肖者反化之，不曰难哉"、《请韩文公配享太学书》"仲尼之道，否于周秦，而昏于汉魏，息于晋宋，而郁于陈隋……孟子、荀卿翼传孔道，以至于文中子。文中子之末，降及贞观、开元，其传者醨，其继者浅，或引刑名以为文，或援纵横以为理，或作词赋以为雅，文中之道，旷百祀而得室授者，惟昌黎文公焉。文公之文，蹴杨、墨于不毛之地，踱释老于无人之境，故得孔道巍然而自正"，等等；其结论即乱世君子遁世无闷之乐观担当，如《鹿门隐书篇》"圣人之道犹坦途，诸子之道犹斜径。坦途无不之也，斜径亦无不之也。然适坦途者有津梁，之斜径者苦荆棘"，《悼贾并序》亦云"圣贤之文与道也，求知与用，苟不在于一时，而在于百世之后者乎"[1]等。

---

① 分见《全唐文》卷七九七，《皮子文薮》，影印《四库》1083册，页第212下—213上，180下—181上，172下—173上、212上；218上，169下—170上。

　　林慎思（844—880）申明儒教圣贤之正，论人文君子法古圣贤修教担当亦很有特色。其申明圣贤天道者如《伸蒙子·演圣》"仲尼无土于一时，有土于万代也……仲尼之道，高大无穷焉，亘万代而乃容，非一时之能容矣……故《儒行》曰：儒有不祈土地，立礼义以为土地"、《全明》"夫盗者习于昏黑也，见明则恶之，盖不利其盗矣。宋卫是习昏黑者也，见仲尼则恶之，盖不利宋卫之盗矣。盗自盗也，日月仲尼何损哉……人之寐也，见明则避之，所以不用日月也。是时天下诸侯皆寐，见仲尼则避之，所以不用仲尼矣。寐自寐也，日月仲尼何损之有"，《合天》"顺天者存，逆天者亡。天生羲农黄帝尧舜，为道之宗。又生禹汤文武周公孔子，为道之主。其言式万代，其政训百王，譬日月不可揂，山川不可迁也。秦人姗笑先王，绝弃礼法，悉举而燔之，使天下之人横目蚩蚩，无知识无防节，是日月晦蚀，山川崩裂，天怒人怨，有灭亡之形而人不知也。一夫呼七庙堕，秦焚书是自焚矣，秦坑儒是自坑矣。世未有合天而亡，逆天而存者也"、《去乱》"当六国相强，二周皆弱，此时已亡仁义，唯尚战争，故天下大乱，不一其主也。天俾秦并而一之又不能守，故天下复一于汉，所以去天下之乱也"，以及《演忠》"辛为君，涂炭生民，是时天下之心皆欲亡商兴周……是以比干知存无益，故力谏以就死，恶不为忠乎……竭忠谏之，谏之不听，亦欲垂明镜于后代，则辛有剖贤人之罪，得无鉴戒于后代邪。是以比干之忠，不独忠于一时，而亦忠于后代矣"、《明谏》"夷、齐之谏，不独吐一时之忠，抑垂千古之戒也……立谋救难，不乏其臣，所以去之，将持终身之仁，用全讽谏之道，故有知者谓之仁义，不其然乎……有效夷、齐者，惟知慕夷、齐去周之名，岂知怀夷、齐全周之义乎"等；其论人文君子乱世担当者，则如《彰变》"干禄先生问：王道兴衰，由天之历数，有诸？伸蒙子曰：非天也，人也……化妖祥者由乎天，变兴衰者由乎人"、《喻民》"干禄先生曰：古民难化于今民乎？伸蒙子曰：今人易化……圣人养天下之民犹养儿也，则古民婴然未有知也，今民卯然已有知也，化已有知孰与化未有知之难乎"，《鉴旨》"三代之季，鉴于有道，不鉴于无道也。且居起欲奢，鉴之而反俭；威刑于暴，鉴之而反仁；畋游欲纵，鉴之而反礼；声色欲荒，鉴之而反德。是犹鉴治国之政，而成有道之基矣。反是，犹盗贼之类，昼观刑戮于市，暮行诛劫于衢，岂刑戮能使之鉴邪，盖盗贼之心不可移也，虽知夕必祸身而朝且杀人矣"、《明性》"韶夏之声，人非不知可敬，而不能嗜也。郑卫之声，人非不知可去，而不能舍也。何哉，可敬者礼节也，礼则难行，故人不能嗜矣。可去者非礼也，非礼易惑，故人不能舍矣。是以演先王之教，不得人之乐者，教难行也；吐倡优之辞，皆得人之喜者，辞易惑也"，以及《辩惑》"人无不惑，盖君子知其所惑而不惑矣，小人不知其所惑而惑矣"、《显防》"君子居其显，进退不违规矩也，脱有一失，则庸昧者皆见而噪矣；小人处其昧，动作皆为非僻也，曾无一是，虽尊显者谁见而诛。是以古之圣贤立道光显，为后代所瞻瞩，使无一失者，得不由防其噪之邪"①等。林慎思《续孟子》亦是类似理路，此不展述。

此外，张弧论君子之儒道交参、忠孝仁义质素践履说，以及陆龟蒙（836—882）论奉古求道君子文统说等，亦均为晚唐乱世儒教性善道统理论的探索开拓，直接下启宋代道学之生发，此不展开。

继中晚唐诸儒反本立道努力之后，北宋诸儒痛省唐末五代之乱而反本复古以论人文君子道统担当。柳开（948—1001）、王禹偁（954—1001）、种放（955—1015）等粗开宋代儒教人文道统之端绪，宋初三先生更是反本经典而师道初创。其中，胡瑗（993—1059）注重人文君子之习经致用修教担当，传《周易口义》《洪范口义》；孙复（992—1057）注重君子礼教大义，《孙明复小集·春秋尊王发微》提出了尧舜禹汤、文武周孔、孟子、荀子、董仲舒、扬雄、王通、韩愈这一道统谱系；石介（1005—1045）亦注重君子仁礼修教，《徂徕先生文集》充实了儒教道统谱系（伏羲、神农、黄帝、少昊、颛顼、唐尧、虞舜、夏禹、汤、文、武、周公、孔子诸圣，孟轲、扬雄、王通、韩愈诸贤），志拯五代之横流、扶百世之大教、续韩孟而助孔周，严明君子儒释华夷之辨且主张严禁淫祀淫祠。与宋初三先生同时期的范仲淹（989—1052），亦志存"先天下之忧而忧，后天下之乐而乐"之君子修教实际担当，倡导激扬君子名教气节，但由于其内圣明德义理层面之不足，故不能内在自觉挺立儒教道统而只是主张调和融通释道修教义理。

---

① 《伸蒙子》，影印《四库》696册，分见页第632下、633上，636下、636下，637下—638上、638上—下；631上、631下，637下、640上，638下、640下。

　　欧阳修（1007—1072）注重知古明道、身履事施之君子学行，主张修礼义之本以胜释教道教异端流弊。而就其不得已而求其次的实用正统论史学观来看，欧阳修之心性明德内圣义理亦尚未自觉。欧阳修论君子修教注重君子小人之辨，如《易童子问》"君子者，天下系焉，其一身之损益，天下之利害也。君子之自损者，忿欲尔；自益者，迁善而改过尔。然而肆其忿欲者，岂止一身之损哉，天下有被其害者矣。迁善而改过者，岂止一己之益哉，天下有蒙其利者矣……君子与众人同者，不免乎有过也。其异乎众人者，过而能改也。汤、孔子不免有过，则《易》之所谓损、益者，岂止一身之损益哉"，"'夬，不利即戎'……谓其已甚也，去小人者不可尽。盖君子者，养小人者也。小人之道长，斯害矣，不可以不去也。小人之道已衰，君子之利及乎天下矣，则必使小人受其赐而知君子之可尊也。故不可使小人而害君子，必以君子而养小人。《夬》，刚决柔之卦也，五阳而一阴，决之虽易，而圣人不欲其尽决也，故其《象》曰'所尚乃穷也'。小人盛则决之，衰则养之，使知君子之为利，故其《象》曰'君子以施禄及下'。小人已衰，君子已盛，物极而必反，不可以不惧，故其《象》又曰'居德则忌'"，以及《朋党论》"朋党之说，自古有之，惟幸人君辨其君子小人而已。大凡君子与君子以同道为朋，小人与小人以同利为朋，此自然之理也……小人无朋，其暂为朋者，伪也。君子则不然，所守者道义，所行者忠信，所惜者名节。以之修身，则同道而相益；以之事国，则同心而共济，终始如一。此君子之朋也。故为人君者，但当退小人之伪朋，用君子之真朋，则天下治矣"[1]等。

　　司马光（1019—1086）结合历史而述论君子，虽于性善内圣义理少有开发，实能贯彻笃实学行，且于君子修养教化有独到思考。司马光论君子修养者除了仁礼中道相关论述外，又如《资治通鉴》卷六"子顺曰：人皆作之。作之不止，乃成君子；作之不变，习与体成，则自然也"、卷一二八"沈约论曰：夫君子、小人，类物之通称，蹈道则为君子，违之则为小人"、卷一五五"臣光曰：君子之于正道，不可少顷离也，不可跬步失也……诡诞之士，奇邪之术，君子远之"等；而论君子修教者，则如《资治通鉴》卷二二十"夫民生

---

　　① 李逸安点校：《欧阳修全集》，中华书局2001年版，分见第1113—1114，1114，297页。

有欲，无主则乱。是故圣人制礼以治之。自天子、诸侯至于卿、大夫、士、庶人，尊卑有分，大小有伦，若纲条之相维，臂指之相使，是以民服事其上，而下无觊觎……君子以辨上下，定民志。此之谓也"、卷一九三"帝王内蕴神明，外当玄默，故《易》称以蒙养正，以明夷莅众。若位居尊极，炫耀聪明，以才陵人，饰非拒谏，则下情不通，取亡之道也"，卷一九二"君子用人如器，各取所长，古之致治者，岂借才于异代乎？正患己不能知，安可诬一世之人"、卷二"君子之养士，以为民也。《易》曰：圣人养贤，以及万民。夫贤者，其德足以敦化正俗，其才足以顿纲振纪，其明足以烛微虑远，其强足以结仁固义；大则利天下，小则利一国。是以君子丰禄以富之，隆爵以尊之；养一人而及万人者，养贤之道也。今孟尝君之养士也，不恤智愚，不择臧否，盗其君之禄，以立私党，张虚誉，上以侮其君，下以蠹其民，是奸人之雄也，乌足尚哉。《书》曰：受为天下逋逃主、萃渊薮。此之谓也"，以及卷二七"汉之所以不能复三代之治者，由人主之不为，非先王之道不可复行于后世也。夫儒有君子，有小人。彼俗儒者，诚不足与为治也，独不可求真儒而用之乎"等；司马光分疏君子小人者，则如《资治通鉴》卷一"夫才与德异，而世俗莫之能辨，通谓之贤，此其所以失人也。夫聪察强毅之谓才，正直中和之谓德。才者，德之资也；德者，才之帅也……是故才德全尽谓之圣人，才德兼亡谓之愚人；德胜才谓之君子，才胜德谓之小人。凡取人之术，苟不得圣人、君子而与之，与其得小人，不若得愚人。何则？君子挟才以为善，小人挟才以为恶。挟才以为善者，善无不至矣；挟才以为恶者，恶亦无不至矣"、卷二八"谗邪进则众贤退，群枉盛则正士消。故《易》有《否》《泰》，小人道长，君子道消，则政日乱；君子道长，小人道消，则政日治……臣光曰：君子以正攻邪，犹惧不克；况捐之以邪攻邪，其能免乎"，以及卷二四五"夫君子小人之不相容，犹冰炭之不可同器而处也。故君子得位则斥小人，小人得势则排君子，此自然之理也。然君子进贤退不肖，其处心也公，其指事也实；小人誉其所好，毁其所恶，其处心也私，其指事也诬。公且实者谓之正直，私且诬者谓之朋党，在人主所以辨之耳。是以明主在上，度德而叙位，量能而授官；有功者赏，有罪者刑；奸不能惑，佞不能移。夫如是，则朋党何自而生哉。彼昏主则不然，明不能烛，强不能断；邪正并进，毁誉交至；取舍不在于己，威福潜移于人。于是谗慝得志而朋党之议兴矣"①等。南宋胡三省注《资治通鉴》自觉运用程朱理学义理，使得《资治通鉴》君子修教思想愈发显明。

　　欧阳修、司马光分疏君子小人之学理努力可谓承前启后，君子小人之辨内在贯彻宋代治教史，这里仅按清代毕沅《续资治通鉴》顺次简述之。如卷十一"赵普曰：帝王进用良善，实助太平之理，然于采择，要在得所。盖君子小人，各有党类，先圣谓观过各于其党，不可不慎也"，卷四一"李若谷建言：近岁风俗恶薄，专以朋党污善良。盖君子小人各有类，今一以朋党目之，恐正臣无以自立"，卷六五"（吴）奎进言：陛下宜推诚以应天，天意无它，合人心而已。若至诚格物，物莫不以至诚应于上，自然感召和气……帝王之职，所难在判别忠邪，其余庶务，各有司存，但不使小人得害君子，君子常居要近，则自治矣……四凶虽在，不能惑尧之聪明。圣人以天下为度，何所不容，未有显过，固宜包荒，但不可使居要近耳""富弼上疏曰：帝王都无职事，惟别君子、小人。然千官百职，岂尽烦帝王辨之乎？但精求任天下之事者，不使一小人参用于其间，莫不得人矣。陛下勿谓所采既广，所得必多，其间当防小人惑乱圣听。奸谋似正，诈辞似忠，疑似之际，不可不早辨也"，卷六六"（滕甫）对曰：治乱之道，如黑白东西，所以变色易位者，朋党汩之也……君子无党，譬之草木，绸缪相附者必蔓草，非松柏也。朝廷无朋党，虽中主可以济；不然，虽上圣亦殆"，卷六八"刘挚上疏曰：君子小人之分，在义利而已。小人才非不足用，特心之所向，不在乎义。故希赏之志，每在事先，奉公之心，每在事后。陛下有劝农之意，今变而为烦扰；陛下有均役之意，今倚为聚敛。其爱君忧国者，皆无以容于其间。今天下有喜于敢为之论，有乐于无事之论，彼以此为流俗，此以彼为乱常，畏义者以进取为可耻，嗜利者以守道为无能。此风浸长，汉、唐之党祸必起矣。愿陛下虚心平听，审察好恶，收过与不及之论，使归于大中之道"，卷七七"（富弼）常言：君子与小人并处，其势必不胜。君子不胜，则奉身而退，乐道无闷。小人不胜，则交结构扇，千歧万辙，必胜而后已；迨其得志，遂肆毒于善良，求天下不乱，不可得也"，卷

---

　　①　司马光：《资治通鉴》，岳麓书社2011年版，分见第74、1864、2225；3278—3279、2815，2797，26，368；5，382—384，3657—3658页。

八十 "宗愈曰：君子谓小人为奸邪，则小人必指君子为朋党。陛下择中立不倚者用之，则朋党自消。因进《君子无党论》""范祖禹上疏曰：陛下今日学与不学，系天下他日之治乱。陛下如好学，则天下之君子以直道事陛下，辅助德业而致太平；不好学，则天下之小人以邪谄事陛下，窃取富贵而专权利。君子之得位，欲行其所学也；小人之得君，将济其所欲也。用君子则治，用小人则乱。君子与小人，皆在陛下心之所召"，卷八一"（苏辙曰）亲君子，远小人，则主尊国安；疏君子，任小人，则主忧国殆。此理之必然。未闻以小人在外，忧其不悦，而引之于内以自遗患也。故臣谓小人虽不可任以腹心，至于牧守四方，奔走庶务，无所偏废可也。若遂引之于内，是犹患盗贼之欲得财而导之寝室，知虎豹之欲食肉而开之以垌牧，无是理也"，卷八十二"（王岩叟）奏曰：陛下今日圣学，当辨邪正……自古君子小人无参用之理，圣人但云君子内小人外则泰，君子外小人内则否。小人既进，君子必引类而去。若君子与小人竞进，则危亡之基也，不可不察"，卷一一四"胡松年曰：朝廷用人，不可不慎，用一君子则君子进，用一小人则小人进"，卷一三九"钱端礼言：人主之职，惟当辨君子小人。若朝廷所任纯朴厚重之士，则浮伪自革，实效可成"，卷一五三"（胡晋臣）所奏陈，以温清定省为先，次及亲君子，后小人，抑侥幸，消朋党。启沃剀切，弥缝缜密，人无知者"，卷一五五"张万公言：天久阴晦，由人君用人邪正不分。用人之道，君子当在内，小人当在外"，卷一六三"（程）珌言：治世所以少，乱世所以多者，正缘君子少而小人多也。盖君子初未尝少，圣君出而君子多；小人初未尝多，庸君出而小人多""真德秀言……惟学可以养此心，惟敬可以存此心，惟亲近君子可以维持此心。盖理义之与物欲，相为消长者也。笃志于学，则日与圣贤为徒而有自得之乐；持身以敬，则凛如神明在上而无非僻之侵；亲贤人君子之时多，则规儆日闻，诐邪不得而惑。三者交致其力，则圣心湛然，如日之明，如水之清，理义长为之主，而私欲不能夺矣"，卷一六五"（吴潜疏曰）毋并进君子小人以为包荒，毋兼容邪说正论以为皇极，以培国家一线之脉，以救生民一旦之命。庶几天意可回，天灾可息，弭祲为祥，易乱为治"，卷一六七"（蒋）重珍对曰：君子指小人为小人，小人亦指君子为小人。人主当精择人望，处之要津，正论日闻，则必知君子姓名，小人情状矣""魏了翁入对，首乞明君子小人之辨，以为进退人物之本，以杜奸邪窥伺之端"，卷一六八"（崔）与之上疏曰：天生人材，自足供一代之用，惟辨其君子小人而已。忠实而有才者，上也；才虽不高而忠实有余者，次也；用人之道，无逾于此。盖忠实之才，谓之有德而有才者也。若以君子为无才，必欲求有才者用之，意向或差，名实无别，君子小人消长之势，基于此矣"，卷一七一"徐霖疏曰：日，阳类，天理也，君子也。吾心之天理不能胜人欲，朝廷之君子不能胜小人。宫闱之私昵未屏，琐闼之奸邪未辨，台臣之讨贼不决，精祲感沴，日为之食"①等。

王安石（1021—1086）《临川先生文集》论君子道统传承者，如卷六十七《夫子贤于尧舜》"昔者，道发乎伏羲而成乎尧舜，继而大成于禹汤文武。此数人者，皆居天子之位，而使天下之道浸明浸备者也。而又有在下而继之者焉，伊尹、伯夷、柳下惠、孔子是也……孟子曰'孔子集大成'者，盖言集诸圣人之事，而大成万世之法耳。此其所以贤于尧舜也"，卷七十二《答龚深父书》"扬雄者，自孟轲以来未有及之者，但后世士大夫多不能深考之尔。孟轲，圣人也。贤人则其行不皆合于圣人，特其智足以知圣人而已"，以及卷八十四《送孙正之序》"时乎杨、墨，己不然者，孟轲氏而已；时乎释、老，己不然者，韩愈氏而已。如孟、韩者，可谓术素修而志素定也，不以时胜道也"等；王安石论君子修教者，则如卷六十七《性情》"性情一也……（七情）动而当于理，则圣也贤也，不当于理则小人也"，卷六十五《洪范传》"五行，天所以命万物者也，故'初一曰五行'。五事，人所以继天道而成性者也，故'次二曰敬用五事'。五事，人君所以修其心、治其身者也，修其心、治其身而后可以为政于天下，故'次三曰农用八政'。为政必协之岁、月、日、星辰、历数之纪，故'次四曰协用五纪'。既协之岁、月、日、星辰、历数之纪，当立之以天下之中，故'次五曰建用皇极'。中者，所以立本，而未足以趣时，趣时则中不中无常也，唯所施之宜而已矣，故'次六曰乂用三德'。有皇极以立本，有三德以趣时，而人君之能事具矣。虽然，天下之故犹不能无疑

---

① ［清］毕沅编：《续资治通鉴》，中华书局1957年版，分见第280，973，1592—1593、1605，1639，1706，1940，2023，2038，2065—2066，2073—2074，3041，3700，4096，4183，4429，4439—4440，4505，4554，4568，4575，4675页。

也……故'次七曰明用稽疑'……'次八曰念用庶征'……'次九曰向用五福，
威用六级'……向者，慕而欲其至也；威者，畏而欲其亡也"①等。至于苏轼
（1037—1101）论君子，看似圆融实则亦有似是而非、乡愿调和乃至消解正道
处，陷于利害而又偏爱释老，虽有优长，此不具述。

刘敞（1019—1068）反本孔孟而论君子中道笃实修教，学脉清明而近乎孔
孟正道，与北宋五子理学思想相近而又自立自足。刘敞中道分层以论德位君
子，如《公是先生弟子记》卷一"人之性善……九品也。故上者圣，中者君
子，下者有常"、卷二"君子贵曲能有诚，曲能有诚者艺之上也，而况直而诚
之、诚而明之者乎"、卷三"远于利，可谓士矣。远于利，笃于学，可谓士君
子矣。远于利，笃于学，成于礼，可谓仁者矣"、卷二"过而能知，知而能
改，上也。过而不知，知而能改，次也；既不能知，又不能改，下也"，以及
卷一"所谓命者，道而已矣。生死贵贱贫富，道之制也，君子以为命。所谓
天者，人而已矣。人归之则为诸侯，诸侯归之则为天子，人之制也，非己制
也，君子以为天。知道者其知命也，知人者其知天也""四十而仕，为不惑也；
五十而爵，为知命也。不惑，然后可以为士；知命，然后可以为大夫"等；刘
敞进而分疏君子小人，如卷二"君以人为天，人以君为天，天以人为天。人
之所归，号之曰天与之；人之所去，号之曰天夺之，非君以人为天欤？君安之
则安，富之则富，生之则生，死之则死，非人以君为天欤？世治，人曰天也；
世乱，人曰天也。天非实治之也，天非实乱之也，有曰治有曰乱者，非天以
人为天欤"，"君子之名，有不幸而不称，无幸而称；小人之名，有幸而不称，
无不幸而称。其疾之也在己，其称之也在人。君子能知其必疾也，而不能知其
必称也，奚疾之哉""君子畏幽则小人畏明，君子畏明则小人其无畏矣""委巷
之礼，小人悦之，君子耻行焉。先王之礼，君子悦之，小人耻行焉。《诗》云：
彼醉不臧，不醉反耻。行不由先王之礼，犹醉也。惟君子能忍是耻也"，以及
"士可使见义，不可使见利。民可使见德，不可使见刑""惟君子为能矫。君子
之矫，以为义也。小人之矫，以为利也。君子穷而益坚，小人达而亦伪""君

---

① 王安石：《临川先生文集》，王水照主编：《王安石全集》，复旦大学出版社2017年版，
分见第1213，1293—1294，1489；1218，1175—1176页。

子之不言利也，恶其号也……利之天下则谓之公，利之家则谓之私。利之国则谓之廉，利之室则谓之贪。是亦不知类也。《诗》云：尔之教矣，民胥效矣。上之所贵，而下为之，则善事上也。上之所贵，而下不为之，则不善事上也。欲治民而责其善事上，非也。责其不善事上，而恶其效己于利，难矣"①等。

刘敞思想核心在于其人文君子中道修教说。其论中道修养之理者，如《公是弟子记》卷四"中庸者，中用也。喜怒哀乐之未发谓之中，发而皆中节谓之和。此四物者，君子不能不由焉，然而中为之本矣……因于物，缘于理，彼其可喜也而喜之，彼其可怒也而怒之，其貌曲巧，其变曲当，物之制也，理之有也，而泊然无所于系，是中庸矣"，卷二"君子之道不出于中，中者所以并容也。贤者守焉，不肖者勉焉，并容所以为大也。决绝之行，君子不为""道上不失度，下不失节也……君子之所依，而小人以为己腓，安在其毁上下之节哉"，以及卷一"兼近四隅，不失其所者，中是也。并总万物，不失其元者，一是也。明德制义，不失其方者，礼是也。礼者，道之中也"等；其论中道修养之正用者，如卷一"圣人辩必能穷万物而不言，智必能兼万物而不为。不言者有所止之，不为者有所因之"、卷二"贤者为人所能为而已矣。人所不能为，贤者不为也""衡，平也，故准之。绳，直也，故度之。镜，明也，故监之。君子成德，以待物至也，轻重出焉，曲直决焉，丑好分焉，谁能蔽之哉"，卷三"苟可贵也，则可贱也；苟可富也，则可贫也。君子贵乎非贵，贱乎非贱，富乎非富，贫乎非贫者也。其动中礼，其静中仁，斯已矣"、卷四"人之议所亲也则欺，所贤也则回，所贵也则随。欺者私也，回者疑也，随者畏也。君子虽私不欺，虽疑不回，虽畏不随。故父兄之私，讳而已矣；圣贤之疑，辨而已矣；君上之畏，直而已矣"，以及卷一"君子之谋也，尽下而用其所长，不以己夺人，故曰功成而已矣，事立而已矣。众人尽其虑，而君子受其名"等；其论中道修养之用偏及其后果者，如卷四"君子有过而无罪。父子之亲也，君臣之义也，朋友之交也，骨肉之爱也，君子过于厚，不过于薄。观其过，可以知仁矣""学不能至于自足者，好为人师；道不能至于自

---

① 刘敞：《公是先生弟子记》，华东师范大学出版社2010年版，分见第14、27、52、32、19、3；24—25、29、25、33、35、30、24页。

得者，急言天下之忧"，卷二"君子之得其时者，将以行其道也。道不行，犹为不得时也"、卷四"士未可言而言者，及其可言也，或不言矣。未可忧而忧者，及其可忧也，或不忧矣。有利之心存焉，君子不由也"，卷三"道之所以不明者三，智者损之以就功，贤者文之以便己，学者析之以遂名。故道之所以不明者三，非小人不肖之过也，凡在贤智而已矣。古之为道者，大而不损，致而不文，玩而不析"，以及卷四"道废，则士之为私议者众，而后有杨墨；政乱，则民之图非福者众，而后有佛老。庶之富之，教之节之，事非其方者耻之。子思不去其亲，臣思不去其君，天下安有不治乎"等；刘敞论中道教化者，则如卷三"为君有患，患不知人，不患无臣；为臣有患，患不能治身，不患不能治民……知人有道也，无以名妨实；治身有道也，无以远谋近。人自为正而国治耳"，卷一"古之教者言不足而征，征不足而谕，谕不足而类，类不足而辩。古之君子，言而已矣，辩其末也""教民以学，为将行之也；试人以言，为将用之也。是故学不可行者，君子弗取也；言不可用者，君子弗询也"，卷三"有仁心而不施之政焉，民不信也。有仁政而不施之法焉，后世弗徇也。故君子有其心，必见于其政；有其政，必著于其法""王者之政服人心，而圣人之言悦人性。政莫大于得人心，得人心者，非夫得众人之心，得贤者之心也。民之于贤也，其动以为法，其言以为政，故贤者所就就之，所去去之，国未有不以是而存亡者也"，以及卷二"禁过于微则人乐迁善，防患于小则患远矣"、卷三"《春秋》之诛也，先意而后事；其赏也，先事而后意。有其善无其功，君子不赏也，赏之弗信；有其恶无其志，君子不诛也，诛之不服。先意而后事，是以刑不滥；先事而后意，是以赏不僭。刑不滥，赏不僭，王道之盛也"[①]等。

王开祖（约1035—1068）亦反本孔孟而论人文君子学行修教。就其志承道统而言，如《儒志编》"孔子之道见乎六经，以至于今为君臣父子、兄弟夫妇者，尊卑上下各有分，服而修之者循循如也。其用如水火，人非水火不生，其功无穷，又岂止一时得位而谓之道大用哉……孔子章章乎六经，万世之人饮

———————————

① 刘敞：《公是先生弟子记》，华东师范大学出版社2010年版，分见第70—71，28、22，3；6、30，33，48、63，3；64、63，34、64，53，63；55、6、11，49、47，32、41—42页。

食衣服之所以生，是岂不得其用也耶。微孔子，吾其失道左衽矣""举天下知孔子之言，而不行孔子之道，是不知孔子之道也。《诗》曰：维其有之，是以似之。既不能有之，焉能似之哉"，以及"孟子以来道学不明，我欲述尧舜之道，论文武之治，杜淫邪之路，辟皇极之门。吾畏诸天者也，吾何敢已哉"等；就人文君子诚笃修养而言，如《儒志编》"仁道甚大，孔子常居其中。有自四方而至，则引而内之，不以一隅指，亦量其材而已。君子隐显同其心，而曰独则谨焉，岂畏人而为是哉，诚所存而已矣。天下之心一也，不以我之心求人之心，暴也"，"君子处则其身安，出则其道尊。无他，不欺而已矣。形容不欺刍禾，幽晦不欺鬼神，言而不欺童昏，动而不欺愚懵，欲其欺朝廷君臣之间，难矣哉。夫诚者，微也。诚于心人莫之见也，接于物亦莫之见也。由人服而物化之，然后见焉。及其至也，充乎天地之大，此其著可知也矣。收放心者，莫善于存诚，我勿问其所至，速自省而已矣""君子之德莫原于诚，诚则物之来也如鉴""君子平其心，顺其气，与天地四时同其动静，虽天下之物杂至，焉能干我哉"，以及"君子之道始于《复》，成于《泰》，极于《夬》；小人之道始于《姤》，成于《否》，极于《剥》……君子不可不谨""君子复足以知性，无妄足以立诚，大畜足以有容，颐足以育物。知其复则能知性，知性则能立诚，立其诚则能畜德，畜其德则能发育万物，而与天地配矣"等；再就人文君子中道教化而言，则如"元首股肱，一体相须而成。若尊卑之礼，名位之迹，所谓分也，非上下之心也。古之所谓君臣者，或相歌颂，或相称德，御下者不敢有其尊，奉上者不获惧其威，道交而心接，朝廷之间至和乐也。法家者起于乱世，其御下也，梏而后已，堂陛之间一筵而千里也，君居上而不交于下，臣在下而复惧其上，故其心无感而通焉""君子之取人也，不以其善掩其恶，不以其过掩其功。是故孔子称管仲以仁，而又目以小器。夫称之以仁者，美其一时之小功；而目之小器者，责其终身之全善也。如孟子称伯夷以清，而又目之以隘。夫称之以清者，美其得圣人之一节；而目之以隘者，责其有所不通也"，"道之充者须时以用之，物之稚者须泽以养之。须时者养人，须泽者养于人，此君子小人之分也""《诗》者，下民之情而君子述之者也。民之为言也暴，君子之为言也顺""才也治不才，能也治不能，分则然也。今才也治不才，责其不己若；能者治不能，责其不己若。是之谓以己望人。以己望人，则分相似也，乌用君师哉。

《书》曰：天佑下民，作之君，作之师。夫天固佑民而作之君师，非夷民而责之也"，以及"廉耻之道在素养之，使之自修，然后责之；遽绳之以法，则不胜其责矣……固有不待教而诛者，第责之有道焉。苟不以道概责矣，下之吏执不可诛矣"①等。

在前贤努力基础上，北宋中后期出现了以"北宋五子"周敦颐（1017—1073）、邵雍（1012—1077）、张载（1020—1077）、程颢（1032—1085）、程颐（1033—1107）为代表的宋代理学主流。

周敦颐论人文君子中道修教，如《周敦颐集》卷一《太极图说》"二气交感，化生万物。万物生生，而变化无穷焉。惟人也得其秀而最灵。形既生矣，神发知矣，五性感动，而善恶分，万事出矣。圣人定之以中正仁义而主静，立人极焉。故'圣人与天地合其德，日月合其明，四时合其序，鬼神合其吉凶'。君子修之，吉；小人悖之，凶"；卷二《通书》更是通篇而言君子中道学行修教，论圣人诚道者如《诚上》"诚者，圣人之本。'大哉乾元，万物资始'，诚之源也。'乾道变化，各正性命'，诚斯立焉……元亨，诚之通；利贞，诚之复"、《诚下》"圣，诚而已矣。诚，五常之本，百行之源也。静无而动有，至正而明达也。五常百行，非诚，非也，邪暗，塞也，故诚则无事矣。至易而行难，果而确，无难焉。故曰：一日克己复礼，天下归仁焉"、《圣》"寂然不动者，诚也；感而遂通者，神也；动而未形、有无之间者，几也。诚精故明，神应故妙，几微故幽。诚、神、几，曰圣人"、《诚几德》"诚，无为；几，善恶。德：爱曰仁，宜曰义，理曰礼，通曰智，守曰信。性焉安焉之谓圣，复焉执焉之谓贤，发微不可见、充周不可穷之谓神"，以及《公》"圣人之道，至公而已矣……天地至公而已矣"、《孔子下》"道德高厚，教化无穷，实与天地参而四时同，其惟孔子乎"、《道》"圣人之道，仁义中正而已矣。守之贵，行之利，廓之配天地。岂不易简，岂为难知"②等。

---

① 《儒志编》，影印《四库》696册，分见页第786上、797下，802上—下；785下，783下，795下，785上，785下—786上，783下；799上—下、796下，801下、794下、792下，801下—802上。

② 《周敦颐集》，中华书局2009年版，分见第5—7；13—14、15—16、17—18、16—17，41，42，19页。

《通书》论君子学行，言立志者如《圣学》"圣可学……一为要。一者，无欲也。无欲则静虚动直。静虚则明，明则通；动直则公，公则溥。明通公溥，庶矣乎"、《陋》"圣人之道，入乎耳，存乎心，蕴之为德行，行之为事业。彼以文辞而已者，陋矣"、《志学》"圣希天，贤希圣，士希贤……志伊尹之所志，学颜子之所学，过则圣，及则贤，不及则亦不失于令名"，以及《颜子》"天地间有至贵至爱可求而异乎彼者，见其大而忘其小焉尔。见其大则心泰，心泰则无不足，无不足则富贵贫贱处之一也。处之一，则能化而齐"等；言学行者如《思》"思者，圣功之本，而吉凶之几也"、《公明》"公于己者公于人，未有不公于己而能公于人也。明不至则疑生。明。无疑也。谓能疑为明，何啻千里"、《慎动》"动而正曰道，用而和曰德。匪仁，匪义，匪礼，匪智，匪信，悉邪矣。邪动，辱也；甚焉，害也。故君子慎动"、《务实》"实胜，善也；名胜，耻也。故君子进德修业，孳孳不息，务实胜也。德业有未著，则恐恐然畏人知，远耻也。小人则伪而已。故君子日休，小人日忧"等；言迁善者则如《乾损益动》"君子乾乾，不息于诚，然必惩忿窒欲、迁善改过而后至。乾之用其善是，损益之大莫是过，圣人之旨深哉"、《幸》"人之生，不幸，不闻过；大不幸，无耻。必有耻，则可教；闻过，则可贤"、《过》"仲由喜闻过，令名无穷焉。今人有过，不喜人规，如护疾而忌医，宁灭其身而无悟也"，以及《爱敬》"有善不及……不及，则学焉……不善，则告之不善，且劝曰'庶几有改乎，斯为君子'。有善一，不善二，则学其一而劝其二……孰无过？焉知其不能改，改，则为君子矣。不改为恶，恶者天恶之，彼岂无畏耶，乌知其不能改？故君子悉有众善，无弗爱且敬焉"[①]等。

《通书》论推己及人君子教化者，如《治》"纯其心而已矣。仁、义、礼、智四者，动静、言貌、视听无违之谓纯。心纯则贤才辅，贤才辅则天下治。纯心，要矣；用贤，急焉"、《顺化》"天以阳生万物，以阴成万物。生，仁也；成，义也。故圣人在上，以仁育万物，以义正万民。天道行而万物顺，圣德修而万民化。大顺大化，不见其迹，莫知其然之谓神。故天下之众，本在一人。

---

① 《周敦颐集》，中华书局2009年版，分见第31、40、22—23，33；22、31，18、25；38、21、34，26—27页。

道岂远乎哉，术岂多乎哉"，《蒙艮》"'童蒙求我'，我正果行，如筮焉。筮，叩神也，再三则渎矣，渎则不告也。'山下出泉'，静而清也。汩则乱，乱不决也，慎哉，其惟时中乎。'艮其背'，背非见也；静则止，止非为也，为不止矣。其道也深乎"、《师》"圣人立教，俾人自易其恶，自至其中而止矣。故先觉觉后觉，暗者求于明，而师道立矣。师道立，则善人多；善人多，则朝廷正，而天下治矣"，以及《乐上》"古者圣王制礼法，修教化，三纲正，九畴叙，百姓大和，万物咸若。乃作乐以宣八风之气，以平天下之情。故乐声淡而不伤，和而不淫。入其耳，感其心，莫不淡且和焉。淡则欲心平，和则躁心释。优柔平中，德之盛也；天下化中，治之至也。是谓道配天地，古之极也"、《乐中》"乐者，本乎政也。政善民安，则天下之心和。故圣人作乐，以宣畅其和心，达于天地，天地之气，感而太和焉"等；此外，周敦颐以莲为儒教君子意象，如卷三《爱莲说》"晋陶渊明独爱菊。自李唐来，世人甚爱牡丹。予独爱莲之出淤泥而不染，濯清涟而不妖，中通外直，不蔓不枝，香远益清，亭亭净植，可远观而不可亵玩焉。予谓菊，花之隐逸者也；牡丹，花之富贵者也；莲，花之君子者也"[1]，这是极富意蕴的。

邵雍论君子修教与周敦颐、司马光一样，已自如借鉴道教义理、彻底摆脱佛教义理纠缠而反本儒学内在自觉，如《伊川击壤集》卷五《偶书》"纷纷议论出多门，安得真儒号缙绅。名教一宗长有主，中原万里岂无人。皇王帝伯时虽异，礼乐诗书道自新"、卷十三《天人吟》"羲轩尧舜虽难复，汤武桓文尚可循。事既不同时又异，也由天道也由人"，卷七《偶得吟》"集大成人不肯模，却行何异弃金车。便言天下无难事，岂信人间有丈夫"、《闲行吟》"投吴走越觅青天，殊不知天在眼前……买卜稽疑是买疑，病深何药可能医。梦中说梦重重妄，床上安床叠叠非"，以及卷八《再答王宣徽》"自有吾儒乐，人多不肯循。以禅为乐事，又起一重尘。大达诚无碍，人人自有家。假花犹入念，何者谓真花"、卷十四《学佛吟》"饱食丰衣不易过，日长时节奈愁何。求名少日投宣圣，怕死老年亲释迦。妄欲断缘缘愈重，徽求去病病还多。长江

---

① 《周敦颐集》，中华书局2009年版，分见第24—25、23—24，42—43、20—21，28—29、30；53页。

一片长如练，幸自无风又起波"等；《击壤集》全篇内容无非是君子修教，其中论天道圣行诚明中道者，如卷十八《推诚吟》"天虽不语人能语，心可欺时天可欺，天人相去不相远，只在人心人不知。人心先天天弗违，人身后天奉天时，身心相去不相远，只在人诚人不推"、卷十一《待物吟》"待物莫如诚，诚真天下行。物情无远近，天道自分明"、卷七《逍遥吟》"吾道本来平……须是自诚明"、卷十《安乐窝中吟》"安乐窝中职分修，分修之外更何求……行己当行诚尽处，看人莫看力生头"，卷四《答人书意》"仲尼言正性，子舆言践形，二者能自得，殆不为虚生。所交若以道，所感若以诚，虽三军在前，而莫得之凌"、卷十六《金玉吟》"圣在人中出，心从行上修。金于沙里得，玉向石中求"、卷四《诚明吟》"孔子生知非假习，孟轲先觉亦须修。诚明本属吾家事，自是今人好外求"、卷九《自古吟》"自古大圣人，犹以为难事。而况后世人，岂复便能至。求之不胜难，得之至容易"、卷十六《至诚吟》"不多求故得，不离学故明。欲得心常明，无过用至诚"、《感事吟》"为善大宜量力分，知机都在近人情，人情尽后疑难入，力分量时事自平"、卷十八《庶几吟》"以圣责人，固未完备。以人望人，自有余地"，以及卷十七《万物吟》"万物备于身，乾坤不负人。时光嗟荏苒，事体落因循"等；《击壤集》论君子小人修行对治者，如卷十八《有常吟》"天地有常理，日月有常明，四时有常序，鬼神有常灵，圣人有常德，小人无常情"、《性情吟》"君子任性，小人任情。任性则近，任情则远"、卷十三《君子行》"何者为君子，君子固可修，是知君子途，使人从之游。与义不与利，记恩不记仇，扬善不扬恶，主喜不主忧"、《善恶吟》"君子学道则务本，小人见利则忘生。务本则非理不动，见利则非贿不行"、卷十五《义利吟》"贲于丘园，束帛戋戋。义既在前，利在其间。舍尔灵龟，观我朵颐。义既失之，利何能为。尚义必让，君子道长。尚利必争，小人道行"，以及卷九《诫子吟》"善恶无他在所存，小人君子此中分。改图不害为君子，迷复终归作小人。良药有功方利病，白珪无玷始称珍。欲成令器须追琢，过失如何不就新"、卷六《思山吟》"果然得乎情性上，更肯埋头利害间，动止未尝防忌讳，语言何复著机关"等；《击壤集》论君子小人教化对治者，则如卷十《四道吟》"天道有消长，地道有险夷，人道有兴废，物道有盛衰"、卷十四《家国吟》"邪正异心，家国同体。邪能败亡，正能兴起"、卷十八《治乱吟》"君子小人，亦常相半。时止时行，或治或乱"、卷十五《日月吟》"月明星自稀，日出月亦微。既有少正卯，岂无孔仲尼"，以及卷八《思患吟》"仆奴凌主人，夷狄犯中国，自古知不平，无由能绝得"、卷十八《左衽吟》"自古御戎无上策，唯凭仁义是中原"、《中原吟》"中原之师，仁义为主。仁义既无，四夷来侮"等；周敦颐以莲表征君子，邵雍则以竹为君子意象，如卷七《乞笛竹》"洛人好种花，唯我好种竹，所好虽不同，其心亦自足。花止十日红，竹能经岁绿，俱沾雨露恩，独无霜雪辱"、卷十《洗竹》"岁寒松柏共经秋，丛刬无端蔽繄稠。遍地冗枝都与去，倚天高干一齐留。应龙吟后声能效，仪凤来时功可收。未说其他为用处，此般风格最难俦"，以及卷十六《清和吟》"清而不和，隘而多鄙。和而不清，慢而鲜礼。既和且清，义无定体。时行则行，时止则止"等；邵雍君子竹意象与其儒者之志有关，如卷十七《经世吟》所云"羲轩尧舜，汤武桓文，皇王帝伯，父子君臣。四者之道，理限于秦，降及两汉，又历三分。东西俶扰，南北纷纭，五胡十姓，天纪几焚。非唐不济，非宋不存，千世万世，中原有人"[1]，其深沉勇毅之君子担当跃然纸上。

此外，邵雍《观物内篇》论君子修教亦有其特色，其论圣人天道内在一体者，如《观物内篇三》"天之能尽物，则谓之曰昊天。人之能尽民，则谓之曰圣人……夫昊天之尽物，圣人之尽民，皆有四府焉。昊天之四府者，春夏秋冬之谓也，阴阳升降于其间矣。圣人之四府者，《易》《书》《诗》《春秋》之谓也，礼乐污隆于其间矣……昊天之四府者，时也。圣人之四府者，经也。昊天以时授人，圣人以经法天。天人之事，当如何哉"，以及《内篇五》"如其必欲知仲尼之所以为仲尼，则舍天地将奚之焉……如其必欲知天地之所以为天地，则舍动静将奚之焉……一动一静之间者，天地人之至妙至妙者欤？是故知仲尼之所以能尽三才之道者，谓其行无辙迹也。故有言曰：予欲无言。又曰：天何言哉，四时行焉，百物生焉。其斯之谓欤"、《内篇六》"人谓仲尼惜乎无

---

① 郭彧整理：《邵雍集》，中华书局2010年版，分见第246、389、275、276、300、407；473、359、278—279、338、230、442、236、313、450、448、477、460；476、487、385—386、385、424、312、266；329、410、487、429、298、477、492；282、328、434；466页。

土，吾独以为不然。匹夫以百亩为土，大夫以百里为土，诸侯以四境为土，天子以四海为土，仲尼以万世为土。若然，则孟子言自生民以来，未有如夫子，斯亦未为之过矣"等；其论奉天法古君子修教者，则如《内篇七》"天与人相为表里。天有阴阳，人有邪正。邪正之由，系乎上之所好也。上好德则民用正，上好佞则民用邪。邪正之由，有自来矣。虽圣君在上，不能无小人，是难其为小人。虽庸君在上，不能无君子，是难其为君子。自古圣君之盛，未有如唐尧之世，君子何其多耶，时非无小人也，是难其为小人，故君子多也。所以虽有四凶，不能肆其恶。自古庸君之盛，未有如商纣之世，小人何其多耶，时非无君子也，是难其为君子，故小人多也。所以虽有三仁，不能遂其善。是知君择臣、臣择君者，是系乎人也。君得臣、臣得君者，是非系乎人也，系乎天者也"，以及《内篇九》"君行君事，臣行臣事，父行父事，子行子事，夫行夫事，妻行妻事，君子行君子事，小人行小人事，中国行中国事，夷狄行夷狄事，谓之正道。君行臣事，臣行君事……中国行夷狄事，夷狄行中国事，谓之邪道"[1]等。

张载论君子为天地立心、为生民立命、为往圣继绝学、为万世开太平，志在分判道释义理而反本儒教礼义内在自觉，如《正蒙·乾称》"有无虚实通为一物者，性也；不能为一，非尽性也。饮食男女皆性也，是乌可灭？然则有无皆性也，是岂无对？庄、老、浮屠为此说久矣，果畅真理乎""有无一，内外合，此人心之所自来也……天性，乾坤、阴阳也，二端故有感，本一故能合。天地生万物，所受虽不同，皆无须臾之不感，所谓性即天道也。感者性之神，性者感之体。惟屈伸、动静、终始之能一也，故所以妙万物而谓之神，通万物而谓之道，体万物而谓之性"，以及《太和》"不悟一阴一阳范围天地，通乎昼夜，三极大中之矩，遂使儒、佛、老、庄混然一涂……入德之途，不知择术而求，多见其蔽于诐而陷于淫矣"等；《正蒙》论君子诚明修养中道者，如《至当》"道所以可久可大，以其肖天地而不离也；与天地不相似，其违道也远矣"，《大易》"《易》为君子谋，不为小人谋，故撰德于卦，虽爻有小大，及系辞其爻，必谕之以君子之义""惟君子为能与时消息，顺性命、躬天德而

---

① 郭彧整理：《邵雍集》，中华书局2010年版，分见第10—11、21—22、23；28、33—34页。

诚行之也。精义时措，故能保合太和，健利且贞"，《诚明》"诚明所知，乃天德良知，非闻见小知而已。天人异用，不足以言诚；天人异知，不足以尽明。所谓诚明者，性与天道不见乎小大之别也。义命合一存乎理，仁智合一存乎圣，动静合一存乎神，阴阳合一存乎道，性与天道合一存乎诚。天所以长久不已之道，乃所谓诚。仁人孝子所以事天诚身，不过不已于仁孝而已。故君子诚之为贵"、《中正》"天理一贯，则无意、必、固、我之凿。意、必、固、我，一物存焉，非诚也；四者尽去，则直养而无害矣""中正然后贯天下之道，此君子之所以大居正也。盖得正则得所止，得所止则可以弘而至于大"、《乾称》"至诚，天性也；不息，天命也。人能至诚，则性尽而神可穷矣；不息，则命行而化可知矣。学未至知化，非真得也"，以及《中正》"君子之道，成身成性以为功者也。未至于圣，皆行而未成之地尔。大而未化，未能有其大，化而后能有其大。知德以大中为极，可谓知至矣；择中庸而固执之，乃至之之渐也。惟知学然后能勉，能勉然后日进而不息可期矣"、《三十》"三十器于礼，非强立之谓也。四十精义致用，时措而不疑。五十穷理尽性，至天之命；然不可自谓之'至'，故曰'知'。六十尽人物之性，声入心通。七十与天同德，不思不勉，从容中道"①等。

《正蒙》论君子诚明教化中道者，则如《天道》"天不言而四时行，圣人神道设教而天下服。诚于此，动于彼，神之道与！天不言而信，神不怒而威。诚故信，无私故威"，《至当》"性天经，然后仁义行，故曰'有父子、君臣、上下，然后礼义有所错'""未能如玉，不足以成德；未能成德，不足以孚天下……修己而不安人，不行乎妻子，况可忾于天下"，《作者》"明庶物，察人伦，然后能精义致用，性其仁而行。汤放桀，有惭德而不敢赦，执中之难也如是。天下有道而已，在人在己，不见其间也，立贤无方也如是。立贤无方，此汤所以公天下而不疑，周公所以于其身望道而必吾见也"，以及《有德》"君子于民，导使为德而禁其为非，不大望于愚者之道与！《礼》谓'道民以言，禁民以行'，斯之谓尔"等；此外，又如《文集佚存·答范巽之书》"君相以

① 《张载集》，中华书局1978年版，分见第63、63—64、8；35，48、51，20—21、28、26、63，27、40页。

父母天下为王道，不能推父母之心于百姓，谓之王道可乎？所谓父母之心，非徒见于言，必须视四海之民如己之子。设使四海之内皆为己之子，则讲治之术必不为秦汉之少恩，必不为五伯之假名……能使吾君爱天下之人如赤子，则治德必日新，人之进者必良士，帝王之道不必改途而成，学与政不殊心而得矣"①，《近思录》卷九《横渠先生行状》"仁政必自经界始。贫富不均，教养无法，虽欲言治，皆苟而已"、《宋元学案》卷十八《横渠学案下·横渠理窟》"治天下不由井地，终无由得平。周道止是均平……井田卒归于封建，乃定。封建必有大功德者，然后可以封建"，"管摄天下人心，收宗族，厚风俗，使人不忘本，须是明谱系世族与立宗子法。宗法不立，则人不知统系来处。古人亦鲜有不知来处者。宗子法废，后世尚谱牒，犹有遗风。谱牒又废，人家不知来处，无百年之家，骨肉无统，虽至亲，恩亦薄。宗子之法废，则朝廷无世臣。今日大臣之家，且可方宗子法"②等。

程颢、程颐亦反本儒经而论君子修教，如《二程遗书》卷四"外仲尼之道而由径，则是冒险阻、犯荆棘而已"、卷十一"'毋不敬，俨若思，安定辞，安民哉'，君德也。君德即天德也"、卷十四"《蛊》之象，'君子以振民育德'。君子之事，惟有此二者，余无他为。二者，为己为人之道也"等；二程论君子诚敬修养中道者，如《遗书》卷一"'忠信所以进德'，'终日乾乾'，君子当终日对越在天也"、卷十三"洒扫应对便是形而上者，理无大小故也。故君子只在慎独"，卷十五"学者为气所胜、习所夺，只可责志"、卷十四"人之学不进，只是不勇"，卷二上"君子与小人处，为小人侵陵，则修省畏避，动心忍性，增益预防，如此便道理出来"，卷一"义理与客气常相胜，又看消长分数多少，为君子小人之别。义理所得渐多，则自然知得，客气消散得渐少，消尽者是大贤。'兴于诗，立于礼'，自然见有著力处；至'成于乐'，自然见无所用力。若不能存养，只是说话"，卷四"君子之于中庸也，无适而不中，则其心与中庸无异体矣。小人之于中庸，无所忌惮，则

---

① 《张载集》，中华书局1978年版，分见第14，34、33、38、44；349页。
② 分见《朱子近思录》，上海古籍出版社2000年版，第104页、《宋元学案》第753—754、755页。

与戒慎恐惧者异矣，是其所以反中庸也。责善之道，要使诚有余而言不足，则于人有益，而在我者无自辱矣"，以及卷十八"或曰：君子淡以成，小人甘以坏，曰：是也，岂有甘而不坏者……今之学者有三弊，一溺于文章，二牵于训诂，三惑于异端。苟无此三者，则将何归？必趋于道矣"等；此外，又如《二程粹言·论道》"阴之道，非必小人也，其害阳则小人也，其助阳成物则君子也。利非不善也，其害义则不善也，其和义则非不善也"，《论学》"人皆可以为圣人，而君子之学必至圣人而后已。不至圣人而自已者，皆自弃也。孝者所当孝，弟者所当弟，自是而推之，是亦圣人而已矣""君子之学贵一，一则明，明则有功……进学不诚则学杂，处事不诚则事败，自谋不诚则欺心而弃己，与人不诚则丧德而增怨。今末习曲艺，亦必诚而后精，况欲趋众善，为君子者乎"、《人物》"君子之学，必日进则日新，不日进者必日退，未有不进而不退者"，以及《论学》"学者多溺于佛说，何也……学而无所得，其年齿老矣，智力屈矣，其心欲遽止焉，则又不自安，一闻超腾侈大之说，是以说而入之……托乎逆旅者，盖不得家居之要尔，未有人既安于家而又乐舍于逆旅者也……学者必至于自信而不惑，则彼不能乱。不然，犹之淫言美色，戒而远之，尚恐不免也"①等。

二程论君子礼义教化中道者，则如《二程遗书》卷十五"天地之间皆有对，有阴则有阳，有善则有恶。君子小人之气常停，不可都生君子，但六分君子则治，六分小人则乱，七分君子则大治，七分小人则大乱。如是，则尧舜之世不能无小人。盖尧舜之世，只是以礼乐法度驱而之善，尽其道而已"，卷四"君子之教人，或引之，或拒之，各因其所亏者，成之而已""君子立乎人之本朝，则当引其君于道，志于仁而后已"，卷十五"古人为学易，自八岁入小学，十五入大学，舞勺舞象，有弦歌以养其耳，舞干羽以养其气血，有礼义以养其心，又且急则佩韦，缓则佩弦，出入闾巷，耳目视听及政事之施如是，则非僻之心无自而入"(《近思录》卷十一"古之士者，自十五入学，至四十方仕，中间自有二十五年学，又无利可趋，则所志可知。须去趋善，便

---

① 王孝鱼点校：《二程集》，中华书局2004年版，分见第71、117、140；4、139、155、141，35，4—5，75，184—187；1170、1199、1198、1269、1196页。

自此成德。后之人，自童稚间已有汲汲趋利之意，何由得向善。故古人必使四十而仕，然后志定。只营衣食却无害，惟利禄之诱最害人"）、卷十五"冠礼废，则天下无成人""宗子法废，后世谱牒尚有遗风。谱牒又废，人家不知来处，无百年之家。骨肉无统，虽至亲，恩亦薄"，以及卷十八"秦以暴虐，焚《诗》《书》而亡。汉兴，鉴其弊，必尚宽德崇经术之士，故儒者多……多守节之士……东汉之士多名节。知名节而不知节之以礼，遂至于苦节……苦节既极，故魏、晋之士变而为旷荡，尚浮虚而亡礼法。礼法既亡，与夷狄无异，故五胡乱华。夷狄之乱已甚，必有英雄出而平之……唐有天下……亦有夷狄之风，三纲不正，无父子君臣夫妇……陵夷有五代之乱。汉之治过于唐，汉大纲正，唐万目举。本朝大纲甚正，然万目亦未尽举"等；此外，又如《二程粹言·论政》"为治而不法三代，苟道也。虞舜不可及已，三代之治，其可复必也"、《君臣》"君子之事君也，不得其心，则尽其诚以感发其志而已。诚积而动，则虽昏蒙可开也，虽柔弱可辅也，虽不正可正也。古之人事庸君常主，而克行其道者，以己诚上达，而其君信之之笃耳"，以及《论政》"古之圣王所以能化奸恶为善良，绥仇敌为臣子者，由弗之绝也。苟无含洪之道，而与己异者一皆弃绝之，不几于弃天下以雠君子乎？故圣人无弃物，王者重绝人"①等。

吕大临（1046—1092）注重君子诚敬礼仪修教，如《礼记解》"仁者，以天下为一身者也……一民一物，莫非吾体""君子之行，莫先于敬鬼神。诚不欺于鬼神，则于天下也何有？故言礼者，必以祭祀为先"，以及《乡约》"德业相劝……过失相规……礼俗相交……各量其力，裁定名物及多少之数。若契分浅深不同，则各从其情之厚薄……患难相恤"②等。谢良佐（1050—1103）注重克己灭欲君子修证，如《上蔡语录》卷一"天理与人欲相对，有一分人欲，即灭却一分天理；存一分天理，即胜得一分人欲。人欲才肆，天理灭矣。任私用意，杜撰做事，所谓人欲肆矣"、卷二"人有己便有夸心，立己与物，几时到得与天为一处？须是克己，才觉时便克将去，从偏胜处

---

①　王孝鱼点校：《二程集》，中华书局2004年版，分见第161—162，70、72，162—163、146、162，236；1211、1245、1210页。

②　吕大临：《蓝田吕氏遗著辑校》，陈俊民辑校，中华书局1993年版，分见第233、231、563—565页。

克，克己之私则见理矣"①等。杨时（1053—1135）注重理一分殊君子修教，如《杨龟山集》卷二十《答胡康侯一》"天下之物，理一而分殊。知其理一，所以为仁；知其分殊，所以为义。权其分之轻重，无铢分之差则精矣"、卷十三《语录四》"朝廷作事，若要上下大小同心同德，须是道理明。盖天下只是一理，故其所为必同。若用智谋，则人人出其私意，私意万人万样，安得同"②等。胡宏（1105—1161）注重诚敬仁恕君子修养，如《与张敬夫》"仁之道大，须见大体，然后可以察己之偏而习于正"、《知言·事物》"行吾仁，谓之恕。操吾心，谓之敬。敬以养吾仁"，以及《知言·一气》"明理居敬，然后诚道得。天道至诚，故无息；人道主敬，所以求合乎天也。孔子自志学至于从心所欲不逾矩，敬道之成也。敬也者，君子之所以终身也"③等。张栻（1133—1180）注重居敬求仁君子学行，如《南轩集》卷十八《仁说》"仁为四德之长，而又可以兼包焉……学者其可不以求仁为要，而为仁其可不以克己为道乎"，卷十四《孟子讲义序》"学者潜心孔孟，必得其门而入，愚以为莫先于义利之辩……当立志以为先，持敬以为本，而精察于动静之间"，以及卷二十六《答陆子寿》"考圣人之教人，固不越乎致知力行之大端，患在人不知所用力耳"④等。

朱熹（1130—1200）继北宋五子而提升《四书》地位以深阐孔孟之道，《四书》遂正式升格为经，礼义学规与君子史观等亦相应全面确立，程朱理学由是确立。朱子论孔孟周程君子修教正统思想，集中于《四书章句集注》。如《孟子集注》释"性之反之"云"吕氏曰：法由此立，命由此出，圣人也；行法以俟命，君子也。圣人性之，君子所以复其性也"、《论语集注》释"学而时习"云"君子，成德之名……德之所以成，亦曰学之正、习之熟、说之深，而不已焉耳。程子曰：乐由说而后得，非乐不足以语君子"；《大学章句序》"大学之书，古之大学所以教人之法也……皆本之人君躬行心得之余，不待求之民生日用彝伦之外，是以当世之人无不学。其学焉者，无不有以知其

---

① 谢良佐：《上蔡语录》，影印《四库》698册，分见页569下、585下。
② 《龟山集》，影印《四库》1125册，页第300上、241上。
③ 《胡宏集》，中华书局1987年版，分见第130、22、28页。
④ 《南轩集》，影印《四库》1167册，分见页第570下—571上，539下，639下—670上。

性分之所固有，职分之所当为，而各俛焉以尽其力……河南程氏两夫子出，而有以接乎孟氏之传，实始尊信此篇而表章之……古者大学教人之法、圣经贤传之指，粲然复明于世。虽以熹之不敏……然于国家化民成俗之意、学者修己治人之方，则未必无小补云"，《大学章句》释"三纲领"云"大学者，大人之学也……言明明德、新民，皆当至于至善之地而不迁。盖必其有以尽夫天理之极，而无一毫人欲之私也"、释"格物致知"云"大学始教，必使学者即凡天下之物，莫不因其已知之理而益穷之，以求至乎其极。至于用力之久，而一旦豁然贯通焉，则众物之表里精粗无不到，而吾心之全体大用无不明矣"；《中庸章句序》"自上古圣神继天立极，而道统之传有自来矣。其见于经，则'允执厥中'者，尧之所以授舜也；'人心惟危，道心惟微，惟精惟一，允执厥中'者，舜之所以授禹也……自是以来，圣圣相承。若成汤、文、武之为君，皋陶、伊、傅、周、召之为臣，既皆以此而接夫道统之传。若吾夫子，则虽不得其位，而所以继往圣、开来学，其功反有贤于尧舜者。然当是时，见而知之者，惟颜氏、曾氏之传得其宗。及曾氏之再传，而复得夫子之孙子思……其曰天命率性，则道心之谓也；其曰择善固执，则精一之谓也；其曰君子时中，则执中之谓也……自是而又再传以得孟氏，为能推明是书，以承先圣之统，及其没而遂失其传焉。则吾道之所寄不越乎言语文字之间，而异端之说日新月盛，以至于老佛之徒出，则弥近理而大乱真矣。然而尚幸此书之不泯，故程夫子兄弟者出，得有所考，以续夫千载不传之绪；得有所据，以斥夫二家似是之非。盖子思之功于是为大，而微程夫子，则亦莫能因其语而得其心也"，《中庸章句》释"率性中和"云"君子之心常存敬畏，虽不见闻，亦不敢忽，所以存天理之本然，而不使离于须臾之顷也……君子既常戒惧，而于此尤加谨焉，所以遏人欲于将萌，而不使其滋长于隐微之中，以至离道之远也……自戒惧而约之，以至于至静之中，无少偏倚，而其守不失，则极其中而天地位矣。自谨独而精之，以至于应物之处，无少差谬，而无适不然，则极其和而万物育矣……中无定体，随时而在，是乃平常之理也。君子知其在我，故能戒谨不睹、恐惧不闻，而无时不中。小人不知有此，则肆欲妄行，而无所忌惮矣"；《论语集注》释"为君子儒"云"谢氏曰：君子小人之分，义与利之间而已。然所谓利者，岂必殖货财之谓？

以私灭公，适己自便，凡可以害天理者皆利也"，释"君子易事"云"君子之心公而恕，小人之心私而刻。天理人欲之间，每相反而已矣"，释"上达下达"云"君子循天理，故日进乎高明；小人殉人欲，故日究乎污下"，释"小人学道"云"君子小人，皆不可以不学"、释"君子之道"云"程子曰：君子教人有序，先传以小者近者，而后教以大者远者"，以及《孟子集注》释"何必曰利"云"仁义根于人心之固有，天理之公也。利心生于物我之相形，人欲之私也。循天理，则不求利而自无不利；殉人欲，则求利未得而害已随之。所谓毫厘之差，千里之缪。此《孟子》之书所以造端托始之深意，学者所宜精察而明辨也"[①]等。

朱子论君子修教是全方位的，如《白鹿洞书院揭示》君子为学之序、《沧洲精舍谕学者》《童蒙须知》《小学》等落实君子为学之序的礼法保障与入门规范，对后世君子修习次第影响深远，如《小学》朱子序"古者小学，教人以洒扫应对、进退之节，爱亲敬长、隆师亲友之道，皆所以为修身齐家治国平天下之本。而必使其讲而习之于幼稚之时，欲其习与智长，化与心成，而无扞格不胜之患也。今其全书虽不可见，而杂出于传记者亦多，读者往往直以古今异宜，而莫之行。殊不知，其无古今之异者，固未始不可行也"、朱子题辞"元亨利贞天道之常，仁义礼智人性之纲。凡此厥初无有不善，蔼然四端随感而见。爱亲敬兄忠君弟长，是曰秉彝有顺无强……昔非不足今岂有余，世远人亡经残教弛，蒙养弗端长益浮靡，乡无善俗世乏良材，利欲纷拏异言喧豗，幸兹秉彝极天罔坠，爰辑旧闻庶觉来裔，嗟嗟小子敬受此书，匪我言耄惟圣之谟"[②]。朱子弟子程端蒙（1143—1191）等著有《性理字训》（此后经程若庸敷衍补充而大为流行）、《程董学则》理学启蒙读物规则，使得程朱理学君子修教思想得以巩固发展。此外，吕大钧（1030—1082）《吕氏乡约乡仪》、吕本中（1084—1145）《童蒙训》、吕祖谦（1137—1181）讲学《规约》、刘清之（？—约1190）《戒子通录》、袁采（？—1195）《袁氏世范》、王应麟（1223—1296）《三字经》等亦

---

① 《四书章句集注》，分见第373、47；1—2、3、7；14—15、17—19；88、148、155、176、190、202页。

② ［宋］朱熹撰：《御定小学集注》，［明］陈选集注，影印《四库》699册，分见页523下，524下—525上。

为宋代儒者君子修教普及努力。如《袁氏世范》刘镇序"思所以为善，又思所以使人为善者，君子之用心也"、卷上《睦亲·性不可强合》"为父兄者，通情于子弟，而不责子弟之同于己；为子弟者，仰承于父兄，而不望父兄惟己之听，则处事之际，必相和协，无乖争之患"、卷中《处己·性有所偏在救失》"人之德性出于天资者，各有所偏。君子知其有所偏，故以其所习为而补之，则为全德之人。常人不自知其偏，以其所偏而直情径行，故多失"[1]等，再如《戒子通录》元代虞集序"人受天之命以生，亦犹子之禀父命而行也。君子畏天命而不敢违，犹孝子之从父命而不敢悖。事天事亲，其致一也。人之事天而不求于事亲，则不可以为人；子之事亲而不足以事天，则不可以为子。是故父命即天命也，同一至仁而无私者也。然而天不能为谆谆之诲也，知命者观乎风雨霜露之迹，变化消息之故而得之"[2]等。

　　陆九渊（1139—1193）论明心辨志君子修教，如《陆九渊集》卷十五《与唐司法》"理乃天下之公理，心乃天下之同心。圣贤之所以为圣贤者，不容私而已"、卷三十四《语录上》"汝耳自聪，目自明，事父自能孝，事兄自能弟，本无欠缺，不必他求，在自立而已"，卷十四《与包敏道二》"私意与公理，利欲与道义，其势不两立"、卷十五《与傅克明》"必有大疑大惧，深思痛省，决去世俗之习，如弃秽恶，如避寇仇，则此心之灵自有其仁，自有其智，自有其勇，私意俗习，如见晛之雪，虽欲存之而不可得，此乃谓之知至，乃谓之先立乎其大者"，卷三十五《语录下》"人心有病，须是剥落。剥落得一番，即一番清明，后随起来，又剥落，又清明，须是剥落得净尽方是"、卷三十四《语录上》"千虚不博一实，吾平生学问无他，只是一实"，以及卷二十三《白鹿洞书院论语讲义》"子曰：君子喻于义，小人喻于利。此章以义利判君子小人……苟不切己观省，亦恐未能有益也……学者于此，当辨其志。人之所喻由其所习，所习由其所志。志乎义，则所习者必在于义。所习在义，斯喻于义矣。志乎利，则所习者必在于利。所习在利，斯喻于利矣……专志乎义而日勉焉，博学审问，慎思明辨而笃行之。由是而进于场屋，其文必皆道其平日之学、胸中之蕴，而不诡于圣人。由是而仕，必皆共其职，勤其事，心乎国，心乎民，而不为身计，其得不谓之君子乎"①等。

吕祖谦（1137—1181）注重礼义躬行君子修教，如《丽泽论说集录》卷十《门人所记杂说二》"敬之一字，乃学者入道之门。敬也者，纯一不杂之谓也。事在此而心在彼，安能体得敬字。《大学》曰'君子无所不用其极'，盖非特一事当然也，凡事皆若是而后可"，《东莱外集》卷十《与内弟曾德宽二》"所向者正，所存者实，信其所当信，耻其所当耻，持身谦逊而不敢虚骄，遇事审细而不敢容易。如此则虽所到或远或近，要是君子路上人也"，以及卷七《与朱侍讲三》"大凡人之为学，最当于矫揉气质上做工夫。如懦者当强，急者当缓，视其偏而用力焉"、卷六《门人周公瑾所记》"大抵为学，须先识得大纲模样，使志趣常在这里。到做工夫，却随节次做去，渐渐行得一节，又问一节，方能见众理所聚"②等。

陈亮（1143—1194）注重体用一源君子教化，如《陈亮集》卷十九《汉论·高帝朝》"夫子之道即尧舜之道，尧舜之道即天地之道。天地以健顺育万物，故生生化化而不穷。尧舜以孝悌导万民，故日用饮食而不知。夫子以天地尧舜之道诏天下，故天下以仁义孝悌为常行"，卷十七《汉论·孝景》"心者治之原，其原一正则施之于治，循理而行，自与前人默契而无间。有如本原之地，已非其正，则措之政事之间，必有背理伤道而不自知者"、《文帝》"一人之心，万化之原也。本原不正，其如正天下何？是故人主不可不先正其心也。此心即正，纯矣而固……不以他道杂之，虽非常可喜之说欲乘间而进，吾无庸受焉，则始终惟一，无间杂之病，施之治道，岂不粹然而明，浑然而全欤"，以及卷九《勉强行道大有功》"喜怒哀乐爱恶……六者得其正则为道，失其正则为欲……一息不操则其心放矣……不敢以一息而不用吾力，不尽吾心，则强勉之实也。贤者在位，能者在职，而无一民之不安，无一物之不养，则大有功之验也"③等。但因缺少孟子内圣纯粹之修养环节，故陈亮实际上持有王霸可

---

① 《陆九渊集》，中华书局1980年版，分见第196、399、183、196、458、399、275—276页。
② 分见影印《四库》703册页第447上，1150册页第48—49、15—16、30页。
③ 《陈亮集》，中华书局1987年版，分见第212，196、194、101页。

以杂用而理欲可以并行、王霸事功可裨王道之阙的现实改良调和论调。

叶适（1150—1223）亦注重奉天法古君子实教，如《习学记言》卷四十七"物之所在，道则在焉……道虽广大，理备事足，而终归之于物，不使流散，此圣贤经世之业，非习为文词者所能知也"、《水心别集》卷七《中庸》"道原于一而成于两，古之言道者必以两……然则中庸者，所以济物之两而明道之一者也……水至于平而止，道至于中庸而止矣"，《习学记言》卷四十九"后世以孟子能传孔子，殆或庶几，然开德广，语治骤，处己过，涉世疏。学者趋新逐奇，忽亡本统，使道不完而有迹。自是而往，争言千载绝学矣"、卷二十三"古人以利与人而不自居其功，故道义光明。后世儒者行仲舒之论，既无功利，则道义者乃无用之虚语尔"，《水心别集》卷八《王通》"言仁义礼乐必归于唐、虞、三代，儒者之功也。言仁义礼乐至唐虞三代而止，儒者之过也……仁义礼乐何尝一日不行于天下……举三代而不遗两汉，道上古而不忽方来，仁义礼乐绳绳乎其在天下也"、卷七《总述》"上之治谓之皇极，下之教谓之大学，行之天下谓之中庸……上有治，下有教，而道行于天地万物之中，使无以异于唐、虞、三代之世，然后可以无憾"，以及《水心文集》卷十《敬亭后记》"程氏海学者必以敬为始……学有本始，如物始生，无不懋长焉，不可强立也……复礼者，学之始也……学必始于复礼，故治其非礼者而后能复。礼复而后能敬，所敬者寡而悦者众矣，则谓之无事焉可也"[①]等。可见与陈亮一样，叶适虽批评道学空疏流弊而肯定孟子性善论，但亦缺少孟子内圣纯粹之修养环节，故而其义理虽较陈亮精微，然亦终不脱偏于事功之本色。

与陈亮、叶适类似，金元过渡时期的赵秉文（1159—1232）亦反思宋代理学偏失而注重君子中道笃实修教。如《滏水集》卷十五《中说类解引》"大抵唐贤虽见道未至，而有忠厚之气。至于宋儒，多出新意，务抵斥，忠厚之气衰焉。学圣人之门，岂以胜劣为心哉"，卷一《性道教说》"自王氏之学兴，士大夫非道德性命不谈，而不知笃厚力行之实，其蔽至于以世教为俗学。而道学之弊，亦有以中为正位，仁为种姓，流为佛老而不自知，其蔽反有甚于传注之

---

① 分见《习学记言》（影印《四库》849册）页第774上、《叶适集》（中华书局2010年第2版）第732页，《习学记言》页第798下、528下、《叶适集》第742—743、726—727、163—164页。

学"、《大学·原教》"孟子言四端而不及信，虽兼言五者，实主仁义而言之，于时未有五常之目也。汉儒以天下之通道莫大于五者，天下从而是之。扬子以身系诸道德仁义礼，辟老氏而言也。韩子以仁义为定名，道德为虚位，辟佛老而言也。言各有当而已矣。然自韩子言仁义而不及道德，王氏所以有道德性命之说也。然学韩而不至，不失为儒者，学王而不至，其蔽必至于佛老，流而为申韩……过于仁，佛老之教也；过于义，申韩之术也。仁义合而为孔子"、《中说》"苏黄门言不思善不思恶，与夫李习之灭情以归性，近乎寒灰槁木，杂佛而言也"，以及卷一《诚说》"夫道，何为者也？非太高难行之道也。今夫清虚寂灭之道，绝世离伦，非切于日用，或行焉，或否焉，自若也。至于君臣、父子、夫妇、兄弟、朋友之大经，可一日离乎？故曰：可离非道也"①等。

元初许衡（1209—1281）信奉程朱而用夏化夷，注重敬省力行君子修教。如《鲁斋遗书》卷二《语录下》"世间只两事，知与行而已。诲之使知，劳之使行，其忠爱无穷焉。爱焉而勿劳则骄，易流于恶。忠焉而勿诲则妄，行犯于过咎，反有害乎忠爱矣"、卷五《中庸直解》"学问思辨，既有所得，必皆着实见于践履而躬行之"，卷二《语录下》"精微义理，入于神妙，到致用处，是行得熟，百发百中""众人多为气禀所拘，物欲所蔽，本性不得常存"，卷三《论明明德》"为学之初，先要持敬……身心收敛，气不粗暴……常念天地鬼神临之……不要逐物去了，虽在千万人中，常知有己"，以及卷二《语录下》"不睹不闻之时，戒慎恐惧以存之，所以存天理之本然，而不使之须臾离道……一念方动，非善即恶。恶是气禀人欲，即遏之不使滋长。善是性中本然之理，即执之不使变迁，如此则应物无少差谬"②等。

刘因（1249—1293）则注重君子法古学行次第，如《静修续集》卷三《叙学》"世变既下，风俗日坏，学者与世俯仰，莫之致力，欲其材之全得乎三代之学，大小之次第，先后之品节，虽有余绪，竟亦莫之适从，惟当致力六经、《语》《孟》耳""世人往往以《语》《孟》为学问之始，而不知《语》《孟》圣贤

---

① 《滏水集》，影印《四库》1190册，分见页第239下，80下—81上、79上一下、82上，82下。

② 《鲁斋遗书》，影印《四库》1198册，分见页第293上、365下，289下、291上，316下，291上一下。

之成终者，所谓'博学而详说之，将以反说约'者也。圣贤以是为终，学者以是为始，未说圣贤之详，遽说圣贤之约，不亦背驰矣乎？所谓'颜状未离于婴孩，高谈已及于性命'者也"，"治六经必自《诗》始……本诸《诗》以求其情，本诸《书》以求其辞，本诸《礼》以求其节，本诸《春秋》以求其断，然后以《诗》《书》《礼》为学之体，《春秋》为学之用，一贯本末具举""礼乐不明则不可以学《春秋》，五经不明则不可以学《易》。夫不知其粗者，则其精者岂能知也。迩者未尽，则其远者岂能尽也""学者多好高务远，求名而遗实，逾分而远探，躐等而力穷，故人异学，家异传，圣人之意晦而不明"，以及"六经既治，《语》《孟》既精，而后学史。先立乎其大者，小者弗能夺也。胸中有六经、《语》《孟》为主，彼兴废之迹不吾欺也""史既治，则读诸子……董子《三策》明白纯正，孟轲之亚……文中子……亦孟轲氏之亚也。韩子……诋斥佛老，扶持周孔，亦孟轲氏之亚也"[①]等。

吴澄（1249—1333）注重君子和会修教实践，如《吴文正集》卷三七《临汝书院重修尊经阁记》"所闻于经之言，如覃怀许公所谓'信之如神明，敬之如父母'，而后谓之尊。读其言而不践其言，是侮圣人之言也，谓之尊经，可乎"、卷三六《临川县学记》"朱子之学，宗程而祖孔。孔子之道，皦如日月，人心所同得也。究其礼，践其事，以吾心之所同得契圣人之所先得，知必真知，行必实行，岂徒剿掠四书五经之绪言以趋时干进而已哉"，卷二八《送李教谕赴石城任序》"古圣遗经，先儒俱有成说，立异不可，徇同亦不可，虚心以玩其辞，反身以验其实，博览而归诸约，旁通而贯于一，一旦豁然有悟，则所得者，非止古人之糟粕也"、卷二五《赠学录陈华瑞序》"实悟为格，实践为诚。物既格者，醒梦而为觉；否则，虽当觉时亦梦也。意既诚者，转兽而为人；否则，虽列人群亦兽也。号为读四书而未离乎梦、未免乎兽者盖不鲜，可不惧哉。物之格在研精，意之诚在慎独。苟能是，始可为真儒，可以范俗，可以垂世"，以及卷二七《送陈洪范序》"夫朱子之教人也，必先之读书讲学；陆子之教人也，必使之真知实践。读书讲学者，固以为真知实践之地；真知实

---

① 《静修集》（《静修续集》），影印《四库》1198册，分见页第683下、683下，683下—684上、684上、684上，684下、685下—686上。

践者，亦必自读书讲学而入。二师之为教，一也。而二家庸劣之门人，各立标榜，互相诋訾，至于今学者犹惑"①等。

金华朱学正宗嫡传学者中，金履祥（1232—1303）注重效习复觉君子修教，如《论语集注考证》卷一"古人为学是先从事上学。所谓先觉之所为，是其行事践履、文辞制度，凡《诗》《书》六艺之文，皆先觉之所为也……觉，知也；为，能也。明善，知也；复初，能也……圣贤，先觉之人，知而能之，知行合一。后觉所以效之者，必自其所为而效之，盖于其言行制作而体认之也"，以及《仁山文集》卷三《讲义·复其见天地之心》"凡事莫不有复。如学宫既废而新，则为学校之复。纲常既晦而明，则为世道之复。国家既危而安，则为国势之复"②等。许谦（1270—1337）注重变化气质君子修教，如《读四书丛说·大学》"气禀不齐，大约且分四等，曰清、浊、纯、驳。清者智而浊者愚，纯粹者贤而驳杂者不肖。此以四者不杂两端极处言之。若清多浊少，浊多清少，纯多驳少，驳多纯少，或清而驳，或纯而浊，万有不齐，故人之资质，各各不同"、《论语下·性相近章》"人之初生之时，性不甚相远，至于所习不同而后远尔。若得清者必好学，必至于圣贤；得浊者好学不已，亦可至于圣贤。浊者又不好学，则为小人，即下所谓下愚是也。清者若不好学，亦为小人之归"，《大学》"明明德是要变化气质，消除物欲。气禀已一定，物欲则日增。用功者，但要随时随事止遏物欲"、《论语下·颜渊章》"理与欲二者在人心常相消长。理明一分，则人欲消一分；欲长一分，则天理消一分。学者但要究明天理，屏去私欲。若欲尽理明，应事接物，件件适中，即是全体之仁"，《论语上·学而章》"人之受命于天以生，存于心则有仁义礼智信五常之性，接于身则有父子、君臣、长幼、夫妇、朋友之伦。五常者，五伦之则也"，《大学》"凡非圣人之道，而别立异论者，皆异端。此是总名，虚无寂灭，又是其中目之大者。老氏以无为道，而其用专以清静为宗；释氏以万物皆空，然后见其本性，而以寂灭为期。圣学止是五常人伦，一切都是实事，全然

①　《吴文正集》，影印《四库》1197册，分见页第398下、385上，294上—下、267下，290上—下。

②　《论语集注考证》《仁山文集》，分见影印《四库》202册页第42上，1189册页第811下—812上。

相反戾""格物本是逐一件穷究，格来格去，忽然贯通。如知事人之理，便知事鬼之理；知生之道，便知死之道……盖事虽万殊，理只是一，晓理之在此事如此，便可晓理之在彼事亦如此。到此须有融会贯通，脱然无碍""一物之格，便是吾之心知于此一理为至，及应此事便当诚其意，正其心，修其身也。须一条一节，逐旋理会，他日凑合将来，遂全其知，而足应天下之事矣"，《论语上·一贯章》"若于事物上不曾见得道理，便说一贯，只是虚谈。穷事物之理既多，不知一贯之义，却又窒塞"，《论语中·冉求章》"为学之道先立志，欲求至于圣贤，却随事只管低头做将去，明一分道理，便行一分道理。一边明理，一边力行，都不要计较功效。须要见得圣人亦是人做，我亦可学而至。学之所以未至者，只是理未明，行未力耳。长持此心，笃志行之，自少至老，不倦到头，却随人力量高下，见其成功浅深，最不可作界限"，以及《白云集》卷二《送胡古愚序》"古之立言者，诵于口而可以心存，存于心而可以身践而成天下之务，则圣人之道也。今口诵之而不足明乎心，降其心以识之，而不可施于事，是则老、佛之流之说尔。为老、佛之说者措之事，固不能行于跬步，而自理其身，庸可以为善人？则好为异说者，其风又下于彼矣"[1]等。

　　元代陆学学者主陆朱和会而反思朱学流弊，如刘埙（1240—1319）、陈苑（1256—1330）、危素（1303—1372）、赵偕（？—1364）等，对宋明理学发展亦有补充性贡献，且构成了明代心学的必要过渡性环节，但这些学者对道、释态度大都因含混不清而遗有后患。理学学者郑玉（1298—1358）亦主朱陆合会而反思朱陆末学流弊，其论君子修教力行次第者，如《师山遗文》卷三《与汪真卿书》"朱子……号集大成，功与孔孟同科矣……天地之秘、圣贤之妙发挥无余蕴矣。然自是以来，三尺之童即谈忠恕，目未识丁亦闻性与天道，一变而为口耳之弊。盖古人之学，是以所到之深浅为所见之高下，所言皆实事。今人之学，是游心千里之外，而此身元不离家，所见虽远，而皆空言矣。此岂朱子毕尽精微以教世之意哉，学者之得罪于圣门而负朱子也深矣"，"陆子静高明不及明

---

[1]　分见《读四书丛说》，王云五主编：《丛书集成初编》1936年初版，中华书局新版56册，第11、257、23、232，111、19、31、22，156，174页，《白云集》，影印《四库》1199册，页第564上。

道，缜密不及晦庵，然其简易光明之说，亦未始为无见之言也。故其徒传之久远，施于政事卓然可观，而无颓堕不振之习。但其教尽是略下功夫，而无先后之序，而其所见又不免有'知者过之'之失。故以之自修虽有余，而学之者恐有画虎不成之弊"，以及"近时学者，未知本领所在，先立异同。宗朱子则肆毁象山，党陆氏则非议朱子。此等皆是学术风俗之坏，殊非好气象也"①等。

宋元之时理学为主，故延至明初。而元末儒者朱陆合会，主张尊情宜性的文人阶层又兴起，且明太祖、成祖等国策多为三教并尊，故而明初之后心学随即大兴。明代宋濂（1310—1381）论君子修教偏重心学禅学而融合理学，如《六经论》"六经皆心学也，心中之理无不具，故六经之言无不该，六经所以笔吾心之理者也……说天莫辨乎《易》，由吾心即太极也；说事莫辨乎《书》，由吾心政之府也；说志莫辨乎《诗》，由吾心统性情也；说理莫辨乎《春秋》，由吾心分善恶也；说体莫辨乎《礼》，由吾心有天序也；导民莫过乎《乐》，由吾心备人和也"，《龙门子凝道记·天下枢》"能体此心之量而践之者，圣人之事也，如羲、尧、舜、文、孔子是也。能知此心，欲践之而未至一间者，大贤之事也，如颜渊、孟轲是也。或存或亡，而其功未醇者，学者之事也，董仲舒、王通是也。全失是心，而唯游气所徇者，小人之事也，如盗跖、恶来是也"、《段干微》"得濂洛之正学者鼎立而为三：金华（吕祖谦）也，广汉（张栻）也，武夷（朱熹）也。虽其所见时有不同，其道则一而已。盖武夷主于知行并进，广汉则欲严于义利之辨，金华则欲下学上达。虽教人入道之门或殊，而三者不可废一也""（苏轼）文辞气焰有动摇山岳之势，盖其才甚高，识甚明，举一世皆奔走之。恨其一徇纵横捭阖之术，而弗知先王之道。士之轻佻浮诞者恒倚之以为重，礼义廉耻，则弃去而弗之恤。使其得君，其祸天下有不在金陵下也"（此外，又评叶适崇尚经制求合先王但忘大本而拘泥细微，陈亮意气豪迈而学术有偏，陆九渊立大本尊德性而道问学不足，张九成奉节清峻然学出禅宗等），以及《故新昌杨府君墓铭》"文者将以载道，道与文非二致也。自夫世教衰，民失其正。高谈性命者，每鄙辞章为陋习；拘泥辞章者，辄弃性命为空言。相互讥讪，莫可有定。殊不知道与文犹形影然，有形斯有影，

---

① ［元］郑玉：《师山集》，影印《四库》1217册，分见页第83上—下，83下—84上，83下。

岂可歧而二之乎"等；其结论即《七儒解》"我所愿，则学孔子也。其道，则仁义礼智信也；其伦，则父子、君臣、夫妇、长幼、朋友也。其事易知且易行也，能行之则身可修也，家可齐也，国可治也，天下可平也"、《龙门子凝道记·越生微》"巧与通，吾岂不能哉，盖耻之弗敢行也。何也？巧则用机，用机则逐物，逐物则背道矣。通则徇世，徇世则丧己，丧己则失德矣。蚩蚩众民，夫岂知拙乃大巧，迂乃大通者耶"① 等。

方孝孺（1357—1402）注重崇学复礼君子修教，就君子学行而言，如《方孝孺集》卷一《宗仪九首·务学》"学者，君子之先务也……将以学为人也，将以学事人也，将以学治人也，将以矫偏邪而复于正也……非为华宠、名誉、爵禄也，复其性，尽人之道焉耳""其说存于《易》《诗》《书》《春秋》、三《礼》，其理具乎心，其事始乎穷理，终乎知天。其业始于修己，终于治人。其功用至于均节运化，涵育万物。大得之而圣，深造之而贤，勉修之而为君子"，以及卷六《学辨》"夫所谓善学者，学诸《易》以通阴阳之故，性命之理；学之《诗》以求事物之情，伦理之懿；学之《礼》以识中和之极，节文之变；学之《书》以达治乱之由，政事之序；学之《春秋》以参天人之际，君臣华夷之分，而学之大统得矣。然不可骤而进也，盖有渐焉。先之《大学》以正其本，次之孟轲之书以振其气，则之《论语》以观其中，约之《中庸》以逢其原，然后六经有所措矣。博之诸子以晰其辨，索之史记以质其效，归之伊洛关闽之说，以定其是非。既不谬矣，参天下之理以明之，察生民之利害以凝之"等；就君子教化而言，则如卷三《君职》"能均天下之谓君，臣覆兆民之谓君，立政教，作礼乐，使善恶各得其所之谓君"，《正俗》"宋亡，元主中国者八十余年。中国之民，言语、服食、器用、礼文不化而为夷者，鲜矣……元之俗贪鄙暴戾，故今宜用礼义为质，而行周之制"、卷二《后正统论》"俗之相成，岁熏月染，使人化而不知……苟以夷狄之主而进之于中国，则无厌之虏何以惩畏，安知其不复为中国害乎？如是则生民之祸大矣，斯固仁者之所不忍也"，以及卷二《释统上》"正统之说，何为而

---

① 《宋濂全集》，浙江古籍出版社1999年版，分见第72，1774、1788、1787、1242；71、1807页。

立耶……苟欲假此以寓褒贬，正大分，申君臣之义，明仁暴之别，内夏外夷，扶天理而诛人伪，则不宜无辨。而猥加之以是名，使圣智夷乎暴桀，顺人者等乎逆弑也"[①]等。

曹端（1376—1434）注重天理中正君子修教，如《曹端集》卷一《太极图说述解序》"理学之源，实天所出……圣心，一天理而已。圣作，一天为而已"、卷二《通书述解·圣学》"一即太极，是纯一不杂之谓也……只是纯然是个天理，无一点私欲。且无欲便觉自在……常人如何便得无欲？故伊川只说一个'敬'字，教人只就敬上捱去，庶几执捉得定，有个下手处"，《西铭述解》"事天者，存其心，养其性，则不懈乎事天矣。此二者，畏天之事，而君子所以求践夫形者也"，以及《通书述解·慎动》"君子必谨其所动，动必以正，则和在其中矣"、《富贵》"'君子以道充为贵'。君子，圣贤之通称。道，一也，语上则极乎高明，语下则涉乎形器，语大则至于无外，语小则入于无内，而其大要则曰中，而大目则曰三纲五常焉。充之则贵莫加焉。'身安为富'，身外无道，道外无身，身安则足以任道，富孰加焉"[②]等。

薛瑄（1389—1464）注重诚敬笃实君子修教。《读书录》论君子修养者，如卷一"元亨利贞，天之四德。仁义礼智，人之四德。天德流行而不息者，刚健而已。人虽有是德而不能无间断者，由有私柔杂之也，故贵乎自强不息。人心有一息之息，便与天地之化不相似……天理无内外隐显之间，故贵乎谨独。独处不能谨而徒饰乎外，伪也。为学之要，莫切于动静。动静合宜者，便是天理。不合宜者，便是人欲。人心一息之顷不在天理，便在人欲，未有不在天理人欲而中立者也"，卷九"为学，只要分理欲二字"、卷一"无欲非道，入道自无欲始"、卷五"不以礼制心，其欲无涯"，卷一"尽心功夫，全在知性知天上。盖性即理，而天即理之所从出。人能知性知天，则天下之理无不明，而此心之体无不贯……读书当因其言，以求其所言之实理于吾身

---

① 《方孝孺集》，浙江古籍出版社2013年版，分见第58—59、59，214；93，107—109、73，66—67页。

② 《曹端集》，中华书局2003年版，分见第1、73，123，40、101页。

心可也。不然则滞于言语，而不能有以自觉矣，是何足与言仁义也"、卷二"当于心意言动上做工夫，心必操，意必诚，言必谨，动必慎，内外交修之法也""先儒曰：他山之石，可以攻玉。与小人处，则动心忍性，增修预防，而德乃进"（又如《理学粹言》"道妙莫测，靡有所定，惟敬则能凝聚得此理常在……敬之一字，乃聚德之本，而为践形之要也欤"[①]）等；《读书录》论君子教化者，则如《读书录》卷六"三纲五常之道，根于天命而具于人心，历万世如一日，循之则为顺天理而治，悖之则为逆天理而乱。自尧舜三代历汉唐以至宋，上下数千年，盖可考其迹而验其实也"，卷二"心大则如天之无物不包，心小则如天之无物不入……仁只是此心之理，与万物都相贯通，故欣戚相关而能爱"、卷五"圣贤教人，皆略启其端，使学者深思而自得之……则守之固而不忘矣"，卷一"和而敬，敬而和，处众之道""不能感人，皆诚之未至"，卷六"圣人多教人以下学人事。古者诗书礼乐，多就事上教人，而穷理亦就物上穷究，故所学精粗本末兼该而无弊。后世或论理太高，学者践履未尽粗近，而议论已极精深，故未免有弊"，卷七"盛之极者衰之始，天遇风也。消之极者息之端，地逢雷也。一盛一衰，一消一息，气化之自然也……'天下无独必有对'……推之万事万物，吉凶是非，君子小人，夷狄中国，无无对者，只是一阴一阳而已"等；《读书录》论君子修教道统者，如卷九"尧舜之道，非孔子无以明。濂洛之道，非朱子无以发。周子、程子、张子之学，非得朱子为之发明，后世纷纷莫知所定论矣"、卷六"周、程、张、朱有大功于天下万世，不可胜言，于千余年俗学异端淆乱驳杂中，剔拨出四书来表章发明，遂使圣学晦而复明，大道绝而复续，粲然各为全书，流布四海，而俗学异端之说，自不得以干其正，其功大矣"，卷一"二程则表章《大学》《中庸》《语》《孟》，述孔门教人之法，使皆由此而进，自洒扫应对孝弟忠信之常，以渐及乎精义入神之妙，循循有序，人得而依据，此朱子以二程子上继孔孟之统……及朱子又集小学之书，以为大学之基本，注释四书以发圣贤之渊微，是则继二程之统者朱子也。至许鲁斋专以小学四书为修己教人之法，不尚文辞，务敦实行，是则继朱子之统者鲁斋也"，以及卷五

---

① ［明］薛瑄：《薛瑄全集》，陕西人民出版社1990年版，第1507页。

"汉唐以来，正教与异学并行，而学者莫知所宗。自宋诸君子表章四书五经而发挥之，如日月经天而爝火自息。有志之士，宜熟读精思而力行之，庶不负先正之教云。四书满天下，真知实践者盖有之矣，吾不得而识其人也"等；《读书录》进而分判三教，如卷五"三教之说，其来久矣。使教有三，则天地之化亦有三矣……孟子曰：天之生物也一本。而世以三教并称，则是天之生物，亦有三本耶"，以及卷一"圣贤之言，坦易而明白。异端之言，崎岖而茫昧""老庄虽翻腾道理，愚弄一世，奇诡万变，不可摸拟，卒归于自私，与释氏同。圣人之所以为圣人，以其公天地万物为一体，屈伸消长，进退存亡，一由乎理之自然而不自私也。老庄必欲外天地万物，极其智术，为巧免之计，其自私也甚矣"①等。

邱浚（1420—1495）论反本礼乐君子修教，立足程朱理学而注重明德亲民经世致用。如《大学衍义补》自序"《大学》一书，儒者全体大用之学也。原于一人之心，该夫万事之理，而关乎亿兆人民之生。其本在乎身也，其则在乎家也，其功用极于天下之大也。圣人立之以为教，人君本之以为治，士子业之以为学，而用以辅君。是盖六经之总要，万世之大典，二帝三王以来传心经世之遗法也……儒者之学，有体有用。体虽本乎一理，用则散于万事。要必析之极其精而不乱，然后合之尽其大而无余……仿真氏所衍之义，而于齐家之下，又补以治国平天下之要也。其为目凡十有二，曰正朝廷、曰正百官、曰固邦本、曰制国用、曰明礼乐、曰秩祭祀、曰崇教化、曰备规制、曰慎刑宪、曰严武备、曰驭夷狄、曰成功化。先其本而后末，繇乎内以及外，而终归于圣神功化之极，所以兼本末，合内外，以成夫全体大用之极功也"，卷三六《明礼乐·总论礼乐之道上》"自昔人君为治之大本，惟在于礼乐。礼之大者，在郊天享庙。乐之大者，在章德象成。故其制为一代之礼，以节天下之事，使其所行者咸有节，而无大过不及之差。修为一代之乐，以道万民之志，使其所存者得以通，而无郁结不平之患……人心莫不有欲，而所欲者莫不各有所好恶。好

---

① 薛瑄：《读书录》，《孔子文化大全》本，分见第35—36，491、65、274、63—66、86、103；341、90、262—263、74、68、295、356—357；492、297—298、55—56、288；265、60、50—51页。

恶得其平，则是人道之正也，故圣人因礼乐而示之以好恶之正……礼以节之，则民之行也无不中。乐以和之，则民之言也无不和。是则丧纪也，安乐也，男女也，交际也，人人所有也，任其自有而自为之，不失之太过，则失之不及。是以先王为之衰麻哭泣，为之钟鼓干戚，为之婚姻冠笄，为之射乡食飨，皆是因其所当为而为之节也，岂以私意巧智为之哉"，卷三八《礼仪之节上》"天之伦序，有不易之典，而正之在我者，必使君臣、父子、兄弟、夫妇、朋友五者之伦，而各有义有亲，与夫有序有别有信，咸惇厚而不薄焉。天之品秩，有自然之理，而出之自我者，必使吉、凶、军、宾、嘉五者之礼，而各有尊卑贵贱等级隆杀，咸有常而不变焉""礼之为礼，是乃吾心大中至正之界限。人有礼，则中有定见，外有定守，而不为外物所动矣"，以及卷三九《礼仪之节中》"礼之所以防范人心，纲维世变，如纲之有纪然。纪散，则纲之目无所维；礼散，则人之心无所守。前篇言坏国、丧家、亡人必先去其礼者，此也"、卷四十《礼仪之节下》"古礼之不能行于今世，亦犹今礼之不可行于古也。虽然，万古此天地，万古此人心，礼出于人心，圣人缘人情而制为礼，何有古今之异哉……推原人心固有之理，考求先王制作之意，因其风气，顺其时势，称其情文，斟酌损益，以渐行之，立为一代之制云"[①]等。

吴与弼（1391—1469）注重痛切克己君子修教，如《日录》"日夜痛自点检且不暇，岂有工夫点检他人耶？责人密，自治疏矣，可不戒哉。明德新民，虽无二致，然己德未明，遽欲新民，不惟失本末先后之序，岂能有新民之效乎？徒尔劳攘，成私意也""胸次鄙吝，其可愧耻……吾之所以不能如圣贤，而未免动摇于区区利害之间者，察理不精，躬行不熟故也。吾之所为者，惠迪而已"[②]等。胡居仁（1434—1484）注重敬义夹持君子修教，如《续白鹿洞学规》"所以放者，由于物欲牵引，旧习缠绕。故杂虑纷纭，不能休息，而无时在腔子之内也。唯能主乎诚敬，则本心全体即此而存，外邪客虑无自入矣。盖真实无妄之谓诚，主一无适之谓敬。二者既立，则天理安有不明，人欲何从而

---

① ［明］邱浚：《大学衍义补》，林冠群、周济夫校点，京华出版社1999年版，分见第2—3，326—327，340、345，350、361页。

② ［明］吴与弼：《康斋集》卷十一，影印《四库》1251册，分见页第567上、569上。

生哉",《居业录》卷二"圣贤工夫虽多,莫切要如敬字……程朱开圣学门庭,只主敬穷理,便教学者有入处""敬该动静。静坐端严,敬也;随事检点致谨,亦敬也。敬兼内外。容貌庄正,敬也;心地湛然纯一,敬也",卷八"人之学易差。罗仲素、李延平教学者静坐中看喜怒哀乐未发以前气象,此便差却。既是未发,如何看得?只存养便是……古人于静时只下个操存涵养字,便是静中工夫。思索省察,是动上工夫。然动静两端,时节界限甚明,工夫所施,各有所当,不可乖乱混杂,所谓'动静不失其时,其道光明'。今世又有一等学问,言静中不可着个操字,若操时又不是静,以'何思何虑'为主,悉屏思虑,以为静中工夫只是如此,所以流于老、佛。不知操字是持守之意,即静时敬也。若无个操字,是中无主,悠悠茫茫,无所归着,若不外驰,定入空无。此学所以易差也",以及卷七"视鼻端白,以之调息去疾则可,以之存心则全不是……盖取在身至近一物以系其心,如反观内视亦是此法,佛家用数珠亦是此法,羁制其心,不使妄动。呜呼,心之神灵,足以具众理应万事,不能敬以存之,乃羁于一物之小,置之无用之所,哀哉"①等。

陈献章(1428—1500)注重自然无执君子体悟,如《与湛民泽》"人与天地同体,四时以行,百物以生,若滞在一处,安能为造化之主耶。古之善学者,常令此心在无物处,便运用得转耳。学者以自然为宗,不可不著意理会",《与谢元吉》"人心上容留一物不得,才著一物,则有碍……是以圣贤之心,廓然若无,感而后应,不感则不应。又不特圣贤如此,人心本来体段皆一般,只要养之以静,便自开大",以及《程乡县社学记》"天下之事,无本不立。小学,学之本也。保自然之和,禁未萌之欲,日就月将,以驯致乎大学,教之序也"②等。湛若水(1466—1560)注重体任天理君子修教,如《答阳明》"格者,至也……物者,天理也……即道也。格即造诣之义,格物者即造道也。知行并进,学问思辨行,所以造道也。故读书、亲师友、酬应,随时随处,皆求体认天理而涵养之,无非造道之功……诚、正、修功夫,皆于

① 分见影印《四库》1260册《胡文敬集》卷二页第56下,714册《居业录》页第10下—11上、13下、76下、68下。
② 分见《明儒学案》卷五,中华书局2008年版,第87,85—86页,《陈献章集》第31页。

格物上用。家国天下皆即此扩充，无两段功夫。此即所谓止至善"、《新泉问辩录》"随处体认天理，自初学以上皆然，不分先后。居处恭，执事敬，与人忠，即随处体认天理之功，连静坐亦在内矣"，以及《答余督学》"古之论学，未有以静为言者。以静为言者，皆禅也。故孔门之教，皆欲事上求仁，动时着力……故善学者必令动静一于敬，敬立则动静浑矣，此合内外之道也"、《答徐曰仁工曹》"学者之病，全在三截两截，不成片段……如人身血气不通，安得长进？元来只是敬上理会未透，故未有得力处……吾人切要，只于'执事敬'用功……一以贯之，内外上下，莫非此理，更有何事？吾儒开物成务之学异于佛老者，此也"①等。至于湛门弟子吕怀、何迁、洪垣、唐枢，以及唐枢弟子许孚远、再传弟子冯从吾、刘宗周等，对湛学君子修教义理均有发挥，对阳明心学流弊亦有批判，此不展开。

三、明清以来：儒学君子观转型裂变期

概要言之，大众教化内在转型逐步成为宋明以来尤其是明中叶以来的儒教重心，而应此兴起的以王阳明、黄宗羲为代表的陆王心学与以戴震、阮元为代表的乾嘉朴学两极相反，虽均有其独到价值，但只能是君子修教辅助之杂统而非儒教正统，且其极端泛滥必然导致了个性解放与礼教失序的恶劣后果，加之明清以来世俗功利与三教混滥现象的冲击，明中叶以来儒学君子观步入转型裂变期。

王阳明（1472—1528）注重自致良知之君子修教，于自觉精进、补偏救弊有功，但以本心良知为教，必致三教混同而礼义消解，故有"流禅入虚""满街圣人"、意见利欲混滥等修教之弊，而决非上下共成、万世无弊之康庄大道。如《传习录上》"心即理也。此心无私欲之蔽，即是天理，不须外面添一分。以此纯乎天理之心，发之事父便是孝，发之事君便是忠，发之交友治民便是信与仁。只在此心去人欲、存天理上用功便是"，"所以谓之圣，只论精一，不论多寡。只要此心纯乎天理处同，便同谓之圣。若是力量气魄，如何尽同

---

① ［明］湛若水：《湛甘泉先生文集》，《四库全书存目丛书》本，分见卷七第18页，卷八第26页，卷七第6、2—3页。

得……各人尽着自己力量精神，只在此心纯乎天理上用功，即人人自有，个个圆成，便能大以成大，小以成小，不假外慕，无不具足。此便是实实落落明善诚身的事"，"后世不知作圣之本是纯乎天理，却专去知识才能上求圣人……不务去天理上着功夫，徒弊精竭力，从册子上钻研，名物上考索，形迹上比拟，知识愈广而人欲愈滋，才力愈多而天理愈蔽"，"知是行的主意，行是知的功夫。知是行之始，行是知之成……世间有一种人，懵懵懂懂地任意去做，全不解思维省察，也只是个冥行妄作，所以必说个知，方才行得是。又有一种人，茫茫荡荡悬空去思索，全不肯着实躬行，也只是个揣摩影响，所以必说一个行，方才知得真"；《传习录下》"今人学问，只因知行分作两件，故有一念发动，虽是不善，然却未曾行，便不去禁止。我今说个知行合一，正要人晓得，一念发动处，便即是行了。发动处有不善，就将这不善的念克倒了，须是彻根彻底，不使那一念不善潜伏在胸中。此是我立言宗旨""务要立个必为圣人之心，时时刻刻，须是一棒一条痕，一掴一掌血，方能听吾说话句句得力。若茫茫荡荡度日，譬如一块死肉，打也不知得痛痒，恐终不济事，回家只寻得旧时伎俩而已，岂不惜哉"，《传习录中》"所谓致知格物者，致吾心之良知于事事物物也。吾心之良知，即所谓天理也。致吾心良知之天理于事事物物，则事事物物皆得其理矣"、《传习录下》"喜怒哀惧爱恶欲，谓之七情。七者俱是人心合有的，但要认得良知明白……七情顺其自然之流行，皆是良知之用，不可分别善恶，但不可有所着。七情有着，俱谓之欲，俱为良知之蔽。然才有着时，良知亦自会觉。觉即蔽去，复其体矣。此处能勘得破，方是简易透彻功夫"，以及"良知只在声色货利上用功，能致得良知精精明明，毫发无蔽，则声色货利之交，无非天则流行矣""我辈致知，只是各随分限所及。今日良知见在如此，只随今日所知扩充到底；明日良知又有开悟，便从明日所知扩充到底。如此方是精一功夫。与人论学，亦须随人分限所及"[①]等。

阳明后学出现了君子修证个性分化与精英体悟狭隘化趋向。先就浙中王门而言，王畿（1498—1583）重先天正心而以"四无"感应为君子修教宗要，

[①] 《象山语录　阳明传习录》，分见第168—169，199，196，171；268、296、213、283、295、267—268页。

但已以良知消解三教差别而趋同于佛老异教，如《王畿集·答李渐庵》卷十一
"只从一念入微处讨生死，全体精神打并归一，看他起处，看他落处，精专凝
定，不复知有其他。此念绵密，道力胜于业力，习气自无从而入，杂念自无
从而生。此时端本澄源第一义，所谓宗要也"，《趋庭谩语付应斌儿》"君子之
学，以无念为宗。然此非见解所能亿测，气魄所能承当。须时时从一念入微归
根反证，不作些子漏泄，动静二相了然不生。有事时主宰常寂，自不至逐物；
无事时主宰惺惺，自不至著空。时时习静，察识端倪，泠然自照，自然畅达，
自然充周"，以及卷十七《三教堂记》"人受天地之中以生，均有恒性，初未
尝以某为儒，某为老，某为佛而分授之也。良知者，性之灵，以天地万物为
一体，范围三教之枢……学佛老者，苟能以复性为宗，不沦于幻妄，是即道
释之儒也；为吾儒者，自私用智，不能普物而明宗，则亦儒之异端而已。毫
厘之辨，其机甚微。吾儒之学明，二氏始有所证。须得其髓，非言思可得而
测也"[1]等；钱德洪（1496—1574）重后天诚意而以"四有"感应为君子修证宗
要，如《会语》"盖心无体，心之上不可以言功也。应感起物而好恶形焉，于
是乎有精察克治之功。诚意之功极，则体自寂而应自顺。初学以至成德，彻始
彻终，无二功也。是故不事诚意而求寂与悟，是不入门而思见宗庙百官也；知
寂与悟而不示人以诚意之功，是欲人见宗庙百官而闭之门也。皆非融释于道者
也"，以及《大学问跋》"此心之知，无出于民彝物则之中；致知之功，不外
乎修齐治平之内……学者稍见本体，即好为径超顿悟之说，无复有省身克己之
功。谓'一见本体，超圣可以跂足'，视师门诚意格物、为善去恶之旨，皆相
鄙以为第二义。简略事为，言行无顾，甚者荡灭礼教，犹自以为得圣门之最上
乘"[2]等；感念道衰俗弊而纠阳明后学类禅流弊，黄绾（1480—1554）以"艮
止执中"为君子修证宗要，如《明道编》"以艮止存心，以执中为志，以思为
学，时止时行，无终食之间违仁，兢兢业业，无一言敢妄、一行敢苟。欲寡
其过，恒惧不能，贤犹未及，焉敢云圣""学者常要收拾精神，归缩在腔子里，

---

①　吴震编校整理：《王畿集》，凤凰出版社2007年版，分见第271，440，486页。
②　分见《明儒学案》，中华书局2008年版，卷十一第231页，《王阳明全集》，上海古籍
出版社2011年版，卷二十六第1071—1072页。

不可一时放之散乱。稍起妄念，即思究破。若放散乱，便成荒失，渐堕肆戾，气质无由变化"①等；季本（1485—1563）以"龙惕慎独"为君子修证宗要，如《说理会编》"圣人以龙言心而不言镜。盖心如明镜之说，本于释氏，照自外来，无所裁制者也。而龙则乾乾不息之诚，理自内出，变化在心者也……此理发于孔子'居敬而行简'是也。敬则惕然有警，乾道也；简则自然无为，坤道也。苟任自然而不以敬为主，则志不帅气而随气自动，虽无所为，不亦太简乎""圣人言学，不贵自然而贵于慎独，正恐一入自然，则易流于欲耳""舍慎独而言自然，则自然者气化也，必有忽于细微而恣于理义之正者，其入于佛老无疑也"②等；此外，董穀以无善无恶天性体察为君子修证宗要，顾应祥（1538—1588）以善念恶念省察对治为君子修证宗要，张元忭以戒慎恐惧慎独功夫为君子修证宗要，徐用检（1528—1611）反本孔子而以求仁积修、实证复性为君子修证宗要，胡瀚以良知中道归宗孔子为君子修证宗要，等等。再就江右王门而言，邹守益（1491—1562）以"戒惧敬养"中道不偏为君子修证宗要，欧阳德（1496—1554）以"明觉妙用"体用一如为君子修证宗要，聂豹（1487—1563）以"归寂通感"执体应用为君子修证宗要，罗洪先（1504—1564）以"主静体仁"大用流行为君子修证宗要，王时槐（1522—1605）以"透性研几"为君子修证宗要，刘文敏（1490—1572）以"性常体虚"为君子修证宗要，陈九川以"慎独知几"为君子修证宗要，刘师泉以"悟性修命"为君子修证宗要，魏良弼以"无我复性"为君子修证宗要，等等。

泰州学派则开启了儒教君子修教大众化尝试，但也出现了君子修教先觉后觉、仁义利欲混同乱象等异化流弊。王艮（1483—1541）以自然和乐、明哲保身为君子修教宗要，朱恕、韩贞（1509—1585）等以守本分而化民俗为君子修教宗要；罗汝芳（1515—1588）归复孔子而以"格物求仁"为君子修证宗要，耿定向以儒释双成、仁根自然"不容已"为君子修证宗要，颜钧（1504—1596）脱出礼教而以"率性体仁"为君子修证宗要；明显脱出名教正统者，何心隐（1517—1579）轻礼重欲而以"性乘于欲"、寡欲尽性为君子修证宗要，

---

① ［明］黄绾：《明道编》，中华书局1959年版，第20页。
② 《明儒学案》卷十三《浙中王门学案三》，中华书局2008年版，第275、273、276页。

李贽（1527—1602）亦以三教混同、私心自然为君子修证宗要；焦竑（1540—1619）尚友苏轼苏辙、张商英而宗承陆王良知心学，师耿定向与王龙溪、友李贽而弟子徐光启，曾被当时儒教正统人士劾评为"险诞""浮躁"，以相对温和的三教混同、正情复性为君子修证宗要，是王门良知说与泰州学派以心性消解凌驾礼义正统异化流弊之集大成者，如《国朝从祀四先生要语序》"至白沙、阳明二先生，横发直指，孔孟之宗豁然若揭日月而行诸天，弗可尚已。不察者犹病其言静也邻于寂，言知也疑于偏，则未深考于孔孟之学故也"，《原学》"夫学何为者也？所以复其性也。人之为性，无舜跖，无古今，一也……性自明也，自足也，而不学则不能有诸己……学也者，冥其妄以归于无妄者也，无妄而性斯复矣"、《明德堂答问》"道是吾自有之物，只烦宣尼与瞿昙道破耳，非圣人一道，佛又一道也。大抵为儒佛辨者，如童子与邻人之子各诧其家之月曰：尔月不如我之月也。不知家有尔我，天无二月"，《崇正堂答问》"佛言心性，与孔孟何异？其不同者教也……今辟佛者欲尽废其理，佞佛者又兼取其迹，总是此中未透脱故耳"，以及《刻大方广佛华严经序》"圣人之教不同也，至于修道以复性，则一而已……能读此经，然后知六经、《语》《孟》无非禅，尧舜周孔即为佛。可以破沉空之妄见，纠执相之谬心，上无萧衍之祸，下无王缙之惑，其为吾孔子地也，不益大乎"、《赠吴礼部序》"道一也，达者契之，众人宗之，在中国者曰孔孟老庄，其至自西域者曰释氏……昧者见迹而不见道，往往瓜分之，而又株守之……始也读《首楞严》，而意儒逊于佛；既读《阿含》，而意佛等于儒；最后读《华严》而悟，乃知无佛无儒，无小无大，能小能大，能佛能儒"①等。综上，明神宗万历年间（1563—1620）儒教内部思想之混乱危机，班班可见。

明中后期，罗钦顺（1465—1547）在学理上全面批判心学禅学偏弊而复归程朱理学君子修教正道。其论君子修教先辨心性，如《困知记》卷上章一"孔子教人，莫非存心养性之事，然未尝明言之也，孟子则明言之矣。夫心者，人之神明；性者，人之生理。理之所在谓之心，心之所有谓之性，不可混而为一也。《虞书》曰：人心惟危，道心惟微。《论语》曰：从心所欲不逾

---

① ［明］焦竑：《澹园集》，中华书局1999年版，分见第131，18、745、719、182、195页。

矩。又曰：其心三月不违仁。《孟子》曰：君子所性，仁义礼智根于心。此心性之辨也。二者初不相离，而实不容相混。精之又精，乃见其真。其或认心以为性，真所谓'差毫厘而谬千里'者矣"，章二"至精者性也，至变者情也，至神者心也。所贵乎存心者，固将极其深，研其几，以无失乎性情之正也。若徒有见乎至神者，遂以为道在是矣，而深之不能极，而几之不能研，顾欲通天下之志，成天下之务，有是理哉"、附录《答允恕弟》"心也者，人之神明，而理之存主处也。岂可谓心即理，而以穷理为穷此心哉"，以及附录《答欧阳少司成崇一》"误认良知为天理，于天地万物上，良知二字自是安着不得，不容不置之度外尔。圣人本天，释氏本心。天地万物之理既皆置之度外，其所本从可知矣"等；他指出君子修教贵知本末次第，如卷上章二四"格物致知，学之始也；克己复礼，学之终也。道本人所固有，而人不能体之为一者，盖物我相形，则惟知有我而已。有我之私日胜，于是乎违道日远。物格则无物，惟理之是见；己克则无我，惟理之是由。沛然天理之流行，此其所以为仁也。始终条理，自不容紊……苟未尝真知礼之为礼，有能'不远而复'者，不亦鲜乎"，章四七"君子心乎为善，固无不善之迹。小人心乎为恶，然未尝不假仁义以盖其奸。其奸愈深，则其盖之也愈密。幸而有所遇合，则其附会弥缝也愈巧。自非洞见其心术，有不信其为君子已乎？虽其终于必败，然国家受其祸害，有不可胜救者矣"，以及章四六"古之立政也，将以足民；今之立政也，惟以足国。古之为政者，将以化民；今之为政者，愚夫愚妇或从而议之，何民之能化"、章四五"作养人才，必由于学校。今学校之教，纯用经术，亦云善矣。但以科举取士，学者往往先词藻而后身心，此人才之所以不如古也。若因今之学校，取程子教养选举之法推而行之，人才事业远追商周之盛，宜有可冀"①等。

《困知记》注重分判君子修教正统异端，如续卷上章一"异端之说，自古有之，考其为害，莫有过于佛氏者矣。佛法初入中国，惟以生死轮回之说动人……其后有达磨者至，直指人心，见性成佛，以为一闻千悟，神通自

---

① 罗钦顺：《困知记》，中华书局2013年版，分见第1，2、149，155—156；13—14，19，19、19页。

在，不可思议。则其说之玄妙，迥非前日比矣，于是高明者亦往往惑焉……既以其道为至，则取自古帝王精一执中之传，孔门一贯忠恕之旨，克己为仁之训，《大学》致知格物之教，《中庸》性道中和之义，《孟子》知言养气、尽心知性之说，一切皆以其说乱之。真妄混淆，学者茫然，莫知所适。一入其陷阱，鲜复能有以自拔者。故内之无以立大中至正之本，外之无以达经世宰物之用，教衰而俗败，不但可为长太息而已。向非两程子、张子、朱子身任斯道，协心并力以排斥之，吾人之不变于夷者能几何哉"，卷上章五"释氏之'明心见性'，与吾儒之'尽心知性'，相似而实不同……释氏之学，大抵有见于心，无见于性……乃敢遂驾其说，以误天下后世之人，至于废弃人伦，灭绝天理，其贻祸之酷可胜道哉。夫攻异端，辟邪说，孔氏之家法也。或乃阳离阴合，貌诋心从，以荧惑多士，号为孔氏之徒，谁则信之"，卷下章四一"朱陆之异同，虽非后学所敢轻议，然置而弗辨，将莫知所适从，于辨宜有不容已者。辨之弗明而弗措焉，必有时而明矣，岂可避轻议儒先之咎，含胡两可，以厚诬天下后世之人哉。夫斯道之弗明于天下，凡以禅学混之也。其初不过毫厘之差，其究奚啻千万里之远。然为禅学者，既安于其陋，了不知吾道之为何物；为道学者，或未尝通乎禅学之本末，亦无由真知其所以异于吾道者果何在也""夫不思而得，乃圣人分上事，所谓'生而知之者'，而岂学者之所及哉。苟学而不思，此理终无由而得。凡其当如此自如此者，虽或有出于灵觉之妙，而轻重长短，类皆无所取中，非过焉斯不及矣。遂乃执灵觉以为至道，谓非禅学而何！盖心性至为难明，象山之误正在于此"，续卷下章一"慈湖上自五经，旁及诸子，皆有论说。但与其所见合者，则以为是；与其所见不合者，虽明出于孔子，辄以为非孔子之言……至凡孔子之微言大训，又往往肆其邪说以乱之，刓实为虚，揉直作曲，多方牵合，一例安排，惟其偏见是就。务令学者改视易听，贪新忘旧，日渐月渍，以深入乎其心。其敢于侮圣言、叛圣经，贻误后学如此，不谓之圣门之罪人不可也。世之君子，曾未闻有能鸣鼓而攻之者，反从而为之役，果何见哉"，以及卷上章五五"唐宋诸名臣，多尚禅学。学之至者，亦尽得受用。盖其生质既美，心地复缘此虚静，兼有稽古之功，则其运用酬酢，虽不中，不远矣。且凡为此学者，皆不隐其名，不讳其实，初无害其为忠信也，故其学虽误，其人往往有足称焉。后世乃有儒其名而禅其实，讳其实而侈其名者，吾不知其反之于心，果何如也"、章八一"张子韶以佛语释儒书，改头换面，将以愚天下之耳目，其得罪于圣门亦甚矣。而近世之谈道者，或犹阴祖其故智，往往假儒书以弥缝佛学，律以《春秋》诛心之法，吾知其不能免夫"[1]等。

王廷相（1474—1544）稽圣复正而重人文礼义君子修教，如《慎言·自序》所云"仲尼没而微言绝，异端起而正义凿，斯道以之芜杂，其所由来渐矣。非异端能杂之，诸儒自杂之也。故拟议过贪，则援取必广；性灵弗神，则诠择失精。由是旁涉九流，淫及纬术，卒使牵合傅会之妄，以迷乎圣人中庸之轨"，《慎言·五行篇》亦云"养心性，正彝伦，以成其德，此切问近思之实，孔孟之真传也。恤惸独、谨灾患，劝农积谷，修德怀远，此养民利国之实，尧舜之遗政也。闇儒过高，讲究玄远，学失其学，治失其治，涂蔽后世大矣"等；王廷相论君子学行者，如《作圣篇》"圣人之道，贯彻上下。自洒扫应对，以至均平天下，其事理一也。自格物致知，以至精义入神，其学问一也。自悦亲信友，以至过化存神，其感应一也。故得其门者，会而极之；异其涂者，由之而不知也。古之人宁学圣人而未至，不欲以一善成名""人能体大舜'有天下不与'之心，则举世之利益不足动矣。人能体大舜'善与人同'之心，则一己之智能不足恃矣。人与天地、鬼神、万物一气也，气一则理一，其大小、幽明、通塞之不齐者，分之殊耳""作圣之涂，其要也二端而已矣：澄思寡欲以致睿也，补过徙义以日新也，卒以成之曰诚""无我者，圣学之极致也。学之始，在克己寡欲而已矣。寡之又寡，以至于无，则能大同于人而不有己矣。虽天地之度，不过如此"，《潜心篇》"格物者，正物也，物各得其当然之实，则正矣。物物而能正之，知岂有不至乎。知至则见理真切，心无苟且妄动之患，意岂有不诚乎。意诚则心之存主皆善而无恶，邪僻偏倚之病亡矣，心岂有不正乎。学造于心正，道之大本立矣，而家而国而天下，以此推之可也"，《君子篇》"古人之学，先以义理养其心，'志于道，据于德，依于仁'是也。复以礼乐养其体，声音养

---

① 罗钦顺：《困知记》，中华书局2013年版，分见第59—60，2—3，43—44、45，102—103、22、31页。

耳，彩色养目，舞蹈养血脉，威仪养动作是也。内外交养，德性乃成，由是动合天则，而与道为一矣。今人外无所养，而气之粗鄙者多，内无所养，而心之和顺者寡，无怪乎圣贤之不多见矣"，《潜心篇》"养性以成其德，应事而合乎道，斯可谓学问矣。气质弗变，而迷谬于人事之实，虽记闻广博，词藻越众，而圣哲不取焉"，《见闻篇》"务高远而乏实践之仁，其弊也狂；务执古而无泛观之智，其弊也迂。狂则精实之学可以救之，迂则达变之学可以救之""古人之学也尊师，故道德之成也，足以裕己而成化……莫如得师友，得也者于道也什九，不得也者于道也什一"等；王廷相论君子教化者，则如《慎言·作圣篇》"圣人，道德之宗正，仁义礼乐之宰摄，世固不获见之矣。其次莫如得亚圣者，契道之真，以命令于一世焉。其次莫如得大贤，严于守道，不惑于异端九流，以乱道真焉"，《御民篇》"人心、道心，皆天赋也。人惟循人心而行，则智者、力者、众者无不得其欲矣，愚而寡弱者必困穷不遂者矣……是以圣人忧之，自其道心者，定之以仁义，齐之以礼乐，禁之以刑法，而名教立焉。由是智愚、强弱、众寡，各安其分而不争，其人心之堤防乎""有圣人而后名教立。定之以天命则妄心灭，定之以礼义则遂心亡，定之以法制则纵心阻。故名教者，治世之要也"，《问成性篇》"人之生也，性禀不齐，圣人取其性之善者以立教，而后善恶准焉。故循其教而行者，皆天性之至善也。极精一执中之功则成矣，成则无适而非善也"，《御民篇》"圣人置天下于安平，莫先于植纲纪。何谓纲纪？居重以驭轻，督内以制外，柔夷以绥夏也""御民以道不以术，守我之正而感服不计焉，付得失于民尔。术不可久，民不可愚，虽暂得之，终必失之，民以我非诚也，故圣人王道""圣王神道设教，所以辅政也。其弊也，渎于鬼神而淫于感应。《礼》曰'刚毅犯人妨于政，鬼神过节妨于政'，言失鬼神之中也。后世之鬼神亵而不敬，惑而诬，皆妨政教也夫"，以及《雅述》下篇"近世好高迂腐之儒，不知国家养贤育才将以辅治，乃倡为讲求良知，体认天理之说，使后生小子澄心白坐，聚首虚谈，终岁嚣嚣于心性之玄幽，求之兴道致治之术，达权应变之机，则闇然而不知……待其日长月盛，天下尽迷，则救时经世之儒灭其迹矣""邪术异端，祸人国家多矣，惟天文谶纬为祸尤甚。世有等不上不下之人，略知文义，专务驳杂，以惑愚俗……纵事无成，亦能始祸，有国者不可不预为之计也"① 等。

明代自万历时期以来，心学流弊大显而士风虚浮。鉴此，张居正（1525—1583）等儒者虽仍肯定心学实修之益，但却更为注重明德亲民大学之道，故而主持世教而辟异端、禁讲学，如《请申旧章饬学政以振兴人才疏》"圣贤以经术垂训，国家以经术作人。若能体认经书，便是讲明学问，何必又别标门户，聚党空谈……务将平日所习经书义理着实讲求，躬行实践，以需他日之用。不许别创书院，群聚徒党，及号召他方游食无行之徒，空谈废业，因而启奔竞之门，开请托之路"，以及《答南司成屠平石论为学》"愿今之学者，以足踏实地为功，以崇尚本质为行，以遵守成宪为准，以诚心顺上为忠……毋以前辈为不足学而轻事诋毁，毋相与造为虚谈逞其胸臆"② 等。此后，反思整合心学理学之儒者起焉。

明后期东林学派中，顾宪成（1550—1612）立足理学道统纠正王学流弊，注重性善小心君子修教。如《小心斋札记》卷一"孔孟既没，吾道不绝如线。至宋而始一光，发脉得一周元公，结局得一朱晦翁，而二程及张、邵、罗、李诸先生复相与后先主持于其间，天实命之以斯文之寄，非偶然也""二程与横渠、康节一时鼎兴，气求声应，此吾道将隆之兆也。微元公，孰为之开厥始？流传浸久，分裂失真，于是乎有禅而儒者，有霸而儒者，有史而儒者，此吾道将涣之兆也。微晦翁，孰为之持厥终？韩昌黎谓孟子之功不在禹下，愚谓元公之功不在孟子下，晦翁之功不在元公下"，卷三"卓哉其元公乎……宛然一孔子也……其言约，其指远，其辞文，其为道易简而精微，博大而亲切，是故可以点化上士，可以锻炼中士，可以防闲下士。未尝为吾儒标门户，而为吾儒者咸相与进而奉之为斯文之主盟，莫得而越焉；未尝与二氏辨异同，而为二氏者咸相与退而各守其宗，莫得而混焉……阳明先生开发有余，收束不足，当士人桎梏于训诂词章间，骤而闻良知之说，一时心目俱醒，恍若拨云雾而见白日，岂不大快。然而此窍一凿，混沌几亡，往往凭虚见而弄精魂，任自然而藐兢

---

① 《王廷相集》，中华书局1989年版，分见第750，809；760—761、763—764、760、764，775—776，814，779，772、771；762，784、784，765，781、781，782，873、865页。

② 《张居正集》，湖北人民出版社1994年版，分见第一册第172页，第二册第716页。

业……以考亭为宗，其弊也拘；以姚江为宗，其弊也荡。拘者有所不为，荡者无所不为。拘者人情所厌，顺而决之为易；荡者人情所便，逆而挽之为难……与其荡也，宁拘。此其所以逊朱子也"；卷十五"世人往往喜承本体，语及工夫，辄视为第二义。孔子当时却只任工夫，故曰：若圣与仁，则吾岂敢，抑为之不厌，诲人不倦，则可谓云尔已矣……然则孔子之所谓工夫恰是本体，而世人之所谓本体，高者只一段光景，次者只一副意见，下者只一场议论而已矣"，卷十四"罗近溪以颜山农为圣人，杨复所以罗近溪为圣人，李卓吾以何心隐为圣人。何心隐辈坐在利欲胶漆盆中，所以能鼓动得人"，卷九"东坡讥伊川曰：何时打破这敬字？愚谓近世王泰州座下颜、何一派，直打破这敬字矣"；卷十八"语本体，只是性善二字；语工夫，只是小心二字"，《还经录》"无善无恶四字最险最巧。君子一生兢兢业业，择善固执，只着此四字便枉了为君子；小人一生猖狂放肆，纵意妄行，只着此四字便乐得做小人。语云：埋藏君子，出脱小人。此八字乃无善无恶四字膏肓之病也"，以及《证性编·罪言上》"无善无恶四字，就上面做将去，便是耽虚守寂的学问，弄成一个空局，释氏以之；从下面做将去，便是同流合污的学问，弄成一个顽局，乡愿以之"①等。

高攀龙（1562—1626）亦和合心学理学而辟驳无善无恶说流弊，诚如《崇正学辟异说疏》所云"自穆庙以来，率多玲珑虚幻之谈，而弊不知所终。笑宋儒之拙，而规矩绳墨脱落无存；以顿悟为工，而巧变圆融不可方物。故今高明之士，半已为佛老之徒。然犹知儒之为尊，必藉假儒文释、援释入儒者，内有秉彝之良，外有惟皇之制也。而其隐衷真志，则皆借孔孟为文饰，与程朱为仇敌矣。故今日对病之药，正在扶持程朱之学，深严二氏之防，而后孔孟之学明"；高攀龙注重居敬穷理、宗善复性君子修养，如《会语》"自古以来，圣贤成就，俱有一个脉络。濂溪、明道与颜子一脉，阳明、子静与孟子一脉，横渠、伊川、朱子与曾子一脉，白沙、康节与曾点一脉……（敬斋、康斋）与尹

---

① 《顾端文公遗书》，光绪三年刻本影印本，分见《小心斋札记》卷一第2、3页，卷三第4—5页；卷十五第1页，卷十四第2页，卷九第10页；卷十八第8页，《还经录》第19页，《证性编》卷三第7页。

和靖、子夏一脉"、《泾阳顾先生行状》"自孟子以来得文公，千四百年间一大折衷也。自文公以来得先生，又四百年间一大折衷也"，《复念台二》"格物者，穷理之谓也。穷理者，知本之谓也……理者心也，穷之者亦心也，但未穷之心不可谓理，未穷之理不可谓心。此处非穷参妙悟不可。悟则物物有天然之则，日用之间，物还其则，而己无与焉。如是而已"、《答念台三》"学问之道无他，复其性而已矣。弟观千古圣贤心法，只一敬字捷径无弊。何谓敬？绝无之尽也。有毫厘丝忽在，便不是；有敬字在，亦不是。《易》曰：直其正也。直心，正念而已"，卷九上《许敬庵先生语要序》"善者性也，无善是无性也"、《方本庵先生性善绎序》"无善之说，不足以乱性，而足以乱教。善一而已矣，一之而一元，万之而万行，为物不二者也。天下无无念之心，患其不一于善耳，一于善即性也……至夷善于恶而无之，人遂将视善如恶而去之，大乱之道也"，以及《崇文会语序》"孔子之教四，曰文、行、忠、信，惟朱子之学得其宗，传之万世无弊。即有泥文窒悟者，其敦行忠信自若也，不谓弊也。姚江天挺豪杰，妙悟良知，一破泥文之蔽，其功甚伟，岂可不谓孔子之学？然而非孔子之教也。今其弊略见矣，始也扫闻见以明心耳，究且任心而废学，于是乎诗书礼乐轻而士鲜实悟；始也扫善恶以空念耳，究且任空而废行，于是乎名节忠义轻而士鲜实修。盖至于以四无教者弊，而后知以四教教者，圣人忧患天下后世之远也"[1]等。

刘宗周（1578—1645）亦尝试内在整合理学心学，而以诚意慎独论君子修证，诚如《人谱续编一·证人要旨》所云凛闲居以体独、卜动念以知几、谨威仪以定命、敦大伦以凝道、备百行以考旋、迁善改过以作圣。刘宗周论诚意慎独君子修证者，如《证学杂解》"今天下争言良知矣，及其弊也，猖狂者参之以情识，而一是皆良；超洁者荡之以玄虚，而夷良于贼。亦用知者之过也"、《说·中庸首章说》"须知性只是气质之性，而义理者气质之本然，乃所以为性也。心只是人心，而道者人之所当然，乃所以为心也。人心、道心只是一心，气质、义理只是一性。识得心一性一，则工夫亦可一。静存之外，更无动

---

① 《高子遗书》，影印《四库》1292册，分见卷七页第443上；卷五页第421上、卷十一页第684下，卷八上页第479上、480上，卷九上页第546上、547上一下，550下—551上。

察；主敬之外，更无穷理。其究也，工夫与本体亦一。此慎独之说，而后之解者往往失之"，《证学杂解》"学以诚意为极则，而不虑之良于此起照"、《学言上》"意为心之所存，则至静者莫如意……意无所为善恶，但好善恶恶而已。好恶者，此心最初之机，惟微之体也"、《答董生心意十问》"一念不起时，意恰在正当处也。念有起灭，意无起灭也……意渊然在中，动而未尝动，所以静而未尝静也。本无来处，亦无归处"、《学言下》"意根最微，诚体本天。本天者，至善者也。以其至善，还之至微，乃见真止……而端倪在好恶之地，性光呈露，善必好，恶必恶，彼此两关，乃呈至善，故谓之'如好好色，如恶恶臭'。此时浑然天体用事，不着人力丝毫"，以及《学言下》"诚正之辨，所关学术甚大。辨意不清，则以起灭为情缘；辨心不清，则以虚无落幻相。两者相为表里，言有言无，不可方物。即区区一点良知，亦终日受其颠倒播弄而不自知，适以为济恶之具而已"[1]等。

黄道周（1585—1646）亦立足心学而辟其流弊、调停朱陆而反本经学，注重性善法天君子践履，诚如《冰天小草自序》其弟子洪思述云"时天下将乱，王畿、李贽之言满天下，世之治制举义者不归王则归李。归王之言多幻，归李之言多荡，凡不则不洁之言，皆形于文章。子（黄道周）忧之，谓谢焜曰：为王汝中、李宏甫，则乱天下无疑矣，吾将救之以六经"[2]。黄道周论性善法天君子修教者，如《榕坛问业》卷十七"天有气数，人有气质。天命在气数中，人性在气质中。何尝不是？然说气数，则有灾沴之不同；说天命，则以各正为体。说气质，则有智愚之异等；说人性，则以至善为宗。气数犹五行之吏，分布九野，与昼夜循环，犹人身之有脉络消息。天命犹不动之极，向离出治，不与斗柄俱旋，即人身之心性是也。心性不与四肢分咎，天命不与气数分功。天有福善祸淫，人有好善恶恶。中间寂然，感而遂通，再著不得一毫气质气数……凡说性命，只要尽心者不欺本心，事事物物当空照过，撞破琉璃，与天同道，四围万里，不见浮云"，以及卷十二"一天备得二气五行，留不得一点云雾，云雾尽

---

① 《刘宗周全集》第二册，浙江古籍出版社2007年版，分见第278、301、278、390、339、453、452页。

② ［明］黄道周：《黄漳浦集》，陈寿祺重编，道光八年福州陈氏刻本，卷二十一第31页。

净，经纬尽呈，才见天之正面。风雨晦冥，日光常在，入《夷》出《晋》，明体自存，这便是自存正在的消息。人晓得天之与日，才晓得性之与心；晓得自存正在，才晓得本体工夫不已无息。格得此物十倍分明，始信得意识情欲是心边物，初不是心；风雨云雷是日边物，初不是日。性之与天，皆备万物，不著一物；心之与日，不著一物，乃照万物。只此两物，原无二物；知此一事，更无他知""身心原无两物，著物便是妄意。意之与识，识之与情，情之与欲，此数者附身而起，误认为心，则心无正面，亦无正位，都为意识情欲诱向外去……若论格致原头，要晓得意识情欲俱是物上精魂，不是性地灵光也"①等。

明代中后期学风败坏，故君子笃实修证与通俗教化风气在士大夫中盛行。吕坤（1536—1618）即一注重复古救世的君子笃实修教儒者，但其论性善修教已出现割裂语。其论奉天法圣君子学行者，如《呻吟语·性命》"大抵言性善者，主义理而不言气质……义理固是天赋，气质亦岂人为……气质亦天命于人而与生俱生者，不谓之性可乎……设使没有气质，只是一个德性，人人都是生知圣人，千古圣贤千言万语、教化刑名，都是多了底，何所苦而如此乎"，《天地》"中和之气，万物之所由以立命者也，故无所不宜；偏盛之气，万物之所由以盛衰也，故有宜有不宜"、《圣贤》"孔子是五行造身，两仪成性。其余圣人，得金气多者则刚明果断，得木气多者则朴素质直，得火气多者则发扬奋迅，得水气多者则明彻圆融，得土气多者则镇静浑厚；得阳气多者则光明轩豁，得阴气多者则沉默精细"，《天地》"吾人浑是一天，故日用起居食息，念念时时事事，便当以天自处"、《问学》"'尧舜事功，孔孟学术'，此八字是君子终身急务……以天地万物为一体，此是孔孟学术；使天下万物各得其所，此是尧舜事功。总来是一个念头"、《圣贤》"'性之'圣人，只是个与理相忘，与道为体……'反之'圣人，常常小心，循规蹈矩，前望后顾，才执得中字，稍放松便有过不及之差。是以希圣君子，心上无一时任情恣意处"、《性命》"君子以义处命……小人以欲犯命……君子谓命在我，得天命之本然；小人谓命在我，幸气数之或然。是以君子之心常泰，小人之心常劳"，《修身》"大其心，容天下之物；虚其心，受天下之善；平其心，论天下之事；潜其心，观天下之理；定

---

① ［明］黄道周：《榕坛问业》，影印《四库》717册，分见页第493下，422上、421上一下。

其心，应天下之变""大事难事看担当，逆境顺境看襟度，临喜临怒看涵养，群行群止看识见""涵养如培脆萌，省察如搜田蠹，克治如去盘根。涵养如女子坐幽闺，省察如逻卒缉奸细，克治如将军战勍敌。涵养用勿忘勿助工夫，省察用无怠无荒工夫，克治用是绝是忽工夫"，以及《问学》"事事有实际，言言有妙境，物物有至理，人人有处法。所贵乎学者，学此而已。无地而不学，无时而不学，无念而不学，不会其全、不诣其极不止，此之谓学者"等；其论奉天法圣君子教化者，则如《治道》"天之生民，非为君也；天之立君，以为民也，奈何以我病百姓？夫为君之道无他，因天地自然之利，而为民开导搏节之；因人生固有之性，而为民倡率裁制之。足其同欲，去其同恶，凡以安定之，使无失所，而后天立君之意终矣。岂其使一人肆于民上，而剥天下以自奉哉""圣人在上，能使天下万物各止其当然之所，而无陵夺假借之患，夫是之谓各安其分，而天地位焉；能使天地万物各遂其同然之情，而无抑郁倔强之态，夫是之谓各得其愿，而万物育焉"、《圣贤》"圣人低昂气化，挽回事势，如调剂气血，损其侈不益其强，补其虚不甚其弱，要归于平而已"，《治道》"圣人之为政也法天，当宽则用春夏，当严则用秋冬，而常持之体，则于严威之中施长养之惠……彼沾沾煦煦尚姑息以养民之恶，卒至废弛玩愒，令不行，禁不止，小人纵恣，善良吞泣，则孔子之罪人也"，以及《世运》"世之衰也，卑幼贱微气高志肆而无上……耻于分义而敢于陵驾""士鲜衣美食，浮谈怪说，玩日愒时，而以农工为村鄙；女傅粉簪花，冶容学态，袖手乐游，而以勤俭为羞耻；官盛从丰供，繁文缛节，奔逐世态，而以教养为迂腐。世道可为伤心矣"、《修身》"近来世道，在上者积宽成柔，积柔成怯，积怯成畏，积畏成废；在下者积慢成骄，积骄成怨，积怨成横，积横成敢。吾不知此时治体当何如反也"①等。

与吕坤《呻吟语》同时而主张三教合一、儒释兼宗之君子修教著作者，则有洪应明《菜根谈》、袁黄《了凡四训》等。《菜根谈》论君子修教的起点在于平情寡欲中道对治而非灭情绝欲常人难行，如《修省》"情之同处即为性，

---

① 吴承学、李光摩校注：《呻吟语·菜根谈》，上海古籍出版社2000年版，分见第10、210、217，213、136、217、8、89、85、120、143；309、272、227、326，215—216、215、131—132页。

舍情则性不可见，欲之公处即为理，舍欲则理不可明。故君子不能灭情，惟事平情而已；不能绝欲，惟期寡欲而已"，《概论》"德者才之主，才者德之奴。有才无德，如家无主而奴用事矣，几何不魑魅猖狂""文章做到极处，无有他奇，只是恰好；人品做到极处，无有他异，只是本然"、《修省》"无事便思有闲杂念想否，有事便思有粗浮意气否，得意便思有骄矜辞色否，失意便思有怨望情怀否。时时检点，到得从多入少、从有入无处，才是学问的真消息""融得性情上偏私，便是一大学问；消得家庭内嫌隙，便是一大经纶"，《概论》"攻人之恶毋太严，要思其堪受；教人以善毋过高，当使其可从"、《应酬》"善启迪人心者，当因其所明而渐通之，毋强开其所闭；善移风化者，当因其所易而渐及之，毋轻矫其所难""士君子须是内精明而外浑厚，使好丑两得其平，贤愚共受其益，才是生成的德量"，以及《概论》"遇欺诈的人，以诚心感动之；遇暴戾的人，以和气熏蒸之；遇倾邪私曲的人，以名义气节激励之。天下无不入我陶熔中矣"等；《菜根谈》论君子修教注重当下实践与一念实修，如《概论》"道是一件公众的物事，当随人而接引；学是一个寻常的家饭，当随事而警惕"、《评议》"福善不在杳冥，即在食息起居处牖其衷；祸淫不在幽渺，即在动静语默间夺其魄"，《修省》"欲做精金美玉的人品，定从烈火中煅来；思立掀天揭地的事功，须向薄冰上履过""一点不忍的念头，是生民生物之根芽；一段不爱的气节，是撑天撑地之柱石。故君子于一虫一蚁不忍伤残，一缕一丝勿容贪冒，便可为民物立命，为天地立心矣"，《概论》"念头昏散处，要知提醒；念头吃紧时，要知放下。不然，恐去昏昏之病，又来憧憧之扰矣""念头起处，才觉向欲路上去，便挽回理路上来。一起便觉，一觉便转，此是转祸为福、起死回生的关头，切莫当面错过""当怒火欲水正腾沸时，明明知得，又明明犯着。知得是谁？犯着又是谁？此处能猛省转念，回头便为真君子矣"，《修省》"一念错，便觉百行皆非，防之当如渡海浮囊，勿容一针之罅漏；万善全，始得一生无愧，修之当如凌云宝树，须假众木以撑持""为善而欲自高胜人，施恩而欲要名结好，修业而欲惊世骇俗，植节而欲标异见奇，此皆是善念中戈矛，理路上荆棘，最易夹带，最难拔除者也。须是涤尽渣滓，斩绝萌芽，才见本来真体"，以及《概论》"父慈子孝，兄友弟恭，纵做到极处，俱是合当如是，著不得一毫感激的念头。如施者任德，受者怀恩，便是路人，便成市道矣"①等。又如《了凡四训·立命之学》"务要日日知非，日日改过。一日不知非，即一日安于自是；一日无过可改，即一日无步可进。天下聪明俊秀不少，所以德不加修、业不加广者，只为因循二字，耽阁一生"，以及《改过之法》"善有真有假，有端有曲，有阴有阳，有是有非，有偏有正，有半有满，有大有小，有难有易，皆当深辨。为善而不穷理，则自谓行持，岂知造孽，枉费苦心，无益也""过有千端，惟心所造。吾心不动，过安从生？学者于好色、好名、好货、好怒、种种诸过，不必逐类寻求，但当一心为善，正念现前，邪念自然污染不上。如太阳当空，魍魉潜消。此精一之真传也。过由心造，亦由心改，如斩毒树，直断其根，奚必枝枝而伐，叶叶而摘哉""须发勇心。人不改过，多是因循退缩。吾须奋然振作，不用迟疑，不烦等待。小者如芒刺在肉，速与抉剔；大者如毒蛇啮指，速与斩除，无丝毫凝滞，此风雷之所以为《益》也"②等。此外，蒙学等通俗教化领域则有朱伯庐（1627—1698）《治家格言》、李毓秀（1647—1729）《弟子规》、明清小说宣讲，以及宋代《三字经》《太上感应篇》的风行广播等。

明中叶以来心学个性解放、工商皆本理念渐兴而思想纷乱、异端蜂起，儒教出现了亘古未有的混乱躁动。此时期儒者除了上述君子实修实证补救努力外，还出现了个性化、世俗化与宗教化等多元倾向。诸如以黄宗羲（1600—1695）等为代表的南方心学流派主张四民平等、工商皆本理念的盛行；师承心学异端的袁宗道（1560—1600）性灵派和汤显祖（1550—1616）尊情派等个性解放文人分化倾向；袁黄（1533—1606）、管志道（1536—1608）等亦儒亦释的儒门居士重功过格、净土实修等慎独工夫，并吸纳道释因果感应思想以补儒教礼义教化之不足，而不少乡绅儒者亦开始自觉把儒教礼义和因果劝善结合以资民俗风化；师承阳明的林兆恩（1517—1598）等则结合道释修证方法，试图把儒教改造成为宗教信仰性质的心性实修与大众教化；以徐光启（1562—1633）、杨廷筠（1557—1627）为代表的精英学者则试图以天主教务实理性思

①　吴承学、李光摩校注：《呻吟语·菜根谈》，上海古籍出版社2000年版，分见第378、422、418、374、377、409、381、380—381、425；424、399、373、375、420、416、420、373、373、422页。

②　文本参见韩菲译：《了凡四训全解》，中国华侨出版社2018年版。

维与绝对情感信仰，来补救提升当时儒教性善修教中存在的空洞化、功利化流弊；道、释、回、耶诸教也出现了以道补儒、以佛补儒、以伊补儒、以耶补儒等与儒教理学、心学义理会通以及通俗教化努力，道教如《性命圭旨》作者、陆西星（1520—1601）以及清代刘一明（1734—1821）等，佛教如真可（1543—1603）、袾宏（1535—1615）、德清（1546—1623）、智旭（1599—1655），回教如胡登州（1522—1597）、王岱舆（1592—1658）以及清代马注（1640—1711）、刘智（约1660—1730），天主教如徐光启（1562—1633）、李之藻（1565—1630）、杨廷筠（1557—1627）、韩霖（1596—1649）等为其中代表性学者，但其中也出现了诸教界限混滥、模糊渗透等消解儒教而终致三教俱衰这一具有双刃剑性质的复杂态势。

这里仅简述黄宗羲等心学学者的君子修教歧出与异化态势，其他多元倾向则不再展开。总体而言，黄宗羲当为立足阳明心学而托古立新、张扬个性而消解传统者。黄宗羲论君子修教已颠覆儒教传统义利之定位，遂使君子概念名实相离而模糊混滥，实为明中期以来阳明心学与商品经济异化流弊两相结合之必然恶果，贻害后世匪浅。如《明儒学案·卷首原序》"盈天地皆心也，变化不测，不能不万殊。心无本体，工夫所至，即其本体。故穷理者，穷此心之万殊，非穷万物之万殊也……夫先儒之语录，人人不同，只是印我之心体变动不居，若执定成局，终是受用不得"、《发凡》"学问之道，以各人自用得着者为真。凡倚门傍户，依样葫芦者，非流俗之士，则经生之业也"，《南雷诗文集·姜定庵先生小传》"道无定体，学贵适用。奈何今之人执一以为道，使学道与事功判为两途"、《国勋倪君功墓志铭》"古今无无事功之仁义，亦无不本仁义之事功。四民之业，各事其事，出于公者，即谓之义；出于私者，即谓之利"，《明夷待访录·财计三》"世儒不察，以工商为末，妄议抑之。夫工固圣王之所欲来，商又使其愿出于途者，盖皆本也"，以及《原君》"有生之初，人各自私也，人各自利也……以千万倍之勤劳而己又不享其利，必非天下之人情所欲居也""古者以天下为主，君为客"[①]等。陈确（1604—1677）讲

---

① 分见《黄宗羲全集》，浙江古籍出版社1994年版，第七册第3、6页、第十册第607、485页，《明夷待访录校释》，岳麓书社2011年版，第100—101，7—8、8页。

人欲恰好处即天理，认为"人心本无天理，天理正从人欲中见，人欲恰好处，即天理也。向无人欲，则亦并无天理之可言矣""君子小人别辨太严，使小人无站脚处，而国家之祸始烈矣，自东汉诸君子始也。天理人欲分别太严，使人欲无躲闪处，而身心之害百出矣，自有宋诸儒始也"①；方以智（1611—1671）则主张折中调和理学心学、探源孔孟而尝试三教融会，李颙（1627—1705）亦立足心学而主张调停程朱理学与陆王心学，李绂（1673—1750）更是立足心学而企图融摄消解理学；彭绍升（1740—1796）、汪缙（1725—1792）、罗有高（1734—1779）等则立足心学而主张儒释融通、净土实修，等等。

　　明末清初儒教内部出现了全面反思批判与中道总结宋明理学心学，进而复归孔孟原典的祛虚就实、情理中正君子实学努力。其中，顾炎武、王夫之、颜元等是转心学空谈为经世致用君子修教的主要代表。顾炎武（1613—1682）明示理学即经学，主张以实学代空言，提出气盈天地同气感应、道必寓器下学上达、通经致用经世济民、寓封建于郡县之中、以天下权寄天下贤等摄体归用系列思想。顾炎武注重君子道统传承，如《日知录》卷十四"周、程、张、朱五子之从祀，定于理宗淳祐元年。颜、曾、思、孟四子之配享，定于度宗咸淳三年。自此之后，国无异论，士无异习。历胡元至于我朝，中国之统亡，而先王之道存，理宗之功大矣"；其论实学反本君子修教者，则如卷十八"古之圣人所以教人之说，其行在孝弟、忠信，其职在洒扫、应对、进退，其文在《诗》《书》《礼》《易》《春秋》，其用之身在出处、去就、交际，其施之天下在政令、教化、刑罚。虽其'和顺积中而英华发外'，亦有体用之分，然并无用心于内之说。自老庄之学行于战国之时，而外义者告子也、外天下、外物、外生者庄子也。于是高明之士厌薄诗书，以为此先王所以治天下之糟粕。而佛氏晚入中国，其所言清净慈悲之说，适有以动乎世人之慕向者。六朝诸君子从而衍之，由清净自在之说而极之，以至于不生不死，入于涅槃，则杨氏之'为我'也；由慈悲利物之说而极之，以至于普度众生，超拔苦海，则墨氏之'兼爱'也。天下之言，不归杨则归墨，而佛氏乃兼之矣。其传浸盛，后之学者遂谓其书为'内典'。推其立言之旨，不将内释而外吾儒乎？夫内释而外

　　① 《陈确集》，中华书局1979年版，分见第461、425页。

吾儒，此左道惑众之徒，先王之所必诛而不以听者矣"，卷十三"有亡国，有亡天下……易姓改号，谓之亡国。仁义充塞，而至于率兽食人，人将相食，谓之亡天下。魏晋人之清谈，何以亡天下？是孟子所谓杨、墨之言，至于使天下无父无君，而入于禽兽者也"、卷十八"新学之兴，人皆土苴六经"、卷七"昔之清谈谈老庄，今之清谈谈孔孟，未得其精而已遗其粗，未究其本而先辞其末。不习六艺之文，不考百王之典，不综当代之务，举夫子论学论政之大端一切不问，而曰'一贯'，曰'无言'，以明心见性之空言，代修己治人之实学。股肱惰而万事荒，爪牙亡而四国乱，神州荡覆，宗社丘墟"，以及《亭林文集》卷三《与施愚山书》"古之所谓理学，经学也，非数十年不能通也……今之所谓理学，禅学也，不取之五经而但资之语录，校诸帖括之文而尤易也……此之谓不知本矣"、《与友人论学书》"性也，命也，天也，夫子之所罕言，而今之君子之所恒言也；出处、去就、辞受、取与之辨，孔子、孟子之所恒言，而今之君子所罕言也……愚所谓圣人之道者如之何？曰博学于文，曰行己有耻……士而不先言耻，则为无本之人；非好古而多闻，则为空虚之学。以无本之人，而讲空虚之学，吾见其日从事于圣人而去之弥远也"①等。

此外，王夫之（1619—1692）亦批判心学流弊，如《礼记章句》卷三一《中庸》"姚江王氏知行合一之说得籍口以惑世，盖其旨本诸释氏，于无所可行之中，立一介然之知曰悟，而废天下之实理，实理废则亦无报忌惮而已矣"，以及《张子正蒙注》卷九"王氏之学，一传而为王畿，再传而为李贽，无忌惮之教立而廉耻丧、盗贼兴，皆惟怠于明伦察物而求逸获，故君父可以不恤，名义可以不顾，陆子静出而宋亡，其流祸一也"②等，故而他注重性善体悟、反本开新君子修教；颜元（1635—1704）亦反本孔孟而注重人文君子经礼践履，如《习斋记余》卷六《论开书院讲学》"学习躬行经济，吾儒本业也；舍此而书云书云，讲云讲云，宋、明之儒也，非唐、虞、三代之儒也"③。王夫之、颜

---

① 分见《日知录集释》，上海古籍出版社2006年版，第852；1045—1046，756、1060、402页，《亭林文集》，《四部丛刊初编》265册，商务印书馆1926年版，上海书店1989年重印，卷三第18、2页。

② 《船山全书》，岳麓书社1996年版，分见第四册第1256页，第十二册第371页。

③ 《颜元集》，中华书局1987年版，第519页。

元义理体系中君子观与性善论水乳交融而不可剥离，具体阐述可见第二章性善论史略部分，此不重复。此外，张履祥（1611—1674）《杨园先生全集》卷二《答陈乾初一》云"君子反经而已矣，权只是经也，而世之学者，好为达权通变、经不足守之说，以是人心坏，学术害，横流所极，至于天地易位，生民涂炭，而未知其所止息"，卷四《答沈德孚二》云"姚江以异端害正道，正有朱紫、苗莠之别，其弊至于荡灭礼教。今日之祸，盖其烈也"，卷二十八《愿学记三》亦云"儒者不为儒者之学，反去旁求二氏之说，搀入正道。二氏亦不专守二氏之说，辄欲袭取儒先之言，牵合彼教。此百余年以来积重之习。想此风自宋时渐有，而决裂大闲，则始于三教一门，遂令滥觞，不可界限。学术之祸中于世运，夷夏之闲亦至尽决。率兽食人，人将相食，未知何时而已也"[1]；朱之瑜（1600—1682）《朱舜水集》卷七《答安东守约书》亦云"嘉、隆、万历年间，聚徒讲学，各创书院，名为道学，分门别户，各是其师。圣贤精一之旨未阐，而玄黄水火之战日烦。高者求胜于德性良知，下者徒袭夫峨冠广袖，优孟抵掌，世以为笑。是以中国问学真种子几乎绝息"[2]；吕留良（1629—1683）《吕晚村先生文集》卷一《复高汇旃书》亦指出，"道之不明也，几五百年矣。正、嘉以来，邪说横流，生心害政，至于陆沉。此生民祸乱之原，非仅争儒林之门户也"[3]；再如陆世仪（1611—1672）《思辨录辑要》卷一《大学类》"天下无讲学之人，此世道之衰；天下皆讲学之人，亦世道之衰也。三代之世，君君、臣臣、父父、子子，各务躬行，各敦实行。庠序之中，诵诗书、习礼乐而已，未尝以口舌相角胜也。嘉、隆之间，书院遍天下，讲学者以多为贵，呼朋引类，动辄千人，附影逐声，废时失事，甚至有借以行其私者。此所谓处士横议也，天下何赖焉"，"今人所当学者，正不止六艺，如天文、地理、河渠、兵法之类，皆切于用世，不可不讲。俗儒不知内圣外王之学，徒高谈性命，无补于世，此当世所以来迂拙之诮也"[4]；又如李光地（1642—1718）《榕村语录》卷十九《宋六子二》"朱子正是孔子传脉，其于经书躬行心得矣，而解说处却

---

① 张履祥：《杨园先生全集》，中华书局2002年版，分见第30，85，777—778页。

② 朱之瑜：《朱舜水集》，中华书局1981年版，第173—174页。

③ 吕留良：《吕晚村先生文集》，北京出版社1998年版，第485页。

④ 陆世仪：《思辨录辑要》，影印《四库》724册，分见页第11上，15上。

字字依文顺意，不少走作，才无弊"，卷十八《宋六子一》"郑、贾诸公，经师也；东汉诸贤，壁立万仞，法师也；陆子静、王阳明，禅师也。程、朱便是三乘全修，所以成无上正果"，卷二十三《学一》"惟圣人之道谓之中庸，过此即为隐怪。此是实理，此是实心，此是实事。即浅即深，即粗即精，无大无小，无内无外"，以及《榕村续语录》卷十六《学》"孔子之书，高深精妙，昭日月而沛江河。孟子既没，直到周、程出，而其说大明。其中遥遥不绝如线，幸赖董仲舒、郑康成、韩文公撑拄其间，为功甚大。而昌黎首建义旗，排斥二氏，其功尤钜。若无数子，则佛教西来，聪明之士从风而靡，有不为之夺统者哉"①，等等。

乾嘉汉学是以反思批判宋明理学心学、复古回归经学礼学的"复古经世"君子实学努力，也是对"为中下人立教"这一明清以来儒教大众教化时代使命的君子担当尝试。奠基时期学者有惠栋（1697—1758）、江永（1681—1762）、沈彤（1688—1752）等，发展时期学者有江生（1721—1799）、余萧客（1732—1778）、戴震（1723—1777）、程瑶田（1725—1814）、卢文弨（1717—1795）、段玉裁（1735—1815）、王念孙（1744—1832）、汪中（1745—1794）、洪亮吉（1746—1809）、凌廷堪（1755—1809）等，总结时期学者有王引之（1766—1834）、江藩（1761—1830）、焦循（1763—1820）、阮元（1764—1849）等，此外侧重以史治经之实学学者有全望祖（1705—1755）、王鸣盛（1722—1798）、钱大昕（1728—1804）、章学诚（1738—1801）、邵晋涵（1743—1796）、郝懿行（1757—1825）等。乾嘉汉学在儒教典籍音韵训诂、文字校雠以及典章礼制的考据编纂方面大有工夫，但在义理层面却大多不能内在继承宋明儒学学脉，其矫枉过正极端化倾向亦外在歧出了君子修教之性善论正统。

其中，一大转折之处当为戴震（1723—1777）以情欲中道界定君子修教。如《孟子字义疏证上·理》"欲者，血气之自然，其好是懿德也，心知之自然，此孟子所以言性善。心知之自然，未有不悦理义者，未能尽得理合义耳。由血

---

① ［清］李光地：《榕村全书》，陈祖武点校，福建人民出版社2013年版，分见第六册第110，70，220页，第七册第345页。

气之自然，而审察之以知其必然，是之谓理义；自然之与必然，非二事也。就其自然，明之尽而无几微之失焉，是其必然也。如是而后无憾，如是而后安，是乃自然之极则。若任其自然而流于失，转丧其自然，而非自然也；故归于必然，适完其自然。夫人之生也，血气心知而已矣""性之欲之不可无节也。节而不过，则依乎天理；非以天理为正、人欲为邪也。天理者，节其欲而不穷人欲也。是故欲不可穷，非不可有；有而节之，使无过情，无不及情，可谓之非天理乎"，《疏证下·才》"人生而后有欲，有情，有知；三者，血气心知之自然也……惟有欲有情而又有知，然后欲得遂也，情得达也。天下之事，使欲之得遂，情之得达，斯已矣。惟人之知，小之能尽美丑之极致，大之能尽是非之极致。然后遂己之欲者，广之能遂人之欲；达己之情者，广之能达人之情。道德之盛，使人之欲无不遂，人之情无不达，斯已矣"，《权》"人之患，有私有蔽；私出于情欲，蔽出于心知。无私，仁也；不蔽，智也；非绝情欲以为仁，去心知以为智也。是故圣贤之道，无私而非无欲；老、庄、释氏，无欲而非无私；彼以无欲成其自私者也，此以无私通天下之情，遂天下之欲者也。凡异说皆主于无欲，不求无蔽；重行，不先重知。人见其笃行也，无欲也，故莫不尊信之。圣贤之学，由博学、审问、慎思、明辨而后笃行，则行者行其人伦日用之不蔽者也，非如彼之舍人伦日用，以无欲为能笃行也。人伦日用，圣人以通天下之情，遂天下之欲，权之而分理不爽，是谓理"，以及"凡事为皆有于欲，无欲则无为矣；有欲而后有为，有为而归于至当不可易之谓理，无欲无为又焉有理？老、庄、释氏主于无欲无为，故不言理；圣人务在有欲有为之咸得理。是故君子亦无私而已矣，不贵无欲。君子使欲出于正，不出于邪，不必无饥寒愁怨、饮食男女、常情隐曲之感，于是逸说诬辞，反得刻议君子而罪之，此理欲之辨使君子无完行者，为祸如是也。以无欲然后君子，而小人之为小人也，依然行其贪邪；独执此以为君子者……未有不以意见为理之君子……此理欲之辨，适成忍而残杀之具……适以穷天下之人尽转移为欺伪之人，为祸何可胜言也哉"；总之，戴震的结论即《孟子字义疏证上·理》"天下惟一本，无所外。有血气，则有心知；有心知，则学以进于神明，一本然也；有血气心知，则发乎血气心知之自然者，明之尽，使无几微之失，斯无往非仁义，一本然也。苟歧而二之，未有不外其一者。六经、孔、孟而下，有荀子矣，有老、庄、释氏矣，然六经、孔，孟之道犹在也。自宋儒杂荀子及老、庄、释氏以入六经、孔、孟之书，学者莫知其非，而六经、孔、孟之道亡矣"、《文集卷九·与某书》"古人之学在行事，在通民之欲，体民之情，故学成而民赖以生。后儒冥心求理，其绳以理，严于商、韩之法，故学成而民情不知，天下自此多迂儒"[1]。可见，在明清以来大众教化凸显这一时代背景下，戴震消解儒教性善信念而论情欲中正君子修教，实际是把荀子性恶之情欲规定加以中道论证而倒转为性善之情欲，甘愿先知先觉之君子分位下降为普通民众食色知觉，从而大失明德亲民内圣外王之道这一精英纯净修养之义。此"一本"非彼"一本"，戴氏性善较荀子性恶立论尤为之下，武断割裂儒教精英修养与大众教化的主导、主体这一雅俗关系，几乎就是儒教史上一切利以为义的异端学派集大成式的概念论证与学理整合，因而亦即儒教君子修教歧出叛逆者与宋明理学全盘反动者。清末民初思想之乱，有自来矣。

此外，凌廷堪（1755—1809）亦认为理学即禅学，注重调和荀孟而论以礼节性、复性于礼君子修教，如《校礼堂文集》卷十《荀卿颂》"夫人有性必有情，有情必有欲，故曰'饮食男女，人之大欲存焉'。圣人知其然也，制礼以节之，自少壮以至耆耄，无一日不囿于礼，而莫之敢越也；制礼以防之，自冠昏以逮饮射，无一事不依乎礼，而莫之敢溃也。然后优柔厌饫，徐以复性，而至于道。周公作之，孔子述之，别无所谓性道也"[2]。焦循（1763—1820）亦注重情欲中道、知礼变通君子修教，如《孟子正义》卷二十二《孟子·告子》"饮食男女，人之大欲存焉。欲在是，性即在是。人之性如是，物之性亦如是""以己之心，通乎人之心，则仁也。知其不宜，变而之乎宜，则义也。仁义，由于能变通。人能变通，故性善。物不能变通，故性不善"，以及《雕菰集》卷九《君子喻于义小人喻于利解》"儒者知义利之辨而舍利不言，可以守己，而不可以治天下。天下不能皆为君子，则舍利不可以治天下小人。小人利而后可义，君子以利天下为义。是故利在己，虽义亦利也；利在天下，即

---

① 《戴震集》，上海古籍出版社2009年版，分见第285、276，308—309，323，328—329；286、188页。

② 纪健生校点：《凌廷堪全集》，黄山书社2009年版，第三册第74页。

利即义也。孔子言此，正欲君子之治小人者，知小人喻于利"①。阮元（1764—1849）亦注重理欲中道、修礼节性君子修教，如《揅经室一集》卷十《性命古训》"性字从心，即血气心知也……血气心知皆天所命，人所受也"，"欲生于情，在性之内，不能言性内无欲。欲不是善恶之恶，天既生人以血气心知，则不能无欲，惟佛教始言绝欲……此孟子所以说味、色、声、臭、安佚为性也"，以及"人既有血气心知之性，即有九德、五典、五礼、七情、十义，故圣人作礼乐以节之，修道以教之，因其动作以礼义为威仪""发而中节，即节性之说也。有礼有乐，所以既节且和也"②等。

　　至于纪昀（1724—1805）论君子修教，虽然不脱乾嘉汉学本色而亦有乡愿不彻底等类似缺失，但他注重精英纯粹修证与大众神道教化分类并行与内在整合，既是较为辩证看待汉学宋学优劣的乾嘉学者，也是神道设教大众教化自觉探索者之一，《阅微草堂笔记》即纪昀神道设教大众教化探索尝试，如卷二"天下上智少而凡民多，故圣人之刑赏，为中人以下设教"、卷十八"物各有所制，药各有所畏。神道设教，以驯天下之强梗，圣人之意深矣"等。纪昀折中汉学、宋学，对宋明以来尤其明中叶以来儒教君子小人之争进行了较为系统的历史评判。如《四库全书总目提要》卷五七《史部传记类一·伊洛渊源录》"盖宋人谈道学宗派，自此书始。而宋人分道学门户，亦自此书始。厥后声气攀援，转相依附。其君子各执意见，或酿为水火之争。其小人假借因缘，或无所不至……然朱子著书之意，则固以前言往行矜式后人，未尝逆料及是。儒以《诗》《礼》发蒙，非《诗》《礼》之罪也。或因是并议此书，是又以噎而废食矣"；卷一七二《集部别集类二十五·泾皋藏稿》"明末，东林声气倾动四方。君子小人，互相搏击，置君国而争门户。驯至于宗社沦胥，犹蔓延诟争而未已。《春秋》责备贤者，推原祸本，不能不遗恨于清流，宪成其始事者也。考宪成与高攀龙，初不过一二人相聚讲学，以砥砺节概为事。迨其后标榜日甚，攀附渐多，遂致流品混淆，上者或不免于好名，其下

———————

① 分见《孟子正义》，中华书局1987年版，第743、734页，《雕菰集》，商务印书馆1936年版，第137页。

② ［清］阮元：《揅经室集》，中华书局1993年版，分见第217，228，217、226页。

者遂至依托门墙，假借羽翼，用以快恩雠而争进取。非特不得比于宋之道学，并不得希踪于汉之党锢。故论者谓攻东林者多小人，而东林不必皆君子，亦公评也。足见聚徒立说，其流弊不可胜穷，非儒者闇修之正轨矣。惟宪成持身端洁，恬于名利，且立朝大节多有可观。其论说亦颇醇正，未尝挟私见以乱是非，尚非后来依草附木者比。故姑录其集，并论其末流之失，以示炯戒焉"，《冯少墟集》"士大夫自甲科通籍，于圣贤大义不患不知，顾实践何如耳，不在乎聚而讲也……无故而舍其职司，呼朋引类，使其中为君子者，授人以攻击之间，为小人者，借此为攀附之途，党祸之兴，未必非贤者开门而揖盗也。至于谓宋之不竞，由禁讲学，尤为牵合"，以及《刘蕺山集》"讲学之风，至明季而极盛，亦至明季而极弊。姚江一派，自王畿传周汝登，汝登传陶望龄、陶奭龄，无不提唱禅机，恣为高论。奭龄至以因果立说，全失儒家之本旨。宗周虽源出良知，而能以慎独为宗，以敦行为本，临没犹以诚敬诲弟子，其学问特为笃实。东林一派，始以务为名高，继乃酿成朋党，小人君子，杂糅难分，门户之祸，延及朝廷，驯至于宗社沦亡，势犹未已。宗周虽亦周旋其间，而持躬刚正，忧国如家，不染植党争雄之习……卒以首阳一饿，日月争光。在有明末叶，可称皭皭完人，非依草附木之流所可同日语矣"；卷一七九《集部别集类存目六·朱文懿文集》"是时东林声气倾动一时，赓独借汉、唐、宋朋党之害以立论。谓'汉之党皆君子，而罹小人之害，其势在小人，故使卓、操之徒得以假手，而国移于强臣；唐之党，君子、小人互相攻击，其势两盛而卒两败，故使朱全忠得以窃入，而国移于盗贼；宋之党，皆以德行、文章标表一时，其势在君子，而芟除太过，不能使其身安于朝廷之上，故使吕、蔡诸人得以藉口而国移于邻敌。党愈众则害愈深，变愈大'。其言切中时病。厥后明社既屋，乃信赓言。其深识早见，有非顾、叶诸人所及者"，卷一八一《集部别集类存目八·闇修斋稿》"企昭虽尊法朱子，排斥王氏，而心平气和，无明人喧阗之习。故《与赐履书》中有'某平昔讲学，不欲立门户，肆口耳'之语。其《东林要录·序》曰：当其始也，出于士大夫意见之相歧，声名之相夺；而其后也，举国家之大命随之。其《同时尚论录书后》曰：'当日东林、魏珰之门户，牢结而不可破，一胜一败，正不敌邪，遂至杀戮忠良，剥削元气，感召灾祲，酝酿盗贼，虽食小人之肉而寝其皮，宁足以纾其恨哉。然而小人不足责也，彼所称为君子者，持意见，快恩雠，以和衷易处之事，为谇语相加之行，激而生端，祸贻于国，又安得尽归罪于小人乎？'均可谓平心之论"，以及卷六《经部易类六·日讲易经解义》"《易》为四圣所递传，则四圣之道法治法具在于是。故其大旨在即阴阳往来、刚柔进退，明治乱之倚伏、君子小人之消长，以示人事之宜，于帝王之学，最为切要。儒者拘泥章句，株守一隅，非但占验禨祥，渐失其本，即推奇偶者，言天而不言人，阐义理者，言心而不言事，圣人立教，岂为是无用之空言乎"①等。

　　再看清初之后理学君子修教开拓发展情况。在清初张履祥、陆世仪、李光地等程朱理学学者努力下，顺治康熙时期理学已有较大发展，至康熙后期文庙祀典朱子升配十哲之位，程朱理学成为清朝学教正统。这一时期代表性学者有张烈（1622—1685）、魏裔介（1616—1686）、张伯行（1651—1725）、汤斌（1627—1687）、熊赐履（1635—1709）等。其中，熊赐履《学统》持程朱理学正统立场，分判君子学统为正统、翼统、附统、杂统与异统五类，并引用理学学者评语印证，之后再自加按语总结，这一纯正君子判教立场对后世影响较大。乾嘉时期代表性学者则有尹会一（1691—1748）、汪绂（1692—1759）、陈宏谋（1696—1771）、雷鋐（1697—1760）、朱珪（1731—1806）等。其中，陈宏谋《五种遗规》亦持程朱理学正统君子修教立场，精心拣择养正、教女、训俗、从政、官戒（或学仕）五类理学启蒙修教条规，对后世教化影响亦较大。此外，桐城派程朱学者自觉贯彻文以载道君子修教精神，亦较有特色，代表性学者有方苞（1668—1749）、刘大魁（1698—1779）、姚鼐（1732—1815）等。方苞卫道程朱理学，如《方苞集》卷六《与李刚主书》"孔、孟以后，心与天地相似，而足称斯言者，舍程、朱而谁与？若毁其道，是谓戕天地之心，其为天之所不祐决矣"②等。姚鼐亦卫道程朱理学，主张君子为学应注重道统，义理考据辞章不可偏废、为文应阴阳刚柔兼济，如《惜抱轩文集》卷六《再

---

① ［清］纪昀：《四库全书总目提要》，海南出版社1999年版，分见第327；909，909，910；966，983，34页。

② 《方苞集》，上海古籍出版社2008年版，第140页。

复简斋书》"程、朱犹吾父、师也。然程、朱言或有失，吾岂必曲从之哉？程、朱亦岂不欲后人为论而正之哉？正之可也，正之而诋毁之，讪笑之，是诋讪父、师也。且其人生平不能为程、朱之行，而其意乃欲与程、朱争名，安得不为天之所恶"①等，并主张应断绝毛奇龄、李塨、程延祚、戴震等反程朱理学之汉学学者学脉。

清代后期理学代表性学者则有方东树（1772—1851）等。方东树在君子为学礼理争议中反汉学而卫程朱，如《汉学商兑》卷中之下"夫文字训诂只是小学事，入圣之阶，端由知行。古今学术歧异，如杨墨佛老，皆非由文字训诂而致误也。而如汉儒许、郑诸君，及近人之讲文字训诂者，可谓门径不误矣，而升堂入室者谁乎？至卑视章句，其失不过空疏，与求名物而不论道粗浅者，亦不同伦。凡此皆所谓似是而非，最易惑乱粗学而识未真者，不可以不辨"，"夫义理、考证、文章本是一事，合之则一贯，离之则偏蔽。二者区分，由于后世小贤、小德不能兼备，事出无可如何。若究而论之，毕竟以义理为长，考证、文章皆为欲明义理也。汉学诸人，其蔽在立意蔑义理，所以千条万端，卒归于谬妄不通，贻害人心学术也"；卷中之上"实事求是，莫如程、朱，以其理信而足可推行，不误于民之兴行。然则虽虚理，而乃实事矣。汉学诸人言言有据，字字有考，只向纸上与古人争训诂形声……反之身己心行，推之民人家国，了无益处，徒使人狂惑失守，不得所用。然则虽实事求是，而乃虚之至者也"，"程、朱以己之意见不出于私乃为合乎天理，其义至精至正至明，何谓'以意见杀人'？如戴氏所申，当体民之情、遂民之欲，亦必民之情欲不出于私、合于天理者而后可。若不问理，而于民之情欲一切体之遂之是为得理，此大乱之道也"，以及"或曰：夫人以《礼经》为教，其名甚正，其实甚美，宜无倍于圣人，何子论之深也？曰：是当考其本意，防其流弊。此之宗旨，盖欲绌宋学，兴汉学，破宋儒穷理之学，变《大学》之教为考证之学。非复唐、虞、周、孔以礼垂教经世之本，并非郑、贾抱守遗经之意。何也？郑、贾诸儒不禁学者穷理，又未尝蓄私意，别标宗旨，欲以一手掩天下目也。故邪说假正，正亦邪也……既深罪空谈义理之非，又力援大儒《礼经》之重，于是人心

---

① ［清］姚鼐：《惜抱轩文集》，中华书局1991年版，第78页。

尽移，若真觉义理之学谬迂可厌，真无实用矣。邪说害正，其端甚微，其流甚钜"①等。此外，程瑶田（1725—1814）亦遵崇程朱理学而以"天生烝民，有物有则"言君子修教，并讥戴震以意见论理而不知性善之精义。方氏、程氏所论不为无理，但其效甚微。乾嘉汉学学者把儒教精英修教信念消解了，虽于神道设教大众教化有所探索，但却并未能把儒教大众信念建立起来，民间信仰复杂含混且邪教由是潜滋暗长，故而清中叶之后的所谓儒教君子修养教化之学理多分已是似是而非、不伦不类了。

综上，在实学实修与大众教化时代背景下，清代汉学学者自戴震以降多以"血气心知"实用经验论性，主张学礼复性而养情节欲，重新审视荀学和诸子学而尊荀抑孟。他们大都辟佛老且批宋明理学即禅，虽有修正宋儒表述不彻底之处，但却不知宋明理学藉佛老刺激而反求诸己，引申发明出儒教经典本有的精妙修教义理。以戴震为代表的乾嘉朴学打着全盘复古旗号客观上进一步消解了理欲、性情的界限，不仅没有自觉接续宋明理学的彻底修证精神，还降格儒教性善教化为情欲合理、养情适情教化，更有甚者还以诸子杂学消解儒教礼教正统而倡言个性解放。以戴震为代表的乾嘉汉学实为"我凿六经"，诚如刘咸炘《学略七·总略》所云：小学极而六经裂，金石繁而史芜，一字一句，搜之无可再搜，乃嘘诸子之余焰，而异学乘之矣……盖学问不得其本，风会盛衰，迭相胜负，变无可变，弃而之他，斯固理事之必然"②。这也就意味着，清代朴学以批宋复古为期许，而却以儒教信念的消解为结果，儒教瓦解之势于是乎暗成。众所周知，本来明中叶以来的城市扩张与商业膨胀，就已经严重冲击了士农工商传统社会格局，精英儒教礼法约束力不断下降，世道人心日益涣散，乾嘉之际已是"风气日薄，人情日巧……古人不肯为之事，往往肯为；古人不敢冒之险，往往敢冒；古人不忍出之策，往往忍出。故一切世事心计，皆出古人上"③，所谓鬼狐妖怪已成司空见惯之百姓谈资，乾嘉之后清朝乡绅阶层更是功利化加剧，土豪劣绅剧增，遂致洪杨洋教之乱、西教西学入侵而收拾

---

① ［清］方东树：《汉学商兑》，虞思徵校点，中华书局2018年版，分见第99，135；44、47，70页。

② 刘咸炘：《学略》，黄曙辉编校，华东师范大学出版社2009年版，第93页。

③ 纪昀：《阅微草堂笔记》卷十五，上海古籍出版社2010年版。

不住，直至出现了入主出奴、以夷变夏的可悲局面，清季民初儒教在内忧外患中遂告彻底崩溃。

乾嘉之后西汉今文经学的兴起，实际是反宋复古乾嘉汉学（东汉古文经学）合乎逻辑的内在发展，是对亲民外王教化层面而不是对明德内圣修证层面的现实关照，故其对儒教君子修教的开拓可略仿西汉儒教君子修教努力。出于对乾嘉汉学坐而考经以及"玩物丧志"流弊的学理反思，亦是出于由民间信仰团体主导的民变多发社会动荡（根源于明中叶以来阳明心学导致的个性欲望释放膨胀、三教合一大众教化的混滥弊端、乾嘉汉学对精英修养的消解放纵与对大众情欲功利的名实倒置及其托古论证，以及民间儒教伦常败坏带来的民众情感信念混乱）的现实刺激，大众教化的教治之道问题得以凸显。清代后期今文经学立足儒教精英治统而以经术为治术，力图扭转乾嘉汉学单纯训诂考据书斋学风，以复归孔子微言大义权威而更法变通、解决当时社会教化危机为旨归，故而尤重《春秋公羊传》是非褒贬尊王攘夷、天人感应阴阳谴告、三统三世拨乱反正等儒教治道思想的现实关照，在一定程度上实际内在接续了乾嘉汉学学者江永、纪昀等反本儒经神道设教大众教化探索。清代今文经学肇始于乾隆中期，以庄存与（1719—1788）《春秋》公羊学为开山；发展于嘉庆、道光时期，如张惠言（1761—1802）、方申（1787—1840）治象数《易》，陈寿祺（1771—1834）治今文《尚书》与三家《诗》，凌曙（1775—1829）治今文《春秋》，陈立（1809—1869）治《春秋公羊传》等；今文经学以宗《春秋公羊传》的常州学派为典型，代表性学者有庄存与（1719—1788）、庄述祖（1751—1816）、孔广森（1752—1786）、刘逢禄（1776—1829）、宋翔凤（1776—1860）等，其中尤以发挥何休"三科九旨"思想的刘逢禄为学派正统；此后今文经学经世思潮勃兴，如魏源（1794—1857）辑《皇极经世文编》，以及林则徐（1785—1850）经世思想等等，不一而足。

近代以来儒教君子修教及其变异，以中西体用关系争论为学理主线展开。中国近代西学东渐源于明末天主教中西格义，主要代表性著作是明代李之藻编《天学初函》中的耶稣会士利玛窦所述《天主实义》（即明代徐昌治编辑的《圣朝破邪集》反天主教义与西学文集中所载《辨学薮言》《圣朝佐辟》等著作的破斥对象，主要集中于诬天裂性、非圣反伦等操戈入室破坏儒教之西方价值思维）。龚自珍（1792—1841）起家今文经学而援公羊以经世，提出尊情、重私、重我、进化、非五行说，实则集合乾嘉汉学与今文经学之流弊，托古售私而躁动无主，以致今文大义异化变质，而为近代以来民主自由西化学术之先声，梁启超盛赞之而章太炎则斥之为"将汉种灭亡之妖邪"。魏源（1794—1857）、冯桂芬（1809—1874）、曾国藩（1811—1872）等主张以中接西而师夷长技以制夷，奉行师夷长技而反本儒典依据以内在开新这一中体中用再加西用之经世理路。尤其是曾国藩，全力维持儒教纲常礼义君子修教之正统自信，戡定洪杨之乱这一反伦灭性之名教奇变，并表彰船山经世儒学以对治西来基督教义。与其他清代儒者类似，由于曾国藩深受阳明心学、乾嘉汉学等惯性影响，其儒教君子修教义理难免驳杂不纯。

郭嵩焘（1818—1891）论君子修教，沿袭清儒一贯批判理学传统而较为温和，主张由宋代理学反本孔子之学，主性善而体贴儒教经书义理以及船山理学实学兼备之学，并以之扶世翼教而辟驳对治西来基督教义，但其发挥义理并非儒教天人内在性善修教之中正大道，故不能防正夷狄之道而陷于乡愿利害之流弊。如《大学章句质疑》"圣人尽性以尽人物之性，统于明德新民二者，而其道一裕之学。学者，致知诚意，极于修身止矣"，《中庸章句质疑》上卷"中庸吃紧在慎独，而推本性之原于天，以见人之所以与天地同量者，其原固无二也……性丽于道而原于天，以待体于人，则人自效其成能而物无与……天既命于人而有性，而凝之以为道，则此道字不必虚属之天。率性者，人道之有事乎。率也，非循其自然之谓也"；《郭嵩焘诗文集·复姚彦嘉》"泰西之教，其精微处远不逮中国圣人，故足以惑庸愚，而不能以惑上智"、《募修上林寺小引》"夫彼教所以觉悟愚民，常有所偏胜。晋梁以来，释、老代兴，乃今而俱衰微，则耶稣之强民以崇事者兴焉。佛之教，日引召其徒，修而行之，其传有所归，而其流有所止，使人知其为教，犹不逾乎心性，以无急折而入于耶稣也，悗亦吾儒之志也与"，以及《致李傅相》"国家大计，必先立其本。其见为富强之效者，末也。本者何？纪纲法度、人心风俗是也。无其本而言富强，只益其侵耗而已"、《铁路议》"知其本而后可以论事之当否，知其末而后可以计利之盈绌。本者何？人心风俗而已矣。末者何？通工商业，立富强之基，凡皆以为利也。人心厚、风俗纯，则本治；公私两得其利，则末治"①等。由于体认不精，郭氏还一厢情愿地乡愿主张控御夷狄之道在于"以理格之"，且与严复一样，天真格义西学之体而不知其非。严氏《天演》风行而影响极大，为近现代中国学者更极端地以西体代中体路径之发轫者，严复此后虽深自悔恨，但亦无可奈何而已。

王韬（1828—1897）自信儒教君子道统，但于西学亦有乡愿妥协处。如《弢园文录外编·原道》"天下之道，一而已矣，夫岂有二哉！道者，人人所以立命，人外无道，道外无人。故曰：圣人，人伦之至也。盖以伦圣，而非以圣圣也。于以可见，道不外乎人伦。苟舍人伦以言道，皆其歧趋而异途者也，不得谓之正道也"，《弢园文录新编·扶桑游记》"道也者，人道也，不外乎人情者也。苟外乎人情，断不能行之久远。故佛教、道教、天方教、天主教，有盛必有衰。而儒教之所谓人道者，当与天地同尽"，《外编·杞忧生易言跋》"器则取诸西国，道则备自当躬，盖万世而不变者，孔子之道也，儒道也，亦人道也。道不自孔子始，而道赖孔子以明。昔者孟子距杨墨，功不在禹下；昌黎辟释氏，功不在孟子下；今杞忧生论教一篇，功不在孟子、昌黎下……我于此正可励精壹志，以自振兴，及时而黾勉焉，而淬厉焉，耻不若西国尚可有为也"，《原道》"泰西诸国今日所挟以凌辱我中国者，皆后世圣人有作，所取以混同万国之法物也。此其理，《中庸》之圣人早已烛照而券操之。其言曰：天下车同轨，书同文，行同伦。而即继之曰：天之所覆，地之所载，日月所照，霜露所坠，舟车所至，人力所通，凡有血气者，莫不尊亲。此之谓大同"，以及《中国自有常尊》"恃强以凌弱，虽事有不同，时有久暂，而其卒底于灭亡者，故亘古如一辙也。何也？尊卑之分不明，逆理犯顺，生人之道灭矣……本之先拔，未有能久而不蹶者也……故知中国有时而弱，然弱亦足以久存；中国未尝无衰，然衰要有终极。盖彝伦所系，统纪所存，一旦圣君应运而兴，贤臣相辅为理，励精图治，上邀无着，下顺舆情，则强者亦将失其强，而尊卑以明矣。势无陂而不平，道无往而不复，观诸上古之迹，验诸近今之事，当不河汉

---

① 分见光绪十六年思贤讲舍开雕《大学章句质疑》自序、《中庸章句质疑》第2—3页；《郭嵩焘诗文集》，岳麓书社1984年版，第202、82、240、553页。

乎斯言"①等。

此外，与王韬类似，廖平（1852—1932）亦认为，大同社会是专行孔教之社会，因为凡有血气者莫不尊亲，其他宗教并行不悖局面不过是孔教一统之准备，大同社会的来临时刻亦即孔教风行天下之时。廖平进而指出，伊斯兰教、基督教、佛教均以兼爱为主，三教以"兼爱"之义而为中行大同之先锋，夷狄风尚强悍争杀，不知爱有差等、推己及人、与人为善、礼乐谐和之纲常礼教，故以过中外在之坚忍信仰强制之，待其戾气消解则中和自然可致。

清朝末年国运将终，汉满民族矛盾、精英大众矛盾、儒耶教化矛盾、夏夷义利、君主民主国体政体矛盾错综复杂，实可谓千古未有之变局。明清儒教学理业已蕴涵了重视利欲西化诱因，加之列强入侵以及文化腐蚀，晚清大量已然不伦不类的儒教精英对于西方民主制度一见倾心地进行了天真"格义"，并作出一厢情愿的理想化解读，西化浪潮先器械而制度而思想价值观念，西化精英势力逐步坐大而左右意识形态，国运遂至不可收拾。19世纪中叶，有生员以上功名的儒教士人数量尚在74万—91万间，而19世纪末20世纪初士人阶层易位流动而支离破碎，传统士绅阶层逐渐消亡，新兴知识分子群体大约于20世纪初形成，1905年废科举而兴近代学制后，新式学校学生由1902年6912人飙升至1909年的164万人，1912年则达293万人。19世纪后期以来，外来基督宗教教会学校培育出了大量西化文化精英，民国以来这些西化新知识分子群体尚洋趋新，隔膜、淡化乃至激烈抨击传统文化，左右舆论时局而颠覆传统伦常，中国现代文化的主体——西化精英羽翼渐丰，入主出奴、以夷变夏之势于是乎初成②。

在当时左右时局的学者中，康有为（1858—1927）起家今文经学，章太炎（1869—1936）起家古文经学，梁启超（1873—1929）起家阳明心学尤其是黄宗羲以来的民权自由世俗化流弊，三人儒教信念并不纯粹且对佛教俱有好感，在中西体用关系探索中亦都经历了援西入儒、以西化儒、儒西并尊、以儒化西四

---

① 分见王韬：《弢园文录外编》，中华书局1959年版，第1页，李天纲编校：《弢园文录新编》，三联书店1998年版，第362页，《外编》第323—324，2，140页。

② 参见孙燕京：《晚清社会风尚研究》，中国人民大学出版社2002年版，第195—196页。

部曲，其思想流变对当时学者西化之风气有很大干系。康梁"戊戌变法"托古改制思路驳杂不纯，武断割裂儒教史内在脉动，对西方立足"性恶"或原罪人性传统的民主制度作出"六经注我"的主观片面理解，确为"以夷变夏"之大乱之道而难辞其咎；梁启超先是醉心于民主政体建设，最终则成为研究传统文化的理性学者。辜鸿铭《张文襄幕府纪闻》指出："政之有无关国家之兴亡，教之有无关人类之存灭，且无教之政终必至于无政也。当同、光间清流党之所以不满意李文忠者……实不满意曾文正所定天下之大计……为其仅计及于政，而不计及于教。文忠步趋文正，更不知有所谓教者，故一切行政用人，但论功利而不论气节，但论才能而不论人品……文襄之效西法，非幕欧化也；文襄之图富强，志不在富强也。盖欲借富强以保中国，保中国即所以保名教……文襄之作《劝学篇》，又文襄之不得已也，绝康、梁并以谢天下耳。"《亡八蛋篇》则总结曰："天下之道只有两端，不是王道就是亡八蛋之道。孟子所谓'道二，仁与不仁而已矣。'"[1]与康有为一样，陈焕章等发起的孔教运动也是思路驳杂不纯，尽管在西方文化的刺激下试图模仿基督宗教而应急性凸显了儒教形式上的神圣信仰特色，但并没能在根本上建立起令人信服的儒教义理体系。况且过于依赖政治势力，根本不能明了并自觉接续明清以来儒教大众教化内在脉动，对西方文化与传统文化的关系也暧昧混同。如此一来，孔教运动必然不能自觉理顺儒道释三教关系以形成有效教化合力，相反却引起了道释二教的自保反击以及传统三教在精英层面上的日益睽离，儒教运动理所当然地陷于失败。袁世凯称帝、张勋复辟失败后，儒教在内忧外患中遂告崩溃，后来北洋军阀、伪满政权、民间宗教信仰勃兴等则是儒教余绪之权变，但时过境迁，异化变节者多，适成西化势力破除儒教传统之口实而已。

　　梁启超等启民德、民智、民力的西化理念逐步演变为陈独秀、胡适等明目张胆地鼓吹民主科学、彻底否定儒教性善修教传统的新文化运动，蔡元培等也由新式士人蜕化为民主自由论者，试图革新教育而发展个性，倡导"兼容并包，思想自由"，变儒教修、教为狭隘学、术，这就在客观上模糊消解了

---

　　① 辜鸿铭：《清流传——中国的牛津运动》，语桥译，东方出版社1997年版，第158页、第171页。

儒教教化在中国多元文化中的基础地位。此外更有一批新式教育改革家全力鼓吹西式教育，从而加速了中国社会的西化进程。此后，中国学界全盘西化派、国粹派和折衷派三足鼎立，但已日益陷于狭隘学术争辩，以致1935年十教授《中国本位的文化建设宣言》激愤而言"中国在文化的领域中是消失了；中国政治的形态，社会的组织和思想的内容与形式，已经失去它的特征"。民国以来的所谓"新儒家"学者，大多陷入以西释中的"西体中用"异化怪圈而严重偏离了儒教正统，贺麟等更是业已基督教化了，少数儒教本位者也多限于概念空谈，钱穆则尚能一贯阐发传统儒教之永恒价值。礼失则求诸野，与精英学者或普遍西化或应对西化的知行学教日益分裂的学术理路不同，民国以来民间儒教教化者（多现身于传统三教以及相对纯正的民间信仰团体中）往往自觉担当了信守护持性善君子纲常礼教的榜样职责，如段正元、印光、武训、王凤仪以及一些较为纯正的民间信仰团体精英人士等，大都称得上毕生奉行礼教纲常的精进典范，他们在近现代中国乱世苦心孤诣、艰苦卓绝的君子修教言行令后人肃然起敬。当然也毋庸讳言，由于时代局限其学说往往也存在着一些驳杂不纯与乡愿模糊之处。

第三节　儒学民本君子观义理述要

综括上述五经四书君子思想，以及儒学君子观奠定探索期、内化成熟期、转型裂变期的发展史概述可见，作为儒学民本观的主体灵魂，君子观是在三教对待互补、反思异端流弊而又反求诸己的历史发展进程中逐步发展成熟的。君子观义理内容并不独立于儒教民本观诸义理要素之外，而是内在展现于儒学民本观基本义理要素之中，故而我们亦可称君子观为"儒学民本君子观"。

一、引领主体：圣贤师长，修齐君子

君子原指有德行爵位者，亦即"君临上位，子爱下民，通天子诸侯，兼公卿大夫有地者"（《周易正义·乾卦大象注》）、"人君以下至在位士"（《礼记正义·月令》"君子处必掩身"正义），后则扩至无爵位而有德行者（乡老贤

良、师长处士等）。就静态体相而言，君子乃成德之美称；就动态作用而言，君子以成德为志行。概要言之，君子即以诚正修齐、礼乐成德为毕生行止的人文儒者。人文君子者，尊三德、三畏、四勿，奉五常、八义、九思，明德亲民而下学上达，止于至善而伦礼为度，改过迁善而切磋琢磨，厚德载物而自强不息，诚可谓"君子在位可畏，施舍可爱，进退可度，周旋可则，容止可观，作事可法，德行可象，声气可乐，动作有文，言语有章"（《左传·襄公三十一年传》）。圣贤乃德行纯粹之君子，举世公认而仍以"圣仁岂敢"自谦；君子乃以成德为志行之儒士，凡事随分量力而恒以"希圣希贤"自励。善人不践迹，差可比类君子，然亦"不入于室"，故"君子"称谓足以涵容之。自小子以至成人，由仪而礼而年德俱增，乃君子苗而秀实之进序。君子小人，德位对耦。君子喻于义，德役才，和而不同；小人喻于利，才役德，同而不和。君子德茂称位而能劳心奉礼以垂范教化，小人德劣不胜故应劳力虑材而敦笃敬事。"惟圣罔念作狂，惟狂克念作圣"（《尚书·多方》），君子小人和合共成而又动态转化，无非一念仁义利害之心扩充而至而已。故而君子德风则小人德草，君子称功则小人伐技，德不配位而反省内求者往往自悔自贬谦称小人，名实不符而虚情掩过者每每自欺自误伪为君子。总之，作为邦家之基与民之父母，"圣贤师长，修齐君子"这一君子阶层自明明德而又感化他人，实际构成了纲常名教之主持、礼义中正之圭臬，诚可谓"天地生君子，君子理天地。君子者，天地之参也，万物之揔也，民之父母也。无君子则天地不理，礼义无统，上无君师，下无父子，夫是之谓至乱"（《荀子·王制》），故历代无不致力于培植选拔儒教君子以成德治盛世。必须注意的是，历代君子群体正圆偏杂不同，虽时中性或关注内圣层面或关注外王层面，亦俱为儒教君子观发展做出过独特贡献，但历代总是有君子修教道统谱系之分疏判定。如清代大儒熊赐履《学统》一书，即将儒教君子修教道统分判厘定为正统、翼统、附统、杂统、异统共五类，其中孔孟、程朱一脉为儒学君子修教一贯正统，这是很有拨乱反正现实意义的。

二、信念依据：人性本善，民惟邦本

"人性本善，尧舜可期"信念使君子自觉修养得以可能，"觉有先后，民惟邦本"信念使君子觉他教化成为必要。礼教德化则民心淳朴、有耻且格，民各有心则竞于利欲、免而无耻，作为天地之纪与民誉民望，儒教君子自觉觉他而家国同怀，一者"不有君子，其能国乎"（《左传·文公十二年传》），二者"无自广以狭人，匹夫匹妇不获自尽，民主罔与成厥功"（《尚书·咸有一德》）。性善论与民本观浑融一体，性善论为君子修养层面的民本观，民本观则为君子教化层面的性善论。性善论与民本观因剖明了人文儒教修教心源，而共为人文君子修教之学理基础与信念依据。在传统三教对待互动历程中，人文儒教性善论具备了性本善、性可善与性至善的丰厚内涵，构成了中华民族历次反本开新的坚韧精神支撑。当前，我们应自觉树立希圣希贤君子担当而决不再以人为害天赋，以期重筑民族复兴的信念基石。儒学民本观以"天地—君子—民众"一体和合为基本架构，天地择立君子以保民，君子顺天敬德以化民，君子为民众主持而民众为君子本根，君民相须共成治道。民本观以先知觉后知、先觉觉后觉为内在主旨，即君民同类而觉有先后，君师垂范而民人自化，化民之道则教学为先。民本观以"大一统"礼义德化为实践手段，明示政以君子礼教为本、治以官爵贤善为要。总之，君子以天地为则，天地以民众为心，民众以君子为率，君心格正、君臣和合、百姓各尽性分则天下自然安定。务须正名的是，民本与民主存在价值思维层面的东西方文化差异，中国文化语境中"主"为表征君民和合之主持、主脑义而非表征君民对立之主宰、支配义，我们应反本溯源而重铸中华民本观。

三、价值取向：明德亲民，伦常当位

作为传统文化价值观的核心与灵魂，儒教君子基本价值取向与主题纲要为"明德亲民，伦常当位"或"修己安民，彝伦攸叙"，亦即《大学》首章所示"大学之道，在明明德，在亲民，在止于至善"。"明明德"即君子内圣修养，"亲民"即君子外王教化，"止于至善"即人文君子对伦常分位的诚敬体认与时中践履，《大学》释之云"为人君，止于仁。为人臣，止于敬。为人子，止于孝。为人父，止于慈。与国人交，止于信"。"明德"内圣层面与"亲民"外王层面可以涵摄人文君子所有品格要素与方法要素，我们应对此进行系统深入的内在整合。"伦常当位"即"三纲五常"之当位中正，其中"三纲"

即君为臣纲、父为子纲、夫为妻纲，"五常"即父慈子孝而有亲、君仁臣忠而有义、夫义妇顺而有别、兄友弟恭而有序、朋和友爱而有信。五经四书、历代儒典念兹在兹者，无非自觉觉他、修己安民这一价值取向。正是通过对"三纲五常"诚敬时中的日用践履，历代人文君子方得以下学上达、自觉觉他的。纲者表率而常者日用，纲常双方是阴阳对等而互补共生的，当今社会只是用上下级概念代替了君臣概念而已，其内涵还是大致相当的。我们应懂得三纲五常之当位中正即真实内在之自由平等的道理，从而自觉持守"明德亲民，伦常当位"这一人文君子基本价值取向。

四、修习次第：三纲八目，内外融贯

儒教君子基本价值取向为《大学》"三纲领"即明德、亲民、止于至善，修习次第则是作为"三纲领"之实际展开的"八条目"：格物、致知、诚意、正心、修身、齐家、治国、平天下。其中，格致诚正为内圣修养，修齐治平为外王教化，而修身则为内修外化之桥梁纽带。可见，《大学》"八条目"本内修以外化，即外化而内修，知意心身而家国天下，体用一源而内外融贯，环环相扣而首尾衔接，相对独立而互为涵摄，此即人文君子修习次第之内在逻辑。这一内在逻辑逆推之即平天下在治其国、治国在齐其家、齐家在修其身、修身在正其心、正心在诚其意、诚意在致其知、致知在格其物，顺推之即物格则知致、知致则意诚、意诚则心正、心正则身修、身修则家齐、家齐而后国治、国治而后天下平。需要指出的是，自格致诚正以至修齐治平，"八条目"每一环节均须自觉贯彻"絜矩之道"内在思路，从而彰显了人文儒教君子反求诸己、推己及人的修教本色，这在宋明理学君子修教体系中得以成熟展现。人文君子修习次第顺理成章而切实可行，具有超越具体时代的永恒践履价值，当今时代仍应遵守贯彻。

五、践履把柄：守礼体仁，孝悌为本

守礼体仁而孝悌为本，此即儒教君子亲切自然、下学上达之践履把柄。"亲亲之杀，尊贤之等，礼所生也"（《中庸》），"明德亲民，伦常当位"价值取向须藉鲜活的礼仪实践方得以达成。儒教礼仪始于冠、本于婚、重于丧祭、

尊于朝聘而和于乡射，可谓无所不包而又无所不在。非礼勿视、非礼勿听、非礼勿言、非礼勿动，明德亲民方可脚踏实地，名教纲常方可当位中正。"人而不仁，如礼何"（《论语·八佾》），守礼务须体仁。人文君子本仁义以行礼仪，即礼仪而体仁义，仁礼一体融贯、动态调适方可杜绝流弊。君子务本，本立而道生。作为天经、地义与民行，孝悌之道为人文君子守礼体仁之自然入手处，诚所谓"父子之道，天性也，君臣之义也……不爱其亲而爱他人者，谓之悖德。不敬其亲而敬他人者，谓之悖礼。以顺则逆，民无则焉。不在于善，而皆在于凶德，虽得之，君子不贵也"（《孝经·圣治》）。孝悌之道作为合情理而重本源的顺治之道，其始甚微而终致广大，诚所谓"事父孝，故事天明。事母孝，故事地察。长幼顺，故上下治……孝悌之至，通于神明，光于四海，无所不通"（《孝经·感应》）。藉孝悌常情之自然扩充，人文君子即可下学上达而体悟天道，历代儒者无不念兹在兹。

六、思维方式：天人合一，道则中庸

"与天地合其德，与日月合其明，与四时合其序，与鬼神合其吉凶。先天而天弗违，后天而奉天时"（《周易·乾卦文言》），儒教君子贯通三才之道而参赞天地化育，以"天人合一，道则中庸"为基本思维方式。"天人合一"之理即本天道以立人道、人道立而天道显，天命人性内在贯通，道心人心两相融摄，诚所谓"天命之谓性，率性之谓道，修道之谓教……致中和，天地位焉，万物育焉"（《中庸》）。"天人合一"之方即诚明感通，"诚者，天之道也。诚之者，人之道也……自诚明，谓之性。自明诚，谓之教。诚则明矣，明则诚矣"（《中庸》）。人性本善而诚明一体，圣贤至诚故不勉而中、全体率性而天人合，常人曲诚故择善固执、精熟扩充而天人合。"维天之命，於穆不已"（《诗经·周颂·维天之命》），人文君子诚敬不息而感通不懈，无论生知、学知与困知，抑或安行、利行与勉行，及其成功则豁然一如，诚所谓"好学近乎知，力行近乎仁，知耻近乎勇"（《中庸》）。人文君子道则中庸，当位时中而非攀缘自恣、和而不同而非乡愿独断、自费而隐而非难以践履、张弛有度而非过与不及、素位而行而非极端怪异、择善固执而非情随事迁、絜矩内省而非自私外求、言行相顾而非声闻过情。总之，儒教君子尊德性而道问学，极高明而道中庸，天人内在而当位时中，伦常有分而爱有差等，言不尽意而立象尽意，显微无间而诚敬感通，从而形成了人文纲常儒教独特的修教思维，这一君子中道思维在历代儒者君子修教体系中体现的淋漓尽致。

七、生活情操：君子比德，意象清和

儒教君子以自然之象而比类内在之德，天地日月、山松梅竹、琴玉松荷、梅兰竹菊等不一而足，共同构成了丰富开放的人文君子比德意象。就君子比德历史展开而言，诸如五经比德于天地万象、孔子比德于玉琴山水、孟子比德于水、屈原比德于香草美人、董仲舒比德于米、陶渊明比德于菊，周敦颐比德于莲、邵雍比德于竹，明清时期文士儒者比德于梅兰竹菊松等均是。如周敦颐《爱莲说》之君子意象"出淤泥而不染，濯清涟而不妖，中通外直，不蔓不枝，香远益清，亭亭净植，可远观而不可亵玩焉……花之君子者也"，邵雍《击壤集》卷十《洗竹》"岁寒松柏共经秋，丛剃无端蔽翳稠。遍地冗枝都与去，倚天高干一齐留。应龙吟后声能效，仪凤来时功可收。未说其他为用处，此般风格最难俦"，等等。总之，阴阳健顺而中正清和，傲骨虚心而温润蕴藉，文质彬彬而反躬自求，切磋琢磨而诚敬无息，此即儒教礼义君子生活情操之大略。

八、修教风骨：义以统利，夏以化夷

儒教君子自觉觉人而内外平成，以内在仁义修养对治外在私心利欲，以华夏礼乐对治夷狄强权，恪守"国不以利为利，以义为利"（《大学》）、"利者义之和"（《周易·乾卦文言》），以及"裔不谋夏，夷不乱华"（《左传·定公十年传》）、"内诸夏而外夷狄"（《公羊传·成公十五年传》）的教化信念，历史形成了"不使小人加于君子"的义利本末观与"不使夷狄加于中国"的夏夷天下观。君子喻于义而以义统利、内诸夏而以夏化夷，此即儒教历代人文君子之基本修教风骨。

综上，"君子"乃落实纲常儒教民本观的德位担当主体与人伦养成目标，弘道在人、为政在人的"人"实即人文礼义君子群体。儒学礼义君子观的基本内容在于：以"圣贤师长，修齐君子"为引领主体，以"人性本善，民惟邦本"为信念前提，以"明德亲民，伦常当位"为价值取向，以"天人合一，道

则中庸"为思维方式，以"三纲八目，内外融通"为修习次第，以"守礼体仁，孝悌为本"为践履把柄，以"君子比德，意象清和"为生活情操，以"义以统利，夏以化夷"为修教风骨，以"下学上达当位时中，忠恕一贯改过迁善"为人文特色，以"文化融通反本开新，雅俗整合教化下移"为发展脉动。历代儒教人文君子主张"上薄拜神教，下防拜物教"的人文化成修教进路，明确人性本善而觉有先后，天人合一而道则中庸，仁礼内在而孝悌为本，下学上达而当位时中，改过迁善而随分量力，精纯合道而永无止息，义利一体而义以统利，德刑兼备而德化为本。

必须注意的是，君子观作为儒学民本观之引领灵魂，是历代儒者直面儒教内部发展脉动与外部刺激（如道释诸教、外族入侵、商品经济、大众教化需求等）而不断反本开新、逐渐成熟完善的。明中叶以来，由于阳明心学与乾嘉朴学对个体情欲的开禁与论证，正统儒学君子观已被蚕食解构而变得本末模糊、界限混乱，清季民国以来遂致西化民主自由观入主出奴而出现以夷变夏这一千古变局。譬如，当前学界对荀子、王阳明、李贽、黄宗羲、戴震以及杨、墨、道、释等某些非正统性人物流派的流行性推崇，即大多自觉不自觉地闪烁着西化自由民主观与基督宗教价值思维的影子，这是纲常儒教君子主体正统地位失落而六神无主的现实表现。鉴于文化发展源流一贯的一脉相承性，中华民族内在复兴，儒教君子责无旁贷，人文礼义君子群体理应成为当前中华民族文化自觉与内在复兴的担当主体与基础力量。因此，自觉理顺中国儒学史君子观学理流变并进行拨乱反正研究，时中重铸当代儒教君子修教主体内在灵魂，也就相应成为了当前儒者的本分担当。当前儒教君子应通权达变、随时损益，以中西文化对待互补为时代视阈，以中体中用内在消化为人文进路，既坚持文化自觉、身体力行以固本培元并对治时弊，又自觉借鉴西学优长以深化拓展自身本有内涵，从而将传统儒学礼义君子观时中推进到新的发展阶段。

第四章

儒学民本观基本架构与核心内容概说

儒学民本观核心内容在于以五经四书尤其是"三礼"为文本依据的纲常礼义之实际践履，而儒教纲常礼义之内在视域与践履框架又在于以五经四书尤其是《尚书》、"三传"为文本依据的"天—君（即君子修教群体）—民"这一儒学民本观基本架构。鉴此，在此前的儒学民本观经典依据、信念前提与担当主体概说之后，本章将顺次对儒学民本观"天君民合，三位一体"基本架构、"三纲五常，礼教实修"核心内容予以简要概说。

第一节　天君民合：儒学民本观基本架构述要

西学民主观以"神民公民，教治分化"为基本架构，而儒学民本观则以"天君民合，三位一体"为基本架构。其中，"天—君—民"内在结构中的"天"系指天地自然万物父母、天人内在神妙天道、惩恶扬善至善天命、祖先鬼神上帝主持，"君"系指天工人代、恭天成命、以德配位、君臣一体的先知先觉彝伦君子修教群体，"民"系指天生秉彝、天所庇佑、君之实际、家邦之本的后知后觉天下百姓黎民。"天君民合"义理架构是儒教民本观其他义理要素得以内在展开的基本视域框架，人文君子担当主体、性善修教前提信念、纲常礼义核心内容、明德亲民价值取向、天人中道思维模式、夏以化夷历史脉动，以及反本内化时中创新诸义理要素等，俱以天君民合义理架构为内在框架，离此内在架构则其他义理要素就会变得名实杂乱而混乱无章。而"天君民合"义理架构与儒教民本观其他义理要素亦是一体全息的，具有儒学"天君民合"义理架构者必定是人文纲常君子，必定遵循性善信念而践履礼义内容，必定持守明德亲民价值取向与天人中道思维模式，亦必定担当夏以化夷与反本内化之历史责任。

一、五经四书"天君民合"基本架构思想述略

（一）《诗经》

《诗经》包括《国风》《小雅》《大雅》《颂》，《风》者风教、《雅》者正教、《颂》者成教，风以动之而教以化之，从而构成了诗教循序渐进修教次第，而赋、比、兴之天人物象类比思维则水乳交融地贯彻其中。大致而言，就天—君—民关系而言，《国风》主要体现为民思君子，《小雅》主要体现为君子思贤、思民、思天，《大雅》体现为天—君—民三者内在互动，《颂》则体现为君子奉天敬修。

先就《国风》而言，如《周南·樛木》"乐只君子，福履成之"、《汝坟》"未见君子，惄如调饥""既见君子，不我遐弃"、《麟之趾》"麟之趾，振振公子"，《召南·草虫》"未见君子，我心伤悲。亦既见止，亦既觏止，我心则夷"、《邶风·简兮》"云谁之思？西方美人"，《卫风·淇奥》"有匪君子，终不可谖兮"、《伯兮》"愿言思伯，甘心首疾"，《郑风·风雨》"风雨如晦，鸡鸣不已。既见君子，云胡不喜"，《秦风·蒹葭》"蒹葭苍苍，白露为霜。所谓伊人，在水一方"、《晨风》"未见君子，忧心如醉"，《曹风·鸤鸠》"淑人君子，其仪不忒。其仪不忒，正是四国"，等等。再就《小雅》而言，君子思贤者如《鹿鸣》"我有嘉宾，德音孔昭。视民不恌，君子是则是效。我有旨酒，嘉宾式燕以敖"，《頍弁》"未见君子，忧心奕奕；既见君子，庶几说怿"，《隰桑》"隰桑有阿，其叶有幽。既见君子，德音孔胶"；君子思民者如《天保》"民之质矣，日用饮食。群黎百姓，遍为尔德"，《南山有台》"乐只君子，民之父母。乐只君子，德音不已"，《十月之交》"彼月而微，此日而微，今此下民，亦孔之哀"；君子思天者如《雨无正》"凡百君子，各敬尔身。胡

不相畏，不畏于天"，《小宛》"各敬尔仪，天命不又"，《小明》"明明上天，照临下土……嗟尔君子，无恒安息。靖共尔位，好是正直。神之听之，介尔景福"，《信南山》"祀事孔明，先祖是皇。报以介福。万寿无疆"，等等。

再就《大雅》天—君—民三者内在互动而言，如《烝民》"天生烝民，有物有则。民之秉彝，好是懿德。天监有周，昭假于下。保兹天子，生仲山甫"，《旱麓》"岂弟君子，遐不作人……岂弟君子，神所劳矣"，《假乐》"假乐君子，显显令德，宜民宜人。受禄于天，保右命之，自天申之"，《泂酌》"岂弟君子，民之父母……岂弟君子，民之攸归"，《卷阿》"岂弟君子，俾尔弥尔性，百神尔主矣……岂弟君子，四方为则"，《文王》"文王在上，於昭于天。周虽旧邦，其命维新。有周不显，帝命不时。文王陟降，在帝左右……穆穆文王，於缉熙敬止。假哉天命，有商孙子。商之孙子，其丽不亿。上帝既命，侯于周服……无念尔祖，聿修厥德。永言配命，自求多福。殷之未丧师，克配上帝。宜鉴于殷，骏命不易……上天之载，无声无臭。仪刑文王，万邦作孚"，《大明》"维此文王，小心翼翼。昭事上帝，聿怀多福。厥德不回，以受方国……有命自天，命此文王……上帝临女，无贰尔心"，《思齐》"惠于宗公，神罔时怨，神罔时恫。刑于寡妻，至于兄弟，以御于家邦"，《皇矣》"皇矣上帝，临下有赫。监观四方，求民之莫……维此王季，帝度其心。貊其德音，其德克明。克明克类，克长克君……帝谓文王：予怀明德，不大声以色，不长夏以革。不识不知，顺帝之则"，《板》"辞之辑矣，民之洽矣。辞之怿矣，民之莫矣……天之牖民，如埙如篪，如璋如圭，如取如携。携无曰益，牖民孔易。民之多辟，无自立辟……敬天之怒，无敢戏豫。敬天之渝，无敢驰驱。昊天曰明，及尔出王。昊天曰旦，及尔游衍"，《瞻卬》"天之降罔，维其优矣。人之云亡，心之忧矣。天之降罔，维其几矣。人之云亡，心之悲矣……藐藐昊天，无不克巩。无忝皇祖，式救尔后"，等等。最后就《颂》而言，如《周颂·清庙》"於穆清庙，肃雍显相。济济多士，秉文之德。对越在天，骏奔走在庙。不显不承，无射于人斯"，《维天之命》"维天之命，於穆不已。於乎不显，文王之德之纯。假以溢我，我其收之"，《昊天有成命》"昊天有成命，二后受之。成王不敢康，夙夜基命宥密。於缉熙，单厥心，肆其靖之"，《我将》"我其夙夜，畏天之威，于时保之"，《思文》"思文后稷，克配彼天。立我烝民，莫匪尔极"，《敬之》"敬之敬之，天维显思，命不易哉……日就月将，学有缉熙于光明"，《商颂·长发》"帝命不违，至于汤齐，汤降不迟，圣敬日跻，昭假迟迟，上帝是祗……何天之休。不竞不絿，不刚不柔，敷政优优，百禄是遒"，等等。

（二）《尚书》

《尚书》对天—君—民内在关系的论述几乎无篇无之，内容极为丰富全面。其中，《尚书》分述天—君关系者，以天命言者如《大禹谟》"帝德广运，乃圣乃神，乃武乃文。皇天眷命，奄有四海，为天下君"，《仲虺之诰》"兹率厥典，奉若天命……钦崇天道，永保天命"，《益稷》"敕天之命，惟时惟几"，《太甲上》"先王顾諟天之明命，以承上下神祇。社稷宗庙，罔不祗肃。天监厥德，用集大命，抚绥万方"，《咸有一德》"天难谌，命靡常。常厥德，保厥位。厥德匪常，九有以亡……监于万方，启迪有命，眷求一德，俾作神主……咸有一德，克享天心，受天明命"，《甘誓》"威侮五行，怠弃三正，天用剿绝其命，今予惟恭行天之罚"；以敬德言者如《太甲下》"先王惟时懋敬厥德，克配上帝"，《大禹谟》"钦哉，慎乃有位，敬修其可愿，四海困穷，天禄永终……惟德动天，无远弗届……至誠感神"，《君陈》"至治馨香，感于神明。黍稷非馨，明德惟馨……惟日孜孜，无敢逸豫"，《伊训》"惟上帝不常，作善降之百祥，作不善降之百殃。尔惟德罔小，万邦惟庆；尔惟不德罔大，坠厥宗"；以奉天政教言者如《周官》"（三公）论道经邦，燮理阴阳……（三孤）贰公弘化，寅亮天地"，《立政》"克知三有宅心，灼见三有俊心，以敬事上帝，立民长伯"，《皋陶谟》"无旷庶官，天工，人其代之。天叙有典，敕我五典五惇哉。天秩有礼，自我五礼有庸哉，同寅协恭和衷哉。天命有德，五服五章哉。天讨有罪，五刑五用哉"，《胤征》"畔官离次，俶扰天纪……天吏逸德，烈于猛火"，等等。《尚书》分述天—民关系者，则如《泰誓中》"天视自我民视，天听自我民听"，《泰誓上》"天矜于民，民之所欲，天必从之"，《多士》"惟帝不畀，惟我下民秉为，惟天明畏……上帝引逸"，《汤诰》"惟皇上帝，降衷于下民。若有恒性……上天孚佑下民，罪人黜伏，天命弗僭，贲若草木，兆民允殖"，《高宗肜日》"天监下民，典厥义。降年有永有不永，非天夭民，民中绝命。民有不若德，不听罪，天既孚命正厥德"，《酒诰》"天非虐，惟民自速辜"，等等。

《尚书》分述君（君臣君子群体）—民关系者，其中分述君臣关系者如《说命上》"木从绳则正，后从谏则圣"，《说命下》"惟后非贤不乂，惟贤非后不食"，《益稷》"臣哉邻哉，邻哉臣哉……臣作朕股肱耳目……元首明哉，股肱良哉，庶事康哉……元首丛脞哉，股肱惰哉，万事堕哉"，《大禹谟》"后克艰厥后，臣克艰厥臣，政乃乂，黎民敏德"，《太甲下》"一人元良，万邦以贞。君罔以辩言乱旧政，臣罔以宠利居成功，邦其永孚于休"，《咸有一德》"臣为上为德，为下为民。其难其慎，惟和惟一"，《说命中》"惟治乱在庶官。官不及私昵，惟其能；爵罔及恶德，惟其贤"，《旅獒》"德盛不狎侮。狎侮君子，罔以尽人心；狎侮小人，罔以尽其力"，等等。《尚书》分述君臣—民众关系者，言君民一体内在者如《大禹谟》"可爱非君？可畏非民？众非元后何戴，后非众罔与守邦"，《咸有一德》"后非民罔使，民非后罔事。无自广以狭人，匹夫匹妇不获自尽，民主罔与成厥功"，《太甲中》"民非后，罔克胥匡以生；后非民，罔以辟四方"；言君修敬民者如《泰誓下》"抚我则后，虐我则仇"，《酒诰》"人无于水监，当于民监"，《五子之歌》"民可近，不可下，民惟邦本，本固邦宁。予视天下愚夫愚妇一能胜予……予临兆民，懔乎若朽索之驭六马，为人上者，奈何不敬"，《康诰》"恫瘝乃身，敬哉，天畏棐忱，民情大可见，小人难保。往尽乃心，无康好逸豫，乃其乂民……怨不在大，亦不在小；惠不惠，懋不懋……若保赤子，惟民其康乂"，《君牙》"弘敷五典，式和民则。尔身克正，罔敢弗正，民心罔中，惟尔之中。夏暑雨，小民惟曰怨咨；冬祁寒，小民亦惟曰怨咨。厥惟艰哉。思其艰以图其易，民乃宁"，《大禹谟》"罔违道以干百姓之誉，罔咈百姓以从己之欲……德罔克，民不依……迈种德，德乃降，黎民怀之"，《盘庚下》"恭承民命……无总于货宝，生生自庸。式敷民德，永肩一心"，《梓材》"王惟德用，和怿先后迷民，用怿先王受命……永保民"，《盘庚上》"若网在纲，有条而不紊；若农服田，力穑乃亦有秋。汝克黜乃心，施实德于民"，《尧典》"克明俊德，以亲九族。九族既睦，平章百姓。百姓昭明，协和万邦。黎民於变时雍"；而言君政教民者则如《大禹谟》"德惟善政，政在养民"，《皋陶谟》"在知人，在安民……政事懋哉懋哉"，《仲虺之诰》"懋昭大德，建中于民，以义制事，以礼制心，垂裕后昆"，《无逸》"严恭寅畏，天命自度，治民祗惧，不敢荒宁……徽柔懿恭，怀保小民，惠鲜鳏寡。自朝至于日中昃，不遑暇食，用咸和万民……胥训告，胥保惠，胥教诲，民无或胥诪张为幻"，《周官》"六卿分职，各率其属，以倡九牧，阜成兆民……三事暨大夫，敬尔有官，乱尔有政，以佑乃辟，永康兆民，万邦惟无斁"，等等。

《尚书》总述天—君—民三者内在关系者，如《泰誓上》"惟天地万物父母，惟人万物之灵。亶聪明，作元后，元后作民父母……天佑下民，作之君，作之师，惟其克相上帝，宠绥四方"，《仲虺之诰》"惟天生民有欲，无主乃乱，惟天生聪明时乂"，《泰誓中》"惟天惠民，惟辟奉天"，《康诰》"宅天命，作新民"，《汤诰》"惟皇上帝，降衷于下民。若有恒性，克绥厥猷惟后……无从匪彝，无即慆淫，各守尔典，以承天休。尔有善，朕弗敢蔽；罪当朕躬，弗敢自赦，惟简在上帝之心。其尔万方有罪，在予一人；予一人有罪，无以尔万方"，《洪范》"惟天阴骘下民，相协厥居……天乃锡禹洪范九畴，彝伦攸叙。初一曰五行，次二曰敬用五事，次三曰农用八政，次四曰协用五纪，次五曰建用皇极，次六曰乂用三德，次七曰明用稽疑，次八曰念用庶征，次九曰向用五福，威用六极"，《说命中》"明王奉若天道，建邦设都，树后王君公，承以大夫师长，不惟逸豫，惟以乱民。惟天聪明，惟圣时宪，惟臣钦若，惟民从乂"；《尚书》进而明示天—君—民互动关系内在统一于诚敬之德，如《蔡仲之命》"皇天无亲，惟德是辅。民心无常，惟惠之怀"，《太甲下》"惟天无亲，克敬惟亲。民罔常怀，怀于有仁。鬼神无常享，享于克诚"，《咸有一德》"惟天佑于一德……惟民归于一德。德惟一，动罔不吉；德二三，动罔不凶。惟吉凶不僭在人，惟天降灾祥在德……惟新厥德。终始惟一，时乃日新"，《洛诰》"扬文武烈，奉答天命，和恒四方民"，《微子之命》"恪慎克孝，肃恭神人……上帝时歆，下民祗协"，《召诰》"惟王其疾敬德，王其德之用，祈天永命。其惟王勿以小民淫用非彝，亦敢殄戮用乂民……以小民受天永命"，以及《高宗肜日》"王司敬民，罔非天胤，典祀无丰于昵"、《泰誓下》"天有显道，厥类惟彰……狎侮五常，荒怠弗敬。自绝于天，结怨于民"，等等。

（三）"三礼"

《周礼》《仪礼》。《周礼》本天道而立人道、法天文而开人文，本于天—

君（君子教化群体）—民内在构架，法象天地四时而设官分职以为民极，立天官冢宰、地官司徒、春官宗伯、夏官司马、秋官司寇、冬官司空六官政教体制以中道化民。《仪礼》者君子群体法天修教之礼仪落实，具体义理可合见于《礼记》。

《礼记》。就《礼记》天—君—民逻辑构架而言，是以礼仪制度为实际载体的，如《月令》君子修教法天四时变化而同步展开，即是"天君民合"基本架构实际应用之生动体现。先就君子群体君—臣关系而言，如《孔子闲居》"三王之德，参于天地……奉三无私以劳天下……天无私覆，地无私载，日月无私照"，《中庸》"仲尼祖述尧舜，宪章文武，上律天时，下袭水土。辟如天地之无不持载，无不覆帱，辟如四时之错行，如日月之代明。万物并育而不相害，道并行而不相悖，小德川流，大德敦化，此天地之所以为大也"，《经解》"天子者，与天地参，故德配天地，兼利万物，与日月并明，明照四海而不遗微小。其在朝廷则道仁圣礼义之序，燕处则听雅颂之音，行步则有环佩之声，升车则有鸾和之音。居处有礼，进退有度，百官得其宜，万事得其序"，《文王世子》"凡三王教世子必以礼乐。乐，所以修内也；礼，所以修外也。礼乐交错于中，发形于外，是故其成也怿，恭敬而温文……师也者，教之以事而喻诸德者也；保也者，慎其身以辅翼之而归诸道者也……君子曰德，德成而教尊，教尊而官正，官正而国治，君之谓也"；《王制》"王者之制禄爵，公侯伯子男，凡五等。诸侯之上大夫卿，下大夫，上士中士下士，凡五等"，《曲礼下》"天子祭天地，祭四方，祭山川，祭五祀，岁遍。诸侯方祀，祭山川，祭五祀，岁遍。大夫祭五祀，岁遍。士祭其先""天子穆穆，诸侯皇皇，大夫济济，士跄跄，庶人僬僬"；《表记》"唯天子受命于天，士受命于君。故君命顺则臣有顺命；君命逆则臣有逆命""下之事上也，虽有庇民之大德，不敢有君民之心，仁之厚也。是故君子恭俭以求役仁，信让以求役礼……有君民之大德，有事君之小心"，《祭义》"天子有善，让德于天；诸侯有善，归诸天子；卿大夫有善，荐于诸侯；士庶人有善，本诸父母，存诸长老，禄爵庆赏，成诸宗庙，所以示顺也"，《燕义》"臣下竭力尽能以立功于国，君必报之以爵禄，故臣下皆务竭力尽能以立功，是以国安而君宁"，《曲礼下》"为人臣之礼，不显谏。三谏而不听，则逃之"，等等。

再就天—君（礼乐）—民三者关系总述而言，诚如《中庸》所云"君子之道：本诸身，征诸庶民，考诸三王而不缪，建诸天地而不悖，质诸鬼神而无疑，百世以俟圣人而不惑……动而世为天下道，行而世为天下法，言而世为天下则"。礼乐分言者如《礼器》"礼也者，合于天时，设于地财，顺于鬼神，合于人心，理万物者也"，《丧服四制》"凡礼之大体，体天地，法四时，则阴阳，顺人情，故谓之礼。訾之者，是不知礼之所由生也。夫礼，吉凶异道，不得相干，取之阴阳也。丧有四制，变而从宜，取之四时也。有恩有理，有节有权，取之人情也。恩者仁也，理者义也，节者礼也，权者知也。仁义礼知，人道具矣"，《礼运》"夫礼，先王以承天之道，以治人之情……必本于天，殽于地，列于鬼神，达于丧祭、射御、冠昏、朝聘。故圣人以礼示之，故天下国家可得而正也""祭帝于郊，所以定天位也；祀社于国，所以列地利也；祖庙所以本仁也，山川所以傧鬼神也，五祀所以本事也……夫礼，必本于大一，分而为天地，转而为阴阳，变而为四时，列而为鬼神……所以达天道顺人情之大窦也"，《礼器》"祀帝于郊，敬之至也。宗庙之祭，仁之至也。丧礼，忠之至也。备服器，仁之至也。宾客之用币，义之至也""君子有礼，则外谐而内无怨，故物无不怀仁，鬼神飨德"，《祭义》"气也者，神之盛也；魂也者，鬼之盛也。合鬼与神，教之至也。众生必死，死必归土，此之谓鬼。骨肉毙于下，阴为野土。其气发扬于上，为昭明、焄蒿、凄怆，此百物之精也，神之著也。因物之精，制为之极，明命鬼神，以为黔首则。百众以畏，万民以服"；《乐记》"乐者，天地之命，中和之纪，人情之所不能免也""清明象天，广大象地，终始象四时，周还象风雨。五色成文而不乱，八风从律而不奸，百度得数而有常，小大相成，终始相生。倡和清浊，迭相为经。故乐行而伦清，耳目聪明，血气和平，移风易俗，天下皆宁"，等等。礼乐合言者，则如《乐记》"礼乐偩天地之情，达神明之德，降兴上下之神，而凝是精粗之体，领父子君臣之节。是故大人举礼乐，则天地将为昭焉"，"乐者，天地之和也。礼者，天地之序也。和故百物皆化，序故群物皆别。乐由天作，礼以地制。过制则乱，过作则暴。明于天地，然后能兴礼乐也"，"大乐与天地同和，大礼与天地同节。和故百物不失，节故祀天祭地，明则有礼乐，幽则有鬼神。如此，则四海之内，合敬同爱矣"，《乐记》"先王本之情性，稽之度数，制之礼义。合生气之和，道五常之行，使之阳而不散，阴而不密，刚气不怒，柔气不慑，四畅交于中而发作于外，皆安其位而不相夺也。然后立之学等，广其节奏，省其文采，以绳德厚。律小大之称，比终始之序，以象事行。使亲疏贵贱长幼男女之理，皆形见于乐"，等等。

再就天—君（礼乐）关系分述而言，君子奉天修教，如《哀公问》"君子何贵乎天道也……贵其不已。如日月东西相从而不已也，是天道也；不闭其久，是天道也；无为而物成，是天道也；已成而明，是天道也……仁人不过乎物，孝子不过乎物。是故仁人之事亲也如事天，事天如事亲，是故孝子成身"。其中统言礼乐者如《乐记》"天高地下，万物散殊，而礼制行矣。流而不息，合同而化，而乐兴焉。春作夏长，仁也；秋敛冬藏，义也。仁近于乐，义近于礼。乐者敦和，率神而从天；礼者别宜，居鬼而从地。故圣人作乐以应天，制礼以配地。礼乐明备，天地官矣"，"礼乐之极乎天而蟠乎地，行乎阴阳而通乎鬼神，穷高极远而测深厚。乐著大始，而礼居成物。著不息者天也，著不动者地也，一动一静者天地之间也"，"礼乐不可斯须去身。致乐以治心，则易直子谅之心油然生矣。易直子谅之心生则乐，乐则安，安则久，久则天，天则神。天则不言而信，神则不怒而威"，等等。分言五礼者则如《祭义》"郊之祭，大报天而主日，配以月，夏后氏祭其暗，殷人祭其阳，周人祭日，以朝及暗。祭日于坛，祭月于坎，以别幽明，以制上下。祭日于东，祭月于西，以别外内，以端其位。日出于东，月生于西。阴阳长短，终始相巡，以致天下之和"，《郊特牲》"祭之日，王被六冕以象天，戴冕，璪十有二旒，则天数也。乘素车，贵其质也；旂十有二旒，龙章而设日月，以象天也。天垂象，圣人则之。郊所以明天道也。帝牛不吉，以为稷牛。帝牛必在涤三月，稷牛唯具，所以别事天神与人鬼也。万物本乎天，人本乎祖，此所以配上帝也。郊之祭也，大报本反始也"，《祭义》"君子合诸天道，春禘秋尝。秋，霜露既降，君子履之，必有凄怆之心，非其寒之谓也。春，雨露既濡，君子履之，必有怵惕之心，如将见之。乐以迎来，哀以送往，故禘有乐而尝无乐"，《三年间》"至亲以期断……天地则已易矣，四时则已变矣，其在天地之中者，莫不更始焉，以是象之也……三年以为隆，缌小功以为杀，期九月以为间。上取象于天，下取法于地，中取则于人，人之所以群居和壹之理尽矣"，《昏义》"男教不修，阳事不得，适见于天，日为之食；妇顺不修，阴事不得，适见于天，月为之食。是故日食则天子素服而修六官之职，荡天下之阳事；月食则后素服而修六宫之职，荡天下之阴事。故天子之与后，犹日之与月，阴之与阳，相须而后成者也。天子修男教，父道也；后修女顺，母道也"，《乡饮酒义》"乡饮酒之义，立宾以象天，立主以象地，设介僎以象日月，立三宾以象三光。古之制礼也，经之以天地，纪之以日月，参之以三光，政教之本也""让之三也，象月之三日而成魄也。四面之坐，象四时也"，等等。

君子奉天修教贵在诚敬斋慎。《中庸》于诚敬义理阐发甚明，如"天命之谓性，率性之谓道，修道之谓教。道也者，不可须臾离也，可离非道也。是故君子戒慎乎其所不睹，恐惧乎其所不闻。莫见乎隐，莫显乎微，故君子慎其独也"，"唯天下至诚，为能尽其性；能尽其性，则能尽人之性；能尽人之性，则能尽物之性；能尽物之性，则可以赞天地之化育；可以赞天地之化育，则可以与天地参矣。其次致曲。曲能有诚，诚则形，形则著，著则明，明则动，动则变，变则化。唯天下至诚为能化"，"唯天下至诚，为能经纶天下之大经，立天下之大本，知天地之化育。夫焉有所倚？肫肫其仁，渊渊其渊，浩浩其天，苟不固聪明圣知达天德者，其孰能知之"，"至诚无息。不息则久，久则征，征则悠远，悠远则博厚，博厚则高明。博厚，所以载物也；高明，所以覆物也；悠久，所以成物也。博厚配地，高明配天，悠久无疆"，等等。《礼记》认为祭祀实践最能体现君子诚敬品格，如《祭统》"诚信之谓尽，尽之谓敬，敬尽然后可以事神明，此祭之道也"，《檀弓下》"唯祭祀之礼，主人自尽焉尔，岂知神之所飨？亦以主人有齐敬之心也"，《祭义》"唯圣人为能飨帝，孝子为能飨亲。飨者，乡也。乡之，然后能飨焉"，《祭统》"及时将祭，君子乃齐。齐之为言齐也，齐不齐以致齐者也。是以君子非有大事也，非有恭敬也，则不齐。不齐则于物无防也，嗜欲无止也。及其将齐也，防其邪物，讫其嗜欲，耳不听乐……心不苟虑，必依于道；手足不苟动，必依于礼。是故君子之齐也，专致其精明之德也。故散齐七日以定之，致齐三日以齐之。定之之谓齐。齐者，精明之至也，然后可以交于神明也"，等等。

最后就君（礼乐）—民关系分述而言，君民礼乐内在互动关系有如《缁衣》"民以君为心，君以民为体。心庄则体舒，心肃则容敬。心好之，身必安之；君好之，民必欲之。心以体全，亦以体伤，君以民存，亦以民亡"，"君子溺于口，大人溺于民，皆在其所亵也……民闭于人，而有鄙心，可敬不可慢，易以溺人。故君子不可以不慎也"，《哀公问》"君子也者，人之成名也。百姓归之名，谓之君子之子……古之为政，爱人为大。不能爱人，不能有其身；不能有其身，不能安土；不能安土，不能乐天；不能乐天，不能成其身"，《礼运》"百姓则君以自治也，养君以自安也，事君以自显也。故礼达而分定"，《哀公问》"民之所由生，礼为大。非礼无以节事天地之神也，非礼无以辨君臣上下长幼之位也，非礼无以别男女父子兄弟之亲，昏姻疏数之交也，君子以此之为尊敬然"，等等。君子礼乐化民者则有如《曲礼上》"毋不敬，俨若思，安定辞，安民哉"，《礼运》"礼者君之大柄也，所以别嫌明微，傧鬼神，考制度，别仁义，所以治政安君也。故政不正，则君位危；君位危，则大臣倍，小臣窃。刑肃而俗敝，则法无常；法无常，而礼无列；礼无列，则士不事也。刑肃而俗敝，则民弗归也"，《王制》"司徒修六礼以节民性，明七教以兴民德，齐八政以防淫，一道德以同俗，养耆老以致孝，恤孤独以逮不足，上贤以崇德，简不肖以绌恶"，《乐记》"先王之制礼乐，人为之节，衰麻哭泣，所以节丧纪也；钟鼓干戚，所以和安乐也；昏姻冠笄，所以别男女也；射乡食飨，所以正交接也。礼节民心，乐和民声，政以行之，刑以防之。礼乐刑政，四达而不悖，则王道备矣"，《祭法》"圣王之制祭祀也，法施于民，则祀之；以死勤事，则祀之；以劳定国，则祀之；能御大菑，则祀之；能捍大患，则祀之……有功烈于民者也。及夫日月星辰，民所瞻仰也，山林、川谷、丘陵，民所取财用也。非此族也，不在祀典"，等等。

（四）《周易》

天—君—民内在结构贯彻《周易》经传全文，如卦辞、彖辞、大象辞、爻辞、小象辞、文言、系辞、说卦、序卦、杂卦等，无非是君子本天道以立人道、法天文而开人文，奉法天地万物分类意象而时中修教，展昭不同境遇下人文君子天—君—民内在一体之奉天立极时中担当而已，诚如《乾卦文言》所云"夫大人者，与天地合其德，与日月合其明，与四时合其序，与鬼神合其吉凶，先天而天弗违，后天而奉天时。天且弗违，而况于人乎，况于鬼神乎"。其中，彖辞、大象辞与系辞尤为显明。

　　涉及君子奉天立民天—君—民内在架构较为直接的表述，《周易》六十四卦象辞中如《贲卦》"刚柔交错，天文也；文明以止，人文也。观乎天文，以察时变；观乎人文，以化成天下"，《观卦》"观天之神道，而四时不忒，圣人以神道设教，而天下服矣"，《离卦》"日月丽乎天，百谷草木丽乎土。重明以丽乎正，乃化成天下"，《豫卦》"天地以顺动，故日月不过，而四时不忒。圣人以顺动，则刑罚清而民服"，《节卦》"天地节而四时成。节以制度，不伤财，不害民"，《鼎卦》"圣人亨以享上帝，而大亨以养圣贤"，《咸卦》"天地感而万物化生，圣人感人心而天下和平"，《兑卦》"刚中而柔外，说以利贞，是以顺乎天而应乎人。说以先民，民忘其劳。说以犯难，民忘其死。说之大，民劝矣哉"，《恒卦》"日月得天而能久照，四时变化而能久成。圣人久于其道而天下化成"，等等。在《周易》六十四卦大象辞中，涉及君子奉天修养之天—君二者内在关系较为显明者，如《豫卦》"雷出地奋，豫。先王以作乐崇德，殷荐之上帝，以配祖考"，《涣卦》"风行水上，涣。先王以享于帝，立庙"，《革卦》"泽中有火，革。君子以治历明时"，《大有卦》"火在天上，大有。君子以遏恶扬善，顺天休命"，《晋卦》"明出地上，晋。君子以自昭明德"，《蹇卦》"山上有水，蹇。君子以反身修德"，《大畜卦》"天在山中，大畜。君子以多识前言往行，以畜其德"，《升卦》"地中生木，升。君子以顺德，积小以高大"，《震卦》"洊雷，震。君子以恐惧修省"，《咸卦》"山上有泽，咸。君子以虚受人"，《损卦》"山下有泽，损。君子以惩忿窒欲"，《益卦》"风雷，益。君子以见善则迁，有过则改"，《大壮卦》"雷在天上，大壮。君子以非礼弗履"，《艮卦》"兼山，艮。君子以思不出其位"，《家人卦》"风自火出，家人。君子以言有物而行有恒"，《颐卦》"山下有雷，颐。君子以慎言语，节饮食"，《坎卦》"水洊至，习坎。君子以常德行，习教事"，《夬卦》"泽上于天，夬。君子以施禄及下，居德则忌"，《归妹卦》"泽上有雷，归妹。君子以永终知敝"，等等。在六十四卦大象辞中涉及君子修教之天—君—民三者内在关系较为显明者，则如《无妄卦》"天下雷行，物与无妄。先王以茂对时育万物"，《泰卦》"天地交，泰。后以财成天地之道，辅相天地之宜，以左右民"，《比卦》"地上有水，比。先王以建万国，亲诸侯"，《师卦》"地中有水，师。君子以容民畜众"，《观卦》"风行地上，观。先王以省方观民设教"，《同人卦》"天与火，同人。君子以类族辨物"，《未济卦》"火在水上，未济。君子以慎辨物居方"，《履卦》"上天下泽，履。君子以辨上下，定民志"，《蛊卦》"山下有风，蛊。君子以振民育德"，《临卦》"泽上有地，临。君子以教思无穷，容保民无疆"，《离卦》"明两作，离。大人以继明照于四方"，《明夷卦》"明入地中，明夷。君子以莅众用晦而明"，《渐卦》"山上有木，渐。君子以居贤德善俗"，《剥卦》"山附于地，剥。上以厚下安宅"，《节卦》"泽上有水，节。君子以制数度，议德行"，《姤卦》"天下有风，姤。后以施命诰四方"，《巽卦》"随风，巽。君子以申命行事"，《井卦》"木上有水，井。君子以劳民劝相"，《谦卦》"地中有山，谦。君子以裒多益寡，称物平施"，《噬嗑卦》"雷电，噬嗑。先王以明罚敕法"，《贲卦》"山下有火，贲。君子以明庶政，无敢折狱"，《解卦》"雷雨作，解。君子以赦过宥罪"，等等。《周易》系辞中涉及君子奉天立极之天—君—民内在架构表述较为显明者，如《系辞上》"天尊地卑，乾坤定矣。卑高以陈，贵贱位矣。动静有常，刚柔断矣。方以类聚，物以群分，吉凶生矣。在天成象，在地成形，变化见矣"，《系辞下》"古者包牺氏之王天下也，仰则观象于天，俯则观法于地，观鸟兽之文与地之宜，近取诸身，远取诸物，于是始作八卦，以通神明之德，以类万物之情……神农氏没，黄帝、尧、舜氏作，通其变，使民不倦，神而化之，使民宜之"，《说卦》"立天之道曰阴与阳，立地之道曰柔与刚，立人之道曰仁与义"，《系辞上》"明于天之道，而察于民之故，是兴神物以前民用……天生神物，圣人则之；天地变化，圣人效之；天垂象，见吉凶，圣人象之；河出图，洛出书，圣人则之"，"《易》与天地准，故能弥纶天地之道……一阴一阳之谓道，继之者善也，成之者性也……广大配天地，变通配四时，阴阳之义配日月，易简之善配至德……知崇礼卑，崇效天，卑法地。天地设位，而《易》行乎其中矣"，等等。

（五）《春秋》"三传"

就《春秋》经文而言，"元年春王正月公即位"、春夏秋冬四时成岁、分至启闭云物必书、祀戎婚葬朝聘会盟、尊王攘夷救患分灾等修好安民礼事褒贬，均涉及天—君—民内在架构。《春秋左氏传》则有君子安民鸠民抚民庇民、道民训民师保万民、经纬其民扞城其民、治民养民息民纾民、矜民柔民恤民生民、以德和民以礼正民，以及灾变害民必书等提法。《春秋公羊传》更是有天人灾异感应等专门涉及，《春秋穀梁传》则相对凸显人文礼义温和色彩。

《春秋左氏传》涉及天—君—民内在架构的具体表述很多。首先，涉及天—民关系者，如《桓公六年》"夫民，神之主也。是以圣王先成民而后致力于神。故奉牲以告曰'博硕肥腯'，谓民力之普存也……奉盛以告曰'洁粢丰盛'，谓其三时不害而民和年丰也。奉酒醴以告曰'嘉栗旨酒'，谓其上下皆有嘉德而无违心也。所谓馨香，无谗慝也……民和而神降之福，故动则有成……民各有心，而鬼神乏主"，《庄公三十二年》"国将兴，听于民；将亡，听于神。神，聪明正直而壹者也，依人而行"，《文公元年》"先王之正时也，履端于始，举正于中，归余于终。履端于始，序则不愆。举正于中，民则不惑。归余于终，事则不悖"，《文公十五年》"日有食之，天子不举，伐鼓于社，诸侯用币于社，伐鼓于朝，以昭事神、训民、事君，示有等威。古之道也"，等等。其次，涉及天—君二者关系者，如《成公十三年》"国之大事，在祀与戎，祀有执膰，戎有受脤，神之大节也"，《昭公十八年》"天道远，人道迩"，《僖公五年》"神所冯依，将在德矣"，《成公十五年》"善人，天地之纪也"，《襄公二十二年》"君人执信，臣人执共，忠信笃敬，上下同之，天之道也。君自弃也，弗能久矣"，《文公十五年》"礼以顺天，天之道也……君子之不虐幼贱，畏于天也……不畏于天，将何能保"，《襄公二十三年》"天之所废，谁能兴之"，《昭公十一年》"天之假助不善，非祚之也，厚其凶恶而降之罚也。且譬之如天，其有五材而将用之，力尽而敝之，是以无拯，大可没振"，等等。再次，涉及君—民二者关系者，一言蔽之即《哀公十年》"务德而安民"。其中，言民奉君者如《襄公十四年》"民奉其君，爱之如父母，仰之如日月，敬之如神明，畏之如雷霆"，《庄公二十八年》"宗邑无主则民不威，疆场无主则启戎心"，《襄公二十一年》"上之所为，民之归也"，《文公十二年》"不有君子，其能国乎"，《宣公十六年》"善人在上，则国无幸民"，《襄公十三年》"一人刑善，百姓休和，可不务乎"，《庄公十一年》"是宜为君，有恤民之心"，《宣公十五年》"君能制命为义，臣能承命为信，信载义而行之为利。谋不失利，以卫社稷，民之主也"，《昭公五年》"能用善人，民之主也"，《襄公二十二年》"国卿，君之贰也，民之主也，不可以苟"，《宣公二年》"不忘恭敬，民之主也"，《文公十七年》"民主偷必死"，《成公十五年》"凡君不道于其民，诸侯讨而执之，则曰某人执某侯"，等等；言君本民者如《文公十三年》"天生民而树之君，以利之也……命在养民"，《襄公二十五年》"君民者，岂以陵民，社稷是主"，《庄公二十七年》"天子非展义不巡守，诸侯非民事不举，卿非君命不越竟"，《昭公二十五年》"无民而能逞其志者，未之有也。国君是以镇抚其民"，《襄公二十六年》"古之治民者，劝赏而畏刑，恤民不倦"，《襄公十四年》"良君将赏善而刑淫，养民如子，盖之如天，容之如地"，《襄公二十五年》"视民如子。见不仁者诛之，如鹰鹯之逐鸟雀"，《哀公元年》"国之兴也，视民如伤，是其福也。其亡也，以民为土芥，是其祸也"，《成公六年》"圣人与众同欲，是以济事……酌于民"，等等；而言君子修德正民者则如《隐公四年》"以德和民……以乱，犹治丝而棼之"，《文公五年》"德之不建，民之无援"，《襄公九年》"我之不德，民将弃我……若能休和，远人将至"，《昭公十五年》"好恶不愆，民知所适，事无不济"，《昭公七年》"不信，民不从也"，《昭公四年》"君子作法于凉，其敝犹贪。作法于贪，敝将若之何……政不率法，而制于心。民各有心，何上之有"，《昭公二十九年》"贵贱不愆，所谓度也……弃是度也，而为刑鼎，民在鼎矣，何以尊贵？贵何业之守？贵贱无序，何以为国"，《桓公二年》"名以制义，义以出礼，礼以体政，政以正民。是以政成而民听，易则生乱"，《襄公二十五年》"政如农功，日夜思之，思其始而成其终，朝夕而行之，行无越思，如农之有畔"，《昭公二十年》"政宽则民慢，慢则纠之以猛。猛则民残，残则施之以宽。宽以济猛，猛以济宽，政是以和"，等等。最后，言君子奉天教民而全面涉及天—君—民三者关系者，则如《昭公二十五年》"夫礼，天之经也，地之义也，民之行也。天地之经，而民实则之。则天之明，因地之性，生其六气，用其五行。气为五味，发为五色，章为五声，淫则昏乱，民失其性。是故为礼以奉之……乃能协于天地之性，是以长久"，《襄公十四年》"夫君，神之主而民之望也……天生民而立之君，使司牧之，勿使失性。有君而为之贰，使师保之，勿使过度……天之爱民甚矣。岂其使一人肆于民上，以从其淫，而弃天地之性？必不然矣"，《桓公六年》"所谓道，忠于民而信于神也。上思利民，忠也；祝史正辞，信也"，《襄公七年》"恤民为德，正直为正，正曲为直，参和为仁。如是，则神听之，介福降之"，《僖公五年》"非德，民不和，神不享矣"，《宣公十五年》"天反时为灾，地反物为妖，民反德为乱，乱则妖灾生"，《昭公七年》"国无政，不用善，则自取谪于日月之灾，故政不可不慎也。务三而已，一曰择人，二曰因民，三曰从时"，等等。

《春秋公羊传注疏》以时、月、日、人、事五位一体加以善恶褒贬，天一君一民内在构架主要体现为君子群体奉天本民之礼义行为褒贬，以及灾变人事内在感应。其中，涉及君一民者如《隐公七年注疏》城中丘"猥苦百姓，空虚国家"，《成公十八年》筑鹿囿"刺奢泰妨民"，《宣公十五年》初税亩"奢泰多取于民，比于桀"，《宣公十年》饥"民食不足，百姓不可复兴，危亡将至"，等等。涉及天一君者如《隐公六年注疏》四时编年"明王者当奉顺四时之正"，《文公元年》朔日食"是后楚世子商臣弑其君，楚灭江、六，狄比侵中国"，《宣公八年》日食既"是后楚庄王围宋，析骸易子，伐郑胜晋，郑伯肉袒，晋师大败于邲，中国精夺，屈服强楚之应"，《昭公三十一年》朔日食"是后昭公死外，晋大夫专执，楚犯中国围蔡也"，《庄公七年》恒星不见"法度废绝，威信陵迟之象"，《昭公十七年》星孛于大辰"彗者邪乱之气，扫故置新之象，是后周分为二，天下两主，宋南里以亡"，《哀公十三年》星孛于东方"诸侯代王治，典法灭绝之象，是后周室遂微，诸侯相兼，为秦所灭，燔书道绝"，《僖公十四年》沙鹿崩"土地者，民之主，霸者之象……此象天下异，齐桓将卒，霸道毁，夷狄动，宋襄承其业，为楚所败之应"，《成公五年》梁山崩河雍"象诸侯失势，王道绝，大夫擅恣，为海内害，自是之后，六十年之中，弑君十四，亡国三十二，故溴梁之盟，遍刺天下之大夫"，《文公九年》地震"象阴为阳行。是时鲁文公制于公子遂，齐、晋失道，四方叛德"，《襄公十六年》地震"是时溴梁之盟，政在臣下，其后叛臣二，弑君五，楚灭舒鸠，齐侯袭莒，乖离出奔，兵事最甚"，《昭公二十三年》地震"是时猛、朝更起，与王争入，遂至数年。晋陵周竟，吴败六国，季氏逐昭公，吴光弑僚灭徐，故日至三食，地为再动"，《僖公十五年》震夷伯之庙"象桓公德衰，强楚以邪胜正，僖公蔽于季氏，季氏蔽于陪臣，陪臣见信得权，僭立大夫庙"，《成公十六年》晦"此王公失道，臣代其治，故阴代阳"，《宣公三年》郊牛之口伤改卜牛"讥宣公养牲不谨敬、不洁清而灾"，《成公十年》五卜郊不从不免牲"当坐盗天牲，失事天之道"，《昭公十八年》宋卫陈郑灾"四国，天下象也。是后王室乱，诸侯莫肯救，故天应以同日俱灾，若曰无天下云尔"，《宣公十六年》成周宣谢灾"因天灾中兴之乐器，示周不复兴"，《成公三年》新宫灾"象宣公篡立，当诛绝，不宜列昭穆。成公幼少，臣威大重，结怨强齐，将不得久承宗庙之应"，《昭公二十五年》鸜鹆来巢"权臣欲国，自下居上之征也，其后卒为季氏所逐"，《成公元年》无冰"成公幼少，季孙行父专权，而委任之所致"，《僖公三十三年》霜不杀草、李梅实"阴假阳威之应……此禄去公室，政在公子遂之应也"，《成公十六年》雨木冰"木者，少阳，幼君大臣之象。冰者，凝阴，兵之类也。冰胁木者，君臣将执于兵之征"，《桓公十四年》无冰"无冰者，温也。此夫人淫泆，阴而阳行之所致"，《僖公十年》大雨雹"夫人专爱之所生也"，《哀公十二年》螽"与阴杀俱藏……天不能杀，地不能埋，自是之后，天下大乱，莫能相禁，宋国以亡，齐并于陈氏，晋分为六卿"，《庄公十七年》多麋"象鲁为郑瞻所迷惑"，《宣公十五年》螽生"宣公变易公田古常旧制而税亩……应是变古易常而有天灾"，《庄公十八年》有蜮"象鲁为郑瞻所惑，其毒害伤人，将以大乱而不能见也"，《庄公二十九年》有蜚"臭恶之虫也，象夫人有臭恶之行"，《文公三年》雨螽于宋"群臣将争强相残贼之象"，《哀公十四年》西狩获麟"麟者，大平之符，圣人之类，时得麟而死，此亦天告夫子将没之征"，等等。涉及天—君—民者如《隐公元年注疏》元年春王正月"以元之气，正天之端；以天之端，正王之政；以王之政，正诸侯之即位；以诸侯之即位，正竟内之治……五者同日并见，相须成体，乃天人之大本，万物之所系，不可不察也"，《桓公十四年》御廪灾"先是龙门之战，死伤者众，桓无恻痛于民之心，不重宗庙之尊，逆天危先祖，鬼神不飨，故天应以灾御廪"，《僖公十三年》大雩"由阳穀之会不恤民，复会于鹹，城缘陵，烦扰之应"，《成公三年》大雩"成公幼少，大臣秉政，变乱政教，先是作丘甲，为鞍之战，伐郑围棘，不恤民之所生"，《桓公元年》大水"先是桓篡隐，百姓痛伤，悲哀之心既蓄积，而复专易朝宿之邑，阴逆而与怨气并之所致"，《庄公七年》大水无麦苗"先是庄公伐卫纳朔，用兵逾年，夫人数出淫泆，民怨之所生"，《庄公十一年》宋大水"先是二国比兴兵相败，百姓同怨而俱灾，故明天人相与报应之际，甚可畏之"，

《庄公二十年》齐大灾"邪乱之气所生，是时鲁任郑瞻，夫人如莒淫泆，齐侯亦淫诸姑姊妹，不嫁者七人"，《僖公三年》雨"所以详录贤君精诚之应也。僖公饬过求己，六月澍雨；宣公复古行中，其年谷大丰，明天人相与报应之际，不可不察其意"，《隐公五年》螟"有害于人物，随事而至者，先是隐公张百金之鱼，设苛令急法以禁民之所致"，《隐公八年》螟"先是有狐壤之战，中丘之役，又受邴田，烦扰之应"，等等。

《春秋穀梁传注疏》在天—君—民架构中凸显了人文君子礼义德政担当，诚如范宁序云"昔周道衰陵，乾纲绝纽，礼坏乐崩，彝伦攸斁，弑逆篡盗者国有，淫纵破义者比肩。是以妖灾因衅而作，民俗染化而迁，阴阳为之愆度，七耀为之盈缩，川岳为之崩竭，鬼神为之疵厉……天垂象，见吉凶。圣作训，纪成败。欲人君戒慎厥行，增修德政""先王之道既弘，麟感而来应。因事备而终篇，故绝笔于斯年。成天下之事业，定天下之邪正，莫善于《春秋》"等。《春秋穀梁传注疏》重民，明示民为君本而君者为民，且以时、月、日来表征为民害民之程度，如《庄公二十二年注疏》小君非君"不治其民"，《僖公二十三年》宋公兹父卒不葬（失民也。其失民何也？以其不教民战，则是弃其师也。为人君而弃其师，其民孰以为君哉），《襄公十四年》卫侯出奔齐"诸侯出奔例月，衍结怨于民，自弃于位，君弑而归，与知逆谋，故出入皆日，以著其恶"，《僖公二十六年》公以楚师伐齐"兵，不祥之器，不得已而用之，安有驱民于死地，以共假借之役乎"、《桓公十四年》宋人以齐人、蔡人、卫人、陈人伐郑"刺四国使宋专用其师，轻民命也"，《宣公十五年》初税亩（藉而不税……私田稼不善，则非吏……公田稼不善，则非民……初税亩者，非公之去公田而履亩，十取一也，以公之与民为已悉矣），《隐公七年》城中丘"城例时……刺公不修勤德政，更造城以安民"，《僖公二年》不雨"是欲得雨之心勤也，明君之恤民"、《僖公三年》不雨"经一时辄言不雨，忧民之至"、《文公二年》自十有二月不雨至于秋七月"僖公忧民，历一时辄书不雨，今文公历四时乃书，是不勤雨也……无恤民志"，等等。天之含义，如《庄公三年注疏》葬桓王"徐邈曰：古人称万物负阴而抱阳，冲气以为和。然则传所谓天，盖名其冲和之功，而神理所由也。会二气之和，极发挥之美者，不可以柔刚滞其用，不得以阴阳分其名，故归于冥极而谓之天"。《穀梁传注疏》天—君—民架构一大特色即以阴阳节气解释天人感应之天象变异，且以时、月、日表征天变程度。如《僖公三十一年注疏》四卜郊"谓之郊者，天人相与交接之意……若曰无贤人也……讥僖公不共，致天变"，《隐公三年》日食"京房《易传》曰：日者阳之精，人君之象。骄溢专明，为阴所侵，则有日有食之灾。不救，必有篡臣之萌。其救也，君怀谦虚下贤，受谏任德，日食之灾为消也"，《庄公七年》恒星不见"郑君曰：众星列宿，诸侯之象。不见者，是诸侯弃天子礼义法度也"，《僖公十六年》陨石于宋五"刘向曰：石，阴类也。五，阳数也。象阴而阳行，将致队落"，《成公五年》梁山崩"许慎曰：山者阳位，君之象也。象君权坏"，《僖公十四年》沙麓崩"刘向曰：麓在山下平地，臣象，阴位也。崩者，散落，背叛不事上之象"，《文公九年》地震"《穀梁说》曰：大臣盛，将动有所变"，《隐公九年》大雨震电、大雨雪"雷电，阳也；雨雪，阴也。雷出非其时者，是阳不能闭阴，阴气纵逸而将为害"，《僖公二十九年》大雨雹"雹者，阴胁阳、臣侵君之象。阳气之在水雨则温热，阴气薄而胁之，不相入，转而成雹"，《僖公三十三年》陨霜不杀草"《京房易传》曰：君假与臣权，陨霜不杀草"，《桓公十四年》无冰"皆君不明去就，政治舒缓之所致。《五行传》曰：视之不明，是谓不哲，厥咎舒，厥罚常燠"，《庄公二十九年》有蜚"《穀梁说》曰：蜚者南方臭恶之气所生也，象君臣淫泆，有臭恶之行"，《桓公五年》大雩"《礼·月令》曰：仲冬行夏令，则其国乃旱"，《桓公元年》大水"《礼·月令》曰：季秋行夏令，则其国大水。大水例时"，《隐公五年》螟"《礼·月令》曰：仲春行夏令，则虫螟为害"、《桓公五年》螽（甚则月不甚则时）"《礼·月令》曰：仲冬行春令，则虫蝗为败"，《桓公八年》雨雪"《礼·月令》曰：孟冬行秋令，则霜雪不时"，等等。

（六）《孝经》《论语》《孟子》

《孝经》天地君民浑沦一体，其天—君—民架构则以孝为连接点，如《圣治章》"天地之性，人为贵。人之行，莫大于孝，孝莫大于严父，严父莫大于配天"，《三才章》"夫孝，天之经也，地之义也，民之行也。天地之经，而民是则之。则天之明，因地之利，以顺天下。是以其教不肃而成，其政不严而治"，《感应章》"昔者明王事父孝，故事天明；事母孝，故事地察；长幼顺，故上下治。天地明察，神明彰矣。故虽天子，必有尊也，言有父也；必有先也，言有兄也。宗庙致敬，不忘亲也；修身慎行，恐辱先也。宗庙致敬，鬼神著矣。孝悌之至，通于神明，光于四海，无所不通"，等等。

《论语》以仁礼中道君子修教言天—君—民人文构架。其中，涉及天—君二者关系者，如《八佾》"禘自既灌而往者，吾不欲观之矣""祭如在，祭神如神在。子曰：吾不与祭，如不祭""获罪于天，无所祷也"，《乡党》"有盛馔，必变色而作。迅雷风烈必变"，《先进》"未能事人，焉能事鬼……未知生，焉知死"，《述而》"子不语怪、力、乱、神"，等等。涉及君—民二者关系者，诚如《子路》"名不正，则言不顺；言不顺，则事不成；事不成，则礼乐不兴；礼乐不兴，则刑罚不中；刑罚不中，则民无所错手足"、《泰伯》"民可使由之，不可使知之"，无非自觉而觉他、先觉觉后觉而已。具体而言，则如《宪问》"修己以敬……修己以安人……修己以安百姓"，《雍也》"居敬而行简，以临其民"，《子路》"善人为邦百年，亦可以胜残去杀矣……如有王者，必世而后仁……苟正其身矣，于从政乎何有？不能正其身，如正人何""上好礼，则民莫敢不敬；上好义，则民莫敢不服；上好信，则民莫敢不用情"，《颜渊》"君子之德风，小人之德草，草上之风，必偃"，《阳货》"恭则不侮，宽则得众，信则人任焉，敏则有功，惠则足以使人"，《尧曰》"谨权量，审法度，修废官，四方之政行焉。兴灭国，继绝世，举逸民，天下之民归心焉。所重：民、食、丧、祭。宽则得众，信则民任焉，敏则有功，公则说""君子惠而不费，劳而不怨，欲而不贪，泰而不骄，威而不猛……因民之所利而利之，斯不亦惠而不费乎。择可劳而劳之，又谁怨。欲仁而得仁，又焉贪。君子无众寡，无小大，无敢慢，斯不亦泰而不骄乎。君子正其衣冠，尊其瞻视，俨然人望而畏之，斯不亦威而不猛乎……不教而杀谓之虐，不戒视成谓之暴，慢令致期谓之贼。犹之与人也，出纳之吝谓之有司"等。《论语》涉及天—君—民三者关系者，则如《阳货》"天何言哉。四时行焉，百物生焉，天何言哉"，《为政》"为政以德，譬如北辰，居其所而众星共之"，《泰伯》"大哉尧之为君也，巍巍乎。唯天为大，唯尧则之，荡荡乎，民无能名焉。巍巍乎其有成功也，焕乎其有文章"，《八佾》"或问禘之说。子曰：不知也。知其说者之于天下也，其如示诸斯乎。指其掌"，《颜渊》"出门如见大宾，使民如承大祭。己所不欲，勿施于人。在邦无怨，在家无怨"，《宪问》"不怨天，不尤人，下学而上达。

知我者其天乎"，等等。

《孟子》则以仁义礼智性善仁政言天—君—民人文构架。其中，涉及天—君二者关系者如《公孙丑上》"我善养吾浩然之气……其为气也，至大至刚，以直养而无害，则塞于天地之间。其为气也，配义与道；无是，馁也"。涉及君—民二者关系者，强调君者如《滕文公上》"有大人之事，有小人之事……或劳心，或劳力；劳心者治人，劳力者治于人；治于人者食人，治人者食于人，天下之通义也"，《公孙丑上》"以不忍人之心，行不忍人之政，治天下可运之掌上"，《离娄下》"以善养人，然后能服天下。天下不心服而王者，未之有也"，《滕文公上》"人伦明于上，小民亲于下"，《离娄上》"规矩，方员之至也；圣人，人伦之至也。欲为君，尽君道；欲为臣，尽臣道。二者皆法尧舜而已矣。不以舜之所以事尧事君，不敬其君者也；不以尧之所以治民治民，贼其民者也"，《尽心上》"知者无不知也，当务之为急；仁者无不爱也，急亲贤之为务。尧、舜之知而不遍物，急先务也；尧、舜之仁不遍爱人，急亲贤也""君子之于物也，爱之而弗仁；于民也，仁之而弗亲。亲亲而仁民，仁民而爱物"，《尽心下》"恶似而非者……恶乡原，恐其乱德也。君子反经而已矣。经正，则庶民兴；庶民兴，斯无邪慝矣"，《告子下》"不教民而用之，谓之殃民。殃民者，不容于尧舜之世"，等等；强调民者则如《滕文公上》"民事不可缓也……民之为道也，有恒产者有恒心，无恒产者无恒心。苟无恒心，放僻邪侈，无不为已。及陷乎罪，然后从而刑之，是罔民也。焉有仁人在位罔民而可为也？是故贤君必恭俭礼下，取于民有制"，《梁惠王上》"乐民之乐者，民亦乐其乐；忧民之忧者，民亦忧其忧。乐以天下，忧以天下，然而不王者，未之有也""保民而王，莫之能御也"，《离娄上》"桀纣之失天下也，失其民也；失其民者，失其心也。得天下有道：得其民，斯得天下矣；得其民有道：得其心，斯得民矣；得其心有道：所欲与之聚之，所恶勿施尔也"，《尽心下》"民为贵，社稷次之，君为轻。是故得乎丘民而为天子，得乎天子为诸侯，得乎诸侯为大夫"，等等。涉及天—君—民三者关系者则如《万章上》"尧荐舜于天，而天受之；暴之于民，而民受之；故曰，天不言，以行与事示之而已矣……使之主祭，而百神享之，是天受之；使之主事，而事治，百姓安之，是民受之也。天与之，人与之，故曰，天子不能以天下与人"，"'天之生此民也，使先知觉后知，使先觉觉后觉也。予，天民之先觉者也。予将以斯道觉斯民也'……思天下之民，匹夫匹妇有不被尧舜之泽者，若己推而内之沟中。其自任以天下之重如此"，《尽心上》"霸者之民骦虞如也，王者之民皞皞如也。杀之而不怨，利之而不庸，民日迁善而不知为之者。夫君子所过者化，所存者神，上下与天地同流，岂曰小补之哉"，等等。

　　《中庸》在上述《礼记》部分已有引述。其他先秦典籍描述天—君—民民本观架构较为显明者，则如《晏子春秋·内篇问下》"卑而不失尊，曲而不失正者，以民为本也。苟持民矣，安有遗道；苟遗民矣，安有正行焉"，《内篇问上》"古者先君之干福也，政必合乎民，行必顺乎神"，《内篇谏上》"古之王者，德厚足以安世，行广足以容众，诸侯戴之，以为君长，百姓归之，以为父母。是故天地四时，和而不失，星辰日月，顺而不乱，德厚行广，配天象时，然后为帝王之君，神明之主""日月之气，风雨不时，彗星之出，天为民之乱见之，故诏之妖祥，以戒不敬"[①]等；《管子·霸形》"齐国百姓，公之本也"，《牧民》"如地如天，何私何亲；如月如日，唯君之节。御民之辔，在上之所贵；道民之门，在上之所先；召民之路，在上之所好恶"，《四时》"阴阳者，天地之大理也；四时者，阴阳之大经也。刑德者，四时之合也。刑德合于时则生福，诡则生祸……圣王治天下，穷则反，终则始。德始于春，长于夏；刑始于秋，流于冬。刑德不失，四时如一；刑德离乡，时乃逆行"[②]等；《国语·楚语上》"民，天之生也。知天，必知民矣"，《周语上》"夫天地之气，不失其序；若过其序，民乱之也。阳伏而不能出，阴迫而不能烝，于是有地震"，"国之将兴，其君齐明、衷正、精洁、惠和，其德足以昭其馨香，其惠足以同其民人。神飨而民听，民神无怨，故明神降之，观其政德而均布福焉。国之将亡，其君贪冒、辟邪、淫佚、荒怠、粗秽、暴虐；其政腥臊，馨香不登；其刑矫诬，百姓携贰。明神不蠲而民有远志，民神怨痛，无所依怀，故神亦往焉，观其苛慝而降之祸"[③]，等等。

---

　　① 《晏子春秋校注》，《诸子集成》第四册，分见第116，79，20、26页。

　　② 《管子校正》，《诸子集成》第五册，分见第139，3，238—241页。

　　③ 《国语》，齐鲁书社2005年版，分见第269，13，14页。

二、儒学民本观"天君民合"架构发展史略与义理述要

（一）儒学民本观"天君民合"架构发展史略

《白虎通义》卷七云"王者设三教何？承衰救弊，欲民反正道也。三正之有失，故立三教，以相指受。夏人之王教以忠，其失野，救野之失莫如敬。殷人之王教以敬，其失鬼，救鬼之失莫如文。周人之王教以文，其失薄，救薄之失莫如忠……三者如顺连环，周而复始，穷则反本"①，夏之忠教凸显民本，商之敬教凸显法天，周之文教凸显尊君，此后儒教民本观"天—君—民"基本架构探索不脱此忠、敬、文三教而有一个动态时中的展开历程。由于本书第二章第二节儒学性善论史略、第三章第二节儒学君子观史略部分已对奉天法古君子修教"天—君—民"构架多所涉及，此处对儒学民本观"天君民合"架构发展史略只是提纲契领略述而已。

孔子、孟子凸显性善仁礼人文修教而又维持着"天—君—民"基本架构内在平衡，荀子凸显人文礼教而于"天—君—民"基本架构中的天道层面有所忽略，如《荀子·大略》"天之生民，非为君也。天之立君，以为民也。故古者列地建国，非以贵诸侯而已；列官职，差爵禄，非以尊大夫而已"，《王制》"天地者，生之始也；礼义者，治之始也；君子者，礼义之始也……天地生君子，君子理天地。君子者，天地之参也，万物之揔也，民之父母也"，《礼论》"天地者，生之本也；先祖者，类之本也；君师者，治之本也……礼，上事天，下事地，尊先祖而隆君师，是礼之三本也"，《天论》"天行有常，不为尧存，不为桀亡。应之以治则吉，应之以乱则凶。强本而节用，则天不能贫；养备而动时，则天不能病；修道而不贰，则天不能祸""君子敬其在己者，而不慕其在天者；小人错其在己者，而慕其在天者""明于天人之分，则可谓至人矣。不为而成，不求而得，夫是之谓天职"②等。董仲舒等两汉今文经学家起而纠正之，立足儒教外王教化而强调奉法天道，以《春秋繁露》《白虎通义》、象数易学（如孟喜、焦延寿、京房、郑玄等四正卦、十二月卦、七十二

_____

① 《白虎通疏证》，中华书局1994年版，第369页。
② 《荀子》，上海古籍出版社2014年版，分见第337、97、229、198、202—203、198—199页。

候等卦气爻气说、纳甲八宫卦说与世应飞伏说及荀爽、虞翻等阴阳时位卦变说与旁通之正说等）以及"七纬"（《易纬》《尚书纬》《诗纬》《礼纬》《乐纬》《春秋纬》《孝经纬》）等，构建起天地人时空位内在一体全息感通的动态立体学理体系，对儒教民本观"天—君—民"基本架构进行了全方位的创新开拓而影响深远，其理论成果为儒教经史典籍（如《春秋公羊传注疏》《春秋穀梁传注疏》以及历代正史《天文志》《五行志》等）多所采纳。

贾谊对董仲舒"天—君—民"基本架构有直接影响，如《新书·大政上》"闻之于政也，民无不为本也。国以为本，君以为本，吏以为本。故国以民为安危，君以民为威侮，吏以民为贵贱。此之谓民无不为本也。闻之于政也，民无不为命也。国以为命，君以为命，吏以为命，故国以民为存亡，君以民为盲明，吏以民为贤不肖。此之谓民无不为命也。闻之于政也，民无不为功也……民无不为力也"，"受天之福者，天不功焉；被天之菑，则亦毋怨天矣，行自为取之也。知善而弗行，谓之不明；知恶而弗改，必受天殃。天有常福，必与有德；天有常菑，必与夺民时。故夫民者，至贱而不可简也，至愚而不可欺也。故自古至于今，与民为仇者，有迟有速，而民必胜之"，以及"夫民者，万世之本也，不可欺。凡居于上位者，简士苦民者是谓愚，敬士爱民者是谓智。夫愚智者，士民命之也……君能为善，则吏必能为善矣；吏能为善，则民必能为善矣。故民之不善也，吏之罪也；吏之不善也，君之过也……故夫士民者，率之以道，然后士民道也；率之以义，然后士民义也；率之以忠，然后士民忠也；率之以信，然后士民信也"[①]等。

董仲舒对两汉儒教民本观"天—君—民"基本架构有开创之功。如《春秋繁露·楚庄王》"《春秋》之道，奉天而法古"，《玉杯》"《春秋》之法，以人随君，以君随天……屈民而伸君，屈君而伸天，《春秋》之大义也"，《王道通三》"古之造文者，三画而连其中，谓之王。三画者，天地与人也，而连其中者，通其道也。取天地与人之中以为贯而参通之，非王者孰能当是？是故王者唯天之施，施其时而成之，法其命而循之诸人，法其数而以起事，治

---

① ［汉］贾谊撰：《新书校注》，阎振益、钟夏校注，中华书局2000年版，分见第338，339，341页。

其道而以出法，治其志而归之于仁。仁之美者在于天。天，仁也"，《竹林》"《春秋》之序辞也，置王于春正之间，非曰'上奉天施而下正人，然后可以为王也'云尔"，《二端》"《春秋》之道，以元之深正天之端，以天之端正王之政，以王之政正诸侯之即位，以诸侯之即位正竟内之治，五者俱正而化大行"，《四时之副》"王者配天，谓其道。天有四时，王有四政，四政若四时，通类也，天人所同有也。庆为春，赏为夏，罚为秋，刑为冬。庆赏罚刑之不可不具也，如春夏秋冬不可不备也。庆赏罚刑，当其处不可不发，若暖暑清寒，当其时不可不出也。庆赏罚刑各有正处，如春夏秋冬各有时也。四政者，不可以相干也，犹四时不可相干也。四政者，不可以易处也，犹四时不可易处也"，以及《循天之道》"循天之道，以养其身，谓之道也。天有两和，以成二中，岁立其中，用之无穷……中者，天地之所终始也；而和者，天地之所生成也。夫德莫大于和，而道莫正于中。中者，天地之美达理也，圣人之所保守也"；《同类相动》"天有阴阳，人亦有阴阳。天地之阴气起，而人之阴气应之而起，人之阴气起，天地之阴气亦宜应之而起，其道一也"，《二端》"书日蚀、星陨、有蜮、山崩、地震、夏大雨水、冬大雨雹、陨霜不杀草、自正月不雨至于秋七月、有鸜鹆来巢，《春秋》异之，以此见悖乱之征……亦欲其省天谴而畏天威，内动于心志，外见于事情，修身审己，明善心以反道者也，岂非贵微重始、慎终推效者哉"，《精华》"大旱者，阳灭阴也。阳灭阴者，尊厌卑也……大水者，阴灭阳也，阴灭阳者，卑胜尊也。日食亦然。皆下犯上，以贱伤贵者，逆节也……变天地之位，正阴阳之序，直行其道而不忘其难，义之至也"，《举贤良策》"观天人相与之际，甚可畏也。国家将有失道之败，而天乃先出灾害以谴告之，不知自省，又出怪异以警惧之，尚不知变，而伤败乃至。以此见天心之仁爱人君而欲止其乱也。自非大亡道之世者，天尽欲扶持而全安之，事在强勉而已矣"[①]等。

此外，东汉王符等对两汉儒教民本观"天—君—民"基本架构亦有所自

---

① 分见《春秋繁露》，中华书局1992年版，第14，31—32，328—329，62，155—156，353—354，444；360，156，86—87页，《汉书·董仲舒传》，浙江古籍出版社2000年版，卷五十六第793页。

觉综合。如《潜夫论·本政》"夫天者，国之基也。君者，民之统也。臣者，治之材也。工欲善其事，必先利其器。是故将致太平者，必先调阴阳；调阴阳者，必先顺天心；顺天心者，必先安其人；安其人者，必先审择其人。是故国家存亡之本，治乱之机，在于明选而已矣"，"凡人君之治，莫大于和阴阳。阴阳者，以天为本。天心顺则阴阳和，天心逆则阴阳乖。天以民为心，民安乐则天心顺，民愁苦则天心逆。民以君为统，君政善则民和治，君政恶则民冤乱。君以恤民为本，臣忠良则君政善，臣奸枉则君政恶。以选为本，选举实则忠贤进，选虚伪则邪党贡。选以法令为本，法令正则选举实，法令诈则选虚伪。法以君为主，君信法则法顺行，君欺法则法委弃。君臣法令之功，必效于民。故君臣法令善则民安乐，民安乐则天心慰，天心慰则阴阳和，阴阳和则五谷丰，五谷丰而民眉寿，民眉寿则兴于义，兴于义而无奸行，无奸行则世平而国家宁，社稷安而君尊荣矣。是故天心、阴阳、君臣、民氓、善恶，相辅至而代相征也"①等。

东汉章帝时期的《白虎通义》，是两汉儒教民本观"天—君—民"基本义理建构之集大成者。如《白虎通义》卷一释爵"爵有五等，以法五行也；或三等者，法三光也。或法三光，或法五行何？质家者据天，故法三光；文家者据地，故法五行"，"天子者，爵称也。爵所以称天子何？王者父天母地，为天之子也"、卷二释号"帝者天号，王者五行之称也……帝者，谛也，象可承也；王者，往也，天下所归往……不扰匹夫匹妇，故为皇……接上称天子者，明以爵事天也；接下称帝王者，明位号天下至尊之称，以号令臣下也"；卷三释礼乐"夫礼者，阴阳之际也，百事之会也，所以尊天地，傧鬼神，序上下，正人道也"，"角者，跃也，阳气动跃；徵者，止也，阳气止；商者，张也，阴气开张，阳气始降也；羽者，纡也，阴气在上，阳气在下；宫者，容也，含也，含容四时者也"；卷四释封公侯"天虽至神，必因日月之光。地虽至灵，必有山川之化。圣人虽有万人之德，必须俊贤。三公、九卿、二十七大夫、八十一元士，以顺天成其道。司马主兵，司徒主人，司空主地。王者受命为天地人之职，故分职以置三公，各主其一，以效其功"，"必复封诸侯

---

① 《潜夫论》，《诸子集成》第八册，分见第37，36—37页。

何？重民之至也。善恶比而易知，故择贤而封之，以著其德，极其才。上以尊天子，备蕃辅；下以子养百姓，施行其道。开贤者之路，谦不自专，故列土封贤，因而象之，象贤重民也"；卷六释辟雍"天子所以有灵台者何？所以考天人之心，察阴阳之会，揆星辰之证验，为万物获福无方之元……天子立明堂者，所以通神灵，感天地，正四时，出教化，宗有德，重有道，显有能，褒有行者也"，释封禅"天下太平，符瑞所以来至者，以为王者承天统理，调和阴阳，阴阳和，万物序，休气充塞，故符瑞并臻，皆应德而至"，释灾变"天所以有灾变何？所以谴告人君，觉悟其行，欲令悔过修德，深思虑也。《授神契》曰：行有玷缺，气逆干天，情感变出，以戒人也"；卷八释三正"王者受命必改朔何？明易姓，示不相袭也。明受之于天，不受之于人，所以变易民心，革其耳目，以助化也""王者必一质一文者何？所以承天地，顺阴阳。阳之道极，则阴道受，阴之道极，则阳道受，明二阴二阳不能相继也。质法天，文法地而已。故天为质，地受而化之，养而成之，故为文"，释三教"教所以三何？法天地人。内忠，外敬，文饰之，故三而备也。即法天地人各何施？忠法人，敬法地，文法天……教者，效也。上为之，下效之，民有质朴，不教而成"，释三纲六纪"君臣、父子、夫妇，六人也。所以称三纲何？一阴一阳谓之道，阳得阴而成，阴得阳而序，刚柔相配，故六人为三纲。三纲法天地人，六纪法六合。君臣法天，取象日月屈信，归功天也。父子法地，取象五行转相生也。夫妇法人，取象人合阴阳，有施化端也"；以及卷十释嫁娶，"嫁娶必以春何？春者，天地交通，万物始生，阴阳交接之时也"[1]，等等。

两汉儒教"天—君—民"基本架构在此后继续完善，特别是唐代高宗之后随着《公羊传注疏》《穀梁传注疏》《周易集解》等典籍的出现而趋于成熟，正史天文志书等"天—君—民"基本架构也已成固定模式。由于两汉儒教"天—君—民"基本架构在外王教化实践中有陷于谶纬吉凶外在异化的趋向，亦由于后来佛道二教因果感应思想的刺激，于是王充、桓谭、荀悦、王弼、戴逵、何承天、范缜、王通、韩愈、柳宗元、林慎思、刘敞等儒者天道

---

① 《白虎通疏证》，中华书局1994年版，分见第6，1—2，44—47；95，120；129—131，133；263—265，283，267—268；360、368，371，374—375；466页。

自然思想相继出现，直至"北宋五子"为代表的宋代理学，回归孔孟仁礼内在的人文君子仁义诚敬中道修教思想遂成宋明儒教主流，其典型事件是藉程朱理学推动而四书人文体系形成并正式升格为经。当然，传统敬天重民思想亦继续在国家典礼与教化实践中得以贯彻落实。由于宋明理学的拘虚形式化、阳明心学的个性解放、三教合流的混滥无序以及乾嘉朴学的情欲论证等外在异化流弊的出现，亦由于宋明以来尤其是明代中叶以来商品经济繁荣带来的士农工商传统格局的破坏，以及随之引起的世道人心的散失，明中叶之后儒教大众教化正式提上日程，如明清民间信仰中天道的情感化与绝对化（如明清民国时期大量涌现的三教合一教派等），又如明清笔记小说等对天地鬼神感应的教化描述（如《西游记》《阅微草堂笔记》《聊斋志异》等），以及明清实学对两汉儒教"天—君—民"基本架构文本资料的深入挖掘（如顾炎武、江永、惠栋、纪昀、俞樾等学者努力），等等。这些努力具有开拓创新精神，但也出现了迷信邪信等外在修教异化流弊，故而在西方列强自由民主价值思维入侵并反客为主之后，儒教教化基础地位丧失而传统三教一并衰落而萎靡不振，至今我们尚正处于对儒教民本观"天—君—民"基本架构进行内化外来而反本开新的历史关键时期。

（二）儒学民本观"天君民合"架构义理述要

西学民主观以"神民公民，教治分化"为基本架构，而儒学民本观则以"天君民合，三位一体"为基本架构，诚如《尚书·说命中》所云"惟天聪明，惟圣时宪，惟臣钦若，惟民从乂"，这一基本架构以君子奉天修教为核心内容，以先知觉后知、先觉觉后觉为内在主旨，以"大一统"德政教化为实践手段。

先就儒学民本观"天君民合"基本架构之天—民—君关系而言，天生民必从其愿，树之君以保爱之。其一，天民内在一体不隔者，如《诗经·小雅·烝民》"天生烝民，有物有则。民之秉彝，好是懿德"；《尚书·洪范》"惟天阴骘下民，相协厥居"，《汤诰》"惟皇上帝，降衷于下民……孚佑下民"，《泰誓上》"天矜于民，民之所欲，天必从之"，《多士》"上帝引逸"，《泰誓中》"天视自我民视，天听自我民听"，《皋陶谟》"天聪明，自我民聪明。天明畏，自我民明威"；《左传·桓公六年传》"夫民，神之主也……民各有心，而鬼神乏主"，《庄公三十二年传》"国将兴，听于民；将亡，听于神。神，聪明正直而壹者也，依人而行"；《国语·楚语上》"民，天之生也。知天，必知民矣"，《周语上》"天地之气，不失其序；若过其序，民乱之也"，等等。其二，天立君以保其民者，如《尚书·汤诰》"惟皇上帝，降衷于下民，若有恒性，克绥厥猷惟后"，《泰誓上》"惟天地万物父母，惟人万物之灵。亶聪明，作元后，元后作民父母""天佑下民，作之君，作之师，惟其克相上帝，宠绥四方"，《仲虺之诰》"惟天生民有欲，无主乃乱，惟天生聪明时乂"，《泰誓中》"惟天惠民，惟辟奉天"，《康诰》"宅天命，作新民"；《左传·襄公十四年传》"夫君，神之主而民之望也……天生民而立之君，使司牧之，勿使失性。有君而为之贰，使师保之，勿使过度……天之爱民甚矣，岂其使一人肆于民上，以从其淫而弃天地之性"，《左传·桓公六年传》"所谓道，忠于民而信于神"；《荀子·大略》"天之生民，非为君也。天之立君，以为民也"；《春秋繁露·竹林》"上奉天施，而下正人，然后可以为王"，等等。

再就儒学民本观"天君民合"基本架构之君—天—民关系而言，君子顺天道而应民心，疾敬德以化其民。其一，君子顺天应民者，如《荀子·王制》"天地生君子，君子理天地。君子者，天地之参也，万物之揔也，民之父母也"，《春秋左传·成公十五年传》"善人，天地之纪也"，《周易·乾卦文言》"夫大人者，与天地合其德，与日月合其明，与四时合其序，与鬼神合其吉凶，先天而天弗违，后天而奉天时"，《论语·泰伯》"唯天为大，唯尧则之"、《宪问》"不怨天，不尤人，下学而上达"，《春秋公羊传·隐公六年传注疏》"明王者当奉顺四时之正"；《尚书·太甲上》"先王顾諟天之明命，以承上下神祇"、《仲虺之诰》"兹率厥典，奉若天命……钦崇天道，永保天命"、《益稷》"敕天之命，惟时惟几"、《洛诰》"奉答天命，和恒四方民"，《中庸》"天命之谓性，率性之谓道，修道之谓教"，《周易·观卦彖辞》"圣人以神道设教，而天下服矣"，等等。其二，君子敬德化民者，如《尚书·蔡仲之命》"皇天无亲，惟德是辅。民心无常，惟惠之怀"，《太甲下》"惟天无亲，克敬惟亲。民罔常怀，怀于有仁。鬼神无常享，享于克诚"，《咸有一德》"天难谌，命靡常。常厥德，保厥位。厥德匪常，九有以亡……咸有一德，克享天心，受天明命""惟天佑于一德……惟民归于一德……惟新厥德，终始惟一，时乃日新"，《太甲下》"先王惟时懋敬厥德，克配上帝"，《召诰》"惟王其疾敬德，王其德之用，祈天永命"，《无逸》"严恭寅畏，天命自度，治民祗惧，不敢荒宁"；《论语·为政》"为政以德，譬如北辰，居其所而众星共之"，《春秋左传·僖公五年传》"非德，民不和，神不享"，《汉书·董仲舒传·举贤良对策》"观天人相与之际，甚可畏也。国家将有失道之败，而天乃先出灾害以谴告之，不知自省，又出怪异以警惧之，尚不知变，而伤败乃至……事在强勉而已"，等等。

再就儒学民本观"天君民合"基本架构之君—民—天关系而言，君为民之主而民为君之本，君民相须而共成治道，诚如《礼记·缁衣》所云"民以君为心，君以民为体"，又如《尚书·太甲中》所云"民非后，罔克胥匡以生。后非民，罔以辟四方"，再如《春秋左传·襄公十四年传》"养民如子，盖之如天，容之如地。民奉其君，爱之如父母，仰之如日月，敬之如神明，畏之如雷霆"，等等。其一，先就君为民主而言，君子群体父天母地而为民之主（主持或主脑）与民之望（榜样模范）。一者，所谓君子者，如《尚书·洪范》"天子作民父母，以为天下王"，《春秋左传·庄公十一年传》"是宜为君，有恤民之心"、《文公十二年传》"不有君子，其能国乎"、《宣公十六年传》"善人在上，则国无幸民"，《诗经·大雅·假乐》"假乐君子，显显令德，宜民宜人，受禄于天，保右命之，自天申之"、《大雅·泂酌》"岂弟君子，民之父母……岂弟君子，民之攸归"、《曹风·鸤鸠》"淑人君子，其仪不忒。其仪不忒，正是四国"、《大雅·卷阿》"岂弟君子，俾不作人"、《小雅·頍弁》"未见君子，忧心奕奕；既见君子，庶几说怿"，《潜夫论·本政》"君者民之统"，等等。二者，君子（民之主）乃君臣贤达群体，如《春秋左传·宣公十五年传》"君能制命为义，臣能承命为信，信载义而行之为利。谋不失利，以卫社稷，民之主也"，《襄公二十二年传》"国卿，君之贰也，民之主也，不可以苟"，《昭公五年传》"能用善人，民之主也"；《尚书·说命下》"惟后非贤不乂，惟贤非后不食"，《益稷》"臣哉邻哉，邻哉臣哉……臣作朕股肱耳目"，《大禹谟》"后克艰厥后，臣克艰厥臣，政乃乂，黎民敏德"，《太甲下》"君罔以辩言乱旧政，臣罔以宠利居成功，邦其永孚于休"，《咸有一德》"臣为上为德，为下为民。其难其慎，惟和惟一"，《说命中》"惟治乱在庶官。官不及私昵，惟其能；爵罔及恶德，惟其贤"，等等。三者，君子群体以修己化民为本务，如《论语·宪问》"修己以敬……修己以安人……修己以安百姓"，《礼记·曲礼上》"毋不敬，俨若思，安定辞，安民哉"，《周易·蛊卦大象》"君子以振民育德"、《临卦大象》"君子以教思无穷，容保民无疆"，《春秋左传·哀公十年传》"务德而安民"；《尚书·尧典》"克明俊德……黎民於变时雍"、《皋陶谟》"在知人，在安民"、《仲虺之诰》"懋昭大德，建中于民"、《无逸》"徽柔懿恭……咸和万民"、《大禹谟》"德惟善政，政在养民"，以及《盘庚上》"克黜乃心，施实德于民"、《大禹谟》"罔违道以干百姓之誉，罔咈百姓以从己之欲"，等等。其二，再就民为君本而言，民皆天地生而为君之本、君之体，故而君子厚其下方能安于上，如《晏子春秋·内篇问下》"以民为本"，《尚书·五子之歌》"民可近，不可下，民惟邦本，本固邦宁"、《酒诰》"人无于水监，当于民监"、《咸有一德》"后非民罔使……匹夫匹妇不获自尽，民主罔与成厥功"、《孟子·尽心下》"民为贵，社稷次之，君为轻，是故得乎丘民而为天子"、《梁惠王上》"保民而王"，《新书·大政上》"夫民者，万世之本也，不可欺"，《礼记·缁衣》"君以民存，亦以民亡""民闭于人，而有鄙心，可敬不可慢，易以溺人，故君子不可以不慎"，《春秋左传·哀公元年传》"国之兴也，视民如伤……其亡也，以民为土芥"，等等。

在上述儒学民本观"天君民合"基本架构义理体系中，内在蕴含着先知觉后知、先觉觉后觉这一内在主旨。其一，君民同类，觉有先后。君民同为天地所生，君子群体奉天道以教养民，如《春秋左传·襄公十四年传》所云"天生民而立之君，使司牧之，勿使失性"，又如《孟子·万章上》所云"天之生此民也，使先知觉后知，使先觉觉后觉"，等等。其二，君师垂范，民人效化。君子群体反躬则民自感化，如《尚书·太甲下》"一人元良，万邦以贞"、《君牙》"尔身克正，罔敢弗正。民心罔中，惟尔之中"、《泰誓下》"抚我则后，虐我则仇"，等等。其三，化民之道，教学为先。教以礼仪则伦常当位，人伦明于上则百姓亲于下，如《礼记·学记》所云"建国君民，教学为先""化民成俗，其必由学"等等。此外，在儒教民本观"天君民合"基本架构义理体系中，也蕴含着"大一统"德政教化这一实践手段。其一，政以德化为本，如《论语·为政》所云"为政以德，譬如北辰，居其所而众星共之""临之以庄则敬，孝慈则忠，举善而教不能则劝"。其二，治以官爵为要。政治须尊贤使能、俊杰在位，如《尚书·说命中》所云"惟治乱在庶官。官不及私昵，惟其能。爵罔及恶德，惟其贤"，又如《论语·颜渊》）所云"举直错诸枉，能使枉者直"，等等。

在中华民族传统文化语境中，"主"即主持或主脑之义，如家主、地主、财主、人主、民主等。民主即君（修己化人君子群体），君本即民（后知后觉待引导觉悟者），故而传统文化中"民主""君本"侧重表达了君民和合内涵。而在西方文化尤其是近现代文化语境中，"主"乃主宰支配之义，"君主"即君为主宰，"民主"即民为主宰，侧重表达了君民对立内涵。可见，传统民本与西方民主的概念差异乃东西方价值观的根本性差异。就儒教而言，天子与公侯相类而同为爵位，君臣一体共治。君乃臣之头脑腹心，臣乃君之师友股肱，大臣百官作为师辅佐贰对君王有绳愆纠谬、格其非心之职责，君臣代天行道，共为民之主、民之望或"父母官"，而并非独断专行、任意妄为者，否则即被视为独夫民贼而其命可革。名正方可言顺，我们为华夏文化"君本""民主"概念正名，对于厘清东西方文化"民主"概念的不同内涵，进而于当今时代溯源性重铸中华民族民本观"天君民合"基本架构而言，具有重大理论意义与现实意义。

第二节　纲常礼教：儒学民本观核心内容述要

总体而言，西学民主观以"上帝信仰，民主法治"之践履落实为核心内容，而儒学民本观则以"三纲五常，礼教实修"之践履落实为核心内容。纲常礼教核心内容是儒学民本观其他义理要素得以展开的践履本务与实际依托，人文君子担当主体、性善修教前提信念、天君民合基本架构、明德亲民价值取向、天人中道思维模式、夏以化夷历史脉动，以及反本内化时中创新诸义理要素等，俱自觉以纲常礼教为本务依托，离此纲常礼教核心内容则其他义理要素就会沦为无所附丽的抽象说教而失去应有的生机活力。而纲常礼教核心内容与儒学民本观其他义理要素亦是一体全息的，纲常礼教核心内容之践履者必定是人文纲常君子群体，必定信奉遵循性善修教信念与"天—君—民"内在架构，必定持守明德亲民价值取向与天人中道思维模式，亦必定担当夏以化夷与反本内化历史责任。

一、五经四书"纲常礼教"思想述略（上）

（一）《诗经》

五经四书之核心内容，无非是纲常君子奉天法古之礼义修教。先就《诗经》而言，诚如《毛诗正义·关雎序》所云"诗者，志之所之也，在心为志，发言为诗。情动于中而形于言，言之不足，故嗟叹之，嗟叹之不足，故永歌之，永歌之不足，不知手之舞之、足之蹈之也。情发于声，声成文谓之音。治世之音，安以乐，其政和。乱世之音，怨以怒，其政乖。亡国之音，哀以思，其民困。故正得失，动天地，感鬼神，莫近于诗。先王以是经夫妇，成孝敬，厚人伦，美教化，移风俗。故《诗》有六义焉：一曰风，二曰赋，三曰比，四曰兴，五曰雅，六曰颂。上以风化下，下以风刺上，主文而谲谏，言之者无罪，闻之者足以戒，故曰风。至于王道衰，礼义废，政教失，国异政，家殊俗，而变风、变雅作矣。国史明乎得失之迹，伤人伦之废，哀刑政之苛，吟咏情性，以风其上，达于事变而怀其旧俗者也。故变风发乎情，止乎礼义。发乎情，民之性也；止乎礼义，先王之泽也。是以一国之事，系一人之本，谓之风。言天下之事，形四方之风，谓之雅。雅者，正也，言王政之所由废兴也。政有小大，故有小雅焉，有大雅焉。颂者，美盛德之形容，以其成功，告于神明者也"。于吉礼、凶礼、军礼、宾礼、嘉礼五礼与夫妇、父子、君臣、兄弟、朋友五伦，《颂》（即和乐成教）侧重君臣祭祀之吉礼，《雅》（即仁礼正教）侧重君臣亲朋宾礼以及嘉礼中之飨燕礼与饮酒礼，《风》（即讽动风教）则侧重嘉礼中之夫妇昏礼。礼乐歌舞一体浑然，诗教温柔敦厚自然感通易入，此即《诗》教特色。如用乐之礼制，国君以《小雅》，天子以《大雅》，天子飨元侯歌《肆夏》合《文王》，诸侯歌《文王》合《鹿鸣》；又如《关雎》正夫妇故，乡饮酒礼以之合乐、天子诸侯燕群臣及聘问宾礼亦皆歌之以合乡乐；又如《由庚》《崇丘》《由仪》之诗《乡饮酒》《燕礼》用之，间歌《鱼丽》笙《由庚》，歌《南有嘉鱼》笙《崇丘》，歌《南山有台》笙《由仪》；再如射礼，天子、诸侯、大夫、士分别以《驺虞》《貍首》《采蘋》《采蘩》为节；此外，《春秋左传》等经典亦记载了大量歌诗晏报之外交事例，等等。

《诗经》诸篇中对遵守或违背五伦礼制的褒扬讴歌与悔吝讥讽随处可见，从而构成了十五《国风》《小雅》《大雅》以及《周颂》《鲁颂》《商颂》的主体内容，《毛诗序》对此有精到阐释。具体先就《周南》《召南》而言，如《关雎》歌后妃贤德，忧在进贤不淫其色，琴瑟在堂钟鼓在庭，上下乐作美盛其礼，夫妇有别风化天下；《葛覃》歌后妃妇教贞专俭敬本务，化天下以妇道；《樛木》歌后妃逮下，礼义相与和乐君子；《桃夭》歌后妃不妒，男女以正婚姻以时；《汉广》歌文王德化广及，汉水之女无思犯礼；《麟之趾》歌《关雎》化行无犯非礼，衰世公子犹皆信厚；《鹊巢》歌夫人均壹之德可配国君，《采蘩》歌夫人奉祭祀而不失职（如云被之僮僮夙夜在公），《草虫》歌大夫妻以礼自防、待礼而行，《采蘋》歌大夫妻循法度、承先祖而供祭祀，《行露》歌召伯贞信教兴而女不弃礼，《羔羊》歌《鹊巢》功致大夫委蛇正礼，《殷其雷》歌妇劝夫君以君臣大义，《小星》歌夫人惠下而下安礼命，《江有汜》歌美媵勤无怨而嫡能悔过，《摽有梅》歌男女及时，《野有死麕》恶婚姻无礼，《何彼襛矣》歌美王姬下嫁诸侯犹执妇道，《驺虞》歌美《鹊巢》化行则人伦正、庶类蕃而王道成，等等。其他十三《国风》则褒贬美讽不一而足，如《淇奥》美君以礼自防、仪容宣著而仁礼中道，《凯风》美孝子尽孝道而慰母心成母志，《风雨》歌乱世思礼义君子不改节度，《鸡鸣》陈贤妃贞女警戒相成之礼，《柏舟》美妇人自誓守礼，《蝃蝀》示淫奔之耻国人不齿（如云女子有行，远兄弟父母），《氓》刺淫泆而美反正（如云非我愆期子无良媒）；《旄丘》责卫伯不能修方伯连率之职，《墓门》刺陈佗无良师傅以至不义而恶加万民，《素冠》刺时礼乱而丧不能三年，《子衿》刺乱世学校废而无礼乐（如云青青子衿悠悠我心、青青子佩悠悠我思），《蒹葭》刺君不用周礼而国人不服，《鸤鸠》刺在位礼仪不壹不能正礼坚固（如云淑人君子其仪不忒，其仪不忒正是四国），《芄兰》刺君不知为政以礼，《汾沮洳》刺君俭以能勤而不得礼（如云美无度，殊异乎公路），《蟋蟀》刺君俭不中礼、不能以礼自虞乐，《相鼠》刺在位无礼仪者（如云人而无仪不死何为，人而无礼胡不遄死）；《柏舟》讽君近小人、远贤者而失君臣义，《简兮》刺君不用贤，《晨风》刺君弃贤臣，《将仲子》刺君不能善处兄弟,《杕杜》刺君不能亲宗族以致骨肉离散,《葛藟》刺王室道衰弃其九族,《击鼓》怨州吁用兵暴乱、勇而无礼;《东门之池》刺君淫昏故思贤女以配君子,《猗嗟》刺君不能以礼防闲其母而失为子之道,《绿衣》讽君失夫妇礼而贵贱无序,《匏有苦叶》刺君淫乱不娶而陈正礼以责(如云士如归妻迨冰未泮),《墙有茨》《君子偕老》刺上乱伦而无礼防制(如云象服是宜),《东方之日》刺君臣失道、男女淫奔而不能礼化,《雄雉》刺君淫乱不恤而男女怨旷,《桑中》刺淫乱相奔而政散民流,《大车》思古刺今礼义陵迟、男女淫奔,《有狐》刺男女失时丧其妃耦,《丰》刺婚姻道缺嫁娶礼乱,《绸缪》刺乱世婚姻不得其时,《溱洧》刺兵革不息、淫风大行而莫之能救,《谷风》刺夫妇失道国俗伤败,等等。

《小雅》诗篇中之五礼五伦礼教思想,《鹿鸣》者君燕群臣嘉宾、讲道修德之礼乐歌(如云鼓瑟鼓琴和乐且湛),《四牡》者劳使臣之礼歌乐,《皇皇者华》者君遣使臣之礼乐歌,《常棣》者燕亲兄弟之礼乐歌(如云兄弟既具和乐且孺,妻子好合如鼓瑟琴),《伐木》者燕朋友故旧、民德归厚之礼乐歌(如云笾豆有践兄弟无远),《天保》者臣下答报君上之礼乐歌,《采薇》者遣戍役之礼乐歌,《出车》者劳还率之礼乐歌,《杕杜》者劳还役之礼乐歌,《鱼丽》者美万物盛多、能备礼仪敬告神明之祭礼乐歌,《白华》《南陔》者孝子洁白、相戒以养之礼乐歌,《华黍》者时和岁丰之礼乐歌,《南有嘉鱼》者君乐与贤燕乐之礼乐歌,《蓼萧》者王泽及四海之礼乐歌(如云和鸾雍雍万福攸同),《湛露》者天子燕诸侯、示慈惠之礼乐歌(如云岂弟君子莫不令仪),《彤弓》者天子飨赐有功诸侯之礼乐歌(如云钟鼓既设一朝飨之),《菁菁者莪》者君子乐育贤材之礼乐歌(如云既见君子乐且有仪)。《毛诗序》认为,《鹿鸣》废则和乐缺,《四牡》废则君臣缺,《常棣》废则兄弟缺,《伐木》废则朋友缺,《采薇》废则征伐缺,《杕杜》废则师众缺,《鱼丽》废则法度缺,《南陔》废则孝友缺,《白华》废则廉耻缺,《南有嘉鱼》废则贤者不安、下不得其所,《崇丘》废则万物不遂,《南山有台》废则为国之基坠,《蓼萧》废则恩泽乖,《湛露》废则万国离,《彤弓》废则诸夏衰,《菁菁者莪》废则无礼仪,《小雅》尽废则四夷交侵而中国微弱。《六月》至《无羊》十四篇乃箴规讥刺宣王之变小雅,如《祈父》刺宣王官非其人则职废,《白驹》刺宣王不能留贤,《黄鸟》刺宣王不能以阴礼教亲,《我行其野》刺宣王不正嫁娶之数故多淫婚之俗,《斯干》者宣王考室祭祖之礼乐歌(如云兄及弟矣，式相好矣，无相犹矣),《无羊》者宣王考牧之礼乐歌，等等。自《节南山》至《何草不黄》四十四篇则为刺幽王之变小雅(郑玄以《十月之交》以下四篇是刺厉王之变小雅),如《巧言》刺大夫伤于谗,《谷风》刺天下俗薄朋友道绝,《蓼莪》刺民劳苦而孝子不得终养,《无将大车》歌大夫悔将小人,《鼓钟》刺用乐不与德比(如云鼓钟钦钦，鼓瑟鼓琴，笙磬同音，以雅以南，以籥不僭),《楚茨》刺政烦赋重民卒流亡、祭祀不飨君子思古(如云礼仪卒度笑语卒获，神保是格报以介福),《瞻彼洛矣》刺不能爵命诸侯而赏善罚恶,《裳裳者华》刺小人谗谄而弃贤者、绝功臣,《桑扈》刺君臣上下动无礼文,《鸳鸯》刺交万物无道、自奉养无节,《頍弁》刺幽王暴戾无亲不能宴乐同姓,《角弓》刺幽王不亲九族骨肉相怨,《菀柳》刺幽王暴虐无亲刑罚不中,《都人士》刺冠弁无常民德无归,《隰桑》刺小人在位君子在野,《白华》刺以孽代宗昏乱纲常,《绵蛮》刺大臣不仁遗忘微贱,《瓠叶》刺弃礼不用而思古人不以微薄废礼,《何草不黄》刺四夷交侵中国背叛、用兵不息民如禽兽，等等。

《大雅》诗篇中之五礼五伦礼教思想，自《文王》至《卷阿》十八篇，是文王、武王、成王、周公之《正大雅》，据盛隆之时而推序天命、上述祖考之美，皆国之大事。《文王》者述文王受命作周之礼乐歌,《大明》者述文王武王二圣相承、明德日广之礼乐歌,《绵》者述文王之兴本由太王之礼乐歌,《棫朴》者述文王能官人之礼乐歌,《旱麓》者述受祖之礼乐歌,《思齐》者述文王所以圣之礼乐歌,《皇矣》者美周文王之礼乐歌,《灵台》者述文王受命民始亲附之礼乐歌,《下武》者述武王继文、复受天命之礼乐歌,《文王有声》者述武王卒文王伐功之礼乐歌;《生民》者述成王尊祖后稷以配天之礼乐歌,《行苇》者述周家忠厚、睦亲尊贤之礼乐歌(如云或肆之筵或授之几、舍矢既均序宾以贤),《既醉》者述成王太平祭宗庙之礼乐歌(如云公尸嘉告笾豆静嘉，朋友攸摄摄以威仪),《凫鹥》者述成王持盈守成而神祇祖考安乐之礼乐歌,《假乐》者嘉成王之礼乐歌(如云率由旧章、威仪抑抑、之纲之纪、不解于位),《泂酌》《卷阿》《公刘》者述召康公戒成王亲有德、飨有道、用贤吉而厚生民之礼乐歌;《民劳》《板》者刺厉王无礼义而敛重役烦、人民劳苦,《荡》《抑》《桑柔》者伤周室大坏无纲纪文章、自警无胥沦以亡（如云抑抑威仪维德之隅、淑慎尔止不愆于仪）；《云汉》美宣王有拨乱志、忧灾修德而王化复行之礼乐歌，《崧高》美宣王天下复平而建国亲诸侯之礼乐歌，《烝民》美宣王任贤使能而周室中兴之礼乐歌（如云柔嘉维则令仪令色），《韩奕》《江汉》《常武》美宣王能赐命诸侯、兴衰拨乱、有常德而立武事之礼乐歌；《瞻卬》《召旻》者刺幽王大坏而闵无贤臣（如云不吊不祥威仪不类，人之云亡邦国殄瘁）等。

和乐兴则颂声作，《周颂》者周室成功致太平德洽之礼乐歌舞。郊、社、祖庙、山川、五祀者，义之修而礼之藏，圣王之政法象天地群神之为，故事顺人和德洽于神，功大如此可不美报，故人君必洁其牛羊馨其黍稷，齐明而荐歌之舞之，所以显神明而昭至德。如《清庙》者祀文王之礼乐颂歌，《维天之命》者太平告文王之礼乐颂歌，《维清》者奏《象舞》之礼乐颂歌，《烈文》者成王即政诸侯助祭之礼乐颂歌，《天作》者祀先王先公之礼乐颂歌，《昊天有成命》者郊祀天地之礼乐颂歌，《我将》者祀文王于明堂之礼乐颂歌，《时迈》者巡守告祭柴望之礼乐颂歌，《执竞》者祀武王之礼乐颂歌，《思文》者后稷配天之礼乐颂歌，《臣工》者诸侯助祭于庙之礼乐颂歌，《噫嘻》者春夏祈谷于上帝之礼乐颂歌，《振鹭》者二王之后来助祭之礼乐颂歌，《丰年》者秋冬报（如云为酒为醴烝畀祖妣，以洽百礼降福孔皆）之礼乐颂歌，《有瞽》者始作乐而合乎祖之礼乐颂歌，《潜》者季冬荐鱼献宗庙之礼乐颂歌，《雍》者禘太祖之礼乐颂歌，《载见》者诸侯始见武王庙之礼乐颂歌，《有客》者微子来见祖庙之礼乐颂歌，《武》者奏《大武》（周公作乐所为舞）之礼乐颂歌，《闵予小子》者嗣王（成王即位）朝于庙之礼乐颂歌，《访落》者嗣王谋政事于庙之礼乐颂歌，《敬之》者群臣进戒嗣王之礼乐颂歌，《小毖》者嗣王求助忠臣辅政以救患难之礼乐颂歌，《载芟》者春籍田而祈社稷之礼乐颂歌，《良耜》者秋报社稷之礼乐颂歌，《丝衣》者绎宾尸之礼乐颂歌，《酌》者告成《大武》酌祖道、养天下之礼乐颂歌，《桓》者讲武类祃师祭之礼乐颂歌，《赉》者大封善人于庙之礼乐颂歌，《般》者巡守祀四岳河海之礼乐颂歌，等等。鲁颂《駉》者颂僖公遵伯禽法、俭宽爱民之礼乐歌，《有駜》者颂僖公君臣有道、礼义相与之礼乐歌（如云：鼓咽咽，醉言舞，於胥乐兮），《泮水》者颂僖公能修泮宫之礼乐歌（如云敬明其德、敬慎威仪维民之则），《閟宫》者颂僖公能复周公畍宇之礼乐歌。商颂《那》者祀成汤之礼乐颂歌（如云奏鼓简简衎我烈祖、既和且平依我磬声、庸鼓有斁万舞有奕），《烈祖》《玄鸟》者祀中宗、高宗惧异修德、殷道复兴之礼乐颂歌，《长发》者大禘郊祭天之礼乐颂歌，《殷武》者祀高宗政教得所、复成汤道之礼乐颂歌，等等。

综上，《诗经》礼乐之教是多层面、全方位的，涵摄了五礼、五伦全部内容，且寓教于礼乐歌舞之中，发乎自然性情而止乎礼义中正，温柔敦厚而哀乐不过，故能感天地、洽人心、经夫妇、成孝敬而厚人伦、美教化、移风俗。

（二）《尚书》

正如孔安国《尚书序》所云"伏牺、神农、黄帝之书，谓之'三坟'，言大道也。少昊、颛顼、高辛、唐、虞之书，谓之'五典'，言常道也。至于夏、商、周之书，虽设教不伦，雅诰奥义，其归一揆。是故历代宝之，以为大训……先君孔子……讨论坟、典，断自唐虞以下，讫于周，芟夷烦乱，翦截浮辞，举其宏纲，撮其机要，足以垂世立教，典、谟、训、诰、誓、命之文凡百篇，所以恢弘至道，示人主以轨范也。帝王之制，坦然明白，可举而行"，《书》教奉天法古而疏通知远，《尚书》五十八篇实为儒教纲常礼义修教思想之活水源头。《尚书》极为重礼，正如《梓材》所云"若稽田，既勤敷菑，惟其陈修，为厥疆畎。若作室家，既勤垣墉，惟其涂塈茨。若作梓材，既勤朴斫，惟其涂丹雘"。而《尧典》所云"克明俊德，以亲九族。九族既睦，平章百姓。百姓昭明，协和万邦。黎民於变时雍……钦若昊天，历象日月星辰，敬授民时"这一儒教基本价值思维，更是揭明了礼教价值旨归之所在。总体而言，《尚书》典、谟礼教主要体现为奉天法古礼制礼义、礼刑中道诸层面，实乃后世纲常礼义教化之根源；而《夏书》《商书》《周书》之训、诰、誓、命等诸篇，亦对奉天法古纲常礼义多有发明。

具体先就《尚书》奉天法古礼制礼刑思想而言，如《舜典》"慎徽五典"（即伦常之教：父义、母慈、兄友、弟恭、子孝），"在璿玑玉衡，以齐七政。肆类于上帝，禋于六宗，望于山川，遍于群神。辑五瑞，既月乃日，觐四岳群牧，班瑞于群后"，"岁二月，东巡守，至于岱宗，柴。望秩于山川，肆觐东后。协时月正日，同律度量衡。修五礼、五玉、三帛、二生、一死贽。如五器，卒乃复。五月南巡守，至于南岳，如岱礼。八月西巡守，至于西岳，如初。十有一月朔巡守，至于北岳，如西礼。归，格于艺祖，用特。五载一巡守，群后四朝。敷奏以言，明试以功，车服以庸"，"肇十有二州，封十有二山，浚川"，"象以典刑，流宥五刑，鞭作官刑，扑作教刑，金作赎刑。眚灾肆赦，怙终贼刑。钦哉，钦哉，惟刑之恤哉"，"敬敷五教，在宽……五刑有服，五服三就。五流有宅，五宅三居。惟明克允……秩宗（典天地人三礼），夙夜惟寅，直哉惟清……典乐，教胄子，直而温，宽而栗，刚而无虐，简而无傲。诗言志，歌永言，声依永，律和声。八音克谐，无相夺伦，神人以和……钦哉，惟时亮天功。三载考绩，三考，黜陟幽明，庶绩咸熙"；又如《大禹谟》"德惟善政，政在养民。水、火、金、木、土、谷，惟修；正德、利用、厚生，惟和。九功惟叙，九叙惟歌。戒之用休，董之用威，劝之以九歌俾勿坏"；又如《皋陶谟》"天叙有典，敕我五典五惇哉。天秩有礼，自我五礼（公侯伯子男五等之礼）有庸哉，同寅协恭和衷哉。天命有德，五服（天子诸侯卿大夫士五等之服）五章哉。天讨有罪，五刑五用哉"；再如《益稷》"观古人之象，日、月、星辰、山、龙、华虫，作会，宗彝、藻、火、粉米、黼、黻，絺绣，以五采彰施于五色，作服……六律、五声、八音，在治忽，以出纳五言（仁义礼智信五德之言）……钦四邻，庶顽谗说，若不在时，侯以明之，挞以记之，书用识哉，欲并生哉。工以纳言，时而飏之，格则承之庸之，否则威之"，"弼成五服（甸、侯、绥、要、荒服），至于五千。州十有二师，外薄四海，咸建五长，各迪有功……方祗厥叙，方施象刑，惟明"，"夔击鸣球、搏拊琴瑟以咏。祖考来格。虞宾在位，群后德让。下管鼗鼓，合止柷敔，笙镛以间。鸟兽跄跄；箫韶九成，凤皇来仪……击石拊石，百兽率舞，庶尹允谐"；再如《禹贡》"禹别九州，随山浚川，任土作贡。禹敷土，随山刊木，奠高山大川"，"九州攸同，四隩既宅，九山刊旅，九川涤源，九泽既陂，四海会同。六府孔修，庶土交正，厎慎财赋，咸则三壤，成赋中邦。锡土姓，祗台德先，不距朕行"，"五百里甸服：百里赋纳總，二百里纳铚服，四百里粟，五百里米。五百里侯服：百里采，二百里男邦，三百里诸侯。五百里绥服：三百里揆文教，二百里奋武卫。五百里要服：三百里夷，二百里蔡。五百里荒服：三百里蛮，二百里流。东渐于海，西被于流沙，朔南暨声教，讫于四海"等。

《夏书》《商书》《周书》训、诰、誓、命等诸篇可补充典、谟之礼制礼刑内容者，礼制者如《洪范》"（洪范九畴）初一曰五行，次二曰敬用五事，次三曰农用八政，次四曰协用五纪，次五曰建用皇极，次六曰乂用三德，次七曰明用稽疑，次八曰念用庶征，次九曰向用五福，威用六极"，《伊训》"立爱惟亲，立敬惟长，始于家邦，终于四海……制官刑，儆于有位。曰：敢有恒舞于宫，酣歌于室，时谓巫风。敢有殉于货色，恒于游畋，时谓淫风。敢有侮圣言，逆忠直，远耆德，比顽童，时谓乱风。惟兹三风十愆，卿士有一于身，家必丧；邦君有一于身，国必亡。臣下不匡，其刑墨，具训于蒙士"，《胤征》"每岁孟春，遒人以木铎徇于路，官师相规，工执艺事以谏，其或不恭，邦有常刑"，《立政》"丕厘上帝之耿命，乃用三有宅，克即宅，曰三有俊，克即俊。严惟丕式，克用三宅三俊……克知三有宅心，灼见三有俊心，以敬事上帝，立民长伯"，《武成》"列爵惟五，分土惟三。建官惟贤，位事惟能。重民五教，惟食、丧、祭。惇信明义，崇德报功"，《周官》"唐虞稽古，建官惟百。内有百揆四岳，外有州、牧、侯伯。庶政惟和，万国咸宁。夏商官倍，亦克用乂。明王立政，不惟其官，惟其人……立太师、太傅、太保，兹惟三公。论道经邦，燮理阴阳。官不必备，惟其人。少师、少傅、少保，曰三孤。贰公弘化，寅亮天地，弼予一人。冢宰掌邦治，统百官，均四海。司徒掌邦教，敷五典，扰兆民。宗伯掌邦礼，治神人，和上下。司马掌邦政，统六师，平邦国。司寇掌邦禁，诘奸慝，刑暴乱。司空掌邦土，居四民，时地利。六卿分职，各率其属，以倡九牧，阜成兆民。六年，五服一朝。又六年，王乃时巡，考制度于四岳。诸侯各朝于方岳，大明黜陟"；礼刑者则如《胤征》"颠覆厥德，沈乱于酒，畔官离次，俶扰天纪，遐弃厥司……以干先王之诛，《政典》曰：先时者杀无赦，不及时者杀无赦……歼厥渠魁，胁从罔治，旧染污俗，咸与惟新"，《吕刑》"何择非人？何敬非刑？何度非及？两造具备，师听五辞。五辞简孚，正于五刑。五刑不简，正于五罚。五罚不服，正于五过。五过之疵：惟官，惟反，惟内，惟货，惟来。其罪惟均，其审克之。五刑之疑有赦，五罚之疑有赦，其审克之。简孚有众，惟貌有稽。无简不听，具严天威。墨辟疑赦，其罚百锾，阅实其罪。劓辟疑赦，其罚惟倍，阅实其罪。剕辟疑赦，其罚倍差，阅实其罪。宫辟疑赦，其罚六百锾，阅实其罪。大辟疑赦，其罚千锾，阅实其罪。墨罚之属千，劓罚之属千，剕罚之属五百，宫罚之属三百，大辟之罚其属二百。五刑之属三千……上下比罪，无僭乱辞，勿用不行，惟察惟法，其审克之。上刑适轻，下服。下刑适重，上服。轻重诸罚有权。刑罚世轻世重，惟齐非齐，有伦有要。罚惩非死，人极于病。非佞折狱，惟良折狱，罔非在中。察辞于差，非从惟从。哀敬折狱，明启刑书，胥占，咸庶中正。其刑其罚，其审克之。狱成而孚，输而孚。其刑上备，有并两刑"等。

《尚书》诸篇述礼义礼刑中正内涵者，礼义中正者如《洪范》"无偏无陂，遵王之义；无有作好，遵王之道；无有作恶，遵王之路。无偏无党，王道荡荡；无党无偏，王道平平；无反无侧，王道正直。会其有极，归其有极"，《仲虺之诰》"懋昭大德，建中于民，以义制事，以礼制心……殖有礼，覆昏暴"，《蔡仲之命》"率自中，无作聪明乱旧章。详乃视听，罔以侧言改厥度"，《皋陶谟》"宽而栗，柔而立，愿而恭，乱而敬，扰而毅，直而温，简而廉，刚而塞，强而义。彰厥有常，吉哉。日宣三德，夙夜浚明有家；日严祗敬六德，亮采有邦。翕受敷施，九德咸事，俊乂在官"，《召诰》"王其德之用……其惟王勿以小民淫用非彝，亦敢殄戮用乂民，若有功。其惟王位在德元，小民乃惟刑用于天下"，《君陈》"宽而有制，从容以和……予曰辟，尔惟勿辟；予曰宥，尔惟勿宥，惟厥中。有弗若于汝政，弗化于汝训，辟以止辟，乃辟。狃于奸宄，败常乱俗，三细不宥。尔无忿疾于顽，无求备于一夫"；礼刑中正者则如《大禹谟》"明于五刑，以弼五教，期于予治。刑期于无刑，民协于中""帝德罔愆，临下以简，御众以宽；罚弗及嗣，赏延于世。宥过无大，刑故无小；罪疑惟轻，功疑惟重；与其杀不辜，宁失不经；好生之德，洽于民心，兹用不犯于有司"，《康诰》"敬明乃罚。人有小罪，非眚，乃惟终，自作不典，式尔，有厥罪小，乃不可不杀。乃有大罪，非终，乃惟眚灾，适尔，既道极厥辜，时乃不可杀""若保赤子，惟民其康乂。非汝封刑人杀人，无或刑人杀人。非汝封又曰劓刵人，无或劓刵人……要囚，服念五、六日至于旬时，丕蔽要囚……凡民自得罪，寇攘奸宄，杀越人于货，不畏死，罔弗憝……元恶大憝，矧惟不孝不友……天惟与我民彝大泯乱。曰：乃其速由文王作罚，刑兹无赦"，《吕刑》"度作刑，以诘四方……制百姓于刑之中，以教祗德。穆穆在上，明明在下，灼于四方，罔不惟德之勤，故乃明于刑之中，率乂于民棐彝……惟敬五刑，以成三德……有德惟刑。今天相民，作配在下，明清于单辞，民之乱，罔不中听狱之两辞，无或私家于狱之两辞……今往何监？非德于民之中，尚明听之哉。哲人惟刑，无疆之辞，属于五极，咸中有庆"等。

诚如《说命中》所云"惟天聪明，惟圣时宪，惟臣钦若，惟民从乂"，《书》教礼制礼义思想根源于天命圣典，故而《尚书》诸篇对虞天性、迪率典这一奉天法古、祈天永命理念念兹在兹。其中。述奉天革命者如《甘誓》"有扈氏威侮五行，怠弃三正，天用剿绝其命，今予惟恭行天之罚"，《汤誓》"夏氏有罪，予畏上帝，不敢不正……尔尚辅予一人，致天之罚"，《泰誓上》"惟受罔有悛心，乃夷居，弗事上帝神祇，遗厥先宗庙弗祀。牺牲粢盛，既于凶盗……商罪贯盈，天命诛之。予弗顺天，厥罪惟钧。予小子夙夜祗惧，受命文考，类于上帝，宜于冢土，以尔有众，厎天之罚"，等等；述奉天礼教者如《洪范》"惟天阴骘下民，相协厥居……天乃锡禹洪范九畴，彝伦攸叙"，《周官》"若昔大猷，制治于未乱，保邦于未危"，《胤征》"圣有谟训，明征定保，先王克谨天戒，臣人克有常宪，百官修辅，厥后惟明明"，《皋陶谟》"百僚师师，百工惟时，抚于五辰，庶绩其凝……无旷庶官，天工，人其代之"，《吕刑》"惟克天德，自作元命，配享在下……四方司政典狱，非尔惟作天牧"，《汤诰》"凡我造邦，无从匪彝，无即慆淫，各守尔典，以承天休"，等等；述法古礼教者则如《太甲上》"若虞机张，往省括于度则释。钦厥止，率乃祖攸行"，《盘庚上》"常旧服，正法度……若网在纲，有条而不紊"，《说命下》"学于古训乃有获。事不师古，以克永世，匪说攸闻……监于先王成宪，其永无愆"，《微子之命》"惟稽古，崇德象贤。统承先王，修其礼物……往敷乃训，慎乃服命，率由典常"，《君牙》"缵乃旧服。无忝祖考，弘敷五典，式和民则……惟由先正旧典时式，民之治乱在兹。率乃祖考之攸行，昭乃辟之有乂"，《大禹谟》"儆戒无虞，罔失法度"，《太甲下》"罔以辩言乱旧政"，《冏命》"无昵于憸人，充耳目之官，迪上以非先王之典"等。

综上，《尚书》奉天法古，在典、谟、训、诰、誓、命诸篇中，礼制礼仪、礼刑中道教化思想丰富深刻而影响深远，允为后世儒教民本观纲常礼义修教思想之发轫者与奠基者，《书》教礼义思想值得我们深入总结。

（三）"三礼"

在"三礼"中，礼制、礼仪、礼义一体融通。其中，《周礼》侧重礼制，而礼仪、礼义涵摄其中；《仪礼》侧重礼仪，而礼制、礼义涵摄其中；《礼记》侧重礼义，而礼制、礼仪涵摄其中，且《礼记》中本身即有礼制、礼仪独立成篇者。

《周礼》本于《周官》，诚如贾公彦《周礼正义序》所云"天地成位，君臣道生……周监二代，郁郁乎文，所以象天立官，而官益备"，《周礼》法象天地四时而立官教民，详述了六卿礼制礼仪（天官冢宰、地官司徒、春官宗伯、夏官司马、秋官司寇、冬官司空，亦即治官、教官、礼官、政官、刑官、事官六官体系各掌职责而官位礼仪人事合一，其中天官总摄众官以成天道岁功），从而构成了奉天法古纲常礼教之本体骨架。《周礼》六卿礼制内容包罗万象，构成了传统纲常礼教之本体骨架，以下简略述之。

《天官冢宰》治官之属，包括大宰（卿一人）、小宰（中大夫二人）、宰夫（下大夫四人等）、宫正、宫伯等职位。其中，大宰之职掌建邦之六典（治典、教典、礼典、政典、刑典、事典）以佐王治邦国，以八法治官府（以官属举邦治、官职辨邦治、官联会官治、官常听官治、官成经邦治、官法正邦治、官刑纠邦治、官计弊邦治），以八则治都鄙（以祭祀驭神、法则驭官、废置驭吏、禄位驭士、赋贡驭用、礼俗驭民、刑赏驭威、田役驭众），以八柄诏王驭群臣（以爵驭贵、禄驭富、予驭幸、置驭行、生驭福、夺驭贫、废驭罪、诛驭过），以八统诏王驭万民（亲亲、敬故、进贤、使能、保庸、尊贵、达吏、礼宾），以九职任万民（三农、园圃、虞衡、薮牧、百工、商贾、嫔妇、臣妾、闲民），以九赋敛财贿（邦中之赋、四郊之赋、邦甸之赋、家削之赋、邦县之赋、邦都之赋、关市之赋、山泽之赋、币余之赋），以九式均节财用（祭祀之式、宾客之式、丧荒之式、羞服之式、工事之式、币帛之式、刍秣之式、分颁之式、好用之式），以九贡致邦国之用（祀贡、嫔贡、器贡、币贡、材贡、货贡、服贡、斿贡、物贡），以九两系邦国之民（牧、长、师、儒、宗、主、吏、友、薮）。正月吉日布治和于邦国都鄙（以典待邦国之治，以则待都鄙之治，以法待官府之治，以官成待万民之治，以礼待宾客之治），岁终令百官府各正其治，三岁大计群吏之治而诛赏之。小宰职掌建邦之宫刑，以治王宫之政令。宰夫职掌治朝之法，以正王及三公、六卿、大夫、群吏之位，掌其禁令。宫正掌王宫之戒令纠禁，宫伯掌王宫之士、庶子凡在版者。此外，外饔掌外祭祀之割亨、甸师掌帅其属而耕耨王藉、食医掌和王之六食、疾医掌养万民之疾病、酒正掌酒之政令以式法授酒材、笾人掌四笾之实、司裘掌为大裘以供王祀天之服、九嫔掌妇学之法、世妇掌祭祀宾客丧纪之事、典妇功掌妇式之法、夏采掌大丧，等等。

《地官司徒》教官之属，包括大司徒、小司徒、乡师、乡老、乡大夫、州长、党正、族师、县师、师氏、保氏、司谏、司救、调人、媒氏等职位。大司徒职掌建邦土地之图与其人民之数以佐王安扰邦国，以土会之法辨五地之物生（山林、川泽、丘陵、坟衍、原隰）而分地职、奠地守、制地贡、颁职事，因施十二教（祀礼教敬、阳礼教让、阴礼教亲、乐礼教和、以仪辨等、以俗教安、以刑教中、以誓教恤、以度教节、以世事教能、以贤制爵、以庸制禄），以荒政十二聚万民（散利、薄征、缓刑、弛力、舍禁、去几、眚礼、杀哀、蕃乐、多昏、索鬼神、除盗贼），以保息六养万民（慈幼、养老、振穷、恤贫、宽疾、安富），以本俗六安万民（媺宫室、族坟墓、联兄弟、联师儒、联朋友、同衣服）。正月吉日布教和于邦国都鄙，颁职事十二以登万民（稼穑、树艺、作材、阜藩、饬材、通财、化材、敛材、生材、学艺、世事、服事），以乡三物教万民而宾兴之（知仁圣义忠和六德，教友睦姻任恤六行，礼乐射御书数六艺），以乡八刑纠万民（不孝之刑、不睦之刑、不姻之刑、不弟之刑、不任之刑、不恤之刑、造言之刑、乱民之刑），以五祀防万民之伪而教之中，以六乐防万民之情而教之和，岁终令教官正治而致事。小司徒职掌建邦教法，乡师职掌乡教而听其治，乡大夫职掌乡之政教禁令，州长掌州之教治政令之法，党正掌党之政令教治，族师掌族之戒令政事，闾胥掌闾之征令，比长掌比之治，鼓人掌教六鼓、四金之音声，充人掌系祭祀之牲牷，师氏掌以媺诏王、以三德三行教国子（至德为道本、敏德为行本、孝德知逆恶，孝行以亲父母、友行以尊贤良、顺行以事师长），保氏掌谏王恶而养国子以道（教五礼、六乐、五射、五驭、六书、九数六艺，祭祀之容、宾客之容、朝廷之容、丧纪之容、军旅之容、车马之容六仪），司谏掌纠万民之德而劝之朋友，司救掌万民之衺恶过失而诛让之、以礼防禁而救之，调人掌司万民之难而谐和之，媒氏掌万民之判，等等。

《春官宗伯》礼官之属，包括大宗伯、小宗伯、肆师、大司乐、大师、大卜、大祝、大史、冯相氏、保章氏、都宗人、家宗人等职位。大宗伯职掌建邦之天神、人鬼、地祇之礼以佐王建保邦国，以吉礼事邦国之鬼神祇，以禋祀祀昊天上帝，以实柴祀日月星辰，以槱祀司中、司命、飌师、雨师，以血祭祭社稷、五祀、五岳，以狸沈祭山林川泽，以疈辜祭四方百物；以肆献祼享先王，以馈食享先王，以祠春享先王，以禴夏享先王，以尝秋享先王，以烝冬享先王；以凶礼哀邦国之忧，以丧礼哀死亡，以荒礼哀凶札，以吊礼哀祸灾，以禬礼哀围败，以恤礼哀寇乱；以宾礼亲邦国（春见曰朝，夏见曰宗，秋见曰觐，冬见曰遇，时见曰会，殷见曰同，时聘曰问，殷覜曰视），以军礼同邦国（大师之礼用众，大均之礼恤众，大田之礼简众，大役之礼任众，大封之礼合众），以嘉礼亲万民（饮食之礼亲宗族兄弟，昏冠之礼亲成男女，宾射之礼亲故旧朋友，飨燕之礼亲四方宾客，脤膰之礼亲兄弟之国，贺庆之礼亲异姓之国），以九仪之命正邦国之位（一命受职，再命受服，三命受位，四命受器，五命赐则，六命赐官，七命赐国，八命作牧，九命作伯），以玉作六瑞以等邦国（王执镇圭，公执桓圭，侯执信圭，伯执躬圭，子执谷璧，男执蒲璧），以禽作六挚以等诸臣（孤执皮帛，卿执羔，大夫执雁，士执雉，庶人执鹜，工商执鸡），以玉作六器以礼天地四方（苍璧礼天，黄琮礼地，青圭礼东方，赤璋礼南方，白琥礼西方，玄璜礼北方），以天产作阴德而以中礼防之，以地产作阳德而以和乐防之，以礼乐合天地之化、百物之产而事鬼神、谐万民、致百物。小宗伯职掌建国神位，肆师职掌立国祀之礼，郁人掌祼器，鬯人掌共秬鬯而饰之，典瑞掌玉瑞玉器之藏而辨其名物与其用事，典命掌诸侯五仪与诸臣五等之命，司服掌王之吉凶衣服而辨其名物与其用事，世妇掌妇宫宿戒，内宗掌宗庙祭祀荐加豆笾，大司乐掌成均之法以治建国之学政（教国子以中、和、祇、庸、孝、友乐德，兴、道、讽、诵、言、语乐语，云门、大卷、大咸、大磬、大夏、大濩、大武乐舞，六律、六同、五声、八音、六舞大合乐以致鬼神祇、和邦国、谐万民、安宾客、说远人、作动物）分乐而序以祭、享、祀（奏黄钟、歌大吕、舞云门以祀天神，奏大簇、歌应钟、舞咸池以祭地祇，奏姑洗、歌南吕、舞大韶以祀四望，奏蕤宾、歌函钟、舞大夏以祭山川，奏夷

则、歌小吕、舞大濩以享先妣，奏无射、歌夹钟、舞大武以享先祖），乐师
掌国学之政以教国子小舞，大师掌六律、六同以合阴阳之声，小师掌教鼓鼗、
柷、敔、埙、箫、管、弦、歌，典同掌六律、六同之和而辨天地、四方、阴阳
之声以为乐器，大卜掌三兆之法，占梦掌岁时观天地之会而辨阴阳之气，眡祲
掌十辉之法以观妖祥、辨吉凶，大祝掌六祝之辞以事鬼神祇、祈福祥、求永
贞，诅祝掌盟、诅、类、造、攻、说、禬、禜之祝号，司巫掌群巫之政令，大
史掌建邦之六典以逆邦国之治，小史掌邦国之志以奠系世、辨昭穆，冯相氏掌
十二岁、十二月、十二辰、十日、二十八星之位而辨其叙事以会天位，保章氏
掌天星以志星辰、日月之变动而观天下之迁并辨其吉凶，都宗人掌都祭祀之
礼，家宗人掌家祭祀之礼，等等。

《夏官司马》政官之属，包括大司马、小司马、军司马、舆司马、候人、
射人、司士、大仆、职方氏等职位。大司马职掌建邦国九法以佐王平邦国（制
畿封国、设仪辨位、进贤兴功、建牧立监、制军诘禁、施贡分职、简稽乡民、
均守平则、比小事大），以九伐之法正邦国（冯弱犯寡则眚之，贼贤害民则伐
之，暴内陵外则坛之，野荒民散则削之，负固不服则侵之，贼杀其亲则正之，
放弑其君则残之，犯令陵政则杜之，外内乱、鸟兽行则灭之）。正月吉日布政
和于邦国都鄙，以九畿之籍施邦国之政职（国畿、侯畿、甸畿、男畿、采畿、
卫畿、蛮畿、夷畿、镇畿、蕃畿），令赋以地舆民制之，中春教振旅，中夏教
茇舍，中秋教治兵，中冬教大阅，及师大合军、行禁令以救无辜伐有罪，大会
同则帅士庶子而掌其政令，大射则合诸侯之六耦，大祭祀、飨食、羞牲鱼而授
其祭，大丧平士大夫，丧祭奉诏马牲。小司马职掌凡小祭祀（会同、飨射、师
田、丧纪），司勋掌六乡赏地之法以等其功，候人各掌其方道治与其禁令，射
人掌国之三公、孤、卿、大夫之位，司士掌群臣之版以治其政令，大仆掌正王
之服位而出入王之大命、掌诸侯之复逆，职方氏掌天下之图以掌天下之地、辨
九州之国使同贯利，等等。

《秋官司寇》刑官之属，包括大司寇、小司寇、士师、乡士、司刑、司
刺、大行人、小行人、司仪、象胥等职位。大司寇职掌建邦之三典以佐王刑邦
国、诘四方（刑新国用轻典、刑平国用中典、刑乱国用重典），以五刑纠万民
（野刑上功纠力、军刑上命纠守、乡刑上德纠孝、官刑上能纠职、国刑上愿纠

暴），以圜土聚教罢民，以两造禁民讼，以两剂禁民狱，以嘉石平罢民，以肺石达穷民。正月吉日布刑和于邦国都鄙，诸侯狱讼以邦典定之，卿大夫狱讼以邦法断之，庶民狱讼以邦成弊之。小司寇职掌外朝之政以致万民而询焉，士师职掌国之五禁之法以左右刑罚，乡士掌国中民数而纠戒之，朝士掌建邦外朝之法，司刑掌五刑之法以丽万民之罪，司刺掌三刺、三宥、三赦之法以赞司寇听狱讼，大行人掌大宾之礼、大客之仪以亲诸侯，小行人掌邦国宾客之礼籍以待四方之使者，司仪掌九仪之宾客、摈相之礼以诏仪容、辞令、揖让之节，象胥掌蛮、夷、闽、貉、戎、狄之国使并掌传王之言以谕说和亲之，等等。

《冬官考工记》述百工职事，国有六职（坐而论道谓之王公，作而行之谓之士大夫，审曲面埶以饬五材、辨民器谓之百工，通四方珍异以资之谓之商旅，饬力以长地财谓之农夫，治丝麻以成之谓之妇功）而百工居其一，以富邦国、养万民、生百物，包括攻木之工七、攻金之工六、攻皮之工五、设色之工五、刮摩之工五、搏埴之工二，其中合天时、地气、材美、工巧者为良工。如轮人为轮而斩三材必以其时、弓人为弓时取六材以巧和之，舆人为车，辀人为辀，玉人、陶人、梓人、庐人、匠人、车人等等，均有礼制法度等级规定。

《仪礼》重礼仪践履，于冠昏祭丧、饮射燕聘诸礼仪内容而实现君子差等交接和合感通，从而构成了传统纲常礼教之实践依据，诚如孔颖达"礼记正义"所云"《周官》为体，《仪礼》为履……《周礼》是立治之本，统之心体，以齐正于物……《仪礼》但明体之所行践履之事……《周礼》为本，则圣人体之；《仪礼》为末，贤人履之"。《仪礼》以士礼之礼仪规范、仪式程序为表述主体，而兼有君卿大夫之礼仪表述，具体则包括嘉礼（士冠礼、昏礼、乡饮酒礼、燕礼、大射礼、公食大夫礼）、宾礼（士相见礼、聘礼、觐礼）、凶礼（丧服、士丧礼、既夕礼、士虞礼）、吉礼（特牲馈食礼、少牢馈食礼、有司彻）等实际内容。

简略言之，士冠礼者，冠者成人加服命字，淑慎其德担当彝伦。士冠礼仪式程序包括主人（冠者父兄）筮吉日于庙门（示不敢自专）之礼仪，主人筮宾（贤者）、戒宾、宿宾之礼仪，请期、为期、告期于庙门之外之礼仪，陈服于房中西墉下之礼仪，主人迎宾入庙升宾于房之礼仪，宾加冠者元服之礼仪（三加元服有祝辞三、醴辞一、醮辞三），冠者拜母之礼仪，宾字冠者之礼仪

（有字辞），主人送宾庙门外之礼仪，冠者拜兄弟、赞者、姑姊之礼仪，冠者拜君、乡大夫、乡先生之礼仪，主人醴宾、酬宾、送宾外门外之礼仪，等等。士昏礼者，夫妇同体方成人伦，士昏礼乃六礼（冠礼、昏礼、丧礼、祭礼、乡饮酒与乡射礼、相见礼）之本。士昏礼仪式程序包括纳采、问名、纳吉、纳征、请期、亲迎（包括合卺、拜见舅姑，妇入三月告祭祖祢）六大阶段性礼仪，六大礼仪均有自卑尊人之礼辞。士相见礼包括请见之礼仪与贽见之礼仪，俱有自卑尊人之敬辞。士与士相见之礼贽为冬雉夏腒，对等往来主人回见，而下大夫相见则贽以雁、上大夫相见则贽以羔；尊卑不等故，大夫见士士终辞贽，士见于君执贽容弥，凡言非对妥而后言，侍坐君子察言观色。乡饮酒礼者，乡大夫将献贤者能者于君而礼宾与饮。乡饮酒礼仪式程序包括主人先生相谋宾、介之礼仪，乐正工相歌诗和乐、正歌告备之礼仪，安宾坐宾之礼仪，主宾敬相拜酬之礼仪，彻俎取俎揖坐进羞之礼仪，宾出拜送之礼仪，宾翌日拜赐之礼仪，以及主人劳息司正执事之礼仪，等等。乡射礼者，州长春秋以礼会民，射于州序敬德亲民。乡射礼仪式程序包括主人戒宾之礼仪，主人迎宾、酬宾、荐俎进羞之礼仪，乐正工相歌诗和乐、正歌告备之礼仪，司射请射三耦比射、宾主继射之礼仪，司射视算、胜饮不胜之礼仪，升饮合乐、宾出拜送之礼仪，以及宾回拜赐、主人劳息司正执事之礼仪，等等。燕礼、大射仪、聘礼、公食大夫礼、觐礼仪式程序与士相见礼、乡饮酒礼、乡射礼类似，只是规格尤为隆重、礼仪尤为谨严、尊卑尤为有序而已，此不具述。丧服之礼者，包括斩衰、齐衰、大功、小功、缌这五类由重而轻之丧服礼义，而君臣尊卑、主宾男女之位次远近亦各有礼仪分位。士丧礼者，士丧父母，自始死至于既殡之礼。士丧礼之仪式程序包括始死敛衾之礼仪，升屋招复之礼仪，奠尸赴君之礼仪，赴君拜送有宾则拜，君使吊襚之礼仪，亲朋襚拜之礼仪，铭柩备葬之礼仪，敛棺哭殡之礼仪，成服拜宾之礼仪，筮宅哭椁卜日之礼仪，既夕礼者，既夕哭后迁祖请期，启殡助祭葬成反哭，等等。士虞礼者，既葬父母，迎精而反，迎尸祭于殡宫以安之，丧仪安形虞礼安神，虞袝祥禫祭后礼吉。特牲馈食吉礼者，诸侯之士祭祖祢之礼仪，仪式程序包括主人筮日筮尸、宿尸宿宾之礼仪，主人筮日请期礼备迎尸之礼仪，主宾拜尸祭祖、祝告利成之礼仪，主人酬宾、送宾之礼仪，等等。少牢馈食、有司彻之礼者，诸侯之卿大夫祭其祖祢于庙、既祭傧尸于堂之吉礼，与特牲馈食礼仪式程序类似而规格尤高、礼仪尤谨，此不具述。

《礼记》（即《小戴礼记》）四十九篇视角各异，详述奉天法古、情理中道礼义内涵而亦强调补充阐明礼制、礼仪，并在礼制（如《王制》《月令》《祭法》等）、礼仪（主要涉及《礼记》中嘉、吉、凶礼等具体礼仪部分）阐明中解答疑难并发明其礼义内涵。具体而言，《大学》三纲领八条目、《曲礼上》"毋不敬，俨若思，安定辞，安民哉"等表述集中阐明了礼教明德亲民价值路径，而《中庸》天人贯通诚明中和、《月令》阴阳时令与礼乐修教内在融通、《学记》"禁于未发之谓豫，当其可之谓时，不陵节而施之谓孙，相观而善之谓摩……道而弗牵，强而弗抑，开而弗达"等表述则集中阐明了礼教中庸之道思维方式。《礼记》述礼教情理中道者比比皆是，可谓无篇无之，其显著者有如《仲尼燕居》"敬而不中礼，谓之野；恭而不中礼，谓之给；勇而不中礼，谓之逆……夫礼，所以制中也"，《经解》"恭俭庄敬而不烦，则深于《礼》者也"，《乐记》"先王本之情性，稽之度数，制之礼义。合生气之和，道五常之行，使之阳而不散，阴而不密，刚气不怒，柔气不慑，四畅交于中而发作于外，皆安其位而不相夺也"；《礼运》"人情者，圣王之田也。修礼以耕之，陈义以种之，讲学以耨之，本仁以聚之，播乐以安之"，《表记》"君子不以其所能者病人，不以人之所不能者愧人。是故圣人之制行也，不制以己，使民有所劝勉愧耻，以行其言。礼以节之，信以结之，容貌以文之，衣服以移之，朋友以极之，欲民之有壹也"，《礼运》"礼之不同也，不丰也，不杀也，所以持情而合危"，《礼器》"礼，时为大，顺次之，体次之，宜次之，称次之"，《王制》"修其教，不易其俗；齐其政，不易其宜"；《檀弓上》"先王制礼而弗敢过……不敢不至""礼，为可传也，为可继也，故哭踊有节"，《杂记下》"子贡问丧，子曰：敬为上，哀次之，瘠为下，颜色称其情，戚容称其服"，《丧服四制》"门内之治，恩掩义；门外之治，义断恩""始死，三日不怠，三月不解，期悲哀，三年忧，恩之杀也。圣人因杀以制节，此丧之所以三年，贤者不得过，不肖者不得不及，此丧之中庸也"，等等。

《礼记》礼义内涵还包括对礼之本质、功用及其根源的表述。其中，《礼记》述礼教本质者有如《礼器》"先王之立礼也，有本有文。忠信，礼之本也；

义理，礼之文也。无本不立，无文不行。礼也者，合于天时，设于地财，顺于鬼神，合于人心，理万物者也""礼也者，反本修古，不忘其初者也……君子欲观仁义之道，礼其本也""礼也者，犹体也。体不备，君子谓之不成人""君子之行礼……众之纪也"，《礼运》"礼也者，义之实也……修礼以达义，体信以达顺"，《曲礼上》"行修言道，礼之质也……礼者，自卑而尊人"，等等；《礼记》述礼教功用者有如《曲礼上》"礼者，所以定亲疏，决嫌疑，别同异，明是非也……道德仁义，非礼不成。教训正俗，非礼不备。分争辨讼，非礼不决。君臣上下父子兄弟，非礼不定。宦学事师，非礼不亲。班朝治军，莅官行法，非礼威严不行。祷祠祭祀，供给鬼神，非礼不诚不庄。是以君子恭敬撙节退让以明礼"，《礼运》"礼者，君之大柄也，所以别嫌明微、傧鬼神、考制度、别仁义，所以治政安君也""礼义也者，人之大端也，所以讲信修睦而固人之肌肤之会、筋骸之束也，所以养生送死事鬼神之大端也，所以达天道、顺人情之大窦也。故唯圣人为知礼之不可以已也，故坏国、丧家、亡人，必先去其礼。故礼之于人也，犹酒之有糵也，君子以厚，小人以薄。故圣王修义之柄、礼之序，以治人情"，《经解》"礼之于正国也，犹衡之于轻重也，绳墨之于曲直也，规矩之于方圆也""礼之教化也微，其止邪也于未形。使人日徙善远罪而不自知也，是以先王隆之也"，《坊记》"礼者，因人之情而为之节文，以为民坊者也……夫礼者，所以章疑别微，以为民坊者也。故贵贱有等，衣服有别，朝廷有位，则民有所让"，《乐记》"先王之制礼乐也，非以极口腹耳目之欲也，将以教民平好恶而反人道之正""衰麻哭泣，所以节丧纪也；钟鼓干戚，所以和安乐也；昏姻冠笄，所以别男女也；射乡食飨，所以正交接也。礼节民心，乐和民声，政以行之，刑以防之"，《王制》"修六礼（冠、昏、丧、祭、乡、相见）以节民性，明七教（父子、兄弟、夫妇、君臣、长幼、朋友、宾客）以兴民德，齐八政（饮食、衣服、事为、异别、度、量、数、制）以防淫，一道德以同俗，养耆老以致孝，恤孤独以逮不足，上贤以崇德，简不肖以绌恶"，《礼器》"君子有礼，则外谐而内无怨，故物无不怀仁，鬼神飨德"，等等。《礼记》述礼教根源者则如《丧服四制》"凡礼之大体，体天地，法四时，则阴阳，顺人情"，《乐记》"天高地下，万物散殊，而礼制行矣。流而不息，合同而化，而乐兴焉"，《礼运》"夫礼，先王以承天之道，以治人之情……夫礼,必本于天,殽于地,列于鬼神,达于丧祭、射御、冠昏、朝聘""祭帝于郊,所以定天位也;祀社于国,所以列地利也;祖庙所以本仁也,山川所以傧鬼神也,五祀所以本事也……夫礼,必本于大一,分而为天地,转而为阴阳,变而为四时,列而为鬼神。其降曰命,其官于天也。夫礼必本于天,动而之地,列而之事,变而从时,协于分艺",等等。

《礼记》分述礼仪义理之篇章甚多,主要包括吉、嘉、凶、宾礼四部分,合述四礼之义者如《昏义》"夫礼始于冠,本于昏,重于丧祭,尊于朝聘,和于乡射,此礼之大体也",《仲尼燕居》"郊社之义,所以仁鬼神也;尝禘之礼,所以仁昭穆也;馈奠之礼,所以仁死丧也;射乡之礼,所以仁乡党也;食飨之礼,所以仁宾客也",《礼器》"祀帝于郊,敬之至也。宗庙之祭,仁之至也。丧礼,忠之至也。备服器,仁之至也。宾客之用币,义之至也","《经解》"朝觐之礼,所以明君臣之义也。聘问之礼,所以使诸侯相尊敬也。丧祭之礼,所以明臣子之恩也。乡饮酒之礼,所以明长幼之序也。昏姻之礼,所以明男女之别也",《少仪》"宾客主恭,祭祀主敬,丧事主哀,会同主诩",等等。

具体分述吉礼之义者,祭天地义如《效特牲》"天垂象,圣人则之,郊所以明天道也。帝牛不吉,以为稷牛。帝牛必在涤三月,稷牛唯具,所以别事天神与人鬼也。万物本乎天,人本乎祖,此所以配上帝也。郊之祭也,大报本反始也","魂气归于天,形魄归于地。故祭,求诸阴阳之义也","齐之玄也,以阴幽思也。故君子三日齐,必见其所祭者","饮,养阳气也,故有乐;食,养阴气也,故无声。凡声,阳也。鼎俎奇而笾豆偶,阴阳之义也。笾豆之实,水土之品也。不敢用亵味而贵多品,所以交于神明之义也","君再拜稽首,肉袒亲割,敬之至也……祭祀之相,主人自致其敬,尽其嘉,而无与让也。腥肆爓腍祭,岂知神之所飨也,主人自尽其敬而已矣";祭祖祢义则如《祭统》"祭者,所以追养继孝也""凡治人之道,莫急于礼。礼有五经,莫重于祭。夫祭者,非物自外至者也,自中出生于心也,心怵而奉之以礼,是故唯贤者能尽祭之义""祭有十伦焉:见事鬼神之道焉,见君臣之义焉,见父子之伦焉,见贵贱之等焉,见亲疏之杀焉,见爵赏之施焉,见夫妇之别焉,见政事之均焉,见长幼之序焉,见上下之际焉",《大传》"自仁率亲,等而上之至于祖。自义率祖，顺而下之至于祢。是故人道亲亲也。亲亲故尊祖，尊祖故敬宗，敬宗故收族，收族故宗庙严，宗庙严故重社稷，重社稷故爱百姓，爱百姓故刑罚中，刑罚中故庶民安，庶民安故财用足，财用足故百志成，百志成故礼俗刑，礼俗刑然后乐"，《祭义》"君子反古复始，不忘其所由生也，是以致其敬，发其情，竭力从事，以报其亲，不敢弗尽也""祭不欲数，数则烦，烦则不敬。祭不欲疏，疏则怠，怠则忘。是故君子合诸天道，春禘秋尝。秋，霜露既降，君子履之，必有凄怆之心，非其寒之谓也。春，雨露既濡，君子履之，必有怵惕之心，如将见之。乐以迎来，哀以送往，故禘有乐而尝无乐"，《坊记》"七日戒，三日齐，承一人焉以为尸，过之者趋走，以教敬也。醴酒在室，醍酒在堂，澄酒在下，示民不淫也。尸饮三，众宾饮一，示民有上下也。因其酒肉，聚其宗族，以教民睦也"，等等。

具体分述嘉礼之义者，冠礼之义如《冠义》"凡人之所以为人者，礼义也。礼义之始，在于正容体、齐颜色、顺辞令……冠而后服备，服备而后容体正、颜色齐、辞令顺""冠于阼，以著代也。醮于客位，三加弥尊，加有成也。已冠而字之，成人之道也……成人之者，将责成人礼焉。责成人礼焉者，将责为人子、为人弟、为人臣、为人少者之礼行焉……行之于庙者，所以尊重事……自卑而尊先祖也"，昏礼之义如《效特牲》"天地合而后万物兴焉。夫昏礼，万世之始也。取于异姓，所以附远厚别也……男子亲迎，男先于女，刚柔之义也。天先乎地，君先乎臣，其义一也。执贽以相见，敬章别也。男女有别，然后父子亲。父子亲，然后义生。义生，然后礼作。礼作，然后万物安"、《昏义》"昏礼者，将合二姓之好，上以事宗庙，而下以继后世也，故君子重之……听命于庙，所以敬慎重正昏礼也"、《曾子问》"嫁女之家，三夜不息烛，思相离也。取妇之家，三日不举乐，思嗣亲也。三月而庙见称来妇也，择日而祭于祢，成妇之义也"，乡饮酒礼之义如《乡饮酒义》"宾主象天地也，介僎象阴阳也，三宾象三光也。让之三也，象月之三日而成魄也。四面之坐，象四时也""主人拜迎宾于庠门之外，入，三揖而后至阶，三让而后升，所以致尊让也。盥洗扬觯，所以致洁也。拜至，拜洗，拜受，拜送，拜既，所以致敬也。尊让洁敬也者，君子之所以相接也。君子尊让则不争，洁敬则不慢，不慢不争，则远于斗辨矣，不斗辨则无暴乱之祸矣，斯君子之所以免于人祸也，故圣人制之以道""六十者坐，五十者立侍，以听政役，所以明尊长也。六十者三豆，七十者四豆，八十者五豆，九十者六豆，所以明养老也。民知尊长养老，而后乃能入孝弟。民入孝弟，出尊长养老，而后成教，成教而后国可安也。君子之所谓孝者，非家至而日见之也，合诸乡射，教之乡饮酒之礼，而孝弟之行立矣"，射礼之义如《射义》"射者，进退周还必中礼，内志正，外体直，然后持弓矢审固，持弓矢审固，然后可以言中，此可以观德行矣""射者，仁之道也。射求正诸己，己正而后发，发而不中，则不怨胜己者，反求诸己而已矣"，燕礼之义如《燕义》"君举旅于宾，及君所赐爵，皆降再拜稽首，升成拜，明臣礼也。君答拜之，礼无不答，明君上之礼也。臣下竭力尽能以立功于国，君必报之以爵禄，故臣下皆务竭力尽能以立功，是以国安而君宁。礼无不答，言上之不虚取于下也……所以明君臣之义也"，等等。

具体分述凶礼之义者，丧服轻重规制之义如《丧服小记》"亲亲以三为五，以五为九。上杀、下杀、旁杀，而亲毕矣""再期之丧，三年也；期之丧，二年也。九月七月之丧，三时也；五月之丧，二时也；三月之丧，一时也。故期而祭，礼也；期而除丧，道也"，《深衣》"制十有二幅以应十有二月，袂圜以应规，曲袷如矩以应方，负绳及踝以应直，下齐如权衡以应平。故规者，行举手以为容；负绳抱方者，以直其政，方其义也"，等等；丧仪程式之义如《檀弓下》"丧礼，哀戚之至也……复，尽爱之道也，有祷祠之心焉。望反诸幽，求诸鬼神之道也。北面，求诸幽之义也。拜、稽颡，哀戚之至隐也。稽颡，隐之甚也。饭用米、贝，弗忍虚也……铭，明旌也……重，主道也……奠以素器，以生者有哀素之心也……辟踊，哀之至也；有算，为之节文也。袒、括发，变也，愠、哀之变也……弁、绖葛而葬，与神交之道也，有敬心焉"，《问丧》"恻怛之心，痛疾之意，悲哀志懑气盛，故袒而踊之，所以动体安心下气也。妇人不宜袒，故发胸击心爵踊，殷殷田田，如坏墙然，悲哀痛疾之至也""成圹而归，不敢入处室，居于倚庐，哀亲之在外也；寝苫枕块，哀亲之在土也。故哭泣无时，服勤三年，思慕之心，孝子之志也，人情之实也"，等等；丧礼法天情理中道之义则如《檀弓下》"丧礼，哀戚之至也。节哀，顺变也。君子念始生之者也"，《三年问》"三年之丧何也？曰：称情而立文，因以饰群，则亲疏贵贱之节，而弗可损益也……天地则已易矣，四时则已变矣，其在天地之中者，莫不更始焉，以是象之也……三年以为隆，缌小功以为杀，期九月以为间。上取象于天，下取法于地，中取则于人，人之所以群居和壹之理尽矣"，《丧服四制》"夫礼，吉凶异道，不得相干，取之阴阳也。丧有四制，变而从宜，取之四时也。有恩有理，有节有权，取之人情也。恩者仁也，理者义也，节者礼也，权者知也。仁义礼知，人道具矣""三日而食，三月而沐，期而练，毁不灭性，不以死伤生也。丧不过三年，苴衰不补，坟墓不培，祥之日，鼓素琴。告民有终也，以节制者也"，等等。

具体分述宾礼之义者，如《明堂位》"明堂也者，明诸侯之尊卑也"，《聘义》"天子制诸侯，比年小聘，三年大聘……诸侯相厉以礼，则外不相侵，内不相陵。此天子之所以养诸侯，兵不用而诸侯自为正之具也""君使士迎于竟，大夫郊劳，君亲拜迎于大门之内而庙受，北面拜贶，拜君命之辱，所以致敬也。敬让也者，君子之所以相接也。故诸侯相接以敬让，则不相侵陵""以圭璋聘，重礼也。已聘而还圭璋，此轻财而重礼之义也。诸侯相厉以轻财重礼，则民作让矣""质明而始行事，日几中而后礼成……以成礼节，以正君臣，以亲父子，以和长幼"，《郊特牲》"朝觐，大夫之私觌，非礼也。大夫执圭而使，所以申信也；不敢私觌，所以致敬也……为人臣者，无外交，不敢贰君也。大夫而飨君，非礼也。大夫强而君杀之，义也……天子无客礼，莫敢为主焉。君适其臣，升自阼阶，不敢有其室也。觐礼，天子不下堂而见诸侯"，等等。宾礼、军礼在《礼记》中所述甚少，而在《春秋左传》中地位则得以凸显。

二、五经四书"纲常礼教"思想述略（下）

（一）《周易》

《周易》经传内容实即礼教在阴阳时空不同际遇下中正当位与否，以及始终次第、内外感应、刚柔承乘关系之吉凶悔吝、穷变通久。六十四卦卦爻辞以及阐释卦爻辞之彖辞、大象辞与小象辞，以及《乾》《坤》两卦文言所拟自然易象阐释，无非是对五礼（吉、凶、嘉、宾、军礼）礼制、礼仪、礼义的内在融通与中道与否之褒贬评判，而《易传》（尤其是《系辞》）与六十四卦《大象辞》，则是对本天道以立人道、法天文而开人文这一奉天法古礼教根源的深入发明。一言以蔽之，如果说《春秋》乃礼教之史实判例，《周易》则为礼教之学理判例。

概而言之，《乾》之四德（元亨利贞）亦即礼教君子天道四德（体仁长人、嘉会合礼、利物和义、贞固干事），《坤》德"元亨，利牝马之贞"亦即礼教君子地道之德（柔顺利贞承天时行、敬直义方无成有终），《乾》《坤》大象辞"天行健，君子以自强不息""地势坤，君子以厚德载物"亦即礼教君子本天立人之阴阳大义，《乾卦文言》"与天地合其德，与日月合其明，与四时合其序，与鬼神合其吉凶，先天而天弗违，后天而奉天时"亦即礼教君子之本怀担当。《周易》爻辞可见礼义中道次序，如《乾卦》爻辞"初九：潜龙，勿用"者，始于礼而君子守微弱也；"九二：见龙在田，利见大人"者，安于礼而君子文明显也；"九三：君子终日乾乾，夕惕若厉，无咎"者，用于礼而君子勉力行也；"九四：或跃在渊，无咎"者，深于礼而君子进退时也；"九五：飞龙在天，利见大人"者，礼大行而君子位中正也；"上九：亢龙，有悔"者，礼过度而君子盈穷悔也；"用九：见群龙无首，吉"者，礼用中而君子治时中也。再如《坤卦》爻辞"初六：履霜，坚冰至"者，礼之始者微而贵在驯致也；"六二，直、方、大，不习，无不利"者，礼之安者直内方外而光明也；"六三，含章，可贞，或从王事，无成有终"者，礼之用者顺和成也；"六四，括囊，无咎无誉"者，礼之固者淡名利也；"六五，黄裳，元吉"者，礼之行者文在中也；"上六，龙战于野，其血玄黄"者，礼之过者穷则变也；"用六，利永贞"者，礼之化者利守正也。其他诸卦卦辞爻辞及象辞、大象辞、小象辞之礼义中道次序，则顺此类推可也，此不具述。

《周易》六十四卦所拟自然易象，是对五礼礼制、礼仪、礼义中道与否之吉凶评判。其中，吉礼（祭祀）层面吉凶评判较为显著者，有如《豫卦》大象辞"雷出地奋，豫。先王以作乐崇德，殷荐之上帝，以配祖考"，《观卦》卦辞"盥而不荐，有孚颙若"，《鼎卦》彖辞"圣人亨以享上帝，而大亨以养圣贤"，《萃卦》卦辞"亨，王假有庙……用大牲吉，利有攸往"（彖辞释云："王假有庙"，致孝享也……"用大牲吉，利有攸往"，顺天命也），《涣卦》卦辞"王假有庙"（彖辞：王乃在中也）、大象辞"风行水上，涣。先王以享于帝，立庙"，《震卦》彖辞"'不丧匕鬯'，出可以守宗庙社稷，以为祭主也";《损卦》卦辞"曷之用？二簋可用享"（彖辞：损刚益柔有时，损益盈虚，与时偕行）、六二爻辞"王用享于帝，吉"（《小象》："或益之"，自外来也），《升卦》九二爻辞"孚乃利用禴，无咎"（《小象》释云：九二之孚，有喜也）、六四爻辞"王用亨于岐山，吉，无咎"（《小象》：顺事也），《困卦》九二爻辞"困于酒食，朱绂方来，利用享祀"（《小象》：中有庆也）、九五爻辞"利用祭祀"（《小象》：受福也），《坎卦》六四爻辞"樽酒簋贰用缶，纳约自牖，终无咎"（《小象》："樽酒簋贰"，刚柔际也），《既济》九五爻辞"东邻杀牛，不如西邻之禴祭，实受其福"（《小象》："东邻杀牛"，不如西邻之时也。"实受其福"，吉大来也），《大过卦》初六爻辞"藉用白茅，无咎"（《小象》："藉用白茅"，柔在下也），《蒙卦》卦辞"初筮告，再三渎，渎则不告。利贞"，等等。

　　《周易》嘉礼（主要是昏礼）层面吉凶评判较为显著者，有如《归妹卦》彖辞"归妹，天地之大义也。天地不交而万物不兴，归妹，人之终始也。说以动，所归妹也。"征凶"，位不当也。"无攸利"，柔乘刚也"、大象辞"泽上有雷，归妹。君子以永终知敝"，《泰卦》六五爻辞"帝乙归妹，以祉元吉"（《小象》：中以行愿也），《蒙卦》九二爻辞"纳妇，吉。子克家"（《小象》：刚柔节也）；《贲卦》六四爻辞"匪寇，婚媾"（《小象》：终无尤也），《睽卦》上九爻辞"匪寇，婚媾。往遇雨则吉"（《小象》："遇雨"之吉，群疑亡也），《屯卦》六二爻辞"匪寇，婚媾。女子贞不字，十年乃字"（《小象》：六二之难，乘刚也。"十年乃字"，反常也）、六四爻辞"乘马班如，求婚媾。往吉，无不利"（《小象》：求而往，明也），《大过卦》九二爻辞"枯杨生稊，老夫得其女妻，无不利"（《小象》："老夫女妻"，过以相与也）、九五爻辞"枯杨生华，老妇得其士夫，无咎无誉"（《小象》："枯杨生华"，何可久也。"老妇士夫"，亦可丑也）；《姤卦》卦辞"女壮，勿用取女"（彖辞：不可与长也），《蒙卦》六三爻辞"勿用取女，见金夫，不有躬，无攸利"（《小象》：行不顺也），《小畜卦》九三爻辞"舆说辐。夫妻反目"（《小象》："夫妻反目"，不能正室也），《恒卦》六五爻辞"恒其德，贞。妇人吉，夫子凶"（《小象》：妇人贞吉，从一而终也。夫子制义，从妇凶也），等等。

　　《周易》宾礼层面（有些与嘉礼混通）吉凶评判较为显著者，有如《屯卦》

卦辞、象辞以及初九爻辞"利建侯"(《小象》：以贵下贱，大得民也)，《比卦》大象辞"地上有水，比。先王以建万国，亲诸侯"，《观卦》六四爻辞"观国之光，利用宾于王"(《小象》："观国之光"，尚宾也)，《姤卦》九二爻辞"包有鱼，无咎，不利宾"(《小象》："包有鱼"，义不及宾也)，《大有卦》九三爻辞"公用亨于天子，小人弗克"(《小象》：小人害也)，《师卦》九二爻辞"王三锡命"(《小象》：怀万邦也)《晋卦》卦辞"康侯用锡马蕃庶，昼日三接"，《讼卦》上九爻辞"或锡之鞶带，终朝三褫之"(《小象》：以讼受服，亦不足敬也)；《需卦》大象辞"云上于天，需。君子以饮食宴乐"、九五爻辞"需于酒食，贞吉"(《小象》：以中正也)，《渐卦》六二爻辞"鸿渐于磐，饮食衎衎，吉"(《小象》："饮食衎衎"，不素饱也)，《中孚卦》九二爻辞"鸣鹤在阴，其子和之。我有好爵，吾与尔靡之"(《小象》："其子和之"，中心愿也)，《未济卦》上九爻辞"有孚于饮酒，无咎。濡其首，有孚失是"(《小象》："饮酒濡首"，亦不知节也)，等等。

《周易》军礼(主要包括征伐礼、虞田礼等内容)层面吉凶评判较为显著者，涉及征、伐礼者有如《离卦》上九爻辞"王用出征，有嘉折首，获匪其丑，无咎"(《小象》："王用出征"，以正邦也)，《谦卦》六五爻辞"不富以其邻，利用侵伐，无不利"(《小象》："利用侵伐"，征不服也)、上六爻辞"鸣谦，利用行师，征邑国"，《升卦》卦辞"南征吉"(彖辞：志行也)，《明夷卦》九三爻辞"明夷于南狩，得其大首，不可疾贞"(《小象》："南狩"之志，乃大得也)，《未济卦》六三爻辞"未济，征凶"(《小象》：位不当也)，《既济卦》九三爻辞"高宗伐鬼方，三年克之，小人勿用"(《小象》："三年克之"，惫也)，《晋卦》上九爻辞"晋其角，维用伐邑，厉吉，无咎，贞吝"(《小象》："维用伐邑"，道未光也)，《师卦》上六爻辞"大君有命，开国承家，小人勿用"(《小象》："大君有命"，以正功也。"小人勿用"，必乱邦也)；《师卦》初六爻辞"师出以律，否臧凶"、六五爻辞"长子帅师，弟子舆尸，贞凶"(《小象》："长子帅师"，以中行也。"弟子舆尸"，使不当也)，《泰卦》上六爻辞"城复于隍，勿用师，自邑告命。贞吝"(《小象》："城复于隍"，其命乱也)，《复卦》上六爻辞"迷复，凶，有灾眚。用行师，终有大败，以其国君凶，至于十年不克征"(《小象》："迷复之凶"，反君道也）；《大畜卦》九三爻辞"良马逐，利艰贞，曰闲舆卫，利有攸往"（《小象》："利有攸往"，上合志也），《萃卦》大象辞"泽上于地，萃。君子以除戎器，戒不虞"，《夬卦》卦辞"告自邑，不利即戎"（彖辞：所尚乃穷也）、九二爻辞"惕号，莫夜有戎，勿恤"（《小象》："有戎勿恤"，得中道也），《同人卦》九三爻辞"伏戎于莽，升其高陵，三岁不兴"（《小象》："伏戎于莽"，敌刚也。"三岁不兴"，安行也）、九四爻辞"乘其墉，弗克攻，吉"（《小象》："乘其墉"，义弗克也。其"吉"，则困而反则也），等等。涉及虞、田礼者则如《屯卦》六三爻辞"即鹿无虞"，《比卦》九五爻辞"显比，王用三驱，失前禽，邑人不诫，吉"（《小象》："显比"之吉，位正中也。舍逆取顺，"失前禽"也。"邑人不诫"，上使中也），《师卦》六五爻辞"田有禽。利执言，无咎"，《恒卦》九四爻辞"田无禽"（《小象》：久非其位，安得禽也），《解卦》九二爻辞"田获三狐，得黄矢，贞吉"（《小象》：九二"贞吉"，得中道也），《巽卦》六四爻辞"悔亡，田获三品"（《小象》："田获三品"，有功也），等等。

《周易》凶礼（主要包括救难御寇、刑罚折狱等内容）层面吉凶评判较为显著者，救难御寇者有如《益卦》六三爻辞"益之用凶事，无咎"（《小象》："益用凶事"，固有之也），《蒙卦》上九爻辞"击蒙，不利为寇，利御寇"（《小象》：上下顺也），《需卦》九三爻辞"需于泥，致寇至"（《小象》：灾在外也。自我致寇，敬慎不败也），《解卦》六三爻辞"负且乘，致寇至，贞吝"（《小象》："负且乘"，亦可丑也。自我致寇，又谁咎也），《渐卦》九三爻辞"鸿渐于陆。夫征不复，妇孕不育，凶。利御寇"（《小象》："夫征不复"，离群丑也。"妇孕不育"，失其道也。"利用御寇"，顺相保也），等等。违礼刑狱者则如《贲卦》大象辞"山下有火，贲。君子以明庶政，无敢折狱"，《噬嗑卦》卦辞"亨。利用狱"、大象辞"雷电，噬嗑。先王以明罚敕法"，《丰卦》大象辞"雷电皆至，丰。君子以折狱致刑"，《旅卦》大象辞"山上有火，旅。君子以明慎用刑而不留狱"，《中孚卦》大象辞"泽上有风，中孚。君子以议狱缓死"；《坎卦》上六爻辞"系用徽纆，寘于丛棘，三岁不得，凶"（《小象》：上六失道，凶三岁也），《睽卦》六三爻辞"见舆曳，其牛掣，其人天且劓，无初有终"（《小象》："见舆曳"，位不当也。"无初有终"，遇刚也），《蒙卦》初六爻辞"发蒙，利用刑人，用说桎梏，以往吝"
（《小象》：以正法也），等等。

《周易》深入发明人文君子本天立人、时位一体之礼教根源者，主要展现于《易传》以及六十四卦彖辞、大象辞中。《易传》述礼教天道根源者，有如《系辞上》"天尊地卑，乾坤定矣。卑高以陈，贵贱位矣。动静有常，刚柔断矣。方以类聚，物以群分，吉凶生矣。在天成象，在地成形，变化见矣"，"知崇礼卑，崇效天，卑法地。天地设位，而《易》行乎其中矣"，"圣人设卦观象，系辞焉而明吉凶，刚柔相推而生变化……彖者，言乎象者也；爻者，言乎变者也。吉凶者，言乎其失得也；悔吝者，言乎其小疵也。无咎者，善补过也"；《说卦》"昔者圣人之作《易》也，将以顺性命之理。是以立天之道曰阴与阳，立地之道曰柔与刚，立人之道曰仁与义"，《序卦》"有天地然后有万物，有万物然后有男女，有男女然后有夫妇，有夫妇然后有父子，有父子然后有君臣，有君臣然后有上下，有上下然后礼义有所错"，等等。《周易》各卦彖辞、大象辞述奉天立人礼教根源者可谓无篇无之，其显著者有如《贲卦》彖辞"刚柔交错，天文也。文明以止，人文也。观乎天文，以察时变；观乎人文，以化成天下"，《观卦》彖辞"观天之神道，而四时不忒，圣人以神道设教，而天下服矣"，《履卦》大象辞"上天下泽，履。君子以辨上下，定民志"，《家人卦》彖辞"女正位乎内，男正位乎外。男女正，天地之大义也。家人有严君焉，父母之谓也。父父，子子，兄兄，弟弟，夫夫，妇妇，而家道正。正家而天下定矣"，《节卦》大象辞"泽上有水，节。君子以制数度，议德行"，《坎卦》大象辞"水洊至，习坎，君子以常德行，习教事"，《大壮》大象辞"雷在天上，大壮。君子以非礼弗履"，《小过》大象辞"山上有雷，小过，君子以行过乎恭，丧过乎哀，用过乎俭"，等等。

（二）《春秋》"三传"

《周易》为礼教之学理判例，《春秋》则为礼教之史实判例。《春秋》经文四时成岁而天时人事浑沦一体，是儒教君子对纲常五礼（吉、凶、嘉、宾、军礼）礼制、礼仪具体践履当否之褒贬评判，以及对奉天法古礼教根源的深入发明。郑玄《六艺论》云"《左氏》善于礼，《公羊》善于谶，《穀梁》善于经"，范宁《春秋穀梁传序》亦云"《左氏》艳而富，其失也巫。《穀梁》清而婉，其失也短。《公羊》辩而裁，其失也俗"。的确，《春秋》"三传"虽共论纲常礼制、天地变异及其民本旨归，但《春秋左传注疏》注重礼制故训，且有"近巫"之经验化鬼神描述，多以天文历法、阴阳节气阐释天地变异；《春秋公羊传注疏》注重礼制大义与礼教天谴惩戒，多以天人感应阐释五礼异化行为；《春秋穀梁传注疏》虽与《春秋公羊传注疏》阐释多有重合之处，但更注重礼制经义与人文礼教中道阐发，且多以《月令》《京房易传》等阴阳时气义理体系阐释五礼异化与天象变异之内在关联，并以时、月、日的不同表述来凸显五礼异化性质与程度。

《春秋左传》奉天法古，以礼经国家、定社稷、序民人、利后嗣，详细记载并褒贬评判春秋时期祭丧冠昏、朝聘会盟、征伐修平等合礼恤民、非礼害民之具体礼教言行，藉此以期纲常礼教惩戒劝导。纲常者，五礼之本。《春秋左传》维护纲常礼义，诚如《隐公三年传》所云"贱妨贵，少陵长，远间亲，新间旧，小加大，淫破义，所谓六逆也。君义，臣行，父慈，子孝，兄爱，弟敬，所谓六顺也。去顺效逆，所以速祸也。君人者将祸是务去"。《春秋左传》吉礼言行褒贬评判者，祭祀天地者有如《僖公三十一年传》"夏四月，四卜郊，不从，乃免牲，非礼也。犹三望，亦非礼也。礼不卜常祀，而卜其牲、日，牛卜日曰牲。牲成而卜郊，上怠慢也。望，郊之细也。不郊，亦无望可也"，《襄公七年传》"夏四月，三卜郊，不从，乃免牲。孟献子曰：吾乃今而后知有卜筮。夫郊，祀后稷以祈农事也。是故启蛰而郊，郊而后耕。今既耕而卜郊，宜其不从也"，《桓公五年传》"秋，大雩，书，不时也。凡祀，启蛰而郊，龙见而雩，始杀而尝，闭蛰而烝。过则书"，等等。祭祀祖祢者有如《宣公八年传》"有事于大庙，襄仲卒而绎，非礼也"，《文公二年传》"秋八月丁卯，大事于大庙，跻僖公，逆祀也……君子以为失礼。礼无不顺。祀，国之大事也，而逆之，可谓礼乎？子虽齐圣，不先父食久矣"，《僖公三十三年传》"葬僖公，缓作主，非礼也。凡君薨，卒哭而祔，祔而作主，特祀于主，烝尝禘于庙"，《僖公八年传》"秋，禘而致哀姜焉，非礼也。凡夫人不薨于寝，不殡于庙，不赴于同，不祔于姑，则弗致也"，等等。

就《春秋左传》凶礼言行褒贬评判而言，丧礼者有如《文公十五年传》"救乏、贺善、吊灾、祭敬、丧哀，情虽不同，毋绝其爱，亲之道也"，《僖公二十七传》"夏,齐孝公卒。有齐怨,不废丧纪,礼也",《隐公七年传》"春,滕侯卒。不书名,未同盟也。凡诸侯同盟,于是称名,故薨则赴以名,告终嗣也,以继好息民,谓之礼经",《襄公十二年传》"秋,吴子寿梦卒。临于周庙,礼也。凡诸侯之丧,异姓临于外,同姓于宗庙,同宗于祖庙,同族于祢庙。是故鲁为诸姬,临于周庙。为邢、凡、蒋、茅、胙、祭,临于周公之庙",《文公五年传》"春,王使荣叔来含且赗,召昭公来会葬,礼也",《文公九年传》"秦人来归僖公、成风之襚,礼也。诸侯相吊贺也,虽不当事,苟有礼焉,书也,以无忘旧好",《隐公元年传》"天王使宰咺来归惠公、仲子之赗。缓,且子氏未薨,故名。天子七月而葬,同轨毕至;诸侯五月,同盟至;大夫三月,同位至;士逾月,外姻至。赠死不及尸,吊生不及哀,豫凶事,非礼也",《哀公十二年传》"夏五月,昭夫人孟子卒。昭公娶于吴,故不书姓。死不赴,故不称夫人。不反哭,故不言葬小君",等等。其他凶礼者则如《文公十五年传》"六月辛丑朔,日有食之,鼓,用牲于社,非礼也。日有食之,天子不举,伐鼓于社,诸侯用币于社,伐鼓于朝,以昭事神、训民、事君,示有等威。古之道也"、《庄公二十五传》"夏六月辛未,朔,日有食之。鼓,用牲于社,非常也。唯正月之朔,慝未作,日有食之,于是乎用币于社,伐鼓于朝""秋,大水。鼓,用牲于社、于门,亦非常也。凡天灾,有币无牲。非日月之眚,不鼓",《成公五年传》"梁山崩……国主山川。故山崩川竭,君为之不举,降服,乘缦,彻乐,出次,祝币,史辞以礼焉",《昭公十八年传》"七月,郑子产为火故,大为社祓禳于四方,振除火灾,礼也"、《庄公十一年传》"秋,宋大水。公使吊焉,曰:天作淫雨,害于粢盛,若之何不吊? 对曰:孤实不敬,天降之灾,又以为君忧,拜命之辱",《隐公六年传》"冬,京师来告饥。公为之请籴于宋、卫、齐、郑,礼也",《僖公元年传》"夏,邢迁夷仪,诸侯城之,救患也。凡侯伯救患分灾讨罪,礼也",《文公四年传》"楚人灭江,秦伯为之降服、出次、不举,过数",等等。

就《春秋左传》宾礼言行褒贬评判而言,朝礼者有如《文公十五年传》"夏,曹伯来朝,礼也。诸侯五年再相朝,以修王命,古之制也",《僖公二十七年传》"春,杞桓公来朝,用夷礼,故曰子",《定公十五年传》"春,邾隐公来朝。子贡观焉。邾子执玉高,其容仰。公受玉卑,其容俯。子贡曰:

以礼观之，二君者，皆有死亡焉。夫礼，死生存亡之体也。将左右周旋，进退俯仰，于是乎取之；朝祀丧戎，于是乎观之。今正月相朝，而皆不度，心已亡矣。嘉事不体，何以能久？高仰，骄也，卑俯，替也。骄近乱，替近疾。君为主，其先亡乎"。聘礼者有如《襄公元年传》"冬，卫子叔、晋知武子来聘，礼也。凡诸侯即位，小国朝之，大国聘焉，以继好结信，谋事补阙，礼之大者也"，《文公元年传》"穆伯如齐，始聘焉，礼也。凡君即位，卿出并聘，践修旧好，要结外援，好事邻国，以卫社稷，忠信卑让之道也"，《文公九年传》"楚子越椒来聘，执币傲。叔仲惠伯曰：是必灭若敖氏之宗。傲其先君，神弗福也"。会盟礼者则如《僖公九年传》"会于葵丘，寻盟，且修好，礼也"，《庄公二十七年传》"公会杞伯姬于洮，非事也。天子非展义不巡守，诸侯非民事不举，卿非君命不越竟"，等等。

就《春秋左传》嘉礼言行褒贬评判而言，飨礼者有如《庄公十八年传》"春，虢公、晋侯朝王，王飨醴，命之宥，皆赐玉五珏，马三匹。非礼也。王命诸侯，名位不同，礼亦异数，不以礼假人"，《襄公十六年传》"晋侯与诸侯宴于温，使诸大夫舞，曰：歌诗必类。齐高厚之诗不类。荀偃怒，且曰：诸侯有异志矣"，《僖公二十二年传》"丁丑，楚子入飨于郑，九献，庭实旅百，加笾豆六品……叔詹曰：楚王其不没乎，为礼卒于无别，无别不可谓礼"，《文公三年传》"晋侯飨公，赋《菁菁者莪》。庄叔以公降，拜，曰：小国受命于大国，敢不慎仪。君贶之以大礼，何乐如之。抑小国之乐，大国之惠也。晋侯降，辞。登，成拜，公赋《嘉乐》"，等等。昏礼者有如《文公二年传》"襄仲如齐纳币，礼也。凡君即位，好舅甥，修昏姻，娶元妃以奉粢盛，孝也。孝，礼之始也"，《成公八年传》"宋华元来聘，聘共姬也。夏，宋公使公孙寿来纳币，礼也……卫人来媵共姬，礼也。凡诸侯嫁女，同姓媵之，异姓则否"，《桓公三年传》"公子翚如齐逆女……齐侯送姜氏于讙，非礼也。凡公女嫁于敌国，姊妹则上卿送之，以礼于先君，公子则下卿送之。于大国，虽公子亦上卿送之。于天子，则诸卿皆行，公不自送。于小国，则上大夫送之"，《隐公八年传》"郑公子忽如陈逆妇妫……先配而后祖。鍼子曰：是不为夫妇。诬其祖矣，非礼也，何以能育"，《庄公二十四年传》"秋，哀姜至。公使宗妇觌，用币，非礼也。御孙曰：男贽大者玉帛，小者禽鸟，以章物也。女贽不过榛栗枣脩，以告虔也。今男女同赞，是无别也。男女之别，国之大节也。而由夫人乱之，无乃不可乎"，等等。其他嘉礼则如《襄公九年传》"君冠，必以裸享之礼行之，以金石之乐节之，以先君之祧处之……公还，及卫，冠于成公之庙，假钟磬焉，礼也"，《成公十三年传》"成子受脤于社，不敬……民受天地之中以生，所谓命也。是以有动作礼义威仪之则，以定命也。能者养以之福，不能者败以取祸。是故君子勤礼，小人尽力。勤礼莫如致敬，尽力莫如敦笃。敬在养神，笃在守业。国之大事，在祀与戎。祀有执膰，戎有受脤，神之大节也。今成子惰，弃其命矣，其不反乎"，《桓公二年传》"冬，公至自唐，告于庙也。凡公行，告于宗庙；反行饮至、舍爵策勋焉，礼也"，等等。

再就《春秋左传》军礼言行褒贬评判而言，征伐者有如《僖公二十二年传》"春，伐邾，取须句，反其君焉，礼也"，《宣公四年传》"春，公及齐侯平莒及郯，莒人不肯。公伐莒，取向，非礼也。平国以礼不以乱，伐而不治，乱也。以乱平乱，何治之有？无治，何以行礼"；蒐狩田城者有如《庄公八年传》"春，治兵于庙，礼也"，《桓公四年传》"春正月，公狩于郎。书时，礼也"，《昭公十一年传》"五月，齐归薨，大蒐于比蒲，非礼也"，《昭公二十年传》"十二月，齐侯田于沛，招虞人以弓，不进。公使执之，辞曰：昔我先君之田也，旃以招大夫，弓以招士，皮冠以招虞人。臣不见皮冠，故不敢进。乃舍之。仲尼曰：守道不如守官。君子韪之"，《庄公二十九年传》"冬十二月，城诸及防，书，时也。凡土功，龙见而毕务，戒事也。火见而致用，水昏正而栽，日至而毕"，《宣公十五年传》"初税亩，非礼也。谷出不过藉，以丰财也"；其他相关述评则如《隐公五年传》"公将如棠观鱼者。臧僖伯谏曰……春蒐夏苗，秋狝冬狩，皆于农隙以讲事也。三年而治兵，入而振旅，归而饮至，以数军实。昭文章，明贵贱，辨等列，顺少长，习威仪也。鸟兽之肉不登于俎，皮革齿牙、骨角毛羽不登于器，则公不射，古之制也。若夫山林川泽之实，器用之资，皂隶之事，官司之守，非君所及也"，《桓公二年传》"取郜大鼎于宋……纳于大庙。非礼也。臧哀伯谏曰……灭德立违，而置其赂器于大庙，以明示百官，百官象之，其又何诛焉"，等等。

最后就灾异评判而言，《春秋左传》主要依据阴阳节气、天文历法与民本关怀而不涉神秘。其中，不直接涉及人事者如《襄公二十七年传》"十一月乙亥朔，日有食之。辰在申，司历过也，再失闰矣"，《哀公十二年传》"冬十二月，螽……火伏而后蛰者毕。今火犹西流，司历过也"，《昭公二十一年传》"秋七月壬午朔，日有食之……二至、二分，日有食之，不为灾。日月之行也，分，同道也；至，相过也。其他月则为灾，阳不克也，故常为水"，《昭公二十四年传》"夏五月乙未朔，日有食之……旱也。日过分而阳犹不克，克必甚，能无旱乎？阳不克莫，将积聚也"；《昭公十七年传》"冬，有星孛于大辰，西及汉。申须曰：彗，所以除旧布新也。天事恒象，今除于火，火出必布焉，诸侯其有火灾乎"，《襄公二十八年传》"春，无冰。梓慎曰：今兹宋、郑其饥乎。岁在星纪，而淫于玄枵，以有时灾，阴不堪阳。蛇乘龙。龙，宋、郑之星也，宋、郑必饥。玄枵，虚中也。枵，耗名也。土虚而民耗，不饥何为"；《襄公八年传》"秋九月，大雩，旱也"，《僖公二十九年传》"秋，大雨雹，为灾也"，《庄公二十九传》"秋，有蜚，为灾也。凡物不为灾不书"，《宣公十六年传》"夏，成周宣榭火，人火之也。凡火，人火曰火，天火曰灾"，等等。直接涉及人事者则如《昭公七年传》"国无政，不用善，则自取谪于日月之灾，故政不可不慎也。务三而已，一曰择人，二曰因民，三曰从时"，《僖公十五年传》"震夷伯之庙，罪之也，于是展氏有隐慝焉"；《昭公三十一年传》"十二月辛亥朔，日有食之……占诸史墨……六年及此月也，吴其入郢乎，终亦弗克。入郢，必以庚辰，日月在辰尾。庚午之日，日始有谪。火胜金，故弗克"，《文公十四年传》"有星孛入于北斗，周内史叔服曰：不出七年，宋、齐、晋之君皆将死乱"、《昭公二十六年传》"齐有彗星，齐侯使禳之。晏子曰：无益也，只取诬焉。天道不謟，不贰其命，若之何禳之？且天之有彗也，以除秽也。君无秽德，又何禳焉？若德之秽，禳之何损"，《昭公二十年传》"二月己丑，日南至。梓慎望氛曰：今兹宋有乱，国几亡，三年而后弭。蔡有大丧。叔孙昭子曰：然则戴、桓也，汏侈无礼已甚，乱所在也"；《昭公九年传》"夏四月，陈灾。郑裨灶曰：五年，陈将复封，封五十二年而遂亡……陈，水属也，火，水妃也，而楚所相也。今火出而火陈，逐楚而建陈也。妃以五成，故曰五年。岁五及鹑火，而后陈卒亡，楚克有之，天之道也，故曰五十二年"，等等。

《春秋公羊传》对春秋时期五礼言行加以善恶褒贬，何休解诂更是明言灾变人事内在关联，认为礼义人事之失正感应天地阴阳灾异。《春秋公羊传》非常注重纲常大义褒贬，如《隐公元年传》"立適以长不以贤，立子以贵不以长……子以母贵，母以子贵""郑伯克段于鄢……大郑伯之恶也……母欲立之，己杀之，如勿与而已矣"，《桓公元年传》"春王正月，公即位。继弑君不言即位，此其言即位何？如其意也"，《襄公三十年传》"天王杀其弟年夫"，《昭公八年传》"陈侯之弟招杀陈世子偃师"，《僖公五年传》"晋侯杀其世子申生。曷为直称晋侯以杀？杀世子、母弟直称君者，甚之也"，等等。何休解诂更是总结出夫道之缺、妇道之缺、君道之缺、臣道之缺、父道之缺、子道之缺、郊祀不修周礼之缺（七缺）所感应天象变异以谴责贬斥之。

《春秋公羊传》吉礼层面评判者，有如《僖公三十一年传》"夏四月，四卜郊不从，乃免牲，犹三望……三卜，礼也；四卜，非礼也……求吉之道三……鲁郊非礼也……天子祭天，诸侯祭土……免牲，礼也；免牛，非礼也……三望者何？望祭也……讥不郊而望祭也"，《桓公八年传》"春正月己卯，烝。烝者何？冬祭也……讥亟也。亟则黩，黩则不敬。君子之祭也，敬而不黩"；《文公二年传》"八月丁卯，大事于大庙，跻僖公……何讥尔？逆祀也……先祢而后祖也"，《定公八年传》"从祀先公……顺祀也"，《闵公二年传》"夏五月乙酉，吉禘于庄公……讥始不三年也"，《昭公十五年传》"二月癸酉，有事于武宫。籥入，叔弓卒，去乐卒事……礼也。君有事于庙，闻大夫之丧去乐，卒事。大夫闻君之丧，摄主而往。大夫闻大夫之丧，尸事毕而往"，《文公二年传》"丁丑，作僖公主……讥……不时也……欲久丧而后不能也"，《隐公五年传》"九月，考仲子之宫……始祭仲子也……初献六羽……讥始僭诸公也……天子八佾，诸公六，诸侯四"，《僖公八年传》"秋七月，禘于太庙，用致夫人……禘用致夫人，非礼也。夫人何以不称姜氏？贬。曷为贬？讥以妾为妻也"，等等。

《春秋公羊传》丧礼层面评判者，有如《庄公三十二年传》"八月癸亥，公薨于路寝。路寝者何？正寝也"，《隐公三年传》"夏四月辛卯，尹氏卒。尹氏者何？天子之大夫也。其称尹氏何？贬。曷为贬？讥世卿，世卿非礼也"，《昭公五年传》"秦伯卒。何以不名？秦者夷也，匿嫡之名也。其名何？嫡得之也"，《哀公十二年传》"夏五月甲辰，孟子卒……昭公之夫人也。其称孟子何？讳娶同姓，盖吴女也"，《定公十五年传》"秋七月壬申，姒氏卒。姒氏者何？哀公之母也。何以不称夫人？哀未君也""邾娄子来奔丧。其言来奔丧何？奔丧非礼也"，《僖公元年传》"十有二月丁巳，夫人氏之丧至自齐。夫人何以不称姜氏？贬……与弑公也"；《隐公八年传》"八月，葬蔡宣公。卒何以名而葬不名？卒从正，而葬从主人。卒何以日而葬不日？卒赴而葬不告"，《隐公十一年传》"《春秋》君弑，贼不讨，不书葬，以为无臣子也"，《襄公八年传》"夏，葬郑僖公。贼未讨，何以书葬？为中国讳也"，《昭公十九年传》"冬，葬许悼公。贼未讨何以书葬？不成于弑也……止进药而药杀也……葬许悼公，是君子之赦止也"，等等。

《春秋公羊传》嘉礼层面评判者，昏礼评判有如《庄公二十二年传》"冬，公如齐纳币。纳币不书，此何以书？讥……亲纳币，非礼也"，《文公二年传》"公子遂如齐纳币。纳币不书，此何以书……讥丧娶也……三年之内不图婚……三年之恩疾矣，非虚加之也，以人心为皆有之"，《庄公二十四年传》"夏，公如齐逆女。何以书？亲迎，礼也"，《庄公元年传》"夏，单伯逆王姬……天子嫁女乎诸侯，必使诸侯同姓者主之。诸侯嫁女于大夫，必使大夫同姓者主之"，《隐公二年传》"九月，纪履緰来逆女……纪大夫也。何以不称使？婚礼不称主人……称诸父兄师友"，《庄公二十七年传》"莒庆来逆叔姬……何讥尔？大夫越竟逆女，非礼也"，《桓公三年传》"九月，齐侯送姜氏于讙。何以书？讥……诸侯越竟送女，非礼也"，等等。此外，即位庆赐评判则如《定公元年传》"戊辰，公即位。癸亥，公之丧至自乾侯，则曷为以戊辰之日然后即位？正棺于两楹之间，然后即位"、《庄公元年传》"春王正月，公何以不言即位？《春秋》君弑子不言即位……隐之也。孰隐？隐子也"、《桓公元年传》"春王正月，公即位。继弑君不言即位，此其言即位何？如其意也"，《庄公元年传》"王使荣叔来锡桓公命。锡者何？赐也。命者何？加我服也"，《定公十四年传》"天王使石尚来归脤……脤者何？俎实也。腥曰脤，熟曰燔"，等等。

《春秋公羊传》宾礼层面评判者，朝聘评判有如《桓公十五年传》"邾娄人、牟人、葛人来朝。皆何以称人？夷狄之也"，《僖公二十九年传》"春，介葛卢来。介葛卢者何？夷狄之君也。何以不言朝？不能乎朝也"，《庄公二十三年传》"荆人来聘。荆何以称人？始能聘也"，《文公九年传》"冬，楚子使椒来聘。椒者何？楚大夫也……始有大夫，则何以不氏？许夷狄者不一而足也"，《襄公二十九年传》"吴子使札来聘。吴无君无大夫，此何以有君有大夫？贤季子也。何贤乎季子？让国也……以季子为臣，则宜有君者也。札者何？吴季子之名也。《春秋》贤者不名，此何以名？许夷狄者不一而足也"，等等；会盟评判则如《庄公十三年传》"冬，公会齐侯，盟于柯……桓之盟不日，其会不致，信之也"，《哀公十三年传》"公会晋侯及吴子于黄池。吴何以称子？吴主会也。吴主会则曷为先言晋侯？不与夷狄之主中国也……曷为重吴？吴在是则天下诸侯莫敢不至也"，《襄公十六年传》"戊寅，大夫盟。诸侯皆在是，其言大夫盟何？信在大夫也。何言乎信在大夫？遍刺天下之大夫也……君若赘旒然"，等等。

《春秋公羊传》军礼层面评判者，约战者有如《僖公二十二年传》"冬十有一月己巳朔，宋公及楚人战于泓，宋师败绩。偏战者日尔，此其言朔何？《春秋》辞繁而不杀者，正也……君子大其不鼓不成列，临大事而不忘大礼，有君而无臣。以为虽文王之战，亦不过此也"，《昭公二十三年传》"戊辰，吴败顿、胡、沈、蔡、陈、许之师于鸡父。胡子髡、沈子楹灭，获陈夏啮。此偏战也，曷为以诈战之辞言之？不与夷狄之主中国也。然则曷为不使中国主之？中国亦新夷狄也。其言灭获何？别君臣也，君死于位曰灭，生得曰获，大夫生死皆曰获。不与夷狄之主中国，则其言获陈夏啮何？吴少进也"，《定公四年传》"冬十有一月庚午，蔡侯以吴子及楚人战于伯莒，楚师败绩。吴何以称子？夷狄也，而忧中国"。征伐者有如《庄公三十年传》"齐人伐山戎。此齐侯也，其称人何？贬……盖以操之为已蹙矣"，《僖公二十五年传》"春王正月丙午，卫侯燬灭邢。卫侯燬何以名？绝……灭同姓也"，《昭公四年传》"九月取鄫。其言取之何？灭之也……内大恶，讳也"，《隐公二年传》"无骇帅师入极。无骇者何？展无骇也。何以不氏？贬……疾始灭也"，《隐公四年传》"春王二月，莒人伐杞，取牟娄……此何以书？疾始取邑也"，《隐公十年传》"六月壬戌，公败宋师于菅。辛未取郜，辛巳取防，取邑不日，此何以日？一月而再取也……甚之也"，《桓公七年传》"春二月己亥，焚咸丘……疾始以火攻也"，《昭公二十三年传》"晋人围郊。郊者何？天子之邑也。曷为不系于周？

不与伐天子也"，《哀公二年传》"晋赵鞅帅师纳卫世子蒯聩于戚。戚者何？卫之邑也。曷为不言入于卫？父有子，子不得有父也"，《哀公八年传》"春王正月，宋公入曹，以曹伯阳归。曹伯阳何以名……灭也。曷为不言其灭？讳同姓之灭也……力能救之而不救也"，《昭公十一年传》"夏四月丁巳，楚子虔诱蔡侯般，杀之于申。楚子虔何以名？绝……怀恶而讨不义，君子不予也"。其他蒐狩修筑评判则如《襄公十一年传》"春王正月，作三军。三军者何？三卿也。作三军何以书？讥……古者上卿、下卿、上士、下士"，《庄公八年传》"甲午，祠兵。祠兵者何？出曰祠兵，入曰振旅，其礼一也，皆习战也"，《昭公八年传》"秋，蒐于红。蒐者何？简车徒也。何以书？盖以罕书也"，《桓公四年传》"春正月，公狩于郎……何讥尔？远也"；《定公二年传》"冬十月，新作雉门及两观……何讥尔？不务乎公室也"，《庄公三十一年传》"春，筑台于郎……何讥尔？临民之所漱浣也""筑台于薛……何讥尔？远也"，《哀公十二年传》"春，用田赋……何讥尔？讥始用田赋也"，等等。

最后就《春秋公羊传》灾异评判而言，有如《隐公三年传》"春，王二月己巳，日有食之。何以书？记异也"，《庄公二十五年传》"六月辛未朔，日有食之，鼓，用牲于社……求乎阴之道也，以朱丝营社，或曰胁之，或曰为暗，恐人犯之，故营之"，《文公十四年传》"秋七月，有星孛入于北斗。孛者何？彗星也……何以书？记异也"；《隐公九年传》"三月癸酉，大雨震电……何异尔？不时也。庚辰，大雨雪……何异尔？俶甚也"，《僖公十五年传》"己卯晦，震夷伯之庙……季氏之孚则微者，其称夷伯何……天戒之，故大之也。何以书？记异也"，《僖公十六年传》"春王正月戊申朔，陨石于宋五。是月，六鹢退飞过宋都……为王者之后记异也"，《昭公二十五年传》"有鸜鹆来巢……何异尔？非中国之禽也，宜穴又巢也"；《桓公五年传》"大雩。大雩者何？旱祭也……言雩则旱见，言旱则雩不见。何以书？记灾也"，《庄公十一年传》"秋，宋大水。何以书？记灾也。外灾不书，此何以书？及我也"，《僖公三十三年传》"陨霜不杀草，李梅实……何异尔？不时也"，《定公元年传》"冬十月，陨霜杀菽。何以书？记异也……异大乎灾也"，《僖公十四年传》"秋八月辛卯，沙鹿崩……为天下记异也"；《昭公十八年传》"夏五月壬午，宋、卫、陈、郑灾……异其同日而俱灾也。外异不书，此何以书？为天下记异也"，《宣公十六年传》"夏，成周宣谢灾。成周者何？东周也。宣谢者何？宣宫之谢也。何言乎成周宣谢灾？乐器藏焉尔……外灾不书，此何以书？新周也"，《哀公四年传》"六月辛丑，蒲社灾。蒲社者何？亡国之社也……记灾也"，《桓公十四年传》"秋八月壬申，御廪灾。御廪者何？粢盛委之所藏也……记灾也"，《成公三年传》"甲子，新宫灾，三日哭……礼也。新宫灾何以书？记灾也"；《宣公十五年传》"初税亩……何讥尔？讥始履亩而税也……什一者，天下之中正也，什一行而颂声作矣。冬，蝝生……幸之也……犹曰受之云尔……上变古易常，应是而有天灾，其诸则宜于此焉变矣"，《哀公十四年传》"春，西狩获麟。何以书？记异也……非中国之兽也……曷为为获麟大之？麟者，仁兽也，有王者则至，无王者则不至"，等等。何休解诂更是昭明天人相与报应之际实可敬畏，纲常礼义之失正必感应天地阴阳灾异，如日食象应阴盛阳衰纲纪反常、大雨震电象应阴阳失节邪而胜正、蝝灾螽灾象应苛烦扰民、山崩于河象应王道衰绝，等等不一而足。

范宁《春秋穀梁传集解》以为，传以通经经以当理，三传殊说中道整合，弃其所滞择善而从。《春秋穀梁传》时、月、日、人、事五位一体，重纲常大义，如《哀公二年传》"晋赵鞅师师纳卫世子蒯聩于戚。纳者，内弗受也……以辄不受父之命，受之王父也。信父而辞王父，则是不尊王父也"，《襄公三十年传》"四月，蔡世子般弑其君固。其不日，子夺父政，是谓夷之"，《隐公元年传》"五月，郑伯克段于鄢……段，弟也而弗谓弟，公子也而弗谓公子，贬之也。段失子弟之道矣，贱段而甚郑伯也……甚郑伯之处心积虑成于杀也……犹曰取之其母之怀中而杀之云尔，甚之也。然则为郑伯者宜奈何？缓追逸贼，亲亲之道也"，《昭公元年传》"夏，秦伯之弟针出奔晋。诸侯之尊，弟兄不得以属通。其弟云者，亲之也。亲而奔之，恶也"，等等。

《春秋穀梁传》吉礼评判者，郊祭者有如《定公十五年传》"鼷鼠食郊牛，牛死，改卜牛。不敬莫大焉"，《成公十年传》"夏，四月，五卜郊，不从，乃不郊。夏四月，不时也。五卜强也。乃者，亡乎人之辞也"，《僖公三十一年传》"夏，四月，四卜郊，不从，乃免牲，犹三望。夏四月，不时也。四卜，非礼也。免牲者，为之缁衣熏裳，有司玄端，奉送至于南郊，免牛亦然。乃者，亡乎人之辞也。犹者，可以已之辞也"；祭祖祢者则如《桓公八年传》

"夏，五月丁丑，烝。烝，冬事也，春夏兴之，黩祀也。志不敬也"，《文公二年传》"八月丁卯，大事于大庙，跻僖公……先亲而后祖也，逆祀也。逆祀，则是无昭穆也。无昭穆，则是无祖也。无祖，则无天也。故曰：文无天。无天者，是无天而行也。君子不以亲亲害尊尊，此《春秋》之义也"，《闵公二年传》"五月乙酉，吉禘于庄公……丧事未毕而举吉祭，故非之也"，等等。

《春秋穀梁传》凶礼评判者，有如《隐公三年传》"三月庚戌，天王崩。高曰崩，厚曰崩，尊曰崩。天子之崩，以尊也。其崩之何也？以其在民上，故崩之。其不名何也？大上，故不名也"，"八月庚辰，宋公和卒。诸侯日卒，正也"，《庄公三十二年传》"八月癸亥，公薨于路寝。路寝，正寝也。寝疾居正寝，正也。男子不绝于妇人之手，以齐终也"，《隐公十一年传》"冬，十有一月壬辰，公薨。公薨不地，故也。隐之，不忍地也。其不言葬何也？君弑，贼不讨，不书葬，以罪下也"；《隐公八年传》"八月，葬蔡宣公。月葬，故也"，《襄公三十年传》"冬，十月，葬蔡景公。不日卒而月葬，不葬者也。卒而葬之，不忍使父失民于子也"，《昭公十三年传》"冬，十月，葬蔡灵公。变之不葬有三：失德不葬，弑君不葬，灭国不葬。然且葬之，不与楚灭，且成诸侯之事也"，《闵公元年传》"夏，六月辛酉，葬我君庄公。庄公葬而后举谥，谥所以成德也，于卒事乎加之矣"，《昭公十九年传》"夏，五月戊辰，许世子止弑其君买。日弑，正卒也。正卒，则止不弑也。不弑而曰弑，责止也……冬，葬许悼公。日卒时葬，不使止为弑父也……许世子不知尝药，累及许君也"，《僖公二十三年传》"夏，五月庚寅，宋公兹父卒。兹父之不葬何也？失民也。其失民何也？以其不教民战，则是弃其师也。为人君而弃其师，其民孰以为君哉"，以及《隐公元年传》"秋，七月，天王使宰咺来归惠公、仲子之赗。母以子氏，仲子者何？惠公之母，孝公之妾也。礼，赗人之母则可，赗人之妾则不可。君子以其可辞受之。其志，不及事也"，等等。

《春秋穀梁传》嘉礼评判者，朝聘者有如《隐公十一年传》"春，滕侯、薛侯来朝。天子无事，诸侯相朝，正也。考礼修德，所以尊天子也。诸侯来朝，时，正也"，《桓公二年传》"秋，七月，纪侯来朝。朝时，此其月何也？桓内弑其君，外成人之乱……己即是事而朝之，恶之，故谨而月之也"，《桓公九年传》"冬，曹伯使其世子射姑来朝。朝不言使，言使非正也。使世子伉诸侯之礼而来朝，曹伯失正矣。诸侯相见曰朝，以待人父之道待人之子，以内为失正矣"，《隐公元年传》"冬，十有二月，祭伯来。来者，来朝也。其弗谓朝何也？寰内诸侯非有天子之命，不得出会诸侯。不正其外交，故弗与朝也"，《隐公九年传》"春，天王使南季来聘……聘，问也。聘诸侯，非正也"；会盟者有如《隐公二年传》"二年春，公会戎于潜。会者，外为主焉尔。知者虑，义者行，仁者守，有此三者然后可以出会。会戎，危公也"，《哀公十三年传》"公会晋侯及吴子于黄池。黄池之会，吴子进乎哉……王，尊称也。子，卑称也。辞尊称而居卑称，以会乎诸侯，以尊天王"；立君即位者有如《隐公四年传》"冬，十有二月，卫人立晋……其称人以立之，何也？得众也。得众则是贤也。贤则其曰不宜立，何也？《春秋》之义，诸侯与正而不与贤也"，《隐公元年传》"春，王正月……公何以不言即位？成公志也……将以让桓也。让桓正乎？曰不正……《春秋》贵义而不贵惠，信道而不信邪。孝子扬父之美，不扬父之恶。先君之欲与桓，非正也，邪也。虽然，既胜其邪心以与隐矣，已探先君之邪志而遂以与桓，则是成父之恶也。兄弟，天伦也。为子受之父，为诸侯受之君，已废天伦而忘君父以行小惠，曰小道也。若隐者可谓轻千乘之国，蹈道则未也"，《庄公元年传》"春，王正月。继弑君不言即位，正也……先君不以其道终，则子不忍即位也"；婚礼者有如《庄公二十二年传》"冬，公如齐纳币。纳币，大夫之事也……公之亲纳币，非礼也，故讥之"，《隐公二年传》"九月，纪履緰来逆女。逆女，亲者也。使大夫，非正也。以国氏者，为其来交接于我，故君子进之也"，《桓公三年传》"九月，齐侯送姜氏于讙。礼，送女，父不下堂，母不出祭门，诸母兄弟不出阙门"，《庄公二十四年传》"八月丁丑，夫人姜氏入。入者，内弗受也。日入，恶入者也……以宗庙弗受也……娶仇人子弟，以荐舍于前，其义不可受也"；其他嘉礼者则如《定公十四年传》"天王使石尚来归脤……贵复正也"，《庄公元年传》"王使荣叔来锡桓公命。礼有受命，无来锡命。锡命非正也。生服之，死行之，礼也。生不服，死追锡之，不正甚矣"，《文公十六年传》"夏，五月，公四不视朔。天子告朔于诸侯，诸侯受乎祢庙，礼也。公四不视朔，公不臣也，以公为厌政以甚矣"，《桓公二年传》"夏，四月，取郜大鼎于宋，戊申，纳于大庙。桓内弑其君，外成人之乱，受赂而退，以事其祖，非礼也"，等等。

《春秋穀梁传》军礼评判者，征伐者有如《僖公十八年传》"冬，邢人、狄人伐卫。狄其称人何也？善累而后进之。伐卫，所以救齐也，功近而德远矣"，《宣公十五年传》"六月癸卯，晋师灭赤狄潞氏，以潞子婴儿归。灭国有三术，中国谨日，卑国月，夷狄不日。其曰潞子婴儿，贤也"，《庄公十年传》"秋，九月，荆败蔡师于莘，以蔡侯献武归。荆者楚也，何为谓之荆？狄之也。何为狄之？圣人立，必后至，天子弱，必先叛"，《昭公十二年传》"晋伐鲜虞。其曰晋，狄之也。其狄之何也？不正其与夷狄交伐中国，故狄称之也"；《隐公二年传》"无侅师师入极。入者，内弗受也。极，国也。苟焉以入人为志者，人亦入之矣。不称氏者，灭同姓，贬也"，《隐公四年传》"春，王二月，莒人伐杞，取牟娄……言伐言取，所恶也。诸侯相伐取地于是始，故谨而志之也"，《隐公十年传》"六月壬戌，公败宋师于菅……辛未取郜，辛巳取防。取邑不日，此其日何也？不正其乘败人而深为利取二邑，故谨而日之也"，《桓公七年传》"春，二月己亥，焚咸丘。其不言邾咸丘何也？疾其以火攻也"，等等。蒐阅田狩者有如《桓公六年传》"秋，八月壬午，大阅。大阅者何？阅兵车也。修教明谕，国道也。平而修戎事，非正也"，《昭公八年传》"秋，蒐于红。正也。因蒐狩以习用武事，礼之大者也……是以知古之贵仁义而贱勇力也"，《庄公四年传》"冬，公及齐人狩于郜。齐人者，齐侯也。其曰人何也？卑公之敌，所以卑公也……不复雠而怨不释，刺释怨也"；修筑税赋者有如《隐公七年传》"夏，城中丘。城为保民为之也，民众城小则益城，益城无极。凡城之志，皆讥也"，《庄公二十八年传》"冬，筑微。山林薮泽之利，所以与民共也。虞之，非正也"，《庄公二十九年传》"春，新延厩……古之君人者，必时视民之所勤……冬筑微，春新延厩，以其用民力为已悉矣"，《宣公十五年传》"秋……初税亩。初者始也。古者什一，藉而不税。初税亩，非正也……非公之去公田而履亩十取一也，以公之与民为已悉矣。古者公田为居，井灶葱韭尽取焉"，《成公元年传》"三月，作丘甲……非正也……古者有四民：有士民，有商民，有农民，有工民。夫甲，非人人之所能为也"，等等。

最后就《春秋穀梁传》阴阳变异评判而言，天地变异者有如《庄公二十五年传》"六月辛未朔，日有食之。言日言朔，食正朔也。鼓，用牲于社。鼓，礼也。用牲，非礼也。天子救日，置五麾，陈五兵、五鼓；诸侯置三麾，陈三鼓、三兵；大夫击门，士击柝。言充其阳也"，《隐公九年传》"三月癸酉，大雨震电……庚辰，大雨雪。志疏数也。八日之间再有大变，阴阳错行，故谨而日之也。雨月，志正也"、《僖公十五年传》"己卯晦，震夷伯之庙……德厚者流光，德薄者流卑。是以贵始，德之本也，始封必为祖"，《文公九年传》"九月癸酉，地震。震，动也。地，不震者也。震，故谨而日之也"、《僖公十四年传》"秋，八月辛卯，沙鹿崩……无崩道而崩，故志之也。其日，重其变也"；水旱饥灾者则如《僖公二十一年传》"夏，大旱。旱时，正也"、《僖公三年传》"夏，四月，不雨。一时言不雨者，闵雨也。闵雨者，有志乎民者也"、《文公二年传》"自十有二月不雨，至于秋七月。历时而言不雨，文不忧雨也。不忧雨者，无志乎民也"，《定公元年传》"九月，大雩。雩月，雩之正也。秋大雩，非正也。冬大雩。非正也。秋大雩，雩之为非正何也？毛泽未尽，人力未竭，未可以雩也。雩月，雩之正也，月之为雩之正何也？其时穷人力尽然后雩，雩之正也"，《桓公五年传》"秋……螽。螽，虫灾也。甚则月，不甚则时"、《隐公五年传》"九月……螟。虫灾也。甚则月，不甚则时"，《襄公二十四年传》"冬……大饥。五谷不升为大饥。一谷不升谓之嗛，二谷不升谓之饥，三谷不升谓之馑，四谷不升谓之康，五谷不升谓之大侵。大侵之礼，君食不兼味，台榭不涂，弛侯，廷道不除，百官布而不制，鬼神祷而不祀，此大侵之礼也"，《桓公十四年传》"秋，八月壬申，御廪灾。乙亥，尝。御廪之灾不志，此其志何也？以为唯未易灾之余而尝可也，志不敬也"，以及《哀公十四年传》"十有四年春，西狩获麟……非狩而曰狩，大获麟，故大其适也。其不言来，不外麟于中国也。其不言有，不使麟不恒于中国也"，等等。《春秋穀梁传注疏》更是以礼言天、以象言天，反对神秘、放纵两个极端，而恪守礼义中道人文关怀之解经特色。

（三）《孝经》《论语》《孟子》

先看《孝经》。《孝经》以孝悌之道为纲常礼教之天道本源、入手把柄与核心内容。孝悌之道为纲常礼教奉天法圣之天道本源者，如《孝经·圣治》"天地之性，人为贵。人之行，莫大于孝，孝莫大于严父，严父莫大于配天，则周

公其人也。昔者，周公郊祀后稷以配天，宗祀文王于明堂，以配上帝。是以四
海之内，各以其职来祭。夫圣人之德，又何以加于孝乎"，《感应》"昔者明王
事父孝，故事天明；事母孝，故事地察；长幼顺，故上下治。天地明察，神明
彰矣。故虽天子，必有尊也，言有父也；必有先也，言有兄也。宗庙致敬，不
忘亲也；修身慎行，恐辱先也。宗庙致敬，鬼神著矣。孝悌之至，通于神明，
光于四海，无所不通"，等等。孝悌之道为纲常礼教顺治天下之入手把柄者，
如《圣治》"亲生之膝下，以养父母日严。圣人因严以教敬，因亲以教爱。圣
人之教，不肃而成，其政不严而治，其所因者本也。父子之道，天性也，君臣
之义也。父母生之，续莫大焉。君亲临之，厚莫重焉。故不爱其亲而爱他人
者，谓之悖德；不敬其亲而敬他人者，谓之悖礼。以顺则逆，民无则焉。不在
于善，而皆在于凶德，虽得之，君子不贵也"，《广要道》"教民亲爱，莫善于
孝。教民礼顺，莫善于悌。移风易俗，莫善于乐。安上治民，莫善于礼。礼
者，敬而已矣。故敬其父，则子悦；敬其兄，则弟悦；敬其君，则臣悦；敬一
人，而千万人悦。所敬者寡，而悦者众，此之谓要道也"，《广扬名》"君子之
事亲孝，故忠可移于君。事兄悌，故顺可移于长。居家理，故治可移于官。是
以行成于内，而名立于后世矣"，等等。孝悌之道为纲常礼教五礼常道之核心
内容者，则如《纪孝行》"孝子之事亲也，居则致其敬，养则致其乐，病则致
其忧，丧则致其哀，祭则致其严。五者备矣，然后能事亲。事亲者，居上不
骄，为下不乱，在丑不争"，《五刑》"五刑之属三千，而罪莫大于不孝。要君
者无上，非圣人者无法，非孝者无亲，此大乱之道也"，《丧亲》"孝子之丧亲
也，哭不偯，礼无容，言不文，服美不安，闻乐不乐，食旨不甘，此哀戚之情
也。三日而食，教民无以死伤生。毁不灭性，此圣人之政也。丧不过三年，示
民有终也。为之棺椁衣衾而举之，陈其簠簋而哀戚之；擗踊哭泣，哀以送之；
卜其宅兆，而安措之；为之宗庙，以鬼享之；春秋祭祀，以时思之。生事爱
敬，死事哀戚，生民之本尽矣，死生之义备矣，孝子之事亲终矣"，等等。

《孝经》发明五经纲常礼教之本源内核，《大学》发明五经纲常礼教之旨
归次第，《中庸》发明五经纲常礼教之天人中道，《论语》发明五经纲常礼教之
仁礼中道君子担当，《孟子》发明五经纲常礼教之性善信念仁政道统。《大学》
《中庸》礼教思想《礼记》部分已作简述，以下试述《论语》《孟子》纲常礼教

思想。

《论语》述而不作而彝伦日用，以仁礼中道为纲常礼教之万世纲维，实乃通达五经礼教之至善注解与最佳门户，其中《学而》《八佾》《乡党》诸篇更是近乎通篇说礼，而《为政》《颜渊》《述而》《泰伯》《子罕》《子路》《阳货》《尧曰》等其他诸篇亦于礼教义理深有发明。《论语》高度褒扬礼教"绘事后素"功用，个人修养层面如《论语·泰伯》"兴于诗，立于礼，成于乐""恭而无礼则劳，慎而无礼则葸，勇而无礼则乱，直而无礼则绞"，《雍也》"君子博学于文，约之以礼，亦可以弗畔矣夫""谁能出不由户？何莫由斯道也"；教化层面则如《八佾》"夷狄之有君，不如诸夏之亡也"，《子路》"上好礼，则民莫敢不敬"，《为政》"道之以德，齐之以礼，有耻且格"，《微子》"长幼之节，不可废也；君臣之义，如之何其废之？欲洁其身，而乱大伦"，《学而》"慎终追远，民德归厚矣"，《八佾》"或问禘之说……'知其说者之于天下也，其如示诸斯乎。'指其掌"，等等。《论语》极为重视身体力行礼教践履，如《颜渊》"非礼勿视，非礼勿听，非礼勿言，非礼勿动"，《为政》"生，事之以礼；死，葬之以礼，祭之以礼"，《学而》"弟子入则孝，出则悌，谨而信，泛爱众，而亲仁。行有余力，则以学文"，《学而》"学而时习之，不亦说乎"，以及《述而》"子在齐闻《韶》，三月不知肉味，曰：不图为乐之至于斯也"、《八佾》"八佾舞于庭，是可忍也，孰不可忍也"，等等。《论语》注重礼教制度内在传承，如《为政》"殷因于夏礼，所损益，可知也；周因于殷礼，所损益，可知也。其或继周者，虽百世，可知也"、《八佾》"周监于二代，郁郁乎文哉，吾从周"、《卫灵公》"行夏之时，乘殷之辂，服周之冕，乐则《韶舞》"、《尧曰》"谨权量，审法度，修废官……兴灭国，继绝世，举逸民……所重：民、食、丧、祭"，以及《先进》"先进于礼乐，野人也；后进于礼乐，君子也。如用之，则吾从先进"、《子罕》"麻冕，礼也；今也纯，俭，吾从众。拜下，礼也；今拜乎上，泰也。虽违众，吾从下"、《八佾》"子贡欲去告朔之饩羊。子曰：赐也，尔爱其羊，我爱其礼"，等等。

《论语》进而以仁礼内在融通反对礼教外在异化，如《阳货》"礼云礼云，玉帛云乎哉？乐云乐云，钟鼓云乎哉"、《八佾》"人而不仁，如礼何？人而不仁，如乐何"、《里仁》"能以礼让为国乎，何有？不能以礼让为国，如礼何"，以及《八佾》"礼，与其奢也，宁俭；丧，与其易也，宁戚""居上不宽，为礼不敬，临丧不哀，吾何以观之哉"，《八佾》"祭如在，祭神如神在……吾不与祭，如不祭""获罪于天，无所祷也"，等等。《论语》仁礼思想内在贯彻人文中道原则，如《阳货》"四时行焉，百物生焉，天何言哉"、《学而》"礼之用，和为贵"、《尧曰》"允执其中"，《雍也》"文质彬彬，然后君子"、《宪问》"下学而上达"、《子路》"父为子隐，子为父隐。直在其中矣"，以及《先进》"未能事人，焉能事鬼"、《雍也》"敬鬼神而远之"、《述而》"子不语怪、力、乱、神"、《为政》"攻乎异端，斯害也已"，等等。《论语》仁礼中道修教思想内容丰富，如《学而》"君子务本，本立而道生。孝弟也者，其为仁之本与"，《卫灵公》"君子义以为质，礼以行之，孙以出之，信以成之"，《学而》"信近于义，言可复也。恭近于礼，远耻辱也。因不失其亲，亦可宗也"，《子罕》"可与共学，未可与适道；可与适道，未可与立；可与立，未可与权"，《为政》"吾十有五而志于学，三十而立，四十而不惑，五十而知天命，六十而耳顺，七十而从心所欲，不逾矩"，以及《卫灵公》"知及之，仁不能守之，虽得之，必失之。知及之，仁能守之，不庄以莅之，则民不敬。知及之，仁能守之，庄以莅之，动之不以礼，未善也"、《尧曰》"不教而杀谓之虐，不戒视成谓之暴，慢令致期谓之贼"、《雍也》"齐一变，至于鲁；鲁一变，至于道"，等等。此外，《乡党》圣人礼容描述等亦是如此。

最后来看《孟子》。《孟子》阐明礼教必要性，立足礼制之本与礼义中道，仁义礼智内在一体，发明五经纲常礼教之性善信念与仁政道统以辟驳异端外道。《孟子》阐明礼教必要性者，有如《孟子·告子上》"羿之教人射，必志于彀；学者亦必志于彀。大匠诲人必以规矩，学者亦必以规矩"，《离娄上》"规矩，方员之至也；圣人，人伦之至也"、《告子下》"居中国，去人伦，无君子，如之何其可也"，《万章下》"夫义，路也；礼，门也"，《离娄上》"言非礼义，谓之自暴也；吾身不能居仁由义，谓之自弃也""人人亲其亲，长其长，而天下平"，《离娄上》"《诗》云：不愆不忘，率由旧章。遵先王之法而过者，未之有也……上无礼，下无学，贼民兴，丧无日矣"，《离娄下》"王者之迹熄而《诗》亡，《诗》亡然后《春秋》作"，等等。就礼制之本而言，述爵位礼制者有如《万章下》"天子一位，公一位，侯一位，伯一位，子、男同一位，凡五等也。君一位，卿一位，大夫一位，上士一位，中士一位，下士一位，凡六等。天子之制，地方千里，公侯皆方百里，伯七十里，子、男五十里，凡四等。不能五十里，不达于天子，附于诸侯，曰附庸"，《告子下》"天子适诸侯曰巡狩，诸侯朝于天子曰述职。春省耕而补不足，秋省敛而助不给。入其疆，土地辟，田野治，养老尊贤，俊杰在位，则有庆，庆以地。入其疆，土地荒芜，遗老失贤，掊克在位，则有让。一不朝，则贬其爵；再不朝，则削其地；三不朝，则六师移之。是故天子讨而不伐，诸侯伐而不讨"，《滕文公上》"亲丧，固所自尽也……三年之丧，齐疏之服，飦粥之食，自天子达于庶人，三代共之"，等等。述井田礼制者有如《梁惠王上》"明君制民之产，必使仰足以事父母，俯足以畜妻子，乐岁终身饱，凶年免于死亡；然后驱而之善，故民之从之也轻""五亩之宅，树之以桑，五十者可以衣帛矣。鸡豚狗彘之畜，无失其时，七十者可以食肉矣。百亩之田，勿夺其时，八口之家可以无饥矣"，《滕文公上》"夏后氏五十而贡，殷人七十而助，周人百亩而彻，其实皆什一也。彻者，彻也；助者，藉也。龙子曰：治地莫善于助，莫不善于贡""夫仁政，必自经界始。经界不正，井地不钧，谷禄不平，是故暴君污吏必慢其经界。经界既正，分田制禄可坐而定也""无君子，莫治野人；无野人，莫养君子。请野九一而助，国中什一使自赋。卿以下必有圭田，圭田五十亩；馀夫二十五亩。死徙无出乡，乡田同井，出入相友，守望相助，疾病相扶持，则百姓亲睦。方里而井，井九百亩，其中为公田。八家皆私百亩，同养公田；公事毕，然后敢治私事，所以别野人也。此其大略也"，等等。述学教礼制者则有如《滕文公上》"人之有道也，饱食、暖衣、逸居而无教，则近于禽兽。圣人有忧之，使契为司徒，教以人伦，父子有亲，君臣有义，夫妇有别，长幼有序，朋友有信""设为庠序学校以教之。庠者，养也；校者，教也；序者，射也。夏曰校，殷曰序，周曰庠，学则三代共之，皆所以明人伦也。人伦明于上，小民亲于下"，《公孙丑下》"天下有达尊三：爵一，齿一，德一。朝廷莫如爵，乡党莫如齿，辅世长民莫如德"，等等。总之，礼制立则天下安，诚如《公孙丑上》所云"尊贤使能，俊杰在位，则天下之士皆悦，而愿立于其朝矣；市，廛而不征，法而不廛，则天下之商皆悦，而愿藏于其市矣；关，讥而不征，则天下之旅皆悦，而愿出于其路矣；耕者，助而不税，则天下之农皆悦，而愿耕于其野矣；廛，无夫里之布，则天下之民皆悦，而愿为之氓矣"。再就礼义中道而言，述礼义内在者有如《尽心下》"梓匠轮舆能与人规矩，不能使人巧"，《告子上》"恻隐之心，仁也；羞恶之心，义也；恭敬之心，礼也；是非之心，智也。仁义礼智，非由外铄我也，我固有之也"，《离娄下》"君子以仁存心，以礼存心……非仁无为也，非礼无行也"，《离娄上》"爱人不亲，反其仁；治人不治，反其智；礼人不答，反其敬。行有不得者，皆反求诸己，其身正而天下归之"，以及《告子下》"尧舜之道，孝弟而已矣。子服尧之服，诵尧之言，行尧之行，是尧而已矣"、《离娄下》"虽有恶人，齐戒沐浴，则可以祀上帝"，等等。《孟子》述礼义中道者，述礼义修教中道者有如《尽心下》"尧舜，性者也；汤武，反之也。动容周旋中礼者，盛德之至也"，《告子下》"欲轻之于尧舜之道者，大貉小貉也；欲重之于尧舜之道者，大桀小桀也"，《离娄上》"仁之实，事亲是也；义之实，从兄是也；智之实，知斯二者弗去是也；礼之实，节文斯二者是也；乐之实，乐斯二者"，《滕文公下》"杨氏为我，是无君也；墨氏兼爱，是无父也。无父无君，是禽兽也……闲先圣之道，距杨墨，放淫辞，邪说者不得作"；述礼义五伦中道者则如《告子下》"亲之过大而不怨，是愈疏也；亲之过小而怨，是不可矶也。愈疏，不孝也；不可矶，亦不孝也。孔子曰：舜其至孝矣，五十而慕"，《离娄上》"不孝有三，无后为大。舜不告而娶，为无后也。君子以为犹告也"，《万章上》"男女居室，人之大伦也。如告，则废人之大伦，以怼父母，是以不告也"，《离娄上》"古者易子而教之，父子之间不责善。责善则离，离则不祥莫大焉"、《离娄下》"责善，朋友之道也；父子责善，贼恩之大者"，《万章上》"仁人之于弟也，不藏怒焉，不宿怨焉，亲爱之而已矣"，《离娄上》"男女授受不亲，礼也；嫂溺，援之以手者，权也"，等等。

三、儒学民本观"纲常礼教"核心内容及其发展史述略

纲常礼教是儒教之依附落实处，亦是儒者体悟践履、安身立命处。完全可以说，儒教即礼教，无礼教则不成儒教。概要言之，儒学民本观"三纲五常，礼教实修"核心内容包括礼制、礼仪与礼义（礼制为本体架构、礼仪为学行本务、礼义为引领灵魂）一体融通的三个层面。周公、孔子及孔门弟子奉天

法古、述而不作，奠定起以"三礼"为基本文本的儒教民本观核心内容。在礼制、礼仪与礼义一体融通之"三礼"、《孝经》等基本文本中，《周礼》侧重礼制（六官法天文而立民极，先觉率正后觉，故而礼制为礼教政统），而礼仪、礼义涵摄其中；《仪礼》侧重礼仪（五礼开人文而立行则，君子五礼学行为本务，故而礼仪为礼教学统），而礼制、礼义涵摄其中；《礼记》侧重礼义（五伦敷天理而立纲常，奉天法古、伦常中道为礼教灵魂，故而礼义为礼教道统），而礼制、礼仪涵摄其中，且《礼记》中本来就有礼制、礼仪独立成篇者；《孝经》作为天经、地义、民行，礼制、礼仪与礼义三者混融一体而具体而微；《尚书》《诗经》《周易》《春秋》"三传"尤其是《尚书》先王圣贤之典谟训诰等，则构成了礼制、礼仪、礼义之源泉活水。实际上，《礼记·王制》所云"六礼：冠、昏、丧、祭、乡、相见。七教：父子、兄弟、夫妇、君臣、长幼、朋友、宾客。八政：饮食、衣服、事为、异别、度、量、数、制"，即大致概括了儒学民本观核心内容。其中，八政者礼制，六礼者礼仪，七教者礼义。就儒学民本观核心内容的历史沿革而言，顺应礼乐教化范围不断大众化下移与民族融合深入展开的历史趋势，历代儒者既回归礼教本原以反对外在异化，又自觉因革损益以时中担当，这一反本开新之君子担当使得儒教礼制政统、礼仪学统与礼义道统基本内容愈加丰富细致、通俗实用。

（一）礼制内容及发展史述略

儒教礼制基本内容源自《尚书》而定于《周礼》，其他儒经如《礼记》《孟子》《春秋》"三传"等亦俱有典范性发明。《尚书》表述较为显著者，如《大禹谟》"水、火、金、木、土、谷，惟修；正德、利用、厚生，惟和。九功惟叙，九叙惟歌"，《武成》"列爵惟五，分土惟三。建官惟贤，位事惟能。重民五教，惟食、丧、祭"，《益稷》"弼成五服，至于五千。州十有二师，外薄四海，咸建五长，各迪有功"，《禹贡》"四海会同。六府孔修，庶土交正，厎慎财赋，咸则三壤成赋。中邦锡土、姓……五百里甸服……五百里侯服……五百里绥服……五百里要服……五百里荒服……声教讫于四海"，《洪范》"天乃锡禹洪范九畴，彝伦攸叙。初一曰五行，次二曰敬用五事，次三曰农用八政，次四曰协用五纪，次五曰建用皇极，次六曰乂用三德，次七曰明用稽疑，次八曰念用庶征，次九曰向用五福，威用六极……八政：一曰食，二曰

货，三曰祀，四曰司空，五曰司徒，六曰司寇，七曰宾，八曰师"；《舜典》
"伯禹作司空……后稷播时百谷……（契）作司徒，敬敷五教……（皋陶）作
士，五刑有服，五服三就。五流有宅，五宅三居……（垂作）共工……（益）
作朕虞……（伯夷）作秩宗……（夔）典乐……（龙）作纳言……钦哉，惟时亮
天功。三载考绩，三考，黜陟幽明"，《立政》"王左右：常伯、常任、准人、
缀衣、虎贲……任人、准夫、牧，作三事。虎贲、缀衣、趣马小尹，左右携
仆，百司庶府，大都小伯、艺人表臣、百司，太史、尹伯、庶常吉士，司徒、
司马、司空、亚旅、夷微、卢烝、三亳、阪尹……立兹常事司牧人，以克俊有
德"，《周官》"唐虞稽古，建官惟百。内有百揆四岳，外有州、牧、侯伯。庶
政惟和，万国咸宁。夏商官倍，亦克用乂。明王立政，不惟其官，惟其人……
立太师、太傅、太保，兹惟三公。论道经邦，燮理阴阳。官不必备，惟其人。
少师、少傅、少保，曰三孤。贰公弘化，寅亮天地，弼予一人。冢宰掌邦治，
统百官，均四海。司徒掌邦教，敷五典，扰兆民。宗伯掌邦礼，治神人，和
上下。司马掌邦政，统六师，平邦国。司寇掌邦禁，诘奸慝，刑暴乱。司空
掌邦土，居四民，时地利。六卿分职，各率其属，以倡九牧，阜成兆民。六
年，五服一朝。又六年，王乃时巡，考制度于四岳。诸侯各朝于方岳，大明黜
陟……推贤让能，庶官乃和，不和政庞。举能其官，惟尔之能。称匪其人，惟
尔不任"，此外还有《吕刑》相关表述，等等。《礼记》表述较为显著者集中
于《王制》《月令》《玉藻》《明堂位》诸篇，如《王制》"八政：饮食、衣服、
事为、异别、度、量、数、制""王者之制禄爵，公侯伯子男，凡五等。诸侯
之上大夫卿，下大夫，上士中士下士，凡五等""天子百里之内以共官，千里
之内以为御。千里之外设方伯，五国以为属，属有长；十国以为连，连有帅；
三十国以为卒，卒有正；二百一十国以为州，州有伯。八州八伯，五十六正，
百六十八帅，三百三十六长。八伯各以其属，属于天子之老二人，分天下以为
左右，曰二伯。千里之内曰甸，千里之外，曰采曰流"，等等。《孟子》表述
较为显著者，如《万章下》"天子一位，公一位，侯一位，伯一位，子、男同
一位，凡五等也。君一位，卿一位，大夫一位，上士一位，中士一位，下士一
位，凡六等。天子之制，地方千里，公侯皆方百里，伯七十里，子、男五十
里，凡四等。不能五十里，不达于天子，附于诸侯，曰附庸"，《告子下》

"天子适诸侯曰巡狩，诸侯朝于天子曰述职。春省耕而补不足，秋省敛而助不给……天子讨而不伐，诸侯伐而不讨"，《滕文公上》"夏后氏五十而贡，殷人七十而助，周人百亩而彻，其实皆什一也。彻者，彻也；助者，藉也""夫仁政，必自经界始……经界既正，分田制禄可坐而定""无君子，莫治野人；无野人，莫养君子。请野九一而助，国中什一使自赋。卿以下必有圭田，圭田五十亩；馀夫二十五亩。死徙无出乡，乡田同井，出入相友，守望相助，疾病相扶持，则百姓亲睦。方里而井，井九百亩，其中为公田。八家皆私百亩，同养公田；公事毕，然后敢治私事，所以别野人也"，等等。

《尚书》等儒经的礼制内容在《周礼》中得以体系化，《周礼》可谓儒经礼制之集大成者。先就《周礼》之前礼制发展轨迹而言，贾公彦《周礼正义序》考证指出，天地成位君臣道生，立君治乱事资贤辅，君有五期辅有三名，礼制政统燧人氏始，伏羲因之作《易》名官，黄帝法象天文地形，具立官位礼制乃具，黄帝云纪炎帝氏火纪，共工水纪太皞龙纪。少皞鸟纪因事立官，职有句芒蓐收玄冥，颛顼高辛时命重犁，南正司天火正司地，春官木正夏官火正，秋官金正冬官水正，中官土正渐次成型。尧舜官号命以民事，天官称稷地官司徒，子掌四时六官初备，并掌四岳出则为伯。虞官六十夏百二十，殷二四十周三六十，六卿三孤而言九卿，三公职分下兼六卿，周监二代郁郁乎文，象天立官礼制大备。《周礼》本于《周官》，法象天地四时而立官教民，详述六官礼制（天官冢宰、地官司徒、春官宗伯、夏官司马、秋官司寇、冬官司空，亦即治官、教官、礼官、政官、刑官、事官六官体系下正副属官各当其位、掌职尽责，其中天官总摄众官以成天道岁功），此即《周礼》所云"惟王建国，辨方正位，体国经野，设官分职，以为民极。乃立天官冢宰，使帅其属而掌邦治，以佐王均邦国……乃立地官司徒，使帅其属而掌邦教，以佐王安扰邦国……乃立春官宗伯，使帅其属而掌邦礼，以佐王和邦国……乃立夏官司马，使帅其属而掌邦政，以佐王平邦国……乃立秋官司寇，使帅其徒而掌邦禁，以佐王刑邦国……（仿补：乃立冬官司空，使帅其徒而掌邦事，以佐王正邦国。冬官部分佚失而汉代补之以'考工记'）"。具体而言，天官冢宰治官之属：正职大宰（卿一人）、副职小宰（中大夫二人）、辅职宰夫（下大夫四人、上士八人、中士十六人、旅下士三十二人，再加辟除府六人、史十二人，以及民役胥十二人、徒百二十人，其他五官结构类似），此外还包括宫正、宫伯、膳夫、庖人、内饔、外饔、亨人、甸师、兽人、䱷人、鳖人、腊人、医师、食医、疾医、疡医、兽医、酒正、酒人、浆人、凌人、笾人、醢人、醯人、盐人、幂人、宫人、掌舍、幕人、掌次、大府、玉府、内府、外府、司会、司书、职内、职岁、职币、司裘、掌皮、内宰、内小臣、阍人、寺人、内竖、九嫔、世妇、女御、女祝、女史、典妇功、典丝、典枲、内司服、缝人、染人、追师、屦人、夏采等专职辅官执事与府史胥徒若干。地官司徒教官之属：大司徒、小司徒、乡师，以及乡老、乡大夫、州长、党正、族师、闾胥、比长、封人、鼓人、舞师、牧人、牛人、充人、载师、闾师、县师、遗人、均人、师氏、保氏、司谏、司救、调人、媒氏、司市、质人、廛人、胥师、贾师、司虣、司稽、胥、肆长、泉府、司门、司关、掌节、遂人、遂师、遂大夫、县正、鄙师、酂长、里宰、邻长、旅师、稍人、委人、土均、草人、稻人、土训、诵训、山虞、林衡、川衡、泽虞、迹人、卝人、角人、羽人、掌葛、掌染草、掌炭、掌荼、掌蜃、囿人、场人、廪人、舍人、仓人、司禄、司稼、舂人、饎人、槀人等专职辅官执事与府史胥徒若干。春官宗伯礼官之属：大宗伯、小宗伯、肆师，以及郁人、鬯人、鸡人、司尊彝、司几筵、天府、典瑞、典命、司服、典祀、守祧、世妇、内宗、外宗、冢人、墓大夫、职丧、大司乐、乐师、大胥、小胥、大师、瞽矇、典同、磬师、钟师、笙师、镈师、韎师、旄人、籥师、籥章、鞮鞻氏、典庸器、司干、大卜、卜师、卜人、龟人、菙氏、占人、簭人、占梦、眡祲、大祝、小祝、丧祝、甸祝、诅祝、司巫、大史、小史、冯相氏、保章氏、内史、外史、御史、巾车、典路、车仆、司常、都宗人、家宗人等专职辅官执事与府史胥徒若干。夏官司马政官之属：大司马、小司马、军司马、舆司马、行司马，以及司勋、马质、量人、小子、羊人、司爟、掌固、司险、掌疆、候人、环人、挈壶氏、射人、服不氏、射鸟氏、罗氏、掌畜、司士、诸子、司右、虎贲氏、旅贲氏、节服氏、方相氏、大仆、小臣、祭仆、御仆、隶仆、弁师、司甲、司兵、司戈盾、司弓矢、缮人、槁人、戎右、齐右、道右、大驭、戎仆、齐仆、道仆、田仆、驭夫、校人、趣马、巫马、牧师、庾人、圉师、职方氏、土方氏、怀方氏、合方氏、训方氏、形方氏、山师、川师、邍师、匡人、撢人、都司马、家司马等专职辅官执事与府史胥徒若干。秋官司寇刑官之属：大司寇、小司寇、士师、乡士，以及遂士、县士、方士、讶士、朝士、司民、司刑、司刺、司约、司盟、职金、司厉、犬人、司圜、掌囚、掌戮、司隶、罪隶、蛮隶、闽隶、夷隶、貉隶、布宪、禁杀戮、禁暴氏、野庐氏、蜡氏、雍氏、萍氏、司寤氏、司烜氏、条狼氏、修闾氏、冥氏、庶氏、穴氏、翨氏、柞氏、薙氏、硩蔟氏、翦氏、赤友氏、蝈氏、壶涿氏、庭氏、衔枚氏、伊耆氏、大行人、小行人、司仪、行夫、环人、象胥、掌客、掌讶、掌交、掌察、掌货贿、朝大夫、都则、都士等专职辅官执事与府史胥徒若干。冬官司空事官之属（佚失而补之以'考工记'）：轮人、舆人、辀人、筑氏、冶氏、桃氏、凫氏、㮚氏、段氏、函人、鲍人、韗人、韦氏、裘氏、钟氏、筐人、玉人、榔人、雕人、磬氏、矢人、陶人、瓬人、梓人、庐人、匠人、车人、弓人等专职工位若干。

从六官职掌具体内容来看，《周礼》奉天法古礼制内容可谓包罗万象，内蕴大量五礼礼仪与五伦礼义具体内涵。以君子爵位官制统合礼仪礼义，《周礼》这种法天道立民极、先觉觉后觉的教化理路可谓主体尽责而纲举目张，实际构成了中国传统纲常礼教之君子本体与分位架构，历代正史之职官、礼乐、律历、天文、地理等志书即是对以《周礼》为代表的五经四书包罗万象礼制内容在当代损益沿革的记录述评，此外，以"三通"即唐代杜佑《通典》、南宋郑樵《通志》、宋元之际马端临《文献通考》（以及明清时期《续文献通考》《清文献通考》等）为代表的史学类书，亦对礼制礼仪损益沿革相关专题的系统整合做出了重要贡献，此不具述。就礼制沿革而言，顺应教化重心不断下移与民族融合范围扩大之历史趋势，历代儒者以反本开新为基调，反对异化回归本原与因革损益时中担当破立结合，从而使得儒教礼制政统内容愈加丰富细致、通俗实用。

诚如《中庸》所云"文武之政，布在方策。其人存，则其政举；其人亡，则其政息。人道敏政，地道敏树，夫政也者，蒲卢也。故为政在人，取人以身，修身以道，修道以仁。仁者，人也，亲亲为大；义者，宜也，尊贤为大。亲亲之杀，尊贤之等，礼所生也"，儒教礼制确为家国天下内在一体之人治体系，以亲亲、尊尊、贤贤为学理内核，而与之一体相关的宗法、封建、井田、学校（其中，爵位职官、封建制郡县制、察举制科举制、德治法治、公私常势、四民秩序等对待性关系在历代沿革中均存在内在张力）等内容的历史变迁，则实际构成了礼制政统发展史的基本线索。

　　周公、孔子奉天道而法先圣，宗法、封建、井田、学校四位一体，建立起合天道而顺人心的礼制体系。诚如《礼记·大传》所言"亲亲也，尊尊也，长长也，男女有别，此其不可得与民变革者也"，这一体系具有超越时空的永恒价值，虽可因革损益而时中担当，但亦具有董仲舒所言"道之大原出于天，天不变，道亦不变"的永恒性与稳定性。后世儒者之反本开新，实即归原这一超越时空之道而加以因革损益时中对治而已。定之以天则分争少，周朝宗法制主题即本枝百世之嫡长子继承制，王之嫡长子为大宗，王嫡长子之兄弟（嫡次子、庶子）为小宗（诸侯），小宗则亦别子为祖、继别为宗而继祢（别子庶子）者为小宗（卿）。可见大宗小宗只是相对而言，诸侯对于周王为小宗，但在本国则为大宗，卿、大夫、士等则可依此类推，故有百世不迁之大宗与五世则迁之小宗。宗法制立，则天下国家如磐石之固而逆萌难起。周朝分封制主题即圣王本公天下之心择贤（以宗族姻亲贤者、宗族姻亲之外先王之后与当时贤者为诸侯）分治而封国授民，如《尚书·禹贡》"中邦锡土、姓，祗台德先，不距朕行"、《春秋左传·隐公八年》"天子建德，因生以赐姓，胙之土而命之氏"，周朝王制禄爵以封建诸侯，封国等级分公侯伯子男五等，王者对世袭诸侯按时考功黜陟；诸侯亦本公国之心择贤（以宗族姻亲贤者、有功者与非宗族姻亲之贤者、有功者为卿大夫士），诸侯制禄爵等级分上大夫卿、下大夫、上士、中士、下士五等爵位，一般是卿大夫有封邑而士有圭田，卿大夫禄爵则分世卿世禄与非世卿世禄两类。周朝井田制主题即什一而藉、分田制禄，如《孟子·滕文公上》所云"方里而井，井九百亩，其中为公田。八家皆私百亩，同养公田；公事毕，然后敢治私事"，一者贤君恭俭礼下而取于民有制，二者百姓亲睦而守望相助，故井田制可谓先公后私而公私互成，礼制中正而上下相安之圣王善制。而周朝学校制主题则为培养明习人伦礼教之君子人才，如《孟子·滕文公上》所云"设为庠序学校以教之。庠者，养也；校者，教也；序者，射也。夏曰校，殷曰序，周曰庠；学则三代共之，皆所以明人伦也。人伦明于上，小民亲于下"。就宗法、封建、井田、学校四位一体之内在关系而言，宗法为体，分封、井田为用，学校则通体达用；宗法为根本，分封与井田为宗法题中应有之义，学校则为落实三者之人才保障。宗法安则分封行、井田正而学校兴，学校兴则宗法安、封建行而井田正，此即三代礼制之良性循环。

就礼制沿革而言，顺应教化重心下移普及与民族融合范围扩大之历史趋势，折中于人治与法治、反本常道与实用方便之间而反本开新、纳古于新，构成了儒教礼制发展史的基本特征，如宗法制的不断消解与有限重建，以及封建亲贤制、井田中正制、学校举贤制在向郡县流官制、限田均田制、科举普选制的时势转变中，又能不断反思权衡并有限复归圣王礼制古意之不懈努力，等等。具体而言，在春秋末期与战国乱世税亩田赋、铸刑书、设县公，以及废公族务兼并、废井田开阡陌等实用主义势力变乱古制的直接冲击下，宗法封建制逐渐破坏而郡县流官制渐次代兴。秦汉以来实行中央职官三公九卿制，经东汉魏晋以至隋朝的损益沿革，三公九卿制完成向三省六部制（即尚书省、中书省、门下省与吏部、户部、礼部、兵部、刑部、工部）转变，且经历代微调而一直延续至清代，但集权与分权之内在张力一直存在，且有时矛盾还较为突显；地方职官则由郡县制到州县制、省府县制几经变换，其中郡县制始于秦朝终于北周，州县制始于隋朝，省、府（州）、县制始于元朝。与此相对应，爵禄封授则由封土授民之实爵实禄逐步向虚封实禄的食邑谷禄制、俸禄制转变，且一般与职官品级相结合。当然，历代爵禄封授于亲亲、贤贤、功功之间仍有区别（明代之前诸如王公等高等级爵禄尚或有封邑而其他中低等级则并无封邑，有些中低等级甚至食禄亦虚，明代之后则即便是王公等高等级爵禄亦只虚封爵号而实授食禄而已）。汉代征辟、察举、任子制度与曹魏九品中正制尚存上古礼制之余意，但士族衰乱而庶族代兴，隋朝以来正式实行科举制，但亦内在参合察举拔贡等古制优长以祛科举选拔之偏弊。井田古制亦应时制宜，历代调整为限田制、均田制以及府兵制、屯田制等，均田制（北魏至唐朝前期实行，按农民人口分配土地，地主土地不属于均田范围），唐代继续完善均田制并实行租庸调制，但中唐之后土地兼并严重，均田制与租庸调制遂为两税法取代（不再按丁征税而改为按资产、田亩征税，部分农民转变为国家编户，奠定了唐代后期至明中叶赋税制度的基础），明中叶之后则实行"一条鞭法"（将田赋、徭役、杂税合并而折成银两征税），清代又实行"摊丁入亩"（将丁税平摊入田赋统征地丁银而废除人头税）。"一条鞭法"与"摊丁入亩"虽于中央集权有益，但也使得封建井田之尚存古意瓦解灭裂，此后商品经济加速泛滥，士农工商传统次序亦发生内在质变，进而最终加速了因公私理欲日益混滥而礼制衰微、人心散乱这一清末千古变局的到来。

　　鉴于三代王制宗法、封建、井田、学校四者内在一体、不可剥离，而封建制又能兼及并涵摄宗法、井田、学校制度之实际内容，以下试以历代儒者封建论为主线简述三代王制之历代探索①。经历春秋末期尤其是利欲为患的战国乱世之后，秦朝王绾、淳于越等以封建为大公而主张复古礼制，秦始皇、李斯等则以郡县为大公而主张以吏为师，自秦朝起郡县制取代了封建制。汉代在郡县制前提下一定程度地恢复了封建制，但西汉封建过制且私心过重，故而出现了地方叛乱与王莽改制，东汉封建则主要采取谷禄制这一虚封实禄方式。曹魏封建虚化故晋朝乘机代兴，西晋封建过制而引发八王之乱与五胡乱华社会动荡；东晋士族兴盛而立九品中正制与复客制，宗族部曲田庄亦兴起，但由于门阀士族风气败坏遂有王敦、苏峻之乱。其间儒者言封建、郡县者，如曹冏《六代论》"独治之不能久也，故与人共治之""兼亲疏而两用，参同异而并建，是以轻重足以相镇，亲疏足以相卫""弃礼乐之教，任苛刻之政。子弟无尺寸之封，功臣无立锥之地。内无宗子以自毗辅，外无诸侯以为藩卫。仁心不加于亲戚，惠泽不流于枝叶"②，同时指出封建不能过于古制；晋代陈寿亦认可封建，陆机《五等论》亦云"使万国相维，以成盘石之固；宗庶杂居，而定维城之业""为上无苟且之心，群下知胶固之义"③，同时指出郡县制易使士人进取情锐、修己安人之志多不暇及。在唐贞观二年封建、郡县之争中，唐太宗、萧瑀主张恢复封建制，而魏徵、颜师古、马周等则以为封建之道虽善却不合时宜；李百药《封建论》进而认为，封建制"世增淫虐，代益骄侈"，而郡县制则"设官分职，任贤使能""爵非世及，用贤之路斯广；民无定主，附下之情

---

　　① 具体内容参见田耕耘：《明清"封建论"研究》，中国社会科学出版社2013年版。

　　② 见严可均校辑：《全上古三代秦汉三国六朝文》第二册，中华书局1991年版，第1160—1162页。

　　③ 见严可均校辑：《全上古三代秦汉三国六朝文》第二册，中华书局1991年版，第2025—2026页。

不固"①；杜佑、柳宗元亦为郡县制辩护，如柳宗元《封建论》认为"封建非圣人意也，势也""秦之所以革之者，其为制，公之大者也；其情，私也"②。宋代亦有赞同柳氏者，如苏轼《论封建》"封建者，争之端而乱之始也……故吾以为李斯、始皇之言，柳宗元之论，当为万世法也"③，范祖禹《唐鉴》"三代封国，后世郡县，时也；因时制宜，以便其民，顺也。古之法不可用于今，犹今之法不可用于古也"④等。但就总体而言，宋代大儒大都深入反思外来佛教冲击以及外夷入侵等时代问题，指出由于郡县制背离了礼乐制度，礼乐崩溃后秦代以下乱世纷纷，一并振起井田、封建、宗法、学校三代礼制而反本开新遂成宋代儒教主流基本共识。如欧阳修《本论中》云"尧舜三代之际，王政修明，礼义之教充于天下。于此之时，虽有佛，无由而入"⑤，石介《原乱》云"夫君臣之礼乱，则僭夺篡弑作矣；什一之制亡，则暴赋重算行矣；井田之制废，则豪强兼并兴矣"⑥，张载《经学理窟·周礼》"治天下不由井地，终无由得平……井田卒归于封建乃定……天下之事，分得简则治之精，不简则不精，故圣人必以天下分之于人，则事无不治者"、《宗法》"宗子之法不立，则朝廷无世臣……宗法若立，则人人各知来处，朝廷大有所益"⑦（张载、程颐等皆主张立宗子法以尊祖重本，管摄人心、守宗族而厚风俗，而范仲淹创立义庄亦有恢复宗法之意）。胡宏亦主张以三代王道救世，如《知言·中原》"封建也者，帝王所以顺天理、承天心、公天下之大端大本也；不封建也者，霸世暴主所以纵人欲、悖大道、私一身之大蘖大贼也……封建者，政之有根者也，故上下辨，民志定，教化行，风俗美，理之易治，乱之难亡，扶之易兴，亡之难灭。郡县反是"⑧，进而主张以均田为渐次恢复封建井田之前提而以学校礼教为贯彻落实封建井田之根本保障。朱子在前贤努力基础上，亦对宗法、封建、井

---

① 见《全唐文》第二册卷一四三，中华书局1983年版。
② 《柳宗元集》卷三，中华书局1979年版，分见第70、74页。
③ 《苏东坡全集》下册，中国书店1986年版，第258—259页。
④ 范祖禹：《唐鉴》卷四，上海古籍出版社1981年版。
⑤ 《欧阳修全集》第二册卷十七，中华书局2001年版，第288页。
⑥ 石介：《徂徕石先生文集》卷五，中华书局1984年版，第66页。
⑦ 《张载集》，中华书局1978年版，分见第248—251、259页。
⑧ 《胡宏集》，中华书局1987年版，第47—48页。

田、学校一并振起作出开拓努力，主张圣人不以天下为己私故分天下与亲贤共理，如《朱子语类》即明示，"若论三代之世，则封建好处，便是君民之情相亲，可以久安而无患；不似后世郡县，一二年辄易，虽有贤者，善政亦做不成"①；朱子同时也洞察膏粱者不可使治民的道理，故中和主张于郡县中错杂封建而行考察庆让之典，以期庶几得其两益而去其两弊。与朱子同时代的叶适也肯定封建制优长，如《水心别集》卷十五《应诏条奏六事》"昔之立国者，知威柄之不能独专也，故必有所分；控持之不可尽用也，故必有所纵"②等。元代吴莱亦指出，井田即小封建而封建即大井田，故井田废则封建必然废而为郡县。明初，程通《封建策》重亲亲本支之固，梁潜《泊庵集》卷二《亲亲三》亦指出维持国本莫良于封建、保封建则莫良于亲亲，封建乃帝王推亲亲之恩以仁民之大道；徐枋《封建论》指出封建乃唐虞三代圣人之制，谢缙则主张兼采封建、郡县制度优长。胡居仁进而指出，封建乃圣人本公天下之心而择贤分治，如《居业录·古今》"今人多言古道不可行于今，此乃见道不明、徇俗苟且之论。古今之道一也，岂有可行于古不可行于今！但古今风气淳漓不同，人事烦简有异，其制度文为不无随时斟酌而损益之。若道之极乎天地，具于人心者，岂有异哉""有公天下之心方做得公天下之事……后世以智力取天下，其治天下乃把持制驭之术，未尝有爱养斯民之诚心，如何行得封建"③等。黄省曾《难柳宗元封建论》亦以柳氏利子孙论为卑浅，认为封建乃术之仁者而郡县乃术之不仁者，《难四贤〈封建论〉一首》进而指出"大抵封建行则兼并绝，冗官去，贪夫褫，豪强罢，释老废，术家息，优妓销，驿传省，征求薄，民生足，邦本固而国祚昌矣"④等。明代中后期，章潢归旨治民安民本务而主张郡县、封建内在互寓，指出封建出自圣人公天下之心，无此公心之封建乃授之以作乱之具，如《古今郡国沿革》"夫封建者，古帝王所以建万世之长策。今其公心良法一不复存，而顾强希其美名以行之，上则不利君，中则不利臣，下则

---

① 《朱子语类》卷一〇八，中华书局1986年版，第2679页。
② 《叶适集》，中华书局2010年第2版，第842页。
③ 胡居仁：《居业录》卷五，影印《四库》714册，页第49下—50上、50上—51上。
④ 黄省曾：《五岳山人集》卷二八，《四库存目丛书》本。

不利民，而方追咎其不能行，此书生之论，所以不能通古今之变也"①。明代中期王阳明主张学贵自得于心，王学泛滥而明中后期部分心学学者自我意识强烈，且与因商品经济蔓延而工商市民阶层兴起现象内在呼应，如东林、复社等学者多注重私人利益与地方分权意识，顾宪成亦有一家之公与天下之公之分判等；杨慎、柳稷论封建、郡县亦主张顺势变通而反对生今反古。明末清初，儒者反思虚谈心性之明亡教训而主张经世济用。其中，陆世仪主张以三代之道治天下，明示乡党乃王化之基而分乡乃小封建法，主张以儒贤代胥吏而乡约、社学、保甲、社仓一并振起。顾炎武《郡县论》主张寓封建之意于郡县之中以存宗法、扶人纪、张国势，建议地方官经多次考核后可任职终身并可举子弟代之（亦须多次考核），藉此达到用天下之私成一人之公而天下治之目的。此外，黄宗羲、魏禧等主张取封建之长以补郡县之短、封建郡县相为经纬复合并存，颜元、陆求可等则主张复古封建古礼，如《存治篇·封建》即认为非封建不能尽天下人民之治、尽天下人才之用。王夫之、李塨等则以时势论郡县优于封建，以封建亲亲为私而以郡县德贤为公。袁枚论封建、郡县较为综合中道，如《书柳子〈封建论〉后》云"封建可行乎？曰：道可，势不可……先王有公天下之心而封建，亲亲也，尊贤也，兴绝国也，举废祀也，欲百姓之各亲其亲、各子其子也，故封建行而天下治。后世有私天下之心而封建……无先王之心，行先王之法，是谓徒政。子之之让国，宋襄、徐偃之仁义，师丹、王莽之均田、限田，王安石之《周官》《周礼》，无所不败。盖不徒封建然也。因其败辙而訾其成规，奚可哉"②；崔迈亦重势而认为法久必弊而变通、治乱在人事不可通诿之于法。清代中叶，汪绂《淮孟下》论证指出，封建制爵制禄、井田任地任民、学校明人伦乃三代王道治天下之大器，三者健全则君臣、人民礼制礼仪教兴，而封建废郡县兴则胥吏操柄；汪氏进而指出，三代之器虽泯而三代之道不亡，变而通之则可于郡县体制行三代王制（封建、井田、学校）遗意③。俞长城《王霸辨》亦认为，"喜、怒、哀、惧、爱、恶、欲，王道之源；君臣、

---

① 章潢：《图书编》卷八六，影印《四库》971册，页第588上。

② 袁枚：《袁枚全集》（贰），江苏古籍出版社1993年版，第390—391页。

③ 贺长龄、魏源等编：《清经世文编》卷一，中华书局1992年版，第48—49页。

父子、夫妇、兄弟、朋友，王道之纲。源深则流远，纲举则目张，故为人君者，必正其心于平居无事之时，而尽其诚于人伦日用之大，然后推之天下，礼乐刑政，莫不毕举，而王道四达"①。庄有可亦以圣王大公至正之心论封建、郡县，指出天下至今未尝废封建，以分人任责为内核的封建本意终古无能废，应体礼德兼备之王道遗意而反对集权专制。陆生楠、曾静倡言同寅协恭之封建礼制为圣人治天下之大道与御戎狄之大法，指出封建礼制废至今害深祸烈；李富孙亦倡封建，认为封建之法虽不可行于后世，而汉、唐封建之遗意必不可废。雍正、程晋芳、焦循、刘鸿翱、宋凤翔等反封建，认为王政必酌人情而权时变，适应人心不古现实时势，治乱在于是否祈天永命而不在于何种制度。由于西学传入，清代晚期儒者封建、郡县论开始形成地方自治意识，如冯桂芬主张折中古今而合治、分治内在结合，黄遵宪亦主张分治以御夷狄外患；俞樾《封建郡县说》亦云"封建必以郡县之法行之，郡县必以封建之法辅之。两者并用，然后无弊"②，并建议内地行郡县制而边地行封建制以御外患；文廷式指出封建制优长在于文武备修，刘沛亦指出封建则流寇不起。戴望、赖光华则立足现实而反对封建寓于郡县的观点，指出体制不可混杂有如裘葛不相沿袭，当下乡绅败坏虐民故应度于古今之宜；章太炎亦认为封建之说未必非，但在当下负乘招盗之乱世则必不如专制为善。民国以来，自由民主、权利法治西化潮流席卷华夏，封建、郡县争论已然变质。

综上，历代儒者封建、郡县论之主流在于既反本封建井田三代王道，又顺应教化下移与民族融合现实需要而主张反本开新、纳古于新。鉴古可以知今，历史发展的必然趋势就是，与中华民族教化下移与民族融合历史使命的渐次达成内在一致，历代儒者反本三代王道制度之本愿终将得以实现。

（二）礼仪内容及发展史述略

礼仪分五类故称"五礼"，礼仪学统（即五礼及其时中变通）作为君子学行，在《诗经》《尚书》《周易》《春秋》《周礼》《礼记》等儒经中均有表述，如《尚书·尧典》"修五礼"、《皋陶谟》"天秩有礼，自我五礼有庸哉"等，《周

---

① 《清经世文编》卷七，第178—179页。
② 俞樾：《宾萌集》卷二，《续修四库全书》1550册，上海古籍出版社2002年版，第21页上。

礼·春官》中五礼始实指吉、凶、军、宾、嘉礼。《周官》为体而《仪礼》为履，"五礼"礼仪在《仪礼》《周礼》中有较为系统的经典概括，《仪礼》所述冠昏祭丧、饮射燕聘诸礼仪，构成了传统纲常礼教之实践依据。《仪礼》特牲馈食礼、少牢馈食礼、有司彻等礼仪属于吉礼，丧服、士丧礼、既夕礼、士虞礼等礼仪属于凶礼，士相见礼、聘礼、觐礼等礼仪属于宾礼，士冠礼、昏礼、乡饮酒礼、燕礼、大射礼、公食大夫礼等礼仪属于嘉礼。由于《仪礼》是以士为礼仪主体展开阐述的，故而一者未能涉及"五礼"之军礼，军礼礼仪是在其他儒经尤其是《周礼》《春秋》"三传"中得以清晰展现的；二者在《仪礼》之冠礼、昏礼、丧礼、祭礼、乡饮酒与乡射礼、相见礼六大礼仪程式中，士冠礼乃六礼之首、士昏礼乃六礼之本，而不是就礼制整体而言的以吉礼为五礼之冠，而后依次为凶礼、军礼、宾礼、嘉礼的排列次序。因此，《仪礼》《周礼》和合，即可担当礼仪学统核心文本职责。传统《周礼》《仪礼》五礼体系内容对历代礼教影响深远，后世修订礼典礼仪，即是以吉、凶、军、宾、嘉五礼为纲目而内在展开的。

吉礼（传统五礼之冠）。吉礼乃答报天地先祖生养之恩的祭祀之礼，总括天神、地祇、人鬼三类祭祀礼仪，且每一具体祭仪均配有肃穆诚敬之诗辞乐舞。吉礼极为重要，诚如《荀子·礼论》所云"礼有三本：天地者，生之本也；先祖者，类之本也；君师者，治之本也"，《春秋左传·成公十三年》亦云"国之大事，在祀与戎"。《周礼》《仪礼》奠定了吉礼基本框架、主体内容与礼仪程式，如《周礼·春官·大宗伯》"以吉礼事邦国之鬼、神、祇：以禋祀祀昊天上帝，以实柴祀日、月、星、辰，以槱燎祀司中、司命、飌师、雨师；以血祭祭社稷、五祀、五岳，以貍沈祭山林川泽，以疈辜祭四方百物；以肆献祼享先王，以馈食享先王，以祠春享先王，以禴夏享先王，以尝秋享先王，以烝冬享先王"，以及《仪礼》特牲馈食礼、少牢馈食礼、有司彻部分的具体仪式规定等。《周礼》《仪礼》以来，吉礼内容历代均有损益兴革，相对稳定者则有郊天、大雩、大享明堂、祭日月、大蜡、祭社稷、祭山川、祭藉田、祭先蚕、祭天子宗庙、祫禘、功臣配享、上陵、释奠、祀先代帝王、祭孔子、巡狩封禅、祭高禖等，这些仪式在历代正史礼乐志书部分均有具体描述。唐代杜佑《通典·礼六六》述大唐开元五礼礼仪一百五十二条，其中述吉礼礼仪五十五条，如冬至祀昊天于圜丘、正月上辛祈谷于圜丘、孟夏雩祀于圜丘、季秋大享于明堂、立春祀青帝于东郊等，实即对历代五礼因革之初步总结。具体言之，祭祀天神礼仪首重昊天上帝，次重日月星辰（日月阴阳经天，金、木、水、火、土五行纬天，十二辰、二十八星宿亦俱与民生日用息息相关），以及祭司中、司命、风师、雨师（即祭祀有功于民之列星，后世则亦致祭司民、司禄、分野星、房星、灵星、农星、太岁等星象），此外还有雩祭（即夏历四月祈谷于天之常雩，不同于夏秋二季的祈祷上天与山川百源之旱雩）等。祭祀地祇礼仪首重社稷（社者土地之神，稷者百谷之主）、五祀（即金、木、水、火、土五行之神）、五岳（即天下五方镇山泰山、衡山、华山、恒山、嵩山，且多与表征五行方位之青帝、赤帝、黄帝、白帝、黑帝五帝合祭），次重山林川泽（四方大河大山，如四渎四镇等）、城隍（本为《周官》八神之一，由于道教褒扬与城市兴起遂成地方守护神，城隍神祭祀始于南北朝而盛于唐、宋，宋代列为国家祀典，元代封为佑圣王，明太祖大封天下城隍神爵位为王、公、侯、伯四等，岁时分由对应官长祭祀，以祈其鉴察民之善恶而祸福之。宋明以来，民间更是大量祭祀有功德之人神），以及祭祀四方百物诸小神（如户、灶、霤、门、行等五祀，密厚民生故祭报其功）等。祭人鬼礼仪则主要是祖先祭祀与先王先师祭祀，后来范围又扩展至祭祀先贤行祖等，总括祭祀宗庙、禘祫、功臣配享、上陵、释奠、祭先代帝王、祭祀孔子、巡狩封禅、祭高禖等礼仪。其中，祭庙有礼制等级（天子七庙，三昭三穆，与太祖之庙合而为七；诸侯五庙，二昭二穆，与太祖之庙合而为五，大夫三庙，一昭一穆，与太祖之庙合而为三；士一庙。庶人则祭于寝，分祫禘大祭与四时祭，禴、祠、尝、烝者即四时之首享祭祖先）。祭历代帝王，始于东汉章帝，北魏定制，后代沿之。祭祀先圣先师，以及祭祀贤臣、先农、先蚕、先火、先炊、先医、先卜以崇德报功等。

其中就先圣先师祭祀而言，最初并无特定对象，鲁哀公十七年立庙奉祀孔子，西汉高祖祭孔子以太牢之礼，平帝追谥孔子为"褒成宣尼公"，至东汉明帝以孔子为先师、周公为先圣。此后，北魏孝文帝加谥"文圣尼父"、北周静帝尊封"邹国公"、隋文帝尊称"先师尼父"、唐高祖尊称"先师"、唐太宗尊称"先圣"与"宣父"、唐高宗尊称"太师"、武则天尊封"隆道公"、唐玄宗追谥"文宣王"、宋真宗加谥"至圣文宣王"、夏仁宗尊封"文宣帝"、元武宗加封"大成至圣文宣王"、明世宗尊称至圣先师、清世祖顺治帝加封"大成至圣文宣先师"、圣祖康熙帝尊称"万世师表"、世宗雍正帝加封孔子先世五代俱为王爵、民国二十四年（1935）国民政府尊奉为"大成至圣先师"。唐太宗、玄宗之后，历代皆以祭祀孔子为朝廷大典，祭礼规格与祭祀天地宗庙相当，国学及天下州县学宫亦仿其制建文庙，每年春秋行祭祀孔圣先师礼乐大典。配享者历朝历代渐次增加，主要包括四配（复圣颜子、宗圣曾子、述圣子思子、亚圣孟子）、十二哲（先是唐玄宗开元八年初定颜回、闵损、冉耕、端木赐、冉有、冉求、仲由、宰予、言偃、卜商为十哲，后来颜回祭仪升格为四配之首，又升格颛孙师为十哲之一，清代康熙、乾隆年间又增加有若和朱子，从而定为十二哲）、先贤先儒（主要包括孔门七十二贤人以及后世历代贤德大儒）。就祭祀孔子祝文而言，有如明代先师孔子祝文（见《大明会典》卷九十一）：维洪武某年岁次某月朔日，皇帝遣具官某，致祭于大成至圣文宣王。惟王德配天地，道冠古今，删述六经，垂宪万世。谨以牲帛醴齐，粢盛庶品，祇奉旧章，式陈明荐，以兖国复圣公、郕国宗圣公、沂国述圣公、邹国亚圣公配。尚飨"。就祭祀孔子乐章而言，则有如明代释奠乐章（明太祖洪武二十六年春，颁《大成乐》于天下，郡县祀孔典礼自此皆用乐）：一、迎神，咸和之曲：大哉宣圣，道德尊崇，维持王化，斯民是宗。典祀有常，精纯益隆，神其来格，於昭圣容。二、奠帛，宁和之曲：自生民来，谁底其盛，惟王（后改为师）神明，度越前圣。粢帛具成，礼容斯称，黍稷非馨，惟神之听。三、初献，安和之曲：大哉圣王，实天生德，作乐以崇，时祀无斁，清酤惟馨，嘉牲孔硕，荐羞神明，庶几昭格。四、亚献、终献，景和之曲：百王宗师，生民物轨，瞻之洋洋，神其宁止，酌彼金罍，惟清且旨，登献惟三，於戏成礼。五、彻馔，咸和之曲：牺象在前，豆笾在列，以享以荐，既芬既洁，礼成乐备，人和神悦，祭则受福，率遵无越。六、送神，咸和之曲：有严学宫，四方来宗，恪恭祀事，威仪雍雍，歆格惟馨，神驭旋复，明禋斯毕，咸膺百福。又如清代释奠乐章（乾隆八年新颁定"阙里文庙及府州县学用祀孔乐章"）：一、迎神，奏"昭平之章"：大哉孔子，先觉先知，与天地参，万世之师，祥徵麟绂，韵答金丝，日月既揭，乾坤清夷。二、初献，奏"宣平之章"：予怀明德，玉振金声，生民未有，展也大成，俎豆千古，春秋上丁，清酒既载，其香始升。三、亚献，奏"秩平之章"：式礼莫愆，升堂再献，响协蓥镛，诚孚罍甒，肃肃雍雍，誉髦斯彦，礼陶乐淑，相观而善。四、终献，奏"叙平之章"：自古在昔，先民有作，皮弁祭菜，於论思乐，惟天牖民，惟圣时若，彝伦攸叙，至今木铎。五、彻馔，奏"懿平之章"：先师有言，祭则受福，四海黉宫，畴敢不肃，礼成告彻，毋疏毋渎，乐所自生，中原有菽。六、送神，奏"德平之章"：凫绎峨峨，洙泗洋洋，景行行止，流泽无疆，聿昭祀事，祀事孔明，化我蒸民，育我胶庠。最后再就奉祀孔子嫡嗣崇封而言，汉高祖封孔子嫡嗣八世孙孔腾为"奉祀君"，汉元帝封孔子十二世孙孔霸为褒成侯，之后历代崇封有如奉圣侯、崇圣大夫、崇圣侯、恭圣侯、宗圣侯、邹国公、绍圣侯、褒圣侯、文宣公不等，宋代至和二年改封世袭"衍圣公"并一直沿袭到民国时期，至民国二十四年改封衍圣公孔德成为大成至圣先师奉祀官为止。实际上，历代儒者不断体认并回归圣人之道的历程，亦即中华民族不断自觉省察天地正道而不断前行的内在展开历程。

凶礼（传统五礼之一）。广义上讲，凶礼是哀吊恤忧之礼仪，包括丧礼、荒礼、吊礼、禬礼、恤礼等五类礼仪。《周礼》《仪礼》奠定了凶礼基本框架、主体内容与礼仪程式，如《周礼·春官·大宗伯》"以凶礼哀邦国之忧：以丧礼哀死亡，以荒礼哀凶札，以吊礼哀祸灾，以禬礼哀围败，以恤礼哀寇乱"，以及《仪礼》丧服、士丧礼、既夕礼、士虞礼部分的具体仪式规定等。《周礼》《仪礼》以来，凶礼内容历代虽有损益兴革，但亦大致相对稳定。秦汉隋唐以来丧礼臻于完备，唐代杜佑《通典·礼六六》即曾综述大唐开元礼凶礼礼仪为十八条。历代丧礼有时间地域与分位等级方面的样式繁简具体差别，其中民间丧礼仪式规定较为简化通俗。丧礼极为重要，诚如《论语·学而》所云"慎终追远，民德归厚矣"，《孟子·离娄下》亦云"养生者不足以当大事，惟送死可以当大事"。狭义凶礼的核心内容即丧礼，包括丧葬仪规、丧服制度、册封赠谥等方面内容。就丧葬仪规而言，大致包括属纩、复魂、停尸、小敛、报丧、奔丧、吊唁、大敛、成服、出殡、下葬、庐墓、守制等仪轨程式。而就丧服制度而言，按血缘亲疏远近可分为斩衰、齐衰、大功、小功、缌麻五等丧服，除服期限依次为三年、一年（或三年）、九个月、五个月、三个月。再就孝子丧祭程序而言，则包括奠（敬献祭品）、虞祭（葬后祭）、卒哭（三虞之祭，丧后百日左右）、小祥（一周年祭）、大祥（二周年祭）、禫祭（二十七月祭后孝子除服）等。至于具体丧仪规定及其历代变迁，限于篇幅此不具述。

军礼（传统五礼之一）。军礼是师旅操演征伐之礼仪，包括大师礼（召集整顿军队）、大均礼（校正户口调节赋征）、大田礼（田猎检阅车马人众）、大役礼（建筑城邑征集徒役）与大封礼（整修疆界、道路、沟渠）等各类礼仪。《周礼》奠定了军礼基本框架与主体内容，如《周礼·春官·大宗伯》"以军礼同邦国：大师之礼，用众也；大均之礼，恤众也；大田之礼，简众也；大役之礼，任众也；大封之礼，合众也"。《周礼》以来，军礼内容历有损益兴革，如唐代开元礼制即又总结出告太庙、命将、出师、宣露布、大射、马祭、大傩等多类具体礼仪（其中，把本属宾礼的射礼礼仪重新归类为军礼），唐代杜佑《通典·礼六六》继而总述大唐开元礼军礼礼仪二十三条，如亲征类于上帝、宜于太社、告于太庙、祃于所征之地、载于国门、广告所过山川、宣露布、劳军将、讲武、田狩、射宫、观射、遣将出征宜于太社、遣将告太庙、遣将告齐太公庙、祃马祖、享先牧、祭马社、祭马步、合州伐鼓、合朔诸州伐鼓、大傩、诸州县傩等，具体内容此不具述。

宾礼（传统五礼之一）。宾礼是接待宾客之礼仪，宾礼本来包括朝、聘、盟、会、遇、觐、问、视、誓、同、锡命等系列礼仪制度，历代沿革中相对稳定的核心内容则为天子受诸侯朝觐、天子受诸侯遣使来聘、天子遣使迎劳诸侯、天子受诸侯国使者表币贡物、宴诸侯或诸侯使者等各类礼仪。此外，王公以下直至士人相见礼仪亦属宾礼，民间交往变通之宾礼则相对通俗简化。《周礼》《仪礼》奠定了宾礼基本框架、主体内容与礼仪程式，如《周礼·春官·大宗伯》"以宾礼亲邦国：春见曰朝，夏见曰宗，秋见曰觐，冬见曰遇，时见曰会，殷见曰同，时聘曰问，殷覜曰视"，以及《仪礼》士相见礼、聘礼、觐礼部分的具体仪式规定等。《周礼》《仪礼》以来，宾礼内容历代均有损益兴革，其中唐代杜佑《通典·礼六六》综述唐开元礼制宾礼礼仪为六条，如番国（西方边境各国）主来朝、戒番国主见、番主奉见、受番使表及币、宴番国主、宴番国使等。此后，《新唐书·礼乐志六》述宾礼内容为待四夷之君长与其使者，

《清史稿·礼志二》更为全面的综括宾礼内容为藩国通礼、山海诸国朝贡礼、敕封藩服礼、外国公使觐见礼、内外王公相见礼、京官相见礼、直省官相见礼、士庶相见礼等。

嘉礼（传统五礼之一）。嘉礼是和合五伦、达志通情之礼仪，包括饮食之礼，昏冠之礼、宾射之礼、飨燕之礼、脤膰之礼、贺庆之礼等，具体则如君主登基、册皇太子、策拜王侯、节日受朝贺、天子纳后妃、太子纳妃、公侯大夫士昏礼、冠礼、宴飨礼、乡饮酒礼等具体礼仪程式。《周礼》《仪礼》奠定了吉礼基本框架、主体内容与礼仪程式，如《周礼·春官·大宗伯》"以嘉礼亲万民，以饮食之礼亲宗族兄弟，以昏冠之礼亲成男女，以宾射之礼亲故旧朋友，以飨燕之礼亲四方之宾客，以贺庆之礼亲异姓之国"，以及《仪礼》士冠礼、士昏礼、乡饮酒礼、燕礼、大射礼、公食大夫礼部分的具体仪式规定等。《周礼》《仪礼》以来，宾礼内容历代均有损益兴革，如《清史稿·礼志六三》总述嘉礼礼仪内容云"属于天子者，曰朝会、燕飨、册命、经筵诸典。行于庶人者，曰乡饮酒礼。而婚嫁之礼，则上与下同也"。其中，士冠礼仪式程序包括主人庙筮吉日，筮宾戒宾宿宾，请期为期告期，陈服迎宾升宾，加冠元服（三加元服，有祝辞、醴辞、醮辞），冠者拜母，宾字冠者（有字辞），主人送宾，冠者拜兄弟、赞者、姑姊，冠者拜君、乡大夫、乡先生，主人醴宾、酬宾、送宾等具体时段性礼仪。士昏礼仪式程序包括纳采、问名、纳吉、纳征、请期、亲迎（此后拜堂合卺、妇拜舅姑、妇入三月庙见告祭祖祢）六大时段性礼仪，士相见礼仪式程序包括请见之礼仪与贽见之礼仪，乡饮酒礼仪式程序包括主人先生相谋宾介、乐正工相正歌告备、安宾坐宾主宾拜酬、彻俎取俎揖坐进羞、宾出拜送宾回拜赐、劳息执事等具体时段性礼仪，乡射礼仪式程序包括主人戒宾、迎宾、酬宾、荐俎进羞，乐正工相正歌告备，司射请射三耦比射、宾主继射，胜饮不胜升饮合乐，送宾回拜劳息执事等具体时段性礼仪，燕礼、聘礼、公食大夫礼、觐礼等仪式程序与士相见礼、乡饮酒礼、乡射礼类似而规格更高。嘉礼具体内容前已简介，此不具述。至于嘉礼沿革，仅以婚礼礼俗化为例，具有里程碑意义的是，南宋大儒朱子在《政和新礼》基础上制定的《家礼》（其变化包括将问名、纳吉、请期环节删去合并，仅存纳采、纳征、亲迎三礼仪，并将三月庙见改为三日庙见等），由于简化通约、雅俗共赏而成为元、明、清时期士庶通用的婚仪规范，对中华民族家国礼教影响至为深远。

在汉唐两宋儒者尤其是程朱礼仪规范建设基础上，以乾嘉学者为代表的明清儒者进而对五礼礼仪加以考证梳理与总结概括努力，从而使得传统礼仪学统内容愈发丰富细致而清楚显明。历代先贤对儒教礼仪学统进行了反本开新的探索开拓，反对异化回归本原与因革损益时中担当内在一体，构成了礼教发展史上不可或缺的重大组成部分。

（三）礼义内容及发展史述略

礼义即纲常五伦，亦即三纲"君为臣纲，父为子纲，夫为妻纲"、五常"父慈子孝父子有亲、君仁臣忠君臣有义、夫义妇顺夫妇有别、兄友弟恭兄弟有序、朋和友爱朋友有信"、五德"仁、义、礼、智、信"的内在统一（阴阳对待、互补共生，三纲五常当位中正，实即秩序井然之自由平等）。奉天法古之伦常中道作为礼制、礼仪内在灵魂，构成了礼教道统所在。奉天法古五伦教义内在贯彻于五经四书中，如《尚书·舜典》"慎徽五典……敬敷五教"，《皋陶谟》"天叙有典，敕我五典五惇哉"，《君牙》"弘敷五典，式和民则"，《大禹谟》"明于五刑，以弼五教"，这里所说的五典五教实指父义、母慈、兄友、弟恭、子孝，此乃伦常教化之萌芽端绪；《周易·说卦》"立天之道曰阴与阳，立地之道曰柔与刚，立人之道曰仁与义"，《家人卦》象辞"父父，子子，兄兄，弟弟，夫夫，妇妇"，此亦伦常家教之概括表述；《毛诗序》亦指出《鹿鸣》废则和乐缺，《四牡》废则君臣缺，《常棣》废则兄弟缺，《伐木》废则朋友缺，《南陔》废则孝友缺，《蓼萧》废则恩泽乖等，此述五伦废缺之恶果；《春秋左传·隐公三年传》"贱妨贵，少陵长，远间亲，新间旧，小加大，淫破义，所谓六逆也。君义，臣行，父慈，子孝，兄爱，弟敬，所谓六顺也"，何休《春秋公羊传解诂》亦概括"七缺"（夫道之缺、妇道之缺、君道之缺、臣道之缺、父道之缺、子道之缺、郊祀不修周礼之缺）所致天变以谴责之，范宁《春秋穀梁传集解》则恪守"富而不巫，清而不短，裁而不俗"礼义中正人文关怀而避免神秘放纵两个极端；《孝经》发明纲常礼教之天然把柄，如《孝经·广要道》"教民亲爱，莫善于孝。教民礼顺，莫善于悌……礼者，敬而已矣。故敬其父，则子悦；敬其兄，则弟悦；敬其君，则臣悦；敬一人，而千万人悦。所敬者寡，而悦者众，此之谓要道也"；《大学》发明纲常礼教之旨归次第，明示"为人君，止于仁；为人臣，止于敬；为人子，止于孝；为人父，止于慈；与国人交，止于信"；《中庸》发明纲常礼教之天人中道，明示"亲亲之杀，尊贤之等，礼所生也"，"天下之达道五，所以行之者三，曰：君臣也，父子也，夫妇也，昆弟也，朋友之交也。五者，天下之达道也。知、仁、勇三者，天下之达德也。所以行之者一也"；《论语》发明纲常礼教之仁礼中道君子担当，《论语·颜渊》云"君君、臣臣、父父、子子"，《八佾》进而明示"人而不仁，如礼何？人而不仁，如乐何"；《孟子》发明纲常礼教之性善仁政礼义道统，《孟子·滕文公上》云"教以人伦，父子有亲，君臣有义，夫妇有别，长幼有序，朋友有信"，《离娄上》亦云"仁之实，事亲是也；义之实，从兄是也；智之实，知斯二者弗去是也；礼之实，节文斯二者是也"，《滕文公下》进而明示"杨氏为我，是无君也；墨氏兼爱，是无父也。无父无君，是禽兽也"，等等。

《礼记》乃综述五伦礼义之核心文本，如《礼记·王制》七教"父子、兄弟、夫妇、君臣、长幼、朋友、宾客"，《礼运》十义"父慈子孝、兄良弟悌、夫义妇听、长惠幼顺、君仁臣忠"，这些表述无疑是对五伦内容全面准确的总结概括。《礼记》进而阐明天道人心礼义五伦这一礼制礼仪本原根据，如《礼运》"礼义也者，人之大端也……所以达天道、顺人情之大窦也"，《丧服四制》"凡礼之大体，体天地，法四时，则阴阳，顺人情……夫礼，吉凶异道，不得相干，取之阴阳也。丧有四制，变而从宜，取之四时也。有恩有理，有节有权，取之人情也。恩者仁也，理者义也，节者礼也，权者知也。仁义礼知，人道具矣"，《乐记》"先王本之情性，稽之度数，制之礼义。合生气之和，道五常之行，使之阳而不散，阴而不密，刚气不怒，柔气不慑，四畅交于中而发作于外，皆安其位而不相夺""乐者，天地之和也；礼者，天地之序也……乐在宗庙之中，君臣上下同听之则莫不和敬；在族长乡里之中，长幼同听之则莫不和顺；在闺门之内，父子兄弟同听之则莫不和亲……故乐者天地之命，中和之纪，人情之所不能免也"，等等。《礼记》分述五礼礼义具体内涵者，则如《礼器》"祀帝于郊，敬之至也。宗庙之祭，仁之至也。丧礼，忠之至也。备服器，仁之至也。宾客之用币，义之至也"，"《经解》"朝觐之礼，所以明君臣之义也。聘问之礼，所以使诸侯相尊敬也。丧祭之礼，所以明臣子之恩也。

乡饮酒之礼，所以明长幼之序也。昏姻之礼，所以明男女之别也"，《聘义》"以成礼节，以正君臣，以亲父子，以和长幼"，《祭统》"祭有十伦焉：见事鬼神之道焉，见君臣之义焉，见父子之伦焉，见贵贱之等焉，见亲疏之杀焉，见爵赏之施焉，见夫妇之别焉，见政事之均焉，见长幼之序焉，见上下之际焉"，《冠义》"责成人礼焉者，将责为人子、为人弟、为人臣、为人少者之礼行焉"，《效特牲》"男女有别，然后父子亲。父子亲，然后义生。义生，然后礼作。礼作，然后万物安"，《乡饮酒义》"君子之所谓孝者，非家至而日见之也，合诸乡射，教之乡饮酒之礼，而孝弟之行立矣"，等等。

纲常礼教即顺人情而契天理的伦常日用之教，历代儒者礼义阐发均以反本开新为内在使命，反对异化回归本原与因革损益时中担当内在一体，从而使得礼义道统内容愈加完善成熟。周公奉天法古制礼作乐，孔子述而不作集其大成，孔门弟子受教整理深入发明，历经战国秦汉《礼记》五伦礼义奠基之后，后继儒者继踵增高，如东汉《白虎通义》卷八"三纲者何谓也？谓君臣、父子、夫妇也。六纪者，谓诸父、兄弟、族人、诸舅、师长、朋友也……何谓纲纪？纲者，张也；纪者，理也。大者为纲，小者为纪，所以张理上下，整齐人道也。人皆怀五常之性，有亲爱之心，是以纲纪为化，若罗网之有纪纲而万目张也……君臣、父子、夫妇，六人也，所以称三纲何？一阴一阳谓之道。阳得阴而成，阴得阳而序，刚柔相配，故六人为三纲。三纲法天地人，六纪法六合。君臣法天，取象日月屈信归功天也；父子法地，取象五行转相生也；夫妇法人，取象人合阴阳有施化端也。六纪者，为三纲之纪者也。师长，君臣之纪也，以其皆成己也；诸父、兄弟，父子之纪也，以其有亲恩连也；诸舅、朋友，夫妇之纪也，以其皆有同志为己助也"；而在汉魏以来直至隋唐历代经师努力基础上，唐代《礼记正义》等礼义典籍亦相继面世。在三国两晋南北朝名教自然论基础上，以及在教化重心逐渐下移与教化范围不断扩大趋势下，唐宋儒教"内圣外王"天理纲常观逐渐成熟，并涌现出大量诸如蒙学家教等纲常礼义的普及努力，明清时期《三字经》等蒙学读物总结提出"三纲者，君臣义，父子亲，夫妇顺……曰仁义，礼智信，此五常，不容紊……父子恩，夫妇从，兄则友，弟则恭，长幼序，友与朋，君则敬，臣则忠，此十义，人所同"，这些通俗化努力加速了纲常礼义的推广普及。

　　天下无伦外之人，家国无伦外之教，人文儒教实即纲常礼教，而家族礼法由此生焉。家风家教纲常礼义之损益沿革，实际构成了礼义教化发展史的基本线索。中华传统家教内容丰富、形式多样，主要涵括家训（家劝、家书、祖令、先嘱、族谕等类之）、家规（家法、家约、家范、家箴、家诫、族规、宗式等类之）与家风（家道、家教、家承、家蕴、家习、宗教等类之）内在一体、相互涵摄的三大层面，家谱、家典、家礼等综合性资料亦大致包含着这三大层面内容。除上述常见形式外，中华传统纲常家教三大层面的思想内容还大量散见于劝世俚语、通俗宣讲、蒙训女规、文集小说等广义教化资料中。总体言之，在纲常家教一体俱融、互为涵摄的三大层面中，家训层面为根源，侧重阐发纲常家教的学理劝说与情感激发，具有很强的情理交融性与感化摄受力；家规层面为本干，侧重宣示纲常家教的礼法依据与礼仪准则，具有很强的礼法约束性与行为强制力；家风层面为灵魂，侧重强调纲常家教的礼义传习与风范展昭，具有很强的一脉相承性与精神共鸣力。作为对纲常礼义的具体阐发，历代世家大儒家训家礼形式灵活多样、时中肯綮，家训家书、祖嘱族谕、家规家范、家礼家法、家箴家诫、家谱家典、劝惩读物等不一而足。诸如《尚书·无逸》《周易·家人卦》、马援《诫兄子严、敦书》、班昭《女诫》、诸葛亮《诫子书》、颜之推《颜氏家训》、姜公辅《太公家教》、朱熹《朱子家礼》、司马光《文公家范》、袁采《袁氏世范》、王应麟《三字经》、郑文融《郑氏规范》、黄佐《泰泉乡礼》、袁黄《了凡四训》、吕坤《宗约歌》、姚舜牧《药言》、高攀龙《高忠宪公家训》、孙奇逢《孝友堂家规》、朱柏庐《治家格言》、李毓秀《弟子规》、吴翟《茗洲吴氏家典》、石成金《传家宝》、陈宏谋《五种遗规》、汪辉祖《双节堂庸训》以及曾国藩《曾文正公家书》等家典因缘生发，构成了历代纲常家教之中正风骨。总之，儒教经典与大儒家典经纬交织而影响深远，内在构成了中华传统纲常家教的基本文本依据。

　　通观纲常礼教历代沿革，南宋朱子对纲常礼教集大成式的整合编定具有继往开来的基础性作用，元明清时期程朱礼义法式被奉为纲常儒教学行正统，即便反对宋明理学之清代乾嘉朴学学者亦"六经尊服、郑，百行法程、朱"。与张载、王安石注重礼制政统建设不同，朱子纲常儒教开拓立足礼义道统与礼仪学统而延及礼制政统，先述五伦之教、为学之序与学行立志，次述小学礼仪童蒙养成，对封建井田等礼制建设亦兼有涉及。清代大儒陈宏谋辑《五种遗规·养正遗规》，列朱子《白鹿洞书院揭示》为《养正遗规》之首篇，其按语云"学也者，所以学为人也。天下无伦外之人，故自无伦外之学。朱子首列五教，所以揭明学之本指，而因及为学之序，自修身以至处事接物之要，则学之大纲毕举，彻上彻下，更无余事矣。宏谋辑《养正规》，特编此为开宗第一义，使为父兄者共明乎此，则教子弟得所向方。自孩提以来，就其所知爱亲敬长，告以此为人之始，即为学之基"。《养正遗规》自《朱子白鹿洞书院揭示》开编，而以《朱子沧洲精舍谕学者》《朱子童蒙须知》《朱子论定程董学则》等继之，五教之目、为学之序等纲常礼义得以清楚显明。朱子《白鹿洞书院揭示》所列"五教之目"即《孟子·滕文公上》所云"父子有亲，君臣有义，夫妇有别，长幼有序，朋友有信"，所列"为学之序"即《中庸》"博学之，审问之，慎思之，明辨之，笃行之"，而笃行三要领即修身之要"言忠信，行笃敬。惩忿，窒欲，迁善，改过"、处事之要"正其谊，不谋其利。明其道，不计其功"、接物之要"己所不欲，勿施于人。行有不得，反求诸己"。朱子《沧洲精舍谕学者》继而明示学者须立"纲常之志"，谆谆告诫"书不记，熟读可记。义不精，细思可精。惟有志不立，直是无著力处。只如而今，贪利禄而不贪道义，要作贵人而不要作好人，皆是志不立之病。直须反复思量，究见病痛起处，勇猛奋跃，不伏作此等人。一跃跃出，见得圣贤所说千言万语，都无一事不是实语，方始立得此志。就此积累工夫，迤逦向上去，大有事在。诸君勉旃，不是小事"。至于朱子落实纲常礼教五教之目与为学之序的礼仪入门规范，家教启蒙阶段当以《童蒙须知》为代表，塾校师教阶段则以《程董学则》为代表，明代李毓秀蒙学名著《弟子规》与朱子《童蒙须知》一脉相承而实有取焉。陈宏谋《养正遗规》将朱子《童蒙须知》列为第三篇而将《程董学则》列为第四篇，这一排列次序可谓缜密周至。陈宏谋于《童蒙须知》前按语云"前二篇为学者定其纲宗，端所祈向。而蒙养从入之门，则必自易知而易从者始。故朱子既尝编次《小学》，尤择其切于日用、便于耳提面命者，著为《童蒙须知》，使其由是而循循焉。凡一物一则，一事一宜，虽至纤至悉，皆以闲其放心，养其德性，为异日进修上达之阶，即此而在矣"，于《程董学则》前按语云"《童蒙须知》，为父兄者所以教其子弟也。《程董学则》，则自十年出就外傅以上事。凡乡塾党庠，胥可通行。故朱子尝以为有古人《小学》之遗意焉。父兄教之于家，师长教之于塾，内外夹持，循循规矩，非僻之心，复何自入哉"。《童蒙须知》基本内容包括衣服冠履、言语步趋、洒扫涓洁、读书写文字及其他杂细事宜等，《程董学则》基本内容则包括严朔望之仪、谨晨昏之令、居处必恭、步立必正、视听必端、言语必谨、容貌必庄、衣冠必整、饮食必节、出入必省、读书必专一、写字必楷敬、几案必整齐、堂室必洁净、相呼必以齿、接见必有定、修业有余功而游艺以适性、使人庄以恕而必专所听等①。《童蒙须知》《程董学则》为狭义上的《小学》，《小学》则为广义上的《童蒙须知》《程董学则》，朱子《小学·序》云"古者小学，教人以洒扫应对进退之节，爱亲敬长隆师亲友之道，皆所以为修身齐家治国平天下之本，而必使其讲而习之于幼稚之时，欲其习与智长，化与心成，而无扞格不胜之患也"，朱子《小学题辞》进而明示纲常礼义云"元亨利贞，天道之常。仁义礼智，人性之纲。凡此厥初，无有不善。蔼然四端，随感而见。爱亲敬兄，忠君弟长。是曰秉彝，有顺无强。惟圣性者，浩浩其天。不加毫末，万善足焉。众人蚩蚩，物欲交蔽。乃颓其纲，安此暴弃。惟圣斯恻，建学立师。以培其根，以达其支。小学之方，洒扫应对。入孝出恭，动罔或悖。行有余力，诵《诗》读《书》。咏歌舞蹈，思罔或逾。穷理修身，斯学之大。明命赫然，罔有内外。德崇业广，乃复其初"②。朱子编选《小学》内篇包括立教、明伦、敬身、稽古四部分，外篇则包括嘉言、善行两部分，明示纲常礼教奉天法古圣贤是范、身体力行下学上达之本意。朱子礼教开拓亲亲尊贤贵位序齿本意，家国天下内在一体，对宗法、封建、井田、学校的一并振起亦有建设性探索。朱子一贯主张圣人不以天下为己私，而应分天下与亲贤共理，同时指出膏粱者不可使治民，故中和主张于郡县中错杂封建，以期得两益而去两弊，这一主张对以顾炎武为代表的明清儒者有很大影响。总之，朱子礼教思想集先贤礼教之大成，整合提升了纲常礼教基础教义，对核心主题、修教次序、学者立志、法圣力行、家教启蒙、师教规范、礼制建设诸多关键环节均进行了深思熟虑的周至安

---

① 以上引述文本参见陈宏谋辑：《五种遗规》，中国华侨出版社2012年版，第3—9页。

② 《御定小学集注》，影印《四库》699册，分见页第523下，524下—525上。

排与探索性开拓，影响后世至远至巨，对纲常礼教反本开新之当代重铸而言具有典范性引导价值。

综上所述，儒教民本观"三纲五常，礼教实修"核心内容包括礼制、礼仪与礼义内在融通的三个层面。其中，以《周礼》六官礼制为经典文本的礼制政统为礼教本体架构，以《仪礼》五礼礼仪为经典文本的礼仪学统为礼教学行本务，以《礼记》五伦礼义为经典文本的礼义道统则为礼教引领灵魂。先秦周公、孔子等奠定起以"三礼"为基本文本的儒教民本观核心内容，唐宋以来以朱子为代表的大儒贤哲又继往开来，自觉顺应礼乐教化下移与范围扩大的历史趋势而反本开新、时中担当，从而使得纲常礼教日新又新而永葆活力。

第五章
儒学民本观价值思维与脉动规律概说

先就价值思维而言，对于任何一个修教体系而言，价值取向与思维模式都是发散弥漫并内在融贯于整个体系之中的道路支撑与境界习惯。以五经四书尤其是《大学》《中庸》为基本文本依据，儒学民本观以"明德亲民，伦常当位；天人合一，道则中庸"为基本价值取向与思维模式，这一基本价值思维构成了儒学民本观其他义理要素得以内在展开的境界旨归与方式方法。"明德亲民，道则中庸"价值思维与儒教民本观其他义理要素之间亦为一体全息的内在关系，持守儒教修教中道价值思维者必定是遵循性善信念的人文君子，必定认同天君民合基本架构并践履纲常礼义核心内容，亦必定担当夏以化夷、反本内化之历史使命。再就脉动规律而言，对于任何一个历史悠久、系统成熟的修教体系而言，对其历史发展脉动规律的总结把握构成了这个体系继往开来、开拓创新不可或缺的环节。以五经四书尤其是《春秋》"三传"为基本文本依据，儒学民本观以"教化下移，夏以化夷[①]；反本开新，时中担当"为

---

① 概要言之，"夏以化夷"是中华文化传统所特有的基本精神信念，乃文化伦常概念而非民族地域概念。"夏以化夷"基本内涵大致为持守礼乐伦常、严明义利之辨、纲维社会风化、褒贬君子小人（德以统才为君子，德统于才为小人；义以统利为君子，义统于利为小人；内省改过为君子，外竞饰非为小人，等等），而"以夷变夏"概念内涵则与之相反。违背"夏以化夷"基本内涵的中国人亦是"夷"，符合"夏以化夷"基本内涵的外国人亦是"夏"。"华夷之辨"家国天下一体担当，与现代"民族主义"内涵具有本质区别。

历史脉动与发展规律。教化下移、夏以化夷即儒教民本观下化外推，其核心内容即雅俗关系（雅俗整合，儒教民本观大众教化渐次普及）与华夷关系（夏以化夷，民族融合渐次深广），而反本开新、时中担当即儒教民本观守常达变、反本内化。"下化外推，反本内化"脉动规律与儒教民本观其他义理要素之间亦为全息关系，且构成了其他义理要素得以内在展开的基本轨迹。把握"下化外推，反本内化"脉动规律者，必定是遵循性善信念的人文君子，必定认同天君民合基本架构并践履纲常礼义核心内容，亦必定持守修教中道价值思维。鉴此，在此前概说儒学民本观经典依据、信念前提、担当主体、基本架构与核心内容基础上，本章再对儒学民本观价值思维与脉动规律的经书表述与发展史略予以概说。

第一节　明德亲民，道则中庸：五经四书基本价值思维概说

儒学民本观"明德亲民，伦常当位；天人合一，道则中庸"基本价值思维的主要经典依据是以《大学》《中庸》为义理灵魂的五经四书经典文本。对此，宋明以来历代儒者多有学理共识与时中发明。儒学价值思维内在一体而不可剥离，以"三纲领、八条目"为价值取向的《大学》文本与以天人贯通为思维架构、以中庸之道为思维灵魂的《中庸》文本成为儒学基本价值思维的典范性学理表述，这一价值思维也内在贯彻于其他儒学经典中。五经四书经典文本之修教中道价值思维相关表述互为表里、浑融无间，共同构成了儒学民本观其他义理要素的道路支撑、境界旨归与方式方法，因而这一专题内容值得我们认真总结。

一、《大学》《中庸》价值思维述要

程朱理学以为，《大学》述修己治人之方、化民成俗之义，乃初学入德之门，于中可见古人为学次第；《中庸》则为孔门道统传授心法，中不偏、庸不易，中庸之道为天下正道定理。以下试从框架纲要、内在把柄双重层面对

《大学》《中庸》所体现的儒学基本价值思维进行简要分析。

（一）明德亲民，天人合一：儒学价值思维框架纲要述要

"明德亲民"为儒学基本价值观框架纲要的典范表述。《大学》首章开宗明义，宣示"大学之道，在明明德，在亲民，在止于至善"，此即《大学》"三纲领"。"明明德"即内圣修养，"亲民"即外王教化，"明德亲民"这一修己教人价值观的信念依据即性善论（人性本善而觉有先后，先知先觉觉后知后觉）。"止于至善"则是对"明德亲民"这一修己教人大学之道的体认践履，涵摄了乐和礼节、守常变权、明体达用、统本治末、学教一体、知行和合等丰富中道内涵，其主题即是对伦常分位（即"三纲五常"）日新又新的充极体认与时中践履，亦即《大学》所云"为人君，止于仁。为人臣，止于敬。为人子，止于孝。为人父，止于慈。与国人交，止于信"。上述"三纲领"乃《大学》总纲，纲领立则学有本，故曰"知止而后有定，定而后能静，静而后能安，安而后能虑，虑而后能得。物有本末，事有终始，知所先后，则近道矣"。纲举而目张，"三纲领"修教中道展开即"八条目"修教工夫（格物、致知、诚意、正心、修身、齐家、治国、平天下）。"八条目"修教工夫首尾衔接而次第相生，其中格致诚正大致可纳入"明德"内圣层面，修齐治平大致可纳入"亲民"外王层面，而"修身"条目因能兼顾衔接内外层面而成为"八条目"之枢纽，故《大学》云"自天子以至于庶人，壹是皆以修身为本"。知意心身家国天下，自内而外显微一贯，此即儒教民本观"大一统"教化内在逻辑。与《大学》"八条目"修教工夫相类似，《中庸》亦云"凡为天下国家有九经，曰：修身也，尊贤也，亲亲也，敬大臣也，体群臣也，子庶民也，来百工也，柔远人也，怀诸侯也"，"在下位不获乎上，民不可得而治矣。获乎上有道，不信乎朋友，不获乎上矣；信乎朋友有道，不顺乎亲，不信乎朋友矣；顺乎亲有道，反诸身不诚，不顺乎亲矣；诚身有道，不明乎善，不诚乎身矣"，"君子笃恭而天下平"，等等。

《大学》"八条目"修教工夫具体内容逆而反溯之，一是平天下在治其国（国者天下之基，上老老而民兴孝，上长长而民兴悌，上恤孤而民不倍，故而"国治而后天下平"），二是治国在齐其家（家者国之本，君子不出家而成教于国，孝者所以事君，悌者所以事长，慈者所以使众。家不能齐则难以

格化他人，为父子兄弟足法而后民则法之，故而"家齐而后国治"），三是齐家在修其身（身者家之本，好而知其恶，恶而知其美，于所亲爱、贱恶、畏敬、哀矜、傲惰而无所偏僻，故而"身修而后家齐"），四是修身在正其心（心者身之主，心不在焉则身无其功，心有所忿懥、恐惧、好乐、忧患则不得中正，故而"心正而后身修"），五是正心在诚其意（意者心之发，心体本正而念有不正，正其起念则本心自正，念无不诚则心无不正，寡欲慎独切勿自欺则心广体胖，故而"意诚而后心正"），六是诚意在致其知（知者意之实，意念有善恶，良知自了知，致本心良知之所知，则善恶别而意念诚，故而"知至而后意诚"），七是致知在格其物（物者知之附，物者事也，格者正也，致知必实有其事，正事之不正以归于正则良知充至，故而"物格而后知至"）。《大学》"八目"内外互生而本末交参，圆满解决了修教中道价值思维的践履次第问题。《大学》还以"絜矩之道"为"八条目"工夫践履内在理路，明示"所恶于上，毋以使下；所恶于下，毋以事上；所恶于前，毋以先后；所恶于后，毋以从前；所恶于右，毋以交于左；所恶于左，毋以交于右"，从而彰明儒教反求诸己、推己及人这一修教中道价值思维。与《大学》"絜矩之道"相类似，《中庸》亦云"君子之道四……所求乎子，以事父，未能也；所求乎臣，以事君，未能也；所求乎弟，以事兄，未能也；所求乎朋友，先施之，未能也……言顾行，行顾言，君子胡不慥慥尔""君子素其位而行，不愿乎其外……在上位不陵下，在下位不援上，正己而不求于人"，等等。

"天人合一"为儒学基本思维模式框架纲要的典范表述。结合《中庸》文本，"天人合一"的实际内容即"天人不二"之理与"诚明感通"之方。所谓"天人不二"之理，《中庸》开宗明义，宣示"天命之谓性，率性之谓道，修道之谓教。道也者，不可须臾离也，可离非道也……喜怒哀乐之未发，谓之中。发而皆中节，谓之和。中也者，天下之大本也。和也者，天下之达道也。致中和，天地位焉，万物育焉"。这也就是说，天命人性内在贯通，道心人心两相融摄。自天而人，本天道而立人道；自人而天，人道立则天道显。藉此"天人不二"之理，《中庸》把天人性命双向架构内在贯通起来，并充分彰显了后者"为天地立心"的自觉能动性。所谓"诚明感通"之方，《中庸》阐释云"诚者，天之道也。诚之者，人之道也……自诚明，谓之性。自明诚，谓之教。诚则明矣，明则诚矣……唯天下之至诚，为能尽其性。能尽其性，则能尽人之性。能尽人之性，则能尽物之性。能尽物之性，则可以赞天地之化育。可以赞天地之化育，则可以与天地参矣。其次致曲，曲能有诚，诚则形，形则著，著则明，明则动，动则变，变则化，唯天下至诚为能化"。这也就是说，自诚明者，圣贤至诚从容中道，不勉而中不思而得，全体率性而致天人合一。自明诚者，常人曲诚择善固执，随其善端发见处精熟扩充，亦可到天人合一。藉此"诚明感通"之方，《中庸》把天道人道交互作用内在贯通起来，并彰明了圣贤至诚与常人曲诚之间一体不隔的内在关联。

　　由"诚明感通"之方可见，"天人合一"思维纲要具有"自诚明"与"自明诚"两个内在融通的基本维度。先就"自诚明"维度的逻辑次第而言，天命之谓性、率性之谓道，诚者先尽其性而后能尽人性，尽人性而后能尽物性，尽物性而后能赞天地化育，赞天地化育而后能与天地参。再就"自明诚"维度的逻辑次第而言，修道之谓教，诚之者果能"博学之，审问之，慎思之，明辨之，笃行之"以致曲，则诚中而后能形外，形外而后能显著，显著而后能光明，光明而后能动物，动物而后能变物，变物而后能化物，从而侪于圣贤至诚之域。可见，人性本善而诚明一体，无论生知、学知抑或困知，及其知之则泯然无别；不管安行、利行抑或勉行，及其成功则豁然一如。总之，诚如《中庸》所云"好学近乎知，力行近乎仁，知耻近乎勇"，"天人合一"两个维度的差别只在于先知后知与先觉后觉而已。就《中庸》文本表述而言，诚明之道乃本天道而立人道，如"辟如天地之无不持载，无不覆帱。辟如四时之错行，如日月之代明。万物并育而不相害，道并行而不相悖"，"君子之道，淡而不厌，简而文，温而理，知远之近，知风之自，知微之显……'上天之载，无声无臭'，至矣"，等等。此外，诚明之道须内外兼修而精熟不懈，如"诚者非自成己而已也，所以成物也。成己，仁也。成物，知也。性之德也，合外内之道也，故时措之宜也"，"至诚无息，不息则久，久则征，征则悠远，悠远则博厚，博厚则高明"，果能诚明感通则天人自然合一。

　　总之，以《大学》《中庸》为经典文本表述，"明德亲民"修己成人价值观与"天人合一"整体性修教思维内在一致，共同构成了儒学民本观修教中道价值思维的基本框架纲要。

（二）伦常当位，道则中庸：儒学基本价值思维践履把柄述要

"伦常当位"为儒学基本价值观践履把柄的典范表述。上述可知，"明德亲民"及与此相应之"三纲领""八条目"为《大学》修己成人价值观框架纲要，"伦常当位"则为落实"明德亲民"价值纲要的践履把柄。儒教明示五伦有常而各当分位，所有儒教经典论述，无不念兹在兹。《大学》即以"为人君，止于仁。为人臣，止于敬。为人子，止于孝。为人父，止于慈。与国人交，止于信"来阐释"止于至善"内涵，而"八条目"修教工夫也正是以三纲五常的当位中正为实际内容的。与《大学》"止于至善"伦常中道表述相类似，《中庸》亦云"天下之达道五，所以行之者三。曰：君臣也，父子也，夫妇也，昆弟也，朋友之交也，五者天下之达道也。知，仁，勇，三者天下之达德也，所以行之者一也"，等等。纲即统领表率，三纲即君为臣纲、父为子纲、夫为妻纲。常者日用常道之谓，五常即父慈子孝父子有亲、君仁臣忠君臣有义、夫义妇顺夫妇有别、兄友弟恭长幼有序、朋和友爱朋友有信。同时，人伦五常与仁、义、礼、智、信修教五德亦内在融通。完全可以说，三纲五常当位畅达与否，构成了儒教明德亲民价值观能否圆满实现的基本标准。

《中庸》云"亲亲之杀，尊贤之等，礼所生也"，《礼记·昏义》云"礼始于冠，本于昏，重于丧祭，尊于朝聘，和于乡射，此礼之大体也"，《论语·颜渊》亦云"非礼勿视，非礼勿听，非礼勿言，非礼勿动"，三纲五常的当位中正是通过礼仪教化而得以达成的。《周礼》概括"五礼"（五类礼仪）为吉礼（总括祭祀天神、地祇、人鬼三类礼仪）、凶礼（包括丧礼、荒礼、吊礼、禬礼、恤礼五类礼仪）、军礼（包括大师礼、大均礼、大田礼、大役礼与大封礼五类礼仪）、宾礼（包括朝聘盟会、遇觐问视、誓同锡命等诸类礼仪）、嘉礼（包括饮食礼、昏冠礼、宾射礼、飨燕礼、脤膰礼、贺庆礼等诸类礼仪），《礼记》亦概括士人"六礼"为冠礼、昏礼、丧礼、祭礼、乡饮酒与乡射礼、相见礼。每类礼仪均大致对应某类纲常目标，如《礼记·经解》所云"朝觐之礼，所以明君臣之义也。聘问之礼，所以使诸侯相尊敬也。丧祭之礼，所以明臣子之恩也。乡饮酒之礼，所以明长幼之序也。昏姻之礼，所以明男女之别也"，等等。正是于弥漫时空、包罗万象之礼仪践履中，名教

纲常方能得以当位中正。《论语·学而》云"君子务本，本立而道生。孝弟也者，其为仁之本与"，《孝经·开宗明义》云"夫孝，德之本也，教之所由生也"，《孝经·三才》亦云"夫孝，天之经也，地之义也，民之行也"，孝悌之道又是纲常礼教之自然入手处，其学理依据如《孝经·圣治》所云"父子之道，天性也，君臣之义也。父母生之，续莫大焉。君亲临之，厚莫重焉。故不爱其亲而爱他人者，谓之悖德。不敬其亲而敬他人者，谓之悖礼。以顺则逆，民无则焉。不在于善，而皆在于凶德，虽得之，君子不贵也"，对此《孟子·滕文公下》更是明示"杨氏为我，是无君也。墨氏兼爱，是无父也。无父无君，是禽兽也"。孝悌之道合本源而顺情理，始微细而致广大，诚如《孝经·感应》所云"事父孝，故事天明。事母孝，故事地察。长幼顺，故上下治……孝悌之至，通于神明，光于四海，无所不通"，这表明了儒教民本观价值思维的中道本色。综上，纲者表率而常者日用，纲常礼义双方乃阴阳对等、互补共生的内在关系，伦理纲常、孝道礼仪之当位中正实即井然有序之自由平等，当今尤须积极培育父慈子孝、上仁下忠、夫义妇顺、兄友弟恭、朋和友爱的和谐伦常。

"道则中庸"则为儒学基本思维方式践履把柄的典范表述。"天人合一"为《中庸》思维方式的框架纲要，"道则中庸"则为落实"天人合一"思维纲要的践履把柄。就《中庸》文本而言，中者当位中正而不偏，庸者彝伦日用而不易，中庸之道具体内涵主要体现于三个方面。一者，中庸之道乃天人交参、成己成物之道：《中庸》云"喜怒哀乐之未发，谓之中。发而皆中节，谓之和……致中和，天地位焉，万物育焉"，中庸之道乃中和位育而非偏颇无度；"在上位不陵下，在下位不援上。正己而不求于人，则无怨。上不怨天，下不尤人"，"君子中庸，小人反中庸。君子之中庸也，君子而时中。小人之中庸也，小人而无忌惮也"，中庸之道乃当位时中而非攀缘自恣；"君子和而不流，强哉矫。中立而不倚，强哉矫"，中庸之道乃和而不同而非乡愿顽固；"万物并育而不相害，道并行而不相悖，小德川流，大德敦化"，"君子以人治人，改而止"，中庸之道乃各适性分而非包办独断。一言以蔽之，中庸之道即"中和位育"之天道。二者，中庸之道乃平常日用、本分自守之道：《中庸》云"道不远人。人之为道而远人，不可以为道"，"夫妇之愚，可以与知焉……夫妇之不肖，可以能行焉"，中庸之道人人可行而非专利特权；"君子之道，造端乎夫妇。及其至也，察乎天地"，"辟如行远必自迩，辟如登高必自卑"，中庸之道乃自费而隐而非难以践履；"道之不行也，我知之矣，知者过之，愚者不及也。道之不明也，我知之矣，贤者过之，不肖者不及也"，中庸之道乃张弛有度而非过或不及；"君子素其位而行，不愿乎其外。素富贵，行乎富贵。素贫贱，行乎贫贱。素夷狄，行乎夷狄。素患难，行乎患难。君子无入而不自得焉"，"素隐行怪，后世有述焉，吾弗为之矣"，中庸之道乃素位而行而非怪异极端。一言以蔽之，中庸之道即"道不远人"之常道。三者，中庸之道乃学者为己、孜孜向善之道：《中庸》云"尊德性而道问学，致广大而尽精微，极高明而道中庸"，"隐恶而扬善，执其两端，用其中于民"，中庸之道乃执两用中而非两极分化；"择乎中庸，得一善，则拳拳服膺弗失之矣"，"人皆曰予知，择乎中庸而不能期月守也"，中庸之道乃择善固执而非情随事迁；"忠恕违道不远，施诸己而不愿，亦勿施于人"，中庸之道乃絜矩内省而非自私外求；"庸德之行，庸言之谨，有所不足，不敢不勉，有余不敢尽。言顾行，行顾言，君子胡不慥慥耳"，中庸之道乃言行相顾而非名实灭裂。一言以蔽之，中庸之道即"至诚无息"之人道。综上，儒教民本观思维方式以"道则中庸"为践履把柄，本天道以立人道、法天文而开人文，尊德性而道问学、极高明而道中庸，五行内在而当位时中、伦常有分而爱有差等，体用浑沦而整体悟证、显微无间而诚明感通，构成了儒教民本观其他义理要素得以内在展开的境界习惯与方式方法。如汉儒论天人之际、宋儒论天理良知，以及传统琴棋书画、天文历法、风水应用等象数意境，亦均为"天人合一，道则中庸"思维方式的美善表征。

总之，以《大学》《中庸》为经典文本表述，"伦常当位"价值观践履把柄与"道则中庸"思维方式践履把柄内在一致，共同构成了儒学民本观修教中道价值思维的践履原则与入手把柄。《大学》《中庸》文本集中体现了儒学民本观"明德亲民，伦常当位；天人合一，道则中庸"基本价值思维，这一价值思维亦内在贯彻于儒教其他经典文本表述之中，不同经典文本表述形式不一而实际内容内在一致。此外，道释二教亦无不贯彻修教中道，只是其价值思维各个殊异而已。

二、其他经书价值思维述要

五经四书对儒学民本观修教中道价值思维的表述，可谓念兹在兹而无所不在、一体相即而又贯彻始终、相辅相成而又各有侧重，如《礼》节而《乐》和，《诗》言志而《书》立制，《周易》有时位之理而《春秋》有名分之断等。

《论语》立足仁礼纲常修教中道，是体现儒学民本观"明德亲民，道则中庸"价值思维的典范文本。《论语》体现"明德亲民，伦常当位"价值观的具体表述很多，如《论语·学而》所云"学而时习之，不亦说乎。有朋自远方来，不亦乐乎。人不知而不愠，不亦君子乎""吾日三省吾身：为人谋而不忠乎？与朋友交而不信乎？传不习乎"，实即《大学》明德亲民、止于至善之生动诠释。《论语》中合述"明德亲民"者，如《里仁》"夫子之道，忠恕而已矣"，《宪问》"修己以敬……修己以安人……修己以安百姓"，《颜渊》"克己复礼，天下归仁""子欲善而民善矣。君子之德风，小人之德草，草上之风，必偃"，《为政》"为政以德，譬如北辰，居其所而众星共之""临之以庄，则敬；孝慈，则忠；举善而教不能，则劝"，《雍也》"居敬而行简，以临其民""博施于民而能济众……必也圣乎……夫仁者，己欲立而立人，己欲达而达人"，《阳货》"恭、宽、信、敏、惠。恭则不侮，宽则得众，信则人任焉，敏则有功，惠则足以使人"，《公冶长》"其行己也恭，其事上也敬，其养民也惠，其使民也义""老者安之，朋友信之，少者怀之"，《季氏》"远人不服，则修文德以来之；既来之，则安之"，等等。分述"明明德"者如《里仁》"不患无位，患所以立；不患莫己知，求为可知也"，《子路》"其身正，不令而行；其身不正，虽令不从"等；分述"亲民"者，则如《泰伯》"民可使由之，不可使知之"，《尧曰》"不教而杀谓之虐，不戒视成谓之暴，慢令致期谓之贼。犹之与人也，出纳之吝谓之有司"等。最后，述"伦常当位"者则如《宪问》"君子思不出其位"，《颜渊》"君君，臣臣，父父，子子"，《子路》"父为子隐，子为父隐，直在其中矣"，《八佾》"夷狄之有君，不如诸夏之亡也"，《微子》"不仕无义。长幼之节，不可废也；君臣之义，如之何其废之？欲洁其身，而乱大伦"，等等。

至于《论语》中体现"天人合一，道则中庸"思维的具体表述，可谓贯彻始终而无所不在。其中，有关和同、述作、学思、文质、生死、狂狷、乡愿、异端、教育，以及"三愆""四毋""四不语""五美、四恶"的辩证论述，即均为修教中道思维之典范。具体言之，《论语》言"天人合一"者较少，如《阳货》"天何言哉，四时行焉，百物生焉"，《泰伯》"唯天为大，唯尧则之"等。而《论语》述"道则中庸"者则比比皆是，其中述礼义中道者如《学而》"礼之用，和为贵……知和而和，不以礼节之，亦不可行也"，《泰伯》"恭而无礼则劳，慎而无礼则葸，勇而无礼则乱，直而无礼则绞"，《八佾》"射不主皮，为力不同科，古之道也""乐而不淫，哀而不伤"，《雍也》"质胜文则野，文胜质则史。文质彬彬，然后君子"，《卫灵公》"君子义以为质，礼以行之，孙以出之，信以成之"等；正面辨明修行中道者如《雍也》"中庸之为德也，其至矣乎"、《尧曰》"允执其中"、《里仁》"义之与比"、《子路》"和而不同"、《为政》"周而不比"、《卫灵公》"矜而不争，群而不党"、《尧曰》"惠而不费，劳而不怨，欲而不贪，泰而不骄，威而不猛"等，反面诫训修行中道者则如《宪问》"不怨天，不尤人，下学而上达"、《子罕》"毋意，毋必，毋固，毋我"、《卫灵公》"己所不欲，勿施于人"、《先进》"过犹不及"、《为政》"攻乎异端，斯害也已"、《先进》"未能事人，焉能事鬼……未知生，焉知死"、《述而》"子不语怪、力、乱、神"等；阐述教化中道者如《述而》"不愤不启，不悱不发"、《雍也》"中人以上，可以语上也；中人以下，不可以语上也"、《季氏》"言未及之而言谓之躁，言及之而不言谓之隐，未见颜色而言谓之瞽"、《阳货》"好仁不好学，其蔽也愚；好知不好学，其蔽也荡；好信不好学，其蔽也贼；好直不好学，其蔽也绞；好勇不好学，其蔽也乱；好刚不好学，其蔽也狂"、《子罕》"可与共学，未可与适道；可与适道，未可与立；可与立，未可与权"，等等。

《孟子》立足性善仁政修教中道价值思维。在体现"明德亲民，伦常当位"价值观的经典表述中，合述"明德亲民"者如《孟子·万章下》"天之生斯民也，使先知觉后知，使先觉觉后觉"，《尽心上》"正己而物正"，《公孙丑上》"以德服人者，中心悦而诚服也""以不忍人之心，行不忍人之政，治天下可运之掌上""凡有四端于我者，知皆扩而充之矣，若火之始然，泉之始达。苟能充之，足以保四海；苟不充之，不足以事父母"等。分述"明德"者如《尽心下》"身不行道，不行于妻子"、《滕文公下》"枉己者，未有能直人者也"、《离娄上》"行有不得者，皆反求诸己，其身正而天下归之"等，分述"亲民"者则如《梁惠王上》"保民而王"、《梁惠王下》"乐以天下，忧以天下，然而不王者，未之有也"、《离娄下》"以善养人，然后能服天下"、《尽心上》"以佚道使民，虽劳不怨。以生道杀民，虽死不怨杀者"、《告子下》"不教民而用之，谓之殃民。殃民者，不容于尧舜之世"等。最后，述"伦常当位"者则如《滕文公上》"父子有亲，君臣有义，夫妇有别，长幼有序，朋友有信""人伦明于上，小民亲于下"，《离娄上》"仁之实，事亲是也；义之实，从兄是也；智之实，知斯二者弗去是也；礼之实，节文斯二者是也；乐之实，乐斯二者""人人亲其亲，长其长，而天下平"，《尽心上》"亲亲，仁也；敬长，义也。无他，达之天下也"，《梁惠王上》"老吾老，以及人之老；幼吾幼，以及人之幼，天下可运于掌"，《滕文公下》"杨氏为我，是无君也；墨氏兼爱，是无父也"，等等。

《孟子》体现"天人合一，道则中庸"思维的具体表述亦蔚为大观。其中言"天人合一"者，如《孟子·告子上》"有天爵者，有人爵者。仁义忠信，乐善不倦，此天爵也；公卿大夫，此人爵也。古之人修其天爵，而人爵从之"，《公孙丑上》"其为气也，至大至刚，以直养而无害，则塞于天地之间。其为气也，配义与道；无是，馁也……必有事焉，而勿正，心勿忘，勿助长也"，《尽心上》"尽其心者，知其性也。知其性，则知天矣。存其心，养其性，所以事天也。夭寿不贰，修身以俟之，所以立命也"，《尽心下》"可欲之谓善，有诸己之谓信，充实之谓美，充实而有光辉之谓大，大而化之之谓圣，圣而不可知之之谓神"，《尽心上》"万物皆备于我矣，反身而诚，乐莫大焉""君子所过者化，所存者神，上下与天地同流"，等等。《孟子》述"道则中庸"者亦多精到之语，其中述礼制中道者如《滕文公上》"夫物之不齐，物之情也……比而同之，是乱天下也……相率而为伪者也"，《告子下》"欲轻之于尧舜之道者，大貉小貉也；欲重之于尧舜之道者，大桀小桀也"，《尽心上》"大匠不为拙工改废绳墨，羿不为拙射变其彀率。君子引而不发，跃如也。中道而立，能者从之"等；述修养中道者如《离娄下》"言不必信，行不必果，惟义所在"，《尽心上》"饥者甘食，渴者甘饮，是未得饮食之正也，饥渴害之也……人能无以饥渴之害为心害，则不及人不为忧矣"，《公孙丑上》"诐辞知其所蔽，淫辞知其所陷，邪辞知其所离，遁辞知其所穷"，《离娄下》"仲尼不为已甚者"，《尽心上》"于不可已而已者，无所不已。于所厚者薄，无所不薄也。其进锐者，其退速"等；述教化中道者则如《离娄下》"中也养不中，才也养不才，故人乐有贤父兄也。如中也弃不中，才也弃不才，则贤不肖之相去，其间不能以寸"，《尽心上》"亲亲而仁民，仁民而爱物""杨子取为我，拔一毛而利天下，不为也。墨子兼爱，摩顶放踵利天下，为之。子莫执中，执中为近之。执中无权，犹执一也。所恶执一者，为其贼道也，举一而废百也"，《尽心下》"逃墨必归于杨，逃杨必归于儒"等。

《周易》立足礼义伦常时位中道，全篇对修教中道可谓念兹在兹，"明德亲民，伦常当位；天人合一，道则中庸"价值思维浑融一体而不可剥离，诚如孔颖达《周易正义》序所云"夫易者，象也。爻者，效也。圣人有以仰观俯察，象天地而育群品；云行雨施，效四时以生万物。若用之以顺，则两仪序而百物和；若行之以逆，则六位倾而五行乱。故王者动必则天地之道，不使一物失其性；行必协阴阳之宜，不使一物受其害"。《周易》法天文而开人文、本天道而立人道，六十四卦基本结构即以下卦为"明德"内圣之体，以上卦为"亲民"外王之用，并在上下卦体内外应合以及大象辞、小象辞等的人伦关怀中保持趋吉避凶内在平衡的；而《周易》"元亨利贞""当位中正"中道思维，六十四卦大象辞之天文意象与小象辞之人文意象等所体现的《系辞上》"立象以尽意，设卦以尽情伪，系辞焉以尽其言"这一开放圆融象数思维，实即天人中道之美善表征。

《周易》六十四卦象辞述"明德亲民，伦常当位；天人合一，道则中庸"价值思维较为显著者，有如《贲卦》"柔来而文刚……分刚上而文柔……天文也。文明以止，人文也。观乎天文以察时变，观乎人文以化成天下"，《观卦》"观天之神道而四时不忒，圣人以神道设教而天下服矣"，《颐卦》"天地养万物，圣人养贤以及万民"，《睽卦》"天地睽而其事同也，男女睽而其志通也，万物睽而其事类也"，《咸卦》"天地感而万物化生，圣人感人心而天下和平"，《丰卦》"日中则昃，月盈则食，天地盈虚，与时消息"，《豫卦》"天地以顺动，故日月不过而四时不忒。圣人以顺动，则刑罚清而民服"，《节卦》

"天地节而四时成，节以制度，不伤财，不害民"，《革卦》"天地革而四时成，汤武革命，顺乎天而应乎人"，《恒卦》"日月得天而能久照，四时变化而能久成，圣人久于其道而天下化成"，以及《家人》"女正位乎内，男正位乎外。男女正，天地之大义也……父父，子子，兄兄，弟弟，夫夫，妇妇，而家道正。正家而天下定矣"、《师卦》"能以众正，可以王矣"、《兑卦》"说以先民……民劝矣哉"，等等。《周易》六十四卦大象辞述"明德亲民，伦常当位；天人合一，道则中庸"价值思维较为显著者亦比比皆是。其中，述"明德"修养者，有如"天行健，君子以自强不息""地势坤，君子以厚德载物""明出地上，晋。君子以自昭明德""山上有水，蹇。君子以反身修德""山下出泉，蒙。君子以果行育德""雷在天上，大壮。君子以非礼弗履""兼山，艮。君子以思不出其位"，以及"风雷，益。君子以见善则迁，有过则改""山下有泽，损。君子以惩忿窒欲""洊雷，震。君子以恐惧修省""泽上于天，夬。君子以施禄及下，居德则忌""山上有雷，小过。君子以行过乎恭，丧过乎哀，用过乎俭"等；而述"亲民"教化者，则如"天下雷行，物与无妄。先王以茂对时育万物""天地交，泰。后以财成天地之道，辅相天地之宜，以左右民""风行地上，观。先王以省方观民设教""地上有水，比。先王以建万国，亲诸侯""泽上有地，临。君子以教思无穷，容保民无疆""火在天上，大有。君子以遏恶扬善，顺天休命""明两作，离。大人以继明照于四方""明入地中，明夷。君子以莅众用晦而明""泽上有水，节。君子以制数度，议德行""雷电，噬嗑。先王以明罚敕法"，以及"地中有水，师。君子以容民畜众""山附于地，剥。上以厚下安宅""地中有山，谦。君子以裒多益寡，称物平施""木上有水，井。君子以劳民劝相""上天下泽，履。君子以辨上下，定民志""山下有风，蛊。君子以振民育德""山上有木，渐。君子以居贤德善俗""水洊至，习坎。君子以常德行，习教事""随风，巽。君子以申命行事""雷雨作，解。君子以赦过宥罪"，等等。此外，《周易》其他部分阐述"明德亲民，伦常当位；天人合一，道则中庸"价值思维较为显著者，则如《系辞上》"天尊地卑，乾坤定矣。卑高以陈，贵贱位矣。动静有常，刚柔断矣。方以类聚，物以群分，吉凶生矣。在天成象，在地成形，变化见矣"，《说卦》"立天之道曰阴与阳，立地之道曰柔与刚，立人之道曰仁与义。兼三才而两之，故《易》六画而成卦。分阴分阳，迭用柔刚，故《易》六位而成章"，《序卦》"有天地然后有万物，有万物然后有男女，有男女然后有夫妇，有夫妇然后有父子，有父子然后有君臣，有君臣然后有上下，有上下然后礼义有所错"，以及《乾卦文言》"夫大人者，与天地合其德，与日月合其明，与四时合其序，与鬼神合其吉凶。先天而天弗违，后天而奉天时"、《坤卦文言》"君子黄中通理，正位居体，美在其中，而畅于四支，发于事业，美之至也"、《系辞下》"通其变，使民不倦，神而化之，使民宜之。《易》穷则变，变则通，通则久"、《蛊卦》初六、九二爻小象辞"干父之蛊，意承考也"与"干母之蛊，得中道也"，等等。

《尚书》奉天法古而立足纲常礼制德教中道。《尚书》述"明德亲民"价值关怀较为显著者，有如《泰誓中》"惟天惠民，惟辟奉天……天视自我民视，天听自我民听"，《尧典》"曰若稽古，钦明文思安安，允恭克让，光被四表，格于上下。克明俊德，以亲九族。九族既睦，平章百姓。百姓昭明，协和万邦。黎民於变时雍"，《皋陶谟》"慎厥身，修思永……在知人，在安民"，《舜典》"柔远能迩，惇德允元，而难任人，蛮夷率服"，《梓材》"王惟德用，和怿先后迷民"，《伊训》"尔惟德罔小，万邦惟庆；尔惟不德罔大，坠厥宗"，《仲虺之诰》"德日新，万邦惟怀；志自满，九族乃离。王懋昭大德，建中于民，以义制事，以礼制心"，《君牙》"尔身克正，罔敢弗正，民心罔中，惟尔之中。夏暑雨，小民惟曰怨咨；冬祁寒，小民亦惟曰怨咨。厥惟艰哉。思其艰以图其易，民乃宁"，《无逸》"严恭寅畏，天命自度，治民祗惧，不敢荒宁……徽柔懿恭，怀保小民"，《康诰》"若保赤子，惟民其康乂"，等等；述"伦常当位"显著者则如《舜典》"慎徽五典"、《君牙》"弘敷五典，式和民则"、《舜典》"敬敷五教，在宽"、《尧典》"克谐以孝"、《康诰》"元恶大憝，矧惟不孝不友"等。

《尚书》"天人合一，道则中庸"思维甚为彰著，影响至为深远。其中述"天人合一"较为显著者，礼制方面有如《洪范》"惟天阴骘下民，相协厥居……天乃锡禹'洪范'九畴，彝伦攸叙"、《舜典》"在璇玑玉衡，以齐七政"、《尧典》"钦若昊天，历象日月星辰，敬授民时"、《大禹谟》"无旷庶官，天工，人其代之。天叙有典，敕我五典五惇哉。天秩有礼，自我五礼有庸哉……天命有德，五服五章哉。天讨有罪，五刑五用哉"、《仲虺之诰》"兹率厥典，奉若天命"、《汤诰》"天道福善祸淫……无从匪彝，无即慆淫，各守尔典，以承天休"，以及《泰誓上》"天佑下民，作之君，作之师，惟其克相上帝，宠绥四方"、《周官》"燮理阴阳……寅亮天地……治神人，和上下"、《胤征》"畔官离次，俶扰天纪……天吏逸德，烈于猛火"等；敬德方面则如《伊训》"惟上帝不常，作善降之百祥，作不善降之百殃""方懋厥德，罔有天灾。山川鬼神，亦莫不宁，暨鸟兽鱼鳖咸若"，《蔡仲之命》"皇天无亲，惟德是辅"、《太甲下》"惟天无亲，克敬惟亲……懋敬厥德，克配上帝"、《大禹谟》"惟德动天，无远弗届……至诚感神"、《咸有一德》"咸有一德，克享天心"，以及《召诰》"祈天永命"、《仲虺之诰》"钦崇天道，永保天命"、《武成》"祗承上帝……恭天成命"、《太甲上》"顾諟天之明命，以承上下神祇"、《益稷》"敕天之命，惟时惟几"、《康诰》"宅天命，作新民"等。《尚书》述"道则中庸"较为显著者，则如《大禹谟》"道心惟微，人心惟危；惟精惟一，允执厥中"、《顾命》"率循大卞，燮和天下"、《洛诰》"奉答天命，和恒四方民"、《吕刑》"惟德之勤，故乃明于刑之中，率乂于民棐彝"、《大禹谟》"刑期于无刑，民协于中"，以及《洪范》"三德：正直，刚克，柔克"、《毕命》"不刚不柔，厥德允修"、《舜典》"八音克谐，无相夺伦，神人以和"、《皋陶谟》"行有九德……宽而栗，柔而立，愿而恭，乱而敬，扰而毅，直而温，简而廉，刚而塞，强而义"，等等。

《诗经》同类取象教化自然，发情止礼上下感通，乐而不淫哀而不伤，温柔敦厚礼乐中道。《诗经》通过自然物象比类喻兴，对五伦（君臣、父子、夫妇、兄弟、朋友）、五礼（主要是以祭礼为重的吉礼、以昏礼为重的嘉礼，以及宾礼、军礼等）具体行为或讴歌或讥刺，集中体现了礼乐君子"明德亲民，伦常当位；天人合一，道则中庸"之价值思维。

就《诗经》"明德亲民，伦常当位"价值关怀而言，述"明德亲民"者有如《文王》"无念尔祖，聿修厥德。永言配命，自求多福……仪刑文王，万邦作孚"、《泮水》"穆穆鲁侯，敬明其德。敬慎威仪，维民之则"、《抑》"无竞维人，四方其训之。有觉德行，四国顺之"、《南山有台》"乐只君子，民之父母。乐只君子，德音不已"、《鸤鸠》"淑人君子，其仪不忒。其仪不忒，正是四国"、《假乐》"假乐君子，显显令德，宜民宜人……无怨无恶，率由群匹。

受福无疆，四方之纲……不解于位，民之攸墍"，以及《淇奥》"如切如磋，如琢如磨，瑟兮僩兮，赫兮咺兮。有匪君子，终不可谖兮"、《草虫》"未见君子，我心伤悲"、《风雨》"既见君子，云胡不喜"、《小宛》"中原有菽，庶民采之。螟蛉有子，蜾蠃负之。教诲尔子，式穀似之"、《角弓》"尔之教矣，民胥效矣……毋教猱升木，如涂涂附。君子有徽猷，小人与属"等；述"伦常当位"者则如《小弁》"维桑与梓，必恭敬止。靡瞻匪父，靡依匪母"，《蓼莪》"哀哀父母，生我劬劳……父兮生我，母兮鞠我。拊我畜我，长我育我，顾我复我，出入腹我。欲报之德。昊天罔极"，《思齐》"刑于寡妻，至于兄弟，以御于家邦"，《常棣》"妻子好合，如鼓瑟琴。兄弟既翕，和乐且湛"，《斯干》"如竹苞矣，如松茂矣。兄及弟矣，式相好矣，无相犹矣"，《角弓》"骍骍角弓，翩其反矣。兄弟昏姻，无胥远矣"，《伐木》"嘤其鸣矣，求其友声。相彼鸟矣，犹求友声，矧伊人矣，不求友生"，《相鼠》"相鼠有体，人而无礼。人而无礼，胡不遄死"，等等。《诗经》述"天人合一"思维架构较为显著者，有如《皇矣》"皇矣上帝，临下有赫。监观四方，求民之莫"、《板》"天之牖民，如埙如篪，如璋如圭，如取如携。携无曰益，牖民孔易"、《烝民》"天生烝民，有物有则。民之秉彝，好是懿德"，《文王》"文王在上，於昭于天……文王陟降，在帝左右……上天之载，无声无臭"、《维天之命》"维天之命，於穆不已。於乎不显，文王之德之纯"、《崧高》"崧高维岳，骏极于天。维岳降神，生甫及申"，以及《清庙》"对越在天"、《板》"敬天之怒，无敢戏豫。敬天之渝，无敢驰驱"、《敬之》"敬之敬之，天维显思，命不易哉。无曰高高在上，陟降厥士，日监在兹"等；述"道则中庸"思维方式较为显著者，则如《皇矣》"予怀明德，不大声以色，不长夏以革。不识不知，顺帝之则"，《长发》"不竞不絿，不刚不柔。敷政优优，百禄是遒"，《崧高》"申伯之德，柔惠且直。揉此万邦，闻于四国"，《烝民》"柔亦不茹，刚亦不吐。不侮矜寡，不畏强御"，以及《大叔于田》"执辔如组，两骖如舞"、《车攻》"不失其驰，舍矢如破"等。

"三礼"中，《周礼》侧重纲常礼制教化中道，辨方正位体国经野，效法天地四时而立六官以为民极，六官及其副贰佐使各当其爵位职守，从而形成了法天立官中道教民之儒教礼制体系。《仪礼》侧重礼仪践履修教中道，于竭诚致敬而合乎情理的吉礼、凶礼、嘉礼、宾礼各类仪轨程式中，具体落实君臣、父子、夫妇、兄弟、朋友五伦内容，从而形成了情理中道伦常践履之儒教礼仪体系。而《礼记》则侧重礼义中道，内在阐明了礼仪礼制天伦中道之儒教礼义体系。

礼之实际内容即纲常修教，礼之分位殊别、情理交参、体天合人以及损益取舍本身即为中道，故而《礼记》通篇贯彻"明德亲民，伦常当位；天人合一，道则中庸"价值思维。《礼记》体现"明德亲民"较为显明者，有如《曲礼上》"毋不敬，俨若思，安定辞，安民哉"，《学记》"君子如欲化民成俗，其必由学乎"，《缁衣》"夫民，教之以德，齐之以礼，则民有格心；教之以政，齐之以刑，则民有遁心。故君民者，子以爱之，则民亲之；信以结之，则民不倍；恭以莅之，则民有孙心"，以及《祭义》"立爱自亲始，教民睦也。立敬自长始，教民顺也。教以慈睦，而民贵有亲；教以敬长，而民贵用命""祀乎明堂，所以教诸侯之孝也。食三老五更于大学，所以教诸侯之弟也。祀先贤于西学，所以教诸侯之德也；耕藉，所以教诸侯之养也；朝觐，所以教诸侯之臣也。五者，天下之大教也"等；体现"伦常当位"较为显明者，则如《郊特牲》"男女有别，然后父子亲。父子亲，然后义生。义生，然后礼作。礼作，然后万物安"，《丧服小记》"亲亲尊尊长长，男女之有别，人道之大者也"，《大传》"亲亲也，尊尊也，长长也，男女有别，此其不可得与民变革者也"，《礼运》"父慈、子孝、兄良、弟弟、夫义、妇听、长惠、幼顺、君仁、臣忠，十者谓之人义"，以及《哀公问》"仁人之事亲也如事天，事天如事亲，是故孝子成身"、《冠义》"容体正，颜色齐，辞令顺，而后礼义备，以正君臣、亲父子、和长幼。君臣正，父子亲，长幼和，而后礼义立"、《祭统》"夫祭有十伦焉，见事鬼神之道焉，见君臣之义焉，见父子之伦焉，见贵贱之等焉，见亲疏之杀焉，见爵赏之施焉，见夫妇之别焉，见政事之均焉，见长幼之序焉，见上下之际焉"、《经解》"朝觐之礼，所以明君臣之义也。聘问之礼，所以使诸侯相尊敬也。丧祭之礼，所以明臣子之恩也。乡饮酒之礼，所以明长幼之序也。昏姻之礼，所以明男女之别也。夫礼，禁乱之所由生，犹坊止水之所自来也"，等等。

《礼记》体现"天人合一"思维架构者，除了《月令》顺天时令君子礼教具体阐述，较为显明者还有《孔子闲居》"天无私覆，地无私载，日月无私照。奉斯三者以劳天下，此之谓三无私"，《礼运》"夫礼，先王以承天之道，以治人之情"，《丧服四制》"凡礼之大体，体天地，法四时，则阴阳，顺人情"，《乐记》"大乐与天地同和，大礼与天地同节……明于天地，然后能兴礼乐也""礼乐不可斯须去身。致乐以治心，则易直子谅之心油然生矣。易直子谅之心生则乐，乐则安，安则久，久则天，天则神。天则不言而信，神则不怒而威"，以及《祭义》"祭不欲数，数则烦，烦则不敬。祭不欲疏，疏则怠，怠则忘。是故君子合诸天道，春禘秋尝"、《深衣》"制十有二幅以应十有二月，袂圜以应规，曲袷如矩以应方，负绳及踝以应直，下齐如权衡以应平"、《昏义》"日食则天子素服而修六官之职，荡天下之阳事；月食则后素服而修六宫之职，荡天下之阴事。故天子之与后，犹日之与月，阴之与阳，相须而后成者也"、《乡饮酒义》"乡饮酒之义，立宾以象天，立主以象地，设介僎以象日月，立三宾以象三光。古之制礼也，经之以天地，纪之以日月，参之以三光，政教之本也"等。

　　《礼记》"道则中庸"思维可谓无处不在。其中总体而论礼之中道者，有如《仲尼燕居》"敬而不中礼，谓之野；恭而不中礼，谓之给；勇而不中礼，谓之逆……夫礼所以制中也"、《檀弓上》"先王之制礼也，过之者俯而就之，不至焉者跂而及之"、《礼器》"先生之制礼也，不可多也，不可寡也，唯其称也"，《曲礼上》"敖不可长，欲不可从，志不可满，乐不可极""爱而知其恶，憎而知其善""不尽人之欢，不竭人之忠""礼不下庶人，刑不上大夫"、《曲礼下》"君子行礼，不求变俗"，以及《学记》"君子之教喻也，道而弗牵，强而弗抑，开而弗达""禁于未发之谓豫，当其可之谓时，不陵节而施之谓孙，相观而善之谓摩""古之学者，比物丑类。鼓无当于五声，五声弗得不和；水无当于五色，五色弗得不章；学无当于五官，五官弗得不治；师无当于五服，五服弗得不亲"，《乐记》"先王本之情性，稽之度数，制之礼义。合生气之和，道五常之行，使之阳而不散，阴而不密，刚气不怒，柔气不慑，四畅交于中而发作于外，皆安其位而不相夺也……亲疏贵贱长幼男女之理，皆形见于乐"，等等。具体而论礼之中道者，则如《檀弓上》"夫礼，为可传也，为可继也，故哭踊有节"、《檀弓下》"丧礼，哀戚之至也。节哀，顺变也"、《丧服四制》"三日而食，三月而沐，期而练，毁不灭性，不以死伤生也。丧不过三年……告民有终也""始死，三日不怠，三月不解。期悲哀，三年忧，恩之杀也。圣人因杀以制节，此丧之所以三年，贤者不得过，不肖者不得不及，此丧之中庸也，王者之所常行也"，《射义》"射者，进退周还必中礼，内志正，外体直，然后持弓矢审固；持弓矢审固，然后可以言中，此可以观德行矣"，《少仪》"言语之美，穆穆皇皇；朝廷之美，济济翔翔；祭祀之美，齐齐皇皇；车马之美，匪匪翼翼；鸾和之美，肃肃雍雍"，以及《经解》"其为人也，温柔敦厚而不愚，则深于《诗》者也。疏通知远而不诬，则深于《书》者也。广博易良而不奢，则深于《乐》者也。洁静精微而不贼，则深于《易》者也。恭俭庄敬而不烦，则深于《礼》者也。属辞比事而不乱，则深于《春秋》者也"等，即均为《礼记》礼义中道之内在发明。

《春秋》"三传"践履"三礼"礼制、礼仪、礼义内涵，遵循五伦、五礼情理中道，以法天安民、夏以化夷为宗旨而褒贬历史现象，鲜明体现了"明德亲民，伦常当位；天人合一，道则中庸"这一儒学民本观基本价值思维。

《春秋左传》"明德亲民，伦常当位"价值关怀较为显著。其中，述"明德"者如《哀公十年》"务德而安民"、《僖公三十三年》"敬，德之聚也。能敬必有德，德以治民"、《宣公二年》"不忘恭敬，民之主也"、《隐公十一年》"恕而行之，德之则也，礼之经也"、《隐公四年》"以德和民，不闻以乱。以乱，犹治丝而棼之"、《僖公七年》"招携以礼，怀远以德，德礼不易，无人不怀"，《庄公十一年》"是宜为君，有恤民之心"、《宣公十二年》"君能下人，必能信用其民"、《昭公五年》"礼所以守其国，行其政令，无失其民者也"、《昭公四年》"政不率法，而制于心。民各有心，何上之有"，以及《襄公三十一年》"君子在位可畏，施舍可爱，进退可度，周旋可则，容止可观，作事可法，德行可象，声气可乐，动作有文，言语有章，以临其下"、《昭公十二年》"祈招之愔愔，式昭德音。思我王度，式如玉，式如金。形民之力，而无醉饱之心"，等等；述"亲民"者如《昭公二十六年》"礼之可以为国也久矣，与天地并……先王所禀于天地，以为其民也"、《哀公元年》"国之兴也，视民如伤，是其福也。其亡也，以民为土芥，是其祸也"、《襄公十四年》"良君将赏善而刑淫，养民如子，盖之如天，容之如地……天生民而立之君，使司牧之，勿使失性"、以及《桓公六年》"圣王先成民而后致力于神……故务其三时，修其五教，亲其九族，以致其禋祀"、《隐公五年》"君将纳民于轨物者也"、《僖公二十七年》"民未知义，未安其居……民未知信，未宣其用……民未知礼，未生其共"，等等。《左传》述"伦常当位"者，则如《隐公三年》"君义，臣行，父慈，子孝，兄爱，弟敬，所谓六顺"、《昭公二十六年》"君令臣共，父慈子孝，兄爱弟敬，夫和妻柔，姑慈妇听，礼也。君令而不违，臣共而不贰，父慈而教，子孝而箴；兄爱而友，弟敬而顺；夫和而义，妻柔而正；姑慈而从，妇听而婉：礼之善物也"、《庄公二十四年》"男女同赘，是无别也。男女之别，国之大节也"，以及《文公二年》"凡君即位，好舅甥，修昏姻，娶元妃以奉粢盛，孝也。孝，礼之始也"、《文公七年》"公族，公室之枝叶也，若去之则本根无所庇荫矣……亲之以德，皆股肱也，谁敢携贰"，等等。

《春秋左传》"天人合一，道则中庸"思维倾向亦较为显著。其中述"道则中庸"思维方式者，如《成公十四年》"《春秋》之称，微而显，志而晦，婉而成章，尽而不污，惩恶而劝善。非圣人谁能修之"、《昭公三十二年》"物生有两，有三，有五，有陪贰。故天有三辰，地有五行，体有左右，各有妃耦。王有公，诸侯有卿，皆有贰也……社稷无常奉，君臣无常位，自古以然"、《昭公二十年》"和如羹焉……先王之济五味，和五声也，以平其心，成其政也……若以水济水，谁能食之？若琴瑟之专壹，谁能听之？同之不可也如是""政宽则民慢，慢则纠之以猛。猛则民残，残则施之以宽。宽以济猛，猛以济宽，政是以和"，以及《文公元年》"先王之正时也，履端于始，举正于中，归余于终。履端于始，序则不愆。举正于中，民则不惑。归余于终，事则不悖"、《庄公六年》"夫能固位者，必度于本末而后立衷焉。不知其本，不谋；知本之不枝，弗强"《哀公十一年》"君子之行也，度于礼，施取其厚，事举其中，敛从其薄。如是则以丘亦足矣。若不度于礼，而贪冒无厌，则虽以田赋，将又不足"，等等。《左传》述"天人合一"思维框架及其人文精神者，则如《襄公二十九年》"善之代不善，天命也"，《文公十五年》"礼以顺天，天之道也……不畏于天，将何能保"，《宣公十五年》"天反时为灾，地反物为妖，民反德为乱，乱则妖灾生，故文反正为乏"；《昭公十八年》"天道远，人道迩"、《成公十三年》"天诱其衷"、《僖公十六年》"吉凶由人"，《庄公三十二年》"国将兴，听于民；将亡，听于神。神，聪明正直而壹者也，依人而行"，《僖公五年》"非德，民不和，神不享矣。神所冯依，将在德矣"，《庄公十四年》"妖由人兴也。人无衅焉，妖不自作。人弃常则妖兴"；以及《昭公七年》"国无政，不用善，则自取谪于日月之灾，故政不可不慎也"《文公十五年》"日有食之，天子不举，伐鼓于社，诸侯用币于社，伐鼓于朝，以昭事神、训民、事君，示有等威。古之道也"，《昭公十七年》"彗，所以除旧布新也"、《文公十四年》"有星孛入于北斗……不出七年，宋、齐、晋之君皆将死乱"，《成公五年》"国主山川。故山崩川竭，君为之不举，降服、乘缦、彻乐、出次、祝币、史辞以礼焉"、《昭公八年》"宫室崇侈，民力凋尽，怨讟并作，莫保其性。石言，不亦宜乎"、《僖公十五年》"震夷伯之庙，罪之也，于是展氏有隐慝焉"，《僖公三十一年》"鬼神非其族类，不歆其祀"、《僖公十九年》"祭祀以为人也。民，神之主也。用人，其谁飨之"，等等。

《春秋公羊传》之"明德亲民，伦常当位；天人合一，道则中庸"价值思维，特色在于天人关系内在于纲常礼义教化体系。《公羊传》述"伦常当位"较为显著者，如《哀公三年》"不以父命辞王父命，以王父命辞父命，是父之行乎子也。不以家事辞王事，以王事辞家事，是上之行乎下也"，《隐公元年》"立適以长不以贤，立子以贵不以长"，《僖公三年》"无易树子，无以妾为妻"，以及《闵公元年》"《春秋》为尊者讳，为亲者讳，为贤者讳"等。《公羊传》述"天人合一"，指出王者继天奉元布政施教，纲常礼义失正则感应天地灾害异象，如《公羊传注疏》即指出日食、恒星不见、彗星现、地震、山崩于河、蒲社灾、鼠食郊牛伤、大雨雹、大水、大旱而雩、螟灾螽灾、螽生、有蜮等自然灾异，均有与之具体对应之人事失礼行为。其表述较为显著者如《隐公元年》"元年者何？君之始年也。春者何？岁之始也。王者孰谓？谓文王也。曷为先言王而后言正月？王正月也。何言乎王正月？大一统也"，《隐公六年》"春秋编年，四时具然后为年"，《宣公三年》"王者则曷为必以其祖配？自内出者无匹不行，自外至者无主不止"，以及《哀公十四年》"春，西狩获麟。何以书？记异也……麟者，仁兽也。有王者则至，无王者则不至""冬，螽生……上变古易常，应是而有天灾，其诸则宜于此焉变矣"，等等。《公羊传》述"道则中庸"较为显著者，则如《隐公元年》"所见异辞，所闻异辞，所传闻异辞"、《成公十五年》"《春秋》内其国而外诸夏，内诸夏而外夷狄。王者欲一乎天下，曷为以外内之辞言之？言自近者始也"，《隐公十年》"《春秋》录内而略外，于外大恶书，小恶不书，于内大恶讳，小恶书"、《昭公元年》"《春秋》不待贬绝而罪恶见者，不贬绝以见罪恶也。贬绝然后罪恶见者，贬绝以见罪恶也"，以及《桓公十一年》"权者反于经，然后有善者也……行权有道，自贬损以行权，不害人以行权。杀人以自生，亡人以自存，君子不为也"、《僖公十七年》"君子之恶恶也疾始，善善也乐终"、《昭公二十年》"君子之善善也长，恶恶也短，恶恶止其身，善善及子孙"、《僖公元年》"诸侯之义不得专封也。诸侯之义不得专封，则其曰实与之何？上无天子，下无方伯，天下诸侯有相灭亡者，力能救之，则救之可也"，等等。

《春秋穀梁传》"明德亲民，伦常当位；天人合一，道则中庸"价值思维特色在于立足礼制中道人文关怀，以纲常礼教与阴阳类象言天人感应而反对神秘、放纵两个极端。《穀梁传》述伦常中道较为显著者，如《襄公六年》"莒人灭鄫……非灭也，非立异姓以莅祭祀，灭亡之道也"、《成公元年》"王师败绩于贸戎。不言战，莫之敢敌也。为尊者讳敌不讳败，为亲者讳败不讳敌，尊尊亲亲之义也"、《文公二年》"大事于大庙，跻僖公……先亲而后祖也，逆祀也。逆祀，则是无昭穆也。无昭穆，则是无祖也。无祖，则无天也……无天者，是无天而行也。君子不以亲亲害尊尊，此《春秋》之义也"，《宣公十五年》"为天下主者天也，继天者君也，君之所存者命也。为人臣而侵其君之命而用之，是不臣也；为人君而失其命，是不君也。君不君，臣不臣，此天下所以倾也"、《宣公二年》"曰晋赵盾弑其君夷皋者，过在下也。曰于盾也，见忠臣之至；于许世子止，见孝子之至"，《隐公元年》"《春秋》贵义而不贵惠，信道而不信邪。孝子扬父之美，不扬父之恶。先君之欲与桓，非正也，邪也。虽然，既胜其邪心以与隐矣，己探先君之邪志而遂以与桓，则是成父之恶也"、《隐公四年》"卫人立晋……立者，不宜立者也……得众则是贤也，贤则其曰不宜立，何也？《春秋》之义，诸侯与正而不与贤也"，以及《成公十八年》"公薨于路寝。路寝，正也。男子不绝妇人之手，以齐终也"、《隐公二年》"伯姬归于纪。礼，妇人谓嫁曰归，反曰来归，从人者也。妇人在家制于父，既嫁制于夫，夫死从长子。妇人不专行，必有从也"，等等。《榖梁传》述天人中道人文关怀较为显著者，则如《哀公十四年》"春，西狩获麟……非狩而曰狩，大获麟，故大其适也。其不言来，不外麟于中国也。其不言有，不使麟不恒于中国也"，《隐公九年》"三月癸酉，大雨震电……庚辰，大雨雪……八日之间再有大变，阴阳错行，故谨而日之也"，《文公二年》"自十有二月不雨，至于秋七月。历时而言不雨，文不忧雨也。不忧雨者，无志乎民也"，《桓公五年》"螽，虫灾也。甚则月，不甚则时"，等等。

综上，"明德亲民，伦常当位；天人合一，道则中庸"基本价值思维融摄贯通于五经四书儒教经典文本，内在构成了儒教经典修教体系的道路支撑、方法习惯与境界旨归，只是具体经书及其历代阐发各有侧重、各具个性特色而已。

第二节　儒学民本观价值思维述略

儒学民本观"明德亲民，伦常当位；天人合一，道则中庸"基本价值思维的形成发展是一个动态时中的内在进程。由于历史使命的重心变迁，不同历史时期儒者对孝悌伦常、内圣明德、外王亲民、天道人文、中庸之道诸方面各有凸显关注与深入发明，这其实与儒教十三经历史地位的独立升格与最终确立，亦即与中华民族反省自觉历程是内在一致而息息相关的。由于修教中道基本价值思维融贯于儒教民本观修教体系基本要素之中，且内在构成了儒教体系之道路支撑、方法习惯与境界旨归的缘故，儒教"明德亲民，伦常当位；天人合一，道则中庸"价值思维历史展开的具体内容，实际业已体现在此前所述儒学民本观之经书依据（以《大学》《中庸》为义理灵魂）、性善信念（人性本善、觉有先后而中道修教）、君子担当（君子主体修教中道）、天人架构（天君民合中道互动）、礼教内容（礼制礼仪与礼义中道）发展史诸部分。鉴此，这里主要结合君子担当要素与性善信念要素部分，对儒学价值思维发展史稍加理顺而不再具体展开。鉴于以下引文基本由第二章与第三章相关部分扼要择摘而来，故不再注明出处。

一、儒学民本观价值思维发展史略

与君子观、性善论等发展史相类似，儒学民本观修教中道价值思维发展史亦可大致划分为先秦两汉奠定探索期、唐宋元明内化成熟期与明中叶以来反本融会期这三大历史时段。

孔子奉天法古，祖述尧舜、宪章文武，综括三代而承接周公，直面春秋后期礼崩乐坏之乱世，立足君子仁礼中道，述而不作删订六经（孔子门人及其再传弟子传习师说并敷衍发明，其中最显著者有曾子一脉《孝经》《大学》师法传承、思孟一脉《中庸》《孟子》师法传承、子夏一脉《礼》《易》五经师法传承等，经战国秦汉时期淬炼而正式成为儒经修教文本）。孟子立足性善仁政修教中道价值思维，自觉挺立儒教性善修教信念，内在接续明德亲民道统，时中担当批驳异端邪说。孔孟之道注重内修外化君子学行，内圣明德自然推致外王亲民，从而奠定起儒教君子修教中道价值思维的框架基石，此后历代儒者结合时代脉动而动态达成对孔孟修教中道价值思维的深入发明与反本开新。

荀子身处战国末期极乱之世而勇于担当，偏重外王亲民礼法教化，提出性恶质善化性起伪说，下启两汉儒教礼法教化格局。《荀子》述礼教伦常修教中道价值思维者，如《王制》"君臣、父子、兄弟、夫妇，始则终，终则始，与天地同理，与万世同久，夫是之谓大本"、《不苟》"君子不贵者，非礼义之中也……唯其当之为贵""诚心守仁则形，形则神，神则能化矣；诚心行义则理，理则明，明则能变矣。变化代兴，谓之天德"等。但荀子以人之生理本性界定人之性情，而把人之仁义天性界定为圣人师法之伪，故而天人外在立论曲折，于天道人性内圣层面尚未自觉，此后董仲舒等两汉今文经学者则奉法天道重外王教化，结合思孟学说而以"禾米说"对其修教缺失进行了初步调适，并构建起天人时位内在全息的"天人感应说"立体体系，从而对"天人合一"思维架构进行了有益开拓。陆贾《新语》述纲常仁义君子中道价值思维者，如《慎微》"合道德，采微善，绝纤恶，修父子之礼，以及君臣之序，乃天地之通道，圣人之所不失也"、《无为》"君子尚宽舒以苞其身，行中和以统远……民不罚而畏，不赏而劝，渐渍于道德，而被服于中和之所致也"，贾谊《新书·大政上》亦云"狂与惑者，圣王之戒也，而君子之愧也"等。董仲舒

《春秋繁露》述修教中道价值思维者，则如《楚庄王》"奉天而法古……圣者法天，贤者法圣"、《循天之道》"和者，天之正也，阴阳之平也……故君子怒则反中，而自说以和；喜则反中，而收之以正；忧则反中，而舒之以意；惧则反中，而实之以精"、《深察名号》"天生民性有善质而未能善，于是为之立王以善之……王承天意以成民之性为任者也"、《保位权》"圣人之制民，使之有欲，不得过节；使之敦朴，不得无欲；无欲有欲，各得以足"，等等。

汉代儒者修教体系持性善、性兼中道者俱有。《孔子家语》述修己化民礼义中道价值思维者，如《大昏解》"君子者，乃人之成名也，百姓与名，谓之君子，则是成其亲为君而为其子也"、《曲礼子贡问》"君子上不僭下，下不偪上"、《辩乐解》"君子之音温柔居中以养生育之气，忧愁之感不加于心也，暴厉之动不在于体也"、《入官》"君子莅民，不临以高，不导以远，不责民之所不为，不强民之所不能"，《大戴礼记·主言》亦云"君子言不过辞，动不过则，百姓不命而敬恭"等。《韩诗外传》述天命性善修教中道，如卷六"天之所生，皆有仁义礼智顺善之心，不知天之所以命生，则无仁义礼智顺善之心"、卷八"学而不已，阖棺乃止。《诗》曰：日就月将"等。扬雄《法言》述君子奉天法古礼义修教，如《君子》"通天、地、人曰儒（《义疏》引《春秋繁露》释云：天生之以孝悌，地养之以衣食，人成之以礼乐）""君子不言，言必有中也；不行，行必有称也……君子于仁也柔，于义也刚"、《先知》"君子为国，张其纲纪，谨其教化。导之以仁，则下不相贼；莅之以廉，则下不相盗；临之以正，则下不相诈；修之以礼义，则下多德让"等。刘向《说苑》述修教中道，如《修文》"君子以礼正外，以乐正内。内须臾离乐则邪气生矣，外须臾离礼则慢行起矣"、《杂言》"君子欲和人，譬犹水火不相能然也，而鼎在其间，水火不乱，乃和百味"、《修文》"夏后氏教以忠，而君子忠矣，小人之失野；救野莫如敬，故殷人教以敬，而君子敬矣，小人之失鬼；救鬼莫如文，故周人教以文，而君子文矣，小人之失薄，救薄莫如忠……周则又始，穷则反本也"等。《盐铁论》述奉天法古仁礼中道，如《相刺》"天设三光以照记，天子立公卿以明治……和阴阳，调四时，安众庶，育群生"、《遵道》"明德教，谨庠序，崇仁义，立教化。此百世不易之道也"、《备胡》"君子立仁修义，以绥其民，故迩者习善，远者顺之"、《大论》"公输子因木之宜，圣人不费民之性。是以斧斤简用，刑罚不任，政立而化成"等。此外，王符《潜夫论·考绩》云"圣王之建百官也，皆以承天治地，牧养万民者也"，马融《忠经·天地神明》亦云"忠者中也，至公无私。天无私，四时行；地无私，万物生；人无私，大亨贞……忠能固君臣，安社稷，感天地，动神明"等。荀悦《申鉴》述修教中道，如《政体》"以天道作中，以地道作和，以仁德作正，以事物作公，以身极作诚，以变数作通，是谓道实"、《俗嫌》"养性秉中和……内不伤性，外不伤物，上不违天，下不违人，处正居中，形神以和，故咎征不至而休嘉集之"、《杂言下》"好生事则多端而动众，好生奇则离道而惑俗，好变常则轻法而乱度"等。徐干《中论》述君子学行修教中道，如《艺纪》"君子者，表里称而本末度者也。故言貌称乎心志，艺能度乎德行，美在其中而畅于四支，纯粹内实光辉外著"、《贵言》"大禹善治水，而君子善导人。导人必因其性，治水必因其势"等。《白虎通义》则阐发天道阴阳四时五行与人道礼义修教中道内在关系，对两汉今文经学纬书内容进行了全面概括总结。

汉晋以来儒教奉天法古孝治天下，注重纲常礼教及其内在明德支撑。魏桓范《世要论》述修教中道，如《为君难》"天，万物之覆；君，万物之焘"、《臣不易》"事君者，竭忠义之道，尽忠义之节……以安上治民，宣化成德"、《政务》"君子为政，以正己为先，教禁为次。若君正于上，则吏不敢邪于下；吏正于下，则民不敢僻于野"等。魏杜恕《体论》述德礼中道，如《臣》"君子务修诸内而让之于外，务积于身而处之以不足。夫为人臣，其犹土乎，万物载焉而不辞其重，水渎污焉而不辞其下，草木殖焉而不有其功"、《政》"善御民者，壹其德礼，正其百官，齐民力，和民心，是故令不再而民从，刑不用而天下化治……民有小罪，必求其善，以赦其过；民有大罪，必原其故，以仁辅化。是故上下亲而不离，道化流而不蕴"等。袁準《袁子正书》论礼刑中道，如《礼政》"以仁义为不足以治者，不知人性者也，是故失教，失教者无本也。以刑法为不可用者，是不知情伪者也，是故失威，失威者不禁也"、《治乱》"唯君子而后能固穷，故有国而不务食，是责天下之人而为君子之行也"等。魏刘劭《人物志》述君子修教中道，如《九征》"兼德而至，谓之中庸"、《流业》"主德者，聪明平淡，总达众材而不以事自任者也"等。西晋傅玄《傅子》述修教中道，如《正心》"古之君子修身治人，先正其心，自得而已矣。

夫能自得，则无不得矣……治天下有余"、《假言》"以异致同者，天地之道也；因物制宜者，圣人之治也……水火之性相灭也，善用之者陈釜鼎乎其间煮之，而能两全其用无害也"等。西晋以来，儒者多辟驳异端异教而倡言礼教中道。西晋裴頠《崇有论》反思清谈贵无之虚妄而述君子修教礼义中道，如"盈欲可损，而未可绝有也；过用可节，而未可谓无贵也""贤人君子，知欲不可绝而交物有会，观乎往复，稽中定务……贱有则必外形，外形则必遗制，遗制则必忽防，忽防则必忘礼。礼制弗存，则无以为政矣"等。东晋儒者进而反思清谈之祸与异端之害，东晋葛洪《抱朴子外篇》述君子纲常礼义中道，如《良规》"夫君，天也，父也。君而可废，则天亦可改，父亦可易也"、《刺骄》"古人所谓通达者，谓通于道德、达于仁义耳，岂谓通乎褒黩而达于淫邪哉"，东晋孙盛《老子疑问反讯》亦云"夫有仁圣，必有仁圣之德迹，此而不崇，则陶训焉融？仁义不尚，则孝慈道丧"等。东晋戴逵述君子中道异于异端异教，如《答周居士难释疑论》"善恶生于天理，是非由乎人心，因天理以施教，顺人心以成务"、《释疑论》"设礼乐以开其大朦，名法以束其形迹，贤者倚之以成其志，不肖企及以免其过，使孝友之恩深，君臣之义笃，长幼之礼序，朋执之好著……何必循教责实，以期报应乎"、《放达为非道论》"乡原似中和，所以乱德；放者似达，所以乱道……夫伪薄者，非二本之失，而为弊者必托二本以自通"等。南朝佛教大兴，故儒者多反思辟驳佛教价值思维。南朝宋何承天述礼教中道而驳感报修教，如《重答颜光禄》"何必陋积善之延祚，希无验于来世，生背当年之真欢，徒疲役而靡归。系风捕影，非中庸之美，慕夷眩妖，违通人之致"，南朝梁范缜《神灭论》亦云"竭财以赴僧，破产以趋佛，而不恤亲戚，不怜穷匮者何？良由厚我之情深，济物之意浅""乘夫天理，各安其性。小人甘其垄亩，君子保其恬素……可以全生，可以匡国"等。北朝儒者则尤为关注学行笃实修教中道价值思维。北魏苏绰《六条诏书》述修教中道，如《魏书·苏绰传》"其一，先治心……治民之本，先在治心。其次又在治身……其二，敦教化……慈爱则不遗其亲，和睦则无怨于人，敬让则不竞于物。三者既备，则王道成矣……其五，恤狱讼……消息情理，斟酌礼律，无不曲尽人心，远明大教"。北齐刘昼述修教中道，如《刘子·言苑》"忠孝者，百行之宝欤。忠孝不修，虽有他善，其犹玉屑盈匮，不可琢为珪璋"、《和性》"阴阳调，天地和也；刚柔均，人之和也"、《清神》"神静而心和，心和而形全；神躁则心荡，心荡则形伤"、《崇学》"人性譓惠，非积学而不成。沿浅以及深，披暗而睹明，不可以传闻称，非得以泛滥善也"、《随时》"时有淳浇，俗有华戎，不可以一道治，不得以一体齐也……《易》贵随时，《礼》尚从俗，适时而行也"，北齐颜之推《颜氏家训·治家》亦云"夫风化者，自上而行于下者也，自先而施于后者也。是以父不慈则子不孝，兄不友则弟不恭，夫不义则妇不顺矣"等。隋代王通进而反本开新，深入发明礼义中道价值思维，如《中说·天地》"为人子者，以其父之心为心；为人弟者，以其兄之心为心，推而达之于天下斯可矣"、《礼乐》"礼，其皇极之门乎，圣人所以向明而节天下也，其得中道乎，故能辩上下，定民志"、《周公》"贱物贵我，君子不为也。好奇尚怪，荡而不止，必有不肖之心应之"、《魏相》"君子不责人所不及，不强人所不能，不苦人所不好"等。

在汉唐魏晋南北朝以来诸儒尤其是隋代刘焯、刘炫经学注解义疏基础上，孔颖达等修成《五经正义》，此后贾公彦撰《周礼注疏》《仪礼注疏》、杨士勋撰《榖梁传注疏》、徐彦撰《公羊传疏》、唐玄宗等注《孝经》，儒教民本观"明德亲民，伦常当位；天人合一，道则中庸"基本价值思维得以集大成式系统性总结提升。此外，啖助《春秋》学、李鼎祚《周易集解》、吴兢《贞观政要》、刘知几《史通》、杜佑《通典》，以及《大唐开元礼》《唐律疏议》《大唐六典》与科举取士制度等则是儒教民本观基本价值思维的具体总结与实际应用。中唐以降，儒者反思释道冲击与科举弊端，祛虚就实而复古革新，宗经明道学风兴起。柳宗元述仁义中道而反对神异之术，如《柳宗元集·时令论下》"圣人之为教，立中道以示于后。曰仁、曰义、曰礼、曰智、曰信，谓之五常……语怪而威之，所以炽其昏邪淫惑，而为祷禳、厌胜、鬼怪之事，以大乱于人也……立大中，去大惑，舍是而曰圣人之道，吾未信也"、《断刑论下》"经非权则泥，权非经则悖……当也者，大中之道也"、《与杨诲之第二书》"刚柔无恒位，皆宜存乎中。有召焉者在外，则出应之，应之咸宜，谓之时中"等。但柳宗元天人不相预、刘禹锡天人交相胜思想与荀子天人相分思想类似，即把天定义为自然之天而高扬人文自觉，故天人外在、内圣不明而主以释补儒说。唐中后期韩愈等发起古文运动，褒彰《大学》《孟子》，反本儒教价值思维本位而卫道辟佛，如《韩昌黎文集·原道》"古之所谓正心而诚意者，将以有为也。今也欲治其心而外天下国家，灭其天常，子焉而不父其父，臣焉而不君其君，民焉而不事其事……举夷狄之法，而加之先王之教之上，几何其不胥而为夷也"。李翱进而褒彰《中庸》以阐发君子复性修教中道，如《复性书》"天之道，以先知觉后知，先觉觉后觉者也……故制礼以节之，作乐以和之……视听言行，循礼法而动，所以教人忘嗜欲而归性命之道也。道者至诚而不息者也，至诚而不息则虚，虚而不息则明，明而不息则照天地而无遗"等。晚唐皮日休、林慎思等褒扬《论语》《孟子》《周易》人文君子修教中道价值思维，如皮日休《皮子文薮·鹿门隐书篇》"圣人之道犹坦途，诸子之道犹斜径……适坦途者有津梁，之斜径者苦荆棘"，此外张弧、陆龟蒙等对修教中道价值思维亦有发明。

北宋诸儒进而反本复古以论修教中道价值思维，如宋初胡瑗重习经致用修教中道、孙复重礼教中道而石介重仁礼中道，范仲淹重名教气节但主张以释补儒、欧阳修重礼义中道以祛释道流弊（二位贤儒内圣明德层面开发不足而尚未自觉）；司马光重纲常礼义修教中道，如《资治通鉴》"自天子、诸侯至于卿、大夫、士、庶人，尊卑有分，大小有伦，若纲条之相维，臂指之相使，是以民服事其上，而下无觊觎""君子用人如器，各取所长，古之致治者，岂借才于异代乎？正患己不能知，安可诬一世之人"等；王安石、苏轼论修教中道有优长，亦有心性明德之偏差，故而不能固守儒教本位而偏爱释老，如王安石《洪范传》"五行，天所以命万物者也……五事，人所以继天道而成性者也……修其心、治其身而后可以为政于天下……为政必协之岁、月、日、星辰、历数之纪……当立之以天下之中……中者，所以立本，而未足以趣时，趣时则中不中无常也，唯所施之宜而已矣"，苏轼更是乡愿调和似是而非、陷于利害而偏爱释老。刘敞反本孔孟而述修教中道，如《公是弟子记》卷一"明德制义不失其方者，礼是也。礼者道之中也"、卷二"君子之道不出于中。中者所以并容也，贤者守焉，不肖者勉焉，并容所以为大也。决绝之行，君子不为""贤者为人所能为而已矣。人所不能为，贤者不为也""禁过于微则人乐迁善，防患于小则患远矣"等。王开祖亦反本孔孟而述君子学行修教中道，如《儒志编》"孔子之道见乎六经，以至于今为君臣父子、兄弟夫妇者，尊卑上下各有分，服而修之者循循如也""仁道甚大,孔子常居其中。有自四方而至,则引而内之,不以一隅指,亦量其材而已""廉耻之道在素养之,使之自修,然后责之;遽绳之以法,则不胜其责矣",等等。

理学者,阐明儒教修教中道价值思维之学也。北宋中后期"北宋五子"周敦颐、邵雍、张载、程颢、程颐为消解佛教流弊而反本儒教价值思维自觉之宋代理学主流代表。其中,周敦颐述君子学行修教中道者,如《通书·道》"圣人之道,仁义中正而已矣。守之贵,行之利,廓之配天地。岂不易简,岂为难知"、《乾损益动》"君子乾乾不息于诚,然必惩忿窒欲、迁善改过而后至"、《师》"圣人立教,俾人自易其恶,自至其中而止矣"、《乐上》"乐声淡而不伤,和而不淫。入其耳,感其心,莫不淡且和焉。淡则欲心平,和则躁心释。优柔平中,德之盛也;天下化中,治之至也"等。邵雍述君子学行修教中道者,如《伊川击壤集》卷八《再答王宣徽》"自有吾儒乐,人多不肯循。以禅为乐事,又起一重尘"、卷十《安乐窝中吟》"安乐窝中职分修,分修之外更何求……行己当行诚尽处,看人莫看力生头"、卷十六《感事吟》"为善大宜量力分,知几都在近人情,人情尽后疑难入,力分量时事自平"、卷十八《庶几吟》"以圣责人,固未完备。以人望人,自有余地"等。张载述君子学行修教中道者,如《正蒙·太和》"不悟一阴一阳范围天地、通乎昼夜、三极大中之矩,遂使儒、佛、老、庄混然一涂……入德之途,不知择术而求,多见其蔽于诐而陷于淫矣"、《中正》"中正然后贯天下之道,此君子之所以大居正也。盖得正则得所止,得所止则可以弘而至于大"、《至当》"未能如玉,不足以成德;未能成德,不足以孚天下"、《天道》"天不言而四时行,圣人神道设教而天下服。诚于此,动于彼,神之道与"等。程颢、程颐述君子学行修教中道者,则如《二程遗书》卷四"外仲尼之道而由径,则是冒险阻犯荆棘而已"、卷十四"《蛊》之象,君子以振民育德。君子之事惟有此二者,余无他为。二者,为己为人之道也"、卷四"君子之教人,或引之,或拒之,各因其所亏者成之而已",又如《二程粹言·人物》"君子之学必日进则日新,不日进者必日退,未有不进而不退者"、《论政》"古之圣王所以能化奸恶为善良,绥仇敌为臣子者,由弗之绝也。苟无含洪之道,而与己异者一皆弃绝之,不几于弃天下以雠君子乎"等。此外,又如吕大临重君子诚敬礼教中道、谢良佐重君子克己修证中道、杨时重理一分殊修教中道、胡宏重诚敬仁恕修教中道、张栻重居敬求仁学行中道等。朱子继北宋五子尤其是二程道统，程朱理学正式形成。朱子深入发明《四书》君子学行修教中道价值思维，如《大学章句序》"大学之书，古之大学所以教人之法……皆本之人君躬行心得之余，不待求之民生日用彝伦之外……国家化民成俗之意，学者修己治人之方"、《论语集注》"君子，成德之名……德之所以成，亦曰学之正、习之熟、说之深，而不已焉耳"，以及《中庸章句序》"其曰天命率性，则道心之谓也；其曰择善固执，则精一之谓也；其曰君子时中，则执中之谓也"、《中庸章句》"中无定体，随时而在，是乃平常之理也。君子知其在我，故能戒谨不睹、恐惧不闻，而无时不中。小人不知有此，则肆欲妄行，而无所忌惮矣"等。后真德秀述《大学衍义》，使程朱理学价值思维学理得以体系化。朱子《白鹿洞书院揭示》《沧洲精舍谕学者》《童蒙须知》《小学》等则述君子修习次及其礼法保障、入门规范，朱子弟子程端蒙著有《性理字训》（后经程若庸修补而广为流行）、《程董学则》等发明理学价值思维启蒙读物，而吕大钧《吕氏乡约乡仪》、吕本中《童蒙训》、吕祖谦《规约》、刘清之《戒子通录》、袁采《袁氏世范》、王应麟《三字经》等亦为宋儒修教中道普及努力。

宋明儒教价值思维在程朱理学正统之外尚有辅统、杂统。其中，吕祖谦重礼义躬行修教中道，如《丽泽论说集录》卷六《门人周公瑾所记》"大抵为学，须先识得大纲模样，使志趣常在这里。到做工夫，却随节次做去，渐渐行得一节，又问一节，方能见众理所聚"、卷七《与朱侍讲三》"当于矫揉气质上做工夫，如懦者当强，急者当缓，视其偏而用力焉"等。陆九渊述明心辨志君子学行，如《陆九渊集》卷三十四《语录上》"汝耳自聪，目自明，事父自能孝，事兄自能弟，本无欠缺，不必他求，在自立而已"、卷三十五《语录下》"人心有病，须是剥落。剥落得一番，即一番清明，后随起来，又剥落，又清明，须是剥落得净尽方是"等。心学重明德扩充而非礼义中道修教正统，陆王心学价值思维有所偏失，历史事实亦证明心学暗启意见欲望之门故而修教流弊无穷。陈亮重体用一源修教中道，如《陈亮集》卷十九《汉论》"夫子以天地尧舜之道诏天下，故天下以仁义孝悌为常行""心者治之原，其原一正则施之于治，循理而行，自与前人默契而无间"，卷九《勉强行道大有功》"喜怒哀乐爱恶……六者得其正则为道，失其正则为欲……贤者在位，能者在职，而无一民之不安，无一物之不养，则大有功之验也"等。叶适重礼义事功修教中道，如《水心文集》卷十"程氏诲学者必以敬为始，予谓学必始于复礼，礼复而后能敬"、《习学记言》卷二十三"古人以利与人而不自居其功，故道义光明。后世儒者行董仲舒之论，既无功利，则道义者乃无用之虚语尔"、《水心别集》卷七《中庸》"中庸者，所以济物之两而明道之一者也……水至于平而止，道至于中庸而止矣"等。陈亮、叶适反思理学空疏流弊，但于性善明德之纯粹修养层面欠缺，终陷王霸杂用、理欲并行之偏颇乡愿，故而俱为儒教价值思维之杂统。金元时期赵秉文亦反思理学流弊而重修教中道，如《滏水集》卷一《大学·原教》"过于仁，佛老之教也。过于义，申韩之术也。仁义合而为孔子"、《诚说》"夫道，何为者也？非太高难行之道也。今夫清虚寂灭之道，绝世离伦，非切于日用，或行焉，或否焉，自若也。至于君臣、父子、夫妇、兄弟、朋友之大经，可一日离乎"等。

元代儒者以夏化夷，价值思维主流宗法程朱理学，而亦有批判理学以及朱陆调和者。元初许衡重敬省力行修教中道。如《鲁斋遗书》卷三《论明明德》"为学之初，先要持敬……身心收敛，气不粗暴……不要逐物去了"、卷五《中庸直解》"学问思辨，既有所得，必皆着实见于践履而躬行之"、卷二《语录下》"一念方动，非善即恶，恶是气禀人欲，即遏之不使滋长。善是性中本然之理，即执之不使变迁，如此则应物无少差谬"等。刘因批判理学而重法古学行修教中道，如《静修续集》卷三《叙学》"礼乐不明则不可以学《春秋》，五经不明则不可以学《易》。夫不知其粗者，则其精者岂能知也。迩者未尽，则其远者岂能尽也""世人往往以《语》《孟》为学问之始，而不知《语》《孟》圣贤之成终者……所谓'颜状未离于婴孩，高谈已及于性命'者也""学者多好高务远，求名而遗实，逾分而远探，躐等而力穷，故人异学，家异传，圣人之意晦而不明"等。吴澄重学行和会修教中道，如《吴文正公集》卷二十《临川县学记》"朱子之学，宗程而祖孔。孔子之道，皦如日月，人心所同得也。究其礼，践其事，以吾心之所同得契圣人之所先得，知必真知，行必实行"、卷十四《赠学录陈华瑞序》"实悟为格，实践为诚……物之格在研精，意之诚在慎独。苟能是，始可为真儒，可以范俗，可以垂世"、卷十五《送陈洪范序》"朱子之教人也，必先之读书讲学；陆子之教人也，必使之真知实践。读书讲学者，固以为真知实践之地；真知实践者，亦必自读书讲学而入"等。金华朱学学者金履祥重效古复觉修教中道，如《论语集注考证》卷一"圣贤先觉之人，知而能之，知行合一。后觉所以效之者，必自其所为而效之，盖于其言行制作而体认之也"等。许谦重笃志纲常修教中道，如《读四书丛说·论语上》"人之受命于天以生，存于心则有仁义礼智信五常之性，接于身则有父子、君臣、长幼、夫妇、朋友之伦。五常者，五伦之则也"，《读四书丛说·大学》"凡非圣人之道而别立异论者，皆异端，此是总名。虚无寂灭又是其中目之大者……圣学止是五常人伦，一切都是实事""明明德是要变化气质，消除物欲……用功者但要随时随事止遏物欲"、《读四书丛说·论语中》"为学之道先立志，欲求至于圣贤，却随事只管低头做将去，明一分道理，便行一分道理……笃志行之，自少至老，不倦到头，却随人力量高下，见其成功浅深，最不可作界限"等。元代陆学学者如刘埙、陈苑、危素、赵偕等，主陆朱和会以祛朱学流弊，但对道释态度大都含混不清。理学学者郑玉价值思维亦主朱陆合会而反思朱陆末学流弊，如《师山遗文》卷三《与汪真卿书》"（朱子）功与孔孟同科……天地之秘、圣贤之妙发挥无余蕴矣。然自是以来，三尺之童即谈忠恕，目不识丁亦闻性与天道，一变而为口耳之弊""（陆子静）简易光明之说，亦未始为无见之言也……但其教尽是略下工夫，而无先后之序，而其所见又不免有'知者过之'之失……学之者恐有画虎不成之弊"等。

明代理学为尊而心学大兴，儒教修教中道价值思维纯杂混合。明初宋濂偏重心学而述修教中道，如《宋濂全集·六经论》"六经皆心学也，心中之理无不具，故六经之言无不该……说天莫辨乎《易》，由吾心即太极也；说事莫辨乎《书》，由吾心政之府也；说志莫辨乎《诗》，由吾心统性情也；说理莫辨乎《春秋》，由吾心分善恶也；说体莫辨乎《礼》，由吾心有天序也；导民莫过乎《乐》，由吾心备人和也"、《七儒解》"我所愿，则学孔子也。其道，则仁义礼智信也；其伦，则父子、君臣、夫妇、长幼、朋友也。其事易知且易行也，能行之则身可修也，家可齐也，国可治也，天下可平也"等。方孝孺重崇学复礼修教中道，如《务学》"学，将以学为人也，将以学事人也，将以学治人也，将以矫偏邪而复于正也""其说存于《易》《诗》《书》《春秋》、三

《礼》，其理具乎心，其事始乎穷理，终乎知天。其业始于修己，终于治人。其功用至于均节运化，涵育万物"、《释统上》"正统之说……以寓褒贬，正大分，申君臣之义，明仁暴之别，内夏外夷，扶天理而诛人伪"等。曹端重天理中正修教中道，如《曹端集·太极图说述解序》"理学之源，实天所出……圣心，一天理而已。圣作，一天为而已""常人如何便得无欲，故伊川只说一个'敬'字，教人只就敬上捱去，庶几执捉得定，有个下手处"、《通书述解·慎动》"君子必谨其所动，动必以正，则和在其中矣"、《富贵》"道一也，语上则极乎高明，语下则涉乎形器，语大则至于无外，语小则入于无内，而其大要则曰中，而大目则曰三纲五常焉。充之则贵莫加焉"等。薛瑄重诚敬笃实修教中道，如《读书录》卷一"圣贤之言，坦易而明白。异端之言，崎岖而茫昧"、卷六"三纲五常之道，根于天命而具于人心，历万世如一日"、卷一"元亨利贞，天之四德。仁义礼智，人之四德。天德流行而不息者，刚健而已。人虽有是德而不能无间断者，由有私柔杂之也，故贵乎自强不息""和而敬，敬而和，处众之道"，卷五"圣贤教人，皆略启其端，使学者深思而自得之"、卷六"圣人多教人以下学人事……后世或论理太高，学者践履未尽粗近，而议论已极精微，故未免有弊"等。吴与弼重痛切克己修教中道，如《康斋集》卷十一《日录》"明德新民，虽无二致，然己德未明，遽欲新民，不惟失本末先后之序，岂能有新民之效乎，徒尔劳攘，成私意也"等。胡居仁重敬义夹持修教中道，如《居业录》卷二"圣贤工夫虽多，莫切要如敬字……程朱开圣学门庭，只主敬穷理，便教学者有入处"等。陈献章重自然无执修教中道，如《陈献章集·与湛民泽》"人与天地同体，四时以行，百物以生，若滞在一处，安能为造化之主耶"、《程乡县社学记》"天下之事，无本不立。小学，学之本也。保自然之和，禁未萌之欲，日就月将，以驯致乎大学，教之序也"等。湛若水重体任天理修教中道，如《湛甘泉先生文集》卷七《答阳明》"格者，至也……物者，天理也……诚、正、修功夫，皆于格物上用。家国天下皆即此扩充，无两段功夫，此即所谓止至善"、卷七《答余督学》"孔门之教，皆欲事上求仁，动时着力……善学者必令动静一于敬，敬立则动静浑矣，此合内外之道也"等。湛门弟子甚众，对修教中道价值思维均有发挥，对阳明心学流弊亦多有批判。邱浚重明德亲民经世致用而述反本礼乐修教中道，如《大学衍义补》自序

"《大学》一书，儒者全体大用之学也。原于一人之心，该夫万事之理，而关乎亿兆人民之生。其本在乎身也，其则在乎家也，其功用极于天下之大也"、卷三八《礼仪之节上》"天之伦序有不易之典而正之在我者，必使君臣、父子、兄弟、夫妇、朋友五者之伦而各有义、有亲与夫有序、有别、有信，咸惇厚而不薄焉"、卷三六《明礼乐·总论礼乐之道上》"圣人因礼乐而示之以好恶之正……礼以节之则民之行也无不中，乐以和之则民之言也无不和"等。

王阳明心学以良知自觉消解理学流弊，非是儒教正统修教中道价值思维，而终致明清以来三教混同、意欲混滥而礼教消解、夷以变夏之大祸。阳明述自致良知修教中道者，如《传习录上》"心即理也。此心无私欲之蔽，即是天理，不须外面添一分。以此纯乎天理之心，发之事父便是孝，发之事君便是忠，发之交友、治民便是信与仁"、《传习录下》"喜、怒、哀、惧、爱、恶、欲，谓之七情，七者俱是人心合有的，但要认得良知明白……七情顺其自然之流行，皆是良知之用，不可分别善恶，但不可有所着。七情有着，俱谓之欲，俱为良知之蔽""良知只在声色货利上用功，能致得良知精精明明，毫发无蔽，则声色货利之交，无非天则流行矣""我辈致知，只是各随分限所及……如此方是精一功夫。与人论学，亦须随人分限所及"等。人各有心，以良知立论故，阳明后学学派众多。浙中学派中，王畿以先天正心为修教中道，但却以本性良知消解三教差别而趋同于佛老异教；钱德洪以后天诚意、精察克治为修教中道以纠正之，如《王阳明全集·大学问跋》"此心之知，无出于民彝物则之中。致知之功，不外乎修齐治平之内"等；黄绾"艮止执中"、季本"龙惕慎独"、顾应祥善念恶念省察对治、张元忭戒慎恐惧慎独功夫等用意亦是如此。江右王门中，则有邹守益重中道不偏"戒惧敬养"、欧阳德重体用一如"明觉妙用"、聂豹"归寂通感"执体应用、罗洪先"主静体仁"大用流行，以及王时槐"透性研几"、陈九川"慎独知几"、刘师泉"悟性修命"、魏良弼"无我复性"等修教中道学理建构。泰州学派中，王艮以自然和乐、明哲保身为修教中道，朱恕、韩贞以守本分而化民俗为修教中道，罗汝芳以"格物求仁"归复孔子为修教中道，耿定向以"不容已"之仁根自然为修教中道；颜钧脱出礼教而以"率性体仁"为修教中道，何心隐轻礼重欲而以"性乘于欲"、寡欲尽性为修教中道，李贽尤以私心自然、三教混同为修教中道；焦竑则以正情复性、三教混同为修教中道，且为阳明心学以个体心性消解礼义正统这一异化流弊之集大成者，如《澹园集·明德堂答问》"道是吾自有之物，只烦宣尼与瞿昙道破耳，非圣人一道，佛又一道也"、《崇正堂答问》"佛言心性，与孔孟何异？其不同者教也"、《刻大方广佛华严经序》"圣人之教不同也，至于修道以复性，则一而已……能读此经，然后知六经、《语》《孟》无非禅，尧舜周孔即为佛"等。心学泛滥而儒教价值思维遂至混乱，其时已是明神宗万历年间矣。

明代中后期，罗钦顺系统批判心学禅学偏弊而复归程朱理学价值思维正统，如《困知记》附录《答允恕弟》"心也者，人之神明，而理之存主处也，岂可谓心即理，而以穷理为穷此心哉"、《答欧阳少司成崇·一》"误认良知为天理，于天地万物上，良知二字，自是安着不得，不容不置之度外尔。圣人本天，释氏本心，天地万物之理，既皆置之度外，其所本从可知矣"、卷上章二四"格物致知，学之始也；克己复礼，学之终也"，以及卷上章五"释氏之学，大抵有见于心，无见于性……乃敢遂驾其说，以误天下后世之人，至于废弃人伦，灭绝天理，其贻祸之酷可胜道哉"、卷下章四一"不思而得，乃圣人分上事，所谓生而知之者，而岂学者之所及哉……遂乃执灵觉以为至道，谓非禅学而何。盖心性至为难明，象山之误正在于此"等。王廷相亦稽圣复正而重礼义中道，如《慎言·五行篇》"养心性，正彝伦，以成其德，此切问近思之实，孔孟之真传也"、《作圣篇》"圣人之道，贯彻上下。自洒扫应对，以至均平天下，其事理一也。自格物致知，以至精义入神，其学问一也。自悦亲信友，以至过化存神，其感应一也"、《御民篇》"有圣人而后名教立，定之以天命则妄心灭，定之以礼义则遂心亡，定之以法制则纵心阻。故名教者，治世之要也"，以及《慎言》序"仲尼没而微言绝，异端起而正义凿，斯道以之芜杂，其所由来渐矣。非异端能杂之，诸儒自杂之也。故拟议过贪，则援取必广；性灵弗神，则诠择失精。由是旁涉九流，淫及纬术，卒使牵合傅会之妄，以迷乎圣人中庸之轨"等。明代自万历时期以来，心学流弊大显而士风虚浮。鉴此，张居正等虽仍肯定心学实修之益，但尤重明德亲民大学之道，故而主持世教而辟异端、禁讲学，如《张居正集》第二册《答南司成屠平石论为学》"愿今之学者，以足踏实地为功，以崇尚本质为行，以遵守成宪为准，以诚心顺上为忠……毋以前辈为不足学而轻事诋毁，毋相与造为虚谈逞其胸臆"等。

明后期东林学派中，顾宪成立足理学道统而纠正王学"明德"流弊。其述"性善""小心"修教中道者，如《小心斋札记》卷十八"语本体，只是性善二字；语工夫，只是小心二字"、卷三"卓哉其元公乎……其言约，其指远，其辞文，其为道易简而精微，博大而亲切，是故可以点化上士，可以锻炼中士，可以防闲下士。未尝为吾儒标门户，而为吾儒者咸相与进而奉之为斯文之主盟，莫得而越焉；未尝与二氏辨异同，而为二氏者咸相与退而各守其宗，莫得而混焉……阳明先生开发有余，收束不足，当士人桎梏于训诂词章间，骤而闻良知之说，一时心目俱醒，恍若拨云雾而见白日，岂不大快。然而此窍一凿，混沌几亡，往往凭虚见而弄精魂，任自然而藐兢业"、卷十五"世人之所谓本体，高者只一段光景，次者只一副意见，下者只一场议论而已"等。高攀龙亦和合心学理学而辟驳"无善无恶"说之流弊，其述居敬穷理、宗善复性修教中道者，则如《高子遗书》卷八上《答念台三》"学问之道无他，复其性而已矣。弟观千古圣贤心法只一敬字捷径无弊"、《复念台二》"格物者，穷理之谓也。穷理者，知本之谓也……理者心也，穷之者亦心也，但未穷之心不可谓理，未穷之理不可谓心，此处非穷参妙悟不可。悟则物物有天然之则，日用之间，物还其则，而己无与焉，如是而已"、《方本庵先生性善绎序》"无善之说，不足以乱性，而足以乱教……天下无无念之心，患其不一于善耳，一于善即性也……至夷善于恶而无之，人遂将视善如恶而去之，大乱之道也"等。刘宗周亦尝试内在整合心学理学，而以诚意慎独述修教中道，如《刘宗周全集》第二册《证学杂解》"今天下争言良知矣，及其弊也，猖狂者参之以情识，而一是皆良；超洁者荡之以玄虚，而夷良于贼"、《学言下》"诚正之辨，所关学术甚大。辨意不清，则以起灭为情缘；辨心不清，则以虚无落幻相。两者相为表里，言有言无，不可方物。即区区一点良知，亦终日受其颠倒播弄而不自知，适以为济恶之具而已"；而黄道周亦立足心学而辟其流弊、调停朱陆而反本经学，注重性善中道君子修教，等等。

明中后期，因心学个性解放、商品经济渐兴而异端蜂起、学风败坏，儒教价值思维亦出现了个性化、大众化、世俗化、文人化与宗教化等多元倾向，如王阳明、黄宗羲等四民平等、工商皆本倾向，袁宗道性灵派与汤显祖尊情派个性解放与文人分化倾向，袁黄、管志道等亦儒亦释儒门居士与乡村儒者因果劝善倾向，林兆恩等"三教合一"儒教信仰化倾向，徐光启、杨廷筠等儒教天主教化倾向，以及其他以道补儒、以佛补儒、以伊补儒等诸教义理会通与通俗教化探索倾向等。这些探索有特定时代价值，但也直接导致了诸教界限混滥与模糊渗透不良教化态势，儒教价值思维基础地位逐渐弱化不彰。其中，黄宗羲思想为明中期以来阳明心学与商品经济异化流弊内在结合之个性化、世俗化结果，其述修教中道价值思维者，如《明儒学案·卷首》"学问之道，以各人自用得着者为真""心无本体，工夫所至，即其本体"、《南雷诗文集》卷上《姜定庵先生小传》"道无定体，学贵适用。奈何今之人执一以为道，使学道与事功判为两途"，以及《明夷待访录·财计三》"世儒不察，以工商为末，妄议抑之。夫工固圣王之所欲来，商又是其愿出于途者，盖皆本也"、《明夷待访录·原君》"天下为主，君为客""有生之初，人各自私也，人各自利也……以千万倍之勤劳而己又不享其利，必非天下之人情所欲居也"，而陈确亦宣示人欲恰好处即天理之流行。吕坤则立足大众化探索而述修教中道，如《呻吟语·性命》"气质亦天命于人而与生俱生者，不谓之性可乎……设使没有气质，只是一个德性，人人都是生知圣人，千古圣贤千言万语、教化刑名，都是多了底，何所苦而如此乎"、《治道》"圣人之为政也法天，当宽则用春夏，当严则用秋冬。而常持之体，则于严威之中施长养之惠"，颜元亦反本经礼修教中道而主张"正其谊以谋其利、明其道而计其功"。与吕坤同时而主张三教合一、儒释兼宗之大众化修教中道者则有洪应明《菜根谭》、袁黄《了凡四训》等。《菜根谭》述平情寡欲、中道对治修教中道，如《概论》"父慈子孝、兄友弟恭，纵做到极处，俱是合当如是"、《修省》"君子不能灭情，惟事平情而已；不能绝欲，惟期寡欲而已"、《应酬》"善启迪人心者，当因其所明而渐通之，毋强开其所闭；善移风化者，当因其所易而渐及之，毋轻矫其所难"，《了凡四训·改过之法》亦云"善有真有假，有端有曲，有阴有阳，有是有非，有偏有正，有半有满，有大有小，有难有易，皆当深辨"等。明代以来，修教中道价值思维通俗化探索还有朱伯庐《治家格言》、李毓秀《弟子规》与纲常礼法教谕宣讲等。

明末清初儒者反思总结宋明理学心学价值思维，重反本就实、情理兼顾而述修教中道，如顾炎武《日知录》卷十八"古之圣人所以教人之说，其行在孝弟、忠信，其职在洒扫、应对、进退，其文在《诗》《书》《礼》《易》《春秋》，其用之身在出处、去就、交际，其施之天下在政令、教化、刑罚。虽其和顺积中，而英华发外，亦有体用之分，然并无用心于内之说"、卷七"昔之清谈谈老、庄，今之清谈谈孔、孟……不习六艺之文，不考百王之典，不综当代之务……以明心见性之空言，代修己治人之实学……神州荡覆，宗社丘墟"，王夫之《张子正蒙注》卷九亦云"王氏之学，一传而为王畿，再传而为李贽，无忌惮之教立而廉耻丧、盗贼兴，皆惟怠于明伦察物而求逸获，故君父可以不恤，名义可以不顾，陆子静出而宋亡，其流祸一也"。此外，张履祥亦明示"君子反经而已矣，权只是经也，而世之学者，好为达权通变、经不足守之说，以是人心坏、学术害，横流所极，至于天地易位，生民涂炭，而未知其所止息""姚江以异端害正道，正有朱紫、苗莠之别，其弊至于荡灭礼教"，陆世仪亦云"三代之世，君君、臣臣、父父、子子，各务躬行，各敦实行。庠序之中，诵诗书、习礼乐而已，未尝以口舌相角胜也。嘉、隆之间，书院遍天下，讲学者以多为贵，呼朋引类，动辄千人，附影逐声，废时失事，甚至有借以行其私者。此所谓处士横议也，天下何赖焉"，李光地亦正面指出"惟圣人之道谓之中庸，过此即为隐怪。此是实理，此是实心，此是实事。即浅即深，即粗即精，无大无小，无内无外"，等等。康熙后期程朱理学成为学教正统，其中熊赐履《学统》持程朱理学修教中道正统立场，在学理层面分判君子学统为正统、翼统、附统、杂统与异统五类；陈宏谋《五种遗规》则在教化层面精心拣择了养正、教女、训俗、从政、官戒五类理学启蒙修教条规；而桐城派程朱学者如方苞、姚鼐等，亦自觉卫道程朱理学正统。清代后期，程朱理学学者方东树反汉学而卫程朱，如《汉学商兑》卷中之上"程、朱以己之意见不出于私乃为合乎天理，其义至精至正至明，何谓'以意见杀人'……体民之情、遂民之欲，亦必民之情欲不出于私、合于天理者而后可。若不问理，而于民之情欲一切体之遂之是为得理，此大乱之道也"，此外，程瑶田亦遵崇程朱理学，以"天生烝民，有物有则"述修教中道，等等。

乾嘉汉学批判宋明理学而倡言经学礼学，实乃"托古经世"大众教化尝试，但却矫枉过正，割断了宋明以来内在学脉，歧出了修教中道价值思维正统。如戴震虽言性善却已托古改"性"（情欲中正），从而废弃"明德亲民"修证示范君子担当。戴震以情欲中正界定修教中道，如《孟子字义疏证》卷上"天理者，节其欲而不穷人欲也"、卷下《才》"人生而后有欲，有情，有知，三者，血气心知之自然也……惟有欲有情而又有知，然后欲得遂也，情得达也。天下之事，使欲之得遂，情之得达，斯已矣"、《与某书》"古人之学在行事，在通民之欲，体民之情，故学成而民赖以生。后儒冥心求理，其绳以理严于商、韩之法，故学成而民情不知，天下自此多迂儒"等。在明清以来大众教化时代背景下，戴震把荀子性恶之情欲规定偷梁换柱为性善之情欲中道，武断割裂儒教精英修养与大众教化这一主导、主体雅俗关系，虽然表面上似为调和孟荀，实际上戴氏"性善"格调比荀子"性恶"格调尤为低下。以戴震为旗主，凌廷堪亦注重调和荀孟而述以礼节性、复性于礼修教中道，如"人有性必有情，有情必有欲……圣人知其然也，制礼以节之……周公作之，孔子述之，别无所谓性道也"；焦循亦述情欲合礼修教中道，如"饮食男女，人之大欲存焉。欲在是，性即在是""天下不能皆为君子，则舍利不可以治天下小人"；阮元亦温和主张理欲一致、修礼节性修教中道，如"欲生于情，在性之内，不能言性内无欲""人既有血气心知之性，即有九德、五典、五礼、七情、十义，故圣人作礼乐以节之，修道以教之……发而中节，即节性之说也"等。值得注意的是，纪昀述修教中道价值思维虽不脱乾嘉汉学底色，但已自觉探索精英纯粹修证与大众神道教化的内在整合问题，如《阅微草堂笔记》卷二"天下上智少而凡民多，故圣人之刑赏，为中人以下设教"、卷十八"物各有所制，药各有所畏。神道设教，以驯天下之强梗，圣人之意深矣"，又如《四库全书总目提要》纪昀对汉学宋学之折中调和等。总体而言，乾嘉汉学主流降格"明德亲民，道则中庸"修教中道为情欲合理、养情适情修教中道，虽于神道设教大众教化有所探索，但却使得儒教精英修教信念逐渐瓦解灭裂，同时由于雅俗割裂而并未能把儒教大众信念建立起来。清中叶之后所谓礼教正统修教中道价值思维业已似是而非了，乾嘉之后洪杨洋教之乱、西教西学入侵这一入主出奴、以夷变夏可悲局面的出现，与以戴震为旗帜的乾嘉朴学这一根本缺陷息息相关。乾、嘉之后今文经学兴起，以复归孔子微言大义而更法变通、解决当下教化危机为旨归，实际是"反宋复汉"乾嘉汉学合乎逻辑的内在发展，是对亲民教化层面（而不是对明德修证层面）的现实关照，且在一定程度上内在接续了乾嘉汉学神道设教大众教化探索。后来魏源、林则徐等继续发扬今文经学之经世精神而撰《皇朝经世文编》等；而龚自珍则另类提出尊情、重私、重我、进化、非五行说以托古售私，并成为民主西化价值思维之"先知先觉"者。

近代以来儒教价值思维的发展变迁，是以中西体用关系争论为学理主线得以展开的，总体上经历了由中华民本价值思维蜕变为西化民主价值思维的扭曲外化历程。魏源、冯桂芬、曾国藩等"以中接西"而遵循"师夷长技以制夷"之经世理路，郭嵩焘、王韬、廖平等亦坚信纲常礼教修教中道而比照反思西学西教。康有为、章太炎、严复等近现代学者则在中西体用关系探索中立场变动很大，大致经历了援西入儒、以西化儒、儒西并尊、以儒化西之心路历程"四部曲"。此后，梁启超等近现代学者宗承王阳明与黄宗羲学脉，鼓吹启民德、民智、民力的西化理念，亦逐步演变为陈独秀、胡适等极端鼓吹民主科学西化理念、决绝否定儒教价值思维的新文化运动；而蔡元培等新式士人也逐步蜕化为民主自由论者，主张变纲常礼义笃实修教为"兼容并包"、学教分离的纯粹理性学术研究，从而实际消解了儒教价值思维之基础地位。此后，新式教育家对西式教育理念的全方位鼓吹与实践，更是内在加速了中国社会西化进程。总体而言，中国近现代精英学者或普遍西化或应对西化，全盘西化派、国粹派和折衷派三足鼎立，且知行学教日益分裂；而所谓"新儒家"学者，大多亦陷入以西释中的"西体中用"异化怪圈，实际偏离了儒教民本观这一价值思维正统。礼失则求诸野，民国时期实际担当护持传承纲常礼教修教中道价值思维这一历史使命的主体力量，反倒正是那些学教内在的民间三教修教者，此实为儒学儒教存亡绝续之时。

二、《大学衍义》《大学衍义补》述要

《大学》三纲领、八条目本诸身而推达天下，正本源而纲举目张，且与《中庸》之道相为表里，实为儒教"明德亲民，伦常当位；天人合一，道则中庸"价值思维纲目次第的概括总结。在儒教民本观价值思维发展史上，南宋理

学家真德秀《大学衍义》(以及明代理学家邱浚《大学衍义补》)是集大成式的儒教价值思维体系化典籍。《大学衍义》内在承续程朱理学对《大学》之表彰发明,以《大学》三纲领、八条目为提挈纲目,以儒教经史圣贤言行为推衍参证,并加以时中按语概括总结,以帝王修治正道表率纲常儒教理事体用基本内容,实际标志着程朱理学乃至儒教民本观价值思维义理体系的完善成熟。作为体察践履儒教基本价值思维之极佳入门典要,《大学衍义》(及《衍义补》)承前启后而影响深远,值得我们认真观摩学习。

关于《大学衍义》义理体系之纲目条理,真德秀"尚书省札子"明示:"首之以帝王为治之序者,见尧舜禹汤文武之为治,莫不自心身始也。次之以帝王为学之本者,见尧舜禹汤文武之为学,亦莫不自心身始也。此所谓纲也。首之以明道术、辨人材、审治体、察民情者,格物致知之要也。次之以崇敬畏、戒逸欲者,诚意正心之要也。又次之以谨言行、正威仪者,修身之要也。又次之以重妃匹、严内治、定国本、教戚属者,齐家之要也。此所谓目也。而目之中又有细目焉。每条之中,首之以圣贤之训典,次之以古今之事迹,诸儒之释经论史有所发明者录之,臣愚一得之见亦窃附焉。"此外,真德秀"进《大学衍义》表"亦云:"惟《大学》设八条之教,为人君立万世之程。首之以格物致知,示穷理乃正心之本,推之于齐家治国,见修己为及物之原。"①以下试对《大学衍义》(辅以《衍义补》)加以义理述要,以彰明纲常儒教基本价值思维。

《大学衍义》第一部分(包括帝王为治之序与帝王为学之本)为全书总纲,我们可以把帝王为治之序与为学之本置换成儒教民本观修教中道价值思维之纲目次序。

(一)儒教民本观修教中道之序述要

《大学》君子修教中道之纲目次序其来有自。《大学衍义》融贯"五经四书"而精简明示:《大学》学理渊源悠远深厚,诸如《尚书·尧典》克明俊德以亲九族、平章百姓协和万邦,《皋陶谟》慎厥身修、敦叙九族,《伊训》立爱

---

① 〔宋〕真德秀:《大学衍义》,朱人求点校,华东师范大学出版社2010年版,分见第6页与第4页。

惟亲立敬惟长、始于家邦终于四海，《诗经·思齐》刑于寡妻、至于兄弟、御于家邦，《周易·家人》正家而天下定等经典表述，即均为大学之道学理发轫。《大学》集其大成，综括以三纲领、八条目而深入发明之云：

　　大学之道，在明明德，在亲民，在止于至善。知止而后有定，定而后能静，静而后能安，安而后能虑，虑而后能得。物有本末，事有终始，知所先后，则近道矣。古之欲明明德于天下者，先治其国。欲治其国者，先齐其家。欲齐其家者，先修其身。欲修其身者，先正其心。欲正其心者，先诚其意。欲诚其意者，先致其知。致知在格物。物格而后知至，知至而后意诚，意诚而后心正，心正而后身修，身修而后家齐，家齐而后国治，国治而后天下平。自天子以至于庶人，壹是皆以修身为本，其本乱而末治者否矣。其所厚者薄，而其所薄者厚，未之有也。

　　真德秀按语云："《尧典》诸书，皆自身而推之天下，至于先之以格物、致知、诚意、正心，而后次之以修其身，则自《大学》始。发前圣未言之蕴，示学者以从入之涂，厥功大矣。"[1]真德秀进而例证指出，《中庸》云"凡为天下国家有九经（即修身、尊贤、亲亲、敬大臣、体群臣、子庶民、来百工、柔远人、怀诸侯）"而"所以行之者一（诚敬纯一而非散乱驳杂）"，此即朱子所说君子修教以修身为本而内外交养、动静不违，君臣贤相诚意交孚、两尽其道而共成正大光明之业，可见《中庸》"九经"之序与大学之道交相发明。此外，孟子云"天下之本在国，国之本在家，家之本在身""道在迩而求诸远，事在易而求诸难。人人亲其亲，长其长，而天下平"，荀子云"闻修身矣，未尝闻修国也"，董仲舒云"为人君者，正心以正朝廷，正朝廷以正百官，正百官以正万民，正万民以正四方。四方正，远近莫敢不一于正，而亡有邪气奸其间者。是以阴阳和而风雨时，群生和而万民殖"，扬子云"天下虽大，治之在道，不亦小乎。四海虽远，治之在心，不亦迩乎"，周敦颐亦云"治天下有本，身之谓也。治天下有则，家之谓也。本必端，端本，诚心而已矣"。如此等等，皆与《大学》君子修教中道之序旨趣内在符契。对此，真德秀按语云："身之所以正者，由其心之诚。诚者无他，不善之萌动于中则亟反之而已。诚

----

　　① ［宋］真德秀：《大学衍义》，朱人求点校，华东师范大学出版社2010年版，第15页。

者，天理之真；妄者，人为之伪。妄去则诚存矣。诚存则身正，身正则家治，推之天下，犹运之掌也。"①此即对贯彻落实君子修教中道之序的理学阐发。

（二）儒教民本观修教中道之本述要

学贵有本，本立道生，《大学》修教中道之本（即落实君子修教中道纲目次序的心法工夫）亦是其来有自。《大学衍义》述君子修教中道之本，首先例证以"尧舜禹汤文武之学"。真德秀考察指出，《尚书·大禹谟》云"人心惟危，道心惟微，惟精惟一，允执厥中"（危微精中者，人心私欲制御不易故危，道心天理先难后获故微，以理制欲纯粹不杂谓之精一，克念作圣久久为功则能执中），实即圣贤君子继天立极道统一贯之心法渊源。此外，《尚书·益稷》云"安汝止，惟几惟康"（安止几康者，心安所止为万事枢纽，而安心须体察于念虑萌动之初与治安愉佚之际），《仲虺之诰》云"懋昭大德，建中于民。以义制事，以礼制心"（日新其德，以身率人，事揆合义，心敬中礼），《咸有一德》云"德惟一，动罔不吉……终始惟一，时乃日新"（明德纯常，纯而不杂，常而不息，所作吉祥），《立政》云"克厥宅心……克俊有德"（用人之本，宅心为先，知止定安，贤德当位），《洪范》云"洪范九畴，彝伦攸叙"（天道人事交参感通，顺用五行、敬用五事、农用八政、协用五纪、建用皇极、乂用三德、明用稽疑、念用庶征、向用五福威用六极而天理序安，原其本则自修身始），《大戴礼记·践阼篇》云"敬胜怠者吉，怠胜敬者灭；义胜欲者从，欲胜义者凶"（敬以直内，义以方外，敬义夹持，万善俱立）。真德秀按语云："虽生知之圣，未有不从事于学者……愿治之主，诚即其全书而熟复之，则千载圣学之源流，将瞭然于胸中，强勉力行，二帝三王之盛可以企及也。今特撮其大要，著之于篇，以见学者有本云。"②

其次，《大学衍义》继而以"商高宗、周成王之学"例证君子修教中道之本。《尚书·说命》云"人求多闻，时惟建事。学于古训，乃有获。事不师古，以克永世，匪说攸闻。惟学逊志务时敏，厥修乃来，允怀于兹，道积于厥躬。惟敩学半，念终始典于学，厥德修罔觉，监于先王成宪，其永无愆，惟说式

---

① ［宋］真德秀：《大学衍义》，朱人求点校，华东师范大学出版社2010年版，第24页。
② ［宋］真德秀：《大学衍义》，朱人求点校，华东师范大学出版社2010年版，第37页。

克钦承，旁招俊义，列于庶位"（学以致用，法圣自得，卑逊其心，进修及时，始终不迁，道积德修，钦承先圣，贤能在位），《诗经·敬之》云"维予小子，不聪敬止。日就月将，学有缉熙于光明，佛时仔肩，示我显德行"（谦逊恭敬，日月不息，贤良是听，扩充明德）。真德秀按语云："二君初非圣人之资，惟其知学之本，故能克己蹈道，卒为商、周令王，后世未有及之者。学之有功于人如此哉。"①

《大学衍义》进而以"汉高、文、武、宣之学"等例证君子学行之本。真德秀据史实而言，陆贾虽有修仁义、法先圣之言，而其所陈不过秦汉间事，故不能举汉高祖于帝王之隆。汉文帝虽有穷理之心，而贾谊却无造理之学，故文帝君德成就终有愧于古。董仲舒以强勉学问强勉行道、设诚于内而致行之、尽小谨微积善在身对策，蔡义、倪宽亦受命进讲《诗》《书》，而汉武帝虽有志于学而不知所以学，兴趣驳杂而不能诚意笃行，故不能格其非心而多有肆欲作为。汉宣帝虽高才好学亦因不明经不知道而无以正心修身，以俗儒不达时务而因噎废食，并弃通达时务之真儒而以王霸之道杂揉为汉家制度，故虽励精为政而致一时之治，但因刑余周、召而法律《诗》《书》故卒基后来之祸。

再例证以"汉光武、明帝、唐三宗之学"。真德秀认为光武帝虽孜孜经术而能光复旧物，惜其时伏湛、侯霸辈儒臣皆章句书生而未明先圣格心之业，其按语云："盖其所学未至于明善诚身之地，故于父子、夫妇、君臣之际不能无可憾者焉。圣学不明，虽有不世之资如光武者，迄不能追帝王之盛。然则人主之于务学，其可苟也哉。"汉明帝师事桓荣而章句之学不知修齐治平之微旨，故性以褊察苛切为明而德业止此，真德秀按语云："学者，所以治性情者也。故先汉名儒匡衡有言：治性之道，必审己之所有余，而强其所不足……帝于二者（指《书》之贵恭、宽），两皆失之。既无容人之度，又失遇下之礼，然则又何贵于学乎！"汉章帝尊经事师、宽厚惠养，然亦章句之学而忽无逸之戒，故寿止而立而美德无成。关于唐太宗之学，真德秀按语云："太宗深鉴萧梁之失，不取老释二氏，而惟尧舜周孔之道是好，可谓知所择矣。然终身所行，未能无丑者，以其嗜学虽笃，所讲者不过前代之得失，而于三圣传授之微指、六

---

①　［宋］真德秀：《大学衍义》，朱人求点校，华东师范大学出版社2010年版，第42页。

经致治之成法，未之有闻。其所亲者，虽一时之名儒，而奸谀小人亦厕其列，安得有佛时仔肩之益！故名为希慕前圣，而于道实无得焉，其亦可憾也夫……能严奸佞之防而未能脱嗜欲之阱……盖由天资之高，有以知夫众攻之原。而学力之浅，卒无以胜其最甚之害。故智及之，仁不能守之也。"真德秀按语唐玄宗之学云："张说之流不过以文墨进，无量、怀素亦不过章句儒，帝虽有志于学，而所以讲明启沃者仅如此，是以文物之盛虽极于开元，而帝心已溺于燕安，女子小人内外交煽，根本日蠹，欲其无祸乱，得乎？故人君之学，苟不知以圣王为师，以身心为主，未见其有益也。"按语唐宪宗之学云："宪宗玩意经籍，集其事以为龟鉴，用意美矣。然平蔡之后，骄侈遽形……凡所谓十有四条，无一不悖戾者，其故何哉？盖居中而制万事者，心也，古先圣王必于此乎用力，故一心正而万事莫不正。宪宗知监前代成败之迹，而不知古人《大学》之源……由其心之不治故也。当时群臣，独一裴垍能进正心之说，而心之所以正者亦莫之及焉。徒举其纲而不告以用力之地，是犹教人以克己复礼，而不语以视听言动之目，其能有益乎？故为人臣而不知《大学》，未有能引其君以当道者。"①

至于汉、魏、陈、隋、唐数君，真德秀按语汉元帝之学云："人君之学，不过修己治人而已。元帝于此二者未尝致意，而所好者笔札音律之事，纵使极其精妙，不过胥吏之小能、工瞽之末技，是岂人君之大道哉……今帝之所好者，吹洞箫，自度曲，正所谓郑声也……其志气颓靡，日以益甚，安有振迅兴起之理？宜其牵制文义，优游不断，卒基汉室之祸也。"按语魏文帝之学云："帝及粲等所为文章，至今具在，其藻丽华美则诚有之，揆诸风雅典诰，则罪人也。夫旷大之度、公平之诚、迈志存道、克广德心，此皆人君所当勉者……于所当勉者不知勉矣。书论诗赋，文士之末技尔，非人君所当务也，而乃侈然自炫，谓莫己若。识度如此，其为史氏所讥，宜哉。"按语后魏王珪之学云："夷狄之君，初未尝学，而有'益人神智'之问，可谓切问矣……夫古今之书籍虽多，其切于君德治道者，六经而已尔，《论》《孟》而已尔。六经之大义，

---

① ［宋］真德秀：《大学衍义》，朱人求点校，华东师范大学出版社2010年版，分见第54；55；57—58；59；60页。

人君皆所当闻，然一日万几，无遍读博通之理。苟颛精其一二，而兼致力于《论》《孟》《大学》《中庸》之书，间命儒臣敷陈历代之得失，则其开聪明而发智识者，亦岂少哉？惜乎李先凡陋之儒，智不及此，徒使魏王以聚书为美而无得于书，求神仙、滥刑戮、溺声色，卒以无道陨其身。是虽图书山积，果何益于万一哉。"按语唐文宗之学云："文宗可谓好学之君矣，而卒无救于祸败者……其于书史，了无毫分之得，正坐以之自娱故耳。夫好书而以之资空谈，销永日，鲜有不为文宗者。"按语后汉灵帝之学云："灵帝名为好学，而所取乃尔（指好尺牍书篆）。夫人主不可轻有所好，所好一形，群下必有伺其意指者……惟游心经术，恬澹寡欲，则奸邪无得而窥。灵帝昏乱之君，无足论者，特以为来世之鉴云。"按语陈后主之学与隋炀帝之学（亦因文学游宴、相狎争胜而君臣亡国）云："帝王之于词章皆非所当作乎？曰：虞帝《勑天》之歌、大禹《朽索》之训、成汤《宫刑》之制，虽非有意于为文，而炳炳琅琅，垂耀千古，此人君所当法也……若夫雕镂组织，与文士争一日之长，固可羞已，况于淫亵猥陋如陈、隋之君乎？臣故著此，以为人主溺心词艺者之戒。"[①]

圣贤者，君子群体之师范纲率。人君者，君子教化之宗主象征。上述五类人君例证，借鉴典型史实得失而大义论断分明，从正反两方面诠释发明了《大学》君子修教中道之纲之本的丰富内涵，于中可见君子修教中道无不以法天师古、希圣希贤、知行合一、至诚无息为本，而驳杂陷溺、患得患失者可永为教训警戒。

（三）儒教民本观修教中道之八条目述要

君子修教中道以格致诚正、修齐治平为次第衔接、融通互摄的八大节目层面。先就格物致知节目层面而言，真德秀又分为明道术、辨人材、审治体与察民情四个方面来阐明"明德亲民"内外交参之纲本大义。

1. 格物致知述要

（1）明道术

大学之道以明明德为先务，故真德秀于格致节目中首先阐述"明道术"方

---

① ［宋］真德秀：《大学衍义》，朱人求点校，华东师范大学出版社2010年版，分见第61；62；63；63－64；64；65页。

面。具体则又分为天理人心之善、天理人伦之正与吾道源流之正、异端学术之差、王道霸术之异五个方面。

其一，天理人心之善。儒教本天道而立人道，天道人心向来合称，性善论乃儒教民本观正信基石，故真德秀以之为格致之首并内在推衍以儒典义理，明示《尚书·汤诰》"惟皇上帝，降衷于下民，若有恒性，克绥厥猷惟后"（天性至善，因以教焉，顺性安常，君师之职。汤诰之说，性学开源，孔孟彰之，程朱成之），《诗经·烝民》"天生烝民，有物有则，民之秉彝，好是懿德"（天道伦常，一定不易，秉持性善，顺循五德），《左传》"民受天地之中以生，所谓命也"（天命之性，保育珍重），《周易》"继善成性"（阴阳往来，理气自然，莫非至善，成之在人）与"元亨利贞"（天人不二，理气性情不二，天地四时五方五行五德不二，保养正性、行健自强可与天同功），《中庸》"天命之谓性，率性之谓道，修道之谓教"，《孟子》"道性善，言必称尧舜"以及四端扩充说、良知良能说、才情说、木性水性说（性之发见可明性善，情善性善相为证明，求之在我顺导扩充，久久为功成圣成贤，孝悌之道五德实际，亲亲敬长顺达天下）等，无非发明天理人心自然至善之理。真德秀按语总结云："人君之于道，所当知者非一，而性善尤其最焉。盖不知己性之善，则无以知己之可为尧舜；不知人性之善，则无以知人之可为尧舜……天地之性则无不善，气质之性则有善有不善焉。然苟有以反之，则虽不善者可复而善。然则反之之道奈何？曰：由治己而言则有学，由治人而言则有教。闲邪存诚，克己复礼，此治己之学也，学之功至则己之善可复矣。道德齐礼，明伦正俗，此治人之教也，教之功至则人之善可复矣。若夫以己之性为不善，而不以圣人之道治其身，是自弃者也；以人之性为不善，而不以圣人之道治其民，是弃天下者也。"[①]

其二，天理人伦之正。儒教法天文而开人文，天道伦常向来合称，三纲五常乃儒教礼教基石。真德秀先总论儒典义理而明示，诸如《大学》"为人君，止于仁；为人臣，止于敬；为人子，止于孝；为人父，止于慈；与国人交，止于信"（克己复礼拳拳不失、仁慈孝敬充极无息谓之止），《晏子》"君令臣共，父

---

① ［宋］真德秀：《大学衍义》，朱人求点校，华东师范大学出版社2010年版，第86—87页。

慈子孝，兄爱弟敬，夫和妻柔，姑慈妇听"（君令顺理臣恭不贰，父慈而教子孝而箴，兄爱而友弟敬而顺，夫和而义妻柔而正，姑慈而从妇听而婉，当位不偏相济相成），《孟子》"父子有亲，君臣有义，夫妇有别，长幼有序，朋友有信"（五品、五教源自《舜典》，孟子综括言尽其要），以及《白虎通义》三纲六纪（君臣父子夫妻为三纲，诸父兄弟族人诸舅师长朋友为六纪，纲者为张纪者为理，张理上下整齐人道，纲正则安纲紊则危）等，无非发明天理人伦自然至正之理。真德秀继而分阐之，"人子之孝"述评以《孝经》父天母地仁孝同源、《礼记》精诚挚爱临深履薄、《周易》中道敬畏、《论语》礼敬无违、《孟子》礼制自尽，"帝王事亲之孝"述评以《尚书》《孟子》舜孝格天、《礼记》《中庸》文武周公继志述事、汉唐诸帝孝亲得失，"长幼之序"述评以《孟子》舜之于象仁至义尽、《诗经》王季之于泰伯心友有庆、周公之燕兄弟与父兄之刺幽王、《春秋》之刺郑庄公失友教、汉文帝唐太宗玄宗之悌道得失，"夫妇之别"述评以《礼记》礼重大昏、《周易》阳倡阴随、《孔子家语》三从之道等，"君臣之道"述评总之以儒教经典君臣名分而分之以君使臣以礼、臣事君以忠，"朋友之交"则述评以《诗经》燕朋友故旧与群臣嘉宾之义、《孟子》《礼记》友德友贤友臣师臣之理。

其三，吾道源流之正。儒教道统、学统、政统三统并建，中庸之道心法工夫前后一贯，诸如《尚书》尧舜允执其中、箕子皇建有极、商汤建中于民，《论语》克己复礼为仁四目、忠恕近道一以贯之，《中庸》致中和、贵时中、合诚明（博学、审问、慎思、明辨、笃行，人一己百虽愚必明）、五达道三达德行之惟诚而实之以好学力行知耻，《孟子》亲亲仁民仁义扩充并以事亲从兄为实际入手。如此等等，无不如是。真德秀按语概括云："尧舜禹汤数圣相传，惟一中道。中者何？其命出于天地，民受之以生者也。其理散于事事物物之间，莫不有当然一定之则，不可过，不可不及，是所谓中也。圣人迭兴，以此为制治之准的。曰执者，操之以挼事也；曰建者，立之以范民也。其体则极天理之正，是名大中；其用则酌时措之宜，是名时中。圣贤传授道统……必于危微精一用其功，然后有以为执中之本。"[①]

---

① ［宋］真德秀：《大学衍义》，朱人求点校，华东师范大学出版社2010年版，第169—170页。

其四，异端学术之差。异端者，极端也，偏执扦格，非君子修教中道正途，不破不立，故儒教君子必辨异端之差误。真德秀引儒典例证云，《论语》"攻乎异端，斯害也已"（别治异端，非正而害），《孟子》"圣王不作，诸侯放恣，处士横议，杨朱墨翟之言盈天下。天下之言，不归杨，则归墨。杨氏为我，是无君也。墨氏兼爱，是无父也。无父无君，是禽兽也……杨墨之言不息，孔子之道不著，是邪说诬民，充塞仁义也。仁义充塞，则率兽食人。人将相食，吾为此惧，闲先王之道，距杨墨，放淫辞，邪说者不得作……我亦欲正人心，息邪说，距诐行，放淫辞，以承三圣者"（理一分殊心无不溥，亲亲仁民爱有差等，兼爱疑仁其施无序，为我疑义致身无由，扶正辨异立极生民，孟子之功不在禹下），董仲舒云"《春秋》大一统者，天地之常经，古今之通谊也。今师异道，人异论，百家殊方，指意不同，是以上亡以持一统。法制数变，下不知所守。臣愚以为，诸不在六艺之科、孔子之术者，皆绝其道，勿使并进。邪僻之说灭息，然后统纪可一而法度可明，民知所从矣"（刑名纵横正道之贼，圣道统纪免溺异学，仲舒倡言功侪孟子）。真德秀进而明示，道家虽矫弊有益但本源差而流弊众，空虚清谈阴谋之术、方术谶纬迷信鬼神者，如汉武、成帝、光武、明帝、梁武、五胡之君无非镜鉴，故晋代范宁明示王弼、何晏之罪深于桀纣云"王、何蔑弃典文，幽沦仁义，游辞浮说，波荡后生，使缙绅之徒翻然改辙，以至礼坏乐崩，中原倾覆，遗风余俗，至今为患……一世之祸轻，历代之患重。自丧之恶小，迷众之罪大"。真德秀云"天之生物无一之非实，理之在人亦无一之非实。故立心以实意为主，修身以实践为贵，讲学以实见为是，行事以实用为功，此尧舜周孔相传之正法……自晋及梁，其乱亡如出一辙，皆学老庄氏而失之罪，推原其本，是亦老庄之罪"，又云"神也者，妙万物而为言，谓造化之迹，盈虚消息而不可测……汤之所以事天曰顾諟明命尔，文王之所以事天曰翼翼小心尔，夫岂求之外哉？人主知此，则土木不必崇，仪物不必侈，懔然自持，常若对越，则不待聆音旨、睹仪容、受符契而游衍出王，无非与神明周旋"，又云"（梁武）帝之所学者，释氏也。释氏以天伦为假合，故臣不君其君、子不父其父，三四十年间，风俗沦胥，纲常扫地……（唐）代宗以报应为问，使其时有儒者在相位，必以福善祸淫、盈亏益谦之理反复启告，使人主懔然知天道之不可诬而自强于修德……后世人主之事佛者，大抵徼福田利益之报，所谓以利心而为之者"。最后，真德秀藉按语韩愈卫道而总结圣贤相传之道云："尧、舜、禹、汤之中，孔子、颜子之仁，曾子之忠恕，子思之中、之诚，孟子之仁义，此所谓相传之道也。知吾圣贤相传之正，则彼异端之失可不辩而明矣……中也者，以其天理之正而无所偏倚也；仁也者，以其天理之公而不蔽于私欲也；诚也者，以其天理之实而不杂以伪妄也。虽所从言者不同，而其道则一……中则无不仁，仁则无不诚矣。彼高而溺于空虚，卑而陷于功利者，焉有所谓中！惨覈刻薄者，焉有所谓仁！欺诡谲诞者，焉有所谓诚！"①

其五，王道霸术之异。就政统教化而言，理欲、德力、王霸之辨乃儒教民本观义理之大端。真德秀引儒典例证指出，诸如《孟子》仁政王道、德力服人、保民而王（仲尼之徒无道桓文，霸功不羡王道平易，不是不能而是不为，扩充不忍人之心，此心流行虽远必暨，爱育民人足王天下），《春秋》桓文之事（以利假人不根于德，能屈人力不服人心），《荀子》王霸粹杂（王者纯乎道德，霸者杂乎功利），以及董仲舒"正其谊不谋其利，明其道不计其功"（仲尼之门羞称五伯，为其先诈力而后仁义）等，无非是尊王贱霸。鉴此，真德秀按语总结云："先儒谓自古之论王霸者多矣，未有如此章（《孟子》）之深切著明也……孟子之后，其能深辟五霸者，惟仲舒为然……至本朝程颢，又谓'得天理之正，极人伦之至者，尧舜之道也。用其私心，依仁义之偏者，霸者之事也'。王道如砥，本乎人情，出于礼义，若履大路而行，无复回曲。霸者崎岖反侧于曲径之中，而卒不可入尧舜之道。颢之言与孟子、仲舒实相表里。"②

（2）辨人材

儒教民本观修教中道之格致节目中，明道术与辨人材、审治体、察民情表里济成。真德秀概括指出，辨人材分为圣贤观人之法、帝王知人之事、奸雄窃国之术与险邪罔上之情四部分。圣贤观人之法部分，真德秀述以《尚书》尧明贤否与皋陶知人安民、《论语》合一知行、中正不流而分判君子小人、《孟子》察目而辨表里邪正以及《战国策》李克观人五法，并按语云"君子小人

---

① ［宋］真德秀：《大学衍义》，朱人求点校，华东师范大学出版社2010年版，第231页。

② ［宋］真德秀：《大学衍义》，朱人求点校，华东师范大学出版社2010年版，第239—242页。

之极既定于内，则其形于外者，虽言谈举止之微无不发现，而况于事业文章之际尤所谓粲然者……人主以是观人，思过半矣"。帝王知人之事部分，述以汉高文帝知人有验、武帝托人有愧、唐玄宗德宗宪宗武宗识人经验教训，并按语云"人君欲真知臣下之贤否，其必自去私意始……必先正其心，不为谄惑，不为利动，然后可以辨群臣之邪正矣……一有好同恶异之心，则私意行而贤否乱……必如裴度曰'君子之徒同德，小人之徒同恶'，则为得之"。奸雄窃国之术部分，述以寒浞篡羿、田乞买民、吕不韦市秦、王莽钓名，并按语云"古今篡臣多矣，而独载此四人者，以其奸谋诡计最巧且密故也……图之于未然，杜之于未兆，庶乎窃国之奸不得而逞矣"[①]。险邪罔上之情部分，奸臣者述以赵高、石显、贾充、朱异、裴蕴、许敬宗、李林甫、杨国忠、元载、王叔文、卢杞、李逢吉、郑注、仇士良、崔胤等罔上情状，并按语指出奸臣养君欲以济己欲、君子惟修德讲学可明察。谗臣者则述以周幽王、晋献公、宋平公、楚平王、吴王阖闾、鲁平公、楚怀王、汉武帝哀帝安帝、晋武帝、北齐高纬、唐太宗等信谗情状，并按语指出谗僭者必非信实、利于中伤而惧于公辩，故君主正心自可明察。此外，佞幸之臣述以易牙、董贤、和士开等奸佞情状，聚敛之臣则述以桑弘羊、宇文融、裴延龄等聚敛情状。总之，克己复礼与明辨贤否内外互成，而重修身寡私欲、亲贤良远小人为明辨人材之根本。

（3）审治体

审治体者，即审明德刑先后之分与义利重轻之别。德刑先后之分部分，真德秀述评以《舜典》五刑钦恤惟明克允、刑期无刑民协于中，《论语》德礼耻格、德风化善，贾谊明礼禁未然法禁已然、绝恶未萌迁善远罪，董仲舒明阳德生而阴刑杀、天任德教不任刑，以及路温舒责治狱之隶、隋文帝有任刑之失、唐太宗有刑宽之美、唐宪宗用刑宽仁而致元和之治，明示君子仁恕、爱民厚俗而小人刻薄、刑法残民。义利重轻之别部分，真德秀则述评以《孟子》后义先利不夺不餍、仁不遗亲义不后君、利端一开唯利是趋、见利忘义其祸深重、上下交征利而国危、仁义而已何必曰利，《荀子》义胜利为治而利克义为乱、君子

---

① ［宋］真德秀：《大学衍义》，朱人求点校，华东师范大学出版社2010年版，分见第261；267—272；284页。

羞利不争民业而乐施耻敛,《盐铁论》抑末利而开仁义、防淫佚之原而广道德之端,以及唐太宗贱货利而贵德贤、唐德宗专利自私而陆贽切谏史例。总之,德先刑后与重义轻利,乃儒教民本观修教中道之治体,史鉴分明不可不审。

(4)察民情

察民情者,即体察生灵向背之由与田里休戚之实,乃人君格致之要务。生灵向背之由部分,真德秀述评以《尚书》抚我则后虐我则仇、小人难保怨不在大、民情大可见而惠不惠懋不懋,《春秋》财尽则怨利尽则戾、民之常情轻敛省徭,《孟子》与民同乐与民同欲、乐以天下忧以天下,晁错指出安天下必本人情,陆贽指出得众之要在乎见情、欲恶与天下同、人情上下交则泰不交则否、违欲行己所难而布诚除人所病、总天下之智以助聪明而顺天下之心以施教令。田里休戚之实部分,真德秀则述评以《诗经》之《采薇》《东山》《七月》《君牙》诸篇,以及汉文帝悯农、唐德宗昧谏忽农而后唐明宗纳谏体农、周世宗于农念兹在兹,等等。总之,君子应体民情而悯民劳、思艰图易以宁民。

2. 诚意正心述要

就诚意正心节目层面而言,真德秀从崇敬畏与戒逸欲两个方面来具体阐明儒教民本观修教中道价值思维之纲本。崇敬畏又分为修己之敬、事天之敬、遇灾之敬、临民之敬、治事之敬、操存省察之功与规警箴诫之助七部分,戒逸欲分为逸欲之戒、沉湎之戒、荒淫之戒、盘游之戒与奢侈之戒五部分。

(1)崇敬畏

修己之敬部分,真德秀述以《尚书》钦明文思、允恭克让、温恭允塞、祗台德先、圣敬日跻、缉熙敬止,《礼记》毋不敬言思定辞安民、君子庄敬日强安肆日偷,《论语》修己以敬,以及《中庸》君子笃恭而天下平,并按语云:"尧舜禹汤文武,皆天纵之圣,而《诗》《书》之叙其德必以敬为首称。盖敬者,一心之主宰,万善之本源。学者之所以学,圣人之所以圣,未有外乎此者。圣人之敬,纯亦不已,即天也。君子之敬,自强不息,由人而天也……大圣大恶之分者,敬与弗敬而已。君子之为君子,其能外是乎。"事天之敬部分,真德秀则述以《尚书》在璇玑玉衡、天聪明天明威、天命靡常克敬为亲、懋敬厥德克配上帝、天降灾祥在德,《诗经》祈天永命、小心翼翼昭事上帝、上帝临汝无贰尔心、敬天之怒无敢戏豫等，并按语云："人君为天所子，其事天如事亲。"① 此外，遇灾之敬部分述评以《尚书》泽水徵予寅畏天命、《诗经》正月繁霜日有食之、《左传》天高听卑，以及董仲舒言天人之际等，临民之敬部分述评以《五子之歌》《召诰》与《康诰》，治事之敬部分述评以《尧典》钦若昊天敬授民时，操存省察之功部分述评以《思齐》《抑》之诗与《中庸》《乐记》《孟子》，规警箴诫之助部分则述以圣贤礼乐铭戒而评以内外交养、动静弗违，等等。

（2）戒逸欲

逸欲之戒、沉湎之戒、荒淫之戒、盘游之戒与奢侈之戒部分，真德秀主要述评《尚书》《诗经》而例证之以相关史实，具体述评从略。

（3）审几微

明儒邱浚《大学衍义补》对《大学衍义》诚意正心之要补充以审几微之目，包括谨理欲之初分、察事几之萌动、防奸萌之渐长与炳治乱之几先四部分并加以述评衍义。邱浚按语云："天下之理二，善与恶而已矣。善者，天理之本然；恶者，人欲之邪秽。所谓崇敬畏者，存天理之谓也。戒逸欲者，遏人欲之谓也。然用功于事为之著，不若审察于几微之初，尤易为力焉。臣不揆愚陋，窃原朱氏之意，补审几微一节于二目之后。"② 具体述评从略。

3. 修身齐家述要

就修身齐家节目层面而言，真德秀以谨言行、正威仪为修身之要，而以重妃匹、严内治、定国本与教戚属为齐家之要，从而具体阐明儒教民本观修教中道价值思维之纲本。其中，重妃匹部分包括谨选立之道、明嫡媵之辨、惩废夺之失，严内治部分包括宫闱内外之分、宫闱预政之戒、内臣忠谨之福、内臣预政之祸；定国本部分包括建立之计宜早、谕教之法宜预、嫡庶之分宜辨、废夺之失宜鉴，教戚属部分则包括外家谦谨之福与外家骄恣之祸，等等。所述虽为君王本位，君子修身齐家修教中道于此可类比得之，具体述评从略。

① ［宋］真德秀：《大学衍义》，朱人求点校，华东师范大学出版社2010年版，分见第441—444；455页。

② ［明］邱浚：《大学衍义补》，林冠群、周济夫校点，京华出版社1999年版，第5页。

4. 君子修教中道八条目之治平述要

真德秀《大学衍义》重理事根本，尤重格致诚敬之节目，而修齐之节目略焉，治平之节目缺焉，明儒邱浚《大学衍义补》则增补之，儒教君子修教中道之纲目衍义于是乎全。纪昀《大学衍义》提要云"若夫宰驭百职综理万端，常变经权因机而应，利弊情伪随事而求。其理虽相贯通，而为之有节次、行之有实际，非空谈心性即可坐而致者，故邱浚又续补其缺"，《大学衍义补》提要云"治平之道，其理虽具于修齐，其事则各有制置……真氏原本，实属缺遗。浚博综旁搜，以补所未备，兼资体用，实足以羽翼而行"，邱浚"进《大学衍义补》表"进而指出"持世立教在六经，而撮其要于《大学》。明德新民有八目，而收其功于治平。举德义而措之于事为，酌古道而施之于今政。衍先儒之余义，补圣治之极功……原夫一经十传，乃圣人全体大用之书。分为三纲八条，实学者修己治人之要。《章句》既有以大明圣蕴，《衍义》又所以上格君心。书虽成于前朝，道则行于今代……窃观《衍义》之四要，尚遗治平之二条。虽曰举而措之为无难，不若成而全之为尽善。况有其体，则有其用。既成乎己，当成乎人。理固无一之可遗，功岂有一之可缺？善法不能以徒举，本末则贵乎兼该……天下之大，其本在于一身，人心之微，其用散于万事。一物有一物之用，一方有一方之宜。所以化之者，固本于身，所以处之者，各有其道。事皆有理，必事事皆得其宜。人各有心，须人人不拂所欲。伊欲处之，适当其可。必先讲之，务尽其详。考古以证今，随时而应用。积小以成其大，补偏以足其全。巨细精粗，而曲折周详，前后左右，而均齐方正。于以衍治国平均天下之义，用以收格致诚正修齐之功。举本末而有始有终，合内外而无余无欠。期必底于圣神功化之极，庶以见夫《大学》体用之全"，以上引述可见《大学衍义补》之旨趣意义。

邱浚述评"治国平天下之要"，分为正朝廷、正百官、固邦本、制国用、明礼乐、秩祭祀、崇教化、备规制、慎刑宪、严武备、驭夷狄、成功化十二大部分。其中，正朝廷部分包括总论朝廷之政、正纲纪之常、定名分之等、公赏罚之施、谨号令之颁、广陈言之路，正百官部分包括总论任官之道、定职官之品、颁爵禄之制、敬大臣之礼、简侍从之臣、重台谏之任、清入仕之路、公铨选之法、严考课之法、崇推荐之道、戒滥用之失，固邦本部分包括总论固本之道、蕃民之生、制民之产、重民之事、宽民之力、懋民之穷、恤民之患、除民之害、择民之长、分民之牧、询民之瘼，制国用部分包括总论理财之道、贡赋之常、经制之义、市籴之令、铜楮之币、山泽之利、征榷之课、傅算之籍、鬻算之失、漕輓之宜、屯营之田，明礼乐部分包括总论礼乐之道、礼仪之节、乐律之制、王朝之礼、郡国之礼、家乡之礼，秩祭祀部分包括总论祭祀之礼、郊祀天地之礼、宗庙飨祀之礼、国家常祀之礼、内外群祀之礼、祭告祈祷之礼、释奠先师之礼，崇教化部分包括总论教化之道、设学校以立教、明道学以成教、本经术以为教、一道德以同俗、躬孝悌以敦化、崇师儒以重道、谨好尚以率民、广教化以变俗、严旌别以示劝、举赠谥以劝忠，备规制部分包括都邑之建、城池之守、宫阙之居、囿游之设、冕服之章、玺节之制、舆卫之仪、历象之法、图籍之储、权量之谨、宝玉之器、工作之用、章服之辨、胥吏之役、邮传之置、道途之备，慎刑宪部分包括总论制刑之义、定律令之制、制刑狱之具、明流赎之意、详听断之法、议当原之辟、顺天时之令、谨详谳之议、伸冤抑之情、慎眚灾之赦、明复雠之义、简典狱之官、存钦恤之心、戒滥纵之失，严武备部分包括总论威武之道、军伍之制、宫禁之卫、京辅之屯、郡国之守、本兵之柄、器械之利、牧马之政、简阅之教、将帅之任、出师之律、战阵之法、察军之情、遏盗之机、赏功之格、经武之要，驭夷狄部分包括内夏外夷之限、慎德怀远之道、译言宾待之礼、征讨绥和之义、修攘制御之策、守边固圉之略、列屯遣戍之制、四方夷落之情、劫诱穷黩之失，成功化部分则包括圣神功化之极，等等①。可谓荦荦大端、包罗宏富，具体述评从略。

内在继承是开拓创新之必要前提与当然基础。当前儒教复兴须秉持原汁原味的儒教民本观价值思维，须回归五经四书本原精神，须把握经史子集修教要旨，须尊奉君子学行融通古今。作为当代儒者体察践履儒学民本观价值思维之极佳入门读物，宋明理学家真德秀《大学衍义》(及邱浚《衍义补》)破立两全，可彰纲常儒教一贯学理，可正当前儒学多元视听，对当前儒教文化复兴具有重大意义，值得当代儒者认真观摩学习并加以推广传播。

---

① 具体参见林冠群、周济夫校点：《大学衍义补》。

三、儒学民本观与西学民主观价值思维之学理比照

中华民本观系人文儒教文化传统，而西方民主观则系基督宗教文化传统，儒学民本观与西学民主观实际构成了东西方不同价值思维并列对举的思想文化体系的学理基石。因此，自觉持守中华文化本位立场，切实摆脱西方话语体系的外在束缚，对儒学民本观与西学民主观价值思维进行实事求是的学理论衡，进而内在回归并时中重建儒学民本观独立自主学理体系，已成为当前中国学界迫切必要的战略研究方向。

就价值思维及其历史展开层面而言，隶属基督宗教文化系统的西学民主观归根结底是以"旧约""新约"及其历代阐发为经典依据的，其基本价值取向大致为"自由公正，个体本位"。其中，"自由"乃内在自觉层面，"公正"乃社会规约层面，两者内外融通并俱以个体为本位而得以展开，且俱以神性分有论（或有限性善论）与原罪说为最终信念依据。就基督宗教文化的本原语境而言，"自由"源自"新约"福音恩德，即耶稣所阐明的神人交通、信靠得救之内在引领。"公正"源自"旧约"律法威能，即摩西所阐明的神人有别、诫命威严之外在惩治。先就"自由"层面而言，"新约"发明"旧约"本义而就近取譬，主张纳上帝律法于个体内在之自觉自信。自由建立在神性分有论与原罪说基础上，即信上帝唯一至上而世人虽分有神性但却永不完全。"自由"是信（望）、爱、行的统一，"信"即信"新约"福音恩德，"爱"即神爱世人与世人互爱，"行"即温柔行善、悔过规正。爱由信而生而又坚固信望，行则为信爱之践履成全，三者内在方可体真理而致自由。再就"公正"层面而言，"旧约"摩西十诫实为根本。世人因诫命而知罪恶，藉律法以致正义。耶稣指出最大诫命即"爱上帝"与"爱人如己"，其他诫命则涵摄其中，因而福音与诫命内在统一、自由与公正互为成全。基督宗教文化系统下的西方民主观"自由公正，个体本位"价值取向以平等博爱为内在主旨，以因信称义、有罪必罚为实践内容。平等者，上帝对世人一视同仁，持守信爱行必得自由公正，反之必遭律法惩治。博爱者，上帝普爱世人而世人亦须容恕互爱，学行完全之神爱而去世俗之情爱。因信称义者，律法内在，世人藉信靠基督福音即可符称、成全神义。有罪必罚者，律法威严，所作必报，不信靠福音者难逃原罪之

罚。由于上帝与世人之间属于垂直对接关系，基督宗教"自由公正"价值取向以个体为本位而得以贯彻落实，伦常分位观念相对弱化，社会族群很大程度上只是广大个体的松散联合体。与人文纲常儒教道在日用、情理一本的理路不同，受神人二元义理外在的自身局限，基督宗教"上帝之城"与"俗世之城"之间的内在紧张从未真正消除过，且有愈演愈烈的发展态势。

尽管西方现当代民主观"自由公正，个体本位"基本价值取向内在渊源于基督宗教文化，但由于受到文艺复兴以来理性主义与社会进化论的深切影响，西方现当代社会民主观与基督宗教"自由公正"价值取向本义渐行渐远，大致是以"神—君（君主贵族绅士阶层）—民"政教二元为基本架构。由"上帝—教会（信仰教化）与绅士（道德教化）—民众"到"上帝—绅士—民众"再到"上帝—虚君共和或分权代议（世俗政治）—公民"，以单一原罪说为摹本、以法律限制权力的消极民主观逐渐主导了以神性分有论为摹本、以政教内在结合为特色的积极民主观，理性与信仰的内在平衡被无情打破，道德信仰精英与大众民主政治日益分离，从而出现了现代民主片面政治化与世俗工具化等异化现象。在当今西方民主政治中，天赋人权、私产神圣等现实层面的"自由公正"价值取向处于明显优势，理性主义、科学主义、实用主义、资本主义、色情暴力等极端倾向往往过度泛滥并被无限容忍，从而导致社会道德底线不断下滑。尤其糟糕的是，私有财团联合操控民主政治而必然导致西方社会走向两极分化。事实上，当代西方民主观往往被肆意泛化与庸俗化，甚至沦为金融资本阶层的欺骗口号与新霸权工具。可见，现代西方民主观价值取向务须溯源性回归其义理内涵本来面目。当前，我们应自觉借鉴西方民主价值观之经验教训，洞察明了伦理纲常之当位中正实即真实内在之自由平等这一素朴道理，内在重筑人文儒教"明德亲民，伦常当位"这一中华民族内在复兴的基本价值取向，以重焕中华传统民本观的鲜活生命力。而当代西方亦应借鉴中华民本观优长，自觉回归基督宗教"自由公正，个人本位"这一西方文化内在复兴的基本价值取向，以重焕西方传统民主观的鲜活生命力。

基督宗教文化系统下的西方民主观具有"神民和解，有限超越"基本思维模式。就"旧约""新约"而言，"神民和解"不是"神民合一"，而是神民通过中保基督而达成的有限融通。"有限超越"亦不是"中道共生"，而是"旧约"诫命即神高于人的绝对性外在律法约束与"新约"福音即神通于人的有限性内在自由超越之间的张力调和。实际上，西方基督宗教神人关系一直处于持续紧张与相对和解这一内在张力的动态调和中。基督宗教"神人和解，有限超越"思维模式以神父—神子—神灵"三位一体"为基本图式，即父藉子而尊显、子顺父以学行，子藉灵而化众、灵念子以感父，父藉灵以感通、灵因父而光明。就"新约"文本而言，父—子—灵"三位一体"、内在涵摄而又互为临在，神人藉此而感通和解。近现代西方民主观思维模式亦以"神—君—民"教治二元为基本架构，具体包括灵肉二元与政教二元外在分离两个层面。灵肉二元是指，基督宗教认为顺从神灵即顺从神子所示真理，顺从肉体即顺从原罪堕落之谬灵。信从神子与神灵者可超越原罪堕落而与神和解，不信者则死在罪中。政教二元是指，神通过子与灵立论曲折地有限性内在于人心，世人因信称义而与神和解。如此一来，君主乃至教会作用逐步被客观淡化乃至象征性虚化，基督赎罪式的悲壮情怀与"救世主"式的英雄主义得以突显。而人们对"因信称义"教条化解读的结果，又往往意味着对异教不信者的狭隘偏见与外在执著。正是受到灵肉政教二元分离外在思维的影响，现代西方民主中理性实证乃至实用主义思维盛行，而对自由真理原本内涵的有限超越也往往异化为绝对化外在追求，从而呈现出现实理性与道德信仰割裂分化甚至矛盾冲突的后果。事实上，现代西方充分肯定欲望合法性而又以法治加以规制，这一民主思路往往被无情地片面弱化为世俗博弈政治与多元利益平衡器。总之，以基督宗教为文化根基的西方民主观以"神民和解，有限超越"为基本思维模式，以神父—神子—神灵"三位一体"为基本图式，以神民关系的持续紧张与相对调和为内在张力，以"神—君—民"教治二元为基本架构（包括灵肉二元与政教二元外在分离两个层面）。现代西方民主思维模式则以理性实证（其极端表现即理性主义的无限膨胀）与道德信仰（其极端表现即英雄救世主义的外在干涉）的二元分化为基本实践方式，当前已深陷世俗政治化与片面利益化困境，故须反本溯源并内在借鉴中华民本思维以重焕生机。

在人文儒教文化语境中，民主即民众主持者，亦即君臣圣贤乡绅父母官等君子群体。而在基督宗教文化语境中，民主即民众直接自主或间接自主。大致而言，西方民主观以"教会绅士，公民精英"亦即信仰与世俗领域两大相对

独立的精英群体为担当主体。以此双重精英群体主导的西方民主观具体展现为
"神—君—民"次第偏盛的发展历程，萌蘖于古希腊罗马政教浑沦时期，生发
于中世纪政教对待时期，大行其道于文艺复兴以来政教分离时期，当今世俗
民主正处于盛极而衰、反本还源的关键时期。概略言之，尽管内蕴"民众治
理"因素，但由于古希腊城邦民主政治的有权参与者（即自由公民）仅占城邦
总人口之一成，因此其性质类似于特权阶层精英联合执政而远非直接民主。苏
格拉底与柏拉图明示，民主政体即暴民或穷人的极端统治。柏拉图的理想国即
以"哲学王"为代表的社会不同阶层各适其性、各当其位的贤人统治；其中人
性是政治的基础，改造公民灵魂是首要任务，而灵肉和顺则通过知识教育来达
成。理想国的学理基础在于真实理念与虚假经验两个世界的区分，世人通过对
经验世界的超越而达成对"逻各斯"的真实体认。柏拉图思想深刻影响了后起
基督宗教义理，从而奠定起西方民主观的学理基础。在古罗马时期，就学理层
面而言西塞罗内在发展了斯多葛学派自然法思想，普罗提诺也内在发展了柏拉
图理念论而提出"流溢说"；就现实层面而言此时期则相应采取了君主、贵族
与民主混合制衡政体。此后，内在承续了上述基本价值思维的基督宗教诞生
并成为国教，西方从此步入信仰主导理性的中世纪。其间"上帝—教会—民
众"的神学信仰教化与"上帝—君主（贵族）—民众"的世俗道德教化对待互
补并时有争锋，教权王权之争愈演愈烈。先是托马斯·阿奎那在奥古斯丁区
分上帝之城与俗世之城基础上奠定起信仰高于理性、教会高于国家的教化基
调，后来马西略认为教权与王权应各司其责、互不僭越，最后马基雅维利与布
丹提出君主专制理论。随着商品经济的发展与市民阶层的壮大，西方出现了批
判教会教化异化的文艺复兴与新教改革。文艺复兴充分肯定了人类自然欲望与
个性自由解放，但却矫枉过正地无情破坏了灵肉和谐秩序。路德新教改革倡
导"因信称义"（加尔文则以"预定论"补救其流弊）主张化外在信仰为内在
自觉，但客观上极大削弱了教会权威并成为近现代基督教世俗化的始作俑者
（如《新教伦理与资本主义精神》就曾尝试正面阐释之）。新兴资产阶层联合
君主贵族打压教权之后，君主专制亦随即解体，神权君权一并衰落，于是世俗
民主与科学理性一极独盛。近现代西方民主观的理论内核是原罪说、天赋人权
说以及私产神圣说的混合体，基本内容有自由平等博爱、民治民有民享等，主

要类型有实质民主与程序民主、直接民主与间接民主等，直接学理依据有斯宾诺莎、霍布斯、洛克与卢梭等近代学者的自然权利说、人民主权说、社会契约说、分权制衡说以及法治保障说。西方近现代民主观在思想上经历了否定式批判与相对性妥协两相交织的艰难历程，在制度上则经历了代议制、行政集权制以及复合制的因革损益，其中充斥着精英主导与人民参与、现实主义与理想主义的冲突与妥协。现当代西方学者业已开始自觉关注自由与民主的内在平衡，反思多元精英博弈与民众极端暴政、上帝教与拜物教等世俗民主的两极异化以及民众自由实际虚化诸问题，指出西方应毅然摆脱现代民主两极分化与妥协调和的狭隘政治化模式，从而反本溯源地重建道德信仰精英主导与大众教化民主参与两相和谐的良性教治格局。综上可见，西方民主观以"神—君—民"次第偏盛为历史行程，以"教会绅士，公民精英"为担当主体，以"政教分流，次第偏盛"为历史脉动。在此历程中，政教关系由政教浑沦到教高于政、政教对待再到政教分离乃至世俗异化，人们对民主政体的评价亦由"暴民极端统治"说到"君主贵族制之有益补充"说再到"民主共和主导"说与"世俗民主异化"说。灵肉二元与政教分离的结果，"上帝—教会—民众"信仰教化与"上帝—绅士—民众"道德教化互补并行格局演变为"上帝—教会—民众"精神信仰与"上帝—虚君共和或分权代议—公民"民主政治二元分割格局。当前，西方世俗民主一极独盛并外在异化，确须反本溯源以重建政教和谐的良性民主观价值思维。

总之，儒学民本观与西学民主观价值思维之内涵差异是根本性的，只能立足自身价值思维内化外来价值思维优长才能源远流长而根深叶茂，否则就会导致邯郸学步而本分不守的历史悲剧。

第三节　下化外推，反本开新：儒学民本观
脉动规律概说

儒学民本观以"教化下移，夏以化夷；反本开新，时中担当"为历史脉动与发展规律。这一"下化外推，反本开新"脉动规律的核心内容即雅俗关系与

华夷关系（后者本为前者边缘性、底层面存在，特定时期则可能左右前者），反本开新、时中担当基本精神则内在融贯这一核心内容之中。雅俗关系（即君子与民众关系，包括华夷关系）的具体内涵实际上内在融贯于儒学民本观其他要素之中，诸如先觉后觉性善信念、君子感化修教主体、天君民合逻辑架构、修教中道价值思维、纲常礼教核心内容等专题，实即对雅俗关系内在张力的中道阐发，本节旨在特别关注以彰明之。以下简述五经四书中雅俗关系、华夷关系及其反本开新精神相关资料，进而概述其历史展开轨迹。

一、五经四书雅俗、华夷关系述要

就雅俗、华夷关系而言，《诗经》重君子自觉觉人、由内及外的礼德感化中道。其中，正面褒扬者有如《烝民》"民之秉彝，好是懿德……德輶如毛，民鲜克举之。我仪图之，维仲山甫举之"，《江汉》"明明天子，令闻不已，矢其文德，洽此四国"，《假乐》"假乐君子，显显令德……不愆不忘，率由旧章……受福无疆，四方之纲……不解于位，民之攸墍"，《民劳》"惠此中国，以绥四方……柔远能迩，以定我王"，以及《蓼萧》"蓼彼萧斯，零露湑兮。既见君子，我心写兮。燕笑语兮，是以有誉处兮"（《诗小序》云"《蓼萧》，泽及四海也"，"四海"即九州之外九夷、八狄、七戎、六蛮之国）等。谆谆劝告者有如《板》"辞之辑矣，民之洽矣。辞之怿矣，民之莫矣……天之牖民，如埙如篪，如璋如圭，如取如携。携无曰益，牖民孔易。民之多辟，无自立辟。价人维藩，大师维垣，大邦维屏，大宗维翰，怀德维宁，宗子维城。无俾城坏，无独斯畏"，《节南山》"赫赫师尹，民具尔瞻……君子如届，俾民心阕。君子如夷，恶怒是违……式讹尔心，以畜万邦"，以及《抑》"无竞维人，四方其训之。有觉德行，四国顺之。訏谟定命，远犹辰告。敬慎威仪，维民之则……辟尔为德，俾臧俾嘉。淑慎尔止，不愆于仪。不僭不贼，鲜不为则。投我以桃，报之以李"等。反面讥刺者则如《荡》"天生烝民，其命匪谌。靡不有初，鲜克有终"，《桑柔》"维此惠君，民人所瞻……维彼不顺，自独俾臧。自有肺肠，俾民卒狂……民之贪乱，宁为荼毒……民之罔极，职凉善背。为民不利，如云不克。民之回遹，职竞用力。民之未戾，职盗为寇"，《蒹葭》"蒹葭苍苍，白露为霜。所谓伊人，在水一方，溯洄从之，道阻且长。溯游从之，宛在水中央"，以及《渐渐之石》"渐渐之石，维其高矣。山川悠远，维其劳矣。武人东征，不遑朝矣"，等等。

《尚书》亦重君子自觉觉人、由内及外的礼德感化中道，尤重德政教化与礼制规范。其中，《尚书》述自觉觉人、由内及外德教次第者，有如《尧典》"克明俊德，以亲九族……平章百姓……协和万邦。黎民於变时雍"，《君牙》"尔身克正，罔敢弗正，民心罔中，惟尔之中……思其艰以图其易，民乃宁"，《盘庚上》"若网在纲，有条而不紊……克黜乃心，施实德于民"，《仲虺之诰》"德日新，万邦惟怀……懋昭大德，建中于民"，《梓材》"王惟德用，和怿先后迷民"，《君陈》"宽而有制，从容以和……有容，德乃大……克敬典在德，时乃罔不变"，以及《大禹谟》"无怠无荒，四夷来王"、《毕命》"不刚不柔，厥德允修……道洽政治，泽润生民，四夷左衽，罔不咸赖"等。《尚书》述雅俗互根内在关系者，一者有如《汤诰》"惟皇上帝，降衷于下民。若有恒性，克绥厥猷惟后"、《五子之歌》"民可近，不可下……为人上者，奈何不敬"、《高宗肜日》"王司敬民，罔非天胤"、《盘庚下》"恭承民命"，以及《泰誓中》"天视自我民视，天听自我民听。百姓有过，在予一人"、《咸有一德》"无自广以狭人，匹夫匹妇不获自尽，民主罔与成厥功"等；二者则如《仲虺之诰》"惟天生民有欲，无主乃乱，惟天生聪明时乂"、《洪范》"天子作民父母，以为天下王"、《康诰》"宅天命，作新民……有叙，时乃大明服，惟民其敕懋和。若有疾，惟民其毕弃咎。若保赤子，惟民其康乂"，以及《大禹谟》"人心惟危，道心惟微，惟精惟一，允执厥中""罔违道以干百姓之誉，罔咈百姓以从己之欲"、《胤征》"威克厥爱，允济；爱克厥威，允罔功"等。《尚书》述礼制感化者，则如《武成》"列爵惟五，分土惟三。建官惟贤，位事惟能。重民五教，惟食、丧、祭。惇信明义，崇德报功。垂拱而天下治"、《大禹谟》"九功惟叙，九叙惟歌。戒之用休，董之用威，劝之以九歌，俾勿坏"、《禹贡》"中邦锡土、姓，祗台德先，不距朕行。五百里甸服……五百里侯服……五百里绥服……五百里要服……五百里荒服：三百里蛮，二百里流。东渐于海，西被于流沙，朔南暨声教，讫于四海"，以及《舜典》"敬敷五教，在宽……蛮夷猾夏，寇贼奸宄……五刑有服，五服三就。五流有宅，五宅三居。惟明克允"、《大禹谟》"明于五刑，以弼五教。期于予治，刑期于无刑，民协于中"、《吕刑》"制百姓于刑之中，以教祗德。穆穆在上，明明在下，灼于四方，罔不惟德之勤，故乃明于刑之中，率乂于民棐彝"等。

再看"三礼"君子自觉觉人、由内及外礼德感化中道。《周礼》重天工人代礼制教化，如《天官冢宰》"惟王建国，辨方正位，体国经野，设官分职，以为民极""一曰治典……以纪万民。二曰教典……以扰万民。三曰礼典……以谐万民。四曰政典……以均万民。五曰刑典……以纠万民。六曰事典……以生万民""以八则治都鄙……六曰礼俗，以驭其民""以八统诏王驭万民：一曰亲亲，二曰敬故，三曰进贤，四曰使能，五曰保庸，六曰尊贵，七曰达吏，八曰礼宾。以九职任万民""以九两系邦国之民：一曰牧，以地得民。二曰长，以贵得民。三曰师，以贤得民。四曰儒，以道得民。五曰宗，以族得民。六曰主，以利得民。七曰吏，以治得民。八曰友，以任得民。九曰薮，以富得民"，《地官司徒》"施十有二教焉：一曰以祀礼教敬，则民不苟。二曰以阳礼教让，则民不争。三曰以阴礼教亲，则民不怨。四曰以乐礼教和，则民不乖。五曰以仪辨等，则民不越。六曰以俗教安，则民不愉。七曰以刑教中，则民不虣。八曰以誓教恤，则民不怠。九曰以度教节，则民知足。十曰以世事教能，则民不失职。十有一曰以贤制爵，则民慎德。十有二曰以庸制禄，则民兴功……以荒政十有二聚万民……以保息六养万民……以本俗六安万民……以乡三物教万民而宾兴之……以乡八刑纠万民……以五祀防万民之伪而教之中，以六乐防万民之情而教之和"，《春官宗伯》"以嘉礼亲万民：以饮食之礼，亲宗族兄弟；以昏冠之礼，亲成男女；以宾射之礼，亲故旧朋友；以飨燕之礼，亲四方之宾客；以脤膰之礼，亲兄弟之国；以贺庆之礼，亲异姓之国……以天产作阴德，以中礼防之；以地产作阳德，以和乐防之。以礼乐合天地之化，百物之产，以事鬼神，以谐万民，以致百物"，《夏官司马》"职方氏掌天下之图，以掌天下之地，辨其邦国、都鄙、四夷、八蛮、七闽、九貉、五戎、六狄之人民……怀方氏掌来远方之民……训方氏掌道四方之政事"，《秋官司寇》"刑新国用轻典……刑平国用中典……刑乱国用重典。以五刑纠万民：一曰野刑，上功纠力；二曰军刑，上命纠守；三曰乡刑，上德纠孝；四曰官刑，上能纠职；五曰国刑；上愿纠暴。以圜土聚教罢民……以两造禁民讼……以嘉石平罢民……以肺石达穷民""小司寇之职，掌外朝之政，以致万民而询焉。一曰询国危，二曰询国迁，三曰询立君……以五刑听万民之狱讼……以五声听狱讼，求民情……以三刺断庶民狱讼之中"，以及《冬官考工记》"审曲面埶，以饬五材，以辨民器，谓之百工"，等等。《仪礼》重君子礼仪教化，礼虽不下于庶人但雅以导俗，"五礼"（吉礼、凶礼、军礼、嘉礼、宾礼）不断加以简约化、通俗化，亦已化为礼俗而直接规约民众。

《礼记》在雅俗关系上则重礼义、礼制教化中道的学理阐发。其中，《礼记》述礼义感化自觉觉人、由内及外品格者，有如《大学》"大学之道，在明明德，在亲民，在止于至善……自天子以至于庶人，壹是皆以修身为本"，《曲礼上》"毋不敬，俨若思，安定辞，安民哉"，《中庸》"君子内省不疚，无恶于志……不动而敬，不言而信……不赏而民劝，不怒而民威于斧钺……君子笃恭而天下平"，《缁衣》"君子道人以言，而禁人以行。故言必虑其所终，而行必稽其所敝，则民谨于言而慎于行"，以及《缁衣》"长民者章志、贞教、尊仁，以子爱百姓，民致行己以说其上矣"等；述礼义感化情理中道品格者，则如《表记》"君子议道自己，而置法以民""君子不以其所能者病人，不以人之所不能者愧人。是故圣人之制行也，不制以己，使民有所劝勉愧耻，以行其言。礼以节之，信以结之，容貌以文之，衣服以移之，朋友以极之，欲民之有壹也"，《中庸》"舜好问而好察迩言，隐恶而扬善，执其两端，用其中于民"，以及《曲礼上》"礼从宜，使从俗"、《曲礼下》"君子行礼，不求变俗"等。《礼记》述礼制教化情理中道品格者，有如《坊记》"礼者，所以章疑别微，以为民坊者也。故贵贱有等，衣服有别，朝廷有位，则民有所让"，《大传》"立权度量，考文章，改正朔，易服色，殊徽号，异器械，别衣服，此其所得与民变革者也。其不可得变革者则有矣，亲亲也，尊尊也，长长也，男女有别，此其不可得与民变革者也"，以及《王制》"修其教，不易其俗；齐其政，不易其宜……中国、夷、蛮、戎、狄，皆有安居、和味、宜服、利用、备器"等；述礼制教化品格者，则如《明堂位》"昔者周公朝诸侯于明堂之位……明诸侯之尊卑也"，《王制》"司徒修六礼以节民性，明七教以兴民德，齐八政以防淫，一道德以同俗""析言破律，乱名改作，执左道以乱政，杀。作淫声，异服，奇技，奇器以疑众，杀。行伪而坚，言伪而辩，学非而博，顺非而泽以疑众，杀。假于鬼神，时日，卜筮以疑众，杀。此四诛者，不以听。

凡执禁以齐众，不赦过"等。

《周易》亦本君子自觉觉人、由内及外之礼德感化中道。其中，《周易》述礼德感化自觉觉人、由内及外品格者，如《乾卦》《坤卦》大象辞"自强不息"与"厚德载物"、《离卦》大象辞"大人以继明照于四方"，《渐卦》大象辞"居贤德善俗"、《蒙卦》大象辞"果行育德"、《坎卦》大象辞"常德行，习教事"，《颐卦》象辞"圣人养贤以及万民"、《家人卦》象辞"父父子子，兄兄弟弟，夫夫妇妇，而家道正。正家而天下定矣"，以及《观卦》象辞"顺而巽，中正以观天下……圣人以神道设教，而天下服矣"、《兑卦》象辞"刚中而柔外，说以利贞……说以先民，民忘其劳。说以犯难，民忘其死。说之大，民劝矣哉"等。《周易》述教化中道品格者，则如《革卦》"汤武革命，顺乎天而应乎人"、《咸卦》象辞"圣人感人心而天下和平"、《系辞下》"通其变，使民不倦，神而化之，使民宜之"，《蒙卦》卦辞"匪我求童蒙，童蒙求我。初筮告，再三渎，渎则不告。利贞"，《节卦》象辞"说以行险，当位以节，中正以通……节以制度，不伤财，不害民"，以及一些卦之大象辞（如《履卦》"辨上下，定民志"、《蛊卦》"振民育德"、《师卦》"容民畜众"、《井卦》"劳民劝相"、《剥卦》"厚下安宅"、《明夷卦》"莅众用晦而明"、《观卦》"省方观民设教"、《临卦》"教思无穷，容保民无疆"等）。

"三传"雅俗、华夷关系亦本君子自觉觉人、由内及外之礼德感化中道。《春秋左传》述礼德感化自觉觉人、由内及外品格者，有如《哀公十年》"务德而安民"、《隐公四年》"以德和民"、《桓公二年》"政以正民"、《哀公元年》"视民如伤"，《襄公十四年》"养民如子，盖之如天，容之如地"、《桓公六年》"务其三时，修其五教，亲其九族，以致其禋祀"、《襄公三十一年》"闻忠善以损怨，不闻作威以防怨。岂不遽止，然犹防川，大决所犯，伤人必多……不如小决使道"，以及《昭公四年》"民不迁，度不可改……政不率法，而制于心。民各有心，何上之有"，《昭公六年》"民知有辟，则不忌于上，并有争心……民知争端矣，将弃礼而征于书。锥刀之末，将尽争之"等；述礼德感化中道品格者，则如《昭公二十五年》"气为五味，发为五色，章为五声，淫则昏乱，民失其性。是故为礼以奉之……礼，上下之纪，天地之经纬也，民之所以生也"，《哀公十一年》"君子之行也度于礼，施取其厚，事举其中，敛从其薄"，以及《昭公二十年》"政宽则民慢，慢则纠之以猛。猛则民残，残则施之以宽……政是以和"等。《春秋左传》述华夷关系者则如《闵公元年》"戎狄豺狼，不可厌也。诸夏亲昵，不可弃也"、《僖公二十一年》"崇明祀，保小寡，周礼也；蛮夷猾夏，周祸也"、《定公十年》"裔不谋夏，夷不乱华"、《僖公二十五年》"德以柔中国，刑以威四夷"，以及《僖公七年》"招携以礼，怀远以德，德礼不易，无人不怀"、《襄公十一年》"和诸戎狄，以正诸华"，等等。

《春秋公羊传》述雅俗、华夷关系，亦重自觉觉人、由内及外礼德教化中道。《公羊传》述雅俗中道者，有如《桓公十一年》"权者反于经，然后有善者也……行权有道，自贬损以行权，不害人以行权"、《宣公十五年》"多乎什一，大桀小桀。寡乎什一，大貉小貉。什一者，天下之中正也，什一行而颂声作矣"等。《公羊传》尤重华夷关系中道述评，其中涉及尊王攘夷者如《成公十五年》"内其国而外诸夏，内诸夏而外夷狄"、《僖公四年》"楚有王者则后服，无王者则先叛，夷狄也而亟病中国。南夷与北狄交，中国不绝若线。桓公救中国而攘夷狄，卒帖荆，以此为王者之事也"，以及《哀公十三年》"公会晋侯及吴子于黄池……吴主会则曷为先言晋侯？不与夷狄之主中国也"、《僖公二十一年》"执宋公以伐宋……曷为不言楚子执之？不与夷狄之执中国也"等。中道贬退夏而夷者有如《庄公三十年》"齐人伐山戎。此齐侯也，其称人何？贬……盖以操之为已蹙矣"、《僖公三十三年》"晋人及姜戎败秦于殽。其谓之秦何？夷狄之也"、《昭公二十三年》"吴败顿、胡、沈、蔡、陈、许之师于鸡父……曷为不使中国主之？中国亦新夷狄也"等；中道褒进夷而夏者则如《定公四年》"蔡侯以吴子及楚人战……吴何以称子？夷狄也，而忧中国"、《襄公二十九年》"吴子使札来聘。吴无君无大夫，此何以有君有大夫？贤季子也……贤者不名，此何以名？许夷狄者不壹而足也"、《宣公十五年》"晋师灭赤狄潞氏，以潞子婴儿归。潞何以称子？潞子之为善也，躬足以亡尔。虽然，君子不可不记也。离于夷狄，而未能合于中国，晋师伐之，中国不救，狄人不有，是以亡也"、《襄公十八年》"春，白狄来。白狄者何？夷狄之君也。何以不言朝？不能朝也"等。

《春秋穀梁传》重雅俗、华夷关系中道述评。其中述评君民雅俗教化中道者，有如《僖公二十三年》"宋公兹父卒。兹父之不葬何也？失民也……以其不教民战，则是弃其师也。为人君而弃其师，其民孰以为君哉"、《昭公二十九年》"郓溃。溃之为言，上下不相得也。上下不相得则恶矣，亦讥公也。昭公出奔，民如释重负"，《成公九年》"城中城者，非外民也"、《桓公五年》"螽，虫灾也。甚则月，不甚则时"，以及《昭公四年》"用贵治贱，用贤治不肖，不以乱治乱也"，等等。《穀梁传》中道述评华夷关系，正面褒进述评有如《哀公十四年》"西狩获麟……其不言来，不外麟于中国也。其不言有，不使麟不恒于中国也"、《宣公十七年》"同盟于断道。同者有同也，同外楚也"、《襄公十年》"公会晋侯……会吴于柤。会又会，外之也"，《成公十二年》"中国与夷狄不言战，皆曰败之。夷狄不日"、《襄公七年》"郑伯将会中国，其臣欲从楚，不胜，其臣弑而死。其言不弑何也？不使夷狄之民加乎中国之君也"、《襄公十年》"遂灭傅阳。遂，直遂也……不以中国从夷狄也"，以及《襄公二十九年》"吴子使札来聘。吴其称子何也？善使延陵季子，故进之也"、《定公四年》"蔡侯以吴子及楚人战……吴信中国而攘夷狄，吴进矣"、《哀公十三年》"公会晋侯及吴子于黄池。黄池之会，吴子进乎哉，遂子矣。吴，夷狄之国也，祝发文身，欲因鲁之礼，因晋之权，而请冠、端而袭其藉于成周，以尊天王"等；负面贬退述评则如《僖公二十七年》"楚人、陈侯、蔡侯、郑伯、许男围宋。楚人者，楚子也……人楚子，所以人诸侯也……不正其信夷狄而伐中国也"、《隐公七年》"滕侯卒。滕侯无名，少曰世子，长曰君，狄道也"、《僖公三十三年》"晋人及姜戎败秦师于殽。不言战而言败何也？狄秦也"，《庄公十年》"荆败蔡师于莘……荆者楚也，何为谓之荆？狄之也……圣人立，必后至，天子弱，必先叛"、《庄公十四年》"荆入蔡……其曰荆何也？州举之也。州不如国，国不如名，名不如字"，以及《昭公十二年》"楚子伐徐。晋伐鲜虞。其曰晋，狄之也……不正其与夷狄交伐中国，故狄称之也"、《昭公十一年》"楚子虔诱蔡侯般……夷狄之君诱中国之君而杀之，故谨而名之也"、《宣公十一年》"楚子入陈。入者，内弗受也……不使夷狄为中国也"、《定公四年》"吴入楚……不正乘败人之绩而深为利，居人之国，故反其狄道也"等。

《孝经》述雅俗关系，亦重自觉觉人、由内及外礼德教化中道。《孝经》以孝贯通君民雅俗，如《三才》"夫孝，天之经也，地之义也，民之行也。天地之经，而民是则之。则天之明，因地之利，以顺天下"、《庶人》所云"自天子至于庶人，孝无终始，而患不及者，未之有也"。《孝经》礼德教化具有自觉觉人、由内及外品格，如《圣治》"亲生之膝下，以养父母日严。圣人因严以教敬，因亲以教爱……不爱其亲而爱他人者，谓之悖德；不敬其亲而敬他人者，谓之悖礼。以顺则逆，民无则焉"、《广要道》"礼者，敬而已矣。故敬其父，则子悦；敬其兄，则弟悦；敬其君，则臣悦；敬一人，而千万人悦。所敬者寡，而悦者众，此之谓要道也"等。《孝经》礼德教化合乎情理中道，如天子、诸侯、大夫、士、庶人之孝各有礼制等差，又如《丧亲》"孝子之丧亲也，哭不偯，礼无容，言不文，服美不安，闻乐不乐，食旨不甘，此哀戚之情也。三日而食，教民无以死伤生。毁不灭性，此圣人之政也。丧不过三年，示民有终也"等。

《论语》述君民雅俗关系，自觉觉人、由内及外礼德教化中道可谓彻始彻终。《论语》直接阐发礼德教化自觉觉人、由内及外品格者，有如《卫灵公》"君子求诸己，小人求诸人"、《子路》"其身正，不令而行；其身不正，虽令不从"、《子张》"君子信而后劳其民；未信，则以为厉己也"，《颜渊》"子欲善而民善矣。君子之德风，小人之德草，草上之风，必偃"、《宪问》"修己以敬……修己以安人……修己以安百姓"、《为政》"为政以德，譬如北辰，居其所而众星共之"，以及《阳货》"恭则不侮，宽则得众，信则人任焉，敏则有功，惠则足以使人"、《泰伯》"君子笃于亲，则民兴于仁；故旧不遗，则民不偷"、《子路》"上好礼，则民莫敢不敬；上好义，则民莫敢不服；上好信，则民莫敢不用情"、《学而》"慎终追远，民德归厚矣"等。《论语》直接阐发礼德教化中道品格者，则如《子路》"君子和而不同"、《卫灵公》"矜而不争，群而不党"、《子张》"尊贤而容众，嘉善而矜不能"，《述而》"子不语怪、力、乱、神……子以四教：文，行，忠，信"、《泰伯》"民可使由之，不可使知之"、《雍也》"务民之义，敬鬼神而远之"，《雍也》"中人以上，可以语上也；中人以下，不可以语上也"、《述而》"不愤不启，不悱不发"，以及《子罕》"麻冕，礼也；今也纯，俭，吾从众。拜下，礼也；今拜乎上，泰也。虽违众，吾从下"、《子张》"上失其道，民散久矣。如得其情，则哀矜而勿喜"、《尧曰》"不教而杀谓之虐。不戒视成谓之暴。慢令致期谓之贼"等。此外,《论语》在华夷关系(即雅俗、君子小人关系的更远层面)上重礼德修教,如《八佾》"夷狄之有君,不如诸夏之亡也"、《子罕》"子欲居九夷。或曰:陋,如之何? 子曰:君子居之,何陋之有"等。

《孟子》述君民雅俗关系,亦重自觉觉人、由内及外礼德教化中道。《孟子》直接阐发礼德教化自觉觉人、由内及外品格者,有如《万章上》"天之生此民也,使先知觉后知,使先觉觉后觉也"、《离娄下》"中也养不中,才也养不才,故人乐有贤父兄也",《梁惠王上》"古之人所以大过人者,无他焉,善推其所为而已矣"、《尽心上》"亲亲而仁民,仁民而爱物"、《离娄上》"爱人不亲,反其仁;治人不治,反其智;礼人不答,反其敬。行有不得者,皆反求诸己,其身正而天下归之"、《公孙丑上》"以不忍人之心,行不忍人之政,治天下可运之掌上",以及《滕文公上》"人伦明于上,小民亲于下"、《离娄上》"舜尽事亲之道而瞽瞍厎豫,瞽瞍厎豫而天下化……天下之为父子者定""人人亲其亲,长其长,而天下平"等。《孟子》直接阐发礼德教化中道品格者,则如《尽心下》"口之于味也,目之于色也,耳之于声也,鼻之于臭也,四肢之于安佚也,性也,有命焉,君子不谓性也。仁之于父子也,义之于君臣也,礼之于宾主也,知之于贤者也,圣人之于天道也,命也,有性焉,君子不谓命也",《滕文公上》"或劳心,或劳力;劳心者治人,劳力者治于人;治于人者食人,治人者食于人,天下之通义也""夫物之不齐,物之情也;或相倍蓰,或相什百,或相千万。子比而同之,是乱天下也",《梁惠王上》"无恒产而有恒心者,惟士为能。若民,则无恒产,因无恒心。苟无恒心,放辟邪侈无不为已。及陷于罪,然后从而刑之,是罔民也……明君制民之产……然后驱而之善,故民之从之也轻"、《告子下》"不教民而用之,谓之殃民。殃民者,不容于尧舜之世",以及《滕文公下》"杨氏为我,是无君也;墨氏兼爱,是无父也"、《尽心下》"恶似而非者:恶莠,恐其乱苗也;恶佞,恐其乱义也;恶利口,恐其乱信也;恶郑声,恐其乱乐也;恶紫,恐其乱朱也;恶乡原,恐其乱德也。君子反经而已矣。经正,则庶民兴;庶民兴,斯无邪慝矣"等。

综上,五经四书对雅俗、华夷关系予以纲举目张的中道阐发,奠定了儒教民本观"教化下移,夏以化夷;反本开新,时中担当"脉动规律的学理基石。

二、儒学民本观历史脉动与发展规律概述

儒学民本观的历史展开具有"下化外推，反本开新"脉动规律，这一脉动规律的核心内容即雅俗关系与华夷关系，以下试简述之。

（一）雅俗整合，夏以化夷：儒学民本观脉动规律总说

史以证经。五经四书所阐明的儒学民本观脉动规律，诸如《论语·宪问》"修己以安百姓"，《孟子·万章上》"使先知觉后知，使先觉觉后觉"，《周易·蛊卦》"振民育德"，《诗经·抑》"有觉德行，四国顺之"、《假乐》"不解于位，民之攸塈"，《周礼·天官冢宰》"设官分职，以为民极"，《孝经·庶人》"自天子至于庶人，孝无终始"，《尚书·大禹谟》"人心惟危，道心惟微，惟精惟一，允执厥中""罔违道以干百姓之誉，罔咈百姓以从己之欲"、《仲虺之诰》"懋昭大德，建中于民"、《大禹谟》"无怠无荒，四夷来王"，《礼记·大学》"大学之道，在明明德，在亲民，在止于至善"、《中庸》"君子笃恭而天下平"、《表记》"君子议道自己，而置法以民"、《王制》"修其教，不易其俗；齐其政，不易其宜"，《春秋左传·哀公十年》"务德而安民"、《定公十年》"裔不谋夏，夷不乱华"，以及《春秋公羊传·成公十五年》"内其国而外诸夏，内诸夏而外夷狄"、《哀公十三年》"不与夷狄之主中国"等经典表述，在儒学民本观"下化外推，反本开新"历史展开中得以全方位、多层面的时中证明。而历代正史之"正统"思想，亦为五经四书尤其是《春秋》"三传"雅俗华夷内在学理的时中运用与具体展开。

儒学民本观以"贤达师长，修齐君子"亦即君子阶层为担当主体，君子阶层自明明德而又感化他人，实际构成了纲常名教之主持、礼义中正之圭臬。以君子阶层为担当主体的儒学民本观发展史有其常理，所谓"道之大原出于天，天不变，道亦不变"（《汉书·董仲舒传》），"王者有改制之名，无易道之实"（《春秋繁露·楚庄王第一》）；亦有其权变，所谓"通其变，使民不倦。神而化之，使民宜之。《易》穷则变，变则通，通则久。是以自天祐之，吉无不利"（《周易·系辞下》）。中华民本观法天尊贤而亲民，随时变易以从道，总是处于守常达变的时中历程中。诚如《白虎通义》卷七所示"王者设三教何？承衰救弊，欲民反正道也。三正之有失，故立三教，以相指受。夏人之王教以

忠，其失野，救野之失莫如敬。殷人之王教以敬，其失鬼，救鬼之失莫如文。周人之王教以文，其失薄，救薄之失莫如忠……三者如顺连环，周而复始，穷则反本"，忠教重民、敬教法天而文教尊君，"天—君—民"一体和合、动态平衡的时中行程构成了中华民本观发展史。其中，三皇五帝时期为儒学民本观萌生期，夏商周时期为儒学民本观奠定期，两汉时期为初步成型期，唐宋时期为巩固深化期，明清时期为内在转型期。在儒学民本观发展史上，偏颇纷乱时代与中道整合时代次第出现，如淫祀泛滥而后有萌生期的绝地天通，礼崩乐坏而后有奠定期的五经述而儒教兴，百家争鸣而后有初步成型期的天人顺而儒教尊，经学外化、佛老泛滥而后有巩固深化期的名教内在、理一分殊，义理烂熟、流于空谈而后有内在转型期的实学重兴、教化下移，等等。历代大儒，述而不作。经史子集，群策群力。天论、君论与民论，三论完备。道统、政统与法统，三统并建。宋儒邵雍《经世吟》明示"羲轩尧舜，汤武桓文，皇王帝霸，父子君臣。四者之道，理限于秦，降及两汉，又历三分。东西倛扰，南北纷纭，五胡十姓，天纪几梦。非唐不济，非宋不存，千世万世，中原有人"，朱子释之云"一治必又一乱，一乱必又一治。夷狄只是夷狄，须是还他中原"（《朱子语类》卷第一）。华夏先贤的文化自信与历史担当，铸就了儒教民本观历史脉动的铮铮铁骨。

概要言之，以纲常礼教为核心内容的儒学民本观的历史展开具有两条交相融通的基本规律与内在线索，即雅俗整合、人文礼教大众化与夏以化夷、中华民族大融合，合言之则即先觉觉后觉、共进于大同。明德亲民而修身为本，精英阶层状态是内因之感，大众阶层以至外部夷狄状态是外缘之应。圣贤君子当位垂范而自觉化人之时教化大行，故而雅俗、华夷关系是健康有序的（即以雅以化俗、夏以化夷的和平形式内在实现感化融合）；精英阶层腐化变质而不能当位垂范、自觉化人之时教化衰微，雅俗、华夷关系则是紧张紊乱的（即以俗而乱雅、夷而变夏的动荡形式外在实现感化融合），而这一痛定思痛的动荡悲剧反过来又倒逼精英阶层乾惕自强，进而重新达成当位垂范、自觉化人良性循环状态。在这一乱一治之历史变迁中，纲常礼教不断反本开新而重获生机，大众教化得以渐次普及，民族融合得以渐次深广。

就民族融合自觉常态而言，纲常礼教具有内敛自省、德范感化特色。而就被动变态而言，内因外缘交互作用，中华民族不时处于"南夷与北狄交，中国不绝若线"（《春秋公羊传·僖公四年》）的民族危机之中，客观上被迫经历了民族融合滚雪球式渐次深广的"以夏化夷，天下大同"动态进程。迄今，我们还正处于复归华夏民本正统、内化西方文化优长这一方兴未艾的关键历史时期。儒教民本观发展史是一个"夏以化夷"中华民族大融合历史进程，其中较为典型的事例有三皇五帝三代秦汉时期（华夏汉族与东夷、北狄、西戎、南蛮少数民族的冲突融合），三国两晋南北朝时期（如魏、蜀、吴政权对少数民族的融合，西晋"五胡乱华"时期的华夷融突，南朝汉族政权纲常礼义正统的偏而不断，北朝少数民族政权的动荡夏化），以及辽金元清时期少数民族夏化政权建立、清季以来西方文化的反客为主①与传统文化的拨乱反正，等等。在此历史行程的起承转合中，天理人欲的严明辨正与民情礼俗的现实安顿、民族大义的内在坚守与开放包容的时中融通、纲常礼教基础地位的暂时性隐退与宗教信仰补充地位的过渡性彰显交织为功。毋庸质疑，中华民族大融合具足内因外缘，但客观结果总是儒教民本观逐步融会统摄起外来文化，并在内化外来文化的血火实践中锤炼得更加笃实厚重，而外来文化也大多能持守自身优长并获得崭新生机。佛教中国化是如此，当前方兴未艾的基督教中国化亦决不会例外。

儒教民本观发展史亦是一个以雅俗整合（即以精英修养规范引导大众教化）为实际内涵的人文礼教逐步普及的动态进程。其中，汉字的出现与简化、造纸术的发明与传播、察举贤良与科举选士的交相应用、儒教礼俗的通俗简化与时中变通等则大大加速了这一进程。唐宋之前儒教民本教化以精英榜样示范和辐射感化为主，强调礼义伦常践履和心性清净修养；宋明以来尤其是明中叶以来随着三教义理的混融烂熟与社会利欲私心的膨胀，民本教化重心已明显转向大众通俗教化探索，明清时期礼教精英对这一转化趋势的自觉反思和真诚探索班班可陈，但在天、君、民内在关系问题上也出现了敬畏缺失与迷信邪信等

---

① 具体参见孙燕京：《晚清社会风尚研究》，中国人民大学出版社2002年版；《中华民国史档案资料》（文化），江苏古籍出版社1991年版；陈学恂：《中国近代教育文选》，人民教育出版社2001年版；等等。

世俗异化现象，精英修养主导与大众教化主体之间的时中整合遂成消解儒教民本观世俗异化的关键所在①。清季民国以来，中国西化精英入主出奴，儒教民本观的内在发展被迫扭曲中断。顾炎武所谓"亡天下"者，深可畏惧。在近二百年来以儒学民本观与西学民主观为学理内核的中西体用之争中，"中体西用"论无疑是一厢情愿，"西体中用"论亦因外在于传统礼教价值思维而浮萍无根，只有坚持"中体中用"（即立足传统礼教价值思维，内在消化外来文化优长）方可源流俱畅。

综上，儒学民本观历来肩负着教化重心下移与内化外来文化这一双重使命，在此历程中天理伦常与世俗情欲之间的内在张力一直动态存在（特别是明中叶以来亦即西方十四世纪以来，伴随商品经济的迅速蔓延，精英礼法传统约束力明显下降），因而儒学民本教化的贯彻落实具有风化范围不断扩大下移与风化功效易于僵化异化之间的内在矛盾，这一内在矛盾只能靠我们自觉调适整合精英修养与大众教化之间的动态平衡，并本着"随时变易以从道"的时中使命感与乐观精神予以及时调整与相对解决，而幻想一劳永逸的绝对化解决是不现实的。事实上，儒教民本观总能时中当位而反本开新。《礼记·礼运》云"人情者，圣王之田也。修礼以耕之，陈义以种之，讲学以耨之，本仁以聚之，播乐以安之……修礼以达义，体信以达顺"，《周易·系辞下》亦云"通其变，使民不倦。神而化之，使民宜之"，此即儒教君子民本教化之时中担当。

（二）佛教、基督教中国化轨迹总结：儒学民本观脉动规律例证

中国佛教是外来信仰本土化的成功典范，而当前基督教中国化也正处于深入展开的关键阶段。自觉总结佛教中国化与基督宗教中国化历程的经验教训，乃阐明儒学民本观"下化外推，反本开新"这一历史脉动与发展规律之生动例证。

---

① 关于明清以来雅俗融通大众教化的经验教训，具体参考鞠曦编：《段正元语要》，吉林文史出版社2003年版；朱允恭编著：《王凤仪年谱与语录》，九州出版社2013年版；陈霞：《道教劝善书研究》，巴蜀书社1999年版；马西沙、韩秉方：《中国民间宗教史》，上海人民出版社1992年版；丁锡根编著：《中国历代小说序跋集》，人民文学出版社1996年版；秦宝琦：《清末民初秘密社会的蜕变》，中国人民大学出版社2004年版；李明：《印光"因果正信"居士观研究》，宗教文化出版社2012年版；等等。

1. 佛教中国化轨迹总结

总体而言，儒道释三教之"教"均为人文教化之义，人文化成与神道设教的内在统一构成了传统三教的人文品格。"人文化成"出自《周易·贲卦》彖辞"刚柔交错，天文也。文明以止，人文也。观乎天文，以察时变。观乎人文，以化成天下"，"神道设教"则出自《观卦》彖辞"观天之神道，而四时不忒。圣人以神道设教，而天下服矣"。"神道"即刚柔交错、阴阳消长、昼夜有分、四时不忒之自然天道，"神道设教"即本天道而立人道、法天文而开人文，亦即仿效自然天道而以人伦纲常化成天下。神道设教是人文化成的学理基础与思维模式，人文化成则是神道设教的主体内容与过程归宿，二者合言之亦即"明德亲民、伦常当位，天人合一、道则中庸"价值思维。顺应明清大众教化趋势，神道设教衍化出"善恶感报大众劝惩"引申义。传统三教反本开新，以神道设教本义引领规约引申义，从而初步形成了雅俗融通、心境互动的人文三教大众教化格局。纵观中国佛教发展史，佛教中国化实即人文儒教化，其基本经验包括内在关联的四个方面：

一是对"儒以为基，三教共成"人文路线的内在贯彻。作为中国文化的灵魂与核心，人文儒教以"圣贤师长，修齐君子"为引领主体，以"人性本善，觉有先后"为信念依据，以"明德亲民，伦常当位"为价值观念，以"天人合一，道则中庸"为思维方式，以仁义礼法纲举目张、修齐治平次第浑融、孝悌忠恕亲切自然、下学上达当位时中、天人万物一体不隔、君子比德意象清和、改过迁善自强不息、夏以化夷厚德载物为人文特色。总体而言，欲成仙佛先为真儒、三教互补人文化成早已成为中国道释二教的主流共识。在"明德"修养层面，儒教性善论、道教道性论与佛教佛性论共成"人皆可成圣成仙成佛"的坚实人文修养信念。中国佛教转性寂为性觉，融六道于本心，以禅净为根基，证自性为弥陀，破执著而精进，毕一生以成就，与儒道二教修养思路互为启迪。在"亲民"教化层面，儒教礼义感通观、道教善恶感应观与佛教因果感报观亦无不内在贯彻雅俗融通、心境互动这一人文三教大众化理路并合力对治邪信、迷信流弊。持守人文路线的中国佛教主流内在具备了华夏文化主体意识，如明末代表性高僧就曾自觉立足传统三教人文价值观，评判当时缺乏人文立场的基督信仰为"非心性流溢大本正道而弃本外求"之反伦裂性以夷变夏行为。当然，中国佛教对三教人文传统的贯彻也不是一劳永逸的，诸如梁武佞佛与"三武一宗"灭佛教训，以及现代人间佛教"弃儒适西，佛教独立"等偏离儒教基础的沉痛教训，均须反省总结。

二是对"学教互动，雅俗融通"文化脉动的自觉契合。中国文化发展有着自身内在脉动，简言之即精英修养层面学理建构与大众教化层面推广普及之间的互动融通。正是由于契合了两汉以来人文儒教对精英修养彻底化与大众教化通俗化的双重内在需求，中国佛教方得以因缘际会地生根发芽从而形成三教互动发展格局的。要言之，以东晋慧远与道生、唐代慧能为代表，中国佛教主流在精英修养层面的学理建树先后有"禅净双修"修证路径的奠定、"三身佛性"修证信念的确立、"自性因果"修证宗要的成熟等，这些本土化学理探索转而反哺启迪了宋明时期儒道二教在"人文化成"精英修养层面反求诸己的内在创新。以宋代契嵩与延寿、明清四大高僧与民国印光为代表，中国佛教主流在大众教化层面的学理建树先后有"孝在戒先"儒释内在观的确立、"摄禅归净"唯心净土观的提出，以及契机大众教化时代的"因果伦常立基，弥陀净土提升"说、"儒释双美雅俗融通，因果净土毕生成就"说的探索等，这些本土化探索亦转而反哺启迪了明清以来儒道二教在"神道设教"大众教化层面反求诸己的内在创新。不惟顺应了人文儒教雅俗融通、教化下移大趋势，中国佛教还自觉契合中华民族持续融合的内在脉动，在外来民族文化尚未自觉内化的过渡性乱世，一定程度地充当了外来民族以及流离百姓的精神慰藉，从而与道教一起客观填补了人文儒教暂时衰微时期的信念空白。当然，作为中国佛教主流探索的有益补充，因缘兴起的诸多宗派对佛教本色的维系持守也往往成为教内化解邪迷流弊的清醒剂。

三是对"亦儒亦释，禅净双修"居士阶层的持续培育。中国佛教是中华民族立足自身价值思维，自觉拣择并内在融会大乘义理的创造性成果。以"亦儒亦释，禅净双修"为基本特色的居士阶层的健康发展，是中国佛教内在贯彻"儒以为基，三教相成"人文路线、自觉契合"学教互动，雅俗融通"文化脉动的主体力量，从而构成了中国佛教固本培元、生生不息的关键因素。一般而言，中国佛教主流是由高僧大德与儒门居士共同维系并展开教化的。这些修为精深的高僧大德或直接出自儒门，或与儒教渊源深厚，大都儒释兼弘并与

"亦儒亦释"居士阶层密切关联。就发展历程而言，东晋慧远开"禅净双修"先河且与大批儒门居士相为师友，后人誉之为"庐阜即缙绅阙里"，中国佛教"亦儒亦释，禅净双修"居士阶层初步形成。以唐代慧能"自性自度"本土禅宗的开创、宋代契嵩"儒释内在观"的确立与延寿"唯心净土观"的整合等学理突破为契机，居士阶层持续发展壮大。明代袾宏、清代行策、民国印光等更是契机末法而倡导因果净土，居士阶层进一步扩大下移。其中，民国印光极言儒释二教同气连理、荣辱与共，主张"必使儒宗由佛法而得以复兴，佛化因儒士而得以广布"，坦示"光虽为释，尚有儒之气分……乃剖心沥血之言"①，其精心擘画的现代居士观影响深远。

四是对"本土本色，宗门教下"内在张力的时中平衡。外来信仰"本土化"是指在基本价值思维层面逐步实现对本土文化的主体认同、内在对接与创新拓展，外来信仰"本色化"则是指在本土化进程中能够自觉维系自身本色优长并藉以动态消除异化流弊。总体而言，外来信仰当以本土化创新为主流方向，以本色化持守为对照补益。自觉维系二者内在张力的动态平衡，方可避免或过或不及的极端倾向。佛教中国化典范是慧能禅宗的创立，本色化典范则是玄奘唯识宗的创立。明察二宗诞生因缘、历史际遇与地位影响，则对中国佛教本土本色关系已思过半矣。在中国佛教语境下，"宗门"特指自性禅宗，"教下"泛指因果经教，二者对待耦合的内在张力亦须时中平衡。作为佛教人文化的典范样式，中国禅宗对接儒道而吸纳诸宗、即破即立而直透本心，可谓中国佛教当然宗主。伴随着大众教化兴起，禅宗发展进程中出现了未证言觉、华而不实的狂禅流弊，也面临着独契上根、难合中下的教化难题，于是因果经教起而补益之，"禅净双修"与"摄禅归净"修教理路就是宗门教下内在互动、长期磨合的智慧结晶。

2. 基督宗教中国化方略述要

比照而言，西方基督宗教为"神本"进路，认为"原罪"折射出软弱与僭妄两极并存的人类有限性，故人类须信靠创生万物之独一真神，藉无限之他力

---

① 《印光法师文钞全集》，台湾高雄2004年印赠本，分见《文钞续编》第611页，《文钞三编》第519页。

以提升有限之自力。中国文化则为"人文"进路，认为人性本善而觉有先后，天人合一而道则中庸，改过迁善而量力随分，精纯合道而永无止息。即便是大众劝惩意义上的神道设教，也具有立足自力而权借他力的人文底色。在西方文化语境中，"神"确指独一上帝。而在中国文化语境中，本心即神，日用即神。心大无外故神明无所不在，心量不等故神明道力参差，日用事端无定故神明随事而分类，践履方式不一故神明异教而殊别。可见，基督宗教中国化的本质亦为人文化。参照佛教中国化基本经验，基督宗教中国化（或人文化）的发展方略大致如下：

一是以对纲常儒教人文路线的对接拓展为发展主题。没有脱离个性的共性，任何一个文化信仰的民族个性与普世共性都是不可剥离的。特定信仰可为其他民族文化立足自身加以内在消化，却不可企望替代转化之。把特定信仰人为提升为"普适性信仰"，实即以其特定民族价值思维与语言表述来置换替代其他民族文化的固有价值思维与语言表述，这显然是文化优胜、社会进化思维作祟。中国佛教成功转性寂为性觉，中国基督教也应转神本为人文，自觉确立"中体中用"文化主体立场，真正转"基督教在中国"为"中国基督教"。当代中国人文儒教的内在复兴与中国基督教的创新发展休戚相关，中国基督教要内在借鉴佛教中国化经验，深入挖掘可与人文儒教"明德"修养与"亲民"教化基本内涵内在衔接的原典资料，内在接续明清民国时期以"儒耶融通"为主题的人文化努力，自觉培育以教化基础、信念依据、修证宗要、践履方式与雅俗关系为核心内容的人文教理体系，在基本价值思维层面逐步实现对纲常儒教人文路线的主体认同、内在对接与创新拓展，从而形成"儒以为基，五教共成"的人文教化和谐格局。

二是以纲常儒教发展脉动的顺承优化为发展使命。基督宗教中国化以对人文三教"雅俗融通"大众化发展脉动的内在顺承为使命担当。契机明中叶以来人文三教大众化进路，唐、元时期旋生旋灭的天主教终于在中国生根发芽，徐光启、李之藻等成为首批尝试"以耶补儒"人文探索的本土文化精英。嘉庆年间传入的基督新教也是直至民国时期才开启了实质性本土化探索，如李提摩太、李佳白"联儒救世"文化反思与赵紫宸、谢扶雅"基督学行"人文开拓等。而康乾礼仪之争、晚清教案风波、洪杨离经叛道，以及当前存在的西化倾向与邪信迷信异化流弊，则均为背离基督教中国化发展使命的沉痛教训[①]。由于近现代以来人文儒教主体地位的丧失，基督教中国化使命曾一度无所附丽甚至迷失方向。当前，自觉顺应儒教文化内在复兴大势，积极借鉴中国佛教"摄禅归净"丰硕成果，中国基督教必将在助力人文儒教重建基础地位的创新进程中实现自身发展使命。

三是以对"亦儒亦耶"修士阶层的精心培育为发展要务。与中国佛教一样，中国基督教也应当是中华民族文化主体立足自身价值思维，自觉拣择并内在融会基督学行的创造性成果，实现基督教中国化的创新开拓者也必定是具有"儒耶兼弘"内在品格的本土人文修士。"亦儒亦耶"修士阶层相应成为中国基督教内在贯彻"儒以为基，五教共成"人文路线、自觉契合"雅俗融通，心境互动"人文教化大众化发展脉动的主体力量，而对"亦儒亦耶"修士阶层的精心培育则构成了中国基督教固本培元、生生不息的关键因素。尽管儒耶二教融通互补的相关探索一直不绝如缕，但由于现代中国人文儒教主体地位的丧失，中国基督教"亦儒亦耶"修士阶层的培育问题只能是纸上谈兵。当前，中国基督宗教应自觉观摩东晋慧远、唐代慧能、宋代契嵩、明代袾宏与民国印光等对"儒释交益"居士佛教的时中开拓，内在取法明代徐光启、李之藻与民国赵紫宸、谢扶雅等对"儒耶交益"修士基督教的艰辛开拓，积极顺应人文儒教内在复兴这一必然趋势，在培育扶持"亦儒亦耶"修士阶层问题上及早达成共识并切实付诸行动。

四是以对"本土本色"内在张力的时中平衡为发展保障。与佛教中国化一样，基督宗教中国化也应以对本土文化基本价值思维的主体认同、内在对接与创新拓展为主流方向，以自觉持守自身本色优长并藉以动态消除异化流弊为对照补益。只有自觉维系二者内在张力的动态平衡，避免或过或不及的极端化倾向，才能切实保障基督教中国化进程的健康展开。因此，及时平衡"本土本色"内在张力，也就成为中国基督教对接中华文化人文路线、顺承中华文化发

---

① 具体参见颜炳罡：《心归何处——儒家与基督教在近代中国》，山东人民出版社2005年版；孙尚扬、钟鸣旦：《1840年前的中国基督教》，学苑出版社2004年版；顾长声：《传教士与近代中国》，上海人民出版社2004年版；等等。

展脉动，以及培育"亦儒亦耶"修士阶层的题中应有之义。尽管基督教本土化探索在基层实践中已有所积累，但就总体而言，目前中国基督教内反客为主的外在西化现象还较为普遍，原教旨主义倾向与邪迷异化流弊两极分化现象也不容忽视，中国基督教对"本土本色"内在张力的时中平衡可谓任重道远。中国基督教应积极借鉴中国佛教宗（宗门心法）、教（教下修证）概念的人文内涵，以及心境一如、自他不二的修教特色，内在接续明清以来教内先贤的开拓努力，及时总结当下修教实践的良善经验，群策群力地解决好这一重大问题。

三、近现代以来雅俗、华夷关系的学理歧出与反本开新

近现代以来，西学东渐并逐步反客为主，中国西化知识精英大多入主出奴，知行学教二元分裂、义利本末混淆倒置倾向极为明显，现当代中国社会价值思维基督教化与自由民主世俗西化现象空前严重，人文儒教礼法纲常黯而不彰遂成游魂一缕，儒教民本教化内在发展进程被迫扭曲变异，以致1935年王新命等十教授《中国本位的文化建设宣言》愤激而言，"中国在文化的领域中是消失了。中国政治的形态、社会的组织和思想的内容与形式，已经失去它的特征。由这没有特征的政治、社会和思想所化育的人民，也渐渐的不能算得中国人。所以我们可以肯定的说：从文化的领域去展望，现代世界里面固然已经没有了中国，中国的领土里面也几乎已经没有了中国人。要使中国能在文化的领域中抬头，要使中国的政治、社会和思想都具有中国的特征，必须从事于中国本位的文化建设"。铁血教训一再告诫我们，救亡图存之后务须返归儒教民本教化本怀。

（一）传统与现代的反转：雅俗华夷关系蜕变为中西体用关系

以中西体用（或传统与现代）关系为主题，近代以来中国文化发展史大致可分三个阶段：第一，"中体西用"阶段。近代时期，在魏源等"师夷长技以制夷"策略基础上，张之洞等传统士大夫面对西方列强瓜分压力，被迫提出"中学为体，西学为用"说。"中体西用"说试图在持守中华文化主体性前提下实现国富民强，但由于体用一体不割、中西体用不能简单拼凑的实情，此说只能流于乡愿幻想，从而收拾不住而节节败退。第二，"西体中用"阶段。民国时期以及改革开放以来，"温和西化派"知识精英持守社会进化论调，混淆中西之别为古今之别，主张全方位学习西方，承认西体普适但强调灵活应用。这

一立场有其时代过渡性与借鉴合理性，但归根结蒂也是外在于儒教民本观基本价值思维的，因为无论他们如何"精致"拼凑，中、西体用终究是方枘圆凿。"极端西化派"知识精英更是根本否定了儒教民本观基本价值思维，认定西式民主自由为"普世价值"而狂热鼓吹"全盘西化"。改革开放以来，西化知识精英势力藉市场经济而蚕食蟒吞，遂至尾大不掉而谬种流传、贻害无穷。第三，"中体中用"阶段。上世纪末以来，针对"河殇派"等全盘西化思潮，文化综合创新与多元并存说出现，实际构成了儒教民本教化内在复兴之先声。本世纪以来，更多学者坚定接续传统，持守儒教民本价值思维而倡导文化主体自觉，主张转"西体中用"外在文化拼凑为"中体中用"内在自觉消化，恢复以精英修养和大众教化内在整合为前提的儒教民本教化基础地位，从而反本溯源地切实扭转社会教育混乱无序态势。

鸦片战争以来，在处理中西体用（即传统现代）关系问题上，发生了诸多重大事件，其经验教训亟需后人予以全面的反思总结。第一次鸦片战争之后，西人传教与洪杨革命内外交炽，严重破坏了儒教民本教化原有生态。虽有曾国藩等传统士人的勉力维持，但救亡图存的空前压力还是使得现代派势力迅猛膨胀。以明清以来心学个性化、社会世俗化与民间信仰三教合流化为内因，以西方普世化宗教、世俗民主观与社会进化论强势进入并反客为主为外因，近现代中国救亡学说可谓林林总总，但大都难脱断章取义六经注我、割断源流以今诠古的西化窠臼，以世俗情欲代本然天理、以偏颇异端代中庸常道、以自由民主代性善民本以及以普世宗教代纲常礼教的学理乱相层出不穷。其中，戊戌变法之争即为传统与现代之争的初期表现，二十世纪初科举制度的废止则成为儒教民本教化衰微隐退的标志性象征。此后，辛亥革命、袁氏称帝、张勋复辟、宗教新旧分化、民间信仰兴起、新文化运动、科玄论战、军阀混战、伪满政权建立、乡村建设、新生活运动以及国民党中西派系之争等次第登场，无不交织着错综复杂、消长变动的中西体用（传统现代）之争论分歧。在现代社会大变动时期，那些深具影响力的中国思想家的观点大都因不够成熟而复杂多变，其中以救亡革新始而以回归传统终的康有为、严复等人最为典型。此外，新文化运动旗手们的价值思维也大都新旧夹杂，为达救亡目的他们往往急功近利并极端偏激，故意搁置抛开传统儒教民本价值思维而偏执于竞争对立的现代西方价值思维立场，从而导致传统民本价值思维被其后继者无情否弃这一流弊无穷的客观结果。总之，内在继承是开拓创新的当然前提与实在基础，缺失传承根基的近现代中国思想文化混乱无序，相应导致了政治制度与社会生活的混乱无序，近现代中国儒教民本观重建历程可谓艰苦卓绝。

经过对中西体用（即传统现代）关系近二百年的艰辛探索，现当代中国意识形态实际存在着"中体中用"传统本土派、"中体西用"现代本土派与"西体中用"温和西化派、"全盘西化"极端西化派这两大（四类）基本价值思维倾向。总体而言，当前温和西化派"西体中用"价值思维还很强大，现代本土派"中体西用"价值思维也正当时兴，极端西化派"全盘西化"价值思维影响最为恶劣，而传统本土派"中体中用"价值思维亦正以任何势力都不能阻挡的力量喷薄而出并茁壮成长。鉴于当前中国中西方价值思维两大意识形态业已进入此长彼消的长期相持阶段，儒学民本教化体系建设可谓方兴未艾而正当其时。

（二）不破不立，正本清源：勇毅对治"普世价值"西化民主观

自鸦片战争以来已近二百年，人文儒教教化断层亦已过四个代际，传统儒学民本观在现当代西化民主观价值思维强势碾压下一再支离破碎。尽管随着天道人心的可喜回转，当前儒教民本教化内在复兴趋势已不可阻挡，但由于长期以来西化民主观的惯性影响还广泛存在且无孔不入，我们尚须头脑清醒、正本清源地破除西化民主观相关谬论，理直气壮地挺立起儒教民本教化的主体自觉意识。

当代中国西化学者的核心谬论即所谓"普世价值"观。他们想当然地偏执主张人权高于主权、人类高于族类、民主高于爱国，武断认定以"自由公正、民主法治"为学理内核的"普世价值"观是超越时空族群的，是人类共同价值观与不证自明的普适真理，是人类基本人性的概括总结与是非善恶的衡量尺度；他们宣示全球化格局下的当代中国必须断然抛弃民族文化本位立场，彻底拥抱作为公民共识和社会底线的"普世价值"，从而尽快融入自由民主价值观、宪政法治制度与私有经济发展模式三位一体的西方世俗民主秩序。由于现当代西方意识形态所处的强势地位及其对中国发展经济迫切愿望的诱骗利用，由于中华民族民本教化的断代性弱化缺位，以及当代中国马克思主义尚未在价值思维层面真正摆脱西方语言体系而彻底实现本土化的缘故，以"普世价值"为学理

依据的西化民主观对中国知识阶层与青少年阶层产生了持续性恶劣影响。

具体而言，上世纪下半叶全球化浪潮是西方"普世价值"论战诞生的基本背景，而"普世价值"概念则是由上世纪九十年代的"全球伦理"概念直接衍化而来。利益驱动的经济全球化态势引发了东西方政治经济与思想文化激烈冲突对立，以及道德、自然双重生态急剧恶化等系列严峻问题。1993年"世界宗教议会"讨论通过了德国天主教神学家孔汉思起草的《走向全球伦理宣言》，"全球伦理"概念正式提出。尽管"全球伦理"构想具有文化交融的特定时代意义，但还是带有明显的基督宗教文化本位的普世主义价值思维色彩，因而终究也是无法操作的一厢情愿。此后"全球伦理"讨论迅速由宗教伦理领域蔓延到政治经济、思想文化领域，"普适伦理""普遍价值""普世价值"等新兴名词随即衍生涌现。其中，"普世价值"主要是与发轫于启蒙运动与新教革命的西方基督新教基本价值思维密切关联的现代民主观这一意识形态领域概念，经由美国《独立宣言》、法国《人权与公民权利宣言》与联合国《世界人权宣言》而渐次成型。法兰西斯·福山"历史终结论"曾断言现代西方自由民主观业已成为世界主流意识形态，而"普世价值"概念的提出实即借鉴"全球伦理"形式以指代现当代西方"自由民主"这一意识形态内涵。当然，也有一些西方学者并不认同"普世价值"概念，如塞缪尔·亨廷顿就认为思想文化领域并不存在"普世价值"，罗伯特·卡根与罗伯特·赖克则认为即便在政治经济领域也不存在"普世价值"。就总体而言，西方自由民主派学者并不懂得，西方"普世价值"观及其相应思维方式恰恰是物欲横流道德失范、价值冲突文化迷失等全球化问题的根本症结所在，因而他们幻想以"普世价值"来对治全球化问题的错误理路只能陷于致命的恶性循环。

改革开放以来，"普世价值"西化思潮在中国加速泛滥并终致尾大不掉之恶果。以"河殇"派发其端绪，以高校与市场为主导阵地，以"普世价值"观为学理支撑，上世纪末中国西化学者开始有意无意地配合西方"和平演变"企图，全力鼓吹所谓的"当代"价值观，大肆宣扬"人权、自由、民主、法治、宪政"为放之四海而皆准的人类基本价值。1997年《全球伦理》编译出版后国内学界开始涌现"全球伦理"研讨热潮，此后国内知识阶层关于"普世价值"的争论日益升温并引发学界政界持续关注。其中，较为重要的节点性事件次第出现，如2003—2005年中亚国家"颜色革命"就曾直接刺激了国内西化势力对"普世价值"的狂热宣传，2003年起国内极端自由民主派学者纷纷提出"民主修宪"，2005年某些西化自由派学者明确鼓吹我国应仿效西方实行多党轮流执政，2006年"西山会议派"新自由主义学者则热衷于鼓动"宪政改革"，2007年更有西化学者提出我国应实行"民主社会主义"。2007年以来国内由西化学者把持的报刊网站肆意推动"普世价值"观传播，如2008年《南方周末》即曾藉汶川地震与奥运会、残奥会等事件大肆宣扬"普世价值"观以致争论白热化。这些西方敌对势力与中国西化势力内外呼应，企图利用"普世价值"观把我国纳入西方世俗民主秩序的不轨图谋，对中国社会产生了持续性恶劣影响。

抽象的"普世价值"从不存在，中国西化学者心仪的"普世价值"观只是以西方基督教价值思维为根基底色，以文艺复兴与新教革命以来西方现当代世俗化自由民主为基本内涵的普世主义价值观，其实质就是把西方价值思维尤其是文艺复兴与新教革命以来的西方世俗价值思维这一特殊个性僭越表征为普适共性，进而以之模糊消解儒教民本观基本价值思维而已。世上决没有脱离个性的共性，一个文化价值观的民族个性与普世共性不可剥离，任何思想家亦均是藉本民族的独特价值思维与语言方式来表述其思想的，特定民族文化价值观虽可为其他民族文化立足自身而加以内在消化，却不可企望外在替代之。也就是说，外来文化只有本土化才能具有鲜活的生命力，一切外来文化必须在价值思维层面逐步实现对本土文化的主体认同、内在对接与创新拓展，而那些妄图创造全球化价值思维与世界统一语言的尝试只能是天真幻想。倘若一定要把特定民族价值观人为提升为"普世价值"观，实即以此民族文化价值思维与话语方式来置换替代其他民族文化固有价值思维与话语方式，而这显然是违背"和而不同"古训的文化优胜价值观与社会进化庸俗思维在作祟。可见，"仁与义为定名，道与德为虚位"，抽象谈论"普世价值"不但毫无实际意义，而且还会引发无谓的学术纷争并被别有用心者投机利用。鉴此，"普世价值"的有无问题自然也就相应转化为以中华儒教文化与西方基督宗教文化为代表的民本观与民主观的学理比照问题。中国儒教民本观研究应自觉跳出现当代西方文化语言体系小圈子并在价值思维层面彻底中国化，应自觉澄明自身在义理层面上是"中体中用"而不是"西体中用"或中西兼用的拿来主义、在历史层面上是"内在承续"而不是"社会进化"或中西混杂的骑墙主义、在现实层面上是"民本教化"而不是"民主西化"或中西调和的实用主义这一本位立场，从而高屋建瓴地彻底解决"普世价值"的学理定位问题。

西化学者总是"不证自明"的本能性认为，私有化民主体制可以一劳永逸地解决所谓的"历史周期律"问题，其实这只能是立足欲望本能的偏执性幻想。因为世道人心内外相成，人心清明、礼法有序必为治世，人心散乱、物欲横行则必为乱世。任何外在制度都不能从根本上改观世道人心，德治为本、时中对治的自我调节最为自然有效。人有天理人欲，倘若仅把人的本性归结为人欲而架空天理，就会丧失德性修养对物质欲望的引领主导与基础前提地位。西化自由民主与科学至上理念必然诱使人类走向毁灭，这实际上是一条本末倒置、因小失大的不归路。取法乎上，仅得其中；取法乎中，难免其下；取法乎下，民斯滥矣。全盘西化世俗学者以欲望为天赋而以人为代天理，以争讼代中道而以中庸为戏论，并不敢担当以性善论与民本观为内在信念的君子学行。德性务须主导欲望，精英修养务须主导大众教化，否则无论西化学者有何种周密完备的制度设计，其心仪的民主社会终究会堕落为利欲肆虐、大小竞力的丛林乱世。事实上，当代西方社会已在尝试摆脱世俗民主弊病而回归其文化传统了。鉴此，所谓的中西之别并非古今之别，其实质不过是仁义主导与利欲主导之别而已。建立在对大众利欲意见所谓"理性正义协调"基础上的现代民主制度，往往是对儒教民本教化传统的根本否定和片面肢解。这是因为，一旦偏执认可并鼓励所谓利欲意见多元化为民主自由，这一不良倾向就会迅速转化为社会大众的庸俗风习，人文儒教礼法纲常就必然会被二元分割，甚至被无情边缘化为世俗理性的附庸而痛失教化基础地位。

当下，我们应走出社会庸俗进化论误区，理直气壮地明确批判西化学者所谓的"普世价值"谬论，坚定立足儒学民本观价值思维并内在消化西方文化优长，内在解决"中体中用"与"西体中用"的立场抉择难题，渐次转化本分不守的"西体中用"外在文化拼凑为和而不同的"中体中用"内在承续生息，对先觉觉后觉、共进于大同的儒学民本观予以反本开新的内在发展，及早实现明清以来以精英修养为必要引导的雅俗融通大众教化这一历史使命。

结　语

　　本原而言，民本与民主并不是现代性狭隘立场上具有古今之别（即传统与现代之别）的"不证自明"的一对概念，而是中华儒教文化与西方基督宗教文化这两大并列对举修养教化体系的学理基石。与以"旧约新约，历代阐发"为经典依据、以"上帝唯一，原罪忏悔"为信念前提、以"教会绅士，公民精英"为担当主体、以"神民公民，教治分化"为基本架构、以"上帝信仰，民主法治"为核心内容、以"自由公正，个体本位；神民和解，有限超越"为价值思维、以"政教分流，次第偏盛；价值普世，外在扩张"为脉动规律的西学民主观修教体系不同，儒学民本观修教体系则以"四书五经，时中阐发"为经典依据、以"人性本善，觉有先后"为信念前提、以"圣贤师长，修齐君子"为担当主体、以"天君民合，三位一体"为基本架构、以"三纲五常，礼教实修"为核心内容、以"明德亲民，伦常当位；天人合一，道则中庸"为价值思维、以"教化下移，夏以化夷；反本开新，内化外学"为脉动规律。君子和而不同，自觉比照并洞察彼此内涵差异，是中华民本观与西方民主观两大修教体系内在借鉴、共同发展的必要前提与学理基础。实际上，当前不少学者业已清醒意识到，中国特色社会主义民主实际上与中华传统民本观价值思维息息相关，本质上更类似"以德治国，有耻且格"的民本教化，而不是"以法治国，民免而无耻"的大众利欲有限合法化。因此，内在衔接传统民本观与社会主义民主、群众路线以及民主集中制等当代民本因素，进而渐次达成理论共识与实践自觉，也就相应地构成了儒学民本观反本开新的必要环节。

文化固然需要包容，但包容的基础与前提则是自立自觉。古源今流内在一体，反本开新方为正道，对传统文化血脉贯通的整体性内在继承，构成了当代中国学术创新的活水源头与深厚根基。当前中国人文学界的最大问题并不在于创新转化不够，而恰恰在于内在继承还远远不够。十年树木百年树人，一个人的价值思维一旦形成即会先入为主，要想根本性改变是很难的。当我们总体上尚处于不懂传统、不信传统的外在状态下，"古为今用"难免会异化为"以今诠古"，甚至异化为西化价值思维的注脚，其极端性表现即全盘西化派于继承传统表象下继续抵制、解构儒教民本传统，且企图立足以西方基督宗教为文化根基的自由民主观强行外在创新。人文学科中国化喊了几十年也不见实质性突破，症结就在这里。再譬如，以西化自由民主观为蓝本底色来解读中国哲学，必然是对纲常礼义民本教化正统地位的否定与解构，诸如对儒教内部非正统学者之学说（如荀子性恶说、魏晋玄学、陆王心学、黄宗羲民权说、李贽童心说、徐光启以耶补儒说等），以及对儒教外部老庄、杨墨、禅宗诸学说的西化式讴歌与自由化诠释等，无非是对孔孟程朱纲常礼义、性善民本这一儒教正统的反动与否定。这是因为，这些学说虽有消解正统流弊之补充价值，但总归偏杂决绝之小径而非中正常行之修教大道。而正统之所以为正统，就在于情理中道纲维世教。正统消解人心散乱，邪欲无极天下何安！可见，本根不立则如雨打浮萍，包容借鉴、汲取内化西方民主观优长的最大前提恰恰在于自知、自信并内在继承中华民本观正统衣钵，否则中国社会必然会陷入一盘散沙式的精神混乱不良格局。正是鉴于内在继承问题的现实紧迫性，本书尝试从经史层面初步建构并粗疏论证了以本位立场、经典依据、信念前提、担当主体、基本架构、核心内容、价值思维、脉动规律为学理要素的儒学民本观体系，旨在为纲常儒教民本正统内在继承，以及当前人文学科中国化问题的实质性突破抛砖引玉，以期儒学民本观整体研究（包括经史正统观、性善君子观、天人礼教观以及价值思维、发展规律等专题）得以深入展开。

当前，儒教民本教化复兴方略应以"反本内化，时中创新"为基本精神。第一，既要自觉持守传统民本本位立场，又要积极回应并中道对治自由民主西化现象。我们应以对传统现代关系的反思探讨为舆论阵地，建立中华文化内在复兴统一战线，以茁壮成长、精益求精的"中体中用"传统本土派为基础力量，紧密联合并引导转化"中体西用"现代本土派与"西体中用"温和西化派，旗帜鲜明地驳斥"全盘西化"派荒谬言行，自觉促成当代中国民本、民主两类价值思维的此长彼消，勇毅担当儒学民本观体系建设这一神圣历史使命。第二，既要持守呵护并深化拓展"人性本善，觉有先后"这一民本修教信念前提，又要充分考察人性养正之复杂性、反复性与中道可行性，积极探索并建立精英大众修教标准雅俗有别的良性保障机制；凸显道德底线而警示欲望红线，既要切实保证基本民权又要坚决贯彻纯正礼德主导方向，中道引导大众情感欲望而不使之过度泛滥。第三，既要坚持"贤达师长，人文君子"主体担当，持之以恒地以人文君子群体培育为根本建设要务，又要充分考虑君子养成的长期性、复合性、自律他律互补性，以及底线神圣与容错悔过之共成性关系，精心呵护并培养培育不同分位、不同职业的人文君子群体，实现以先觉觉后觉、共进于大同为本旨的民本教化良性循环，使得儒教民本教化具有内在灵魂与担当主体，从而真正实现君子在位而小人任能的社会和谐发展局面。第四，既要持守"天君民合，三位一体"基本架构，逐步恢复传统家国祭祀等基本礼教制度，凸显天地君亲师五位一体的神圣性与仪式感，又要上薄拜神教、下防拜物教，积极思考如何建构消解世俗化与神秘化两类外在性极端异化倾向的动态长效机制。第五，依据"下化外推，反本开新"外来信仰本土化规律，既要以纲常礼义积极引导规正外来文化信仰，自觉内化西方宗教文化合理因素从而使得儒教民本观时中日新、永葆活力，又要坚决防范邪教异端并标本兼治地着力改变其滋生土壤，从而反本开新地自觉接续起儒教民本观内在发展脉动，及早达成明清以来人文儒教大众教化这一雅俗融通历史使命。第六，最重要的还是内在培育全民实践氛围。我们要涵泳体悟儒教民本观"明德亲民，道则中庸"价值思维，时中践履"三纲五常，礼教实修"核心内容，以一体贯通的家庭学校、社会职业礼义教育为民本教化持之以恒、久久为功的中心环节，把传统礼义民本教化内容内在贯彻于从幼儿园到大学校园，再到社会职业乃至生活教育的全过程中来，倡导形成知行合一、学教一体的君子养成教育全方位、多层面的良好舆论氛围，从而夯实儒教民本教化内在复兴的实际内容。

　　综上，儒学民本观体系建构与儒教民本教化建设内在一体，构成了中华传统文化当代复兴的主题与纲要。就时代精神而言，"回归中华精神家园，重铸儒教民本教化"业已成为当前中国学界教界最为深沉的呐喊。大批知行合一的儒者志士适逢其时，亦正在内修外化孜孜探索。一代之人自可担当一代之事，当代儒者不惟坐而论道，更要起而行之，以无愧圣贤先祖、无愧家国本怀的实际行动，自觉担当中华民本观反本开新这一神圣历史使命。

参考文献

[1][清]阮元校刻:《十三经注疏》,中华书局2009年版。

[2][清]纪昀:《四库全书总目提要》,河北人民出版社2000年版。

[3]傅璇琮等主编:《续四库全书总目提要》,上海古籍出版社2016年版。

[4]孔子文化大全编辑部编辑:《孔子文化大全》,山东友谊书社1989—1994年版。

[5][宋]真德秀:《大学衍义》,朱人求点校,华东师范大学出版社2010年版。

[6][明]邱浚:《大学衍义补》,林冠群、周济夫校点,京华出版社1999年版。

[7][清]熊赐履:《学统》,徐公喜、郭翠丽点校,凤凰出版社2011年版。

[8]《诸子集成》《新编诸子集成》,中华书局出版。

[9]《二十二子》,上海古籍出版社1986年版。

[10]《理学丛书》,中华书局出版。

[11]《天地人丛书》,上海古籍出版社2000年版。

[12]黄宗羲等:《宋元学案》《明儒学案》,中华书局出版。

[13]徐世昌等:《清儒学案》,沈芝盈、梁运华点校,中华书局2008年版。

[14][清]严可均辑:《全上古三代秦汉三国六朝文》,商务印书馆1999年版。

[15][清]董诰等辑:《全唐文》,中华书局1983年版。

[16][宋]朱熹:《御批资治通鉴纲目》,影印文渊阁《四库全书》本,台湾"商务印书馆"1986年版。

[17]《二十五史》诸《志》部分,中华书局出版。

[18][明]顾炎武:《日知录集释》,黄汝成集释,上海古籍出版社2006年版。

［19］［唐］杜佑：《通典》，王文锦等点校，中华书局1988年版。

［20］［宋］司马光等：《资治通鉴》，中华书局2011年版。

［21］［清］毕沅：《续资治通鉴》，中华书局1957年版。

［22］黄彰健校勘：《明实录》，中华书局2016年版。

［23］饶宗颐：《中国史学上之正统论》，中华书局2015年版。

［24］陈祖武、朱彤窗编著：《乾嘉学术编年》，河北人民出版社2005年版。

［25］夏家善主编：《中国历代家训丛书》，天津古籍出版社1995年版。

［26］李舜臣、欧阳江琳编著：《历代制举史料汇编》，武汉大学出版社2009年版。

［27］姜广辉主编：《中国经学思想史》，中国社会科学出版社2003年版、2010年版。

［28］汤一介、李中华主编：《中国儒学史》，北京大学出版社2011年版。

［29］李申：《中国儒教史》，上海人民出版社1999年版。

［30］顾宏义、戴扬本等编：《历代四书序跋题记资料汇编》，上海古籍出版社2010年版。

［31］洪湛侯：《诗经学史》，中华书局2002年版。

［32］程元敏：《尚书学史》，华东师范大学出版社2013年版。

［33］陈戍国：《中国礼制史》（全六册），湖南教育出版社2011年版。

［34］朱伯崑：《易学哲学史》，昆仑出版社2009年版。

［35］赵伯雄：《春秋学史》，山东教育出版社2004年版。

［36］牟钟鉴、张践主编：《中国宗教通史》，中国社会科学出版社2007年版。

［37］翁独健主编：《中国民族关系史纲要》，中国社会科学出版社2005年版。

［38］黄书光主编：《中国社会教化的传统与变革》，山东教育出版社2005年版。

［39］韩喜凯主编：《民惟邦本丛书》，齐鲁书社2000年版。

［40］张分田：《民本思想与中国古代统治思想》，南开大学出版社2009年版。

［41］李同乐：《北宋士大夫的政治理想和实践：以北宋前中期为中心的研究》，浙江大学出版社2015年版。

［42］陈宝良：《明代士大夫的精神世界》，北京师范大学出版社2017年版。

［43］田耕耘：《明清"封建论"研究》，中国社会科学出版社2013年版。

［44］李媛：《明代国家祭祀制度研究》，中国社会科学出版社2011年版。

［45］吴宣德、宗韵辑：《明人谱牒序跋辑略》，上海古籍出版社2013年版。

［46］张寿安：《以礼代理　凌廷堪与清中叶儒学思想之转变》，河北教育出版社2001年版。

［47］颜炳罡：《心归何处——儒家与基督教在近代中国》，山东人民出版社2005年版。

［48］蒋庆：《政治儒学——当代儒学的转向、特质与发展》（修订本），福建教育出版社2014年版。

［49］楼宇烈：《中国文化的根本精神》，中华书局2016年版。